개정판

재정학

소병희 지음

博 英 社

개정판 머리말

재정학은 정부의 재정운용에 관한 학문이므로 제도에 관한 것도 배워야 한다는 것이 저자의 지론이다. 크고 작은 조세개혁은 거의 매년 있는 것이지만, 특히 최근에 정부조직과 운용의 제도적 변화가 많았다. 국가재정법이 새로 만들어졌으며 기획예산처가 재정경제부에 통합되어 기획재정부가 되었고 종합토지세가 폐지되었고 종합부동산세가 신설되는 등 재정관련 법규 및 제도와 정부조직이 많이 달라졌다. 본 개정판에서는 되도록 이런 제도적 변화에 대한 설명과 최근의 통계치를 넣도록 노력했다. 또한, 초판에 있었던 여러 가지 오타와 잘못된 그림을 교정했다.

4년 전에 이 책의 초판을 『공공부문의 경제학』이란 제목으로 출판했는데, 책 제목이 관례적인 재정학이 아니어서 서점에서 재정학 분야의 책들과는 다른 서가에 책이 꽂혀 있는 경우가 종종 있었다. '아직은 공공부문의 경제학이란 제목이 우리 실정에는 맞지 않다'는 출판사의 조언을 겸허히 받아들여 개정판에서는 『재정학』으로 제목을 바꾸었다.

새로운 제도에 대한 설명과 통계를 수집하는 데는 국민대학교의 이충환 석사와 김동욱 선생의 도움이 컸다. 박영사 편집부의 유연국 국장의 완벽주의적인 편집과 영업부 김중용 차장의 신속한 행정처리가 아니었다면 이 책의 개정판이 더욱 늦어졌을 것이다. 이 분들에게 심심한 사의를 표한다.

2008년 8월

저　　자

머 리 말

기존의 여러 재정학 혹은 공공경제학 교과서를 가지고 포항공대와 국민대 등에서 학생들을 가르치는 데 20년 가까이 사용해 오면서 아쉽게 생각되는 점이 세 가지가 있다.

우선, 기존의 교과서는 주로 재정학 이론만 소개하고 우리나라의 공공부문의 제도나 통계에 대한 소개는 거의 없다는 점이다. 둘째, 기존의 교과서는, 특히 공공부문에 있어서 경제와 정치의 불가분의 관계를 도외시하고, 경제만 격리되어 운용될 수 있다는 편협한 시각을 가지고 경제 외적인 요소들에 대한 고려는 전혀 없이 전체적인 설명의 틀을 세우고 있다는 점이다. 셋째, 기존의 교과서는 학부생을 대상으로 하기에 너무 어려운 이론을 대부분 별다른 동기부여와 부연 설명도 없이 그대로 소개하고 있다는 점이다.

위의 세 가지를 저자는 이 책에서 아래와 같이 해결하려고 노력했다. 공공부문에 대한 이론뿐 아니라 실제로 우리나라의 공공부문에서 어떤 제도가 어떻게 운용되고 있는지를 알고 이해하는 것도 이론에 대한 숙지 못지않게 중요하다고 저자는 생각한다. 또한, 제도를 알아야 이론에 대한 호기심과 비판력이 생긴다고 생각한다. 그래서 그간 수업시간에 학생들에게 알려 주었던 제도 및 최신 통계를 가급적이면 많이 각 장에 넣었다.

둘째, 논술을 위한 비판적인 시각과 예리한 분석력을 기를 수 있도록 하기 위해서 단순히 경제적인 설명에 국한하지 않고, 경제 외적인, 특히 정치적인 고려가 경제정책 및 경제행위에 영향을 미치고 있다는 사실을 명시적인 대전제로 삼고 있는 분석 틀인 공공선택적 시각에서 공공부문에 대한 새로운 해석을 포함시키고자 했다.

셋째, 이 책의 독자가 대학원으로 진학할 경우가 아니라면 별 용도가 없으며 왜 배우는지도 모를 어려운 이론은 가급적이면 생략하거나 간단히 골자만 알려주었다. 대개의 경우는 학부생과 일반인이 이해할 수 있을 수준으로 설명하고 가능한 한 그림 설명을 통해서 쉽게 이해할 수 있도록 했다. 수학적 분석기법은 꼭 필요하다고 판단되는 경우에만 적용하도록 절제했다.

이 책은 크게 2편으로 구성되어 있다. 제1편에서는 공공재의 필요성과 공공부문의 의사결정과정 및 공공지출에 대하여 현 제도와 이론을 소개하고 몇 가지 문제점을 공공선택론적 시각에서 지적했다. 제2편에서는 공공재를 마련하기 위해서는 재정이 필요하다는 점과 재정확충을 위한 가장 주된 방안인 조세제도와 이론을 소개하고 조세부과에 있어서의 문제점과 해결방안에 대해 살펴보았다. 또한, 공공선택론적 시각에서의 해설도 곁들였다.

행정고시와 입법고시 등에서 선다형 객관식 시험을 논술형 시험으로 대체할 것에 대비하여 독자가 논리적 사고를 개발할 수 있도록 논리적인 연계를 염두에 두고 이 책의 장을 전개하고자 노력했다. 독자가 공공부문의 여러 문제에 관해 전체의 흐름을 놓치지 않고 논리적으로 접근해 나갈 수 있도록 하기 위해서 이 책은 첫장부터 마지막 19장까지 공공부문의 여러 분야가 이어져서 연계될 수 있도록 논리적 순서에 따라 설명해 나가는 형식을 취하고 있다.

각 장의 첫머리에 있는 '들어가며'에서 바로 앞 장에서 논의된 사항과 그 장에서 다룰 주제를 연결하여 논리적 고리를 만들어 줌으로써 독자가 전반적인 흐름에 대해 나름으로의 인식을 가지고 읽어나갈 수 있도록 했다. 그리고 각 장 말미에 그 장에서 언급된 중요한 경제학자나 철학자 등의 간단한 약력과 대표적인 저술 및 그 장에 대한 참고문헌을 달았다. 중요한 용어는 한자와 영어를 괄호 안에 기입하여 세계화 시대의 교과서로서 독자가 영어로도 공공경제학 부문의 전문적인 용어를 익히고 혹 있을 수도 있는 외국인과의 일상의 논의에도 활용할 수 있도록 배려했다.

이 책을 쓰는 데 있어서 그간 여러 국내외 선생님들과 선후배 동료 학자들에게 고마운 배움과 도움을 받았다. 지면에 일일이 그 분들의 성함을 열거하지는 않겠지만, 그 분들이 아니었다면 이 책이 나오지 못했을 것이다. 그러나 이 책의 모든 부족한 부분은 모두 저자가 천학비재(淺學菲才)한 탓이다. 이 책을 막상 출판하려 하니 미흡한 부분이 한두 군데가 아니다. 그렇지만, 완벽히 쓴다며 출판을 지연하기보다는 부족한 대로 이 책이 기존의 교과서와 구별되는 새로운 기여가 있으리라 믿고 일단 출판한 후 여러 미진한 점은 개정판을 낼 때 보완하려 한다.

이 책의 출판을 요청해 준 박영사의 안종만 회장께 감사드리며 편집을 맡아 준 홍석태 씨와 궂은 일을 도맡아 준 영업부의 김중용 씨 그리고 수 차례 교정과 색인을 맡아 준 대학원의 김동욱 조교에게 고마움을 전한다. 이 책의 초고로 수업을 하며 유용한 피드백을 준 국민대 학생들에게도 고마움을 표시하고 싶다. 책을 쓴다며 그 동안 충분한 시간을 내어 주지 못하고 소홀할 수밖에 없었던 가족들과 친지들을 비롯한 사적인 그리고 공적인 관계의 여러 사람들에게 이 자리를 빌어 미안함을 전하고 그들의 인내심에 대한 깊은 감사의 마음을 표시하고 싶다.

2004년 8월

북한산 기슭의 연구실에서

저 자

차　례

제1편　공공재와 공공지출

제 1 장　시장의 실패와 공공선택

제 2 장 공 공 재

제 3 장 공공선택과 집단적 의사결정방식

제 4 장 외부성과 환경경제

제 5 장 공공투자와 비용-편익분석

제6장 공기업과 민영화

제7장 정부의 실패와 부패의 경제학

제 9 장 사회보장제도

제 2 편 재정과 조세

제10장 정부예산

제11장 조세이론의 기초

제12장 조세귀착과 조세의 초과부담

제13장 최적조세 이론

제14장 직 접 세

제15장 간 접 세

제16장 지방세와 지방재정

제17장 조세회피와 지하경제

제18장 전자상거래와 조세

제19장 정부지출의 증대와 공공부문의 개혁

제 1 편

공공재와 공공지출

제 1 장

시장의 실패와 공공선택

들어가며

먼저 공공부문이 필요하게 된 원인으로 시장의 실패와 재정의 기능을 간략히 설명하고 어떤 관점에서 공공부문을 눈여겨 보아야 할 것인가를 제시했다. 국민을 위한 공익을 표방하면서도 공직자 자신의 사익추구도 있을 수 있음을 일깨우고 시장외적인 활동과 공공선택론적 접근방식에 대한 논의로 이끌어 간다. 공공부문에서의 의사결정과정을 보는 시각이, 순전히 공익을 위한 결정이 아니라 공직자 자신의 사익을 추구하는 과정의 일부일 수도 있다는 인식의 변화가 있어 왔다는 점을 살펴본다. 그리고 시장 밖에서 일어나는 현상에 대하여 경제학의 분석틀을 적용하는 공공선택론의 기본 전제를 소개하고 재정학 및 공공부문에 대한 분석에 공공선택론적인 접근방법이 공공부문에 대한 분석의 틀로서 매우 유용할 수 있음을 지적한다. 마지막으로 헌법을 포함한 제도적 한계와 그에 상응한 헌정경제학의 필요성에 대해 살펴본다.

제 1 절 시장의 실패와 공공부문의 필요성

1. 공공재의 특성과 시장의 실패

우리가 사회생활을 하는 데는 여러 종류의 재화가 필요하다. 그 중에는 음식, 의복, 가전제품, 주택과 같이 우리의 사유재산이라고 여길 수 있는 사적재(私的財, private goods)도 있지만, 꼭 어느 한 사람에게만 속한다고는 볼 수 없는 가로등, 도로, 교량, 공원과 같은 공공이 공동으로 사용하는 재화도 있다. 수박과 같은 사적재는 한 사람이 한 쪽을 먹고 나면 다른 사람이 먹을 수 있는 수박의 양이 줄어들게 된다. 이렇듯 한 사람의 소비가 다른 사람의 소비를 줄이게 되는 것을 소비에 있어서 경합성(競合性, rivalry)이 있다고 한다.

그러나 가로등과 같은 공공(公共)이 공동(共同)으로 사용하는 공공재(公共財, public goods)는 그 불빛이 한 사람이 가는 길을 비추어 주고 있다고 해서, 옆으로 지나가고 있는 다른 사람의 앞길에 비추는 불빛이 더 어두워지지는 않는다. 다시 말해, 한 사람의 소비로 인해 다른 사람의 소비가 줄어들지는 않으므로 소비에 있어서 경합성이 없다고 볼 수 있다. 또한, 사적재는 각 자가 자기 돈으로 산 것이므로 다른 사람이 자신의 허락 없이는 이것을 소비하지 못하도록 막을 수 있으므로 소비에 있어서 배제성(排除性, excludability)이 있다고 한다. 그러나 가로등과 같은 공공재의 경우는 세금을 내지 않은 사람들을 식별해 내어 그런 사람들이 지나갈 때마다 가로등을 꺼서 그들을 배제하기란 현실적으로 불가능하다고 할 것이다. 따라서 공공재의 경우는 소비에 있어서 배제성이 없다고 본다. 이에 대한 좀더 자세한 설명은 다음 장에서 할 것이지만 우선 공공재의 특성을 간단하게나마 이해하는 것이 시장의 실패와 공공부문의 필요성에 대한 논의를 이해하는 데 필요하다.

사적재의 경우는 수요자와 공급자가 시장을 형성하여 수요와 공급의 상대적인 크기에 의하여 가격이 결정되고 수요자가 이 가격을 지불하면 공급자가 상품을 건네 주는 거래가 시장에서 성립하게 된다. 그러나 공공재의 경우는 시장이 제대로 형성되기가 쉽지 않다. 왜냐하면, 일단 공공재가 생산되기만 한다면, 공공재의 비경합성으로 인해서 아무리 많은 사람이 소비하더라도 다 똑같은 양을 소비할 수 있을 뿐만 아니라, 공공재의 비배제성으로 인해서 생산비를 분담했든 하지 않았든 간에 누구든지 이를 소비하는 것을 배제하지 못하므로 아무도 자발적으로 공공재의 구매에 필요한 경비를 분담하려 하지 않을 것이기 때문이다. 따라서 수요는 있어도, 정작 대금을 지불해야 될 책무를 지겠다는 수요자로는 아무도 나서지 않을 것이다. 그러므로 공급자가 공공재를 생산한다 해도 아무도 그 값을 내려고 하지 않아서 공급자는 판매수입을 확보할 수가 없게 될 것이다. 다시 말해서, 가격을 지불하려는 수요자가 없어서 시장이 형성되지 않을 것이다. 이처럼 시장에서 수요와 공급의 상호 작용이 생기지 않아서 정상적으로 가격이 결정되지 못하여 재화가 공급되지 못하는 현상을 시장의 실패(市場의 失敗, market failure)라고 부른다.

2. 공공부문의 필요성과 공공부문의 체계

우리가 효율적으로 경제활동을 하고 또 일상적인 생활을 안전하게 영위하기 위해서는 도로, 교량, 치안, 국방 등 여러 종류의 공공재가 필요하다. 그런데, 공공재는 시장을 통해서 공급될 수가 없고 시장을 대신할 시장 외적인 활동에 의해서만 공급이 가능하게 된다. 이에 따라 시장 외적인 활동을 하는 가장 대표적인 기관이라고 할 수 있는 정부에 대한 필요성이 생겨나게 된 것이라고 볼 수 있다. 정부는 시장을 통하지 않고 강제적인 법규에 의거해서 세금을 걷어 그 활동의 재원으로 사용한다.

현대 국가에서 정부가 하는 역할은 실로 다양다기하다. 그러나 정부의 근본적인 역할은 18세기에 영국의 아담 스미스가 간파한 것 이상의 것은 아닐 것이다. 스미스는 정부가 아래와 같은 최소한의 역할을 해 주어야 한다고 생각했다. 우선, 정부는 우리가 사는 사회를 다른 국가로부터의 침략이나 폭력으로부터 보호해 주어야 하며, 사회의 구성원이 다른 사람들로부터 불의와 억압을 받는 것으로부터 보호해 주어야 하고, 필수적인 공공시설을 만들어 유지해 주어야 한다는 것이다. 이런 국방, 치안 그리고 공공재의 제공 등에 대해 정부가 최소한으로 필요한 부분에만 개입하고 나머지는 민간에게 맡겨 두라는 최소정부주의가 스미스의 주장이라고 할 수 있다.

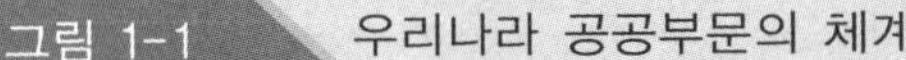
그림 1-1 우리나라 공공부문의 체계

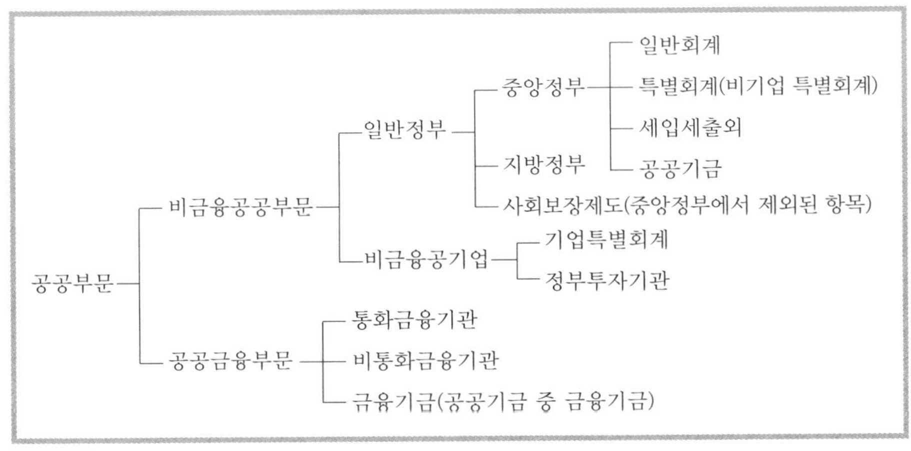

정부가 공공부문의 전부인 것처럼 흔히 간주하지만, 엄밀하게 분류해 보면 우리가 말하는 정부는 광의의 공공부문의 일부분에 지나지 않는다. 그리고 세계의 여러 나라마다 공공부문의 구성과 분류가 조금씩 다를 수 있으므로 여러 나라들 간의 비교 분석이 쉽지 않을 수 있다. 따라서 세계 여러 나라가 공통으로 사용할 공공부문에 대한 기준이 필요한데 이를 국제통화기금(IMF: Inter-national Monetary Fund)이 제시하고 있다. 국제통화기금은 자기 기관에서 매년 발간하는 세계 각국의 재정에 대한 통계자료인 『정부재정통계연감』(*Government Finance Statistics Yearbook*)에서의 재정 통계처리 기준을 공공부문의 분류기준으로 사용할 것을 권고하고 있다. 이 기준에 의한 우리나라의 공공부문에 대한 분류를 정리해 보면 〈그림 1-1〉과 같다.

재정적인 측면만을 기준으로 한 것이기는 하나 위의 표로 미루어 볼 때, 우리는 단순히 중앙정부의 일반예산의 크기만으로 공공부문의 크기를 가늠하기보다는 좀더 포괄적인 공공부문에 대한 인식을 하고 있을 필요가 있다는 것을 알 수 있다. 왜냐하면, 공공부문을 포괄적으로 분류해 놓고 볼 때, 중앙정부는 일부분에 지나지 않기 때문이다. 그러나 회계상 일반정부로 표시되는 중앙정부는 다른 모든 공공부문에 직·간접적으로 영향력을 행사하게 되므로, 특히 우리나라처럼 정부의 힘이 강한 경우에는, 정부가 강하게 영향력을 행사할 수 있는 부문은 모두 광의의 정부의 일부라고 보아도 크게 잘못된 일은 아닐 것이다. 이렇게 본다면 우리나라의 경우 단순히 재정적 기준으로만 본 중앙정부의 예산의 크기의 몇 배에 달하는 영향력을 정부가 행사하고 있으므로 우리 정부는 매우 큰 정부라고 할 수 있을 것이다.

위와 같은 재정적인 측면의 분류 외에도 기능적인 측면에서 공공부문을 분류해 볼 수도 있을 것이다. 다시 말해, 어떤 사업의 재정적 주체가 공공이든 민간이든 그 사업의 효과나 특성에 공공성이나 외부성이 아주 많이 들어있다면 이를 공공부문의 일부로 보아야 할 것이다. 이런 성격의 사업 중에는 라디오나 텔레비전 방송, 신문 및 잡지와 같은 정보의 전달과 여론의 형성을 주도하는 매체들을 들 수 있다. 이들의 운영주체는 민간이고 영리를 목적으로 하지만 이들이 제공하는 서비스는 공공성과 외부성을 가지고 있어서 이들이 어떤 정보를 어떻게 대중에게 알리느냐에 따라 한 사회의 근간이 흔들릴 수도 있고 아니면 한 사회의 기초가 공고해질 수도 있다. 이 책은 재정적 측면에서 분류한 공공부문뿐 아니라 기능적 측면에서 공공부문에 속하는 부문도 분석의 대상으로 삼고 있다.

> 아담 스미스가 본 정부의 최소한의 역할:
> ① 국방, ② 치안, ③ 공공재의 공급

3. 재정의 기능

공공재의 경우, 소비의 비경합성과 비배제성이라는 특성상 공공재에 대한 가격이 시장을 통해 형성되지 못하므로 실수요자 전부에게 제값을 받고 팔 수가 없다. 따라서 판매대금을 확보하여 발생한 생산비용을 보전할 수는 없다. 그러므로 공공재의 생산과 공급 및 기타 공공부문 소기의 목적을 위한 활동을 수행하기 위한 재원을 확보하기 위해서는 강제적으로 재원을 동원할 수밖에 없다. 강제적인 재원의 동원은 주로 정부가 부과하는 조세를 통해서 이루어지며 이를 가능하게 하는 가장 근본적인 법적 근거는 헌법이다. 사회계약론적인 논리에 의하면, 우리는 무질서의 정글로부터 벗어나기 위해서 정부에게 세금을 바칠 뿐 아니라 시민으로서의 자유의 일부도 대가로 치루고 있다고 하겠다.

일단 세금을 걷어서 정부의 수입이 확보되면 이를 각각의 용도에 적절하고 효율적으로 배분하고 조정하는 것이 정부 재정이 해야 할 우선적인 기능이다. 여기에서 한 걸음 더 나가서 모든 시민의 최저 생활을 보장하고 공평한 사회를 이루기 위해 소득이 많은 사람들로부터 소득이 너무 적은 사람들에게로 소득을 재분배해 주는 기능도 정부의 재정이 해 줄 수 있는 기능이라고 볼 수 있다. 이렇게 세금을 걷고 소득을 재분배해 주는 과정에서 사용되는 누진조세제도를 통해 정부 재정의 수출입의 증감이 국가 경제의 경기순환의 호불황과 역방향으로 순환하게 되어 재정의 자동안정화 기능이 부수적으로 나타날 수도 있다. 단지 부수적인 자동안정화 작용에 만족하지 않고 여기에 덧붙여서 거시경제의 안정화를 도모하기 위해 정부가 경기변동에 능동적으로 대응하는 경우도 물론 있다. 당대의 대표적인 전통적 재정학자라고 할 수 있는 머스그레이브는 재정의 기능을 위에서 말한 세 가지, 즉 자원배분의 동원과 조정, 소득의 공정한 분배 그리고 경제의 안정화로 요약한 바 있다.

머스그레이브가 본 재정의 기능:

① 자원배분의 조정(allocation)
② 소득의 공정한 분배(distribution)
③ 경제의 안정화(stabilization)

4. 공공부문에 대한 관심과 점검의 필요성

공공부문과 민간부문으로 우리 경제를 나누어 볼 때, 공공부문에서 전용하고 있는 자원의 규모는 과연 적절한가에 대해 생각해 볼 필요가 있다. 왜냐하면 공공부문에서 사용되고 있는 자원은 따지고 보면 민간에서 사용될 수 있었을 자원을 공공부문으로 돌린 것이므로 결국 공공부문의 규모가 큰 만큼 민간의 경제 활동 영역이 줄어들게 되는 것이라고 할 수 있기 때문이다.

그러므로 첫째, 이 두 부문, 즉 공공부문과 민간부문 간에 자원의 상대적인 배분에 대한 효율성 및 형평성에 대해 관심을 가지고 보아야 할 것이다. 다시 말해, 공공부문에서는 얼마만큼의 자원을 사용하고 있는가 하는 점이다. 그리고 과연 형평성 있게 자원을 공공부문으로 갹출하고 있는가 하는 점을 점검해 보아야 할 것이다. 예를 들어, 공공부문의 규모는 적절하며, 재원 갹출의 방도가 되는 직접세와 간접세의 비율은 적절한가 하는 문제 같은 것이다.

둘째, 공공부문에서는 도대체 누구를 위해 무엇을 생산하며 얼마나 지출하는가 하는 점에 관심을 기울여야 한다. 주로 국민들로부터의 세금으로 형성된 재원을 무엇을 생산하는 데 사용하며 또한 여러 가지 대의명분을 내세워 누구에게 나누어 주고 있는가 하는 점을 점검해 보아야 한다. 소득재분배라는 명목으로 나누어 주는 이전금이나 산업발전이라는 명목으로 행해지는 산업지원금을 위시하여 기타 대가 없이 혹은 아주 저렴한 가격으로 정부가 나누어 주고 지원해 주는 모든 공공부문의 지출은 특정 계층이나 특정 기업이 그 수혜자가 된다. 지출뿐 아니라, 공공부문에서 생산되는 산출물도 대부분 소비할 대상이 이미 결정되어 있는 경우가 많다. 이러한 공공부문의 지출이 형평성과 공정성을 상실하지 않고 제대로 집행되고 있는가 하는 점을 점검해 보아야 한다.

셋째, 공공부문은 동원된 자원으로 어떻게 생산하고 있는가 하는 문제에 대한 관심을 가져야 할 것이다. 공공부문에서의 생산은 공공부문이 직접 생산하거나 민간에게 생산비를 지불하고 생산을 위탁한다. 어느 경우이든 간에 생산이 과연 효율적으로 이루어지고 있는가를 점검해 보아야 한다. 경우에 따라서는 민간부문에게 생산을 완전히 이양하여, 즉 민영화해서 생산하는 것이 더 효율적인 자원의 사용이 될 수도 있다.

넷째, 이런 과정에서 정부는 보이는 규제와 보이지 않는 관행으로 무엇을 어떻게 통제하고 있는가 하는 문제에 대한 관심을 가져야 할 것이다. 이런 규제와 통제가 각 분야에서 공정하고 효율적으로 이루어지고 있는지 아니면 이익집단과의 결탁으로 정부가 오히려 일부 세력의 대리인 역할만 하고 있는지 점검해 보아야 한다.

다섯째, 과연 국가가 소유하고 있는 온 국민의 공동자산으로는 무엇이 얼마나 있으며 국유자산을 제대로 관리하고 있는가 하는 문제에 대한 관심을 가져야 할 것이다. 국유자산을 제대로 파악하고 그에 대한 관리 실태를 점검해 보아야 정부가 임의로 국가의 자산을 처분하거나 비효율적으로 관리하는 일을 미연에 방지할 수 있을 것이다.

이런 다섯 가지 문제를 종합적으로 보았을 때 공공부문이 국민의 경제생활과 국가 경제에 어떤 영향과 효과를 가져오는가 하는 점을 살펴볼 수 있을 것이며 나아가서는 어느 부문이 특히 불필요하게 비대해져 있는가 또는 필요성이 있는데도 어느 부문은 특히 너무 부족한가 하는 데 대한 판단력도 생길 수 있을 것이다.

공공부문에 대한 관심의 초점:

① 공공부문으로서의 자원동원의 형평성과 효율성
② 공공지출의 형평성과 효율성
③ 공공부문에서의 생산의 효율성
④ 정부규제의 효율성과 공정성
⑤ 국유자산 관리의 효율성

제2절 공익 대 사익

1. 국민을 위한 공익 대 공직자 자신을 위한 사익

일단 세금으로 재원이 확보되면 이를 관리하는 정부조직의 관료는 단순히 처음에 필요하다고 보았던 공공재의 생산과 공급에 그치지 않고 점차로 여러 가지 다른 공공재에 대한 필요성과 재원의 사용에 대한 또 다른 용도를 생각해 내게 된다. 물론, 새로운 공공재는 국민을 위한 것이며 나아가서는 살기 좋은 나라를 만들기 위한 것이라는 정당성으로 포장된다. 그러나 그 중에는 반드시 그렇다고 보기 어려운 것들도 있게 마련이다. 그리고 거의 모든 재원의 갹출대상과 사용처를 본다면 혜택을 받는 사람이 있으면 희생을 강요당하는 사람도 생기게 된다는 것을 알 수 있다. 또한, 누가 희생하고 있으며 누가 혜택을 받고 있느냐가 일목요연하게 보이지 않는다는 점과 그런 희생이 본인이 자발적으로 원한 것일 수도 있고 다른 이들이 유관 기관을 움직여서 교묘하게 유도한 것일 수도 있다는 점이다.

이런 문제의 밑바닥에는 관료가 과연 공익(公益, public interest)만을 위해 봉사하는 그야말로 듣기에만 좋은 공복(公僕, public servant)인지 아니면 세경에만 눈이 어두운 욕심 많은 종인지에 대한 경제 외적인 측면에 대한 분석이 있어야 할 것이다. 또한, 이해관계를 같이 하는 소수의 결집된 집단들이 다수의 응결력이 부족한 사람들 각자로부터 모르는 사이에 조그만 희생을 얻어내어 자기들의 배를 채우고 있지나 않는지에 대한 정치적인 측면의 고려도 포함된 분석이 필요할 것이다. 그럼에도 불구하고 관존민비 사상이 국민의 무의식 속에 팽배해 있어온 우리나라에서 정부가 하는 일에 대해 시민단체들이 적극적으로 감시하기 시작한 것은 극히 최근의 일이다. 그 이전에는 감히 누구도 내놓고 공직자가 자신의 사익(私益, self interest)을 추구하고 있을 수도 있다는 의구심을 나타내 보이지 못했다. 불과 40년 전까지만 해도 전통적 재정학에서도 역시 공직자의 사적 동기에 대한 이런 의구심은 덮어두고 오직 경제적인 측면에만 공공부문에 대한 분석의 초점을 맞추었던 것이다.

2. 시장 외적인 활동: 정치적 의사결정

전통적인 재정학의 공공부문에 대한 분석방식은 공직자의 사익 추구와 같은 경제 외적인 요인들은 아예 논의의 대상에서 제외하고 오로지 경제적인 측면만을 분석의 대상으로 삼는 것이다. 공공부문 자체가 시장의 실패로 인해 생겨난 것임에도 불구하고 시장 밖에서 생기는 경제적 요인이 아닌 것에 대해서는 등한시 해 왔던 것이다. 그러나 1960년대부터 주로 미국의 일부 재정학자들 사이에서 시장 밖에서 생긴 비경제적 요인들이 특히 공공부문에 대한 분석에 있어서 중요한 변수로 작용할 수 있다는 점에 대해 활발한 논의가 일기 시작하였다. 그들의 시장 외적인 경제활동(市場 外的인 經濟活動, non-market economic activities)에 대한 분석이 그간 공공선택이론으로 자리를 잡게 되어 1986년에는 이 분야를 개척한 공로로 미국의 뷰캐넌(James M. Buchanan) 교수가 노벨 경제학상을 수상한 바 있다.

시장에서의 교환은 주어진 시장의 여건과 개인이나 기업의 사적인 목적과 제약 조건에 의해서 결정된 사적이고 개인적인 것이다. 이에 반하여, 정치적 의사결정이 그 대표적인 경우라고 볼 수 있는, 시장 밖에서의 거래는 시장의 제약과 여건을 초월하여 그 거래의 결과가 거래 당사자들뿐만 아니라 그 거래에 참여하지 않았거나, 그 거래가 행해진 사실을 모르고 있는 일반대중에게도 이익이나 불이익을 초래할 수 있는 공공의 것이 될 수도 있는 것이다. 이런 집단적 의사결정이, 빅셀(Knut Wicksell)이 주장했듯이, 만장일치(滿場一致, unanimity)로 결정될 수 있으면 가장 이상적이겠지만, 현대 사회의 여러 가지 제약으로 인해 다수결투표를 채택하는 경우가 많기에 의사 결정에 참여하지 못한 사람에게 미치는 외부효과는 더 커지게 된다. 시장 내적인 경제활동이 사적인 선택을 동반하는 것이라면, 시장 외적인 경제활동은 공공의 선택이 수반되는 것이다. 이런 시장 외적인 경제활동이나 의사결정의 분석 및 정치적 문제에 대한 경제학적 분석기법의 적용을 통한 분석과 이론의 개발이 바로 공공선택론이 다루는 분야이다.

제 3 절 공공부문에 대한 분석의 틀로서의 공공선택론

1. 교환으로서의 정치

공공선택론의 기본이 되는 세 가지 요소는 교환으로서의 정치, 방법론적 개인주의, 그리고 경제인간이다.[1] 이 세 가지 기본 전제를 순서대로 살펴보도록 하자. 유한한 자원을 여러 가지 대안적인 사용목적 중에 택일하여 어떻게 하면 가장 효과적으로 그 목적을 달성할 수 있는가라는 방법의 선택문제가 경제학의 밑바탕에 깔려 있는 근본적인 문제의식이라고 할 수 있다. 정치적인 문제도 또한 선택의 문제로 볼 수 있는 것이 많으므로 교환으로서의 정치(politics-as-exchange)를 공공선택론은 상정하고 있다. 정치적 문제의 선택은 민주주의 체제에서는 주로 투표에 의해서 결정되며, 오늘날에는 일인일표가 보편적인 형태이다. 경제적 문제의 선택도 또한 일종의 묵시적인 투표에 의한 것으로 볼 수 있지만, 정치적 의사결정과는 다르게 일인일표가 아니라 표수가 돈에 비례한다.

경제활동에서 돈에 비례하는 투표자격이 특히 잘 나타나는 것은 보유하고 있는 주식의 수만큼의 표를 던질 수 있는 주식회사의 주주총회이다. 돈으로 투표된 매매행위의 결과인 시장에서의 교환은 그 거래당사자들 모두의 효용만을 증

1) 뷰캐넌이 가장 큰 영향을 받았던 책은 빅셀의 『재정이론에 관한 연구』(*Finanztheoretische Untersuchungen*, 1896)로서 빅셀은 이 책에서 이미 공공선택의 세 가지 기본 요소를 인식하고 있었다고 전하고 있다. Buchanan(1987a)의 노벨 경제학상 수상연설 참조.

대시킨다. 정치적 교환에 있어서도 그 거래당사자들의 이익이 증대되었기에 교환이 이루어졌다고 볼 수 있을 것이다. 그러나 정치적 교환의 결과는 단순한 경제적 교환의 결과인 소비행위와는 달리 그 거래당사자들뿐만 아니라 거래에 직접 참여하지 않았던 그 공동체(community)에 속하는 다른 사람들에게까지도 이득과 손실을 초래할 수 있다. 다시 말해서 정치적 교환은 외부효과(外部效果, externality)를 발생시키게 된다. 예를 들어서, 세금을 더 걷는다든가, 어느 지역의 도로를 포장하기로 한다든가 하는 결정이 정치가들에 의해서 결정이 되었다든가 주민의 투표에 의해 결정이 되었다면, 그러한 결정의 정치적인 이해득실은 그러한 결정에 참여한 정치가들에게 돌아갈지 모르지만, 그러한 결정에 의해서 모든 주민이 세금을 더 내게 되든지 또는 특정 지역의 주민이 새로 포장된 도로의 혜택을 보게 되기 때문에, 그런 정치적 교환이나 거래에 직접 참여하지 않았던 그 공동체 전체의 이득이나 손실을 초래하게 된다.

거래당사자 외의 사람들에게도 직접적인 이해득실을 가져올 수 있는 정치적 교환은 공동체 전체의 손익에 영향을 주게 되므로 정치적 결정은 어느 특정인이나 집단의 이익보다는 공동체 전체의 공익을 우선할 수 있는 공인(公人, public figure)을 필요로 한다. 이러한 필요성은 당위성으로 인식되어, 정치인이나 관료가 공익만을 위한 공인으로 가정하는 것이 전통적인 정치학에서의 시각이었다. 따라서 정부나 정부를 구성하는 정치가와 관료들이 공익을 추구한다고 보았으며, 이들이 이끌어 가는 국가는 공익의 추구라는 이타심을 가진 하나의 독립적 인격을 갖춘 유기체(有機體, organism)로서 행동한다고 본 것이다.

이에 반하여 전통적인 경제학에 기초한 공공선택론적인 시각은, 거시경제에서의 총체(總體, aggregation)가 미시경제에서의 개별 경제주체의 집계에 지나지 않듯이, 정부나 국가도 정치가나 관료라는 개인들이 모여서 이룬 하나의 집단이므로 그 나름으로의 인격을 갖춘 유기체라고는 볼 수 없는 것이다. 경제행위를 하는 개개의 소비자나 생산자가 각기 자신의 사리사욕을 추구하듯이 정치가나 관료도 각기 자신의 사익을 추구할 것이라는 시각을 정치와 경제의 상관관계의 분석에 도입하게 된 것이다. 그러나 공직인의 공익추구보다 사익추구를 위한 정치적 교환이 더 보편화된 사회적 양상이라면 이를 배제하기보다는 이론의 틀에 명시적으로 포함시켜야만 현실을 더 잘 반영하여 더욱 예측력이 높은 정치경제의 이론을 발전시켜 나아갈 수 있을 것이다.

2. 방법론적 개인주의

공공선택론은 오직 개인만이 선택하고 행동한다고 가정하고 있다는 점에서 신고전파 경제학에서의 방법론적인 전제(前提, presupposition)인 방법론적 개인주의(方法論的 個人主義, methodological individualism)를 부분적으로 계승하고 있다. 신고전파 경제학자들은 거시경제적 현상이 어떤 거시 경제주체라는 유기체에 의해 행해진 행동의 결과는 아니라고 본다. 거시경제적 현상도 시장에서의 개인 행동의 상호 작용의 결과로 나타난 의도하지 않은 경제현상의 총체적 결과로서 이해하고 있다. 마찬가지로 공공선택론에서도 집체(集體, collectivity) 그 자체로서는 선택도 하지 못하고 행동도 하지 못하므로 마치 집체들이 그렇게 할 수 있는 것처럼 가정해서 분석한 것은 과학적 규준에 어긋난다고 보고 있다. 다시 말해서, 사회적 총합(社會的 總合, social aggregate)은 단지 개인들이 행한 선택과 행동의 결과로서만 고려될 수 있다는 것이다. 관찰된 집체적인 결과 중에 더러 개인들의 선택과 행동의 결과로만 설명하기에는 석연치 않은 것도 있다고 해서 어떤 집체가 마치 하나의 유기체인 것처럼 스스로 선택하고 행동한 것으로 받아들여서는 안 된다는 것이다. 그 대신 그런 현상은 앞으로 더욱 면밀히 분석되고 설명되어져야 할 개인의 선택과 행동의 결과로서 나타난 집체적 현상으로 인식되어야 한다는 것이다.

3. 경제인간

공공선택론에서는 인간은 곧 경제인간(經濟人間, homo economicus)이라고 가정하고 있다. 경제인간이라는 함은 경제활동을 하는 데 있어서 개인들이 각자 자신의 이익을 추구하게 마련이라는 것을 의미한다. 우리가 비록 특정 개인의 효용함수 자체의 구성인자는 구체적으로 설명할 수 없을지라도 개인이 경제행위에 임하게 되는 동기로 볼 때, 그는 합리적으로 자신의 효용을 극대화하려 한다는 것이다. 이는 또 형식적이고 공허한 경제이론으로서 경제주체의 선택의 논리만 있는 것이 아니라, 실제적으로 반증이 가능한 가설로서의 의미도 포함하고 있는 과학적인 경제이론을 표방하는 것이다. 즉, 경제인간은, 금전으로 환산되어질 수 있고 가중치가 부여된 구성인자들로 이루어진 금전적 부의 극대화를 꾀하는, 구체적인 효용함수의 도출이 가능할 수 있는 인간이라는 것이다. 공공선택이론은 경제인간인 개인의 행동은 과학적 설명을 통해 실증적인 검증이 가능한 것이라는 입장을 취하고 있다.

경제인간은 타인과의 경제적 관계에서 자신의 이익 또는 자신이 대리인으로 대행하고 있는 제3자의 이익을 극대화하기 위해서 행동한다. 이와 같은 경제인간의 모형에서는 경제행위와 비경제행위 사이에 명확한 구분을 짓고 있지 않다. 따라서, 경제활동으로 분류될 수 없는 정치가, 관료, 법관 등의 행위도 자신의 이익을 극대화하는 경제인간의 맥락에서 설명되어질 수 있는 것이다.

경제인간은 물론 현실로부터 추상화된 모형이다. 이런 추상화는, 실제로 관찰해보면 인간의 상호 작용에 아주 밀접한 연관이 없는 것들은 필요 이상으로 구체적으로 관련시키지 않고서도 이성적인 질서를 관찰된 혼돈 위에 세우기 위한 것을 목적으로 한다. 경제인간이라는 가정을 사용하게 되는 것은 이것이 인간행위에 대한 가장 정확한 모형이기 때문이 아니라, 제도가 사익의 추구를 공익의 진작으로 전환시키는 데 어떤 역할을 하는지를 검증하는 데 이것이 가장 적합한 모형이기 때문이다. 이 가정은, 자신을 제외한 타인들이 그들의 이익만을 추구하고 자신의 이익은 도외시한다고 인간이 믿는 한, 경제인간은 자신의 이익이 관계되면 그것이 무엇이든지 간에 극대화하려 한다는 것을 의미한다. 심지어는 실제의 인간이 바로 경제인간이라고 주장하는 경제학자들도 있다. 그리고 인간은 모든 부문에서 효용극대화를 추구하지만 가끔 실수를 하기도 하는 것은 주로 인간이 가지고 있는 정보가 불완전하기 때문이라고 스티글러(Stigler, 1982) 같이 영향력 있는 경제학자도 주장한다. 공공선택이론에서의 경제인간이라는 가정은 어느 한 개인이 어떤 규칙의 세트를 선택할 때, 타인들의 효용함수 속에 이 개인의 이익이 완전히 배제되어 있다는 전제만 있으면 성립되는 것이라고 볼 수 있다.

뷰캐넌이 본 공공선택론의 기본 전제

① 교환으로서의 정치(politics-as-exchange)
② 방법론적 개인주의(methodological individualism)
③ 경제인간(homo economicus)

4. 공공선택적 분석 틀의 유용성

정책의 대안들이 평가될 때 쓰이는 규범적(規範的, normative)인 고려는 경제학적 접근방식에서는 후생경제학 이론에서의 효율성에 근거한 기준을 반영하게 된다. 정책 조언자는 이러한 분석에 따른 결과를 명시적으로 또는 암묵적으로 정치적 의사결정권자에게 추천하여 그 대안 중의 하나를 선택하게 만든다. 이런 과정에서 정책분석가는 직접적으로, 그리고 이론가는 간접적으로 정부의 의사결정자에게 조언을 하게 되는데 이런 정책조언의 과정에서 공공선택론적인 접근방법을 응용하여 더 현실적이고 효과적인 정책을 수립할 수도 있을 것이다.

공공선택론적인 접근방법을 사용한다면 우선 교환으로서의 정치, 방법론적 개인주의 그리고 경제인간이라는 세 가지 기본전제를 받아 들여서 이를 토대로 특정 정책문제의 분석 틀을 만들어 보아야 할 것이다. 공공부문에서의 정책분석에 대한 경제학적 접근방법에 있어서 아마도 가장 흔히 사용되는 방법이 비용-편익분석(費用-便益 分析, cost-benefit analysis)일 것이다. 전통적인 비용-편익 분석은 어떤 재정정책에 대한 경제적 비용과 편익만 대상으로 하는 것이지만 공공선택론적인 접근방식으로 비용-편익분석을 한다면 정치적 비용 및 편익과 같은 경제 외적인 비용과 편익을 추가하여 좀더 총체적인 비용과 편익을 대비하게 된다. 그뿐 아니라 정책 자체에 대한 비용 및 편익과는 별도로 정책입안자 또는 정책결정권자의 개인적인 사익 및 이익집단의 지대추구와 연관된 비용과 편익을 명시적으로 고려함으로써 정책의 채택 가능성 여부도 미리 점검해 보고 정책의 변화도 사전에 예측해 볼 수 있게 된다. 이렇게 함으로써 정책분석이 좀더 정확해지고 정책의 정치-경제적 시사점도 더욱 포괄적으로 이해될 수 있다.

한 기관의 장이 책임지고 중요한 정책을 결정하는 상의하달식이며 가부장적인 우리의 행정 풍토에서는 기관장 개인의 성향이 매우 중요한 변수가 된다. 그러므로 개인을 분석의 단위로 삼아도 크게 어긋난 것은 아닐 것이다. 물론 공공선택론적 접근방식이 모든 문제를 해결해 줄 수 있는 것은 아닐 것이며 이런 접근방식에 대해 회의적으로 보는 시각도 많이 있을 것이다. 그러나 공공선택론적 접근방식을 공공부문에 대한 분석에 적절하게 응용한다면 비록 모든 문제에 대한 명쾌한 해답을 제시할 수는 없을지라도 정치적 선택과 경제적 효과에 대한 재정정책 및 공공정책 문제를 분석하는 데 매우 유용한 틀이 될 것이 분명하다.

제 4 절 제도적 한계와 공공선택적 분석

1. 제도와 인센티브

공공선택론에서 다루는 시장 외적인 문제는 정치와 경제의 제도적 여건에 의해 규정지어진다고도 볼 수 있다. 정치가나 관료와 같은 공직자가 반드시 개인적인 사익을 추구한다고는 볼 수 없을 지도 모른다. 그러나 설혹 공익을 위한다고 하더라도 만약 공익을 위한 업무에서 경쟁이 존재한다면 공익에 대한 자신의 명분과 주장을 위해서 투쟁하게 되어 결과적으로는 사익을 위해 경쟁하는 것과 비슷한 양상을 나타내게 된다고 볼 수 있다. 그렇다면 공직자의 사익추구를 전제로 분석의 틀을 세우는 것이 크게 비현실적이라고 할 수는 없을 것이다. 또한 작금 우리 사회의 병폐로 들어나고 있는 공직자의 뇌물수수는 공직자가 이익집단과 결탁하여 공익을 도외시하는 사례라 할 수 있을 것이다. 그러므로 이익집단의 지대추구가 공직자의 사익추구와 맞물려 정책의 입안에 영향력을 미칠 수도 있다는 가정도 전혀 현실성이 결여된 것이라고 볼 수는 없을 것이다.

시장 외적인 문제가 발생했을 경우에 또는 시장의 실패를 보완하기 위해서 개입된 정부가 제도적 결함으로 인해 시장에 대한 보완적인 기능을 제대로 수행하지 못하고 시장의 실패를 오히려 악화시키게 되어 정부의 실패(政府의 失敗, government failure)를 초래할 수도 있다. 만약 제도가 체계적이지 못해서 공직자의 직권남용의 재량권이 너무 많이 주어져 있다면 이를 제도적으로 제약할 수 있는 방법을 모색해 보는 것도 정책분석자의 과제 중의 하나일 것이다. 이런 제약은 규정의 개편이나 나아가서는 헌법적인 조항까지도 새로 만들어야만 비로소 가능해질 수 있는 것일 수도 있다. 그러한 문제가 발생한 제도 자체는 주어진 것으로 보고, 그 주어진 제도 안에서의 문제를 분석하고 개선책을 강구해야 할 것인지, 아니면 제도 그 자체의 근본적인 결함을 수정해야만 문제가 해결될 수 있을 것인지를 우리는 생각해 보아야 할 것이다. 이는 곧 공공선택의 헌정 경제학에서 논의되고 있는 헌법적인 제약을 통한 제도의 효율성을 제고하는 것이 된다.

2. 헌법 이후의 경제학과 헌정 경제학

제도는 정책과 그것을 위한 법규에 의해 결정되며 가장 핵심이 되는 기본법은 헌법에서 규정된다. 그러므로 전자의 경우에는 헌법 자체는 그대로 두고 주어진 제도 안에서의 문제의 분석과 해결을 모색하게 된다. 이를 헌법이 생긴 후의, 즉, 헌법 이후(post constitutional)의 공공선택이라고 하고, 후자의 경우에는 제도의 모순을 시정하기 위해서 헌법 그 자체를 수정해야 하므로 이를 헌법 자체의 공공선택 혹은 헌정 경제학(constitutional economics)이라고 한다. 헌법 자체의 공공선택에서는 정부 권한의 정당성과 정치질서의 정통성 문제 및 정치인들의 사익추구를 억제하거나 정부의 비대화를 방지할 수 있는 법적 규제와 제도적 장치 등 철학적, 법학적, 행정학적, 정치학적 그리고 경제학적 문제가 모두 포괄적으로 논의되게 된다. 이런 관점으로 공공부문에서 재정의 효율성과 형평성을 살리기 위한 재정정책의 개선과 제도 개혁을 강구해 보아야 할 것이다. 헌정 경제학의 목표는 정책 결정권자의 개인적인 성향과 자질에도 불구하고 헌법이 만들어 놓은 헌법상의 제약으로 인해서 정책결정권자가 공익을 위한 결정을 하지 않을 수 없도록 만드는 데 있는 것이라는 점은 정책입안의 공익성을 보장하는 방법으로 진지하게 고려되어 볼 만하다.

경제학자

1) 토마스 홉즈(1588~1679)
   영국의 철학자. Leviathan(1651)
2) 아담 스미스(Adam Smith, 1723~1790)
   영국의 경제학자. 글라스고 대학교 졸업.
   Theory of Moral Sentiments(1759), *Inquiry into the Nature and Causes of the Wealth of Nations*(1776)
3) 빅셀(Knut Wicksell, 1851~1926)
   스웨덴의 경제학자. 웁살라 대학에서 공부. 룬트(Lund) 대학 교수.
   『재정이론』(1896), 『정치경제강의』(1901, 1906)
4) 리차드 머스그레이브(Richard Musgrave, 1910~)
   독일에서 이민 온 미국의 경제학자. 하이델베르그 대학 졸업. 하버드 대학 경제학박사(1937). 미시간, 프린스턴, 하버드 대학 교수.
   Public Finance in Theory and Practice 공저(1973)
5) 재임스 뷰캐넌(James M. Buchanan, 1919~)
   미국의 경제학자. 중부 테네시 대학 졸업. 시카고 대학 경제학박사(1948) 버지니아 대학 교수.
   The Calculus of Consent(with G. Tullock, 1962)
   The Power to Tax 공저(1980)
   노벨 경제학상 수상(1986)

참고문헌

소병희, 『공공선택의 정치경제학』, 박영사, 2001.
옥동석, 『한국의 공공부문과 통합재정 범위』, 한국조세연구원, 1997.

Brennan, G. and Buchanan, J., "The Normative Purpose of Economic 'Science': Rediscovery of an Eighteenth-Century Method," *International Review of Law and Economics*, 1: 155-66, 1981.

Buchanan, J., "The Constitution of Economic Policy," Nobel Lecture, *American Economic Review*, 77(3): 243-250, 1987.

Stigler, G., *The Economist as Preacher*, Chicago: The University of Chicago Press, 1982.

제 2 장

공공재

들어가며

앞장에서 공공부문의 필요성에 있어서 가장 핵심이 되는 것이 곧 공공재라는 것을 알았다. 공공재의 개념은 사적재와 어떻게 다른지 재화의 특성에 따라 분류해 보도록 한다. 그리고 지역마다 다른 수준의 지역공공재를 제공할 경우에 대한 티부의 가설을 살펴본다. 그런데 선호가 비슷한 주민들끼리 결국 같은 지역에 모여서 살게 된다면 이는 동호인들끼리 클럽을 형성한 것과 유사하다고 할 수 있으므로 클럽에 대한 이론을 알아본다. 또한, 공공재에 대한 수요와 공급의 균형에 대해 살펴보고, 무임편승 성향에 대해 알아본다. 그리고 무임편승을 차단할 수 있는 수요현시 장치를 살펴본다. 마지막으로 공공성이란 무엇인가 생각해 보고 또 최근 급변하고 있는 정보의 공공재적인 성격에 대해 살펴본다.

제 1 절 공공재의 개념과 유형

1. 사적재와 순수공공재의 특성

사적재(私的財, private goods)를 소비하고 있는 경우는 자신의 소비활동으로부터 다른 사람을 배제할 수 있으며 자신의 소비활동이 다른 사람에 의해 공유될 수 없다. 예를 들어 피자 같은 것은 사적재이다. 내가 돈을 내고 산 피자 한 판은 내 것이고, 내가 피자를 한 조각 먹어 버리면 다른 사람은 그것을 먹을 수가 없다. 그런데 소비 활동이 먹어 없애는 음식과 같은 것만 있는 것은 아니다. 몇 년 동안 입을 수 있는 코트나 십 년 이상 사용할 수 있는 자동차를 사서 사용하는 것도 소비활동이다. 책상 위 스탠드를 켜서 책을 읽을 경우에 스탠드의 전등과 전기 그리고 책을 모두 소비하고 있다고 할 수 있다. 이런 사적재는 나 이외의 다른 사람은 소비할 수 없도록 배제시킬 수 있다.

그런데, 어둠을 밝힌다고 하는 꼭 같은 기능을 하는 전등이라도 내 집안에 있는 것 대신에 내 집 앞 골목에 있는 가로등의 경우는 좀 다르다. 그 가로등은 시(市)에서 달은 것이 아니라 골목이 어두워서 내 돈을 들여 내가 설치한 것이라고 해도 그 앞을 지나가는 사람들에게서 가로등 사용료를 받기는 어렵고 사용료를 내지 않고 지나가는 사람들이 가로등 불빛의 혜택을 보는 것, 즉 가로등으로부터 나오는 불빛을 소비하는 것을 막을 수도 없는 노릇이다. 이렇듯 돈을 내지 않은 소비자라 하더라도 그가 공공재를 소비하지 못하도록 배제할 수 없는 공공재의 특성을 소비의 비배제성(消費의 非排除性, non-excludability of consumption)이라고 한다.

그런데 공공재의 경우는 굳이 다른 소비자들이 소비하는 것을 막을 이유도 없는 것이 그들과 내가 동시에 그 골목에 들어서서 동시에 가로등 불빛을 사용한다해도 그들 때문에 내 소비가 줄어들지는 않기 때문이다. 아무리 많은 소비자가 공공재를 소비한다고 해도 다른 소비자들의 소비 혜택이 줄어들지 않는 공공재의 특성을 소비의 비경합성(消費의 非競合性, non-rivalry in consumption)이라고 한다. 그러므로 일단 마련된 가로등일 경우에는 한 사람이 더 추가적으로 이를 소비하는 데 드는 한계비용이 영인 셈이다. 순전히 효율성의 관점에서는 원하는 사람은 모두 이 재화를 소비하도록 하는 것이 바람직하다고 할 수도 있다. 가로등의 예처럼 소비를 하는 데 있어서 배제가 불가능하고 소비가 비경합적인 재화를 공공재(公共財, public goods)라고 한다.[1] 공공재라고 해서 모두 완전히 소비로부터의 배제가 불가능하고 절대로 소비가 경합되지 않는 것은 물론 아니지만, 그래도 가장 완벽하게 두 특성이 유지되는 공공재를 순수공공재(純粹公共財, pure public goods)라 한다. 가장 대표적인 순수공공재가 국방이다.

예를 들어, 어떤 골목 안의 가로등은 시(市)에서는 예산이 없어서 설치해 주지 못한다고 하여, 그 골목 안에 사는 다섯 집에서 공동으로 비용을 분담하자고 제의해 보았지만 이에 응한 집은 세 집밖에 없어서 이 세 집에서 공동으로 비용을 분담했고 다른 두 집은 돈을 내지 않았다. 다른 두 집이 돈을 내지 않은 이유는 가로등이 설치되기만 하면 그들이 그 혜택으로부터 배제될 수 없다는 사실을 잘 알고 있었기 때문이다. 이런 유의 행태는 공공재의 경우에 자주 나타나는 현상이다. 이들 두 집과 같이 공공재의 경우에 소비의 비배제성이 있다는 것을 악용하여 비용은 부담하지 않고 소비 혜택만 받으려고 하는 소비자를 무임편승자(無賃便乘者, free rider)라고 부른다.

2. 비순수공공재

순수공공재라고 볼 수 있는 재화는 그리 흔하지 않지만, 사적재와 순수공공재의 사이에는 어느 정도 소비자를 배제할 수도 있고 처음에는 별 문제가 없다가 소비자가 너무 많아지면 나의 소비가 줄어들어 경합성이 생길 수도 있는 중간 형태의 재화는 많이 있다. 예를 들어, 도로나 공원 같은 것은 사적재와 공공재의 특성을 모두 어느 정도 가지고 있기는 하지만, 도로를 이용하는 차가 너무 많으면 소비가 경합적이 된다. 다시 말해서, 가고자 하는 목적지까지 가는 데 보통 때보다 낮은 속력으로 가게 되어 시간이 더 많이 걸리게 된다. 공원의 경우에도 사람이 너무 많으면 그만큼 공원으로부터 얻는 소풍의 즐거움이 줄어들게 된다.

---

1) 새뮤앨슨(Samuelson, 1954, p.387)은 공공재를 다음과 같이 쉽게 정의하고 있다.
a good 'which all enjoy in common in the sense that each individual's consumption of such a good leads to no subtraction from any other individual's consumption of that good.'

그 이유는 이런 비순수공공재의 경우에는 소비자가 너무 많아지면 소비의 경합성이 생기게 되어 혼잡(混雜, congestion)이 발생하기 때문이다. 소비자의 수를 제한할 수 있다면, 즉 소비의 배제가 가능하다면 이런 혼잡을 줄일 수 있다. 일반 도로의 경우는 출입을 통제할 명분과 방법이 별 없으나, 고속도로나 공원의 경우는 인위적인 담이나 지형지물을 이용하여 출입을 통제하고 통행료나 입장료를 입구에서 받도록 해서 소비자 수를 제한할 수 있다. 고속도로처럼 소비로부터의 배제는 가능하나 소비의 비경합성이 완벽하지 않은 재화를 비순수공공재(非純粹公共財, impure public goods)라고 부른다.

이와는 역으로, 소비로부터의 배제는 힘들지만 소비 자체는 경합적인 경우도 있을 수 있다. 예를 들어, 하늘을 마음대로 날아다니고 산 속을 마음대로 누비는 꿩이나 멧돼지 같은 사냥감들이나 바다의 무진장한 듯 보이는 어패류와 해초 같은 자원을 사냥하거나 채취하는 것을 막기는 힘들다. 그렇기 때문에 아무나 함부로 원하는 대로 다량으로 이들 자원을 채취해 가면 나중에는 그야말로 씨가 말라 더 이상 이들을 채취할 수 없게 될 것이다. 이런 공용자원(共用資源, common resources)의 고갈 위험성을 공용목초지의 비극(共用牧草地의 悲劇, tradegy of commons)이라고 부른다. 소비에 있어서의 배제성과 경합성에 따라 〈표 2-1〉과 같은 분류법(分類法, taxonomy)으로 재화를 구분해 볼 수 있다.

표 2-1 재화의 분류

	소비의 배제성	소비의 비배제성
소비의 경합성	사적재 (private goods) 예: 피자	공용자원 (common resources) 예: 공동어장
소비의 비경합성	비순수공공재 (impure public goods) 예: 고속도로	순수공공재 (pure public goods) 예: 국방

3. 준공공재와 가치재

소비에 있어서의 비경합성과 비배제성이라는 특성을 가진 순수공공재는 별로 많지 않으나, 소비에 있어서의 경합성은 없지만 배제성이 어느 정도 있을 수도 있는 비순수공공재는 많다. 그러나 가끔씩은, 근본적으로는 경합성과 배제성을 다 갖춘 사적재이면서도 소비활동의 결과가 공공성을 갖는 재화도 있을 수 있는데 이런 재화는 어떻게 분류해야 할까? 이 경우, 공공성이라고 하는 것은 소비의 외부성, 즉 이 소비활동이 제3자에게 가져올 수 있는 편익을 의미한다. 예를 들어, 교육 같은 것은 교육을 받는 당사자에게 사적 편익을 가져오는 것이지만 이 사람이 자신의 교육의 결과로 한 분야의 (공공재적 특성을 지닌) 연구발전이나 지식의 축적에 기여하게 된다면 이는 사회 전체에 편익을 가져오는 것이 되어 공공성이 있다고 할 것이다. 예방접종 같은 것도 접종받은 개인에게 전염병에 걸리지 않을 항체를 심어 주는 것이기도 하지만 그가 다른 사람에게 전염병을 옮기지 않게 됨으로써 결과적으로 사회전체에 전염예방이라는 비경합적이고 비배제적인 특성을 가진 공공재적인 편익을 가져오는 행위가 되기도 하는 것이다. 이런 종류의 재화에는 사적재로서의 특성과 공공재로서의 특성을 가진 외부효과가 함께 섞여 있다고 볼 수 있으므로 준공공재(準公共財, quasi-public goods) 또는 혼합재(混合財, mixed goods)라고 부른다.

사적재라고 해서 모든 사적재가 공익성이 전혀 없는 것은 아니다. 사적재 중에 소비에 있어서 긍정적인 외부성이 있는 재화는 소비를 권장하는 것이 사회 전체에 이익이 된다. 이런 맥락에서 어떤 특정 사적재의 소비가 긍정적인 외부성을 가져오기 때문에 권장할 만한 가치가 있다고 판단될 경우에 정부는 이를 권장하기 위한 지원을 하기도 한다. 초등학생들이 끼니를 거르지 말고 잘 먹어서 제대로 성장할 수 있도록 학교 급식비를 정부가 보조하기도 하고 누구나 중학교 수준의 교육은 받아서 사회생활에 불편이 없도록 하기 위해 국가가 무상으로 의무교육을 실시하기도 한다. 이렇듯이, 개인이 스스로 시장을 통해 구입하여 소비하는 양보다 더 많은 소비를 하는 것이 사회적으로 바람직하다는 판단 아래 정부가 공적 예산을 써서 개인들이 사적으로 소비하는 양을 초과하여 소비하도록 만드는 재화를 가치재(價値財, merit goods)라고 한다. 역으로 마약과 같이 개인이 소비하는 것이 바람직하지 않은 재화라고 판단할 경우에는 정부가 이를 적극적으로 금지시키기도 하는데 이런 재화는 반가치재(反價値財, demerit goods)라고 할 수 있다. 공공재나 가치재 또는 반가치재에 대해 국가나 지방자치 지역마다 나름으로의 정책을 가지고 있어서 공급 수준이 달라질 수 있다. 지역마다 다른 수준의 지역공공재를 제공할 경우에 어떤 일이 일어날 수 있는지를 다음 절의 지역공공재와 티부가설에 대한 논의를 통해 살펴보도록 하자.

소비의 비배제성(non-excludability of consumption):
설령 돈을 내지 않은 소비자라 하더라도 그를 그 재화의 소비 혜택으로부터 배제할 수 없는 특성

소비의 비경합성(non-rivalry in consumption):
아무리 많은 소비자가 소비한다고 해도 다른 소비자들이 소비 혜택이 줄어들지는 않는 특성.

무임편승자(free rider):
공공재에 있어서 소비의 비배제성을 인지하여 비용은 부담하지 않고 소비 혜택만 받으려고 하는 얌체족.

제2절 지역공공재와 티부 가설

1. 지역공공재와 일출효과

국가 전체에 영향을 미치는 국방과 같은 것은 그냥 공공재라고 하지만, 공공재를 향유할 수 있는 범위가 특정 지역에 한정되어 있는 것은 지역공공재(local public goods)라고 부른다. 엄밀히 말하자면 소비가능 지역의 범위를 어느 정도로 잡느냐에 따라서 모든 공공재는 지역공공재일 수 있다. 예를 들어, 프랑스의 국방력은 프랑스라는 지역의 지역공공재라 볼 수 있고 나토(NATO)의 방위력은 유럽지역의 지역공공재라고 볼 수 있다. 외계로부터의 침공이 있다면 지구상의 모든 나라들의 총체적인 방위력은 지구라는 혹성의 지역공공재라고 하겠다. 지역공공재 중에는 가로등과 등대와 같은 순수공공재도 있지만 도로, 공원, 소방, 경

찰력, 교육과 같은 비순수공공재가 주종을 이룬다.

두 지방자치구역의 경계선에 가로등이 세워져 있어서 양쪽을 다 밝히고 있는 경우도 있을 수 있다. 이 처럼 가로등과 같은 지역공공재가 그 지역의 경계를 너머까지 그 기능을 발휘하는 경우에 두 지역간에 지역공공재의 일출(溢出 spillover) 효과가 있다고 한다.

2. 티부 가설과 발로 하는 투표

주로 그 지역에 사는 주민들이 세금을 내어 마련되는 지역공공재가 내가 원하는 수준과 현격하게 차이가 난다면, 그냥 참고 사는 것도 한 방법이지만 이사가는 것에 큰 걸림돌이 없다면 다른 지역으로 이사가는 것도 고려할 수 있을 것이다. 대도시의 구(區)와 같이 작은 단위의 지방자치 정부가 제공하는 지역공공재의 수준이 주민들이 원하는 수준과 다른 경우, 원하는 수준의 공공재를 제공하고 있는 다른 구나 근교의 위성도시로 이사가는 주민들도 많이 있다.

이사를 통해 자신들의 선호에 맞는 지역으로 옮겨가게 될 것으로 예상되는 주민들의 행동과 연관하여 티부(Tiebout, 1956)는 인접지역에 여러 공동체(마을, 읍, 시의 구 등) 또는 지방자치지역이 공존하고 있는 경우를 상정하여 다음과 같은 구체적인 가정을 세운 후 하나의 가설을 도출하였다:

① 주민이 언제든지 별 다른 이사 비용 없이 다른 지역으로 이사할 수 있다.
② 주민이 모든 다른 지역의 지역적 특성을 완전히 파악하고 있다.
③ 지역마다의 특성이 달라서 갖가지 종류의 지역들 중에서 선택할 수 있다.
④ 지역공공재가 그 지역 너머까지 그 기능을 발휘하지는 않는다.
즉, 지역 간에 지역공공재의 일출효과나 영역의 침범이 없다.
⑤ 주민들이 어느 지역에 살거나 그들의 소득에는 차이가 없다

이동이 자유롭고 이사에 따른 거래비용이 전혀 없다는 가정이므로 주민들은 자기의 선호에 가장 맞는 지역을 찾아서 이사를 하면 되는 것이다. 이렇게 주민들이 다른 지역으로의 이사를 통해 자신의 선호를 보이는 것을 티부는 '발로 하는 투표(voting with the feet)'라고 불렀다. '발로 하는 투표'는 실제의 수요의 가감을 통해서 선호를 나타내게 되는 수요현시(需要顯示, demand revelation)의 한

방법이 되기도 한다.

티부는 주민들이 발로 투표하는 과정에서 동일한 취향을 가진 사람들이 모여 살게 되는 지역들이 형성되게 될 것이며 동일한 선호를 가진 개인들만이 모여 살게 된다면 이들이 개인적으로 부담해야 되는 지역공공재에 대한 지출도 극소화되게 되어 최적 규모의 지역이 생겨나게 될 것으로 보았다. '발로 하는 투표'를 통해서 인구는 동일한 선호를 가진 주민들로 구성된 여러 지역으로 나누어지면서 파레토(Pareto) 효율성을 이룰 수 있게 될 것이라는 가설(假設, hypothesis)이 성립되었다. 중고생 자녀를 둔 중년층은 공기가 나빠도 서울 강남의 소위 8학군 지역으로 이사를 오고, 자녀가 이미 다 성장해버린 노년층은 공기가 좋은 교외의 주택지로 이사가는 것이 한 예라고 하겠다. 극단적인 예로, 만약 지역공공재의 수가 많아지면 같은 선호를 가진 개인의 수가 줄어들어 결국에는 한 사람이 한 지역을 이루게 되는 형태를 가상적으로 생각해 볼 수도 있으나 이 경우에는 한 사람이 모든 지역공공재에 대한 비용을 부담해야 하므로 현실적으로는 무리일 것이다. 그러므로 동일한 선호를 가진 주민이 많을 경우거나 공공재의 수가 적을 경우에 '발로 하는 투표'가 선택의 범위를 좁혀줌으로써 파레토 효율성을 이룰 수 있게 만들 것이다. 물론, 티부가 비현실적인 가정을 전제로 했다는 점에 검증 가능한 가설로서의 한계는 자명하다. 그러나 모든 이론이 정도의 차이는 있겠지만 현실을 추상화함으로써 우리에게 현실에 대한 통찰력을 제공할 수 있다는 측면에서 본다면 티부의 가설의 의미를 그냥 비현실적이라고 내쳐 버릴 수만은 없다.

3. 항 의

동네, 마을, 시의 구 같은 작은 단위의 지역에서는 이동성이 높지만 광역시, 도 혹은 국가와 같이 행정단위가 커지면 주민의 이동성이 떨어지게 된다. 선호의 차이가 아주 크게 나지 않는다면 현실적으로는 이주에 따르는 거래비용(새로 집을 찾고, 직장도 찾고, 자녀의 학교도 옮기고, 새로 친구도 사귀고 등등)이 너무도 크므로 쉽게 이주하지는 않을 것이다. 지역공공재가 자신의 선호에 미치지 못하는데 대한 반응으로서 '발로 하는 투표' 혹은 퇴거(exit)나 이주만이 해답은 아니다. 허쉬만(Hirschman, 1970)이 지적한대로 강도 높게 항의해 보는 것도 대안이 될 수 있다. 실제로 대부분의 사람들은 이주에 따른 거래비용이 과대하기 때문에 여론을 모아서 잘못된 부분에 대한 항의(voice)를 통해 개선하는 방법을 더 자주 쓴다. 우리나라의 학생들이 1960년에 봉기하여 잘못하는 정부를 전복시킨 4.19혁명이 항의의 과격한 예 중 하나라면 미국 캘리포니아의 주민들이 1978년에 통과시킨 주민발의안 13(Proposition 13)은 비폭력적인 항의의 예라고 할 것이다.

티부가 지적한대로 자신의 선호에 맞는 비순수 지역공공재를 제공하는 지역으로 옮겨서 사는 주민들의 이런 행동이 마치 하나의 동호인들끼리 클럽을 형성한 것과도 유사한 측면이 있다. 그러면, 클럽의 형성에 대해서 다음 절에서 살펴보도록 하자.

제 3 절 비순수공공재와 클럽의 형성

1. 혼잡의 발생과 클럽의 필요성

순수공공재의 경우에는 일단 생산비를 부담하고 그 재화를 소비하고 있는 유임승차자의 혜택은, 무임편승자가 편승하여도, 소비의 비경합성에 의해서 줄어들지 않으므로 최소한 소비에 있어서의 손실은 발생하지 않는다. 그러나 일반적으로 순수공공재는 아주 드물고 대부분의 공공재는 순수사적재와 순수공공재의 중간 형태인 비순수공공재이다. 비순수공공재는 소비자의 수가 어느 임계수준에 도달할 때까지는 아무 문제가 없으나, 그 이상이 되면 순수공공재와는 달리 소비에 있어서의 경합성이 발생하므로 혼잡이 생겨서 그만큼 각 개인에게 돌아가는 소비도 줄어들게 된다.

혼잡의 발생으로 인해 비순수공공재의 소비가 줄어들지 않게 하기 위해서는 무임편승자를 배제하고 경비를 부담한 사람들만이 소비할 수 있도록 해야 한다. 이는 곧 무임편승자를 배제하고 동시에 혼잡을 방지하기 위하여 경비를 부담한 회원에 한해서만 소비할 수 있도록 하는 클럽(club)의 형성이 필요함을 의미한다. 컨트리 클럽(골프 클럽)이나 헬스 클럽 같은 것도 있지만, 대표적인 비순수공공재인 고속도로에서 통행료(toll)를 받는 것도 일종의 한시적인 클럽을 운영하는 것으로 볼 수 있다. 즉 통행료를 내고 한시적인 회원이 된 운전자의 자동차에 한해서 그 시설을 사용할 수 있도록 함으로써 통행료가 전혀 없을 경우에 더 많은 자동차가 고속도로로 진입함으로써 발생할 수 있는 혼잡을 줄일 수 있게 된다.

비순수공공재에 있어서의 혼잡의 문제를 인식하고 있었던 경제학자는 많았으나, 공공재와 연관하여 뷰캐넌(1965)이 발표한 클럽이론은 소비의 배제가 가능한 비순수공공재를 효율적으로 배분하는 이론의 기초가 된다고 볼 수 있다. 클럽이론을 개발하면서 뷰캐넌은 다음과 같은 가정을 하고 있다:

① 클럽에서 제공하는 비순수공공재의 크기가 정해져 있다.
② 모든 사람들에게 클럽에 가입할 수 있는 잠재력이 있으며 선호가 같다.
③ 모든 사람들이 비용을 똑같이 나누어 부담한다.

2. 클럽의 최적규모

클럽에서 제공하는 비순수공공재의 성질상 회원의 수가 많아지면, 1인당 부담하는 경비가 줄어드는 이점이 있으나, 회원수가 너무 많아지면 그 재화를 소비하기 위해서 기다리는 시간이 길어지거나 서비스의 질이 떨어지거나 하여 편익이 혼잡으로 인해 더 많이 감소하게 된다. 그렇다면 클럽의 규모 또는 회원의 수를 몇 명으로 정하는 것이 가장 효율적이겠는가 하는 문제를 살펴보지 않을 수 없다.

클럽의 회원이 되고자 하는 사람들은 모두 동일한 선호를 가지고 있으며 일단 회원이 되면 동일한 회비를 낸다고 가정했으므로 클럽에 가입함으로써 클럽재(財)로부터 얻는 회원 한 사람의 총편익(總便益, TB: total benefit)은 초기에는 클럽회원이 증가하면 증대되다가 곧 최대치에 도달하고 그 이후에는 회원 수가 증가할수록 줄어드는 경향을 보이게 된다. 크기가 정해져 있는 수영장 같은 데서 어느 정도 동호인의 참가가 늘어나면 더불어 즐기는 재미가 늘어나기는 하지만, 너무 사람이 많아지면 시설을 사용할 때에 기다려야 되는 혼잡으로 인해서 재미가 줄어들게 되는 것을 상상해보면 쉽게 이해가 가리라 생각된다. 그러므로 클럽의 총편익을 화폐가치로 환산한 것은 〈그림 2-1〉의 TB와 같은 형태로 표시될 수 있다. 반면에 클럽에 내는 회비는 총경비(C)를 회원의 수(N)로 똑같이 나누는 것이기 때문에 그림의 C/N과 같이 회원의 수가 늘어남에 따라서 계속해서 감소하는 형태로 표시될 수 있다.

클럽의 최적규모(最適規模, optimal size) 또는 최적회원수는 클럽회원의 순효용, 즉 총효용과 총비용의 차이가 가장 크게 될 때 이루어질 수 있다. 그림에서 TB곡선의 기울기로 나타나는 한계편익(限界便益, MB: marginal benefit)과 C/N곡선의 기울기로 나타나는 한계비용(限界費用, MC: marginal cost)이 일치하는 점에서 TB-C/N이 극대가 되므로 N^*가 최적회원수이다. 이는 곧 클럽 전체로 볼 때에 회원이 한 사람 더 들어옴으로 해서 감수해야 하는 혼잡비용의 증대 또는 편익의 한계적인 감소를 회원 전체의 수로 곱한 값인 $N \cdot MB$가 회원 한 사람이 더 들어옴으로 해서 감소되는 일인당 회비 C/N과 일치하는 회원의 수가 최적회원수가 되는 것임을 말한다.[2)] 만약 시설의 더 크다면 비용곡선과 편익곡선이 모두 위로 이동할 것이며 따라서 최적회원수도 더 많아질 것이다.

그림 2-1 클럽의 최적 회원수 결정

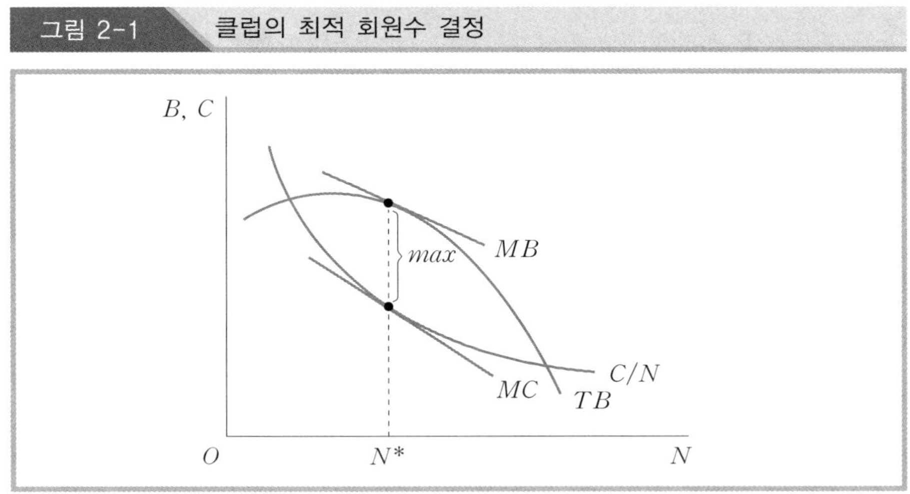

2) 한계편익은 $MB=TB/N$이며 이것은 곧 한계혼잡비용으로 해석할 수 있다. 그러므로 총회원의 편익감소분은 회원수 곱하기 한계편익, 즉 $N.MB$이다. 회비를 살펴보면 한사람의 회원이 추가될 때 줄어들 수 있는 회원 일인당 회비는 $(C/N)/N=C/N^2$이다. 따라서 회원 전체의 비용감소분은 C/N이 된다. 그러므로 $-N.MB=C/N$에서 최적회원수가 결정된다. 이것은 또 $MB=MC=-C/N^2$으로도 쓸 수 있다. 보드웨이와 윌다신(Boadway and Wildasin, 1984, pp. 95-98)참조.

뷰캐넌의 클럽이론은 동일한 선호를 가진 동질적인(homogeneous) 회원들로 구성된 비중앙집권적(非中央集權的, decentralized)인 클럽의 최적규모를 분석한 것이지만, 다양한 선호를 가진 이질적인(heterogeneous) 회원들로 구성된 혼합 클럽(mixed club)인 경우에는 최적규모에 대한 결정이 훨씬 더 복잡해진다. 또 클럽의 회원수가 최적규모에 못 미칠 경우에는 최적규모를 달성할 수 없으므로 파레토 최적성을 이루지 못하게 된다. 반면에 클럽의 최적규모가 그 클럽이 속하는 경제 내에 클럽의 회원이 되고자 하는 사람의 수에 비해서 훨씬 작은 경우에는 다수의 클럽의 형성도 배제할 수 없으며, 이 경우에도 또한 하나의 클럽만 분리해서 분석해서는 파레토 최적인 균형(均衡, equilibrium)을 도출하지 못한다. 따라서 클럽의 최적규모는 단순히 한 클럽 내부의 최적성으로만 결정될 것이 아니라, 경제 전체 속에서 클럽이 발생시키는 비용과 편익을 종체적으로 검토하여 결성되는 것이 더 타당할 수도 있다.

클럽이론을 원용하여 지역공공재를 독자적으로 제공할 수 있는 지방자치 단체의 최적인구는 얼마가 될 것인가 하는 문제도 생각해 볼 수 있을 것이다. 여기에 있어서도 단순히 한 지방자치제 내부의 여건으로만 최적성을 결정할 것이 아니라 국가전체 속에서 지방자치제가 발생시킬 수 있는 비용과 편익을 총체적으로 검토해서 최적지방자치단체의 수와 각 단체의 규모 같은 것을 정할 수 있어야 할 것이다. 이미 정치적으로 결정되어있는 우리나라 안의 각도의 수와 크기를 현재와 다른 식으로 조절한다는 것은 거의 불가능할 지 모르지만 몇 년 전에 행해진 것처럼 대도시의 인접군을 광역시로 합병하여 구를 신설한다든가 하는 문제에 있어서 차후에는 이런 클럽이론을 적용해 볼 가능성이 충분히 있다고 할 것이다.

수영장처럼 한 가지 클럽재(財)의 소비만을 위하여 동일한 선호를 가진 사람만이 회원이 되는 단순한 클럽도 있을 수 있지만, 골프장처럼 골프만 치는 것이 아니라 식사도 즐기고 사교도 하는 등 여러 가지 서비스를 동시에 제공하는 클럽에는 선호가 다양한 회원들이 모일 수 있다. 이런 혼합 클럽에서는 회원은 단순히 클럽재만 소비하는 것이 아니라 다양한 성격의 다른 회원들로부터 그들의 성격이 제공하는 무형의 자산(예를 들면, 외모, 종교, 사회적 지위, 사교성 등)도 함께 소비하게 되는 것으로 볼 수 있다. 또한 회원이 갖춘 이런 자산은 더 자주 클럽을 활용하는 회원일수록 더 많이 다른 회원에게 제공하게 되고 자기도 다른 회원으로부터 얻게 되는 것이다. 또한 회원은 클럽재에 대한 자기의 소비를 조절함으로써 이러한 자산을 더 많이 혹은 더 적게 소비할 수도 있다. 이러한 무형의 자산은 클럽재의 소비로부터의 효용을 더욱 크게 하는 긍정적인 효과를 가져올 수도 있다. 이런 회원은 클럽재와 클럽회원의 자산으로 구성된 복합적인 클럽재를 소비한다고 볼 수 있다. 따라서, 클럽회원이 클럽재 소비로부터 얻는 효용을 증대시킬 수 있는 바람직한 자산을 지닌 회원은 초대회원으로 또는 명예회원으로 회비의 부담 없이 클럽에 가입시켜 주는 경우도 생긴다.

이러한 경우에 클럽은 회원 선발에서 차별을 두는 차별적 클럽(discriminatory club)이 되는데, 회원 가입자격에 특수한 조항을 삽입한다든가, 신입 회원의 가입시에 기존 회원의 동의를 얻어야만 하는 조건을 명시함으로써 회원 가입을 차별할 수 있다. 사회적 지위와 같은 비금전적인 자격에 대한 제한조건이 없다고 하더라도 입회비를 받는 모든 클럽은 회비 그 자체가 클럽재의 소비를 비회원으로부터 배제하는 금전적인 차별을 하고 있다고 볼 수 있다. 회비도 일단 회원이 되기 위해서 내는 입회비와 클럽재를 소비할 때마다 내는 사용비라는 이중가격 구조가 된다. 이 경우에 클럽을 계속해서 유지해 나갈 수 있는 비용은 입회비와 사용비의 합으로 충당하게 된다. 이런 클럽에 대한 수요는 이 클럽이 제공하는 비순수공공재에 대한 수요가 있기 때문에 생기는 것이므로 이런 수요에 대한 이해가 필요하다. 비순수공공재에 국한하지 않고 일반적으로 공공재에 대한 수요는 사적재에 대한 수요와는 다른 성질을 가지고 있다. 공공재에 대한 수요의 특성을 다음 절에서 살펴보도록 하자.

제 4 절 공공재에 대한 수요와 공급의 균형

1. 사적재에 대한 개인 수요의 수평적 합

어떤 재화에 대한 수요를 알기 위해서는 다른 무엇보다도 우선 그 재화에 대한 가격(價格s, P: price)을 알아야 한다. 사적재의 경우는 각각 다른 개인의 수요량에 대해 시장 전체의 수요와 공급에 의해서 형성된 단 하나의 가격이 적용될 뿐이다. 일반적으로, 소비자는 효용을 극대화하기 위해 어떤 재화의 마지막 한 단위가 자신에게 주는 가치, 즉 자신의 한계효용 또는 한계편익만큼만 그 재화에 대한 가격으로 지불하고자 한다($MB=P$).

논의의 편의를 위해, a, b 두 사람이 사적재 X와 공공재 G를 소비하고 있다고 가정해 보자. 일반적으로 개인의 한계효용 혹은 한계편익이 그 재화의 가격과 같게 될 때까지 소비하는 것이 효율적이다. 이때 그 재화의 가격은 또한 그 재화의 한계비용과 같게 된다.

$$MB_a=MB_b=P_X=MC^X \qquad (2.\ 1)$$

소비자가 여럿 있을 때 사적재에 대한 시장의 수요는 잘 알다시피 개별 소비자의 수요를 〈그림 2-2〉에서처럼 수평적으로 합한 수평적 합(水平的 合, hori-

그림 2-2 사적재에 대한 수요의 수평적 합

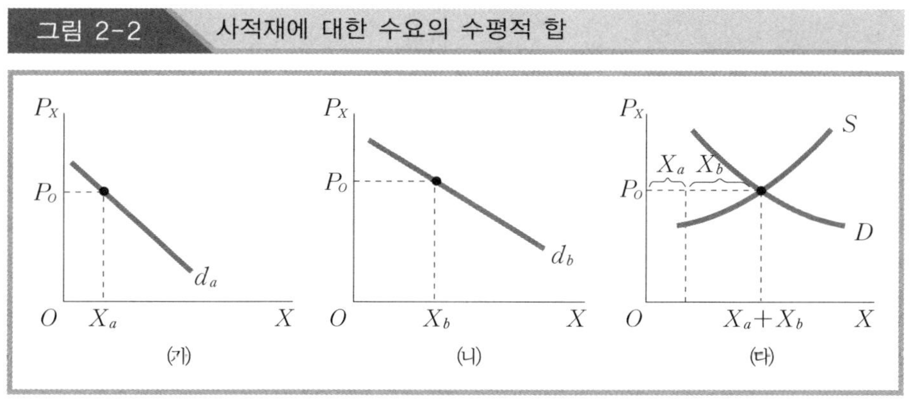

zontal summation)이 된다.

2. 공공재에 대한 개인 수요의 수직적 합

소비자로는 사적재이든 공공재이든 그 재화로부터 얻는 자신의 한계편익 만큼만 가격으로 지불할 의사가 있다. 사적재에 대한 시장에서의 소비량 X는 X_a와 X_b 각각의 소비량의 합인 X_a+X_b가 된다는 것은 이미 위에서 밝힌 바 있다.

공공재의 경우에도, 소비자가 정직한 사람이라면, 그 공공재의 마지막 한 단위가 자신에게 주는 가치인 한계편익만큼만 그 공공재에 대한 가격으로 지불하고자 한다. 가격에 대해 왜 소비자가 내고 싶은 만큼만 낸다는 주장을 할 수가 있는가 하면 만약 너무 많은 값을 치르라고 한다면 공공재가 가지고 있는 소비에 있어서의 비배제성이라는 특성상 소비자가 무임편승할 수도 있기 때문이다. 공공재의 경우는 같은 양의 공공재의 소비로부터 얻는 각 소비자의 한계편익은 비록 다를지라도($MB_a \neq MB_b$) 공공재 소비의 비경합성으로 인해 모든 사람이 소비하는 공공재의 양은 같을 수밖에 없으며 이것은 또 시장 전체의 공공재의 총량(G)이기도 하다($G_a=G_b=G$). 따라서 공공재에 대한 수요의 경우에는 사적재처럼 소비자의 수요의 수평적 합이 될 수가 없다.

공공재의 경우, 각 개인에게 가장 효율적인 수요량을 모두 수평적으로 더한다면 그 합은 시장에서의 공공재의 총량의 몇 배가 되고 말 것이다. 공공재에 대한 수요의 수평적 합은 마치 하나의 좁은 골목 안에 그 골목에 사는 가구 수대로 가로등을 설치하게 되는 것과 같다. 물론, 그 골목 안에는 하나의 가로등만 있으면 충분한 것이다. 다시 말해서, 공공재가 가지고 있는 소비에 있어서의 비경합성이라는 특성 때문에 굳이 그렇게 많은 양이 필요하지 않은 것이다. 그렇다면 공공재에 대한 개인들의 수요는 어떻게 합해서 전체의 수요를 도출해야 할까?

개인 a의 공공재에 대한 수요곡선이 〈그림 2-3〉의 ㈎와 같다고 하고 개인 b의 수요는 ㈏와 같다고 하자. 개인 a는 자신의 수요곡선이 보여 주는 것과 같이 G_0만큼의 공공재에 대해 t_a만큼의 세금을 낼 의향이 있다. 마찬가지로 개인 b는 t_b만큼의 세금을 낼 의향이 있다. 경제 전체로 보았을 때는 G_0만큼의 공공재에 대해 t_a+t_b 만큼의 세금이 조성될 수가 있다는 말이 된다. 따라서 이 두 사람의 수요곡선을 수직적으로 합한다면 이 수직적 합(垂直的 合, vertical summation)은 경

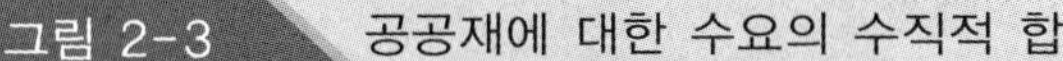
그림 2-3 공공재에 대한 수요의 수직적 합

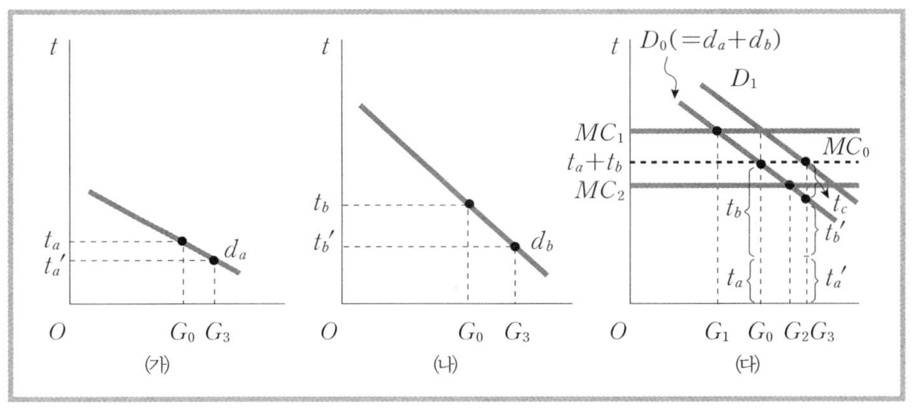

제 전체에 있어서 공공재의 양에 대한 수요곡선 D_0가 된다. 또한 이 수요곡선은 조세 조성 가능성을 보여 주는 곡선이기도 하다.

3. 공공재에 대한 린달 조세

공공재가 일단 마련되면 모두가 같은 양을 소비하게 되는데, 그렇다면 사회 전체의 공공재의 총량은 또 어떻게 결정되어야 할까? 두 사람으로 형성된 사회에서는 각자가 같은 양의 공공재로부터 얻는 한계편익의 합이 공공재 생산의 한계비용과 일치하는 점에서 공공재의 총량이 결정되어야 한다.

$$MB_a + MB_b = MC^G \qquad (2.\ 2)$$

위 그림의 (다)에서 공급곡선을 나타내는 공공재 생산의 한계비용이 다른 세 가지 경우를 생각해보자. 한 단위의 추가적인 공공재 생산에 드는 한계비용이 가장 높은 MC_1인 경우는 두 사람 다 조금 더 적은 G_1분량의 공공재를 단위당 더 많은 세금을 내고 사야 하며, 한계비용이 가장 낮은 MC_2인 경우는 두 사람 다 조금 더 많은 G_2분량의 공공재를 단위당 더 적은 세금을 내고 살 수 있다. 한계비용이 MC_0인 경우가 현재 그대로 G_0 분량의 공공재를 t_a와 t_b의 세금을 내고 사는 경우이다. 이 사회의 구성원이 만약 1명 더 늘어나서 개인 C도 공공재에 대한 세금을 분담하게 된다면 그 사람의 수요도 수직적으로 합하게 되어 전체의 수요곡선이 D_0에서 D_1으로 위로 이동하게 된다. 한계비용이 MC_0인 경우라면 한 사람이 더 비용을 분담함으로써 a와 b가 부담하는 단위당 몫은 전보다 줄어들어 t_a'과 t_b' 되고 공공재의 분량은 G_3으로 늘어나게 된다. 왜냐하면 단위당 총부담액은 전과 같은 t_a+t_b이지만 a와 b의 단위 당 세금의 합은 D_1에서 D_0를 뺀 수직거리인 차액, 즉 새로운 사람이 부담하는 t_c만큼 줄어들기 때문이다.

위에서 논의한 것처럼 공공재의 경우에는 시장이 형성되어 있는 것이 아니므로 정부가 세금을 걷어서 공공재의 생산비를 충당해야 한다. 모든 사람들이 정직하게 공공재가 자신에게 주는 한계편익에 해당하는 세금을 낸다면 파레토 효율을 이룰 수 있게 된다. 그렇게 하면 파레토 효율적인 균형이 이루어질 수 있다는 점을 처음으로 지적한 린달의 이름을 따서 이를 린달 균형(Lindahl equilibrium)이라고 하고 이 때 각자가 부담하는 세금을 린달 조세(Lindahl tax)라고 한다. 이는 또 편익 또는 혜택을 받은 수혜자가 당연히 자기가 혜택을 받은 만큼 그 비용을 부담해야 한다는 응익원칙(應益原則, benefit principle)에도 부합된다.

4. 공공재 생산에 있어서의 새뮤엘슨 조건

이렇게 린달 균형이 달성되었다는 것은 곧 공공재와 사적재 간에 각 개인의 한계대체율(限界代替率, MRS: marginal rate of substitution)의 합과 경제 전체의 생산가능경계선 상에서의 한계변환율(限界變換率, MRT: marginal rate of transformation)이 같아져야 한다는 조건을 의미한다고 새뮤엘슨(Samuelson)이 설명했다. 위의 공공재에 대한 식 (2. 2)를 사적재에 대한 식 (2. 1)로 나누어 보면 새뮤엘슨이 지적한 조건이 자명해진다.

$$\frac{MB_a^G}{MB_a^X}+\frac{MB_b^G}{MB_b^X}=\frac{MC^G}{MC^X} \qquad (2.\ 3)$$

그런데 한계대체율과 한계변환율의 정의를 적용해보면 식 (2. 3)은 곧 아래의 식 (2. 4)와 같은 것이라는 것을 알 수 있다.

$$MRS_a^{GX}+MRS_b^{GX}=MRT^{GX} \qquad (2.\ 4)$$

두 사람으로 구성된 경제에서의 균형조건인 식 (2. 4)를 여러 사람으로 구성되어 있는 경제에서의 균형조건으로 표현해 본다면 아래와 같이 된다.

$$\sum_{i=1}^{n} MRS_i^{GX} = MRT^{GX} \tag{2. 5}$$

이 조건을 새뮤엘슨 조건(Samuelson Condition)이라고 하는데 아래의 〈그림 2-4〉로도 직관적인 설명이 가능하다. 우선 사적재(X)와 공공재(G)만 생산하는 2사람으로 구성된 경제전체의 생산가능경계를 그림 ㈎에 그린다. 2사람 중 하나인 a의 효용을 우선적으로 일정 수준으로 유지해 주기 위한 무차별곡선 I_a를 그리면, 생산가능경계와 무차별곡선 I_a와의 차이가 나머지 한 사람인 b가 사용할 수 있는 생산의 잔여분이 된다. 이 생산의 잔여분을 따로 떼어 그림 ㈏에 그리면 그것이

그림 2-4 새뮤엘슨 조건

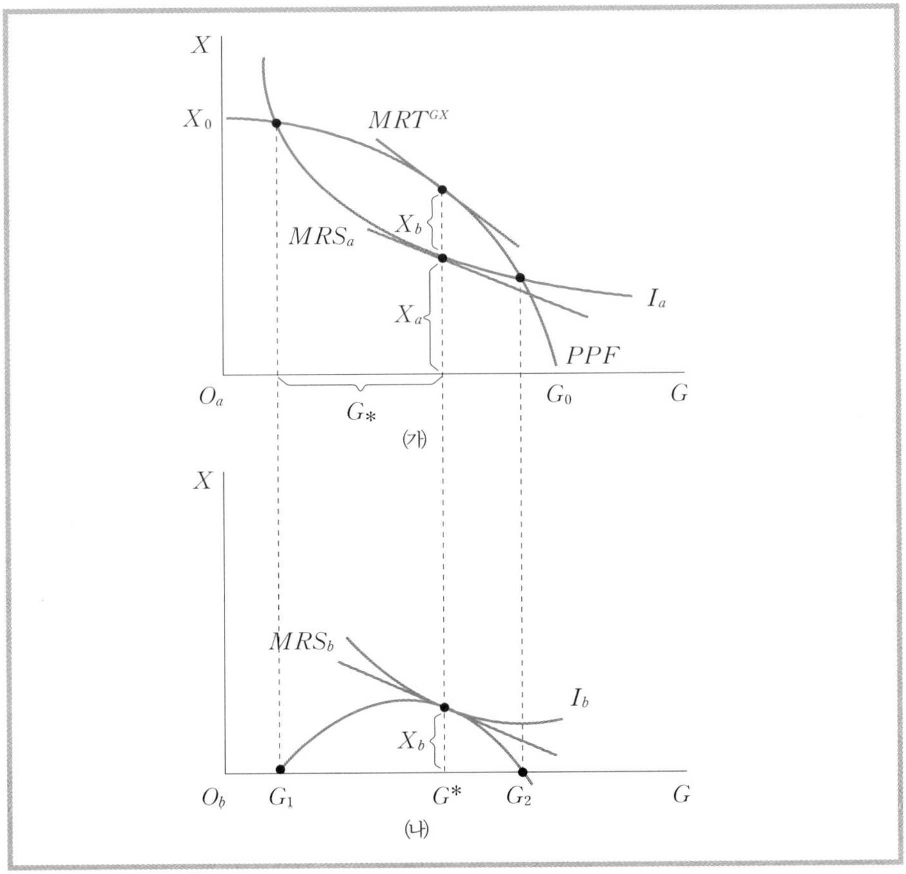

곧 b의 소비가능곡선이 되고 이 곡선과 b의 무차별곡선 I_b가 접하는 점이 b의 효용극대화 점이 된다. 이 때 경제전체의 공공재의 총량은 G_*로 두 사람 모두 같은 양을 소비하고 있지만 사적재는 a와 b가 소비하는 X_a와 X_b를 합해야 경제전체의 사적재의 총량이 된다. 그리고 각각의 효용극대화 점에서의 한계대체율의 합은 생산가능경계에서의 한계변환율과 같게 된다. 이것이 바로 새뮤엘슨 조건이다.

그런데 만약 위의 〈그림 2-3〉에서의 예에서 새로 이 사회에 들어온 사람이 자기는 공공재에 대한 수요가 특별히 없다고 속인다면, 수요곡선은 전과 마찬가지로 D_0가 되어 a와 b는 이 사람이 정직하게 자기의 수요를 밝혔을 때에 비교해서 더 많은 세금을 부담하면서 더 적은 G_0 분량의 공공재를 소비하게 된다. 이런 무임편승에 대한 유혹은 쉽게 생길 수 있는 것이다. 무임편승 현상에 대해 좀더 자세히 다음 절에서 살펴보도록 하자.

사적재(private goods):

$X = X_a + X_b$ (개인 a와 b)

공공재(public goods):

$G = G_a = G_b$

새뮤엘슨 조건

$\sum_{i=1}^{n} MRS_i^{GX} = MRT^{GX}$

제 5 절 콜름 정삼각형과 내쉬 균형의 비최적성

1. 콜름 정삼각형

두 소비자(a, b)와 두 재화, 즉 하나의 사적재와 하나의 공공재가 있는 경제를 〈그림 2-5〉에서 볼 수 있는 바와 같은 콜름(Kolm) 정(正)삼각형으로 그려 보도록 하자. 세 변의 길이가 같은 정삼각형의 증명된 특성 중의 하나는 정삼각형 안의 어떤 점에서든지 각 변까지의 수직거리의 합은 항상 정삼각형의 높이와 같다는 것이다. 각 변으로의 수직거리 중 아래 변으로의 거리를 공공재(G)의 크기로 하고 왼쪽 변으로의 거리를 소비자 a의 사적재 소비량(X_a)으로 오른쪽 변으로의 거리를 소비자 b의 사적재 소비량(X_b)으로 하자. 이 특성을 이용하여 각 소비자의 예산선을 그리기 위해 사적재와 공공재의 상대가격은 1로 고정시키도록 하자. 다시 말해, 설혹 각 재화 한 단위의 실제 양의 크기는 재화별로 다를 수 있을지라도, 그림에 표시한 한 단위의 사적재는 정확하게 한 단위의 공공재와 교환되도록 한다. 정삼각형의 높이와 일치하도록 한 이 경세의 총자원(W)으로 표시한 예산 제약은 아래와 같다.

$$X_a + X_b + G \leq W \tag{2. 6}$$

이 경우 소비자 a와 b의 예산선은 이 W점에서 각변으로 내린 수직신의 길이라고 할 수 있다.

무차별곡선은 자신의 사적재가 증가하고 동시에 공공재가 증가하는 방향으로 더 높은 효용수준으로 이동하게 된다.

그림 2-5 콜름 정삼각형 안의 효용극대화

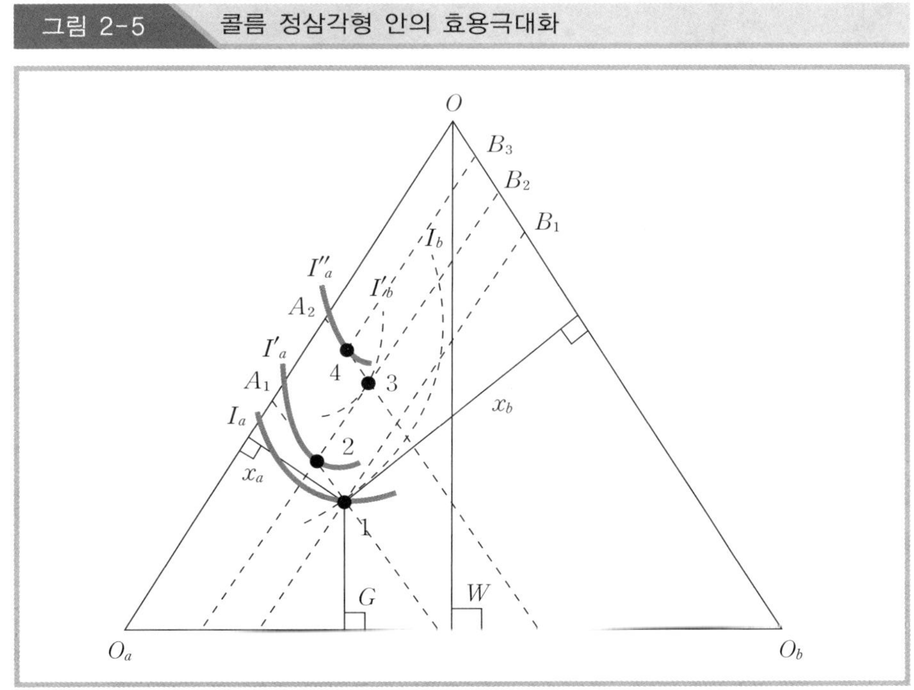

〈그림 2-5〉의 점 1의 위치에서 초기에 자원이 배분되어 있다고 가정하자. 이때 소비자 a의 무차별곡선 I_a와 소비자 b의 무차별곡선 I_b가 점 1을 통과하고 있어서 둘 다 효용극대화를 이루고 있지는 못하다. 두 소비자 중 a가 먼저 행동을 취한다고 할 경우에 a가 취할 수 있는 행동은 상대방 b가 소비하는 사적재의 양 X_b와 공공재의 양 G는 주어진 것으로 놓고 자신의 사적재 소비를 줄여서 공공재의 양을 늘리는 것이다. 다시 말해서, a는 b의 소비를 줄이게 하거나 공동으로 소비하는 공공재의 양을 줄여서 자신의 사적재를 늘릴 수는 없으므로 선분 $1A_1$이 a가 취할 수 있는 행동반경을 점들로 이어놓은 것이며 바로 a의 예산선이 되는 셈이다. a의 예산선은 정삼각형의 오른쪽 변과 평행이다. 이 예산선 위로 이동하면 점 2에서 더 높은 무차별곡선 I_a'와 선분 $1A_1$과 접하게 되어 a는 주어진 상태에서 효용극대화를 이룰 수 있게 된다. 한편, 점 2에서 b도 a의 행동을 주어진 것으로 놓고 자신의 효용극대화를 꾀한다면 b는 자신의 예산선(정삼각형의 왼쪽 변과 평행)이 되는 $2B_2$ 선분 상에서 자신의 무차별 곡선 I_b'와 접하는 점 3으로 이동하게 된다. 그러나 점3은 전보다 더 많은 공공재를 제공하는 점이므로 a의 효용극대화를 교란하게 되어 a는 자신의 효용극대화를 위해 다시 새로운 예산선인 $3A_2$ 상의 한 점인 점 4로 이동하게 된다. 여기에 대해 b가 다시 새로운 예산선 $4B_3$ 상의 새로운 점을 찾게 된다.

2. 내쉬 균형

공공재에 대한 자신의 수요를 상대방과 비교해서 얼마로 알리는 것이 가장 자신의 효용을 극대화할 수 있는 전략이 되는지에 대한 의사결정을 게임이론적으로도 접근해 볼 수도 있다. 한 게임에서 상대방의 전략을 주어진 것으로 놓고 자신에게 최적인 전략을 취하는 행태를 내쉬 행태(Nash behavior)라고 하고 내쉬 행태를 취한 게임의 참가자들에 의해 달성된 균형을 내쉬 균형(Nash equilibrium)이라고 한다. 그런데 내쉬 균형은 파레토 최적이 되지 못한다는 것은 이미 널리 알려진 정리이다. 이 정리를 〈그림 2-6〉에서와 같이 두 소비자(a, b)와 두 재화, 즉 하나의 사적재와 하나의 공공재가 있는 콜름 정삼각형을 써서 증명해 보도록 하자.

위의 〈그림 2-5〉에서와 같은 과정이 계속되다가 〈그림 2-6〉의 점 5에서 처

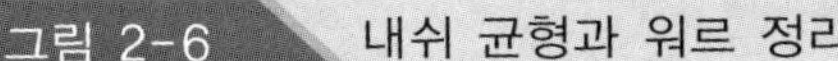
그림 2-6 내쉬 균형과 워르 정리

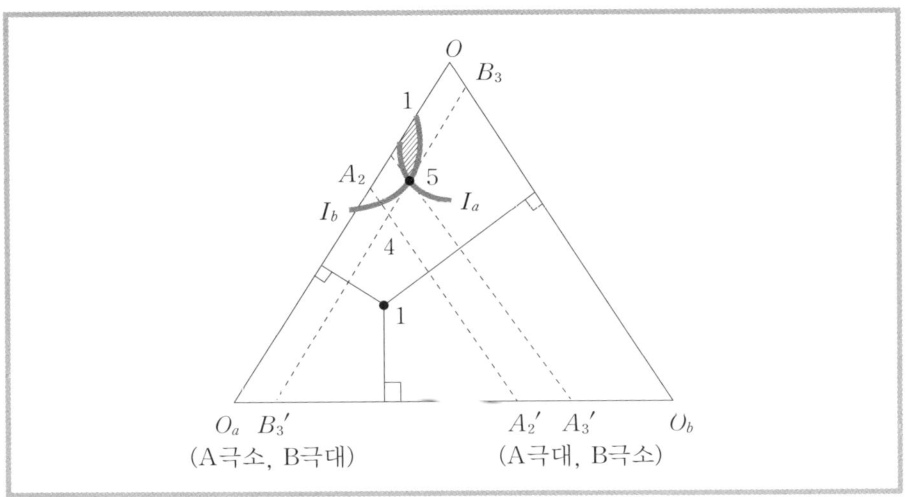

럼 두 소비자 각각의 효용극대화 점이 일치하는 점에서 더 이상 새로운 점으로 이동할 필요가 없게 되어 균형을 이루게 되는데 이 균형이 바로 내쉬 균형이다. 그러나 내쉬 균형은 파레토 최적이 되지는 못한다. 왜냐하면, 두 소비자의 무차별곡선으로 둘러싸인 빗금 그은 부분은 점5보다 두 소비자 모두에게 파레토 우월한 배분점들로 구성되어 있기 때문이다. 이 부분은 소비가능한 점들인데도 불구하고 두 소비자의 균형은 점5에서 이미 달성되어 버려서 더 이상의 이동은 없게 된다.

3. 워르 정리

한편, 초기의 자원배분이 이 예에서처럼 꼭 점1이 아닌 경우라도 자원배분이 a의 예산선인 $5A_3'$와 b의 예산선인 $5B_3'$ 사이에 있는 한 이 내쉬 균형점 5로 수렴하게 된다. 즉 이 범위 내에 초기의 자원배분이 있는 한 최종자원배분 상태는 동일하게 된다. 이것은 사적으로 공공재를 마련하는 경우에 제공되는 공공재의 양은 일정 범위 내에서는 소득분배에 대해 중립적이라는 워르(Warr, 1983)의 정리와 일치하는 결과이다.

제 6 절 무임편승 현상

1. 무임편승 내쉬 균형

공공재의 수요와 공급이 파레토 효율적이 되려면 린달 균형을 이루어야 하지만 그러기 위해서는 모든 수요자가 수요를 정직하게 나타내어야 한다. 정부가 세금을 걷는 대신 수요자들의 자발적인 기여금에 의해서 공공재를 생산하고 제공하는 경우를 상정해보자. 공공재는 그 성격상 일단 제공되면 돈을 내지 않은 사람이라 할지라도 소비로부터 배제할 수가 없다. 그러나 내가 돈을 내지 않아도 무조건 누군가가 돈을 내어 공공재를 마련해 주는 것이 아니라 다른 사람들도 나와 마찬가지의 생각을 하고 있다고 생각해보자.

예를 들어, 여러 사람으로 구성된 사회에서 내가 자발적으로 공공재의 생산비에 기여할 몫이 5로 결정되어 있고 공공재가 생산되지 않을 경우에는 돌려받지 못하도록 되어 있다고 가정해 보자. 만약 기여자 수가 일정수 이상이 되면 공공재를 생산하게 되고 공공재 생산은 나에게 200의 가치를 준다고 가정하면 공공재 생산의 순가치는 내게 195가 된다. 그러나 기여하지 않고 무임편승하겠다는 사람들이 많아서 기여금이 공공재 생산비에 못미치게 되면 공공재는 생산되지 않게 되고 나는 나의 기여금 5를 돌려받지 못하게 되어 나의 수익은 −5가 된다. 반면에 내가 성공적으로 무임편승을 하게 되는 경우에는 내게 공공재의 순가치는 200이 된다. 나를 포함하여 너무 많은 사람들이 무임편승을 하고자 하여 결과적으로 공공재가 생산되지 않는 경우에는 나의 순수익은 0이다. 나만의 순수익표인 보수행렬(net pay-off matrix)은 〈표 2-2〉이다.

사람이 너무 많아서 그들이 어떤 확률로 어떤 전략을 사용할지에 대해서 예측이 불가능하다고 한다면, 여러 상대방의 전략을 주어진 것으로 놓고 자신의 최적 전략을 정하는 내쉬 행태를 취할 수밖에 없다. 모든 사람이 내쉬 행태를 취할 경우에 다른 사람의 전략이 어느 것이 되든 내게는 무임편승이 더 나은 수익을 가져온다는 것을 수익표를 보면 쉽게 알 수 있다. 내쉬 행태를 취한 게임의 참가자들에 의해 이렇게 달성된 내쉬 균형은 파레토 최적이 되지 못한다는 것을 다시

표 2-2 여러 사람 무임편승 게임의 나만의 수익표

다른 이들의 전략 / 나의 전략	기여함 (공공재 생산됨)	무임편승함 (공공재 생산안됨)
기여함	(200−5=) 195	−5
무임편승함	(200−0=) 200	0

한번 볼 수 있다. 이 예를 통해서 우리는 사람의 수가 많아질수록 무임편승하고자 하는 성향이 더 강하게 나타나게 될 것이라는 것을 짐작할 수 있다.

2. 실험경제학적 결과

공공재 마련에 있어서 무임편승자 문제와 자발적인 기여 및 외부효과에 대한 실험경제학(experimental economics)적 연구결과도 몇 가지 살펴보도록 하자. 공공재 마련에 대한 자발적 기여에 대한 연구의 틀을 잡은 것은 사회학자인 마웰과 에임즈(Marwell and Ames, 1981)로 그들은 무임편승자 문제가 있다는 지적에도 불구하고 공공재가 마련되는 현상을 보고 무임편승자 문제는 사회 전반의 문제라기보다는 혹시 경제학자들만의 문제가 아닌가 하는 의문을 실험적으로 밝혀 보려 했다. 그들의 1979년도 실험에서는 실험대상인 고등학생들에게 두 가지 용도에 쓸 수 있는 종이 토큰을 주고 그 중 한 용도에 쓸 것을 스스로 결정하도록 했고 1981년도의 실험에서는 경제학 대학원생을 대상으로 해서 같은 실험을 했다. 두 가지 용도 중 하나는 자기 자신을 위해 토큰을 돈으로 바꾸는 것인데 이 경우는 토큰 당 1센트씩의 수익이 생기고 다른 용도는 자기가 속한 그룹의 공동계좌에 토큰을 넣는 것인데 공동계좌에 토큰을 넣는 참여자가 적으면 수익이 1센트도 안되지만 참여자가 많아지면 많아질수록 수익이 높아져서 1센트를 훨씬 상회하게 된다. 실험결과, 일반적으로 실험대상자들이 자신이 가진 토큰의 반 이상을 공동계좌에 불입하는 것으로 나타났지만, 예외적으로 경제학 대학원생의 경우는 이 수치가 아주 작았다. 이로 미루어 볼 때, 무임편승자 문제는 경제학자들이 인식하고 있는 것보다는 훨씬 덜 심각한 것으로 보인다고 그들은 결론지었다.

반면에 경제학자들인 아이작, 워커 및 토마스(Isaac, Walker, and Thomas, 1984)는 컴퓨터를 이용해서 위와 유사한 실험을 대학생을 대상으로 실시하면서 무임편승자 문제가 심각하다는 것을 보이고자 했다. 이들은 토큰을 그룹에 전혀 기여하지 않는 것이 내쉬 균형이 되고 100% 기여하는 것이 파레토 효율적이 되도록 실험의 유인체계를 만들었다. 의사결정을 반복해서 여러 번 하게 될수록 그리고 그룹에 대한 개인의 기여로부터의 수익이 적을수록 그룹계좌에 기여하는 정도가 적어졌고, 수익률을 일정하게 놓았을 경우에 그룹의 크기를 변화시키는 것은 그룹에 대한 기여도에 변화를 가져오지 않았다. 원했던 대로의 결과가 확실하게 나오지는 않았으나 이 실험의 분석을 통해서 어떤 요인들이 무임편승 경향을 높게 만들고 어떤 요인들이 그런 경향을 줄어들게 하는가 하는 문제로 연구의 초점이 전환되면서 자발적 기여에 대한 실험적 연구에 약간의 활력을 넣게 되었다. 무임편승자에게 자기의 수요를 정직하게 나타내도록 만들 수 있는 제도적 장치는 없는 것일까? 다음 장의 수요현시 장치에 대한 논의를 통해 알아보도록 하자.

제 7 절 수요현시 방안

1. 클락조세

많은 사람을 대상으로 공공재 생산을 결정할 때 수익자 부담원칙에 따라 자발적으로 자신의 한계편익에 해당하는 기여금을 내면 좋겠지만, 위의 예에서 보았듯이 무임편승하고자 하는 성향이 커져서 자발적인 기여에 의존해서는 공공재 생산이 무산되기 쉽다. 개인의 진정한 한계편익을 파악하기는 불가능하므로 모두에게 똑같은 일정액을 정부가 강제로 세금으로 걷어서 생산비를 확보하는 것이 이를 피하기 위한 방법의 하나이다. 그러나 사람들이 정직한 수요를 밝히게 만들 수 있는 어떤 수요현시 방안(demand revealing mechanism)이 있다면, 각자의 한계편익에 따라 적절한 자발적인 기여금을 갹출받는 방법이 사회적으로 더 효율적인 방법일 것이다.

공공재의 비배제성으로 인해 공공재 마련에 있어서 세금을 내야 되는 입장이면 자신의 한계효용 또는 수요를 축소하여 보고하려 하고 반면에 세금을 내지 않아도 되는 입장이면 수요를 과장하여 보고하려 하는 성향이 있다. 이를 교정하기 위하여 클락(Clarke, 1971)이 주장한 방법으로, 사람들이 클락 조세(Clarke tax)라고 명명한 조세를 부과하는 방안이 가장 잘 알려진 수요현시 방안 중의 하나이다. 그의 방안에서는 모든 사람은 자신(j)의 수요곡선(d_j)을 중앙의 계획자에게 자신이 보고할 의무가 있다. 보고된 수요곡선의 진위에 대해서는 자신 외에는 아무도 모르지만 중앙의 계획자는 어쨌든 보고된 수요곡선을 합한 값($AD=\Sigma d_j$)에 의거하여 공공재의 생산수준을 정한다. 이 경우에 다른 사람들이 정직하게 자신의 수요를 보고했는지 여부에 관계 없이 각자가 정직하게 자신의 수요를 보고하도록 만들 장치가 필요하다. 이를 위한 장치로 다음과 같이 각자가 부담할 세금을 계산하도록 한다. 개인 j를 제외한 모든 다른 사람들의 수요의 합($AD-d_j$)에 의해 결정된 공공재의 양이 G_0라고 한다면 여기에 개인 j의 수요를 더하게 되면 공공재의 양이 G_0보다 늘어나서 G_1이 될 것이다.

이 때 개인 j가 부담해야 할 세금은 두 가지 종류로 구성되어 있다. ① 그 하나는 j가 다른 사람들의 수요의 합보다 더 많은 양의 공공재를 원하지 않는다고 해도 즉 j도 G_0로 만족한다고 해도 G_0의 생산에 들어가는 비용을 총인원 수로 똑같이 나눈 값인 S_j, 즉 〈그림 2-7〉에서 □$012G_0$를 확정세금으로 부담해야 한다는 것이다. ② 다른 하나는 j가 다른 사람의 수요의 합보다 많은 양(G_1)의 공공재

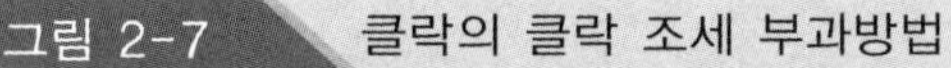
그림 2-7 클락의 클락 조세 부과방법

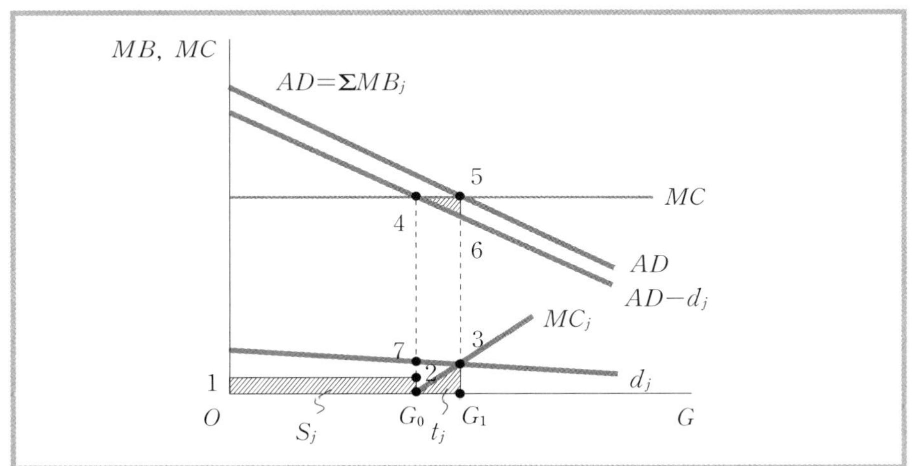

를 추가적으로 수요로 할 경우에 추가적인 공공재의 생산에 드는 한계비용에서 자신을 제외한 모든 다른 사람의 한계편익의 합을 뺀 차액 t_j, 즉 〈그림 2-7〉에서 △456 또는 △$G_0 3 G_1$만큼을 추가세금으로 부담해야 하는 것이다. 이것은 다른 사람이 $G_1 > G_0$ 으로 G_0를 늘리는 데 동의하도록 하기 위해 $(n-1)$명에게 나누어 줄 금액인 셈이다.

이런 경우에 j는 어떻게 대처할 것인가를 같이 생각해 보자. 만약 j가 자기의 수요를 0이라고 거짓으로 보고한다고 해도 그는 세금 S_j를 내어야만 한다. 이때 경제전체의 수요는 j의 수요를 제외한 것이 되어서 G_0가 된다. 그러나 만약 진실되게 G_1을 보고한다면 추가로 늘어나는 한계편익의 합은 □$G_0 73 G_1$이 되지만 자신에게 부담이 되는 추가적인 세금은 △$G_0 3 G_1$(=△456)에 불과하므로 그 차이만큼 순편익이 증가할 수 있다. 따라서 다른 사람들의 수요가 어떻든 간에 j는 자신의 한계편익이 한계비용과 일치할 수 있도록 정직하게 자신의 수요를 보고할 유인을 갖게 된다.

그러나 여기에는 문제점이 있다. 클락조세의 문제점으로 가장 많이 지적되는 것은 다음 네 가지이다: ① 이 사회에 사람이 많다면 한 개인의 수요는 아주 적은 부분에 지나지 않는데도 개인이 자신의 시간과 노력을 들여서 자신의 수요를 파악하여 보고해야만 한다; ② s_j조세가 어떤 식으로 결정되는지에 대해서는 그 결정 과정이 제시되고 있지 않다; ③ $\Sigma s_j + \Sigma t_j$가 G의 비용과 일치하지 않을 수도 있으므로 예산이 균형을 이루지 못할 수도 있음. 만약 세금의 합이 G의 비용보다 크다면 잉여예산은 이 경제의 밖으로 버려야 각 개인에게 돌아가는 유인제도를 왜곡시키지 않을 수 있다; ④ 이런 장치를 관리하는 행정비용이 상당히 커질 수도 있다. 이런 문제를 피해갈 수 있는 방법에는 아래에서 논의할 약간 향상된 클락조세가 있을 수 있다.

2. 티드만-툴록 메커니즘

이런 클락 조세의 약점을 보완하기 위해서 티드만과 툴록(Tideman and Tullock, 1976)은 우선 S조세의 부과방식을 $a_j MC$로 구체화해서 〈그림 2-8〉에서와 같이 G_0'의 생산을 위한 $\Sigma a_j MC = MC$가 되도록 했다. 다시 말해서, j의 보고를 받지 않았을 때의 $MC - a_j MC = AD - d_j$에서 생산을 결정한다는 것이다. 그러므로 티드만과 툴록의 생산량인 G_0'는 클락의 생산량인 G_0보다 더 많은 양이 될 것이다. 이제 j가 자신의 수요를 보고할지 말지를 결정해야 하는데 0으로 보고하면 j의 수요는 빼놓은 상태에서 결정한 현재 그대로이다. 그러나 자신의 진실된 수요를 보고하면 공공재의 총량이 G_*가 되어 j의 한계편익이 $\square G_0'42G_*$로 늘어나는 반면에 추가적인 세금부담, 즉 한계비용은 $\square G_0'12G_*$로 늘게 되어 $\triangle 142$에 해당하는 한계순편익이 발생한다. 그러므로 j로서는 다른 사람의 수요에 관계없이 자신의 수요를 진실되게 보고하게 된다. 공공재가 G_*일 때 j가 부담해야 하는 세금을 긴 직사각형인 $\square 0a_jMC3G_*$와 작은 삼각형인 $\triangle 123$으로 나누어 볼 수 있는데 후자는 아주 작은 양일 수 있으므로 클락 조세가 공공재의 공급을 초과하여 걷히는 부분이 거의 무시해도 될 정도로 작아질 수 있어서 예산을 이 경제 밖으로 버려야 하는 낭비가 생기지 않을 수도 있다는 것이 티드민과 툴록의 장치가 클락 장치보다 향상된 점이라고 하겠다.[3)]

그림 2-8 티드만과 툴록의 향상된 클락 조세 장치

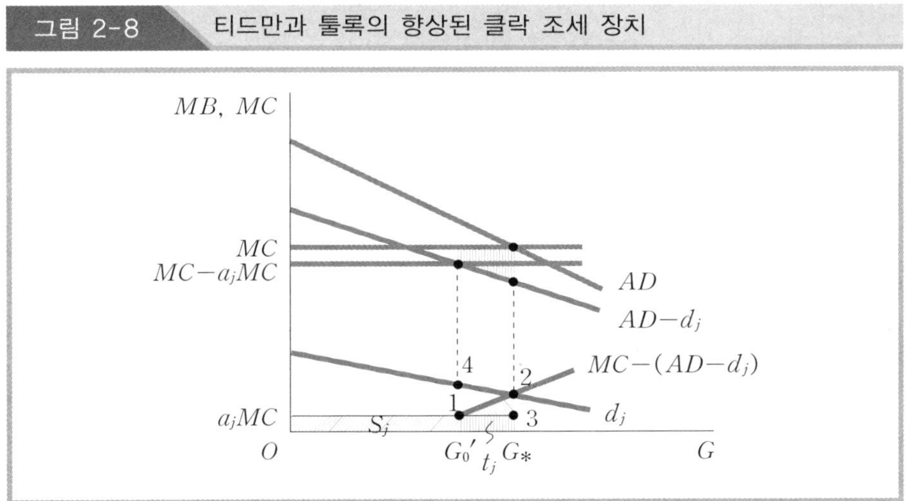

3) 도형만으로도 충분히 이해할 수 있듯이 클락 조세는 내가 먼저 나의 선호를 노출하는 부분균형에 지나지 않는다는 것이 약점이다. 이를 일반화하기 위하여 내쉬행태를 상정한 수학적인 일반균형모형을 그로브즈와 레저드(Groves and Ledyard, 1977)가 발표했다. 위 두 모형은 정태적인 것이었지만, 말랭보(Malinvaud, 1971)는 개인은 각각 공공재와 사적재의 한계대체율을 보고하고 정부는 이들의 합이 한계변환율과 같게 만드는 공공재의 추가생산분을 매 시점에 계산하여 공공재의 공급을 조절하는 동학적 모형을 선보인 바 있다.

제 8 절 공공성의 정도와 준공공재로서의 정보

1. 공공성의 정도

공공재라고 하면 일반적으로 공공에게 편익을 제공하는 재화로서의 성격을 시사하지만 소비의 비배제성과 비경합성이 있는 재화라고 해서 모두가 같은 수준의 공익성이 있는 것은 아니다. 정보나 지식은 공공재의 성질을 가지고 있다. 날씨에 관한 기상정보나 과학기술에 대한 지식이 한 예일 것이다. 그러나 같은 정보라도 예를 들어, 사제폭탄 제조에 대한 지식이나 정보와 같이 사람을 해치는데 악용될 수 있는 정보라면 그것은 공익성이 있다고 할 수 없을 것이며 이런 정보는 정부가 적극적으로 막아야 할 것이다. 정보는 사적재로서의 특성과 공공재로서의 특성을 가진 외부성이 함께 섞여 있다고 볼 수 있는 일종의 준공공재라고 할 수 있다. 준공공재는 정부 정책의 측면에서 볼 때 가치재로 간주 되는 경우가 대부분이다.

가치재로서의 준공공재를 더 많이 소비하도록 장려하기 위해서 정부는 보조금을 주거나 조세감면 혜택을 주기도 한다. 이런 정책결정을 원활히 하기 위해서는 공공성을 측정하는 잣대가 있으면 도움이 될 것이다. 사회적 편익을 측정한다는 것 자체가 완전히 객관적일 수만은 없으며 그 편익의 대상에 대해서도 누구나 동의할 만한 척도가 있는 것은 아니지만 이론적으로는 공공성을 외부효과의 결과로 나타나는 사회적 편익을 사적 편익으로 나눈 비율로 측정하는 것이 한 방법이 될 것이다.[4] 공익성이 있는 재화는 비영리재단들이 재정지원을 하는 비율이 높게 될 것이므로 와이스브로드(Weisbrod, 1988)가 지적한 것처럼 공적인 재정지원의 비율도 사후적으로 공공성의 정도를 측정하는 한 방편이 될 수도 있다.

2. 준공공재로서의 정보

현대의 경제가 지식기반 경제로 접어들면서 정보(information)는 공공성을 가

4) 컬리스와 존즈(Cullis and Jones, 1998), 52쪽 참조.

진 중요한 공공재로서 부상하고 있다. 인터넷이 보편화되면서 현대 사회는 정보의 홍수 속에 말려들고 있다. 정보란 개인의 선택에 영향을 미쳐서 개인의 효용을 증가시킬 수 있는 지식이라고 정의할 수 있을 것이다. 또한, 정보는 그 경제적 가치가 개인에 따라 다르게 나타나며 그에 대한 비용을 기꺼이 지불할 용의가 있는 지식이라고도 정의할 수 있겠다. 정보는 그 특성상 하나의 준공공재라고 할 수 있을 것이다.

한 명의 개인만이 가지고 있는 공개되지 않은 정보는 공공재로서의 역할을 하지 못한다. 정보가 외부성을 가지게 되는 것은 어떤 정보의 공개가 다른 사람들에게 사회적 편익을 가져 올 수 있기 때문이다. 예를 들어, '비가 올 것이다'라는 날씨에 관한 정보를 기상관측관 혼자만 알고 있다면 그 사람만 우산을 가지고 나갈 것이지만 방송매체를 통해 이를 여러 사람들에게 알리면 우산을 못 가지고 나와서 비를 맞는 사람은 없을 것이므로 사회 전체에 편익을 가져오게 된다. 비오는 날 우산을 가지고 나올 수 있게 함으로써 정보는 출퇴근시의 거래비용, 즉 이 경우는 비를 맞았을 경우의 세탁비라든가 거리에서 우산을 구입해야 하는 등의 비용을 줄여주게 된다. 또 다른 예로 구직자의 교육정도에 대한 정보는 신호역할을 하게 되어 고용주의 탐색비용이나 선별비용이라는 형태의 거래비용을 줄여주기도 한다.

이런 정보로부터 나오는 외부성은 공공재로서의 특성인 소비에 있어서의 비경합성과 비배제성을 가지고 있으므로 가치재이기도 하다. 가치재로 인식된 정보를 보다 널리 전파하기 위해서 공공지원을 해 주기도 한다. 그러나 정보에 따라서는 부정적인 외부성이 발생하는 반가치재도 있다. 예를 들어 몇 년 전에 인터넷상에 자살하는 방법에 대한 정보를 올린 사이트가 있어서 모방자살을 유도하기도 했고 사제폭탄 제조방법을 올린 사이트가 테러리스트에 의해 악용될까봐 우려를 불러일으키기도 했으며 인터넷상의 음란사이트가 청소년에게 유해하리라는 것은 공론의 대상이 된 적이 한두 번이 아니다. 이런 반가치재로서의 정보를 차단하기 위해 규제법을 만들어 통제하기도 한다.

정보산업은 빠른 속도로 성장하고 있다. 정보의 생산은 생산초기에 상당한 고정비용이 들 수 있으나 일단 생산된 정보의 재생산에 드는 한계비용은 거의 영에 가까워질 수도 있다. 이는 곧 생산에 있어서의 규모의 경세가 있으며 정보의 독점화라는 부정적인 측면이 나타날 수도 있다는 것을 의미한다. 일반적으로 이

동통신이나 인터넷과 같은 정보통신 기술이 발달하면서 정보의 전파속도가 가속화되고 공개와 공유가 늘어나게 되어 정보의 비대칭성이 완화되는 경향이 있다고 볼 수 있다. 그러나 디지털 시대에 들어서면서 정보의 획득과 가공 기술에 숙달한 사람일수록 단 시간에 더욱 많은 정보를 얻을 수 있기 때문에 정보통신 기술의 발달이 정보의 비대칭성을 증가시키게 될 수도 있다. 이런 디지털 격차(digital divide)은 개인 간 정보의 격차를 심화시키면서 정보의 불균등으로 인한 소득의 격차를 가속화시키게 될 수도 있다. 왜냐하면 경제적 결정에 우월한 입장을 보장할 수 있는 특정 정보를 남들보다 먼저 선점할 수 있는 개별 경제주체는 이를 바탕으로 막대한 이득을 챙길 수 있기 때문이다. 이는 정보를 접하는 기회의 형평성 문제를 돌이켜 보게 만든다.

또한, 개인은 공개되어서 자신에게 불리한 정보는 숨기려하고 유리한 정보는 과장되게 왜곡하려는 성향이 있다. 이는 정보가 과연 효율적으로 배분이 되고 있는가하는 문제와 직결된다. 예를 들어, 성적이 나쁜 학생의 경우라면 잘보이고 싶은 데이트 상대에게 자신의 성적이라는 정보를 숨기고 싶어할 것이다. 만약 마음에 드는 맞선 상대가 돈 많은 사람을 찾고 있다는 정보를 사전에 입수했다면 최고급차를 렌트카로 빌려서라도 실제보다 자신의 부를 과장되게 부풀려서 알리려고 하는 사람도 있을 것이다. 또한 자신을 방어하거나 상대방을 방심하도록 만들기 위해 적극적으로 잘못된 정보를 주어 상대방을 오도하는 경우도 있다. 이런 행위가 개인의 차원에서 행해질 때는 피해자가 그 상대방 한두 명에 지나지 않을 수 있으나, 정부 또는 중요한 국가기밀을 다루는 관료가 조직적으로 적극적인 정보의 오도(disinformation)를 수행할 경우에 피해자는 전국민이 될 수도 있어서 심각한 문제를 유발할 수 있다. 또한 알려서는 안 되는 정보를 그 정보에 접근할 수 있는 사람이 다른 사람에게 알림으로 해서 다수의 사람들이 피해를 입게 되는 경우도 있다. 그러므로 정보의 공개에 대한 법률이 필요하게 된다.

현재 우리나라의 정보공개에 관련된 대표적인 법으로는 공공기관의 정보공개에 관한 법률, 공공기관의 개인정보보호에 관한 법률 및 정보화 촉진기본법을 들 수 있다. 1980년대 후반부터 정보공개법 제정에 관한 필요성에 대한 공감대가 사회전반에 폭넓게 형성되기 시작해서 1996년 12월에는 마침내 「공공기관의 정보공개에 관한 법률」이 제정이 되게 되었다. 이 법은 1998년 1월 1일부터 본격적으로 시행되기 시작했으나 시행 초기이므로 여러 문제점이 계속 노정되고 있다.

정보공개의 절차나 비밀문서의 지정을 명시화한 정보공개에 관련 법률에 대한 합리적인 개정을 통해 공공기관 내부의 부패행위를 예방하거나 행정절차를 감시하고 감독하는 데 있어서 효율성을 높일 수가 있을 것이다. 그리고 일반 국민은 좀더 다양한 정보를 접할 수 있을 것이며 사회단체들이 공공부문에서 발생할 수도 있는 부정부패를 감시하고 감독하는 일을 하는 데 도움이 될 것이다. 적절한 정보공개를 통해 국민의 알 권리가 존중되고 행정절차가 투명해져야 비로소 공공부문의 효율성이 제대로 진작될 수 있을 것이라는 점을 명심해야 할 것이다.

공공성의 정도(定度, the degree of publicness):

=(공익 또는 외부적 편익)/(사적 편익)

응 용 문 제

1. 동일한 선호를 가진 사람들이 수영장과 같은 일정 규모의 클럽재 혹은 비순수 공공재를 제공하는 동호인 클럽을 형성할 때, 회원들의 효용을 극대화하는 최적의 회원수(N)를 결정하기 위한 조건을 간단한 모형을 세워 수식으로 도출하라. 클럽재의 규모(Q)는 주어진 것으로 놓고 각 회원은 자신의 소득(I)으로 사적재(X)와 클럽재만 소비한다고 가정하라.
2. 섬에서 생활하고 있는 로빈슨 크루소와 그의 하인 프라이데이가 사적재와 공공재를 함께 생산하여 각각 소비하며 살고 있으며 정직하게 자기의 선호를 밝힌다고 가정하자. 두 사람이 함께 생산한 총생산물로 주인인 로빈슨의 효용을 먼저 일정 수준으로 만족시키고 난 후에야 하인인 프라이데이는 자신의 효용을 극대화할 수 있다. 이 경우에 프라이데이는 얼마의 사적재와 얼마의 공공재를 생산하는 것이 주인이 쓰다 남은 생산물로 자신의 효용을 극대화하게 되는 것인가를 결정해야 한다. 그의 최적생산량 결정이 곧 새뮤엘슨 조건을 만족시키게 되는 것을 보여라.

경 제 학 자

1) 에릭 린달 (Erik Lindahl, 1891~1960)
   스웨덴의 경제학자. 빅셀의 제자.
2) 폴 새뮤엘슨 (Paul Samuelson, 1915~)
   미국의 경제학자. 시카고 대학 졸업. 하바드 대학 경제학박사
   미국 MIT 대학 교수, 1970년에 제 2 회 노벨 경제학상 수상.
   Foundations of Economic Analysis(1947)
   Economics(1948, 11th ed., 1980 가장 많이 팔린 경제학원론 교재)
3) 존 내쉬 (John Nash, 1928~)
   미국의 게임이론가. 프린스턴 대학교 박사로 1959년까지 MIT에서 가르쳤다.
   정신분열증으로 1959년에 정신병원에 입원한 후로는 학문적 기여가 없었다.

1994년에 Nobel 경제학상을 공동으로 수상(John Harsanyi, Reinhard Selten)
"Equilibrium points in n-person games," (*Proceedings of the National Academy of Sciences*, 1950)

4) 티부 (Charles Tiebout, 1924~1968)
미국 경제학자. 웰슬리언 대 졸업. 미시간 대학 경제학박사(1957).
노스웨스턴, 워싱턴 대학 교수.
"A Pure Theory of Local Expenditure," *Journal of Political Economy*(1956).

참 고 문 헌

소병희, "공공재 마련에 관한 도해적 설명,"「국민경제연구」, 20: 179-192, 1997.

Buchanan, J., "An Economics Theory of Clubs," *Economica*, 32: 1-14, 1965.

Clarke, E.H., "Multi-part Pricing of Public Goods," *Public Choice*, 11: 17-33, 1971.

Cullis, J.and P. Jones, *Public Finance and Public Choice*, Oxford: Oxford University Press, 1998.

Groves, T. and Ledyard, J., "Optimal Allocation of Public Goods: A Solution to the Free Rider Problem," *Econometrica*, 45(4): 783-809, 1977.

Hirschman, A., *Exit, Voice and Loyalty*, Cambridge: Harvard University Press, 1970.

Isaac, R., J. Walker, and S. Thomas, "Divergent Evidence on Free Riding," *Public Choice*, 43: 113-49, 1984.

Lindahl, E., "Just Taxation-A Positive Solution," in R.A. Musgrave and A.T. Peacock(eds.) *Classics in the Theory of Public Finance*, 168-76, London: Macmillan, 1967.

Marwell, G. and Ames, R.E., "Economists Free-Ride, Does Anyone Else! Experiments on the Provision of Public Goods, IV," *Journal of Public Eonomics*, 15(3): 295-310, 1981.

Malinvand, E., "A Planning Approach to the Public Goods Problem," *Swedish Journal of Economics*, 11: 96-112, 1971.

Samuelson, "Pure Theory of Public Expenditure," *Review of Economics and Statistics*, 36(4): 387-89, 1954.

Soh, B.H., "A Diagrammatic Exposition of the Equilibrium and the Optimum Involving Public Goods," *Gyungje Ronjip*, 19(3): 394-404, Seoul National University, 1980.

Tideman, T. and Tullock, G., "A New and Superior Process for Making Social Choices," *Journal of Political Economy*, 84(6): 1145-59, 1976.

Tiebout, C., "A Pure Theory of Local Expenditure," *Journal of Political Economy*, 64(5): 416-24, 1956.

Warr, P., "The Private Provision of a Public Good is Independent of the Income Distribution," *Economics Letters*, 13: 201-11, 1983.

Weisbrod, B., *The Nonprofit Economy*, Cambridge: Harvard University Press, 1988.

제 3 장

공공선택과 집단적 의사결정방식

들어가며

선호가 다양한 여러 사람들이 사는 사회에서는 어떤 공공재를 얼마나 필요로 하는가 하는 문제에 대해 합의하기가 결코 쉽지 않다. 예를 들어, 서울에서 부산까지의 고속전철이 필요하다고 생각하는 사람들이 있는가 하면 고속전철을 만들 예산이면 경부고속도로와 같은 고속도로를 적어도 3~4개는 더 만들 수 있으므로 고속도로를 더 만들자는 사람들도 있는 것이다. 전국적인 공공재보다 지역주민의 세금으로 마련되는 지역공공재의 경우에는 이런 결정에 지역주민이 직접 참여하도록 하는 것이 마땅한 일일 것이다. 그런데 이런 집단적 의사결정은 어떻게 하는 것이 효율적인 것일까? 이런 집단적인 의사결정에 가장 효율적이며 자주 쓰이는 민주주의적 방법은 투표제도라고 할 수 있다. 투표방식에는 흔히 사용되는 다수결투표나 과반수 투표뿐 아니라 여러 형태의 투표방식이 있다.

먼저, 몇 백만분의 일에 지나지 않는 단 한 표를 던질 유권자가 왜 굳이 투표소에 가는가에 대해 생각해 보도록 한다. 그리고 애로우의 불가능성 정리를 통해 바람직한 투표제도가 갖추고 있어야 할 특성에 대해 살펴보고 애로우의 정리의 함의를 통해 투표제도의 한계를 미리 가늠해 본다. 가장 보편적인 투표방식인 다수결에 의해 의사를 결정할 경우에 과연 얼마만큼의 투표자들이 동의한 경우에 한 안건을 가결시키는 것이 가장 효율적인가 하는 최적다수를 결정하는 문제를 살펴본다. 중위투표자 정리와 투표자들이 단봉선호를 갖고 있지 않은 경우에 발생할 수 있는 투표의 순환에 대해 알아본다. 투표자의 선호의 강도가 어느 정도 반영될 수 있는 투표매입 및 투표교환 그리고 점수투표제 및 거부권투표제도에 대해서도 알아본다. 그리고 대의민주주의 아래에서의 정당의 강령과 투표의 결과에 대하여 살펴보도록 한다. 끝으로 기타 여러 종류의 투표방식을 소개한다.

제 1 절 투표행위의 비용과 편익

투표자들이 많아지면 나의 한 표의 영향력은 별 수 없이 줄어든다. 100만 명의 유권자가 투표한다면 나의 한 표는 100만 분의 1의 영향력밖에 없는 것이다. 분별력이 있는 사람이면 별 영향력도 없을 표 한 장을 던지는 일을 하지 않으려 할 것이다. 그런데도 대다수의 분별력 있어 보이는 사람들이 선거 때마다 굳이 투표장에 가는 이유는 무엇일까라는 의문부터 우선 풀어보도록 하자. 투표자가 투표에 참여할 것인가 안 할 것인가를 결정하는 투표함수를 정치학자들은 경제학에서 쓰는 비용-편익분석으로 설명하기도 한다. 투표소에 나가는 비용과 자신이 한 표를 던지는 데서 얻을 수 있는 기대효용(期待效用, expected utility)을 비교하여 기대효용이 더 커야만 투표소에 나가는 것이 분별력 있는 합리적인 유권자(rational voter)가 취할 태도라는 것이다. 아래의 식은 하나의 투표함수(投票函數, voting function)로서 어째서 합리적인 유권자조차도 투표소에 가게 되는지를 설명하고 있다.[1)]

$$R = PB - C + D \qquad (3.\ 1)$$

R은 투표자와 투표행위로부터 얻는 효용이다. B는 투표자가 지지하는 입후보자 혹은 안건이 선출됨으로써 얻을 수 있는 혜택과 투표자가 지지하지 않는 입후보자 혹은 안건이 선출 또는 채택됨으로써 얻을 수 있는 혜택의 차이로 가정했다. P는 자신의 투표로 인해 투표의 결과에 변화를 가져올 확률이다. C는 투표행위에 드는 시간, 교통비, 불편 등의 비용이고, D는 민주시민으로서 투표의 의무를 다하는 것으로부터 얻을 수 있는 만족감이다.

매우 윤리적이며 이타주의적인 투표자는 위 식의 효용에 자신의 효용만이 아니라 다른 사람들의 효용까지 포함하여 생각하게 되어 식의 B가 아주 크게 될 수도 있다. 그렇다고 해도 수백만 명의 유권자 중에 한 표인 어떤 한 개인이 투표의 결과에 영향을 미칠 수 있는 확률은 거의 0에 가깝다. 그러므로 비록 B가 매

1) 라이커와 오데숙(Riker and Ordeshook, 1968)의 설명이다.

우 크다고 할지라도 거의 0에 가까운 작은 확률로 곱하면 PB는 거의 무시해도 될 정도일 것이므로, 결국 $D>C$인 경우에만 투표에 참여한다는 얘기가 된다. 민주시민의 의무를 다하기 위해서라기보다는 다른 이유에서 투표에 참여하는 사람도 물론 있을 수 있다.

제2절 바람직한 투표제도의 특성과 불가능성 정리

일단 투표가 중요한 의사결정방식으로 채택된다고 한다면 바람직한 투표제도는 어떤 특성을 가져야 하는가를 생각해 보지 않을 수 없다. 애로우(Arrow, 1951)는 다음과 같은 다섯 가지 특성이 필수적으로 갖추어져야 한다고 주장했다.

우선 '집단적 합리성'이란 집단으로서의 선호체계(選好體系, preference ordering)도 합리적인 개인이 갖는 선호체계와 마찬가지로 일관성이 있어야 한다는 것을 의미한다. 합리적인 선호체계는 완비성(完備性, connexity)과 이행성(移行性, transitivity)을 갖추어야 한다. 완비성이란 모든 대안이 상호 비교가능해야 한다는 것으로 어느 하나라도 다른 어떤 대안과 비교하여 더 좋은지 더 나쁜지 혹은 똑같은지를 정할 수 없어서는 안 된다는 것이다. 이행성이란, 예를 들어 X, Y, Z 세 가지 대안이 있을 때, X가 Y보다 더 낫고 Y가 Z보다 더 낫다고 했다면 마땅히 X가 Z보다 낫다고 해야 한다는 것이다. 즉, Y가 Z보다 낫다고 할 경우에 X가 Y보다 낫다고 한 먼저 번의 선호가 X와 Z를 비교할 때 X에게 그대로 이행됨으로써 X가 Z보다 낫다는 결론이 나와야 일관성 있는 선호체계라는 것이다.

'파레토 원칙'을 지켜야 한다는 것은 X와 Y라는 두 대안 중 집단의 구성원 전부가 X를 더 선호한다면 채택된 집단적 의사결정방식의 결과도 역시 X를 Y보다 선호하는 결과를 가져와야 한다는 것이다. 종종 논란의 대상이 되기도 하는 '무관한 대안으로부터의 독립성'이란 X와 Y라는 두 가지 대안 간의 선호를 결정하는 데 있어서 Z나 W와 같은 다른 대안들은 모두 이 둘과는 무관한 것으로 봐야하며 이 둘 간의 선호의 결정에 영향을 주어서는 안 된다는 것을 의미한다. 예를 들어, 한 개인이 X와 Z를 비교하여 선호도를 바꾸었다고 해서 집단이 X

와 Y를 비교하여 결정한 선호가 변경되어서는 안 된다는 것이다. '비독재성'이란 어느 한 개인의 선호가 무조건 자동적으로 집단 전체의 선호가 되어서는 안 된다는 것이다. '영역의 비제약성'이란 구성원 중 누구도 자기가 속하는 집단의 집단적 의사결정 과정에 참여하는 데에 제약을 받아서는 안 된다는 것이다.

애로우는 이런 조건을 모두 만족시키는 의사결정방식이 존재할 가능성에 대해 논리적으로 고찰해 본 결과 위 조건들을 만족시키는 의사결정방식이 존재하는 것은 불가능하다는 결론에 도달했다. 이 결론을 애로우의 불가능성 정리라고 부른다. 그리고 1951년에 발표된 애로우의 불가능성 정리는 경제학계뿐 아니라 사회각계에 상당한 반향을 불러 일으켰다. 예를 들어, 네 번째 조건인 '비독재성'을 놓고 생각해 본다면, 이 조건을 충족시킨다면 다른 조건 중 적어도 하나는 충족시키지 못한다는 것을 의미하고 이는 곧 민주주의적인 집단적 의사결정방식은 비합리적일 수밖에 없다는 것을 의미한다. 이런 함의는 민주주의 정치체제의 정당성에 심각한 손상을 초래할 수도 있는 것이다. 물론, 위의 다섯 가지 조건들이 반드시 다 필요한 것인가에 대한 의문을 제기할 수도 있다. 리틀(Little, 1952)은 후생경제학에서 어차피 사람들의 선호가 변하지 않는다고 가정하므로 굳이 '무관한 대안으로부터의 독립성' 조건은 불필요한 것이 아니겠는가하는 점을 지적한 바 있다. 또한, 뷰캐넌(1954)은 집단적 의사결정에서는 개인의 경우와 같은 이행성을 반드시 요구할 필요가 없지 않겠는가 하는 견해를 밝힌 바 있다.

완벽하게 모든 조건을 충족시키는 집단적 의사결정방식은 없다면 가장 이상

애로우가 본 바람직한 집단적 의사결정제도가 갖추어야 할 다섯 가지 조건:

① 집단적 합리성(collective rationality): 선호의 완비성과 이행성
② 파레토 원칙(Pareto principle)
③ 무관한 대안으로부터의 독립성(independence of irrelevant alternatives)
④ 비독재성(non-dictatorship)
⑤ 영역의 비제약(unrestricted domain)

애로우의 불가능성 정리(Arrow's Impossibility Theorem):

위의 다섯 가지 조건을 동시에 충족시키는 집단적 의사결정방법을 도출하는 것은 불가능하다.

적인 대안적 방식으로 두 번째 조건인 파레토 원칙에 입각한 의사결정을 들 수 있다. 그러나 이 방식은 실용성이 떨어져서 신속하고 객관적으로 수긍할 만한 의사결정을 요하는 경우에 사용되기 힘들다는 치명적인 단점이 있다. 우선 파레토 개선이 일어나려면 집단의 구성원 중 어느 누구의 효용도 감소시키지 않으면서 단 한 사람의 효용이라도 증대하는 경우가 되어야 하는데 구성원의 수가 수백만 명이 되는 경우에 이 조건을 충족시키기는 거의 불가능하다고 보아야 할 것이다. 이 방식은 만장일치제를 요구하는 것과 유사하다. 이는 또 각 개인이 거부권(拒否權, veto)권을 가지고 있는 것과 마찬가지로서 기존상태(旣存狀態, status quo)만이 지속되게 되는 결과를 초래하여 아무런 새로운 의사결정도 못하게 되기 쉽다. 설혹 힉스와 칼도 혹은 시토프스키 식의 보상을 전제로 생각한다해도 보상기준의 객관성과 실제 보상의 확보가 현실적으로 어렵기 때문에 실용성은 역시 없다고 보아야 할 것이다.

그렇다면 결국 어느 정도의 단점은 용인하면서 실용성이 있는 집단적 의사결정방식을 수용하는 수밖에 없는데 우리가 가장 흔히 볼 수 있는 민주주의적 의사결정방식은 다수결 투표방식이다. 그런데 다수결도 어떤 사안에 대해서는 과반수의 찬성만을 요구하고 또 다른 사안에 대해서는 2/3의 찬성을 요구하는 등 찬성에 필요한 다수의 크기가 종종 다른 것을 볼 수 있다. 왜 그래야 하는지에 대해 다음 절에서 알아보도록 하자.

제 3 절 최적다수의 결정[2)]

집단의 구성원 중 누구의 선호도 무시되지 않는다는 관점에서 가장 바람직한 집단적 의사결정방식은 투표자 전원의 찬성을 얻어야만 하는 전원일치(全員一致, unanimity) 제도라고 할 수 있을 것이다. 그러나 만장일치를 얻어내기란 쉽지 않은 일이다. 투표참여자들의 선호의 다양성과 서로 다르게 얽혀 있는 이해관계로 미루어 볼 때, 전원이 동의할 수 있을 정도로 처음의 안건을 수정하여 대안을

2) 아래의 투표방식과 결과에 대한 논의는 뮬러(Mueller, 1979)의 3장과 6장, 보드웨이와 윌다신(Boadway and Wildasin, 1984)의 6장을 참조했다.

만들어 내기에는 너무 많은 시간과 노력이 들게 되기 쉽다. 그러므로 어느 정도의 투표자들이 동의할 경우에 그 안건을 통과시킬 필요가 있다. 그런데 과연 몇 퍼센트의 투표자가 동의한 경우에 안건을 통과시키는 것이 적절하겠는가 하는 것을 결정해야 된다. 이 가장 적절한 동의자의 비율이 바로 최적다수(optimal, majority)이다.[3)]

최적다수의 비율을 결정하는 데 있어서는 두 가지 점을 고려해야만 한다. 만약 아무도 반대하지 않는다면 아무도 불만이 없는 상태로 볼 수 있을 것이다. 그런데 100명 중에 99명이 동의하고 1명이 반대한다면 이 한 명의 불만족도(不滿足度)만큼 전체의 만족도, 즉 효용은 떨어지게 될 것이다. 2명이 반대한다면 전체의 효용은 그만큼 더 떨어지게 될 것이다. 99명이 반대하는데 단 한 명의 독재자가 자신의 의사를 밀고 나간다면 전체의 만족도는 아주 적어질 것이고 이 한 명이 다른 99명에게 효용의 감소라는 비용을 초래한다고 볼 수 있을 것이다. 이렇게 반대하는 사람들에게 효용의 감소를 초래하는 비용을 외부비용(外部費用, external cost)이라고 말할 수 있다. 〈그림 3-1〉에서 볼 수 있듯이 외부비용(E)은 찬성자가 적으면 적을수록(반대자가 많으면 많을수록) 많고, 찬성자가 많으면 많을수록(반대자가 적으면 적을수록) 적게 된다. 그러므로 이 첫번째 고려사항인 외부비용은 다음과 같이 정의할 수 있다. 외부비용은 전원 일치의 상태에서 얻을 수 있는 전체의 효용에서 실제로 얻은 효용을 뺀 부분이다.

반대자가 많은 경우에 더 많은 사람들이 찬성할 수 있도록 안건을 수정하거나 대안을 내놓는다면 외부비용을 줄일 수가 있을 것이다. 그렇게 해서 외부비용을 줄일 수 있더라도 대안을 마련하고 그것으로 다시 반대자들을 설득하는 데에는 추가로 시간과 노력이라는 비용이 들게 마련이다. 두 번째로 고려하여야 할 사항이 바로 이 비용인데, 이를 의사결정시간비용(意思決定時間費用, decision-time cost)이라고 한다. 〈그림 3-1〉에서 볼 수 있듯이 의사결정시간비용(D)은 더 많은 사람들이 찬성할 수 있도록 안건을 손볼수록 더 높아지게 마련이다

그림의 원점은 N 사람 중에 한 사람도 이 안건에 대해서 찬성하지 않는 경우이다. 이때의 외부비용은 무한대라고 볼 수 있고, 의사결정 시간비용은 없다고 할 수 있다. 그림의 횡축의 우측으로 갈수록 찬성자가 늘어나면서, 외부비용은 줄어드는 반면에 의사결정시간비용은 늘어나게 된다. 이 두 비용의 합(合)은 위의

3) 뷰캐넌과 툴록(Nuchanan and Tullock, 1962)의 최적다수이론을 참조.

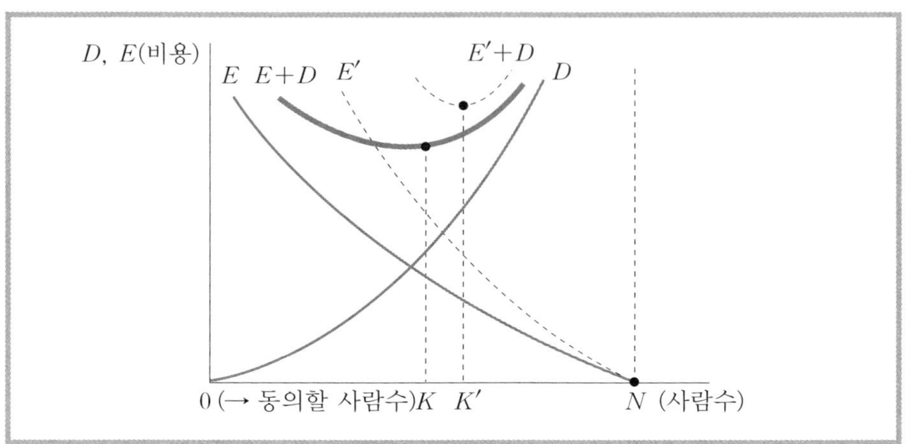

포물선으로 나타나게 되고, 이 포물선의 최저점이 곧 두 비용의 합(合)이 최소가 되는 점이며, 이때에 찬성자의 수는 K가 된다. 찬성자를 얻는 데 드는 총비용, 즉 외부비용과 의사결정시간비용의 합이 최소가 되는 찬성자의 수의 비율(K/N)이 곧 최적다수이다.

안건에 따라서 외부비용과 의사결정시간비용의 크기가 물론 다를 것이다. 그러므로, 이상적으로는 모든 안건에 대해서 총비용을 최소화하는 최적다수를 알아 낼 필요가 있다. 그러나 모든 안건에 대한 최적다수를 찾아 내는 데는 또한 적지 않은 시간과 노력이 필요하게 되므로 보통의 안건과 특별히 중요한 안건으로 양분하여 생각해 봄으로 해서 시간과 노력을 줄여 볼 수 있다. 만약 어떤 안건의 총비용의 최소점이 과반수가 안 되는 점에서 생기는 경우에 그냥 이 과반수가 안 되는 비율로 안건을 통과시키게 된다면 이 안건과 상반되는 안건도 얼마든지 과반수 이하의 찬성률로 통과될 수 있게 된다. 이렇게 되면 서로 상반되는 안건이 끊임없이 서로를 상쇄하면서 통과될 수 있기 때문에 실용성이 없게 된다. 그러므로 최적다수는 적어도 단순과반수로서 50% 이상은 되어야 실용성이 있게 된다.

총비용의 최저점이 50% 미만에서 생기게 되는 안건은 이를 반대하는 사람들에게 부담되는 외부비용이 너무 적었다고 볼 수 있으므로 찬성자들의 효용을 더 높이고 반대자들의 효용을 더 줄여서 반대자들의 외부비용이 더 높아지도록 해도 될 여유가 아직 있다는 것을 의미한다. 그러므로 최적다수가 $\frac{K}{N} > \frac{N}{2} + 1$로 되어 있는 보통의 투표방식인 경우에 상정되는 안건은 그 안건을 통과시키는 데 필요한 과반수의 효용이 극대화되고 반대자의 효용은 상대적으로 더 크게 줄어들게 되는 안건이라고 볼 수 있다. 모든 사람에게 특별히 중요한 안건인 경우에는 두 비용이 모두 높겠지만, 특히 외부비용이 아주 높을 것이다. 따라서 그림에서 E가 E'로 옮겨간다면 총비용의 최소점인 K도 우측의 K'로 옮겨가게 될 것이다. 그러므로 모든 사람에게 특별히 중요한 안건, 예를 들면 대통령의 탄핵이라든가 헌법의 개정 등은 단순 과반수(50% 이상)보다 많은 2/3 또는 3/4의 찬성을 얻어야 통과될 수가 있는 것이다.

제 4 절 중위투표자 정리

보통의 경우 과반수의 찬성으로 안건을 통과시키게 된다는 것은 앞 절에서 설명했다. 조그만 집단에서 돈을 모아서 어떤 물건을 사들이기로 한 경우를 생각해보자. 예를 들면, 학교나 회사에서는 방만 제공해 주었는데 학생들이 동아리의 사무실에 사무실 집기 및 스테레오를 사기로 했다든가, 회사원들이 친목회 회의실의 창문에 커튼을 사서 치기로 했다고 가정해 보자. 이러한 구입물품들은 공동으로 사용하게 되므로 그 비용도 전원이 공동으로 부담하게 된다. 비싼 것을 사게 되면 1인당 부담액이 많아지고, 싼 것을 사게 되면 1인당 부담액이 적게 된다. 구성원들의 경제적 능력과 선호가 다를 것이기 때문에 전원이 일치된 의견을 가질 수는 없다. 이러할 경우에 흔히 투표를 통하여 과반수를 얻게 되는 물품과 비용의 혼합을 선택하게 된다.

이 예를 조금 더 넓게 생각해 보도록 하자. 어느 지역에 가로등을 설치하거나 도로를 포장할 계획으로 있다고 가정해 보자. 몇 개의 가로등을 얼마 간격으로 설치하느냐에 따라서 또 얼마의 폭으로 얼마간의 구간을 얼마나 두껍게 아스팔트로 포장하느냐에 따라서 주민의 세금부담액이 정해진다. 이렇게 한 지역에 그 혜택이 국한되는 지역공공재(地域公共財)의 공급수준을 주민들이 직접투표를 통해서 결정한다면 과연 누구의 선호가 선택될 것인가 하는 문제를 생각해 보도록 하자.

우선 보우웬(Bowen, 1943)이 가정 한 대로 공공재의 단위 생산비는 일정하며, 총비용은 모든 구성원에게 동일하게 나누어서 부담되고, 구성원의 선호는 정규분포(定規分布, normal distribution)로 되어 있다고 가정하자. 구성원 개인마다 같은 공공재로부터 얻는 혜택은 그 사람의 선호에 따라서 다르다. 각 개인이 공공재의 마지막 한 단위의 소비로부터 얻는 한계편익이 공공재의 마지막 한 단위의 생산을 위해 본인이 부담해야 하는 한계비용과 같게 되는 공공재의 양이 각 개인의 입장에서 볼 때 개인의 효용을 극대화하는 양이다. 분석을 단순화하기 위해서 5명으로 구성된 집단에서의 공공재의 양을 결정하는 문제를 생각해 보자. 이 5명의 공공재에 대한 수요가 각각 다르다. 〈그림 3-2〉에서 수요곡선은 곧 한계편익을 나타내고 있으며, 횡축은 공공재의 양을 나타내고, 종축은 단위당 비용과 편익을 나타낸다. 개인당 한계비용은 공공재의 총량을 생산하는 데 드는 한계비용을 세금을 내어야 할 주민의 수로 나눈 것이다.

공공재의 단위 생산비용이 일정하므로 단위 생산비용이 곧 한계비용이 된다. 그러므로 개인당 한계비용은 5명 모두에게 동일하다. 그러나 주민 5명 각각의 수요는 다르다. 그림에서 수평선으로 나타난 개인당 한계비용이 개인별 한계혜택을 나타내는 각각의 수요곡선과 만나는 점이 각 개인이 가장 선호하는 공공재의 양을 나타낸다. 예를 들면, 개인 A는 G_a 만큼의 공공재를 가장 선호하고 개

그림 3-2 한계비용과 한계편익

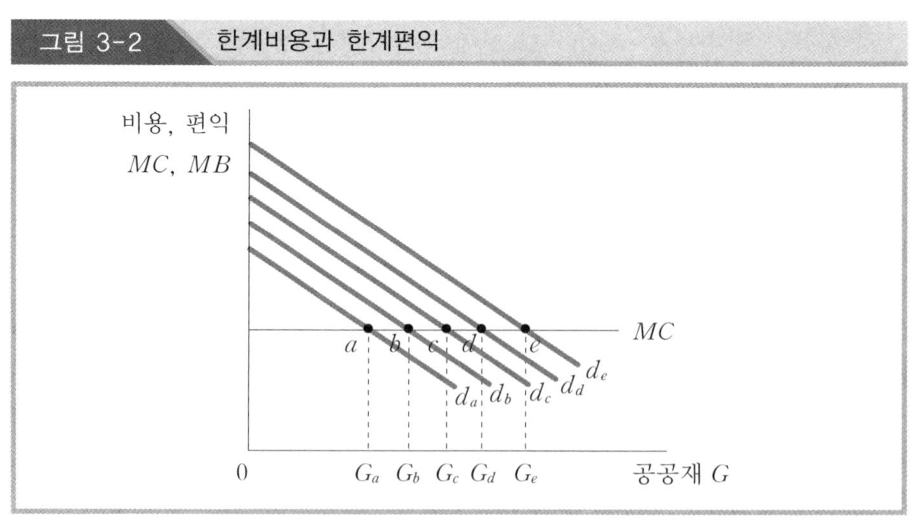

그림 3-3 단봉선호

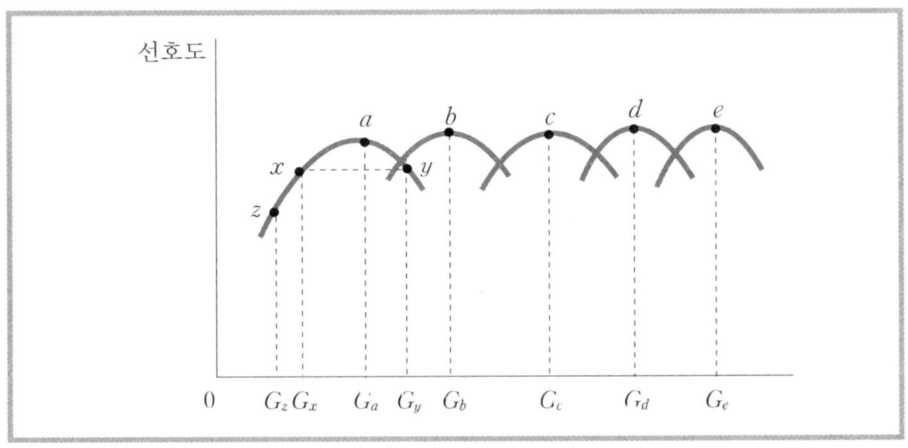

인 E는 G_e 만큼의 공공재를 가장 선호한다. 각 개인의 선호도는 〈그림 3-3〉에서처럼 각자가 가장 선호하는 것을 중심으로 해서 대칭적으로 퍼져 있다고 가정해 보자. 선호를 나타낸 언덕모양의 곡선의 봉우리들이 그림에서의 a, b, c, d와 e에 해당한다. 개인 A의 경우, a가 봉우리에 있다는 것은 x와 y로 표시된 공공재의 양 G_x나 G_y보다 G_a를 가장 선호하고, G_x나 G_y에 대한 선호도는 마찬가지란 뜻이며, G_x나 G_y를 G_z보다 선호한다는 뜻이다. 이러한 선호를 〈그림 3-3〉에서처럼 가장 선호하는 것이 단 하나의 봉우리를 이루고 있다는 뜻에서 단봉선호(單峰選好, single-peaked preference)라고 부른다.

이제 각 개인이 가장 선호하는 다섯 가지 수준의 공공재의 양을 다섯 사람의 투표로 선정하는 경우를 생각해 보자. 가장 낮은 수준의 공공재의 양인 G_a부터 표결에 부친다면 G_a는 나머지 4명의 반대로 부결될 것이다. G_a가 부결된 경우에 A는 G_b가 차선책이므로 G_b에 대해 찬성을 하겠지만 나머지 3명이 반대할 것이다. G_b가 부결된 경우에 A와 B는 G_c가 그래도 자신들이 선호하는 G_a나 G_b에 가장 가까운 수준이므로 A, B, C가 찬성하여 G_c가 선정될 것이다. 가장 높은 수준의 공공재의 양인 G_e부터 표결에 부쳐도 G_d와 G_e는 과반수가 반대를 하게 되므로 결국 G_c만이 과반수가 반대하지 않는, 즉 과반수가 찬성하는 공공재의 양이 된다. 이러한 경우에 가운데 위치에 있는 사람의 선호를 선택하게 된다는 것인데, 이것이 바로 블랙(Black, 1948)이 발견한 중위투표자정리(中位投票者定理, median voter theorem)이다. 투표자들의 선호가 '단봉'이면, 과반수의 투표자들이 다른 어떤 대안보다 중위자가 선호하는 것을 선호하게 된다.

제 5 절 투표의 순환

앞 절에서의 중위투표자 정리에 중요한 전제는 단봉선호였다. 그렇다면 만일 투표자 중에 하나라도 단봉선호를 가지고 있지 않다면 투표의 결과가 달라질 수 있을 것인가? 우선 단봉선호가 아니라는 것은 어떤 것인지에 대해 알아보고 그런 선호를 가진 경우에 투표결과가 어떻게 달라질 수 있는지 살펴보도록 하자. A, B, C 세 사람의 어떤 공공재의 양 x, y, z(가장 작은 양 x부터 가장 큰 양 z까지: $x<y<z$)에 대한 선호의 순서는 〈그림 3-4〉의 좌편에 있는 것과 같다고 가정하자. 여기서 이론의 전개를 위한 편의상, 한 가지 기호를 정해 두도록 하자. 이 책에서는 x를 y보다 더 선호한다는 것을 $x \gg y$로 표시하도록 한다. x, y, z수준의 공공재 선택의 문제에 있어서 세 사람 중에 C는 단봉선호를 가지고 있지 않다. 그림을 통해서 보면 이 점이 더 명확해질 수 있을 것이다. A는 x에 대한 선호가 가장 높으므로 x가 선호의 1순위에 있고, 그 다음이 y이고, 그 다음이 z이다. 그래

그림 3-4 비단봉선호의 예

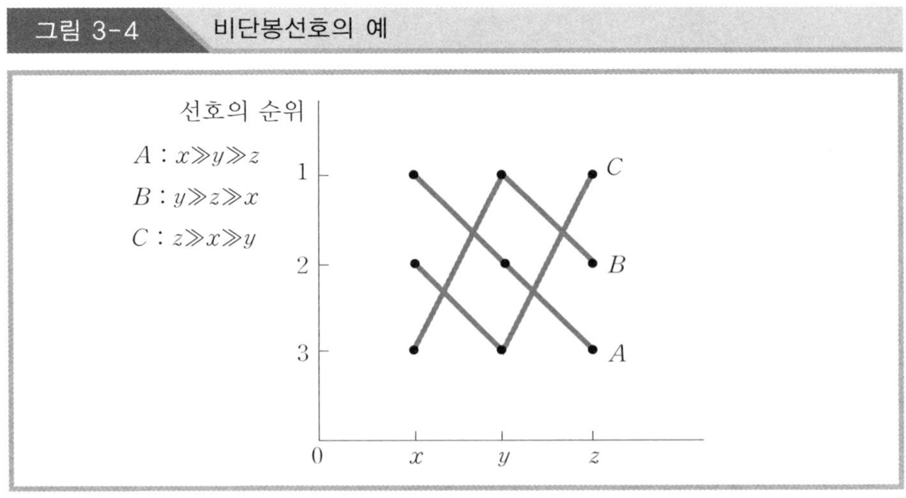

서 우하향(右下向)하는 직선으로 x, y, z의 선호의 순위가 연결된다. B는 y에 봉우리가 형성된 형태의 선호체계를 가지고 있다. C는 z를 가장 선호하지만 x근처에서는 z에 더 가까운 y보다도 x를 더 선호하기 때문에 z에 가장 높은 봉우리가 있고, x에 그 다음으로 높은 봉우리가 있는 형태의 양봉선호(兩峰選好) 체계를 가지고 있다.

실제로 이런 양봉선호 체계를 가진 경우가 있을지를 실례를 통하여 살펴본 후에 그런 양봉선호 체계가 가져오는 결과에 대해 논해 보자. 고소득자인 A, 저소득자인 B, 그리고 중산층인 C 세 사람 모두 같은 공립고등학교에 다니는 자녀가 있으며, 학교에서는 얼마 만큼의 기성회비를 걷어서 대학입시를 대비하여 보충수업을 해 줄 것인가를 학부형들의 투표에 의해 결정하기로 했다고 가정해 보자. 기성회비의 금액의 다소에 따라서 보충수업의 질의 고하가 결정되고, 일단 보충수업을 하기로 하면 누구나 1인당 부담액을 내어야 한다. 보충수업에 대한 대안으로는 각자가 개인부담으로 과외를 시킬 수가 있다. x는 가장 적은 기성회비로 보통수준 이하의 보충수업을 받게 하는 것이고, y는 중간 정도의 부담으로 보통수준의 보충수업을 받게 하는 것이며, z는 약간 부담이 되지만 개인 과외비보다는 적은 기성회비로 거의 개인과외수준의 보충수업을 받게 하는 것이라고 하자.

고소득자인 A가 학교에서 보충수업이 아무리 높은 수준이라고 해도 개인 과외를 시키기로 마음을 먹고 있다면, A는 보충수업에 들어가는 비용이 적을수록 좋을 것이다(A: $x \gg y \gg z$). 저소득자인 B는 개인 과외는 시킬 엄두도 못내고 있으며 보충수업도 그냥 보통 이상의 수준 정도로 그렇게 큰 경제적 부담이 안되는 것을 가장 선호하고, 차선택으로 경제적으로는 B에게는 큰 부담이 되더라도 개인 과외비보다는 싸고 아주 좋은 보충수업을 받게 하는 것이, 경제적 부담은 작지만 보통 이하의 보충수업을 받게 하는 것보다는 낫다고 생각하고 있다(B: $y \gg z \gg x$). 한편, 중산층인 C는 개인 과외비보다 싸면서도 그 수준에 가까운 보충수업을 시키는 것이 과외비의 부담을 덜 수 있기 때문에 가장 좋고, 만약에 그렇지 못하고 어중간하게 보통수준의 보충수업을 시켜야 된다면 어차피 개인 과외도 시켜야겠으므로, 이중으로 부담이 더 커지니까, 아예 기성회비를 적게 내는 아주 낮은 수준의 보충수업을 더 선호하게 된다(C: $z \gg x \gg y$).

이 세 사람이 이 안건으로 투표를 하는 데 있어서 x, y, z를 따로 따로 표결에 부쳤더니 세 번 다 과반수의 반대로 부결되었으므로, 그 다음에는 먼저 두 개를 짝지어서 표결해서 이긴 것과 나머지 한 개를 다시 짝지어서 표결에 부치는 방법을 채택했다고 가정해 보자. 먼저 x와 y의 대결에서는 A와 C가 x를 선호하므로 x가 이기게 되고, 다음의 x와 z의 대결에서는 B와 C가 z를 선호하므로 z가 이겨서 z가 최종적으로 선택하게 된다. 그러나 만약에 z를 다시 y와 대결시키면 A와 B가 y를 선호하므로 이번에는 y가 이기게 되며, x와 y를 다시 대결시키면 x가 이기게 되어 승자가 계속 끝없이 바뀌게 되는데, 이를 투표의 순환(投票의 循環, cycling of voting) 또는 투표의 역설(投票의 逆說, paradox of voting)이라고 한다. 이러한 투표의 순환이 생기게 된 원인은 투표자들 중에 단 한 사람이라도 단봉선호를 가지고 있지 않다면, 집단 전체로서의 집단적 선택에 있어서의 선호가 비이행성(非移行性, intransitivity)을 갖게 되기 때문이다.

위원회에서의 의사결정은 흔히 몇 가지 대안을 두고 제1안과 제2안 중에 어느 것이 더 나은가를 결정하고 만약에 제1안이 제2안보다 낫다고 합의를 보면, 제1안과 제3안 중에는 어느 것이 낫겠는가를 결정하게 되는, 한 번에 2개의 대안을 비교해서 표결에 부치는 방식을 채택하는 경우가 많다. 이럴 경우에 위의 예에서 본 것과 같은 투표의 순환이 가능한 안건들이라면 어느 대안과 어느 대안을 먼저 표결에 부치는가 하는 안건의 표결순서, 즉 의사일정(議事日程, agenda)이 투표결과에 결정적인 영향을 미치게 된다. 그리고 의사일정을 정하는 데는 회의의 의장의 입김이 많이 작용하게 되므로, 의장이 누구냐에 따라서 의사일정이 달

그림 3-5 투표의 순환

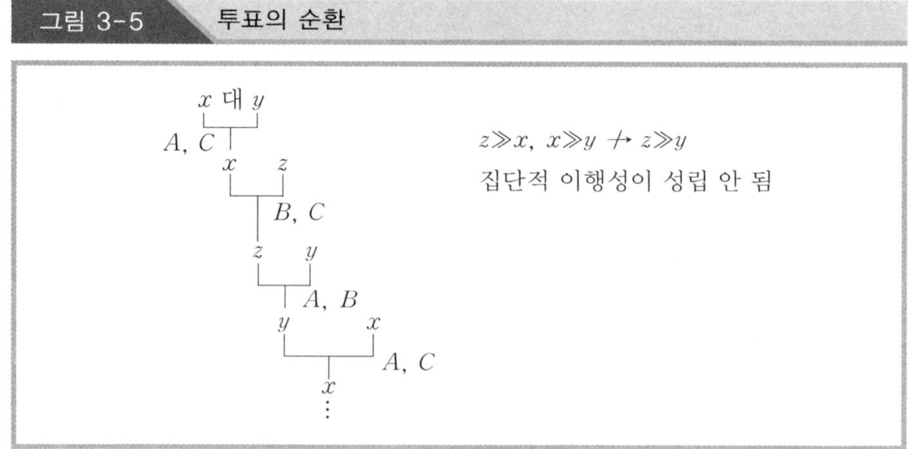

라지게 되고, 따라서 결과도 달라지게 되기 쉽다. 다시 말해서, 투표의 순환이 가능할 때는 의사일정을 어떻게 짜느냐에 따라서 어떤 원하는 결과라도 성취하는 것이 가능하게 된다는 것이다.

제 6 절 투표매입 및 투표교환

단순과반수로 결정하는 투표방법에는 두 가지 특성이 있다. 그 하나는 각 투표자는 투표에 부쳐진 안건이 자신에게 얼마나 중요한가 또는 자신이 그 안건이 통과되기를 다른 누구보다도 얼마나 더 강렬하게 원하는가 하는 자신의 선호의 강도(選好의 强度, intensity of preference)와는 무관하게 그 안건이 자신에게 별로 중요하지 않다고 느끼는 다른 사람들과 똑같이 한 표밖에 던질 수 없다는 점이다. 다시 말해서, 단순과반수 투표에서는 모든 투표자의 선호의 강도가 동일하다는 가정을 하고 있다고 볼 수 있다. 다른 하나의 특성은 투표에 부쳐지는 안건들이 서로 독립성을 유지하면서 독자적으로 결정되기보다는 안건들이 계속해서 하나씩 투표에 부쳐지게 되는 경우가 많다는 점이다. 이러한 경우에 무시될 수 있는 개인적 선호의 강도를 감안하는 방법으로 투표자들 간에 투표의 매입이나 교환이 일어날 수 있다. 이 경우에 사회적 효율성이 어떻게 향상될 수 있는가 하는 문제를 뷰캐넌과 툴록(1962)이 제시한 예제를 기초로 하여 살펴보도록 하자.

어떤 지역에 3명의 농부가 살고 있다. 중앙정부로부터 100만 원의 교부금(交付金)이 이 지역의 도로 개선의 용도로 할당되었다고 하자. 이 3명의 농가는 각각 떨어져 있으며 큰 도로에서 각 농가로 통하는 비포장도로를 100만 원을 들여서 포장할 경우에 각각 아래와 같은 혜택이 발생한다. 농부 갑(甲)의 도로를 포장할 경우에는 1,000만 원에 해당하는 혜택이 갑(甲)에게 돌아오고, 을(乙)의 도로를 포장할 경우에는 500만 원에 해당하는 혜택이 을(乙)에게 돌아오고, 병(丙)의 도로를 포장할 경우에는 100만 원에 해당하는 혜택이 병(丙)에게 돌아온다. 이 100만 원의 교부금을 어느 농부의 도로를 포장하는 데 쓸 것인가 하는 결정을 과반수의 투표로 한다면 이 100만 원은 과반수를 형성하는 두 농부에게 똑같이 나누어서 쓰여지게 될 것이며, 각 농부의 혜택은 반으로 줄어든다. 이 지역에 100만 원을 교부함으로써 발생할 수 있는 총 혜택의 크기는 어느 두 농부가 과반수를 형성하느냐에 따라서 달라질 것이다. 갑(甲), 을(乙), 병(丙) 세 농부 중에 어느 둘이 과반수를 형성하여 투표에 이겼을 때에 나타날 수 있는 혜택은 아래 세 가지 중에 하나이다. 이를 간략하게 표시하기 위하여 아래와 같이 괄호 속에 갑, 을, 병의 순으로 혜택의 크기를 만원 단위로 표시해 보았다.

(500, 250, 0), (500, 0, 50), (0, 250, 50)

이 결과 중에 첫번째 것, 즉 갑과 을의 도로를 반 씩 포장했을 때 이 지역 전체로서의 혜택은 750만 원으로서 가장 크다. 그러나 같은 100만 원을 써서 이 지역 전체로 볼 때 최대의 혜택을 발생시킬 수 있는 (1000, 0, 0)의 결과에는 못 미치므로 과반수 결정에 의한 위의 세 결과는 어느 것도 사회적으로 파레토 최적(最適, optimum)은 되지 못한다.

위의 예에서 을과 병이 과반수를 형성하여 세 번째와 같은 결과를 가져왔다면 갑으로서는 자신의 선호의 강도가 완전히 무시당한 것으로 볼 수 있다. 만약에 그 돈을 모두 갑의 도로를 포장하는데 썼다면 갑에게 발생하는 혜택으로 충분히 을과 병을 보상하고도 남았을 것이므로 갑은 그렇게 하기를 원했을 것이다. 그렇게 했다면 어떤 결과가 나올까 생각해 보자. 각 농부는 자신의 도로를 포장하는데 그 교부금을 다 쓰게 해 주는 대가로 자신과 함께 과반수를 형성한 다른 한 농부에게 자신의 선호의 강도에 따라서 얼마간의 측면지불(側面支拂, side-payment)을 약속하거나 그의 표를 얼마에 사겠다는 투표매입(投票買入, vote purchasing)을 수 있다고 하자. 갑이 가장 많은 혜택을 받을 수 있으므로 갑이 을이나 병의 표를 사들일 수 있는 입장에 있다. 여러 가능한 결과 중에 기본적인 두 결과는 아래와 같다.

(500, 500, 0), (500, 0, 500)

갑이 얻을 수 있는 총 혜택은 1,000만 원이므로 각 결과의 합은 1,000만 원이 된다. 두 번째 결과에서 병이 최대한 500만 원까지 받을 수 있는 이유는 갑 대신에 을에게 표를 팔 경우에 을이 제시할 수 있는 최대의 가격은 을의 총 혜택인 500만원이기 때문이다. 첫번째 결과에서 을이 500만 원까지 받을 수 있는 것은 을 이 병과 함께 과반수를 형성했을 경우에 최대로 받을 수 있는 혜택의 크기가 500만 원이며 갑이 투표매입 없이 과반수 투표를 통해서 얻을 수 있는 혜택의 크기가 또한 500만 원이기 때문이라고 볼 수 있다. 혜택이 실제로 어떻게 분배되는가 하는 문제는 어느 둘이 과반수를 형성하며 누구의 협상능력이 더 월등한가에 달려 있다. 그러나 그 합이 그 지역에서 100만 원어치의 도로 개선으로 얻을 수 있는 최대의 혜택인 1,000만 원인 한 파레토 최적인 결과를 얻었다고 할 수 있다.

위와 같이 한 번의 투표로 어떤 안건이 결정되는 대신에 서로 관련된 일련의 안건들이 하나씩 계속해서 투표에 붙여지는 경우에는 명시적인 투표매입보다는 투표교환(投票交換, vote-trading 또는 logrolling)이라는 방법으로 투표자들 간의 선호의 강도를 감안한 결정을 내릴 수 있다. 다시 말해서, 한 투표자가 다른 투표자가 원하는 내로 표를 던지는 대신 후자는 진자가 원하는 데로 나중에 투표헤 주기로 서로 약속하는 것이다.

예를 들어서 어떤 지역에 100명의 농부가 살고 있는데 각 농가는 가끔씩 수선을 요하는 큰 도로로부터 난 작은 길을 통해야만 갈 수 있다고 하자. 각각의 농가로 가는 작은 길의 수선은 이 100명 중 과반수의 찬성을 얻으면 공동으로 마련된 도로수선기금에서 경비를 충당할 수 있다. 이 공동의 도로수선기금은 모든 농부에게 똑 같이 할당된 세금으로부터 조성된 것으로써 자신의 길이 수선되든 안되든 누구나 이 세금은 내야 한다. 이 경우에 투표교환 없이 투표를 한다면 어느 농부의 작은 길의 수선도 과반수 지지를 얻지는 못할 것이다. 그러나 한 농부가 자신의 길을 수선하기 위해서는 다른 50명의 길을 수선하는 데도 찬성을 하겠다고 약속한다면 이 농부는 자신을 포함해서 51명이라는 과반수를 투표교환을 통해서 확보한 셈이다. 100명의 농부가 모두 각각 50명씩의 투표를 확보하기 위하여 투표교환을 하는 과정에서 처음 농부와 투표교환을 하기로 한 50명이 반드시 서로 간에만 투표교환을 하게 되지는 않을 것이므로 실제로 투표교환이 이루어지는 것은 100명 중에 51명을 훨씬 초과하게 되기 쉽다. 그러므로 투표교환을 통한 결정방법은 일반적으로 공공기금의 과다지출을 초래하게 된다.

제 7 절 선호의 강도와 점수 투표방식

앞 절의 투표매입 및 교환을 통하여 어느 정도 선호의 강도가 반영되기는 했지만, 이것은 정식으로 채택될 수 있는 투표방식으로서 쓰이기는 힘드므로 근본적인 해결책이 될 수는 없다. 잘 알다시피, 과반수 투표방식은 투표자가 얼마나 강하게 어떤 이슈에 대해서 찬성하는가 혹은 반대하는가는 전혀 반영되지 못하고 있다. 따라서 강렬하게 느끼는 소수의 의사는 무시되고 미온적인 다수의 투표자의 의사가 채택되기 쉽다. 여러 개의 이슈가 투표에 부쳐질 경우에 각 이슈에 대해서 투표자들의 선호의 강도가 반영될 수 있다면, 그 결과는 사회적으로 더 효율적이고 더 공정한 것이 되어 파레토적으로 우월한 상태에 도달할 수 있을 것이다.

투표자의 선호의 강도를 반영하여 소수의 권리를 보호하고 정치적 평등을 이룰 수 있는 투표방식에 대한 필요성의 인식과 해결방식의 모색이 끊임없이 있어왔지만, 달(Dahl, 1956)같은 정치학자들조차도 한동안 별 다른 해결책이 없다고 보았다. 그러나 머스그레이브(Musgrave, 1959)가 제안한 점수 투표방식은 직접민주주의체제에서 선호의 강도를 반영하는 투표방식의 하나로 받아들여졌다. 점수 투표방식을 대의 민주주의체제에서 국회나 지방의회 의원을 선출할 때도 사용할 수 있으리라고 생각하는 경제학자들도 더러 있다.

우선 투표자가 직접 어떤 일련의 이슈에 대해 투표할 경우에 쓰일 수 있는 점수 투표방식을 설명하고, 대의원의 선출에 적용될 수 있는 방법도 알아보도록 하자. 예를 들어 A, B, C 세 가구가 사는 연립주택에서 일정기간 동안 100만 원의 공동기금이 적립되었다고 하자. 세 가구가 이 기금을 각각 다른 용도에 쓰기를 원하고 있다. A는 집 앞의 화단에 나무를 몇 그루 더 심는 것을 원하고(X), B는 세 가구가 다 볼 수 있는 위성방송수신 접시를 설치하기를 원하고(Y), C는 하수구를 수선하는 데 쓰기를 원한다(Z). 전원이 일치할 수 있는 해결책은 없다. 과반수 의결방법을 쓴다면 앞 절에서 본 것처럼 투표의 매입을 통해서 두 가구가 결탁하여 2 : 1로 투표에 이겨서 그 둘이 원하는 한 용도에 기금을 쓰도록 할 수는 있지만 각자의 선호의 강도가 반드시 잘 반영되고 있다고 할 수는 없다. 점수 투

표 3-1 점수 투표방식의 예

투표자 / 대안	A		B		C		투표점수
	선호순위	점수	선호순위	점수	선호순위	점수	합 계
X(나무)	1	6(10)*	3	2	3	1	9(13)
Y(수신기)	2	3(0)	1	5	2	2	10(7)
Z(하수구)	3	1(0)	2	3	1	7	11(10)
배당점수 합계		10(10)		10		10	30(30)

* ( ) 안의 숫자는 A만 전략적으로 점수를 배정했을 경우이다.

표방식에 의하면, 우선, 세 가구에게 각각 10점씩의 점수를 배당한다. 각 가구는 투표 시에 선호의 강도에 따라서 세 가지의 다른 용도인 X, Y, Z에 각각 점수를 할당한다. 그 중에 가장 많은 점수를 받은 용도가 뽑히게 되고 이 용도에 공동기금을 쓰도록 한다면, 세 사람의 선호도가 잘 반영되었다고 할 수 있을 것이다.

〈표 3-1〉에 있는 점수 투표방식의 한 가상적인 예에 의하면 A는 자신이 가장 선호하는 X에 대한 선호도가 Y의 2배, Z의 6배에 달한다. 따라서, 총 10점 중에 6점을 X에, 3점을 Y에, 1점을 Z에 할당했다. B와 C도 각자의 선호도에 따라서 배당 받은 10점을 X, Y, Z에 할당했다. 그 결과, X에 할당된 점수의 합은 9, Y에 할당된 점수의 합은 10, Z에 할당된 점수의 합은 11이므로 가장 많은 점수를 받은 Z가 채택된다. 이 결과는 모든 투표자 A, B, C가 자신의 선호도를 정직하게 반영시켜서 점수를 할당한다는 가정 아래 얻어진 것이다.

이 세 가지 대안(代案, alternative)으로부터 얻는 총효용의 크기가 같고 따라서 대안 X, Y, Z가 얻은 점수의 합이 이 세 가구로 구성된 공동체의 사회적 효용을 정확하게 반영한다고 가정한다면, 점수 투표방식의 채택으로 사회적 효용이 최대인 대안이 채택되게 된다. 그러나 만약 다수결 투표방식으로 결정을 한다면 사회적 효용이 최대가 아닌 대안이 채택될 수도 있다.

그러나 세 가지 대안이 동시에 표결에 붙여졌을 때는 각자가 가장 선호하는 것이 다르므로 어느 한 가지 대안도 과반수를 얻지 못한다. 그래서, 먼저 두 가지 대안을 표결에 붙여서 이긴 것과 나머지 한 가지를 다시 표결에 붙이는 방식을 택한다면, X와 Y의 표결에서는 Y가 이기고, Y와 Z를 다시 표결에 붙이면 Y가 또 이기게 된다. 만약, X와 Z를 먼저 표결에 붙이면 Z가 이기게 되고, 다시 Z와 Y를 표결에 붙이면 역시 Y가 이기게 되므로 다수결 방식으로는 Y가 채택된다. 그러나 Y의 사회적 효용은 Z의 사회적 효용보다 적다.

세 가구 중에 어느 하나라도 자신의 선호도를 정직하게 현시하지 않고, 전략적으로 점수를 할당한다면 점수 투표방식을 사용해도 사회적 효용이 최대가 아닌 대안이 채택될 수 있다. 위의 예에서 A의 실제의 선호도는 X : Y : Z가 6 : 3 : 1이지만, 자신이 가장 선호하는 X가 채택되게 하기 위해서 배당 받은 10점을 전부 X에 할당한다면, 〈표 3-1〉의 괄호 안의 숫자가 보여 주듯이 총 10점을 얻은 Z가 아니라 총 13점을 얻게 된 X가 채택되게 된다. 물론 사회적 효용이 진실로 최대인 대안은 각자가 자신의 선호의 강도를 정직하게 나타내었을 경우의 Z이다. X는 사회적 효용이 최소인 대안이지만 A의 전략적인 점수 배당으로 인해서 X가 채택된다. A뿐 아니라 B와 C도 각자가 가장 선호하는 대안에 점수를 모두 배당한다면 결국 세 가지 안은 모두 같은 10점씩을 얻게 되어 결정을 못하게 될 수밖에 없다.

점수 투표방식의 성공은 투표자들이 얼마나 정직하게 자신의 선호의 강도를 현시하느냐에 달려 있다. 그러나, 선호의 강도를 자발적으로 정직하게 현시하도록 만들기 위해서는 부정직한 현시가 벌을 받고 정직한 현시가 상을 받게 되는 유인장치(誘引裝置, incentive mechanism)가 필요하게 된다. 이 문제는 앞 장에서 다룬 공공재에 대한 수요현시 문제와도 일맥상통한다.

제 8 절 거부권 투표방식

선호의 강도까지도 포함한 모든 사람의 선호를 모두 존중해 줄 수 있는 의사결정방법은 아마도 전원일치제뿐일 것이다. 하지만 앞 절에서 살펴본 바와 같이 의사결정 시간비용이 너무 많이 드므로 현실적으로 유용한 투표방식이 못 된다. 또한, 전원일치를 이루기가 힘들면 힘들수록 기존상태(旣存狀態, status quo)가 그대로 유지될 가능성이 높아지므로, 기존상태를 선호하는 투표자들이 막강한 거부권(拒否權, veto)을 부여받고 있는 것이나 마찬가지가 된다.

전원일치 방식의 이런 폐단을 피하면서도 파레토 최적인 결과에 도달할 수 있는 투표방법으로 뮬러(Mueller, 1978)는 거부권 투표방식(voting by veto)을 제안했다. 어떤 위원회에서 투표에 참여하는 모든 위원에게 혜택이 돌아갈 수 있는 어떤 혜택을 배분하려고 할 때, 이 혜택의 배분방식의 효율성을 높이기 위하여 이 투표방식을 사용할 수 있다. 이 방식은 위원들의 서수적 효용, 즉 선호의 주관적인 순서만을 알고 있는 상태에서 각자에게 파레토적으로 열등한 결과들을 각자가 제거해 나감으로 해서 모두에게 파레토적으로 우세한 결과에 도달하게끔 하는 방식이다. 그러나 각 위원에게 부여된 거부권의 행사는 이 투표과정 전체에서 단 한 번밖에 할 수 없다.

거부권 투표방식은 두 가지 단계를 거치게 되어 있다. 첫 단계에서는 투표권을 가지고 있는 위원은 각자 자신이 원하는 결과를 제안한다. 각자가 낸 제안들은 공공재의 공급량과 이를 위한 조세징수액 같은 것이다. 결과적으로 n 명의 위원이 낸 n 개의 제안과 기존상태(s)를 합해서 $n+1$개의 제안이 마련되게 된다. 두째 단계에서는 거부권 투표의 순서를 무작위(無作爲, random)로 결정해서 모든 사람에게 알린다. 공고된 투표 순서에 의해 맨 처음으로 거부권을 행사하는 위원은 $n+1$개의 제안 중에서 자신에게 가장 불리한 것 1개를 제거한다. 두 번 째로 거부권을 행사하는 위원은 나머지 n 개의 제안 중에서 1개를 제거하여 $n-1$개의 제안을 다음 투표자에게 넘긴다. 이런 과정을 거쳐서 n 명의 위원이 모두 거부권을 행사한 뒤에 남는 1개의 제안이 결과적으로 채택되게 된다.

거부권 투표방식을 간단한 예를 통해서 좀더 자세히 살펴보도록 하자. 어떤 알려진 혜택인 B를 어떻게 위원들 간에 배분하는가 하는 문제를 먼저 2인-소위원회의 투표과정을 통해서 알아본 후, 3인-소위원회의 경우에는 그 과정이 얼마나 더 복잡해지는가를 살펴보도록 하자. 논의의 편의를 위해서 두 가지 가정을 한다. 위원들 간에 어떤 종류의 제휴(提携, coalition)나 연합이 결성되지 않는다. 각 위원은 독자적으로 자신의 기대효용만을 극대화하고자 한다. 2인-소위원회인 경우는 두 사람이 어떤 혜택 또는 기부금을 나누어 갖기로 했을 때, 누가 얼마나 갖기로 하는가를 결정하는 문제로 단순화시켜 볼 수 있다. 기존상태는 첫째 위원과 둘째 위원이 모두 아무 것도 못 갖는 $S(0, 0)$이다. 두 위원이 제안을 각각 P_1, P_2라고 한다면, 제안들의 세트(set) A는 아래와 같은 3개의 제안들로 구성되어 있다.

제안 세트 $A=\{P_1,\ P_2,\ S\}$

P_1은 위원1에게 더 유리한 제안이고, P_2는 위원2에게 더 유리한 제안이다. 거부권 투표의 순서가 무작위적으로 위원2가 먼저 거부권을 행사하는 것으로 정해졌다면 위원2는 자기에게 불리한 P_1을 제안 세트에서 제거해 버릴 것이다. 그러므로 투표의 순서가 매우 중요하다. 다음으로 위원1은 이제 2개로 구성된 제안 세트 $A=\{P_2\ S\}$에서 한 개의 제안을 제거하게 된다. 만약 P_2가 위원1에게 S보다도 더 못하다면 위원1이 P_2를 제거함으로 해서 기존상태 S가 결정되므로 각 위원은 다른 위원에게 적어도 기존상태보다는 더 나은 제안을 만들어야만 자신의 제안이 채택되게 된다. 다시 말해서 기존상태가 $S(0,\ 0)$이라면 다른 위원에게 돌아가는 몫이 적어도 0보다 커야만 파레토적으로 우월한 상태에 도달할 수 있다. 이것을 식으로 나타내면 아래와 같다. 식에서 θ는 두 사람 간의 분배비율을 나타낸다.

$$P_i\ [\theta_i B,\ (1-\theta_i)B],\ \theta_i>0,\ i=1,\ 2$$

3인-소위원회인 경우에도 투표순서에 따라 각자가 자신에게 가장 불리한 제안을 하나씩 제거해 나갈 것이므로 투표순서가 물론 중요하다. 그러나 3인이 투표하는 경우는 투표순서보다 더 중요한 것이 제안의 상대적인 혜택이다. 왜냐하면 자신의 제안이 이미 제거된 상태에서 거부권을 행사하는 경우는 남은 제안 중에 상대적으로 자신에게 유리한 제안을 남겨 놓고 불리한 제안은 제거할 것이기 때문이다. 예를 들어, 세 사람의 제안이 각각 아래와 같다고 하고, 세 사람이 투표할 수 있는 모든 가능한 순서에 대해서 그 결과가 어떻게 될지 생각해 보도록 하자.

$$P_1(B-6,\ 3,\ 3)\ P_2(2,\ B-4,\ 2)\ P_3(1,\ 1,\ B-2)$$

투표순서가 위원1이 제일 먼저 그 다음이 위원2 그리고 마지막이 위원3이라고 한다면, $A=\{P_1,\ P_2,\ P_3,\ S(0,\ 0,\ 0)\}$ 중에서 위원1은 자신에게 가장 불리한 S를 제거한다. 위원2는 나머지인 $A=\{P_1,\ P_2,\ P_3\}$ 중에서 자기 몫이 1밖에 안되므로 가장 불리한 P_3를 제거한다. 마지막으로 위원3은 $A=\{P_1, P_2\}$ 중에서 P_2를 제거해서 결과적으로 위원1의 제안인 P_1이 채택된다. 그러나 각 위원이 위의 예에서 처럼 아무런 책략도 쓰지 않고 거부권을 행사하는 것이 아니라, 자기가 낸 제안이 채택되도록 책략적으로 거부권을 행사한다면 제거되는 제안의 순서가 좀 달라질 수 있다. 각 위원이 위와 똑같은 투표순서인 1－2－3의 순서로 책략적으로 투표할 경우에는 위원1은 그 다음 번 투표자가 위원 2인 것을 고려해서 $A=\{P_1, P_2, P_3, S\}$ 중에서 P_2를 먼저 제거해 버린다. 그러면 위원 2는 나머지 $A=\{P_1, P_3, S\}$ 중에서 다음 번 투표자인 위원3을 의식하여 P_3를 제거함으로써 P_3가 채택되었을 때의 몫인 1보다 P_1이 채택됨으로 해서 얻을 수 있는 몫인 3을 보장하려 한다. 따라서 마지막 투표자인 위원3은 $A=\{P_1, S\}$ 중에서 자신에게 불리한 기존상태 S를 합리적으로 제거해 주는 역할밖에 못하게 된다.

각 위원의 제안들을 살펴보면 P_1이 그 중에서 가장 자기 희생이 크고 모든 위원에게 혜택이 골고루 돌아갈 수 있도록 만든 제안임을 알 수 있다. 주어진 혜택의 양인 B로부터 셋 중에서 가장 많은 양인 6을 떼어서 3씩 다른 사람들에게 나누어 주는 것이다. 가장 형평성이 뛰어난 제안인 P_1의 채택가능성이 투표순서의 변화에 의해서 어떻게 달라지는가 하는 문제는 곧 투표순서의 중요성 대 제안의 상대적 형평성 중에 어느 것이 결과에 더 영향을 미치는가를 가늠해 줄 수 있는 판단의 근거가 될 수 있다.

3인-위원회에서 가능한 투표순서는 모두 여섯 가지이다. 〈표 3-2〉에 가능한 투표순서와 각 위원이 거부권을 행사해서 제거되는 제안의 순서 그리고 마지막까지 남아서 채택되는 제안 등을 정리해 놓았다. 표에 비책략적으로 투표했을 경우와 책략적으로 투표했을 경우를 구분해 보았다. 위원들이 비책략적으로 투표를 하든지 책략적으로 하든지 간에 P_1이 여섯 가지의 투표순서 중에 다섯 가지 순서에서는 채택된다. 투표의 순서보다도 제안의 상대적 형평성이 더 중요하다는 것이 밝혀진 셈이다. 형평성이 크면 클수록 다른 위원에 의해서 제거될 확률이 낮아진다.

위원회가 커지면 위원 각자가 제안하는 제안의 수도 커지게 되어 책략을 세워서 투표하는 것이 거의 불가능하게 되므로 자연히 비책략적인 방법이 쓰이게 될 것이다. 또한, 자신의 제안이 제거될 확률을 낮추기 위해서는 자신의 이기심을 극복하고 더 많은 사람에게 골고루 분배될 수 있도록 형평성을 높이게 될 것

표 3-2 3인 위원회에서의 거부권 투표의 예

투표순서	비책략적거 거부권 투표		책략적 거부권 투표	
	제거 순서	채택안	제거 순서	채택안
123	S, P_3, P_2	P_1	P_2, P_3, S	P_1
132	S, P_2, P_3	P_1	P_3, P_2, S	P_1
213	S, P_3, P_2	P_1	P_1, P_3, S	P_2
231	S, P_2, P_3	P_1	P_3, P_2, S	P_1
312	S, P_3, P_1	P_2	P_2, P_3, S	P_1
321	S, P_3, P_2	P_1	P_2, P_3, S	P_1

이다.

거부권 투표방식의 가장 큰 약점은 투표자 간에 어떤 형태로도 제휴가 형성되지 않는다는 가정이다. 실제로는 투표자간에 이해를 같이 하는 제휴와 연합이 생겨나게 마련이다. 어떤 연합에 속하는 투표자의 수가 다른 연합에 속하는 투표자의 수보다 하나라도 더 많아지면 구성원이 더 많은 연합의 비형평적인 제안이 채택될 수 있게 된다. 따라서 거부권 투표방식이 장점으로 내세우는 형평성 있는 제안을 유도할 수 없게 된다. 그러나 채택된 제안이 기존상태보다는 파레토적으로 우월하다는 성질은 유지할 수 있다. 그렇지만 그 이유는 역시 거부권 투표방식의 가정에 있다. 위의 거부권 투표방식의 예에서도 볼 수 있듯이 거부권 투표방식으로 주어진 혜택을 나누는 것은 가합게임(加合게임, plus-sum game)이기 때문이다. 만약에 영합(零合게임, zero-sum game)을 대상으로 한다면 파레토적으로 비교할 수 없는 제안들 간의 선택문제가 되고 말 것이다.

제 9 절 정당의 득표전략과 정당강령의 유사화

시민 개개인이 투표에 직접 참여하여 정치적인 결정을 내리는 직접민주주의(直接民主主義, direct democracy)는 고대의 도시국가에서는 가능했다. 그러나 인구가 늘어나고 국가의 영역이 커지면서 모든 안건을 이러한 방법으로 처리하기에는 너무나 많은 시간과 경비가 들게 되어 점차 시민은 그들의 견해를 대표하는 대의원만, 즉 대통령이나 국회의원 등만 직접 선출하고 일상의 정치적인 결정은 선출된 대의원들의 투표에 의해서 결정하게 되는 대의민주주의(代議民主主義, representative democracy) 제도를 취하게 되었다. 물론 헌법개정 등과 같은 아주 중대한 의사결정의 경우에 실시하는 국민투표(referendum)를 통해 아직도 시민들이 직접투표하여 결정하는 경우도 있다. 그러나 아주 가끔 있는 지역공공재에 대한 주민투표의 경우를 제외하고는 대부분의 경우 지역공공재에 대한 선택도 지역의 구의원이나 시의원 또는 도의원 등이 주민을 대신해서 구의회나 시의회 또는 도의회에서 투표를 통해 결정하게 되었다. 그리고 나라 전체에 영향을 미치는 공공재나 공공지출의 경우는 거의 다 국회의원들이 국민을 대신해서 결정하게 된다. 그러므로 대부분의 민주국가에서는 정당에서 내세우는 강령(綱領, platform)과 입후보자들의 정치적인 견해를 살펴보고, 국민들이 자신들의 이익과 정치적인 견해나 이데올로기를 가장 잘 대변할 수 있다고 판단되는 대리인, 즉 국회의원을 선출하게 된다.

유권자의 투표행위에 대한 경제학적인 해석은 입후보자가 선출된 후에 혹은 특정정당이 집권을 하게 된 후에 자신에게 가장 큰 효용을 주리라고 기대되는 강령을 제시한 정당 또는 정치인에게 표를 던지는 것이다. 정당에서 제시하는 강령들이 모든 유권자의 입장에 꼭 맞아 떨어질 수는 없을 것이므로 유권자들은 자신의 견해와 그래도 가장 가까운 견해를 표명하는 정당에게 표를 던지게 될 것이다. 각양각색인 유권자들의 견해를 어떤 기준에 의해서 일열로 나열해 본다면 그렇게 나열된 견해 중에 가운데에 위치하는 강령을 제시하는 정당도 있을 것이고 한 쪽으로 치우치는 강령을 제시하는 정당도 있을 것이다. 그 기준이 예를 들면, 강령이 보수적이냐 진보적이냐 또는 유산층을 옹호하고 있느냐 무산층을 옹호하고 있느냐 또는 다른 여러 가지가 될 수 있겠으나, 그 어느 것을 기준으로 하든지, 유권자를 견해별로 일직선상에 한 점씩으로 표시한다면 각 정당의 강령은 그 중에 어느 한 점으로 표시될 수 있을 것이다.

이렇게 표시된 한 직선에서 어느 점을 차지하는 것이 유리할 것인가 하는 문제는 경제학자들이 이미 오래 전에 생각해 본 적이 있는 공간에서의 경쟁과 유사하다. 해수욕시즌에 길이가 1km 되는 백사장에 아이스크림과 청량음료를 파는 노점상을 두 상인이 각각 하나씩 내려고 할 경우에 백사장의 어느 지점에 가게를 내는 것이 상대편 가게보다 더 많은 매상을 올릴 수 있을까 하는 문제가 공간에서의 경쟁의 한 예이다. 이 결정을 내리기 위해서는 사람들이 백사장의 어느 지점에 밀집되어 있는가 하는 해수욕자의 분포(分布)를 우선 알아야 한다. 마찬가지로, 유권자들의 견해가 어떻게 분포되어 있는가를 알고 있다면 정당은 선거에 이기기 위하여 가장 많은 지지를 얻을 수 있는 강령을 전략적으로 내세울 수 있게 될 것이다. 이 점에 착안 해서 다운즈(Downs, 1957)는 호텔링(Hotelling, 1929)의 공간적 경쟁(spatial competition)에 있어서의 안정성에 대한 이론을 대의민주주의에 응용하여 양당정치(兩黨政治)에 있어서의 투표의 결과도 중위투표자정리(中位投票者定理, median voter theorem)에 부합한다는 것을 보였다.

진보주의(進步主義, liberalism)를 제일 왼쪽에 놓고 보수주의(保守主義, conservatism)를 제일 오른쪽에 놓으며 중간에 중도적인 견해를 놓아서 모든 정치적 견해를 단일 직선 위에 표시해 놓은 것이 〈그림 3-6〉의 횡축이다. 모든 투표자가 자신이 가장 선호하는 견해를 이 정치적 견해의 스펙트럼(spectrum) 위에 각각 하나씩 가지고 있다고 가정하자. 또한 투표자의 선호는 모두 단봉선호이며 투표자의 분포는 단일최빈수(單一最頻數, unimodal) 형태이며 대칭적(對稱的, symmetric)이라고 가정한다면 〈그림 3-6〉와 같은 분포를 보일 것이다.

양당 대의민주주의 아래에서 보수당의 강령은 그림에서 R로 표시된 점에 있고 진보당의 강령은 L로 표시된 점에 있다면 보수당이 과반수를 얻어서 선거에서 이기게 될 것이다. 왜냐하면 L보다 왼쪽에 자신의 정치적 견해를 가지고 있는 투표자는 모두 L을 지지할 것이고 L과 R의 중간점인 X보다 왼쪽에 있는 투표자도 모두 L을 지지하겠지만, 이들 지지자들의 수(數)인 이 두 부분의 면적의 합은 총면적의 반에 미치지 못하기 때문이다. X보다 오른쪽에 있는 모든 투표자의 정치적 견해에 가장 가까운 것은 L이 아니라 R이기 때문에 그 나머지는

그림 3-6 정치적 견해의 스펙트럼과 분포도

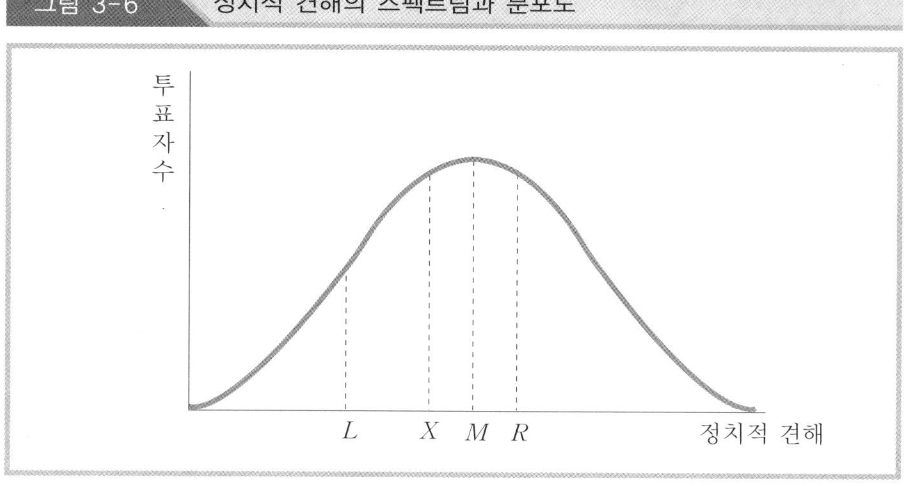

모두 R을 지지할 것이다. 그렇기 때문에 진보당이 지지표를 더 늘려서 이기고 싶다면 강령 L을 분포도의 중간점인 M을 기준으로 해서 왼쪽에서 R과 대칭이 되는 점보다 M에 가까운 점(M과 R 사이의 거리보다 M에 더 가까우면서 M의 왼쪽인 점)으로 옮겨야 할 것이다. 다시 말해서 L을 M에 더 가깝도록 더 가운데로 옮겨야 한다는 것이다. 물론 보수당도 자기 당의 지지표가 이탈하는 것을 막기 위해서 마찬가지 논리에서 M에 더 가까이 R을 가운데로 옮김으로써 대처할 것이다.

이러한 과정이 여러 번 되풀이 된다면 결국 선거에 이기기 위해서 양당이 모두 정치적 견해의 스펙트럼의 가운데에 위치한 중위투표자가 선호하는 정치적 견해로 접근해 갈 것이며 이렇게 된다면 두 정당의 강령에는 거의 차이가 없게 될 것이다. 이러한 성향을 호텔링의 이름을 빌려서 호텔링원칙(Hotelling principle) 또는 최소차이의 원칙(最小差異의 原則, principle of minimum differentiation)이라고 한다.

좌우양쪽의 극단적인 견해를 가진 투표자들은 자신의 견해와 가장 가까운 정당을 찾다 보니까 비록 중도노선에 가까운 입장을 택한 L이나 R일지라도 지지 할 수밖에 없는 함정에 빠져 있다고 볼 수 있으며, 그들은 그렇게라도 한 표를 던지리라고 가정했다. 그러나 실제로 두 정당의 강령에 차이가 별로 없으며 자신의 정치적 견해와는 상당한 거리가 있을 때 그러한 괴리감(乖離感)을 가지고도 이

그림 3-7

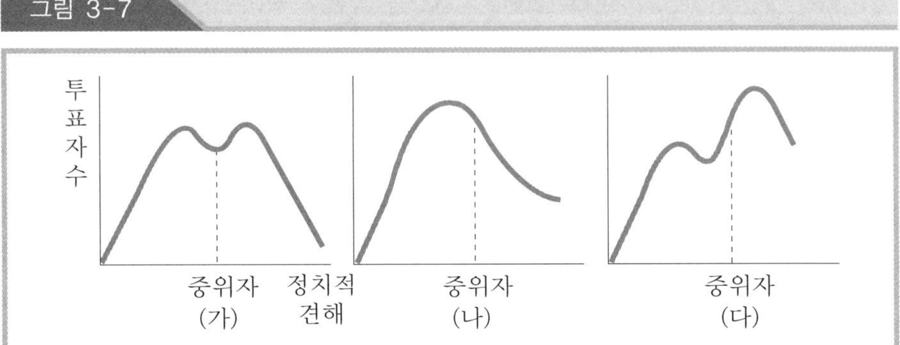

들이 투표소에 가는 수고를 감수할 것이겠는가 하는 비판을 스미시즈(Smithies, 1941)가 호텔링 원칙에 대해서 한 것과 마찬가지로 이 경우에도 적용할 수 있을 것이다. 두 정당의 강령이 너무 비슷해서 차이가 거의 없다면 어느 정당이 선거에서 이겨도 상관이 없을 정도로 선거에 무관심해져서 굳이 투표를 하러 갈 필요조차 없을 것이고, 자신의 정치적인 견해와는 너무 차이가 많이 난다고 생각하는 투표자들은 소외감에서 투표를 하러 가지 않을 것이다. 많은 투표자가 이렇게 무관심과 소외감으로 기권을 하는 경우에는 반드시 앞에서 예측한 것과 같이 정당의 강령의 스펙트럼상의 위치에 따라서 선거에서의 승패가 결정되지 않을 수도 있을 것이다.

다운즈의 기본모형은 투표자가 기권할 수도 있다는 점을 고려하고 있지 않은 것 외에도 투표자의 분포가 단일최빈수 형태이고 대칭적이며, 투표자의 선호는 단봉형태이고 그들의 선호의 강도에는 차이가 없다고 가정했다. 이러한 가정들이 바뀐다면 어떤 문제가 발생할 수 있는 가를 잠깐 살펴보도록 하자. 먼저, 가장 많은 투표자들이 선호하는 정치적 견해가 스펙트럼의 한 가운데에 하나만 있지 않고 〈그림 3-7〉의 (가)처럼 양쪽으로 두 군데에 나누어서 있다든가, (나)와 (다)처럼 투표자의 분포가 비대칭적이 된다면, 양대정당뿐 아니라 또 다른 정당이 더 생겨날 가능성이 커질 것이다.

투표자들이 단봉선호를 가지고 있지 않으면, 투표자들 전체로서의 사회적인 선호는 비이행성을 나타내게 되므로 투표의 순환이 생기게 된다. 이 경우에 집권당이 먼저 자기당의 강령을 발표하게 되면 반대당은 그에 대처해서 과반수를 획득할 수 있는 강령을 채택함으로써 선거에서 이길 수 있게 된다. 예를 들어서 세 종류의 투표자가 각각 총 투표자 수의 1/3씩을 차지하고 있고 이들은 각각 진보적인 강령(L), 중도적인 강령(C) 그리고 보수적인 강령(R) 중에 하나를 가장 선호한다고 하자. 갑(甲), 을(乙), 병(丙) 세 종류의 투표자의 선호가 아래와 같다고 하자:

$$\text{갑}: L \gg C \gg R,\ \text{을}: C \gg R \gg L,\ \text{병}: R \gg L \gg C$$

집권당이 내세우는 강령이 L인 경우에 반대당은 R을, C인 경우에는 L을, 그리고 R인 경우에는 C를 채택함으로 해서 과반수의 득표로 반대당이 선거에서 이길 수 있다. 이렇게 해서 반대당이 집권당이 된다면 차기 선거에서는 집권당이 먼저 강령을 밝히게 되고 반대당이 그에 대처하여 강령을 선택하게 되어 다시 집권당이 바뀌게 되는 투표의 순환이 생기게 된다. 만약에 정당이 두 개 이상이 된다면 이런 유형의 투표의 순환은 더 이상 생기지 않게 될 것이나.

제10절 기타 투표방식과 그 효율성

앞의 절까지 논의되었던 투표방식들 외에도 여러 가지 다른 투표방식들이 있다. 과반수 투표방식은 한 입후보자나 대안이 투표자의 과반수 이상의 찬성표를 얻게되면 승자로 결정되는 방식이다. 만약 둘 이상의 대안이 동시에 투표에 붙여질 경우에는 한 번의 투표로 과반수를 획득하는 대안이 안 나오지 않을 수도 있다. 이런 경우에는 최다득점을 확보한 두 가지 대안을 놓고 결선투표(runoff)를 해서 과반수를 획득한 대안을 승자로 결정한다. 그러나 만약 여러 대안 중에 둘씩 맞붙쳐서 투표에 붙였다면 승자가 달라졌을 수도 있으리라는 가능성을 배제할 수 없다. 콘도르세 기준(Condorcet criterion)은 바로 이 점에 착안한 투표방식이다.

1. 콘도르세 기준

각 대안을 나머지 다른 대안들과 1대 1로 짝지어서 과반수 투표방식으로 표결에 부쳐서 모든 다른 대안들을 이겨내는 대안을 승자로 뽑는 방식이다. 세 개의 대안 X, Y, Z 중에서 X가 Y에게도 이기고 Z에게도 이기면, X가 승자로 결정된다. 이 방식의 장점은 모두가 가장 원하는 대안을 뽑을 수 있다는 점이다. 약점은 대안의 수보다 한 번이 적은 수만큼 여러 번 투표를 해야 한다는 것과 만약에 투표자들이 단봉선호를 가지고 있지 않으면 투표의 순환을 가져와서 승자를 결정할 수 없게 된다는 점이다. 언제든지 하나의 승자를 한 번의 투표로 결정할 수 있는 방법 중에 가장 간단한 것은 역시 다수결(多數決, plurality) 투표방식이다.

2. 다수결 투표방식

과반수가 되지 않더라도 가장 많은 표를 얻은 대안을 승자로 결정한다. 승자가 단 한번의 투표로 결정되는 장점이 있지만, 득표수가 여러 대안에 골고루 나누어져 있는 경우에는 투표자수의 半에 훨씬 못 미치는 득표수로 승자가 결정되는 것이 과연 합당한 것인가에 대한 의문이 생길 것이다. 아래의 〈표 3-3〉에 있는 예를 통하여 이 점을 살펴보도록 하자.

다섯 개의 대안이 각각 비슷한 20% 안팎의 지지율을 얻었으나, 다수결 투표방식에 의하면, 그 중에 가장 지지율이 높은 W가 지지율 22%로 승자로 결정된다. 그러나 투표자들에게 만약 자기가 가장 선호하는 대안이 채택되지 않는다면 차선책으로는 나머지 중에 어느 대안을 지지할 것인가를 물어보면 W를 지지하는 사람은 불과 5%밖에 안되고 60%가 X를 지지한다. 그렇다면 근소한 1%의 차이로 W가 채택되는 것보다는 X가 채택되는 것이 투표자 전체의 선호를 더

표 3-3 다수결 투표방식의 예

선호의 순서	대안별 지지율(%)						
	X	Y	Z	V	W	계	승자
최선의 대안	21	20	19	18	22	100	W
차선의 대안	60	10	9	16	5	100	
·	·	·	·	·	·	·	
·	·	·	·	·	·	·	
·	·	·	·	·	·	·	

잘 반영하는 것이라고 볼 수 있을 것이다. 위에서 든 과반수 투표방식과 다수결 투표방식의 약점을 보완하면서 콘도르세 기준의 약점인 투표의 순환을 피하기 위한 방법 중에는 모든 대안이 다 고갈된 다음, 마지막에 단 하나의 승자만이 남을 때까지 연속적으로 투표를 하는 고갈 투표방식(枯渴, exhaustive voting)을 생각할 수 있다. 이 방식에는 헤어(Hare) 방식과 쿰즈(Coombs) 방식의 두 가지가 있다.

3. 헤어 방식

처음에 m개의 대안이 있다고 할 때, 각 투표자가 가장 선호하는 대안에 표를 던진다. 그 중에 가장 득표수가 적은 대안을 제거한다. 나머지 $m-1$개의 대안을 놓고 각 투표자가 가장 선호하는 대안에 표를 던져서 그 중에 가장 득표수가 적은 대안을 또 제거한다. 이런 방법으로 계속해서 가장 득표수가 적은 대안을 제거해 나가면 결국에는 하나의 대안만이 남게 된다.

4. 쿰즈 방식

위의 헤어 방식과 비슷한 방법인데, m개의 대안 중에서 각 투표자가 가장 싫어하는 대안에 표를 던져서 가장 많은 득표를 한 대안을 제거한다. 나머지 $m-1$개의 대안 중에서 가장 많은 투표자들이 가장 싫어한다고 밝힌 대안이 제거되어 $m-2$개의 대안이 남게 된다. 이런 방법으로 계속해서 가장 많은 투표자들이 가장 싫어하는 대안을 제거해 나가면 결국에는 하나의 대안만이 남게 된다.

위의 두 가지 방식은 투표자들이 대안과 대안 간의 선택에 있어서 충분히 고려할 점은 있으나, 대안의 수가 많다든가 국민투표와 같이 투표자의 수가 많은 경우에는 시간적인 손실과 투표비용이 너무 많이 드는 것이 흠이다. 이런 방식의 약점이 여러 번의 투표 횟수를 단 한번의 투표로 줄이면서도 고갈 투표방식의 장점을 어느 정도는 살릴 수 있는 투표방식으로 보다 계산(Borda count) 방식과 승인(承認, approval) 투표방식이 있다.

표 3-4 보다 계산방식의 예

투표자	대안별 점수				
	X	Y	Z	V	계
갑	4	3	2	1	10
을	4	3	2	1	10
병	4	3	2	1	10
정	1	3	4	2	10
무	1	3	4	2	10
계	14	15	14	7	50

5. 보다(Borda) 계산방식

각 투표자는 m개의 대안들 중에서 자신이 가장 선호하는 대안에 m점을 주고, 그 다음으로 선호하는 대안에 $m-1$점을 주고, 그 다음으로 선호하는 대안은 $m-2$점을 주는 방법이다. 따라서, 선호도가 가장 낮은 대안은 1점을 준다. 각 대안이 투표자들로부터 받은 점수를 합해서 가장 많은 점수를 받은 대안이 채택된다. 아래의 〈표 3-4〉의 예를 통해서 과반수 투표방식과 비교해 보도록 하자.

네 가지 대안을 놓고 다섯 명의 투표자가 보다 계산방식으로 투표한 결과 가장 많은 점수를 받은 Y가 승자가 되었다. 만약에 과반수 투표방식을 썼다면, X가 채택되었을 것이다. 그러나 갑, 을, 병 세 사람이 가장 선호하는 X는 나머지 두 사람인 정과 무는 가장 싫어하는 대안이다. 또, 이 두 사람이 가장 선호하는 Z는 나머지 세 사람은 두 번째로 싫어하는 대안이다. 보다 계산방식의 장점은 이렇게 극단적으로 아주 선호도가 높다든가 아주 선호도가 낮은 대안보다는 투표자 모두에게 어느 정도는 차선책이 될 수 있는 중도의 대안이 채택되기 쉽다는 점이다.

그러나, 투표자 수가 많거나 대안이 여러 개인 경우는 투표자에게는 각 대안별로 일일이 점수를 써 넣어야 하는 번거로움이 있고 자칫하면 오기로 무효표가 많이 나올 수도 있다. 또한, 투표결과를 계산하는 데 있어서도 많은 시간이 소요되게 된다. 보다 계산방식보다 조금 더 간편한 방식이 승인 투표방식이다.

6. 승인 투표방식

각 투표자는 여러 대안 중에 채택되어도 괜찮겠다고 생각되는 대안에만 한 표를 던진다. 그렇게 해서 가장 많은 표를 받은 대안이 채택된다. 각 투표자가 괜찮다고 승인하는 대안의 수는 물론 똑같지 않다. 승자가 된 한 개의 대안이 받을 수 있는 표수는 투표자의 수 보다 많게 될 수는 없다. 이 방식이 간편해서 좋은 점은 있으나 반면에 약점은 1개 이상의 승자가 나올 수도 있다는 데 있다. 예를 들어 위의 〈표 2-4〉에서 다섯 사람의 투표자가 4점과 3점을 준 대안에만 승인표를 던진다면, X는 3표, Y는 5표, Z는 2표로 Y가 채택된다. 그러나 각자가 1점을 준 대안만 제외하고 전부 승인표를 던진다면, X는 3표, Y는 5표, Z도 5표, V는 2표로 Y와 Z가 각각 5표로 하나의 승자가 결정되지 못한다.

7. 콘도르세 효율성

투표방식의 가장 중요한 요건 중의 하나가 승자를 결정할 수 있어야 한다는 것이다. 단 두 개의 대안이 있을 때는 과반수 투표방식이 이 요건을 충족시키지만, 대안의 수가 세 개 이상이 되면 1번의 투표로 승자를 결정하지 못하고 결선투표를 해야 될 경우도 생긴다. 이 경우에 만약 콘도르세 투표방식으로 승자가 결정될 수 있다면 투표자의 선호를 가장 잘 반영하는 승자를 뽑게 된다. 위의 어느 투표방식을 사용하더라도 결국은 하나의 승자를 뽑게 되는데, 그 승자가 콘도르세 투표방식으로 뽑힐 수 있는 승자와 반드시 일치하지 않을 수도 있다.

만약 콘도르세 투표방식을 써서 투표의 순환이 일어나지 않고 콘도르세식 승자가 존재하는 데도 불구하고, 다른 대안을 승자로 뽑은 투표방식을 썼다면, 이 투표방식은 효율성이 매우 떨어지는 것이라고 할 수 있다. 위의 여러 가지의 투표방식을 평가하는 한 가지 기준으로서 콘도르세식 승자가 존재할 때 어떤 투표방식을 써서 이 대안이 역시 승자로 채택될 백분율을 계산해 보는 것을 들 수 있다.[4]

---

4) 메릴(Merill, 1984, 1985)은 이러한 백분율을 시뮬레이션(simulation)을 통해서 계산해 내고 그것을 콘도르세 효율성(Condorcet efficiency)이라고 명명했다.

8. 우리나라 선거제도의 개선에 대한 시사점

우리나라에서는 국가적으로 중요한 결정을 내리게 되는 국회의원 선거와 대통령 선거를 과반수 투표방식이 아니라 다수결 투표방식으로 실행하고 있다. 그러나 메릴(1985)의 시뮬레이션 결과에서도 볼 수 있듯이 다수결 투표방식은 콘도르세 효율성과 공리주의적 효율성에서 모두 가장 효율성이 낮은 투표방식으로 나타났다. 다수결 투표방식을 쓰고 있는 미국과 같이 양당정치가 잘 운용되고 있는 나라에서도 강력한 무소속 후보나 제3당의 후보가 나타나면 아무도 선거인단의 과반수를 획득하지 못하는 수도 간혹 있었지만, 이 경우는 하원에서 최고득점자 3명을 놓고 결선투표를 하도록 되어 있다. 1800년과 1824년의 미국 대통령선거에서 입후보자 중에 아무도 과반수를 획득하지 못한 사례가 발생했다. 1804년에 통과된 제12차 수정헌법에 의하면 이런 경우에는 미국 하원에서 최고득점자 3명 중에서 1명을 대통령으로 선출하도록 하고 있다. 이 경우는 각 주당 1명의 대표를 결정하여 이 대표에게만 투표권을 주고 있으며 미국 전주의 2/3 이상이 투표에 참여해야만 한다. 프랑스에서는 아무도 과반수를 획득하지 못하면 최고득점자 2명을 놓고 국민이 다시 결선투표를 해서 대통령을 선출하도록 되어 있다.

그러나 우리나라와 같이 정치권이 아직도 명확하게 양대 정당으로 구분이 되지 못하고 있는 상황에서는 1987년도 대통령 선거에서 볼 수 있었던 것처럼 유권자의 3분의 1정도의 지지만으로도 대통령직에 선출될 수 있는 불합리한 결과를 초래하기도 한다.

제2절에서 논의된 최적다수의 결정에서도 밝힌 바 있지만, 국민 모두에게 지대한 영향을 미칠 수 있는 안건의 외부비용은 매우 크기 때문에 의사결정시간비용을 포함한 사회 전체의 총 비용을 최소화하기 위해서는 지지자의 비율이 과반수보다도 훨씬 더 높은 수준에서 안건이 결정되어야 한다. 그런데도 대통령선거와 같이 중요한 선거에서 유권자의 반수에도 못 미치는 지지표를 얻고도 당선될 수 있다는 것은 선거제도의 공정성뿐 아니라 당선 후의 정치적 안정도 크게 저해하는 제도적 모순이다. 제6공화국에서도 국민의 3분의 1만의 지지로 당선된 대통령의 권위의 정통성에 대한 논란이 초기에 있었고, 임기의 중반에 재신임을 묻는 국민투표를 하겠다는 당선자의 선거공약이 흐지부지되어 결국에는 지켜지지 않았던 사실은 반수 미만의 지지율로 선출된 대통령으로 인해 정치적 안정

이 크게 위협받았던 단적인 예라도 하겠다.

지역 감정에 의해 특정 지역의 유권자의 대부분이 그 지역 출신의 후보자에게 지지표를 준다고 하면, 여러 명의 후보자가 난립할 경우에 과반수를 얻을 수 있는 사람은 아무도 없을 것이다. 그렇다고 해서 막대한 경비가 드는 국민투표를 통해서 최고 득점자 2명에 대한 결선투표를 한다는 것은 별로 효율적인 방법이 못된다. 그렇다면 위의 여러 투표방식 중에서 어떤 방식이 가장 적절한 것일까? 결선투표, 거부권 투표방식, 콘도르세 기준, 헤어 방식 그리고 쿰즈 방식은 막대한 경비가 드는 국민투표를 여러 번 실시해야 하므로 일단 현실적인 방안은 못된다. 다수결 투표방식 외에도 단 한 번의 투표로 승자를 결정할 수 있는 투표방식으로 점수 투표방식, 보다 계산방식 및 승인 투표방식이 있다. 점수 투표방식은 투표자가 선호의 강도를 정직하게 나타내지 않고 선략적으로 투표할 경우에 사회 전체의 선호도를 왜곡시킬 수 있고 점수의 계산이 복잡해질 수 있으므로 별로 효과적인 방법이 못 될 것으로 보인다. 보다 계산방식이 이상적이긴 하겠지만 역시 점수의 배정과 계산이 복잡해질 수 있으므로 유권자 전체를 교육시키고 나중에 득점수를 계산하는 데 많은 어려움이 예상된다. 승인 투표방식의 장점은 투표방식과 득표수의 계산이 간단하며 미흡한 대로 소수의 지지만 받는 극단적인 후보자의 당선 가능성을 낮출 수 있으므로 가장 실현성이 있는 투표방식일 것으로 생각된다.

그러나 승인 투표방식의 경우에는 한 장의 투표지에 1명 이상의 입후보자를 기입하므로 선거부정이 개입될 소지가 커질 염려가 있다. 그러므로 투표시와 개표시에 엄중한 감시가 있어야 할 것이다. 국민투표를 한번 더 해서 이런 부정투표의 가능성을 낮출 수 있다면, 차라리 다수결 투표 후에 결선투표를 한번 더 실시하는 것이 더 바람직한 방법일 수도 있다. 결선투표의 직접비용은 부정선거로 인해 야기되는 사회 전체가 치뤄야 할 간접비용보다는 적다고 볼 수 있을 것이다.

응 용 문 제

만약에 투표자가 아주 강하게 찬성하거나 반대하는 선거의 이슈(issue)가 있어서 다른 것은 어떻게 되든 오직 그 이슈가 자신이 원하는 방향으로 결정이 되는가 하는 것에만 관심이 있는 경우에는 과반수가 약하게 선호하는 이슈 대신에 소수가 강하게 선호하는 이슈가 투표에서 이길 수도 있다. 예를 들어서 토지공개념과 금융실명제라는 두 가지의 이슈가 있는데 각 정당은 이 두 이슈에 대한 찬반을 한데 묶어서 하나의 강령으로 내세운다고 하자. 세 종류의 투표자를 부유층(甲), 중산층(乙) 그리고 빈민층(丙)으로 가르고 각각 총투표자 수의 씩이 된다고 하자. 각 이슈에 대한 투표자들의 선호는 아래와 같다고 하자.

I. 토지공개념: 찬성 (갑(甲), 병(丙)), 강하게 반대 (을(乙))
II. 금융실명제: 찬성 (을(乙), 병(丙)), 강하게 반대 (갑(甲))

집권당이 먼저 이 두 이슈에 대한 강령을 발표한다면, 반대당은 강하게 반대하는 소수를 만족시켜 주는 적절한 강령을 채택함으로 해서 미약하게 찬성하는 과반수가 선호하는 입장을 선거에서 이겨낼 수 있음을 보여라.

경 제 학 자

1) 콘도로세 후작(Marquis de Condorcet, 1743~1794)
프랑스 수학자. 프랑스 국회의원으로 프랑스 혁명을 지지했다가 나중에 구속되어 감옥에 들어간 그날로 자살로 추정되는 시체로 발견되었다.

2) 알렉시스 드 토크빌(Alexis de Tocqueville, 1805~1859)
프랑스의 치안판사보로서 감호소와 교도소를 시찰하기 위해 1831년에 미국에 가서 보고 느낀 것을 두 권으로 된 『미국에서의 민주주의』라는 제목의 책으로 펴내어 지금까지도 읽히는 고전이 되었다. 후에 그는 프랑스 국회의원과 외무장관을 지냈다. Democracy in America, v.1 1835; v.2 1840.

3) 케네스 애로우(Kenneth Arrow, 1921~)

미국의 경제학자. 경제학 박사학위를 딴 콜럼비아대학교에서 호텔링의 제자였으며 스탠포드와 하버드 대학 교수를 역임했다. 힉스와 공동으로 노벨경제학상을 1972년에 수상했다. Social choice and individual values(1951).

4) 앤소니 다운즈(Anthony Downs, 1930~)
미국의 정치학자. 스탠퍼드 대학 정치학 박사.
An Economic Theory of Democracy(1957)

참 고 문 헌

소병희, 『공공선택의 정치경제학』, 서울: 박영사, 1993.

Arrow, K., *Social Choice and Individual Values*, New York: John Wiley and Sons, 1951.

Black, D., "The Decisions of a Committee Using a Special Majority", *Econometrica*, 16: 245-261, 1948.

Boadway, R. and Wildasin, D., *Public Sector Economics*, Boston: Little, Browm & Company Ltd, 1984.

Bowen, H., "The Interpretation of Voting in the Allocation of Economic Resources," *Quarterly Journal of Economics*, 58: 27–48, 1943.

Buchanan, J.M. and Tullock, G., *The Calculus of Consent*, Ann Arbor: The University of Michigan Press, 1962.

Clarke, E.H., "Multipart Pricing of Public Goods," *Public Choice*, 11: 17-33, 1971.

Dahl, R., *A preface to Democratic Theory*, Chicago: Vniversity of Chicago Press, 1956.

Downs, A., *An Economic Theory of Democracy*, New York: Harper & Row, 1957.

Groves, T., "Incentives in Teams," *Econometrica*, 41: 617–631, 1973.

Groves, T. and Ledyard, J., "Optimal Allocation of Public Goods: A

Solution to the 'Free Rider' Problem," *Econometrica*, 45: 783-809, 1977.

Hotelling, H., "Stability in Competition," *Economic Journal*, 39: 41-57, 1929.

Joslyn, R.A., "The Impact of Decision Rules in Multi-candidate Campaigns: The case of the 1972 Democratic Presidential Nomination," *Public Choice*, 25: 1-17, 1976.

Little, I.M.D., "Social Choice and Individual Values," *Journal of Political Economy*, 60, 5, 422-32, 1952.

Merill, S. III., "A Comparison of Efficiency of Multicandidate Electoral Systems," *American Journal of Political Science*, 28: 23-48, 1984.

Merill, S. III., "A Statistical Model for Condorcet Efficiency Based on Simulation under Spatial Model Assumptions," *Public Choice*, 47(2): 389-403, 1985.

Mueller, D.C., "Voting By Veto," *Journal of Publc Economics*, 10: 57-75, 1978.

Mueller, D.C., *Public Choice*, Cambridge: Cambridge University Press, 1979.

Mueller, D.C., *Public Choice II*, Cambridge: Cambridge University Press, 1989.

Mueller, D.C., R.D.Tollison, and T. Willett, "Solving the Intensity Problem in Representative Democracy," in Amacher, R.C. et al. (eds.), *The Economic Approach to Public Policy*, 444-473, Ithaca: Cornell University Press, 1976.

Musgrave, R., *The Theory of Public Finance*, New York: McGraw-Hill Co., 1959.

Riker, William H. and Peter C. Ordeshook, "A Theory of Calculus of Voting," *American Political Science Review*, 62: 25-43, 1968.

Romer, T. and Rosenthal, H., "Bureaucrats vs. Voters: On the Political Economy of Resource Allocation by Direct Democracy,"*Quarterly Journal of Economics*, 93: 563-587, 1979.

Smithies, A., "Optimum Location in Spatical Competition," *Journal of*

Political Economy, 49: 423-439, 1941.

Tideman, T.N. and Tullock, G., "A New and Superior Process for Making Social Choices," *Journal of Political Economy*, 84: 1145-1159, 1976.

제 4 장

외부성과 환경경제

들어가며

투표의 결과는 채택된 안건에 투표한 사람만이 아니라 채택되지 못한 안건에 투표했던 다른 사람들 모두에게도 좋든 나쁘든 영향을 미치게 된다. 투표와 같은 정치적 의사결정은 종종 경제학에서 말하는 일종의 외부성 또는 외부효과를 유발한다. 우선, 긍정적인 외부성인 외부경제와 부정적인 외부성인 외부불경제를 비교해 본다. 외부성은 재산권의 설정이 불분명하여 발생한다는 점을 코우스 정리를 통해 알아보고 그 한계점에 대해서도 논의한다. 또한, 외부성의 시장경제적 해결방법인 내부화의 방법을 알아본다. 정부의 개입이 필요할 경우 규제를 통해 외부성을 해결하게 되는데 비단 외부성뿐 아니라 일반적인 정책수단이기도 한 규제에 대해 간략히 살펴본 후, 외부성에 대한 규제를 비롯한 여러 가지 해법에 대해 공공선택적 분석도 곁들여 비교해 본다. 경제의 지구화와 같은 경제환경의 변화와 지구의 온난화 같이 어느 한 나라의 노력만으로는 해결이 불가능한 공해문제라는 인식을 높이고 공용자원의 문제와 고갈가능자원의 문제를 알아보고 이런 문제를 극복하기 위한 지탱가능한 성장의 개념을 소개한다. 국제적으로 나라 간의 외부성이 가장 극명하게 나타나는 지구온난화, 삼림황폐화, 사막화, 그린 라운드 등 지구의 환경에 대한 국제적 문제와 해결 과제에 대해 소개하고 마지막으로 우리나라의 환경문제에 대해 간략히 개관해 본다.

제 1 절 긍정적인 외부성과 부정적인 외부성

1. 외부성과 외부불경제

1948년 미국의 뉴욕에서는 대기 중 아황산가스(SO_2)의 농도가 0.39ppm으로 높아져서 20여 명이 사망했다. 그러나 이것은 1952년 런던에서 아황산가스의 농도가 0.7ppm 이상이 되어 2달 사이에 2000명이 사망한 사건에 비하면 아무 것도 아니었다.[1] 대기 중 아황산가스 농도의 허용기준은 0.05ppm인데, 0.1ppm 이상이 되면 기관지가 수축되어 천식증세를 보이게 된다고 한다. 인체에 유해한 아황산가스를 일부러 제조하는 공장은 없으나 생산공정의 부산물로 또 자동차를 운행하는 중에 발생하는 배기가스 중의 일부로 아황산가스가 대기를 오염시키게 된다. 이렇듯 한 경제 주체의 일상적인 경제활동이 다른 경제주체에게 의도하지 않은 영향을 미치게 될 수도 있다. 경제학에서 말하는 외부성(外部性, externality) 또는 외부효과(外部效果)란 개인의 소비활동이나 생산활동이 시장을 통하지 않고 무상으로 제3자의 소비활동이나 생산활동에 영향을 주는 것을 말한다. 그 영향은 긍정적인 것일 수도 있고 부정적인 것일 수도 있다.

먼저, 부정적인 외부성의 예를 들어 보자. 한 여학생이 하숙집의 자기 방에서 조용히 차를 한 잔 마시고 있다고 하자. 그런데 옆방에 든 남학생이 그녀가 싫어하는 음악을 갑자기 크게 틀어 놓았다면, 한 잔의 차를 조용히 마심으로써 얻을 수 있는 그녀의 효용은 많이 줄어들게 된다. 이때 옆방 하숙생이 소음공해를 통해 그녀에게 부정적인 외부성을 일으켰다고 할 수 있는데 소비에 있어서든 생산에 있어서든 이러한 부정적인 외부성을 외부불경제(外部不經濟, external diseconomy)라고 한다. 소비에 있어서 또 다른 예는 흡연자가 주위 사람에게 주는 간접흡연을 통한 피해를 들 수 있다.[2] 생산에 있어서의 외부불경제의 예는 공장에서 대기오염을 발생시킨다든가 폐수를 강물에 흘려보내는 것 같은 것이다. 그렇다고 해서 만약 외부불경제를 수반하는 생산활동을 완전히 중단하게 만든다

1) 세트론과 데이비즈(Cetron and Davies, 2001) 참조.
2) 한 보고에 의하면 간접흡연으로 인한 비용이 1999년도 한 해에 1721억원이 되었다고 한다.

면 우리의 삶을 편리하게 해 주는 많은 것들을 사용할 수 없게 된다. 예를 들어, 철의 생산을 중단하게 된다면 자동차나 냉장고 같은 것들을 생산할 수 없게 될 것이다. 그러므로 외부불경제를 유발한다고 해서 그런 생산을 완전히 중단시키는 것이 목표가 될 수는 없다. 그보다는 외부불경제가 사회에 유발하는 비용까지도 감안했을 때 얼마만큼을 생산하는 것이 가장 적절한가를 밝혀 내어 그만큼을 생산할 수 있도록 정책적으로 유도하는 것이 목표가 되어야 한다.

2. 사적 한계비용과 사회적 한계비용의 괴리

예를 들어, 철강을 생산하는 공장에서 폐수를 흘려보내서 강하류의 어패류들이 패사하여 어부들이 피해를 보는 경우를 생각해 보자. 공장에서는 이윤극대화를 위해 한계수입과 한계비용이 일치하도록 철강의 생산량을 정하게 된다. 이 경우 공장은 철강 생산에 있어서 회사가 직접 부담해야 하는 사적인 비용만 비용으로 계산하고 공장의 폐수가 어부들에게 입히는 피해는 자기들의 비용으로 여기지 않는다. 그러나 폐수와 같이 외부불경제가 발생하는 경우에는 사회 전체로 볼 때, 추가적인 철강 한 단위의 생산에 들어간 사회적 한계비용(社會的 限界費用, MSC: marginal social cost)은 제철공장의 사적 한계비용(私的 限界費用, MPC: marginal private cost)에다 외부불경제의 비용, 즉 어부들에게 끼친 피해액을 더한 것이 된다. 다시 말해서, 사회적 한계비용에는 외부불경제 유발주체의 사적 한계비용에다 외부불경제가 다른 경제주체에게 야기시키는 비용도, 설혹 이 비용을 지불하지 않는다 해도, 포함시켜야 한다.

제철공장의 생산량과 가격 및 비용을 나타낸 〈그림 4-1〉을 통해 위 예를 좀 더 구체적으로 생각해 보도록 하자. 만약 외부불경제가 없다면 당연히 한계편익과 한계비용이 같아지도록, 즉 수요곡선과 사적 한계비용곡선이 만나는 1점에서 생산량 Q_0가 결정되어야 한다. 그러나 철강생산의 부정적인 외부성를 감안하면 이 생산량에서의 사회적 한계비용은 한계편익보다 크므로 이 둘이 같아지도록 2점까지 생산량을 줄여서 Q_*가 생산되도록 해야 한다. 그런데 시장의 기능에만 맡기면 제철공장은 사적 한계비용만 자신의 비용으로 간주하게 되어 Q_0를 생산하려 할 것이다. 그렇지만 철강생산의 부산물인 폐수로 인한 어획고의 감소라는 사회적 피해를 감안하면 생산량 Q_0는 한계비용이 한계편익을 초과하는 생산량이

그림 4-1 외부불경제

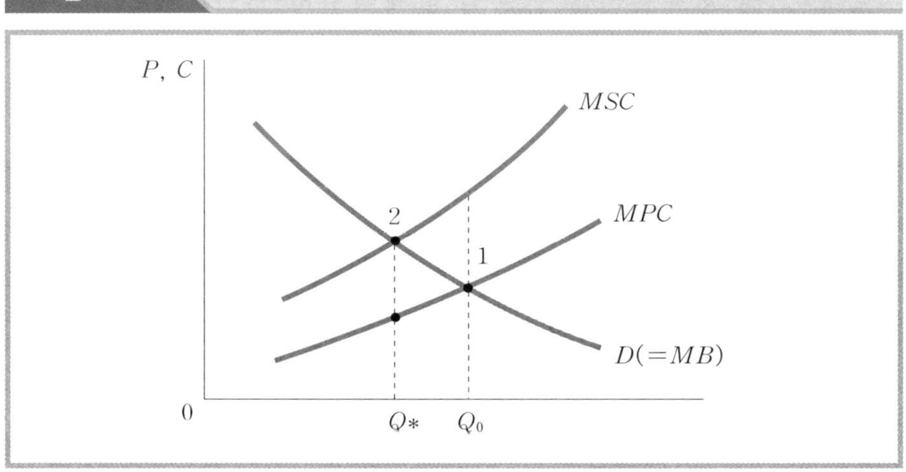

다. 그러나 사회적 피해를 포함한 한계비용과 한계편익이 일치하는 사회적으로 가장 적합한 생산량인 Q_*를 철강공장이 자발적으로 생산하려 하지는 않을 것이므로 이를 강제하거나 유인하기 위한 수단이 필요하게 된다.

3. 외부경제

이번에는 긍정적인 외부성이 발생하는 경우를 예로 들어보자. 옆방 하숙생이 틀은 음악이 자기가 평소에 좋아하는 음악이어서 내가 마시고 있는 커피 한 잔의 맛이 더 좋게 느껴지는 경우와 옆방 하숙생이 공부를 너무 열심히 해서 나도 모르게 나도 책을 전보다 더 열심히 읽게 되어 내 성적이 향상된 경우는 옆방 하숙생이 내게 긍정적인 외부성을 가져 온 결과라고 할 것이다. 소비에 있어서든 생산에 있어서든 이러한 긍정적인 외부성을 외부경제(外部經濟, external economy)라고 한다. 또 다른 예를 들자면, 사과 과수원과 양봉장이 바로 옆에 붙어 있다면 꿀벌들이 이 꽃 저 꽃으로 화분(花粉)을 날라주어 사과나무에 더 많은 열매가 맺게 되어 과수원의 생산성을 높이게 될 것이다.[3)]

3) 이 경우, 꿀벌들이 사과꽃으로부터 쉽게 꿀을 따올 수 있어서 양봉업의 생산성도 높이게 될 것으로 예상하여 외부경제가 양방향으로 작용한다고도 예견해 볼 수도 있으나, 실제로는 사과꽃에는 별로 꿀이 없어서 양봉업이 받는 외부경제는 미미하다고 한다.

4. 사적 한계편익과 사회적 한계편익의 괴리

외부경제가 없는 경우에는 사적 한계편익과 사회적 한계편익이라는 구분이 필요 없이 둘이 똑같다. 그러나 외부경제가 발생하는 경우인 양봉업과 과수원의 경우에 있어서는 양봉업자의 사적 한계편익(私的 限界便益, MPB: marginal private benefit)은 벌꿀들이 따오는 꿀의 양이 되겠지만 사회적으로 본 사회적 한계편익(社會的 限界便益, MSB: marginal social benefit)은 더 많은 과일열매의 결실을 가져오게 하는 꿀벌들의 수분(授粉)작용까지도 편익으로 포함시켜야 한다. 다시 말해서, 사회적 한계편익에는 사적 한계편익에다 자신이 다른 경제주체에게 가져다주는 편익도, 설혹 그 대가를 지불 받지 않는다 해도, 포함시켜야 한다. 이것을 양봉업자의 생산량과 가격 및 비용을 나타낸 〈그림 4-2〉를 통해 좀더 구체적으로 생각해 보도록 하자.

만약 외부경제가 없다면 당연히 한계편익과 한계비용이 같아지도록 즉 사적 한계편익곡선(수요곡선)과 공급곡선이 만나는 1점에서 생산량 Q_0가 결정되게 된다. 그러나 양봉업이 과수에 미치는 긍정적인 외부성을 감안하면 이 생산량에서의 사회적 한계편익은 한계비용보다 크므로 이 둘이 같아지도록 2점까지 생산량을 늘려서 Q_*가 생산되도록 해야 한다. 그런데 시장의 기능에만 맡기면 양봉업자는 사적 한계편익만 자신의 편익으로 간주하게 되어 Q_0를 생산하려 할 것이다.

그림 4-2 외부경제

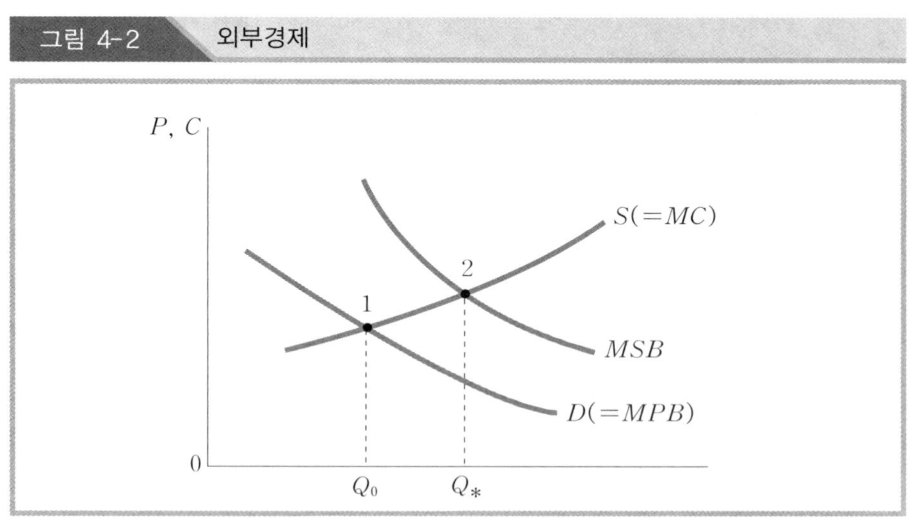

그렇지만 양봉업의 부산물인 벌꿀의 수분작용으로 인한 과실수확의 증가라는 사회적 편익의 증대를 감안하면 생산량 Q_0는 한계비용이 한계편익에 못 미치는 생산량이다. 그러나 사회적 한계편익과 한계비용(공급곡선)이 일치하는 사회적으로 가장 적합한 생산량인 Q_*를 양봉업자가 자발적으로 생산하려 하지는 않을 것이므로 이를 강제하거나 유인하기 위한 수단이 필요하게 된다.

외부성(externality) **또는 외부효과**
개인의 소비활동이나 생산활동이 시장을 통하지 않고 무상으로 제3자의 소비활동이나 생산활동에 영향을 주는 것임.

외부불경제(external diseconomy) **또는 부정적 외부성**(negative externality)
영향을 받는 제3자의 후생을 감소시키게 됨; 사회 전체가 내는 비용이 개인이 내는 비용을 초과함.

외부경제(external economy) **또는 긍정적 외부성**(positive externality)
영향을 받는 제3자의 후생을 증대시키게 됨; 사회 전체가 얻는 편익이 개인이 얻는 편익보다 큼.

제 2 절 재산권의 설정과 코우스 정리

1. 재산권의 부재와 외부성

그런데 이런 외부성은 제3자의 소비활동이나 생산활동에 수반되어 발생한 것이지 시장을 통해 거래된 것이 아니기 때문에 가격도 형성되어 있지 않으므로 시장의 실패(市場의 失敗, market failure)가 일어났다고 볼 수 있다. 위의 하숙생의 예에서 외부불경제를 유발하는 시끄러운 음악에 대해 두 사람 다 각자의 권리를 주장할 수도 있을 것이다. 그러면 조용히 차를 마실 권리와 음악을 크게 들을 권리가 대립될 터인데 공기의 진동으로 소리가 전달되므로 히숙집의 공기에 대한 권리가 딱히 둘 중 어느 하나에게 있다고 보기 힘들고 따라서 서로의 주장이 쉽게 굽혀지지 않을 것이다. 그러나 만약 공기에 대한 권리를 차를 마시던 나에게 준다면 음악을 크게 들으려면 옆방 하숙생이 나에게 적절한 대가를 지불하고 음악을 크게 들을 권리를 사야 할 것이다. 즉 시장이 형성될 수 있을 것이다. 만약 공기에 대한 권리가 옆방의 하숙생에게 있다면 내가 그 학생에게 볼륨을 좀 내려달라고 하면서 적절한 가격을 제시할 수 있을 것이다. 이 경우도 역시 시장이 형성될 것이다. 그렇다면 외부성의 경우에 시장의 실패가 일어나는 이유는 바로 공기에 대한 권리처럼 외부성에 대한 재산권(財産權, property right)이 형성되어 있지 않아서 그런 것이라고 볼 수 있다. 그러므로 재산권을 확정해 준다면 외부성은 해결될 수 있는 문제라고 하겠다.

2. 코우스 정리

재산권을 정해 준다고 할 경우에 누구에게 재산권을 주느냐에 따라 한 쪽은 보상액을 지불하는 입장이 될 것이고 다른 한 쪽은 보상액을 받는 입장이 될 것이다. 그렇다면, 공기에 대한 재산권이, 피해자라고 볼 수 있는 내게 있는 것이, 가해자라 할 수 있는 옆방 하숙생에게 있는 것보다는 당연히 사회적으로 더 나은 (공정하고 효율적인) 결과를 초래하지 않겠는가 하는 생각이 들 수도 있을 것이다. 그러나 공정성은 상대적인 개념일 수도 있다. 옆방 하숙생의 입장에서 본다면 자기가 듣고 싶은 음악을 마음껏 못 듣는 피해자이고 그것을 방해하는 내가 가해자일 수도 있다. 여기서는 재산권의 배분에 관한 공정성 자체는 우리의 논의 대상이 아니다. 우리는 누구에게 재산권을 주어야 그 결과가 효율적일 수 있을 것인가에 대해서만 관심이 있을 뿐이다. 이 문제에 대해서 이미 코우스(Coase)가 1960년에 하나의 정리(定理)를 세운바 있다. 거래비용(去來費用, transaction cost)이 무시할 정도로 적다고 가정할 경우, 외부성을 유발하는 대상물에 대한 재산권을 확정해 주기만 하면, 재산권을 누구에게 주든 상관없이, 이해당사자들 간에 자발적으로 시장의 결과와 같은 효율적인 해결을 얻을 수 있게 된다는 것이 그 골자이다.

앞에서 예로 들었던 강의 상류에 위치한 제철공장과 어부들 간의 외부불경제 문제를 코우스 정리에 입각해서 그림으로 분석해 보도록 하자. 아래의 〈그림 4-3〉은 이 제철공장의 생산품인 철강에 대한 수요곡선과 한계비용곡선을 보여주고 있다. 철강산업 전체에서 결정된 가격으로 표시된 수평으로 된 수요곡선은

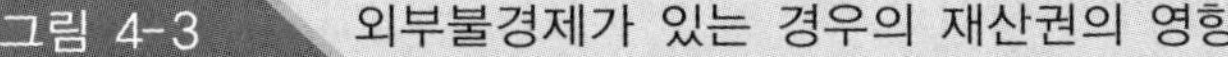

그림 4-3 외부불경제가 있는 경우의 재산권의 영향

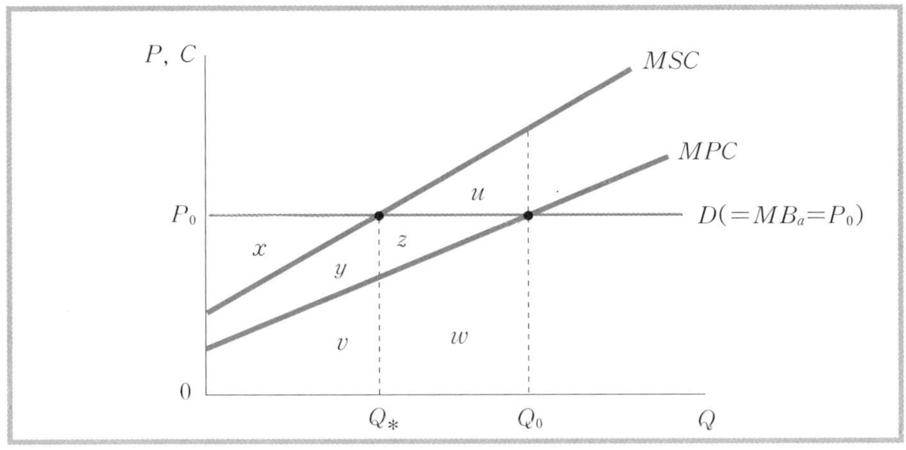

이 제철공장이 전체 산업에서는 조그만 비중만 차지하는 가격순응자임을 의미한다. 아무런 재산권이 설정되어 있지 않다면 제철공장은 자신의 사적 한계비용곡선이 수요곡선과 교차하는 점에서 Q_0를 생산할 것이다. 어부들에게 끼치는 손실을 제철공장의 MPC에 더한 것이 MSC이므로 이 생산량에서 어부들의 손실은 이 둘의 차액인 $(y+z+u)$가 된다.

3. 재산권이 피해자에게 있는 경우

이제 재산권이 먼저 외부불경제의 피해자인 어부들에게 설정되어 있는 경우에 이 결과가 어떻게 바뀌게 될지를 살펴보도록 하자. 재산권을 부여받은 어부들은 손실에 대해 피해보상을 요구할 수 있으므로 제철공장으로서는 생산량을 그대로 유지하는 것은 불가능하다. 왜냐하면 이제는 어부들에 대한 피해보상액(=어부들의 손실액)을 포함한 MSC가 제철공장의 실질적인 한계비용곡선이 되기 때문이다. 그러므로 MSC가 수요곡선과 교차하는 점에서 Q_*를 생산하는 것이 효율적이 된다. 제철공장이 Q_*를 생산하여 P_0에 판매할 경우에 총수입은 $x+y+v$가 되는데 이 중에서 생산비는 v가 들고 y는 어부들에게 보상해 주고 나면 x가 생신자 잉여가 된다. 그러나 강에 대한 재산권이 어부들에게 있으면 극단적인 경우에 어부들이 y라는 보상을 받기보다는 철강생산을 전면 중단하기를 요구할 수도 있을 것이다. 이런 경우라면 제철공장의 입장에서는 보상금을 좀더 높여 주더라도 생산하기를 원할 것이다. 그렇지만 최대한의 보상액이 $x+y$를 초과할 수는 없을 것이다. 그러므로 제철공장과 어부들 간의 상대적인 협상력에 따라 보상액은 최소 y에서 최대 $x+y$ 사이에서 정해질 것이다. 한편, 사회적으로 볼 때 생산량을 Q_0에서 Q_*로 줄임으로 해서 잃게 되는 편익의 합은 $z+w$이지만 이로 인해 절감되는 비용은 $z+w+u$가 되어 순비용 절감분은 u로 사회적으로는 u만큼 이득이 된다.

4. 재산권이 가해자에게 있는 경우

반면에 재산권이 외부불경제의 유발자인 제철공장에 있는 경우에는 어부들은 손실에 대해 피해보상을 요구할 권리가 없으므로 제철공장은 자신의 사적 한계비용곡선과 수요곡선이 교차하는 점에서 Q_0를 생산하는 것이 효율적이 된다. 어부들은 공장의 폐수로 인해 자신들이 입는 손실을 줄이기 위해 철강생산을 줄여 준다면 그에 상응하는 보상을 하겠다고 제안할 수 있다. 왜냐하면 제철공장이 생산량을 그대로 유지한다면 어부들은 MSC와 MPC와의 차이인 $y+z+u$에 달하는 손실을 입지만 철강생산을 중단한다면 이 만큼의 손실을 줄일 수 있으므로 최대한으로 $y+z+u$만큼 보상할 용의가 있다. 제철공장의 입장에서는 Q_0를 생산하여 P_0에 판매할 경우에 총수입은 $x+y+z+v+w$가 되는데 이 중에서 실제 생산비는 $v+w$가 들게 되어 $x+y+z$가 생산자 잉여가 되므로 그에 상당하는 보상을 받으면 굳이 생산하지 않아도 된다.

만약 어부들이 최대한으로 할 수 있는 보상액인 $y+z+u$가 제철공장의 순수입인 $x+y+z$보다 더 크다면, 즉 $u>x$라면 과연 철강생산을 중단시킬 정도의 보상을 어민들이 하게 될까? 일단 MSC가 수요곡선과 교차하는 점에서의 생산량인 Q_*보다 더 많은 생산량에서는 어부들이 최소한 수요곡선과 MPC의 차액만 공장에게 보상해 주면 될 것이므로 어부들의 입장에서는 u의 전액에 해당하는 보상을 추가로 하고 싶지 않을 수 있다. 공장이 어부들의 이런 입장을 잘 알고 있다면 제철공장이 생산감소를 위한 보상금을 최대 $z+u$라는 한도 내에서 좀더 높여 달라고 요구할 수도 있을 것이다. 그러므로 공장과 어부들 간의 상대적인 협상력에 따라 보상액은 최소 z에서 최대 $z+u$ 사이에서 정해질 것이다. 그러나 일단 생산량이 Q_0에서 Q_*로 줄어든 다음에는 어부들의 입장에서는 생산을 전면 중단시키기 위해서는 공장은 $x+y$의 보상을 필요로 하지만, 어민들이 줄 수 있는 최대한의 보상액은 y에 불과하게 된다. 왜냐하면 이제는 발생할 가능성이 없는 u에 해당하는 손실을 미연에 방지하기 위해 u만큼에 해당하는 보상을 더 하겠다는 것은 비현실적일 것이기 때문이다. 따라서 일단 생산량이 Q_*로 줄어든 다음에는 어부들은 더 이상 생산의 감면을 가져올 정도의 보상을 할 수는 없게 되어 철강 생산량은 이 수준에 머무르게 된다. 한편, 이 경우에도 사회적으로 볼 때는 생산량을 Q_0에서 Q_*로 줄임으로 해서 잃게 되는 편익의 합은 $z+w$이지만 이로 인해 절감되는 비용은 $z+w+u$가 되어 순비용절감분은 u로 사회적으로는 u만큼 이득이 된다.

5. 순이윤과 외부비용 접근방식

또 다른 각도에서 코우스 정리를 설명한 것이 〈그림 4-4〉이다.[4] 이 그림도 재산권이 제철공장 혹은 어부 어느 쪽에 있든지 최적생산량인 Q_*가 생산될 수 있다는 것을 보여 주고 있다. 공장은 순이윤(R)이 0이 될 때까지인 Q_0만큼 생산하려 한다. 만약, 재산권이 공장에게 있다면, 생산을 Q_*수준으로 줄이도록 만들

그림 4-4 재산권에 의해 외부불경제를 순이윤에 반영하는 경우

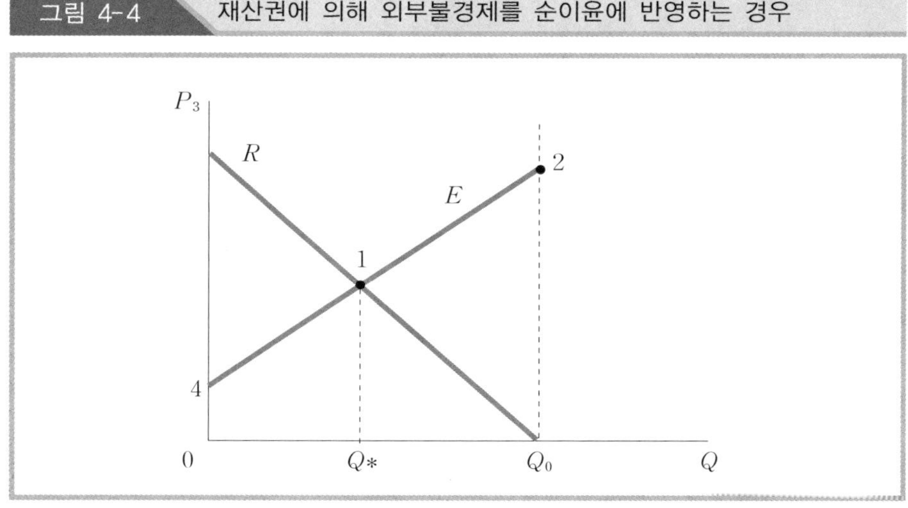

4) 이 그림은 컬리스와 존즈(1998)에서 인용한 것이다.

기 위해 공장에게 적어도 생산으로부터의 수입(△$1Q_*Q_0$)에 해당하는 보상을 어부들이 해 주게 된다. 왜냐하면 Q_*보다 많은 생산량에서는 외부성로 인하여 어부들이 입는 피해의 금전적 환산치인 E가 공장의 순이윤인 R을 초과하고 있기 때문이다. 만약, 재산권이 어부들에게 있다면 애당초 생산을 시작할 때, 공장은 최소한 이 생산수준에서 어부들이 입는 피해의 금전적 환산치(E)인 사다리꼴(▱$041Q_*$)의 면적에 해당하는 보상금을 어부들에게 주고 Q_*만큼 생산할 수 있도록 허락을 받아야 한다. 공장이 이보다 더 많은 보상금을 주기는 곤란한데 왜냐하면 그 이상 생산할 때는 공장의 순이윤인 R이 E보다 적기 때문에 생산을 중단하고 보상도 하지 않는 편이 더 이익이 되기 때문이다. 이 두 주체의 협상으로 인해서 상대편이 더 나쁜 상태가 되지 않고도 적어도 한 쪽이 더 나은 상태가 될 수 있는 파레토 개선이 이루어질 수 있다.

6. 코우스 정리의 문제점

그러나 코우스 정리에는 현실적으로는 간과할 수 없는 거래비용(去來費用, transaction cost)의 문제가 많이 있어서 실제로 제대로 작동되기에는 어려움이 적지 않다. 우선 이 경우의 거래비용이란 두 당사자 간의 협상타결을 위한 시간과 노력이라고 볼 수 있겠는데 이 비용이 협상타결로 얻을 수 있는 편익의 증대분보다 크다면 애당초 협상을 전개할 가치가 없을 것이다. 또한 외부불경제의 영향을 받게 되는 사람의 수가 아주 많을 경우에는 협상 자체가 진행되지 못할 수도 있다. 왜냐하면 협상에 드는 거래비용은 같이 부담하지 않고 결과만 향유하려는 무임편승자들이 많이 생길 것이기 때문이다. 그리고 누가 과연 외부불경제의 피해자인지 피해의 규모는 얼마나 되는지도 판명하기가 수월하지 않을 수도 있다.

예를 들어, 골프장에 친 농약이 인근 주민들의 샘물을 오염시킨다고 할 때, 골프장만 책임을 져야하는지 아니면 그런 농약을 제조한 비료제조업자에게도 책임을 물어야 하는지도 불분명하다. 협상에 임한다고 할 경우에도 외부불경제의 유발업체 내부에 대한 정보라고 볼 수 있는 한계비용이나 외부불경제가 유발하는 피해의 정도에 대해 피해자가 되는 일반 주민들은 제대로 된 정보를 가지고 있지 못하여 제대로 피해보상을 받지 못하는 선에서 협상이 타결됨으로 해서 협상의 결과가 공정하지도 못하고 파레토 최적이지도 못할 수도 있다. 즉 정보와 협상력의 비대칭성으로 인해 한쪽에게만 유리한 결과를 초래할 수도 있다. 외부불경제가 시간적으로도 연장되는 경우에는 재산권을 배정하기가 불가능한 경우도 있을 것이다. 예를 들어, 산업폐기물에 의한 토양오염의 경우는 단순히 한 세대에만 그 피해가 발생하는 것이 아니라 앞으로 태어날 세대에게도 피해가 지속되지만 아직 태어나지도 않은 미래의 주민들에게 재산권을 부여하는 것은 불가능한 것이다.

이외에도 한계점이 더 있겠지만 위에서 언급한 한계점으로만 미루어 볼 때에도 코우스 정리에 입각한 시장경제적 해법이 쉽게 성취될 수 있는 것은 아니라는 것을 알게 되었다. 코우스적 해법은 외부성이 시장에서 해결되지 않게 되는 가장 근본적인 원인, 즉 재산권의 부재를 제거하려는 것이기는 하지만 재산권의 설정은 여러 가지 시장경제적 해법 중의 하나일 뿐이다. 이 외에 가격기구를 통한 어떤 다른 해법이 있는지를 다음 절에서 살펴보도록 하자.

코우스 정리(Coase theorem):

만약 거래비용이 무시할 정도로 적을 경우, 외부효과를 유발하는 대상물에 대한 재산권을 확정해 주기만 하면 (재산권을 누구에게 주든 상관없이) 이해당사자들 간에 자발적이고 효율적으로 시장의 결과와 같은 해결을 볼 수 있게 된다.

코우스 정리의 한계:

1) 거래비용이 상당히 클 수도 있다.
2) 이해당사자의 판별이 명확하지 않을 수 있다.
3) 정보와 협상력의 격차가 너무 커서 공정하고 효율적인 해결이 되지 못할 수 있다.
4) 재산권의 배정이 불가능할 수도 있다. .

제 3 절 외부성의 내부화를 통한 해결방법

1. 내 부 화

현실적으로는 공기나 강과 같은 것에 재산권을 배정한다는 것은 거의 불가능하며 코우스적 해법을 실제로 적용하는 데는 한계가 있다는 것을 앞 절에서 살펴보았다. 그러므로 재산권의 배정 이외의 다른 해법이 필요하다. 그런데 상대방에게 재산권이 없다면 개인의 입장에서는 자발적으로 사적비용을 들여가면서 외부불경제를 유발하는 활동을 줄이거나 외부경제를 유발하는 활동을 늘릴 유인이 없다. 외부성이란 경제주체 간의 상호 관계가 시장(가격기구) 밖에서 일어나기 때문에 적절한 가격으로 보상받지 못하는 현상이다. 즉 외부성이 시장 속으로 내부화되지 못한 것이다. 이를 수정하기 위해서는 이런 상호 관계에 가격기구가 형성될 수 있도록 외부성을 시장의 내부로 끌여 들이도록 만들 필요가 있다. 이렇게 해서 외부성에 대한 가격기구가 형성되도록 만드는 것을 외부성의 내부화(內部化, internalization)라고 한다.

내부화의 방법으로는 앞 절에서 논의했던 재산권의 설정도 한 방법이 되지만 이것이 용이하지 않다면, 내부적인 공해제거장치나 설비를 설치하는 방법이 있다. 하숙집 방에 방음장치를 잘한다든가 공장에 폐수처리시설을 하는 것이 여기에 속한다. 그런데 이 방법은 소득분배문제를 야기한다. 방음장치를 하게 되면 하숙비를 올려 받게 될 것이기 때문이다. 다른 한 가지 방법은 위의 하숙생의 예에서 하숙집 주인이 모두에게 가장 효율적인 해결책을 강제적으로 요구하는 것이다. 정부가 공해유발업체에게 세금을 부과하거나 외부경제를 가져오는 업체에게 보조금을 주는 것이 바로 이런 것이다. 외부불경제를 교정하기 위해서는 세금을 부과해야 한다고 주장한 피구(Arthur Pigou)의 이름을 따서 이를 피구 조세(Pigouvian tax)라고 한다. 음악을 크게 트는 하숙생에게는 하숙집 주인이 벌금을 부과하고 복도를 깨끗이 청소하는 하숙생에게는 상금을 주는 것이 바로 이 방법이다.

또 다른 방법으로는 공장과 주민이 이해를 같이 하는 공동운명체가 되도록 만들어서 외부성을 내부의 문제로 받아들이게 하는 것이다. 다시 말하자면, 이 두 경제 주체를 일체화(unitization)시킴으로 해서 모든 의사결정을 공동으로 하도록 유도하는 것이다. 즉, 외부성으로 유발되는 비용을 공장의 비용의 일부로 파악하도록 만들어 손익을 따지고 생산량을 결정하게 만드는 것이다. 하숙집의 예로 다시 돌아가자면, 하숙집 주인은 하숙생을 내 아들과 딸처럼 생각하고 하숙생들은 다른 모든 하숙생을 나의 형제자매처럼 생각하며 하숙집 주인을 자신들의 친부모처럼 생각하여 이 하숙집의 모든 구성원이 일체화되어 모두가 의사결정에 참여하여 모두에게 가장 좋은 결정을 하는 것이다.

그런데 여기서 짚어보고 넘어갈 점은 이해관계가 대립되는 이해당사자들이 자발적으로 이런 내부화 방법들을 사용하기를 기대하기는 어렵다는 점이다. 다시 말해서, 이런 방법을 사용하도록 유도해 줄 수 있는 제3사가 필요한데 이 역할을 일반적으로 정부나 법원이 하게 된다. 재산권의 경우라면 공해유발업체나 주민이 모두 서로가 재산권이 있다고 주장할 것이다. 만약 이 중 누구 하나의 손을 들어 준다면 이것은 아마도 법원이 할 일일 것이다. 생산과정 내에 폐수처리시설이나 매연방지시설과 같은 공해방지시설을 설치하는 것은 비용이 드는 일이기 때문에 기업이 자발적으로 이를 감수하지는 않을 것이므로 정부가 적절한 규제를 통해 이를 유도해야만 이런 시설을 설치할 것이다. 그러나 일단 이런 시설이 설치된다면 이는 공해유발 기업의 비용에 반영되어 기업이 스스로 이윤극대화를 위한 생산량을 결정해도 그 결과는 사회적으로 최적인 생산량이 될 수 있다는 의미에서 이를 내부화로 볼 수 있는 것이다. 이 경우 정부의 역할은 시장의 가격기구가 제대로 작동할 수 있는 환경을 조성해 주는 데 그친다. 그러나 공해방지시설의 설치를 의무화하는 것은 정부의 규제의 하나라고 볼 수 있다. 그러나 정부가 공해유발 업체의 생산량을 규제한다면 이는 규제라는 면에서는 같아도 가격기구의 작동을 유도하는 것이 아니므로 내부화의 한 방법이라고 볼 수는 없다. 그러므로 정부의 규제 중에도 내부화를 유도하는 규제가 있고 그렇지 않은 규제가 있다는 점을 알아야 한다.

2. 외부불경제에 대한 피구 조세와 공해제거설비의 비교

피구조세를 납부하는 방법에 있어서도 정부가 조세를 부과하기 전에는 기업

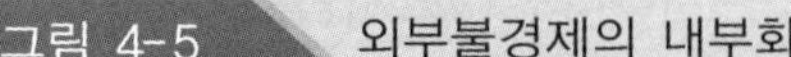
그림 4-5 외부불경제의 내부화

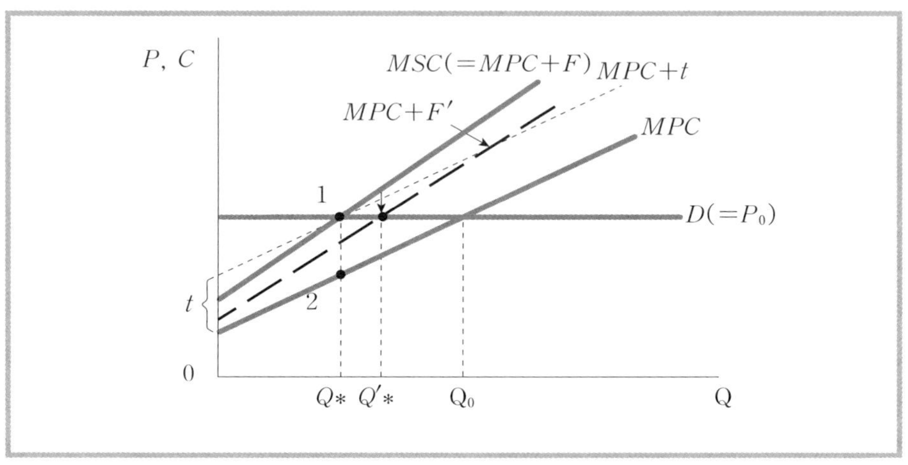

이 자발적으로 세금을 내지는 않을 것이므로 먼저 정부가 피구 조세를 제정하여 부과해야만 외부불경제에 대한 내부화가 가능해진다. 일단 세금이 부과되면 기업으로서는 생산비용에 세금을 합한 금액이 실질적인 비용이 되므로 기업의 이윤극대화 생산량이 사회적인 최적생산량과 일치할 수 있는 것이다. 일체화라는 것은 마치 공해유발 기업이 주민들과 합병하여 하나의 기업을 이루는 것과 마찬가지인데 이윤극대화가 목표인 기업이 이득은 없고 비용부담만 늘어나는 주민들과의 합병을 스스로 이루지는 않을 것이다. 그러므로 이 역시 정부의 개입이나 주민의 압력이 있어야만 가능할 것이다. 그러나 일단 일체화가 이루어지면 기업의 공해로 인해 주민이 입는 피해가 곧 기업 자신의 피해인 것으로 받아들여서 비용에 반영하게 되므로 일체화된 기업의 이윤을 극대화하는 생산량이 곧 사회적으로 최적인 생산량과 일치하게 된다.

재산권의 설정에 대해서는 이미 앞 절에서 살펴보았으므로 공해제거장치를 설치하는 경우에 외부성이 어떻게 내부화될 수 있는지를 먼저 살펴보도록 하자. 〈그림 4-5〉에서 공해제거시설의 설치비(F)와 공해유발기업의 설치비를 포함하기 이전의 사적 한계비용(MPC)을 합한 것이 사회적 한계비용(MSC)과 같게 된다면 MSC가 곧 이 기업의 사적 한계비용이 되므로 이윤극대화 생산량이 Q_*가 되어 사회적으로 최적인 생산량과 일치하게 된다. 그러나 이 경우에 기업으로서는 공해제거시설에 드는 비용을 줄여보고자 하는 유인이 생기게 된다. 만약 기술

발전을 통해 이 기업이 좀더 효율적인 혹은 싼 가격의 시설을 확보할 수 있다면 설치비가 F'로 줄어들어 생산량을 Q'_*로 증대시킬 수 있다. 그러므로 이 방법은 공해제거기술의 발전을 가져올 수도 있다는 이점이 있다. 이제 정부가 공해유발 업체에게 사회적으로 최적인 생산량을 생산하도록 세금을 부과하는 경우를 생각해보자. 정부는 〈그림 4-5〉의 1과 2 사이의 선분의 길이에 해당하는 피구세(Pigouvian tax) t를 매 생산 단위당 부과함으로써 기업의 이윤극대화 생산량이 곧 사회적으로 최적인 생산량인 Q_*와 일치하도록 유도할 수 있다.

3. 외부경제에 대한 보조금

반면에, 외부경제를 유발하는 기업에게는 보조금을 지급하여 사회적으로 최적인 생산량을 생산하도록 유도하고 외부경제를 유발하는 소비활동에는 보조금을 지급하여 사회적으로 최적인 수요량을 유도하는 것이 적절한 방법이다. 예방접종과 같이 외부경제를 가져오는 소비활동인 경우에는 〈그림 4-6〉에서 볼 수 있듯이 사회 전체에게 돌아오는 한계편익이 당사자인 개인이 받는 한계편익보다 훨씬 더 많다. 그러므로 사회적으로 최적인 MSB와 S가 교차하는 점에서의 수요량인 Q_*를 확보하기 위해 선분 2-3에 해당하는 단위당 보조금(B)을 지급함으로써 사적 한계편익이 $MPB+B$가 되어 개인의 최적 수요량이 Q_0가 아니라 사회

그림 4-6 외부경제의 내부화

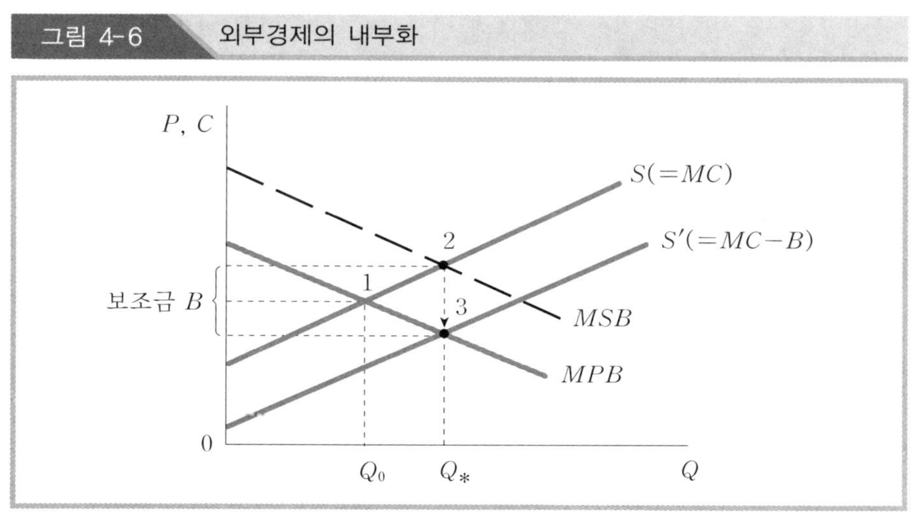

의 최적 수요량인 Q_*와 일치하도록 수요량의 증대를 유도할 수 있게 된다. 과수원에 외부성을 가져오는 양봉업의 경우라면 〈그림 4-6〉의 MPB는 양봉업자의 생산물인 꿀에 대한 수요곡선이고 MSB는 MPB에 과수원에서 꿀벌들이 꿀을 모으는 활동의 부산물인 수분활동에 대한 수요를 합한 수요곡선이다. 양봉업자의 한계비용곡선이 곧 공급곡선(S)이므로 양봉업자로서는 S와 MPB가 교차하는 1점에서 Q_0를 생산하는 것이 최적이다. 그러나 정부가 선분 2-3에 해당하는 단위당 보조금을 지급한다면 양봉업자의 한계비용이 $MC-B$로 낮아져서 이 새로운 공급곡선(S')과 꿀에 대한 수요곡선인 MPB가 교차하는 점 3에서 Q_*를 생산하는 것이 최적이 된다. 그렇게 할 경우에 양봉업자의 최적생산량이 바로 사회의 최적생산량이 된다.

4. 일 체 화

어쩌면 가장 간단한 내부화의 방법은 일체화일 것 같다. 예를 들어, 강의 상류에 공해유발업체가 있고 하류에는 이로 인해 피해를 보는 업체가 있다고 하자. 이 두 기업의 소유주가 같은 사람이라면 강에 대한 재산권의 설정은 필요 없게 된다. 왜냐하면, 소유주가 자기가 소유하는 두 기업으로부터 얻을 수 있는 총이윤을 극대화하기 위한 각각의 생산량이 곧 사회적으로 최적인 생산량이 될 것이기 때문이다. 소유주가 같다면, 앞의 〈그림 4-5〉에서 MSC가 곧 공해유발업체의 한계비용으로 인식될 것이기 때문에 이윤극대화를 위해 자발적으로 사회적으로 최적인 생산량을 생산하게 된다.

외부불경제로 인한 시장의 실패를 교정하기 위해서 내부화 대신에 시장 외적인 해법을 쓰게 되는 경우도 있다. 대표적인 시장 외적인 방법은 정부의 직·간접적인 생산량이나 생산과정에 대한 규제이다. 그러나 정부의 개입에 의한 중재나 강제는 정부의 실패라고도 일컬어지는 또 다른 형태의 거래비용을 유발하게 될 수도 있다. 정부의 규제에 대해서는 다음 절에서 알아보도록 하고 정부의 실패에 대해서는 제 7 장에서 자세히 논의하기로 한다.

외부성의 내부화(內部化, internalization):
경제주체 간의 상호 관계가 시장 밖에서 이루어지는 현상인 외부성을 수정하기 위해서 이런 외부성을 시장 속으로 끌어들임으로 해서 적절한 가격으로 외부효과에 대한 값을 치루거나 보상받을 수 있도록 하는 가격기구가 작동할 수 있도록 만드는 것.

- 내부화가 된 경우, 공해유발업체의 이윤을 극대화하는 생산량과 사회적으로 최적인 생산량이 일치하게 된다.

몇 가지 내부화 방안:

1) 재산권의 설정
2) 공해제거장치나 설비를 내부 생산과정의 하나로 설치하는 방법
3) 정부가 외부불경제를 유발하는 업체에게 세금을 부과하거나 외부경제를 가져오는 업체에게 보조금을 주는 방법

-피구 조세(Pigouvian tax): 외부불경제를 교정하기 위해서는 세금을 부과해야 한다고 주장한 피구의 이름을 딴 세금.

4) 일체화(unitization) 방법:
외부효과를(공동운명체로 인한) 유발주체의 비용 혹은 수익의 일부로 파악

제 4 절 정부의 규제와 공공선택적 해석

1. 규제의 종류

우리나라의 행정규제기본법(제1장 2조 1항 1997년)에 의하면 "행정규제라 함은 국가 또는 지방자치단체가 특정한 행정목적을 실현하기 위하여 국민의 권리를 제한하거나 의무를 부과하는 것으로서 법령 등 또는 조례 · 규칙에 규정되는 사항을 말함"이라고 정의되어 있다. 교과서적으로는 정부규제란 "바람직한 경제사회 질서의 구현을 위해 정부가 기업과 개인의 행위를 제약하는 것"[5]이라고 정의하고 있다. 어떻든 규제의 본질은 "국민의 기본권, 재산권의 사회적 배분"에 있는 것으로서 크게 경제적 규제와 사회적 규제로 나눌 수 있다.

경제적 규제에는 신입, 가격, 품질, 생산량, 공급대상, 조건, 방법 등에 대한

5) 최병선(1993), 24쪽 참조.

규제가 있다. 경제적 규제의 주요 목적은 소비자 보호를 위해 독과점적 횡포의 방지, 부당이득의 방지, 부당한 가격차별의 방지, 교차보조를 통한 서비스 공급의 확대, 생산자보호를 위해 과당경쟁의 방지, 산업육성, 불공정한 기업 간 경쟁의 방지 등이다. 반면에 사회적 규제는 기업의 사회적 행동에 대한 규제이다. 기업의 사회적 행동에 대한 규제는 환경오염, 근로자의 보건 및 안전, 소비자 권익에 대한 침해, 등 기업내부적인 것에 국한되지 않고 기업의 사회적 책임을 강제하기 위한 혹은 사회적 횡포를 막기 위한 것이라고 하겠다. 사회적 규제의 주요 목적은 삶의 질을 확보하고 인간의 기본적 권리를 신장하며 경제적 약자에 대한 보호와 사회적 형평성을 확보하는 것이라고 볼 수 있다. 사회적 규제에는 환경규제, 산업안전 및 보건규제, 소비자 안전 및 보호규제, 사회적 차별에 대한 규제, 사법적 규제 등이 있다.

그러므로 환경오염을 발생시키는 외부성에 대한 규제는 사회적 규제에 속한다. 환경오염에 대한 규제는 생산량에 대한 규제와 생산과정에 대한 규제라는 크게 두 가지 측면에서 구분해 볼 수 있다. 공해배출량을 일정 수준으로 정해 놓는 것과 같은 것은 생산량에 대한 규제라고 할 수 있다. 투입물에 대한 규제와 생산시설에 대한 규제는 생산과정에 대한 규제라고 하겠다. 자동차의 배기가스를 예로 들자면, 배출되는 배기가스에 아황산가스 배출량이 일정 수준 이하여야 한다는 규제가 생산량에 대한 규제이고, 아황산이나 납 등의 함유량이 낮은 연료를 투입물로 사용하도록 권장하는 것이나, 매연을 줄일 수 있는 배기시스템의 설치를 유도하는 것 등은 생산과정에 대한 규제라고 할 수 있다.

정부의 개입방법 중 시장경제적 해법을 유도하는 생산과정 중에 오염제거시설의 설치나 피구세의 부과와 같은 방법은 이미 앞 절에서 살펴보았다. 생산의 부산물인 오염배출량을 정하는 것은 곧 생산량을 규제하여 생산한도, 즉 쿼타(quota)를 정하는 것과 같다. 또 다른 방법으로는 정부가 탄소배출권과 같은 오염시킬 수 있는 권리를 미리 정한 한도 내에서 파는 것이다. 하숙생에게 일정량의 소음권을 팔아서 그 소음권을 산 시간 동안은 음악을 크게 들어도 되도록 하는 것도 한 예라고 하겠다. 이런 방법들은 근본적으로는 양적인 규제인 일종의 배급(rationing)이라고 하겠다. 일정량 이상의 폐수를 방류하면 영업을 일정기간 정지시킨다든가 공장을 폐쇄한다든가 하는 식으로 처벌을 받게 되므로 공장에서는 규제량을 지키게 되는 것이다. 하숙집 주인이 하숙생이 지켜야 할 규율을 정해 놓고 일정 한도 이상의 소음을 일으키는 하숙생은 퇴거시키겠다고 미리 엄포를 놓는 것도 이런 규제의 일종이라고 하겠다.

2. 규제의 포획이론

생산량에 대한 규제의 문제점 중 하나는 당초에 어떤 기준에 의해서 적정한 생산량 혹은 총오염가능한 생산량, 즉 오염에 대한 면허량을 정할 것인지가 불분명하다는 것이다. 또한, 한 기업이 시장의 모든 오염면허를 사버림으로써 새로운 기업의 진입을 원천 봉쇄하여 경쟁질서를 해칠 수 있다. 면허증은 이권의 일종이라고 할 수 있으므로 시장에서 거래가 어떻게 이루어지는가를 파악해서 시장 질서를 해치는 일을 방지해야 할 것이다. 규제의 목적은 정부가 이익집단인 기업에 대한 견제 역할을 하는 것이라고 하겠다. 그러나 이런 견제 역할을 제대로 못할 경우에는 오히려 역으로 정부가 기업집단에게 이용당할 수도 있다. 그뿐 아니라 기업집단이 자신들의 기득권을 보호하기 위한 진입장벽으로 작용할 규제를 정부에게 음성적으로 요청하여 그런 규제를 만들 수도 있다.

이렇듯 규제자가 오히려 피규제자에게 포획되어 피규제자가 하자는대로 하게 될 수도 있다는 규제의 포획이론(capture theory)은 스티글러(Stigler, 1971)가 처음 발표했던 당시에는 큰 충격으로 받아들여졌다. 그뿐 아니라, 한 걸음 더 나가서 규제자도 나름으로의 이익을 추구하는 이익집단이 될 가능성에 대해서도 논의가 발전되어 왔다. 민간 이익집단과 마찬가지로 정부도 또한 그 나름으로의 이익을 추구하는 하나의 이익집단으로 본다면 정책을 심의하여 결정하고 수행해 나가는 과정에서 민간의 경제활동을 규제하는 규제자로서의 이익을 추구하고 있다고 볼 수 있을 것이다. 스티글러의 포획모형을 기초로 하여 펠츠만(Peltzman, 1976)은 규제자가 추구하는 이익 중의 하나가 선거시에 유권자들로부터 과반수 이상의 득표를 하는 것이라는 점을 강조한 이론을 발표한 바 있다. 최근 시장경제로의 복귀에 대한 열정으로 인해 모든 규제는 없어져야 하는 것처럼 오해하고 있는 사람들도 많은 것 같다. 그러나 국가표준과 같은 것은 규제의 필요성을 단적으로 보여 주는 것이다.[6] 특히 환경과 같은 중요한 공용자원에 대한 규제는 더

6) 산업자원부의 발표에 의하면 각 부처가 보유하고 있는 규격은 17,418종이지만 이 중 우리나라의 국가표준인 KS와 일치하는 것은 1136종(6.5%)에 불과하다고 한다. 이런 국가 표준화의 미비

욱 강화되어야 하는 측면도 있다는 점을 간과해서는 안 된다.

3. 조세부과와 생산량 규제의 비교[7)]

사적인 한계생산비용은 같지만 디자인의 차이나 색상의 차이 등으로 인해 제품에 대한 수요가 다른 a와 b라는 두 개의 독점적 경쟁기업이 있다고 하자. 이 두 기업은 모두 같은 양의 오염을 발생시키므로 사회적 한계비용도 같다고 하자. 〈그림 4-7〉에서 기업 a의 생산품에 대한 수요곡선은 D_a이고 기업 b의 생산품에 대한 수요곡선은 D_b이다. 정부가 아무런 개입을 하지 않을 경우에 두 기업의 생산량은 똑같이 Q_0가 된다. 만약 정부가 피구 조세를 부과한다면 각 기업의 생산량은 각각 Q_a와 Q_b가 될 것이다. 그러나 정부로서는 일일이 각 기업의 최적생산

그림 4-7 피구조세와 생산량 규제의 비교

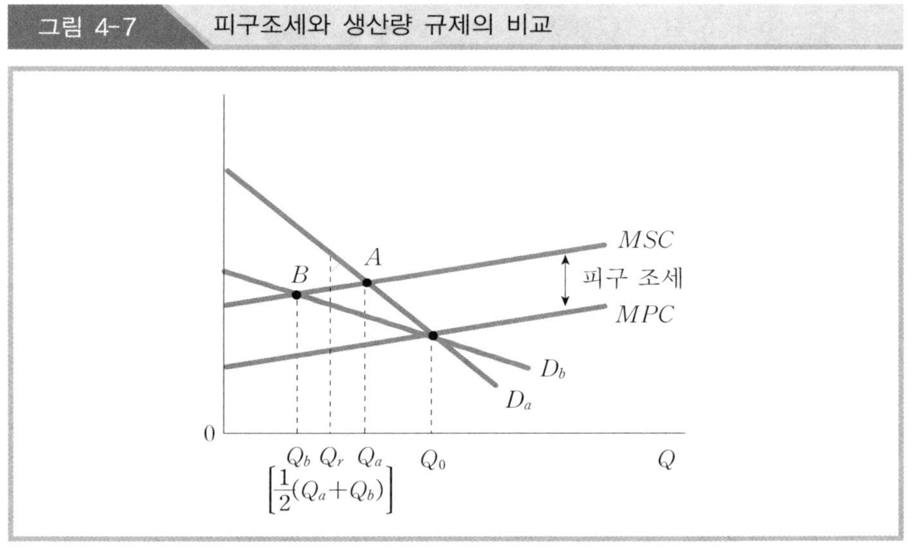

는 제조현장에서 혼란을 발생시키고 국가 표준에 대한 신뢰도를 저하시키며 국민의 불편은 물론 경제적 낭비도 가져오게 된다. 예를 들어 서울의 지하철 4호선의 남태령-선바위 구간은 지하철이 통과할 때 잠시 동안 정전이 된다. 그 이유는 이 구간이 전력의 사(死)구간이기 때문인데 이는 표준화에 대한 규제의 미비함으로 기인된 것이라고 한다. 서울지하철공사와 도시철도공사가 운영하는 지역은 직류전원공급장치(DC)를 쓰는 반면, 철도청이 관리하는 서울외곽지역에서는 교류전원공급장치(AC)를 쓰기 때문에 이런 일이 발생한다고 한다. 또한, 철도청과 서울시 지하철 공사가 지하철 공사를 하면서 적용한 표준이 서로 다른 것을 그대로 두었기 때문이기도 하다. 〈중앙일보, 2000. 9. 6자 참조〉

7) 컬리스와 존즈(1998), 2장 참조.

그림 4-8 규제에 의한 카르텔화

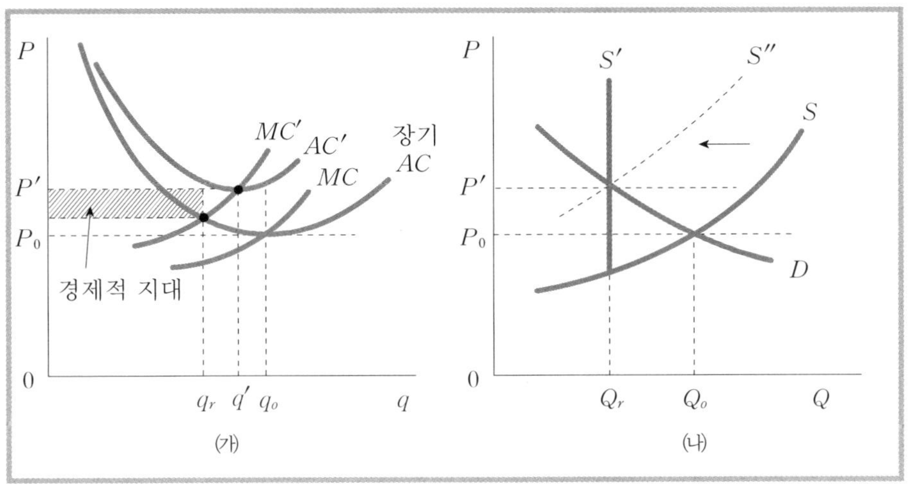

량을 알아내어 그 수량에 맞추어 생산량을 기업마다 다르게 규제하기는 곤란하다. 각 기업의 생산량을 알아내기 위해서는 비용이 들고 또 기업마다 다른 생산한도를 정하면 형평성에 어긋난다는 항의를 듣기 쉬울 것이기 때문이다. 그러므로 정부로서는 두 기업에게 같은 생산한도를 정해 주려 할 것이다. 만약, 정부가 각 기업이 생산할 수 있는 생산량을 이 두 기업의 생산량의 합인 Q_a+Q_b의 반씩으로 규제한다면 각 기업은 Q_r만큼씩 생산하게 될 것이다. 그러나 이렇게 되면 사회적으로는 효율성이 떨어지게 된다.

우선 a기업은 사회적 한계비용보다 한계편익이 큰 점에서 생산을 멈추게 되므로 $\triangleright A$의 면적에 해당하는 후생손실이 사회적으로 발생하게 된다. 또한, b기업은 한계편익보다 사회적 한계비용이 더 큰 점에서 생산하게 되어 $\triangleleft B$의 면적에 해당하는 후생손실이 사회적으로 역시 발생하게 된다.

경쟁적인 오염산업이 있다고 하자. 〈그림 4-8〉의 (나)에서와 같이 이 산업 전체의 가격은 P_0가 되고 이 산업의 개별 기업은 이 가격을 그대로 받아들여서 장기 평균비용의 최저점에서 q_0를 생산하고 있을 것이다. 만약, 정부가 이 산업 내 개별 기업의 생산량을 q_r로 일정하게 규제하게 된다면, 산업 전체의 생산량은 Q_r로 줄어들게 되고 공급곡선은 S'이 되어 가격은 P'로 오르게 된다. 그리고 개별 기업들은 오른 가격인 P'를 받아 들이게 되어 그림 (가)의 빗금친 사각형의 면적에 해당하는 경제적 지대를 얻게 될 것이다. 이는 곧 규제에 의해서 이 산업이 카르텔화가 된 것이나 마찬가지라고 하겠다. 경제적 지대를 얻기 위해 다른 기업들도 이 산업에 진입하려고 할 것이다. 또한, 더 높은 가격에 더 많은 수량을 팔기 위해서 기존의 기업들도 규제된 양보다 더 많은 양을 몰래 생산하려 들 것이다. 그러므로 정부는 기업들이 제대로 생산 쿼터를 지키는지를 감시해야 할 뿐 아니라 외부의 기업들이 이 산업으로 진입하려는 것도 방지해야 할 것이다. 이를 방지하지 못하면, 총산출량이 규제하고자 했던 양보다 커지게 되어 규제의 목표를 달성하지 못하게 될 수도 있다.

생산량을 규제하는 대신에 생산 단위당 세금을 부과하게 되면 개별 기업의 한계비용이 부과된 세금만큼 증가하게 되어 한계수입인 가격 P_0보다도 한계비용이 높아지게 되므로 기업은 생산량을 줄이게 된다. 개별 기업이 생산량을 줄이게 되면 시장에서의 공급도 줄어들어서 가격이 올라가게 된다. 생산량을 규제할 경우에는 스스로 퇴출하는 기업은 발생하지 않는다. 그러나 세금을 부과하는 경우에는 세금 부과 후의 조정과정에서 손실을 겪게 되는 기업도 있게 마련이고 손실로 인해 퇴출하는 기업도 생기게 되므로 이 산업 내의 기업의 수가 줄어들 수 있다. 그렇게 되면, 시장 전체의 공급량 Q_r은 생산량을 규제했을 경우와 마찬가지일지라도 개별 기업당 생산량 q'은 q_r보다 더 많게 될 것이다. 진입과 퇴출이 자유롭기 때문에 경제적 지대가 발생할 여지가 없이 균형에서는 경제적 이윤이 영이 될 것이므로 개별 기업의 평균비용이 최저가 되는 점에서 생산이 이루어질 것이다.

오염산업의 개별 기업이 생산할 산출량을 규제할 경우에는 다음과 같은 공공선택적 해석을 해 볼 수 있다. 생산량에 대한 규제로 인해 가격이 평균비용보다 위에 있게 되어 경제적 렌트가 발생하고 이를 얻기 위해 기업들이 규제를 어기려할 수 있기 때문에 규제자인 정부관료의 감시 감독 역할이 증대하게 된다. 그러므로 관료는 그들의 역할이 중요해 질수 있는 규제를 선호한다. 또한, 규제로 인해 산업이 카르텔화되는 결과를 초래하는 데 그 카르텔을 유지하는 감시비용은 정부가 떠맡는 형색이 되어버리므로 국민들에게는 부담이 된다. 그러나 생산량의 규제와 같은 효과를 가져올 수 있는 세금을 부과하게 되면 정부 관료의 능동적인 역할에 대한 수요는 생기지 않을 것이며 국민의 추가적인 부담도 없을 것이다.[8] 물론, 관료와 기업들은 조세보다는 경제적 지대를 얻을 수 있는 규제를

8) 뷰캐넌과 툴럭은 불확실한 상황에서 조차도 규제보다는 조세가 더 나은 방법이라고 주장한 바

선호할 것이다.

일반적으로 불특정 다수의 소비자 그룹보다는 목표가 확실한 생산자 그룹 즉 한 산업의 기업들의 모임인 산업협의체와 같은 이익집단이 자신들의 공동이익을 위해 자신들에게 유리한 규제를 도입하고 불리한 규제를 삭제하는 데 효율적일 수 있다. 관료도 또한 자신들의 역할과 권한을 늘리기 위해서 규제를 되도록 많이 만들고자 할 것이다. 이 두 집단의 이해관계가 맞아 떨어지게 되면 결속력과 조직력이 없는 일반 납세자-소비자들이 그 부담을 모두 떠안게 되고 말 것이다. 이를 방지하기 위해서는 시민단체들이 활발하게 맞서 나가는 한편 일반 납세자-소비자들이 선거 때에 투표를 통해 진실로 그들의 이익을 대변해 줄 대표를 선출하는 노력을 기울여야 할 것이다.

구체적인 해결책이 외부성의 내부화이든지 규제이든지 간에 외부불경제를 줄이거나 외부경제를 유발하는 생산활동을 장려하기 위해서는 사회적 한계비용이나 사회적 한계편익을 파악하여 사회적으로 최적의 생산량을 산출해 낼 수 있다는 가정 아래 해결책을 논의해 왔다. 그러나 사회적 한계비용이나 사회적 한계편익을 정확히 파악하는 것이 현실적으로는 거의 불가능하다고 봐야 하기 때문에 사회적 최적량인 Q_*를 정확히 아는 것도 불가능하다는 점이 문제이다. 따라서 외부성을 교정하기 위한 조세나 보조금의 정확한 액수를 산출하는 것 역시 불가능하다는 한계가 있다. 이런 한계로 인해 사회적 최적량을 유도해 내기 힘들다면 차라리 외부불경제로 인한 피해자를 이주시키는 것도 한 방안이 될 수 있다.

4. 외부비용 대상자의 원천적인 감축

외부불경제를 해결하는 방법 중에 내부화나 규제 외에도 부정적인 외부성이 유발하는 비용을 원천적으로 줄이는 방법도 있다. 예를 들어서, 소음공해가 심한 공항 인근의 주민들에게 정부가 이주비를 주어 소음이 심하지 않은 곳으로 이사를 하도록 유도하고 공항 인근지역은 주거지역에서 제외시키는 것과 같은 것이다. 그러나 부정적인 외부성에 의한 피해자가 다수일 경우에는 보조금의 규모가 너무 크다든가 전부를 이주시킬 마땅한 장소를 마련할 수 없다든가 하는 현실적

있다. "Regulation is less desirable on efficiency grounds even in the presence of full information," Buchanan and Tullock(1975) 참조.

으로 어려운 점이 많을 수 있다. 또한, 공해의 유형에 따라서는 외부비용을 원천적으로 봉쇄할 수 없는 것도 있으며 직접적인 피해자가 당장 없다고 해서 그냥 방치해서는 안 될 것도 있다. 그러므로 외부비용 대상의 원천적인 제거방법은 어떤 경우에나 쉽게 사용될 수 있는 해결책은 못된다.

외부불경제의 해결 방안

1) 외부성의 내부화
2) 규제
3) 외부비용 대상의 제거

제 5 절 공용자원의 고갈

1. 공용 목초지의 비극

양모업으로 잘 알려진 영국에서는 양을 방목하는 마을에 마을 주민이 공동으로 사용하는 공용 목초지가 많았다고 한다. 마을 사람 모두가 자기가 키우는 양들이 공용 목초지에서 마음껏 풀을 뜯어 먹도록 하므로 풀이 씨가 말라 버려서 공용 목초지가 황폐해져 버리는 일이 생기곤 했다고 한다. 그리고 더 이상 뜯어먹을 풀이 없어서 굶어 죽는 양들이 속출하게 되는 19세기 영국에서의 이런 비극적인 현상을 공용지의 비극(tragedy of the commons)이라고 부르게 되었다.

어망의 그물코의 크기에 대한 아무런 규제도 없이 누구나 치어(稚魚)까지 마음대로 잡아가 버린다면 어떠한 황금어장도 순식간에 고기가 한 마리도 잡히지 않는 황폐한 어장이 되고 말 것이다. 실제로, 스리랑카의 어부들은 누구나 다른 생선보다 5~6배의 값을 받을 수 있는 상어를 잡으려고 했다. 상어는 중국요리의 별미 중의 하나인 상어지느러미 요리의 재료로 팔리게 되는데 상어 값의 75%가, 무게로 치면 5%도 안 될, 지느라미의 가치로부터 나왔다고 한다. 상어가 성숙하려면 3~4년은 걸리지만 상어잡기에 열중한 스리랑카의 어부들은 근해에서 1년도 안 된 치어도 다 잡아들였기 때문에 얼마 안가서 상어를 잡으려면 심해로 나가야만 했다고 한다. 소유주가 아무도 없어서 사용을 배제할 수는 없지만 자원 자체는 소비의 경합성이 있는 공용자원(共用資源, common resources)의 경우에는 자원의 사용이 사회적으로 효율적인 양보다 훨씬 더 많아진다.

이런 공용지의 비극을 기업의 행태에 비유해 본다면, 공용자원은 무상으로 공급된 생산요소이며, 이를 고갈시키는 목동이나 어부는 산업 전체에서 차지하는 비중이 아주 작아서 가격수용자에 불과한 경쟁기업이라고 하겠다. 이 기업은 무상으로 공급된 생산요소(즉 공용자원)는 빼놓고 유상의 생산요소만 자신의 생산비용에 포함시켜서 자신의 이윤을 극대화하려 할 것이다.9) 이처럼, 공용목초지에서 공급량은 제한되어 있지만 무료인 목초(Z)를 먹여 여러 마리의 양을 목동(L)을 시켜 사육하여 판매하는 목축업자를 하나의 기업이라고 생각해 보자. 그러면 다음과 같은 생산함수(f) 및 평균비용과 한계비용을 추정해 볼 수 있다. 무게로 잰 양의 생산량(Q)을 늘리려면 목동을 많이 써서 양의 수를 늘리거나 또는 목초를 많이 먹이면 된다.

$$Q=f(L,\ Z)$$

규모에 대한 수익이 불변인(constant returns to scale) 것으로 가정하고 생산량(Q)의 판매가격은 이 산업 전체에서 결정된 가격을 그대로 수용하여 P라고 하자. 목초(Z)는 무상이고 공급량은 한정되어 있는 공용자원이다. 목동(L)의 인건비는 정해져 있는 임금 w에 의해 결정된다. 그러므로 비용은 오로지 인건비에만 달려 있다.10)

먼저, 공용목초지를 사용하는 모든 목축업자가 합동하여 하나의 회사를 차리거나 혹은 하나의 소유주가 목초지를 빌려주고 임대료를 받는 경우를 상정해 보자. 이 경우에는 소유주가 한계수입과 한계비용이 일치하는 생산량인 Q_*를 생

---

9) 아래의 분석은 보드웨이와 윌다신(1984)를 참고로 했다.

10) 평균비용(AC)은 목동의 임금을 생산량으로 나눈 것이 되는데 이는 또 임금을 목동의 평균생산성($AP_L=Q/L$)으로 나눈 값이 되기도 한다.

$$AC=\frac{wL}{Q}=\frac{w}{AP_L} \qquad AP_L=\frac{Q}{L}$$

그러므로 한계비용(MC)은 임금을 목동의 한계생산성(MP_L)으로 나눈 값이 된다.

$$MC=\frac{w\Delta L}{\Delta Q}=\frac{w}{MP_L} \qquad MP_L=\frac{\Delta Q}{\Delta L}$$

산하도록 목축업자들을 유도할 것이다. 이때 이윤은 〈그림 4-9〉의 □$P23P'$의 면적이 되어 최대가 된다. 그러나 목초지를 무상 자원으로 취급한다면 소유주가 없어서 아무도 목초재생산을 통해 빗줄 친 직사각형 넓이의 이윤을 가질 수가 없으므로 생산량이 많을수록 이득이 될 뿐이다. 결국 목축업자들은 최적 생산량보다 많은 생산을 하게 될 것이며 목초지는 아무 풀도 자라지 않는 불모지가 되고 말 것이다.

공용목초지를 사용하는 기업들(이 마을의 목축업자)의 수가 전체 양고기 생산 산업에서 아주 작은 비중을 차지하는 경쟁산업의 경우를 가정해 보자. 모든 목축업자가 공용목초지를 무상 자원으로 취급하며, 자신이 고용하는 목동의 수가 늘어나면 한계생산성이 감소하게 된다는 사실을 인식하지 못 한다고 하자. 그리고 더 이상 경제적 이윤이 없을 때까지, 즉 평균수입과 평균비용이 일치될 때까지 이 마을의 공용목초지를 사용하려는 목축업자가 늘어나거나 사육하는 양의 수가 늘어난다고 하자. 그러면 이 마을 전체의 생산량은 〈그림 4-9〉에서 $AC=P$가 되는 점에서 결정되어 Q_0가 될 것이다. 그러나 Q_0는 효율적인 생산량이 되지 못한다. 왜냐하면 더 많은 목동을 쓰게 되면 한계생산성이 감소한다는 사실을 간과한 과잉생산이기 때문이다. 최적 생산량을 생산하도록 만들기 위해서는 선분 2-3에 해당하는 세금을 개별 기업에게 부과해야 한다. 그렇게 되면 세금을 제외한 가격이 P'이 되어 AC와 P'이 만나는 점에서 Q_*를 생산하게 된다.

목초지뿐 아니라 우리가 숨쉬는 공기도 자원으로 본다면 소유주가 없으므로

그림 4-9 공용목초지의 비극

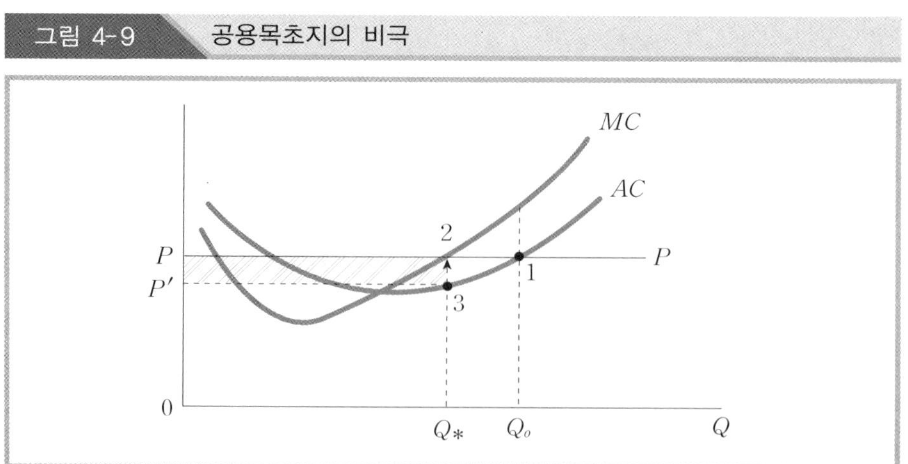

공짜라고 생각해서 좋은 공기가 고갈될 때까지 무제한으로 사용하여 좋은 공기는 사라지고 오염된 공기만 남아 있게 된다고 볼 수 있다. 어쩌면 대부분의 환경문제는 바로 이 공용자원의 비극문제라고 볼 수 있을 것이다. 하천의 물고기만 공용자원으로 보지 말고 하천의 물의 산소함유량도 공용자원으로 본다면 하천오염은 곧 공용자원의 비극에 해당한다고 할 수 있을 것이다.

2. 고갈가능 자원

코스타리카는 국토의 25%를 국립공원과 같은 그린벨트지역으로 묶어 두는 법안을 최근에 통과시켰다. 아마존강 유역의 밀림지역에서의 목재 채취 중 80%가 불법적인 벌채인 것으로 추정되고 있는 브라질은 불법벌채에 대한 벌금의 최대치를 $2,750에서 $27,000,000 이상으로 올리고 벌과금의 부과를 현실적으로 가능케 하기 위한 법령도 만들었다.[11]

카시미르지역의 분쟁이 쉽게 해결되지 못하는 이유 중의 하나는 물의 공급문제이다. 파키스탄이 사용하는 물의 공급량의 상당부분이 인도가 장악하고 있는 지역으로부터 나오기 때문이다. 2007년도에 세계 인구는 약 65억명이다. 2040년까지는 세계의 인구 중 35억 명은 그리고 2050년까지는 세계 인구의 절반이 물이 부족한 상태에서 살 것으로 예측되고 있다.

유엔의 환경프로그램에 의하면 매년 약 50,000종의 생물이 지구상에서 자취를 감추고 있다고 한다. 이는 자연적으로 멸종하는 비율의 1,000배에 달하는 것이다. 조류의 11%, 포유류의 25% 그리고 식물의 20~30%가 멸종 위기에 봉착하고 있는 것으로 보고 되고 있다. 우리가 쓰고 있는 약의 반 이상이 자연으로부터 채취한 성분으로 만들어지고 있다는 사실을 생각할 때 이는 의약계에도 심각한 영향을 미칠 것이다. 멸종을 가져오는 가장 큰 원인은 벌채, 농지 확장 및 도시화를 통해 동식물의 자연적인 생활영역을 파괴하는 데 있다고 한다.

채취가 지속될 경우에 언제인가는 고갈되고마는 자원, 즉 고갈가능 자원(depletable resources)은 채취량에 한계가 있다는 것과 재생산이 불가능하다는 것이 특성이다. 그러므로 현재의 채취와 소비행위는 미래에 얻을 수 있는 가치를 희생시키는 기회비용을 추가로 발생시킨다. 그러므로 이것은 곧 자원의 시간 간

11) 시트론과 데이비즈(Cetron and Davies, 2001) 참조.

그림 4-10 고갈가능 자원

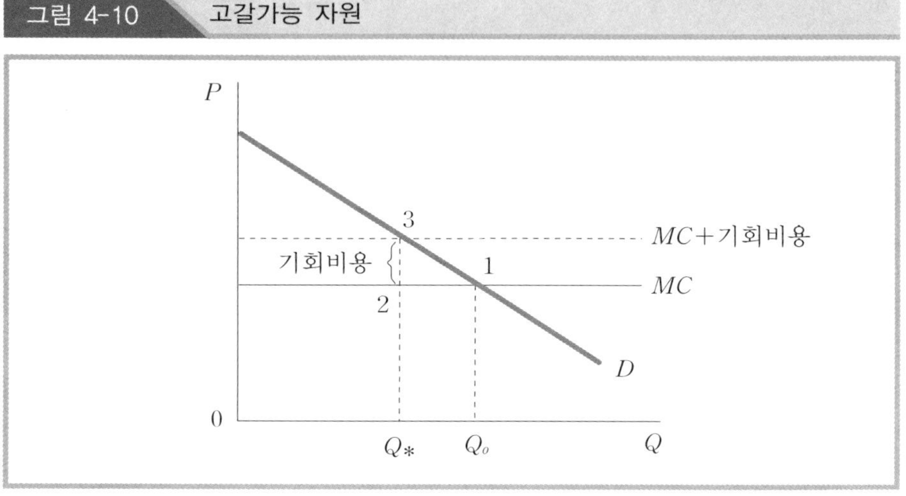

배분에 관한 문제이기도 하다. 고갈가능 자원으로서의 기회비용을 무시하고 채취한다면 〈그림 4-10〉에서 한계비용곡선과 수요곡선이 만나는 점에서 Q_0가 채취될 것이다. 그러나 한계비용에 기회비용을 더한 곡선이 수요곡선과 만나는 점에서 Q_*를 채취하는 것이 더 효율적인 자원의 사용량이 된다.

3. 지속가능한 성장

현세대는 미래세대에게 아무 것도 물리적으로 받는 것이 없을지 모르지만 미래세대는 현세대가 남겨 주는 것으로 어떻게 하든 꾸려나갈 수밖에 없다. 지탱가능한 성장 혹은 지속가능한 성장(sustainable growth)이란 현세대가 미래세대에게 지는 책임이라고 볼 수 있다. 현재의 성장이 "미래에 선택할 수 있는 대안에 제약을 주지 않는다"면 지탱가능하다고 할 수 있다.[12] 대안의 보존은 몇 가지 다른 측면에서 생각해 볼 수 있다. 예를 들어, 실질 소비를 일정 수준에서 유지할 수 있도록 하는 것이나 후생수준을 일정하게 유지할 수 있도록 하는 것 같은 기준이 있을 수 있다. 어떤 것이든 그 배후에는 미래세대에게 적절한 자본저량(capital stock)을 남겨 주기 위한 투자에 대한 현세대의 의사결정이 깔려 있다고 하겠다.

12) "describe growth as sustainable if it does not limit the options still available to the future," Sandler(1997), p.65.

지속가능한 성장을 약지탱성과 강지탱성으로 나누어 생각해 보도록 하자. 기계와 같이 인간이 만든 자본과(지식, 기술, 훈련 같은) 인적자본 그리고 삼림, 물, 오존층 등과 같은 자연자본을 모두 포함시켜서 총자본이라고 한다면, 약지탱성(弱支撑性, weak sustainability)은 총자본의 순증가율이 영이거나 영보다는 커야 한다는 것이다. 순증가율은 새로운 투자를 통한 증가분에서 감가상각으로 인한 자본의 마모분을 뺀 것이 된다. 그러므로 현세대가 자본의 일부를 보충해 줄 수 있다면 다른 종류의 자본의 일부를 고갈시킬 수도 있다는 것을 의미한다. 총자본을 적어도 현세대의 수준으로 지탱해 감으로써 미래세대도 현세대와 같은 후생수준을 유지할 수 있다는 논리이다.

강지탱성은 자연자본 특히 환경자본이 현세대의 수준보다 낮아져서는 안 된다는 것을 약지탱성에 덧붙여서 요구하고 있다. 이러한 기준의 요구를 맞추기 위해서는 현세대의 자본량을 측정할 수 있어야 하는데, 자연자본의 경우는 세계적으로 통용될 수 있는 자연자본의 수량이나 금전적 환산가치를 측정할 수 있는 기술이 아직 미흡하다. 그러므로 현세대의 자연자본의 양을 정확하게 측정하지 못하므로 미래세대에게 물려 줄 자연자본의 양도 감소하고 있는지 증대하고 있는지를 판단하기가 쉽지 않을 것이므로 지탱가능한 성장의 요구에는 현실적으로 무리가 따를 것으로 보인다. 또한, 효율성 측면에서의 지탱가능한 성장에 추가하여 현세대와 미래세대 간의 세대 간 형평성이라는 측면에서도 고려되어야 할 것이다.

제 6 절 지구의 환경문제[13)]

1. 인류의 미래와 국제환경문제

영국 학술원에서 했던 강연에서 영국의 물리학자 스티븐 호킹 박사는 돌발적인 사건이나 인구 과잉, 지구온난화 등으로 인해 인간을 포함한 지구상 생물이 앞으로 1천 년 이내에 멸종할 수 있다는 우려를 표명했다. 특히 지구의 온실효과로 인해 대기가 점점 뜨거워져서 종국에는 유황산이 끓는 금성처럼 변할 것으로

13) 이 절은 김의곤(2001)을 주로 참고로 했다.

우려된다고 했다.[14] 우리가 가장 손쉽게 접하는 국제환경문제는 해마다 봄이면 몽고의 사막에서 시작해서 중국을 거쳐 서해 상공을 통해 우리에게 불어닥치는 누런 먼지, 즉 황사현상이다. 이미 오래 전부터 국경을 초월하는 대기오염이나 하천이나 해양의 오염 등이 분쟁의 소지를 안고 있어 왔다. 이에 대한 국제적인 대처로서 첫번째 회의는 1972년 스톡홀름에서 개최된 "유엔인간환경회의(UNCHE)"로서 이 회의에서 인간환경선언을 채택하고 체계적인 대응책의 필요성을 부각시켰다.[15] 구체적인 방안의 하나로서 "유엔환경계획(UNEP: United Nations Environmental Program)"이 그 해 말에 유엔총회의 결의에 의해 설립되었다. 1980년대에 들어 오존층의 파괴 현상과 지구온난화에 대한 과학자들의 경고가 잇따르면서 국제환경문제는 국제정치의 주요 쟁점으로 자리잡게 되었다. 환경문제는 그 특성상 개별 국가단위의 대책으로는 미흡하고 국제 간의 긴밀한 협력이 유일한 해결책이 될 수 있다. 1990년대에 냉전의 종식으로 이에 대한 국제적인 협력의 장은 현실적으로 가능한 것으로 보이기 시작했다. 이에 따라 1992년에 브라질의 리우데자네이루에서 유엔환경개발회의(UNCED: United Nations Conference on Environment and Development)를 개최하여 "리우선언"을 채택하면서 환경문제가 단순히 나라 간의 국제적 문제의 차원을 넘어서서 지구 전체의 장래가 달린 범지구적 문제라는 인식을 새로이 하기에 이르렀다. 1997년에는 이 회의의 이행실적을 검토하고 평가하기 위해 유엔총회 특별회의가 열린 바 있다.

국제적 환경문제는 그 파급효과에 따라 크게 두 가지로 구분되고 있다. 먼저, 지구적(global) 차원의 환경문제는 지구온난화, 오존층 파괴, 생물학적 다양성의 감소 등과 같이 주로 생태계 전반에 걸친 파괴현상을 수반하는 것이다. 다음으로 지역적(regional) 차원의 환경문제는 월경대기오염, 사막화, 산림황폐화, 토양 산성화 등과 같이 특정 지역에 걸쳐서 나타나는 환경 파괴현상으로서 주로 개도국들이 경험하는 것이다.

14) 중앙일보, 2000.10.1자 참조.

15) 「인간환경선언(스톡홀름선언)」 제3조에, "인간환경을 보호하고 개선하는 것은 전세계인의 복지와 경제발전에 영향을 미치는 중대한 과제이며, 이는 또한 전세계 인류의 긴급한 요구이며 모든 정부의 의무"라고 선언했다. 이해찬(1994), 263쪽.

2. 지구적 환경문제

1) 지구온난화

주로 석탄, 석유 및 천연가스를 연소시킬 때 방출되는 이산화탄소, 메탄, 아산화잘소 등 온실가스가 거대한 피막처럼 지구를 에워싸게 되어서 지표에서 방사되는 태양광선으로부터 적외선만을 흡수하여 지표로 다시 내려보내게 되므로 지구표면온도가 상승하게 만드는 온실효과(greenhouse effect)를 지구온난화 현상이라고 한다.[16] 온도 상승은 기상이변, 사막화 진전, 극지방 해빙, 해수면 상승 및 생태계의 파괴를 초래할 수 있다. 현 추세가 지속된다면 극지방의 빙하가 녹아 해수면이 현재보다 50~95cm 높아져서 마샬군도의 80%, 방글라데시의 17%, 네덜란드의 6%를 침수시킬 수도 있다고 한다. 우리나라의 기후도 최근에는 사계절의 구분이 점점 모호해지고 아열대성 기후와 유사해지고 있다는 우려가 나오고 있다.

지구온난화에 대한 대책으로는 대체에너지를 개발하여 화석연료의 사용을 줄여서 온실가스의 배출을 감소시키는 한편 조림으로 산림면적을 확대하고 해양이 이산화탄소를 더 많이 흡수할 수 있는 기술을 개발하는 것 등이 있다. 그러나 온난화를 유발하는 온실가스의 배출은 산업발전과 밀접한 상관관계가 있기 때문에 특히 선진국과 개도국 간에 논란이 많다.

예를 들어, EU는 선진국들이 온실가스의 배출량을 획기적으로 줄이고 선발개도국에게도 통제를 가해야 한다는 주장을 펴고 있다. 반면에 이산화탄소 최대 배출국인 미국은 점진적으로 배출량을 줄여가는 방안을 선호하고 있다. 한편, 개도국들은 현재의 지구 온난화는 지난 수백 년 동안 선진국들이 이룬 산업화의 결과인데 이제 막 산업화를 시작한 개도국에게도 선진국과 똑같은 잣대로 배출량 감축을 요구해서는 안 된다는 입장이다. 실제로 산업혁명(1776) 이후 이산화탄소의 대기 중 농도는 연평균 0.5%씩 증가했고, 평균온도는 연평균 0.3~0.6도씩 상승하여 왔다고 한다. 온실가스 배출량이 선진국들보다 훨씬 적은 개도국들에게는 경제개발의 여지를 우선 보장해 주고 환경보존을 위한 비용도 선진국들이 부담해야 한다고 맞서고 있다.

16) 지구온난화로 인해 시베리아의 기온이 금세기 초보다 섭씨 3 내지 5도 높아졌고 알프스의 빙하는 1850년에 비해 절반이 없어졌다고 한다. 과학자들은 2030년경에는 지구 평균기온이 최고 섭씨 4.5도 정도 상승하고 해수면도 60cm정도 높아져서 경작지와 주거지가 감소하고 홍수 및 가뭄 등의 기상 이변과 생태계 파괴를 예상하기도 한다.

2) 오존층 파괴

오존층을 파괴하는 화학물질은 에어컨의 냉매나 반도체의 세척 및 발포/분사제로 쓰이는 불화염화탄소(CFC)와 소화제로 쓰이는 할론(Halon)으로 알려져 있다.[17] 오존층이 파괴되면 태양의 유해 자외선(ultra-violet B)이 과다하게 투과되므로 인간에게 피부암과 백내장 등을 유발하게 된다. 또한, 식물의 개화를 저해하거나 잎의 크기를 줄이는 등 농작물 수확을 줄어들게 만든다. 바다에서는 플랑크톤의 생산량이 감소되므로 먹이사슬이 파괴되는 등 오존층 파괴는 생태계 전반을 위협할 것이라고 한다.

오존층 파괴물질 생산 금지 및 감축 노력을 위하여 1992년에 그 이전의 비엔나, 몬트리올, 런던 등에서 채택되고 개정되었던 의정서를 다시 개정하여 "코펜하겐 개정의정서"를 마련하였다. 이에 따라 CFC의 경우 선진국에서는 필수적인 용도를 제외하고 1996년부터 사용이 금지되었고 개도국은 2010년까지 사용을 전폐해야 한다. 할론의 경우에 선진국은 1994년부터 개도국은 2010년부터 사용을 금지하도록 규정했다. 오존층 보호에 관해서도 선진국들은 오존층 파괴물질에 대한 개도국의 조기 철폐를 촉구하면서 불응하면 이를 통상정책에 연계시키고자 하는 입장을 천명하고 있는 반면에 개도국들은 철폐 시기를 앞당기는 데 필요한 대체 물질의 개발 및 지원 그리고 기술이전을 요구하고 있다.

3) 생물학적 다양성의 말살

다양한 종류의 동식물들은 인간에게 식품으로서만 아니라 다양한 의약품과 의류의 원료를 제공한다. 생태계의 파괴로 매년 25,000~50,000 가지의 종(種: species)이 멸종되고 있으며 이런 추세로 간다면 2050년 경에는 전체 동식물 종의 4분의 1 정도가 지구상에서 사라질 것으로 예측되고 있다.[18] 종의 보전을 위한 국제협력뿐 아니라 유전자의 소유권과 사용료 및 유전공학에 의해 개발된 물질

---

17) 1970년 독일의 과학자 크루젠(Crutzen)이 질소 산화물에 의한 성층권 오존의 연쇄적 파괴에 대한 논문을 발표한 뒤 오존층 파괴문제가 국제적인 관심을 불러 일으키게 되었다. 실제로 남극의 오존층은 지속적으로 파괴되어 1984년에는 1950년대 후반 오존층 측정치의 60% 수준에 불과한 것으로 파악되었다.

18) 자연보존국제연맹(IUCN)의 연구에 의하면 현재 멸종의 우려가 있는 야생동물의 종은 약 5,400종, 식물이 약 26,000종에 이르고 있다. 김덕주(1997), 11~12쪽.

의 권리문제에 관한 "생물다양성 보존협약"이 1992년에 체결되었다.

3. 지역적 환경문제

1) 산림의 황폐화

산업활동의 증가로 인한 공해물질의 배출 증대와 이에 따른 비의 산성화 및 무분별한 벌목으로 인하여 열대림을 비롯한 전세계의 삼림이 파괴되고 있다. 산업혁명 이전에는 지표면의 약 16% 정도를 차지하고 있던 열대림이 현재는 약 7% 정도밖에 안 된다고 한다.[19] 삼림의 파괴는 서식지를 잃은 동식물의 종을 멸종시킬 뿐 아니라 이산화탄소의 흡수 능력을 세계적으로 저하시켜서 지구온난화를 촉진시키게 된다. 1992년 "리우회의"에서 "삼림원칙성명"을 채택하였으나 법적 구속력이 없기 때문에 삼림파괴 속도는 아직도 늦추어지지 않고 있다.

2) 사 막 화

삼림의 파괴, 화학비료의 남용, 무절제한 경작 등으로 인한 토양의 피폐와 유실이 가속화되어 광범위한 지역에서 사막화가 일어나고 있다. 이미 아프리카의 3분의 2가 사막화되었으며 전세계적으로는 경작 가능한 토지의 3분지 1이 사막으로 변하고 있어서 이로 인한 환경난민의 수도 1억 명을 넘는다고 한다. 1994년에 "사막화방지협약"이 체결되었다. 사막화의 원인은 지역마다 조금씩 다른데 아시아의 경우는 가장 주된 원인이 삼림벌채이고 아프리카의 경우는 과잉목축이다. 유럽과 북미는 경작지 조성이 가장 큰 원인으로 꼽히고 있다.

3) 폐기물로 인한 토양 및 수질 오염

핵폐기물, 산업용 폐기물 등 각종 폐기물의 해양투기, 그리고 해상 및 육상에서 발생한 오염물질의 해양유입은 해양생태계를 심각하게 위협하고 있다. 특히 최근에 빈번한 대형 유조선의 해양 사고는 해양 동식물 및 주변 환경을 철저히 파괴할 뿐 아니라 인접국들 간의 분쟁의 소지도 불러일으키고 있다. 더욱이 각종 화학물질과 산업 폐기물이 불법 또는 재활용의 명분으로 처리시설을 갖추

19) 이러한 속도로 열대림의 파괴가 계속된다면 향후 25년 안에 열대림에 서식하는 종의 4~8%가 멸실될 것이라고 과학자들은 추정하고 있다.

지 못한 개도국에 수출 또는 방출됨으로써 또다른 차원의 국제환경문제를 야기하고 있는 것이다.

4. 환경문제와 국제통상: 그린라운드

1) 그린라운드

환경파괴와 오염은 생산활동의 부산물이므로 환경문제의 근본적인 해결을 위해서는 환경파괴적인 생산활동을 중단하거나 오염을 동반하지 않는 새로운 생산기술의 도입이 필요하다. 이런 변화를 유도하기 위해서 선진산업국들은 개발도상국들에게 경제적인 제재와 통상압력을 중요한 협상카드로 제시하는 추세이다. 따라서 국제적인 환경문제를 국제통상과 긴밀하게 연계시킨 소위 그린라운드(green round)는 지구의 가난한 남반구와 부유한 북반구 간의 남북문제의 새로운 쟁점으로 그리고 새로운 국제통상질서로 1980년대 이후 대두하고 있다. 자유무역원칙을 고수한다는 GATT와 WTO체제에서도 환경보존상 필요한 조치들을 자유무역원칙에 대한 예외로 인정하게 되어 환경보호가 새로운 비관세 보호무역장치의 역할을 하고 있다고 개도국들의 비판을 받기도 한다.

2) 주요 환경관련 협약

① 교토의정서

기후협약 후 온실가스 배출량 감축이행에 대한 많은 논의가 있었으나 경제적 비용이 막대해 구속력 있는 감축목표가 설정되지 못했다. 그러다가 베를린에서 열린 당사국총회에서는 협약상의 감축의무만으로는 지구온난화 방지가 불충분함을 인식하여 1997년 교토에서 열린 회의에서 선진국들도 감축목표에 합의하게 되었다. 38개국이 2008~2012년 기간 중 자국 내 온실가스 배출 총량을 1990년대 수준대비 평균 5.2% 감축하는 것에 동의했다. 온실가스 감축 도입수단으로 교토 메카니즘이라 불리는 청정개발체제(Clean Development Mechanism), 공동이행제도(Joint Implementation), 배출권거래제도(Emission Trading)를 채택하여 개발도상국의 참여를 유도하고 온실가스 저감관련 기술시장을 확대시키고자 했다. 교토의정서 채택은 선진국들에 대해 강제성 있는 감축목표를 설정했다는 점과 온실가스를 상품으로 거래할 수 있게 했다는 데 큰 의의가 있다.

② 기후변화협약(Convention on Climate Change)

1979년 제1차 세계기후회의를 열고 인간의 활동으로 인한 기후변화 가능성과 부정적인 영향을 방지하기 위한 조치가 필요하다는 것에 인식을 같이 했다. 그 후 수 차례에 걸친 정부 간 회의를 거쳐 1992년 5월 "기후변화협약"이 채택되었고 1994년 3월 발효되었다. 이 협약에 서명한 모든 당사국은 온실가스 배출 감축을 위한 국가정책 수립을 의무화했으며 특히 선진국에 대해서는 2000년까지 온실가스 배출규모를 1990년 수준으로 감축할 것을 요구했다.

③ 몬트리올의정서(Montreal Protocol)

오존층을 파괴하는 물질에 대한 사용금지 및 규제를 규정한 몬트리올의정서는 1987년 9월에 채택되어 1989년 1월에 발효되었다. 그 후 1990년 6월 런던 개정안에 개도국의 오존층 파괴물질 조기전폐 유도를 위한 기금 설치를 추가했고 1992년 11월 코펜하겐 개정서에는 CFC의 대체물질로 사용되는 HCFC, HBFC 및 메틸브로마이드도 또한 규제물질로 추가하였다. 특히 이 의정서가 체약국들간의 관계뿐만 아니라 비체약국에까지 적용범위를 넓혀 규정하고 있다는 점이 특기할 만하다. 즉, 체약국과 비체약국 간에 규제물질의 교역과 이를 사용하여 제조한 모든 제품에 대한 무역을 금지함으로 해서 무역을 환경문제에 결부시킨 그린라운드가 대두되게 만들었다.

④ 런던협약(London Convention)

해양투기를 방지하기 위한 오슬로 덤핑협약(1972년 2월)을 모태로 1972년 12월에는 "런던협약"이 체결되었다. 런던협약은 1975년 8월에야 발효되어 내수를 제외한 모든 해양에서의 선박, 항공기, 그리고 인공 해양구조물로부터의 폐기물 및 기타 물질의 고의적인 투기를 규제하고 있다. 그러나 협약의 이행을 위한 강제적 조치가 미비하여 현실적인 집행에는 한계가 있었다. 그 후 수 차례의 개정을 통해 1996년 10월에 개정의정서가 채택되었다. 이 개정의정서에서는 종래에 투기를 금지하는 물질을 규정하는 부정적(negative) 리스트로부터 규정된 물질 외에는 투기하지 못하게 하는 긍정적(positive) 리스트로 전환하였다.

⑤ 바젤협약(Basel Convention)

유해폐기물의 수출금지, 수출시 수입국의 사전 동의, 협약이행을 위한 법적, 행정적 조치 등 당사국의 의무와 불법 교역 폐기물 및 불법 교역자에 대한 조치사항을 규정하고 부속서에 47종에 달하는 규제대상 폐기물의 종류를 명시한 바젤협약이 1989년 3월 스위스의 바젤에서 체결되었다.[20] 1994년의 제2차 당사국 총회에서는 OECD 회원국가들로부터 비OECD 국가들에게로의 유해 폐기물을 이동시키는 것을 금지하고 유해 폐기물 교역에 따른 책임과 보상에 대한 의정서 작성을 결의하였다. 1995년의 당사국 총회에서는 최종 처리용 유해폐기물을 선진국에서 개도국으로 이동하는 것을 즉각 금지할 것과 재활용 유해폐기물의 이동도 1998년부터 전면 금지할 것을 결의하였다.

⑥ 생물다양성협약(Convention on Biological Diversity)

UNEP가 수 차례 정부 간 회의를 개최하여 1992년 5월 리우회의에서 체결하도록 한 "생물다양성협약"은 생물의 다양성을 보전하고 그 이용으로부터 나오는 이익을 공정하게 분배하기 위한 것이었다. 수 차례에 걸친 당사국 총회에서 생물다양성과 삼림보호와의 연관관계, 유전자 관련 자원에 대한 접근방식, 관련 기술의 개도국으로의 이전 등이 집중적으로 협의되었다. 그러나 아직도 선진국과 개도국의 입장 차이를 크게 좁히지는 못한 상태이다. 이 협약은 향후 유전공학과 생명공학의 발전에 많은 영향을 미칠 것으로 예상된다.

⑦ 사막화 방지협약(Convention to Combat Desertification)

사막화 방지를 위한 국제적-지역적 협력을 강화하기 위한 국제적 협약이 1994년에 체결되었다. 이 협약은 1996년에 발효되어 1997년 10월 로마에서 세계적인 사막화 방지체제 구축을 위한 환경장관회의가 개최되기에 이르렀다. 육지의 사막화는 자연재해라기보다는 각국의 무분별한 국토관리와 무관심에서 비롯되는 만큼 토양의 산성화 방지, 토양의 생산성 향상, 대지와 수자원의 보존 및 재생, 그리고 지속 가능한 관리에 초점을 맞춘 장기적 전략이 필요할 것이다.

우리나라도 그랬지만, 대부분의 개발도상국에서는 선 성장 후 환경이라는 기치 아래 산업화의 과실만 중히 여기고 부산물인 환경오염은 추후에 풀어야 할 문제로 미루어 둔다. 그뿐 아니라, 의식주의 문제가 해결된 후에 비로소 환경에 대해 관심을 돌릴 수 있을 배 부른 자들의 몫이라고 생각한다. 그러나 사실은 가난한 나라와 가난한 사람일수록 대기오염과 수질오염에 노출될 가능성이 더 커지

20) 바젤협약이 체결되게 된 동기는 1980년 초에 미국과 유럽의 선진국들로부터 유입된 산업폐기물이 아프리카에 방치되어 심각한 환경문제를 야기한 사건이다. 이로 인해 건강 및 환경에 위험성이 큰 유해폐기물의 국가 간 이동 및 처리에 관한 국제규범의 채택이 절실하다는 인식이 확산되었다.

게 되는 것이 현실이다. 이것은 도시 중심부의 빈민가나 공단 주변지역에 어느 계층이 살고 있는가를 생각해 본다면 자명해질 것이다. 그러므로 개발도상국도 환경문제를 해결하기 위해서 지금보다는 더 노력해야 할 것이다.

5. 탄소배출권 시장

교토의정서 채택 후 탄소배출권 시장이 활성화되었다. 유럽연합(EU)의 경우는 2008~2012년 기간에 온실가스배출량을 1990년대 대비 8% 감축하기로 하여 2005년부터 CO_2 배출권 거래제도를 도입하였다. EU의 배출권거래제도는 에너지 생산업체 등 CO_2 배출사업자에 대해 배출허용량을 할당하고 할당량을 초과한 사업자와 할당량보다 적게 배출한 사업자 간에 배출권을 거래하는 제도이다. 만약, 사업자가 배출권을 구입하지 못하여 허용량보다 초과 배출할 경우 톤당 40유로의 벌금을 부과하게 되어 있다. 미국은 교토의정서를 거부했지만 시카고에 기후거래소(CCX)를 만들고 탄소배출권을 거래하고 있다. CCX의 거래량은 3천 800만 달러 규모이고 브라질, 중국, 인도, 호주, 캐나다 등이 참가하고 있다.

2006년도 세계 탄소시장은 301억 달러 규모였는데 2010년까지 약 1,500억 달러 규모로 성장할 전망이다. 탄소시장은 크게 할당 베이스 시장과 프로젝트 베이스 시장으로 나눌 수 있다. 국가별 감축목표가 할당되면, 해당 국가는 그 목표를 자국 기업에게 할당하게 되는데, 할당 베이스(allowance-base)시장은 기업별로 할당된 온실가스 배출 허용량의 잉여분 및 부족분을 거래하는 시장이다. 프로젝트 베이스(project-base) 시장은 배출량 감축 프로젝트를 실시해 거둔 성과에 따라 크레디트를 배출권 형태로 거래하는 시장이다.

우리나라의 2007년도 탄소감축실적 중 유엔에 등록되어 국제 배출권으로 인정받은 건수는 14건이고 UN에 등록된 전체 감축규모의 8.61%에 해당한다. 정부는 국내 탄소감축실적 당 평균 10달러 이상에 거래되는 것은 청정개발체제(CDM: Clean Development Mechanism)시장에 수출하고 미국시장이 인정하는 감축실적에 대해서는 기후거래소(CCX)시장으로 수출할 것을 계획하고 있다. 국내의 잠재 배출권 시장규모는 1천 498억 원으로 추정된다. 청정개발체제(CDM)사업은 온실가스 감축의무부담국이 개도국에서 온실가스 감축사업을 추진한 후 UN에서 감축실적에 비례해 국제배출권(CER: Certified Emission Reduction)을 부여받아서 국제

CDM시장에서 거래할 수 있는 체제를 말한다. 현재 거래소는 총 10곳으로 이 중 8곳이 유럽에 있다.

제 7 절 우리나라의 환경오염 실태[21)]

세계경제포럼(WEF)이 1월 28일 스위스 다보스에서 발표한 환경지속성지수(ESI: Environmental Sustainablility Index)에 대한 분석 결과 우리나라는 세계경제규모 10위이며 세계교역규모 12위라는 위상에 걸맞지 않게 146 개국 중 122위로 평가받았다. 환경지속성지수는 현재의 환경 · 사회 · 경제 조건을 바탕으로 지속가능한 성장을 할 수 있는 국가적 역량을 계량화하여 비교하는 국제평가지수이다.

1. 수질오염

수질오염은 생활하수, 산업폐수, 축산폐수로 분류되는데 1994년 발생량 기준으로 이 중 생활하수가 차지하는 비중이 67%, 산업폐수가 32% 그리고 축산폐수가 1%이다. 총 폐수의 양은 1일 22백만 톤이다. 이를 다시 오염부하량으로 분류해 보면 1일 총 5,574톤으로 이 중 생활하수가 46%, 산업폐수가 47% 그리고 축산폐수가 7%로 부하율은 발생률과 다소 차이가 있다. 우리나라 4대강(한강, 낙동강, 금강, 영산강)의 수질은 대체적으로 약간씩 개선되는 추세를 보이고 있다고 할 수 있다. 〈표 4-1〉의 BOD 변화 추이를 통해 볼 수 있듯이,[22)] 한강은 1984년 이후 점차 개선되고 있고 낙동강과 금강은 큰 변화가 없는 편이고 영산강은 유지용수가 부족하여 매년 강우량에 따라 기복이 심한 편이다.

21) 손원익 외(1996)와 환경백서(2000)를 참조.

22) 생화학적 산소요구량(BOD: Biochemical Oxygen Demand)이란 물 속에 들어있는 유기오염물질을 미생물이 분해하기 위해서 필요로 하는 산소의 양을 말한다. 일정시간 내에 미생물이 물 속의 유기물을 분해하여 정화하는 데 소비되는 산소의 양을 PPM으로 나타내어 물이 어느 정도 오염됐는가를 나타내는 기준으로 사용한다. 한강의 경우 팔당지역은 목표등급이 I 등급으로 항상 환경기준 1.0mg/l 이하를 만족시켜야 한다.

표 4-1 우리나라 4대강의 연도별 BOD 변화 추이 (단위: mg/l)

	1982	1984	1986	1987	1988	1990	1992	1996	1998	1999
한강 (노량진)	5.4	6.7	3.6	4.3	4.3	3.4	3.6	1.4	1.5	1.5
낙동강 (물금)	3.7	3.7	3.6	3.6	3.9	3.0	3.3	4.8	3.0	2.8
금강 (부여)	2.4	2.9	3.0	2.9	3.2	3.1	3.2	3.7	2.4	2.6
영산강 (나주)	3.9	6.5	5.2	4.2	7.0	6.7	5.6	5.6	5.9	6.8

2. 대기오염

공장, 발전소, 가정 및 자동차 등 산업활동과 생활 및 교통수단의 사용을 수반하는 유독물질의 배출이 대기오염의 주범이다. 대기오염은 대기오염물질의 배출량을 산정하여 측정하게 된다. 주요 오염물질로는 아황산가스(SO_2), 먼지(TSP), 이산화질소(NO_2), 일산화탄소(CO) 그리고 탄화수소(HC) 등이 있다. 1970년대에 대기오염도가 심해져서 서울은 1977년부터 지방 대도시는 1970년대 말과 1980년대 초반부터 당시 아황산가스 오염기준이었던 0.05ppm을 웃돌았다. 정부는 1993년부터는 아황산가스 오염기준을 0.03ppm으로 강화하고 저공해 연료 공급을 확대하는 등 대기오염의 감소를 독려하여 아황산가스의 경우는 많이 개선되고 있다. 서울과 부산 같은 대도시 인구밀집 지역은 겨울철에 난방연료 소비량이 증대하면서 오염도가 심해지고 여름철에는 나아지는 계절적 변동이 심한 편이다. 우리나라의 경우 봄철에 중국으로부터 불어닥치는 황사현상으로 인해 대기 중 먼지의 오염도가 일시적으로 크게 증가하는 날들이 생겨 심한 경우에는 유치원과 초등학교를 일시 휴교하는 일까지도 생겼다.

3. 토양오염

토양오염이 물이나 공기오염과 다른 점은 토양은 유동성이 거의 없어서 한 번 토양으로 유입된 오염물질은 물처럼 흘러가거나 공기처럼 흩어져서 스스로 적어질 수는 없다는 점이다. 또한, 토양 속에 폐기물이나 중금속 등과 같은 오염물질이 묻히게 되면 육안으로는 거의 구분할 수 없어서 마치 청정한 환경인 것처럼 보이게 하여 오염물질의 제거가 지연되게 만들며 정화에 많은 시간과 비용이 든다는 데 심각성이 있다. 토양은 폐수, 하수, 폐기물의 투기, 농약과 비료의 살포 등으로 오염되는데 토양의 오염은 다시 지하수와 하천을 오염시키게 되어 오염의 악순환을 가져오게 된다. 토양오염을 측정하기 위해 1999년 시점으로 전국에 총 4,500지점을 선정하여 정기적으로 오염도를 측정하고 있다. 2005년 전국적으로 토양오염실태조사(지방자치단체)를 한 결과 56개 지점(1.4%)이 토양오염우려기준을 초과했고, 이 중 21개 지점(0.5%)은 토양오염대책기준을 초과했다.

오염원의 하나인 폐기물로 인한 토양오염에 대해 좀더 자세히 살펴보면, 1995년부터 도입된 쓰레기 종량제 실시와 연탄이 주종이던 가정용연료의 가스와 석유로의 대체로 인해 생활폐기물이 감소하여 폐기물 발생량은 감소하는 추세를 보이고 있다. 생활폐기물은 소비패턴의 고급화로 인한 포장재 등 종이류의 증가현상을 볼 수 있다. 사업장폐기물은 계속 증가하여 1994년에는 그 비중이 59.5%로 생활폐기물보다 높아졌다. 사업장의 일반폐기물은 불연성이 80% 이상을 차지하고 있다. 폐산, 폐알카리, 폐유기용제 등 지정(특정)폐기물은 1994년 4월에 분류 체계가 변경되어 그 이전까지의 오니류, 폐석고류, 동물성 잔재류 등이 일반폐기물로 전환되어 당해 연도의 발생량이 일시적으로 급감하는 현상을 보이기도 했다.

환경오염을 줄이기 위해서는 먼저 시민의 깨끗한 환경보존에 대한 의식이 깨어야 한다. 환경과 같이 중요한 문제를 정부에게만 맡겨 두지 않고 시민 스스로가 솔선수범하고 감시하기 위한 비정부조직(NGO: nongovernmental organization)이 최근 상당히 많아졌고 활동도 활발해진 것을 볼 수 있다. 정부도 나름으로 오염을 줄이기 위해 쓰레기 매립장이나 소각장을 건설한다든가 하는 공공투자를 통해 해결책을 모색할 수 있다. 그럴 경우에 어떤 특정시설의 건설이 과연 타당성이 있는가를 판단하기 위해 소요되는 비용과 그 시설이 완성되었을 때 기대되는 편익을 비교해 보게 된다. 다음 장에서는 공공투자에 대한 판단기준이 되는 비용-편익분석에 대해 알아보도록 한다. 비용-편익분석은 비단 공공투자뿐 아니라 시행되고 있는 특정 규제의 효과에 대한 심사에서도 사용될 수 있다.

응 용 문 제

사과 과수원과 바로 이웃해서 양봉업을 하고 있다고 가정하자. 꿀벌이 사과나무의 꽃가루 번식을 도와 열매가 더 많이 열리게 해 준다면 이것이 곧 외부경제이다. 이때, 사과의 생산함수 속에 꿀의 생산(꿀벌의 활동으로 인한)이 들어가도록 수학식을 세워 보라.

경 제 학 자

1) 아서 피구(Arthur Cecil Pigou, 1877～1959)
   영국의 경제학자. 마샬의 제자였으며 그의 후임으로 캐임브리지 대학교 교수를 역임했다. 그는 학생시절의 케인즈를 매주 한 번 그의 집으로 불러 조찬을 함께 하기도 했다. *The Economics of Welfare*(1920)
2) 로날드 코우스(Ronald Coase, 1910～)
   런던 태생의 미국 경제학자. 런던대 경제학부(LSE) 졸업 후 미국으로 이민왔다. 버지니아 대학교와 시카고 대학교에서 교수로 재임했다. 1991년도 노벨 경제학상을 수상했다. "The problem of social cost," *Journal of Law and Economics*(1960).

참 고 문 헌

김갑조, "지속가능한 지구보전을 위한 환경윤리,"「외교」, 1997. 10.

김의곤, "국제환경문제의 정치경제: 협력과 갈등의 조화,"「동서문제연구」, 13권 1호, 연세대학교 동서문제연구원, 2001.

손원익 외,「환경오염 저감을 위한 세제 및 관련제도 개선방향」, 조세연구원, 환경기술개발원, 1996.
이해찬 (역), 「세계환경정치」, 서울: 돌베개, 1994.
최병선, 「정부규제론」, 서울: 법문사, 1993.
환경부, 환경백서, 2000.

http://www.apengok.org, 아태환경 NGO 한국본부.
http://www.kfem.or.kr, 환경운동연합.

Boadway, R. and D. Wildasin, *Public Sector Economics*, Boston: Little, Browm & Company Ltd, 1984.
Buchana, J. and G. Tullock, "Polluters' Profits and Political Response: Direct Controls versus Taxes," *American Economic Review*, 65(1): 139-47, 1975.
Cetron, M. and O. Davies, "Trends Now Changing the World," *The Futurist*, 30-43, January-February, 2001.
Cullis, J. and P. Jones, *Public Finance and Public Choice*, Oxford: Oxford U. Press, 1998.
Peltzman, S., "Toward a More General Theory of Regulation," *Journal of Law and Economics*, 19: 21-240, 1976.
Porter, G and J. Brown, *Global Environmental Politics*, New York: Westview Press, 1991.
Sandler, T., *Global Challenges: an approach to environmental, political and economic problems*, Cambridge: Cambridge University Press, 1997.
Stigler, George, "The Theory of Economic Regulation," *Bell Journal of Economics and Management Science*, 2: 2-21, 1971.

제 5 장

공공투자와 비용-편익분석

들어가며

사업으로부터 나오는 긍정적인 외부효과와 같은 사회적인 가치에 비해서 사업상의 사적 수익성이 떨어지는 사업이든가 시장의 실패로 인해 정부가 개입해야 할 필요가 있는 사업, 다시 말해서, 민간이 하기에 부적절한 투자는 공공투자의 대상이 된다. 민간사업이 사업 그 자체로부터 발생하는 단순한 수익성에 의해서 투자 여부가 결정된다면 공공사업에 있어서는 그 사업으로부터 나오는 비용과 수익을 좀더 광범위한 사회 전체의 관점에서 본 직간접적인 비용과 편익으로 평가하여 투자 여부를 결정하게 된다. 즉 공공사업의 외부효과를 충분히 감안하여 결정하는 것이다. 이런 목적으로 개발된 기법이 바로 비용-편익분석이다.

먼저, 공공지출과 투자에 대한 재정과 생산에 대한 필요성을 살펴본다. 투자사업에서 발생할 미래의 비용과 편익을 평가하는 방법들에 대한 소개를 한다. 공공사업에서 발생될 비용과 편익의 몇 가지 유형에 대한 논의를 살펴본다. 시장가격이 적절한 평가기준이 되지 못할 경우의 잠재가격에 대해 알아본다. 적절한 할인율이 어떤 것인가에 대해 논해 본다. 확률이 알려진 위험 상황에서의 투자에 대해 알아본다. 마지막으로 공공사업에 대한 총체적 평가의 두 가지 기준과 비용-편익분석의 유용성에 대해서 생각해 본다.

제1절 공공지출과 공공투자

1. 공공지출의 필요성

국민으로부터 빌리거나 걷어들인 국채나 세금수입을 재원으로 해서 공공부문에서 지출하고 투자하는 경우에는 그 당위성이 반드시 입증되어야 한다. 예를 들어, 자연독점산업이라든가 외부불경제가 발생한 경우나 공공재를 마련하기 위한 경우와 같이 각종 시장의 실패를 보완하기 위한 공공지출은 자원배분의 효율성을 높일 수 있게 되므로 그 타당성이 인정된다고 하겠다.

일반적으로 공공지출은 재화와 서비스의 구입을 위한 지출과 구매력의 이전을 목적으로 하는 이전지출로 크게 나누어 볼 수 있다. 전자는 정부가 유상으로 값을 치르고 대가로 재화나 서비스를 민간으로부터 받는 지출이고 후자는 무상으로 그 대가를 요구하지 않고 정부가 민간에게 재화나 서비스를 직접 현물로 주거나 혹은 현금을 이전해 주는 것이다. 각종 공공부조 프로그램을 통하여 소득을 재분배하기 위한 공공지출이 후자에 해당한다. 전자의 공공지출은 경상적인 인건비나 소모품의 구입과 같은 단순한 일회성 구매 성격의 공공지출과 공익을 위해 시설이나 서비스를 생산하여 다 년간에 걸쳐서 민간에게 서비스를 제공하는 공공투자로 구분할 필요가 있다. 생산과 소비가 다 년간에 걸쳐서 나타나는 투자 성격의 지출은 규모도 크고 그 파급효과도 다양하므로 경상비 성격의 지출보다는 좀더 신중하게 투자 여부를 결정해야 한다.

2. 재정과 생산

공공부문에서 투자한다고 해서 반드시 공공부문에서 생산해야 할 필요는 없다. 공공부문에서 공공투자를 통해 어떤 공공재를 마련 또는 제공(提供, provision)한다는 것은 재정(finance)과 생산(production)이라는 두 가지 면에서 논의될 수 있으며 제공하는 주체가 반드시 재정과 생산을 모두 책임진다는 의미를 내포하는 것은 아니다. 단지 어떤 특정 재화가 생산되어 소비될 수 있도록 재정을 담당할 주체와 생산을 담당할 주체를 연결시켜 주는 것이 제공자의 역할이다. 이는 사적재의 경우에도 마찬가지로 적용되는 것이다. 대상 재화나 서비스의 소비가 경합성이 있으며 수혜자가 명확하게 구분될 수 있고 배제 가능한 경우에 응익원칙 또는 수혜자 부담원칙을 적용하여 사용자의 사용료나 적절한 가격의 지불을 통하여 재정이 확보될 수 있다면 민간이 재정을 담당하도록 만드는 것이 효율성과 형평성 양 측면에서 적절할 것이다. 반면에 대상 재화나 서비스의 소비가 비경합성이 있다든가 외부효과가 발생한다든가 혹은 소득재분배를 위한 것인 경우에는 공공부문에서 재정을 담당하는 것이 적절할 것이다.

1) 생산의 경우

생산의 경우, 민간이 완전경쟁상태에서 할 수 있는 사업은 민간이 하도록 내버려두는 것이 최상이겠으나 더러는 민간이 생산하게 할 수가 없는 경우도 생긴다. 예를 들어, 자연독점산업 같은 경우에는 어느 특정 민간업체가 이를 독점하면 과다한 독점력이 생기게 되므로 생산의 효율성 측면이나 타기업과 소비자와의 형평성 측면에서 공공부문이 직접 생산하는 것이 더 나은 대안이 될 수도 있다. 그러나 외부불경제가 발생한 경우나 공공재의 경우와 같은 시장의 실패를 보완하기 위해서는 반드시 공공부문에서 생산할 필요는 없을 수도 있다. 이것을 아래 〈표 5-1〉에서와 같이 분류해서 살펴보도록 하자.

순수한 사적재는 민간이 생산한 것을 민간이 구매하여 (즉 민간재정) 소비하는 형태를 갖는다. 순수한 공공재는 비경합성과 비배제성으로 인해 민간이 재정을 마련하기는 곤란하므로 공공부문에서 재정을 마련해야만 한다. 그러나 생산

표 5-1 재정과 생산의 연결을 통한 제공

생산담당 / 재정담당	민간부문	공공부문
민간부문	사적재	자연독점산업
민간 및 공공 혼합	비순수공공재 준공공재 가치재	자연독점산업
공공부문	순수 공공재	자연독점산업

그 자체는 민간생산자가 해도 무방한 것이 대부분이다.

예를 들어, 국방이 순수공공재이지만 국방력을 향상시키기 위한 대포나 화약의 생산은 민간 방위산업체가 담당해도 되는 것이다. 자연독점산업의 경우는 위에서 말한 것처럼 공공부문에서 생산을 담당하는 것이 더 적절할 수도 있는데 상수도, 진기, 가스, 등과 같이 생산물이 사적재에 가까운 것이라면 수혜자 부담 원칙에 따라 민간이 사용료를 지불하여 재정을 담당하는 것이 마땅할 것이다. 그러나 생산물이 공공재에 가까운 것이라면 공공부문이 재정을 담당하는 것이 적절할 것이다. 그 중간에 속하는 것이라면 예를 들어 상수도, 전기, 가스 등이 사적재의 성격이기는 하나 국민의 기본 생활에 반드시 필요한 것이므로 정부가 생활권 보장의 측면에서 비용의 일부를 떠맡아 민간은 생산비보다 싼 가격을 지불하게 된다면 민간과 공공부문이 재정을 분담하는 형태가 될 것이다.

2) 생산 자체

생산 자체를 누가 담당하든지 간에 공공부문에서 재정을 지원하는 공공지출이나 공공투자로 인한 경제적 파급효과는 자원의 배분, 소득의 분배 그리고 나라 경제의 거시적인 측면 등 여러 수준에 걸쳐서 나타날 수 있다. 우선, 자원의 배분 측면에서는 공공지출의 증대가 그 경제 내에서 생산에 사용되는 재화와 서비스의 양과 구성을 바꾸게 되고 따라서 소비되는 재화와 서비스의 양과 구성비율도 달라지게 만든다. 또한, 공공부문에서 일정량의 재화와 서비스를 사용하게 되면 민간부문에서 사용할 수 있는 양이 그만큼 줄어들게 되어 민간의 생산부문을 압박하게 되어 공급미달을 초래할 수도 있게 된다. 공공부문에서 많이 지출하게 되는 산업은 그렇지 않은 산업보다 수익이 늘게되고 공공투자로 인해 재산가치가 올라간다든가 수익이 늘어나게 되는 계층은 그런 영향을 받지 못한 계층과 비교해 소득이 재분배되는 효과를 가져 올 수도 있게 된다. 그러므로 공공투자의 경우에는 이런 여러 가지 파급효과가 내포하고 있는 사회적인 비용과 사회적인 편익을 분석하고 비교하여 최종적으로 투자 여부를 결정해야만 한다. 비용과 편익을 비교하는 것이 항상 정답이라고 주장할 수는 없을 것이지만 이런 결정에 중요한 자료를 제공한다는 점은 부인할 수 없을 것이다. 그러면 비용과 편익의 비교와 분석에 고려되어야 할 원칙들과 점검사항들이 어떤 것들이 있는지 살펴보도록 하자.

제 2 절 순현재가치법과 내부수익률법

1. 순현재가치법

대부분의 투자사업은 완결하는 데 수 년씩 걸리는 것들이다. 그러므로 그에 대한 비용이나 편익도 당장 발생하는 것이 아니라 앞으로 몇 년에 걸쳐서 발생하게 되는 것들이다. 몇 년 후에 발생하는 비용이나 편익을 전부 합해서 서로 비교하여 분석해 보는 것이 비용-편익분석(費用-便益 分析, CBA: cost-benefit analysis)이다. 비용-편익분석은 곧 정부가 사회후생을 극대화할 목적으로 수행하는 공공사업이나 공공투자의 비용과 그로부터 예상되는 편익을 비교하여 사업의 우선순위와 투자 여부를 결정하는 방법이다. 예를 들어, 서울과 부산 사이에 고속전철을 놓자는 투자계획이 있을 때, 이를 수행하기 위해 들어가는 비용과 이로부터 예상되는 편익을 비교해 보는 것이다. 여기서 수익 대신에 굳이 편익이라는 용어를 쓰는 이유가 있다. 수익이라면 단순히 금전적인 이익만을 지칭할 경우가 많지만, 편익이라고 함으로써 순전히 금전적인 것 외에도 그런 공공사업으로부터 발생할 수 있는 다른 긍정적인 유형 그리고 무형의 혜택도 포함시킬 수 있기 때문이다.

비용-편익분석을 위해서는 미래의 다른 해에 발생하는 가치를 측정할 공통의 측정단위가 필요한데 이것이 바로 현재가치(現在價値, PV: present value)이다. 설혹 인플레이션이 없다고 해도 1년 후 혹은 2년 후의 100만 원의 가치는 현재의 100만 원의 가치보다 낮다. 왜냐하면 돈은 이자를 받을 수 있기 때문이다. 1년 후의 100만 원이 과연 현재의 얼마에 해당하는가 하는 것은 이자율에 따라서 달라질 수 있다. 예를 들어, 이자율이 25%라면 현재 80만 원으로 1년 동안에 20만 원의 이자수입을 올릴 수 있어서 1년 후에는 원금과 이자를 합해서 100만 원이 되므로 이 때에 1년 후의 100만 원의 현재가치는 80만 원인 셈이다. 그러므로 현재가치는 미래의 가치를 이자율로 할인(割引, discount)한 값이라고 할 수 있다. 만약, 이자율이 10%라면 1년 후 100만 원의 현재가치는 100만 원 나누기 1. 1로서 약 90만 9천91원이 된다. 일반적으로 현재가치(PV)는 미래가치(FV: future value)

를 1 더하기 이자율 r 또는 할인율로 나눈 값이 되는데 한 해가 늘어날 때마다 복리로 계산하므로 n년 후의 미래가치 FV_n은 아래와 같은 식을 통해 현재가치로 표시할 수 있다.

$$PV = \frac{FV_n}{(1+r)^n} \tag{5. 1}$$

어떤 투자사업에 들어가는 비용은 현재의 초기투자(I_0)에 앞으로 n년 동안 매년 들어가야 할 경상비용을 합한 것이 된다. 총비용을 현재가치로 만들면 아래 식 (5. 2)와 같이 된다.

$$PV = I_0 + \frac{C_1}{1+r} + \frac{C_2}{(1+r)^2} + \cdots\cdots + \frac{C_n}{(1+r)^n} \tag{5. 2}$$

위의 비용을 들여 사업을 할 경우에 앞으로 매년 기대되는 편익(B)이 있다면 기대되는 총편익의 현재가치가 예상되는 총비용의 현재가치보다 크다면 적어도 투자해서 손실을 볼 염려는 없는 사업이라고 하겠다. 공공투자로부터 미래에 발생할 것으로 예상되는 모든 편익의 현재가치와 모든 비용의 현재가치의 차이를 순현재가치(NPV: net present value)라고 하며 아래의 식 (5. 3)과 같이 표시한다.

$$\begin{aligned} NPV &= -I_0 + \frac{(B-C)_1}{1+r} + \frac{(B-C)_2}{(1+r)^2} + \cdots\cdots + \frac{(B-C)_n}{(1+r)^n} \\ &= -I_0 + \sum_{i=1}^{n} \frac{(B-C)_i}{(1+r)^i} \geq 0 \end{aligned} \tag{5. 3}$$

순현재가치가 0보다 같거나 크다면 일단 그 사업은 편익이 비용보다 더 커서 투자할 만한 가치가 있는 사업이라고 할 수 있다. 여러 가지 대안적인 투자사업이 있다면 각 사업의 순현재가치를 계산하여 순현재가치의 크기 순으로 투자 우선순위를 정해볼 수도 있다.

2. 내부수익률법과의 비교

미래에 발생할 비용과 편익을 비교하여 평가하는 또 다른 방법으로 내부수익률(內部收益率, internal rate of return)을 계산해서 투자 우선순위를 정하는 방법이 있다. 내부수익률이란 미래에 발생할 순편익의 현재가치와 초기의 투자비용을 일치시키게 만드는 할인율, 즉 순현재가치를 0이 되게 하는 수익률을 말한다. 그러므로 내부수익률이 이자율보다 높은 사업에는 투자를 하고 그렇지 않으면 투자하지 않는다. 그러나 일반적으로 순현재가치법으로 우선순위를 정하는 것이 내부수익률로 우선순위를 정하는 것보다 더 나은 방법이라고 볼 수 있다. 그 이유로는 하나 이상의 내부수익률이 존재할 수도 있다는 것과 내부수익률에 의해서 결정한 사업이 반드시 순현재가치 기준으로도 선정될 수 있는 사업이 아닐 수도 있기 때문이다.

예를 들어, 어떤 사업에 소요되는 올해의 초기투자는 100억 원이고 내년에 발생하는 순편익이 230억이며 사업의 마지막 연도인 내후년에 발생하는 순손실은 132억 원이라고 하자. 이 예제[1]에서 내부수익률을 계산해 내기 위해서는 다음과 같은 식을 풀어 r의 값을 구하면 된다: $100=[230/(1+r)]-[132/(1+r)^2]$. 그런데 이 식을 만족시키는 r의 값, 즉 내부수익률이 10%와 20%, 두 가지로 나오게 된다.

두 가지 투자사업에 대하여 할인율이 변하는 데 따른 순현재가치를 〈그림 5-1〉에서와 같이 두 가지 곡선으로 나타내어 비교해 보도록 하자. 순현재가치를 0으로 만드는 내부수익률은 B사업이 더 높다는 것을 알 수 있다. 그러나 할인율

그림 5-1 내부수익률과 순현재가치

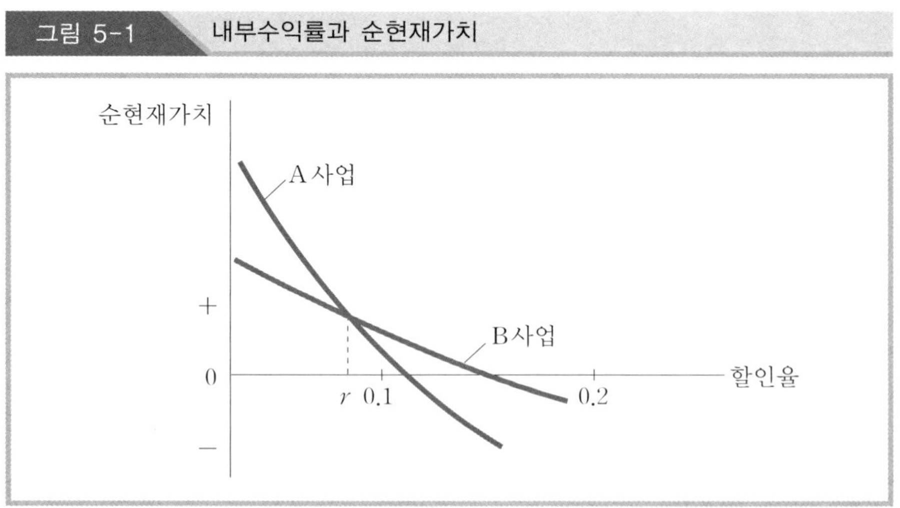

1) Cullis and Jones(1998), p. 131의 예제 인용.

이 보다 낮은 경우에는 A 사업으로부터의 순현재가치가 B사업으로부터의 순현재가치보다 더 크다는 것을 알 수 있다. 순현재가치법을 사용한다면 할인율이 보다 낮은 경우에는 A 사업을 택하고 높은 경우에는 B사업을 택하게 되어 문제가 없으나 내부수익률법을 사용한다면 내부수익률이 더 큰 B사업을 항상 택하게 되므로 할인율이 보다 낮은 경우에는 잘못된 선택을 하게 된다. 그러므로 순현재가치법이 더 나은 방법이라고 할 수 있다.

3. 민간투자의 수익률과 비교

경제 전체의 효율적인 자원배분의 관점에서 본다면 단순히 공공투자의 순현재가치만 보고 투자를 결정할 일이 아니라, 공공부문에 쓰이지 않았다면 쓰일 수 있었던 대안이라 할 수 있는 민간부문에서의 투자사업의 수익성과도 비교해야 할 것이다. 그렇지만 순전히 금전적인 수익성만을 기준으로 한다면 수익성 여부가 확실한 민간부문의 투자사업과 비교해서 더 높은 순현재가치가 나올 수 있는 공공투자 사업은 그리 많지 않을 것이다. 그렇다면 공공투자와 민간투자를 결정하는데 순현재가치법이 아닌 다른 방법을 사용해야 한다는 것일까? 아니면 결정방법의 차이보다는 목적과 평가의 차이를 인정하는 것이 필요한 것일까?

우선 민간투자의 목적은 이윤극대화인 데 비해서 공공투자의 목적은 사회후생의 극대화이다. 따라서 비용의 범주에 들어가는 항목과 수익 또는 편익의 범주에 들어가는 항목이 각각 크게 다르다. 민간투자의 경우에는 사적인 비용과 수익만 고려하면 되지만 공공투자인 경우에는 사회적인 비용과 편익을 모두 포함시켜야 한다. 이런 항목들을 평가하는 데 있어서도 민간투자에서는 시장가격을 써서 평가하면 되겠지만 공공투자에 있어서는 진실된 사회적 기회비용을 적절한 평가기준으로 사용하는 경우도 생긴다. 또한 할인율도 민간의 경우는 시장의 이자율이 가장 적절한 할인율일 수 있지만 공공투자의 경우에는 시장의 이자율과는 다른 사회적인 할인율이 더 적절한 것일 수도 있다. 그러므로 공공투자에 대한 비용-편익분석을 위해서는 우선 ① 어떤 비용과 편익이 고려되어야 할 것인지; ② 비용과 편익을 어떤 가격으로 평가할 것인지; ③ 할인율은 얼마로 하는 것이 적절한 것인지를 정해야 한다. 다음 절들에서 이 세 가지를 차례로 살펴보도록 하자.

현재가치(present value):
미래의 비용이나 수익을 적절한 할인율로 할인하여 현재의 가치로 변환. 예: 1년 후 미래가치의 현재가치화: $PV=FV/(1+r)$

순현재가치(net present value):
편익의 현재가치에서 비용의 현재가치를 뺀 순편익의 현재가치를 말함.

내부수익률(internal rate of return):
미래에 발생할 순편익의 현재가치와 초기의 투자비용을 일치시키게 만드는 할인율. 또는 모든 편익과 비용의 현재가치가 일치하도록 만드는 즉 순현재가치를 0이 되게 하는 수익률.

제 3 절 비용과 편익의 분류

1. 사적 비용-편익과 사회적 비용-편익

비용-편익분석은 정부가 사회후생을 극대화할 목적으로 수행하는 공공사업이나 공공투자의 비용과 그로부터 예상되는 편익을 비교하여 사업의 우선순위(優先順位, priority)와 투자 여부를 결정하는 방법이다. 그런데 공공사업의 수행으로 인한 비용과 결과적으로 얻을 수 있는 편익에는 단순히 사적 편익뿐 아니라 그 사업으로부터 발생하는 외부성을 감안한 사회적 편익도 포함되어야 한다. 예를 들어 지하철 7호선 개통으로부터 나오는 편익에는 7호선으로부터의 금전적인 수입뿐 아니라 그로 인해 소통이 원활해진 지상의 교통량 감소분의 금전적 환산치도 들어가야 하는 것이다. 관개사업으로 인한 직접적인 유형의 편익으로는 증대된 농산물 생산량을 들 수 있고 간접적인 무형의 편익으로는 인근 구릉지의 표토상실량 감소를 들 수 있다. 직접적인 유형의 비용은 건설비가 되겠고 간접적인 무형의 비용은 이로 인한 동식물의 서식지 파괴를 말할 수 있다. 교육에 대한 투자의 직접적인 유형의 편익은 당사자의 기대소득 증대라고 한다면 간접적인 무형의 편익은 이로 인해 감소되는 범죄발생률이라고 할 것이다.

공공투자와 연관해서 외부성을 기술적 외부성(technical externality)와 금전적 외부성(pecuniary externality), 두 가지로 구분하기도 한다. 기술적 외부성은 생산함수나 효용함수가 변하게 되는 경우를 말한다. 즉 외부불경제로 인해 전과 같은 투입물로 적은 생산량을 산출한다든가 적게 소비하게 되는 것을 의미한다. 금전적 외부성은 화폐적 현상으로서 가격의 변화, 임금의 변화, 이윤의 변화 등 금전적 이득이나 손실을 가져오는 것을 의미한다. 일반적으로 소득분배 측면을 강조하는 경우가 아니면 금전적 외부성은 고려하지 않고 비용과 편익을 분석한다.

2. 비용과 편익의 분류의 예

다음과 같은 예제를 통하여 공공투자의 비용과 편익을 분류해 보면 이해에 도움이 될 것이다. 〈표 5-2〉는 새로운 도로를 개통시켜서 교통을 개선한 공공투자의 편익과 비용을 여러 가지로 분류해 본 것이다. 우선 새로운 도로를 개통함으로 해서 나올 수 있는 편익과 비용을 실질적인 편익과 비용 및 금전적인 비용

표 5-2 교통개선 투자의 편익과 비용의 예

	편 익	비 용
실질적 REAL		
직접적 Direct		
유형의 tangible	연료비 절감	차량의 감가상각 증대
무형의 intangible	시간 절감	사고발생량 증대
간접적 Indirect		
유형의		농가의 생산량 감소
무형의		풍경 훼손
금전적 Pecuniary	새 도로변에 위치한 주유소의 수익 증대	구도로변에 위치한 주유소의 손실 증대

주) Musgrave and Musgrave(1989)의 예로부터 인용.

과 편익으로 크게 구분하고 있다. 실질적인 비용과 편익은 또 직접적인 비용과 편익 및 간접적인 비용과 편익으로 분류하고 각각을 유형의 것과 무형의 것으로 나누어 고려하고 있다. 구체적으로 볼 것 같으면, 새로운 도로의 개통으로 인해 교통이 원활해지고 자동차의 속력도 높일 수 있게 되어 이동에 드는 시간이 절약된 것이 하나의 직접적인 무형의 편익이라고 볼 수 있다. 그리고 직접적인 유형의 편익은 연료비의 절감이라고 할 수 있다. 그러나 비용 측면에서는 새로운 도로를 개통하기 전에는 없었던 것들이 추가되는 것을 볼 수 있다. 직접적인 유형의 비용으로는 빠른 속력에 따른 마모의 증가로 인한 자동차의 감가상각비 증대를 들 수 있고 직접적인 무형의 비용으로는 고속주행으로 인한 사고의 증대를 들 수 있다. 간접적인 유형의 비용으로는 자동차 도로 개설로 인한 주변 농지의 생산성 감소가 있을 수 있고 간접적인 무형의 비용으로는 도로 개설로 인한 주위 풍경의 훼손을 들 수 있다. 순전히 화폐적인 현상인 금전적 편익과 비용의 예로는 새로운 도로변에 새로 들어선 주유소는 판매량이 증대하여 이윤이 늘어난 반면에 구도로변에 있는 주유소는 통과하는 차량 수가 줄어들게 되어 판매량이 급감하여 손실을 입는 것을 들 수 있다.

위의 분류 외에도 비용이나 편익이 중간재(intermediate goods)적인 것인지 최종재(final goods)적인 것인지로 분류해 볼 수도 있고 공공투자 사업의 효과가 한 행정구역 내부에만 국한되어 일어나고 있는지 아니면 그 외부로의 일출효과(spillover effect)가 있는지에 따라 내부적인 비용과 편익 및 외부적인 비용과 편익으로 분류하기도 한다. 물론, 이렇게 분류한 것도 다 큰 틀에서는 직간접적인 것인가 또 유무형의 것인가 하는 분류 속에 들어갈 수 있는 것들이다.

또 다른 고려사항으로는 공공투자사업의 비용과 편익을 판정하는 데 있어서 생산량의 감소라든가 교통시간의 절감이라든가 하는 어떤 사업효과가 정말로 그 사업에 의한 것인가를 명확히 하는 것이 중요하다. 사업에 의한 것인가 아닌가 하는 인과관계를 종종 사업완성 이전과 이후라는 발생 전후 개념과 혼동하는 수가 있다. 오비이락과 같이 어떤 일 다음에 생긴 일이라고 해서 반드시 선행된 일이 후행된 일의 원인이 되는 것은 아니므로 이런 오류(post hoc ergo propto hoc fallacy)를 범하지 않도록 주의해야 한다.

기술적 외부성(technical externality):
생산함수나 효용함수가 변하게 되는 경우
금전적 외부성(pecuniary externality):
가격, 임금, 이윤의 변화 등 금전적 이득이나 손실
–일반적으로 비용–편익분석에서는 금전적 외부성은 고려하지 않음.

제 4 절 잠재가격의 추정

1. 시장가격과 잠재가격

비용과 편익의 계산에 있어서 무형의 비용과 편익은 시장에서의 가치가 형성되어 있지 않거나 가격으로 계산하기가 어려워서 추정된 가격으로 추산해야만 한다. 유형의 비용과 편익일지라도, 시장이 불완전하거나 형성되어 있지 않아서 시장가격이 왜곡되어 있거나 존재하지 않을 경우에 어떤 재화의 진정한 사회적 비용, 즉 기회비용을 파악하여 잠재적인 가격으로 삼게 되는데 이것을 잠재가격(潛在價格, shadow price)이라고 한다.

완전경쟁시장에서의 시장가격은 진정한 자원의 기회비용을 나타낸다고 볼 수 있다. 그러나 재화의 공공재적 특성이나 외부성의 영향으로 아예 시장이 형성되지 않는 경우는 물론이고, 비록 시장가격이 형성되어 있다고 하더라도 아래와 같은 경우에는 그 가격을 비용과 편익의 계산에 사용하기에는 부적절하므로 잠재가격을 추산해야 한다.

① 독점시장의 가격인 경우에는 가격에 독점이윤이 포함되어 있으므로 그 재화의 진정한 가격은 독점이윤이 배제된 가격이어야 한다. 즉, 독점가격을 완전경쟁가격으로 조정한 것이 잠재가격이라고 볼 수 있다. 이런 경우에 그 재화를 생산하는 데 들어간 투입물의 기회비용을 합산하여 가격을 산정하는 것도 한 방법이 될 수 있다.

② 재화가 과세된 경우에는 세금을 포함하기 이전의 세전 가격이 비용과 편

익의 계산에 사용되어야 한다.

③ 요소시장이 불완전할 경우에는 시장에서 형성된 요소가격을 그대로 사용해서는 안 된다. 경제 내에 실업 또는 잠재실업이 존재하는 경우에는 노동의 기회비용은 0으로 볼 수 있으므로 노동시장에서 형성된 통상적인 임금률을 노동의 가격으로 계산하는 것은 잘못된 것일 수 있다.

자본재의 경우, 공공투자가 이미 끝나서 설치가 완료된 기존의 물리적 자본재, 즉 건물, 설비 등 기존 시설을 사용할 경우에는 기존 시설에 대한 비용은 이미 발생하여 잠겨있는 매몰비용(sunk cost)으로 보아 특별히 기회비용이 발생하지 않는 것으로 간주하여 잠재가격을 0으로 보아 별도로 사용료를 계상하지 않는 것이 타당하다. 토지의 경우는 공급이 제한되어 있으므로 기회비용의 계상이 곧 잠재가격이 된다. 예를 들어, 농토를 수용한다면 농작물수확의 가치가 곧 기회비용이 될 것이고 일반토지의 경우에 각종 투기나 규제로 가격이 왜곡되어 있다면 정상적으로 기대되는 지대를 계산해 내어 잠재가격을 계상해야 한다.

시장가격 자체가 형성되지 않는 경우에는 적절한 방법으로 잠재가격을 도출해 내어야 한다. 공공재의 경우에 설문조사나 실험 등을 통한 간접적인 방법을 동원할 수밖에 없다. 혹은 공공재와 유사한 사적재에 대한 시장수요를 통해 계산하거나 공공재와 보완적으로 사용되는 사적재의 가치를 계산해 내어 추정하는 방법도 있다. 공공재로부터 나오는 무형의 편익을 추산하기 위한 예로 국립공원의 가치를 파악하기 위해 국립공원까지 가는 데 드는 여행비용을 계산하여 이 비용을 가격으로 보았을 때 얼마나 많은 사람이 방문하는가를 가지고 수요곡선을 만들어 보는 방법도 있을 수 있다.

공공투자로 인한 환경의 개선으로 그 지역의 부동산 가격이 올라간다면 환경의 가치를 이에 연관시켜 추정해 낼 수도 있다. 주택의 가치를 결정하는 요인들을 몇 가지로 요약하여 이런 요인들을 독립변수로 하고 주택가격을 종속변수로 하는 회귀분석 방정식을 만들어 환경변수의 계수를 산출해 내면 이 계수를 이용하여 환경의 가치를 추정해 볼 수 있다. 앞의 예에서 새로운 도로의 개통으로 인한 편익 중 교통시간의 절감이 있었는데 절감된 시간이 생산에 쓰이거나 여가에 쓰인다면 생산량의 증대분의 가치나 여가활동의 증대분의 가치를 측정하여 시간의 가치를 추정해 볼 수 있다.

2. 인적자본으로서의 인간생명의 잠재가격

앞 절의 예에서 새로운 도로의 개통으로 인해 주행속도가 높아져 사고가 전보다 많이 발생하여 죽는 사람도 생기게 된다면 인간생명의 가치를 적절히 평가하여 비용으로 계상해야 할 것이다. 한 인간이 사고로 사망했을 경우에, 그의 경제적 가치를 만약 사고가 없었다면 그가 그 나이 이후에 살아 남아 자연사할 때까지 산출물의 증대에 기여하였을 만큼을 추정하여 현재가치화해 볼 수 있다. 그런데 그가 살아 있는 동안에는 그도 소비를 하였을 것이므로 그의 소비지출만큼은 그의 산출물기여분에서 빼야 할 것이다. 그렇게 보면, 사망자의 생명의 가치(valus of life: VL)는 아래의 식 (5. 4)와 같아진다.[2)]

$$VL = \sum_{t=j}^{\infty} p_j^t (Y_t - C_t)_{t-j} (1+r)^{-(t-j)} \qquad (5.\ 4)$$

Y_t는 t년도의 기대소득이고, C_t는 t년도의 기대지출이며, p_j^t는 현재인 j년에서 볼 때 t년도에 그가 살아있을 확률이다. 이렇게 생산물 상실치를 추정하여 한 인간생명의 가치를 추산한다는 것은 곧 사회의 목적함수가 국민총생산의 극대화라는 것을 의미한다고 볼 수 있다. 다시 말해서 인간생명의 가치를 인적자본(human capital)으로서의 한 인간이 생산에 기여하는 만큼만 가치가 있는 것으로 판정하여 그의 소비자로서의 삶의 질에 대한 가치는 무시되게 된다.

인간생명의 가치를 추산하는 또 다른 방법 중의 하나는 사회가 생명에 대해 얼마만한 가치를 두느냐 하는 것을 통해 추정하는 것이다. 예를 들어 고속도로의 속도제한은 그 사회에서 용인되는 최적 속도를 반영한다고 할 수 있다. 그렇다면 이 속도는 제한 속도를 높여서 얻는 시간절약이라는 한계편익과 고속주행으로 인해 늘어나는 사고 사상자의 비율이라는 한계비용이 일치하는 속도라고 볼 수 있을 것이다.[3)] 이 경우에 어떤 제한 속도에 대해서도 사상자의 비용 혹은 가치를 추산해 낼 수는 있을 것이다. 그러나 과연 이것이 사회가 인간생명에 주는 가치와 일치하는 것이라고 볼 수 있겠는가 하는 것은 더 심도 깊게 관찰해 볼 일이다.

2) Cullis and Jones(1998) 참조.
3) Ghosh, Lees and Seal(1975) 참조.

3. 지불 용의로 측정한 인간생명의 잠재가격

다른 대안적 접근방식은 개인이 자기의 삶을 연장하기 위해서 얼마의 값을 치를 용의가 있느냐 하는 것을 살펴보는 것이다. 우선 개인이 현재 소유하고 있는 부(富, wealth)를 사망확률과 연계하여 생각해보자. 개인 효용의 기대치는 자기가 살아있을 확률($1-p$)에 살아서 부(W)를 누릴 때 얻을 수 있는 살아있는 자의 효용인 $L(W)$와 죽어서 이 부로부터 얻을 수 있을(예를 들어 후손에 대한 애정으로 인해 후손에게 물려준 유산으로부터 얻을 효용 같은 것) 죽었을 경우의 효용인 $D(W)$에 죽을 확률(p)을 곱한 것의 합인 식 (5. 5)와 같은 것으로 볼 수 있다.

$$E(U)=(1-p)L(W)+pD(W). \qquad (5.\ 5)$$

만약 어떤 안전장치 또는 신약개발로 인해 죽을 확률이 p에서 q로 낮아질 수 있다면, 이를 위해 개인 자신이 현재 소유한 부 중의 얼마(V)를 지불할 생각이 있는가를 알아볼 수 있을 것이다. 이때 현재의 부와 현재의 사망확률(p)을 사용하여 계산한 기대효용과 더 낮아진 사망확률과 이를 위해 기꺼이 지불한 V를 뺀 나머지 부($W-V$)를 사용하여 계산한 기대효용이 같아지게 식을 만들어 볼 수 있을 것이다. 이것이 곧 식 (5. 6)이다.

$$(1-q)L(W-V)+qD(W-V)=(1-p)L(W)+pD(W) \qquad (5.\ 6)$$

이 등식으로부터 도출되는 V의 값이 바로 보상변화(補償變化, compensating variation), 즉 개인이 사망확률을 낮추기 위해 지불할 용의가 있는 최대치인 것이다.[4] 자신의 사망확률을 낮추기 위해 개인은 기꺼이 부의 일부를 포기할 것이며 역으로 자신의 사망확률이 높아지는 일이라면 그만큼 부의 증대가 수반되어야 수락할 것이다.

만약 어떤 공공사업(도로 안전 장치, 시설 설치) 또는 공공의료시설개선(신의료기술, 의약개발)으로 인해 죽을 확률이 낮아질 수 있다면, 개인들이 얼마나 '기꺼이 지불할 용의'가 있느냐라는 설문을 통해 이런 보상변화의 크기를 계측해 보는

---

4) 보상변화란 자신의 실질소득은(값을 지불하고도) 전과 마찬가지로 유지되면서, 자신의 처지를 개선시키게 될 어떤 변화에 대한 대가로 자신이 지불할 용의가 있는 최대치이다. 이 값을 치르고 얻는 결과적인 개선의 가치가 이 값과 맞먹게 된다고 판단하기 때문에 값을 치르게 된다.

것도 한 방법이다. 그러나, 이는 개인들이 과연 위험에 대해 얼마나 완벽한 정보를 가지고 판단을 내릴 수 있겠는가 하는 측면에서 비판받을 수 있는 접근방식이다. 또한, 개인들이 다른 감추어진 목적으로 인해 정직하게 답하지 않을 수도 있다. 또 다른 방법으로는 개인이 실제로 추가적인 안전장치를 위해 얼마를 더 지불하는가를 측정하는 것이다. 예를 들어, 자동차 타이어나 브레이크 패드를 얼마나 자주 교환하느냐를 관찰하면 그 사람이 얼마나 안전에 대해 지불할 용의가 있는가를 간접적으로 측정할 수 있다는 것이다.

4. 질적으로 조정된 생존년도에 의한 인간생명의 잠재가격

인간가치 측정에 있어서 인간의 생명에 대해 금전적인 가치를 추산하는 대신에 쓰일 수 있는 비금전적인 측정방법의 하나로서 '질적으로 조정된 생존년도(QALY: Quality Adjusted Life Years)' 가 사용되기도 한다. '질적으로 조정된 생존년도'는 여러 면에서 다를 수 있는 한 사람의 건강상태를 한 가지 차원에서 측정해 보는 지표로 나타내는 것으로서 아래와 같은 측정방법이 제시되고 있다.[5)]

① 순위 잣대: 사망을 0으로 완벽한 건강을 1로 놓은 잣대로 건강상태를 비교하여 잣대 상의 위치를 정한다. 예를 들어 허리디스크로 인해 걸을 때마다 고통을 받는 상태를 응답자가 0.75로 친다면, 허리디스크로 인해 걸을 때마다 고통을 받는 상태는 건강을 25% 감소시키는 것으로 볼 수 있다.

② 시간 상환 잣대: 허리디스크로 인해 걸을 때마다 고통을 받는 상태로 20년 사는 것과 건강하게 15년 사는 것과 맞바꿀 수 있다고 한다면, 허리디스크로 인해 걸을 때마다 고통을 받는 상태가 위의 경우처럼 0에서 1 사이로 측정한 잣대에서 0.75로 측정되는 것과 마찬가지이다. 삶의 질을 감안할 때, 허리디스크로 인해 걸을 때마다 고통을 받는 상태로 사는 1년의 삶은 건강한 9개월의 삶과 맞먹는 것이다.

의료시설이나 치료방법개발에 대한 공공투자를 증대하거나 또는 의료보험 혜택을 받을 수 있는 치료(예를 들어 허리디스크 수술)의 범위 같은 것을 확장하면 향상된 의료시설이나 치료방법 또는 수술의 혜택으로 전보다 더 건강한 삶을 살아갈 수 있는 사람의 수가 늘어나게 되고 이런 사회적 편익을 평가할 때 치료 전

5) 보다 자세한 논의는 Cullis and Jones(1998)의 pp.142~145을 참조할 것.

과 비교하여 '질적으로 조정된 생존년도'를 건강이 향상된 사람들의 편익의 계산에 사용하면 유용할 것이다.

예를 들어, 같은 비용이 드는 두 가지 대안 중에서 특정한 신약을 디스크에 주사하는 방법을 개발하면 허리디스크 환자의 '질적으로 조정된 생존년도'가 5년 연장될 것이라고 평가되고 특정한 수술방식을 시술한다면 환자의 '질적으로 조정된 생존년도'가 10년 연장된다면 후자가 더 나은 사업이라 할 것이다.

특기할 점은 '질적으로 조정된 생존년도' 접근방식은 지불의사를 나타내는 것이 아니기 때문에 효용을 측정하는 것이 아니며 모든 사람에게 공통으로 작용하는 건강한 삶의 질을 감안한 생존년도에 대한 공통된 잣대일 뿐이라는 점이다. 그렇지만 각 개인은 같은 해수, 예를 들어, 10년의 '질적으로 조정된 생존년도'로부터 각기 다른 효용함수를 통해 다른 수준의 효용을 얻을 수 있다. 각자 다른 효용함수를 가지고 있음에도 불구하고 10년이라는 '질적으로 조정된 생존년도'의 적용은 동일하게 되기 때문에 이 접근방식이 형평성을 보장하는 것으로 풀이하는 학자도 더러 있다.

어쨌든, 중요한 것은 목적함수가 어떤 것이냐에 따라서 잠재가격을 측정하기 위한 접근방식이 달라지게 된다는 점이다. 그러므로 어떤 식으로 잠재가격을 측정하든지 목적함수와 일관성이 있도록 해야 한다는 점을 명심해야 할 것이다.

제 5 절 적절한 할인율의 선정

1. 시장의 할인율과 공공투자의 결정

현재가치는 할인율의 크기에 따라 많이 달라지게 되므로 어떤 할인율을 쓰느냐가 투자사업의 채택 여부에 관건이 될 수도 있다. 단순히 금전적인 수익성만 따지는 민간기업의 투자계획이라면 그 수익성을 시장의 이자율로 할인하면 되겠지만 사회 전체의 비금전적인 편익도 함께 고려하는 공공투자의 경우에는 시장의 이자율을 사용하는 것이 반드시 옳다고 할 수는 없다. 일반적으로 할인율이 높으면 미래에 발생하는 편익의 크기가 아주 작게 반영되게 되므로 곧 미래를 별로 중요하게 생각하지 않는다는 것을 의미한다. 따라서 사회적 할인율이 높다면 현재에 자본재가 많이 쓰이는 공공사업의 투자는 일어나기 힘들다는 것을 의미한다. 공공투자의 비용-편익분석에 있어서 ① 어떤 것이 적절한 사회적 할인율인가 하는 문제와 ② 그런 할인율을 어떻게 측정할 수 있는가 또는 그에 버금가는 대리변수를 찾을 수 있는가 하는 문제가 가장 근본적인 두 가지 문제이다.

사회적으로 볼 때, 공공부문에 대한 투자가 이루어진다는 것은 두 가지 측면에서의 선택을 요구하는 것이다. 그 하나는, 모든 투자행위가 그러하듯이, 현재의 소비를 억제하고 미래의 소비를 선택하라는 요구이고, 다른 하나는 민간부문에서의 투자를 줄이고 공공부문에서의 투자를 선택하라는 요구이다. 전자는 현재 또는 미래에 대한 선택이라고 볼 수 있는 시간에 대한 사회적 선호, 즉 사회적 시간선호(social time preference)를 반영해야 하는 것이고, 후자는 공공투자가 증대하면 민간투자가 감소해야 하는 사회적 기회비용(social opportunity cost)을 반영해야 한다. 사회적 기회비용에 입각한 할인율은 고려 대상인 투자자금이 민간부문에서 사용될 수 있는 가장 나은 대안적인 민간사업의 순현재가치를 0으로 만드는 할인율이 되어야 한다. 이 할인율을 사용해서 공공사업의 순현재가치가 플러스로 나왔다면 이는 공공부문에서의 투자가 더 나은 수익률을 보인다는 것을 의미하므로 이 공공사업을 추진해도 되겠다는 판단을 내릴 수 있다. 공공투자의 기본 기준은 사회적 시간선호율로 할인된 편익의 현재가치가 사용된 자본의 사회적 기회비용보다 커야 한다는 점이다.

시장이 완전하다면 시장의 이자율이 위 두 가지 할인율을 반영한다고 할 수 있을 것이지만, 시장이 완전하지 않은 현실에서는 두 할인율 사이에 괴리가 있게 되어 이 둘 중 어느 것이 더 적합한가를 선택해야 하게 된다. 예를 들어, 대부시장에 대한 수요, 즉 투자와 공급, 즉 예금에 대해 생각해 볼 때, 만약 투자자의 수익에 세금이 부과된다면 투자자는 예금자에게 줄 이자와 정부에게 줄 세금을 지불할 수 있을 정도의 높은 수익률을 올려야 한다. 그러므로 세금의 효과는 투자를 줄이게 만든다. 〈그림 5-2〉에서 세금의 부과로 인해 투자 수요곡선이 밑으로 이동하게 되어 점 2에서 공급곡선과 만나게 되고 이때의 수익률 r_1이 예금의 공급자에게 주어야 하는 사회적 시간선호 할인율이다. 세금의 크기인 수직선분 2-3을 내고도 대부자금의 기회비용을 보상해 주기 위해서는 사회적 기회비용 할인율은 점 3의 높이인 r_3이 된다. 이제 이 두 할인율 중 어느 것이 공공투자의 평

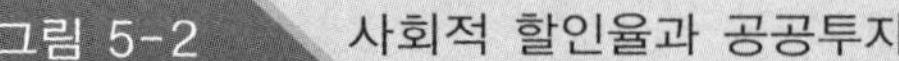
그림 5-2 사회적 할인율과 공공투자

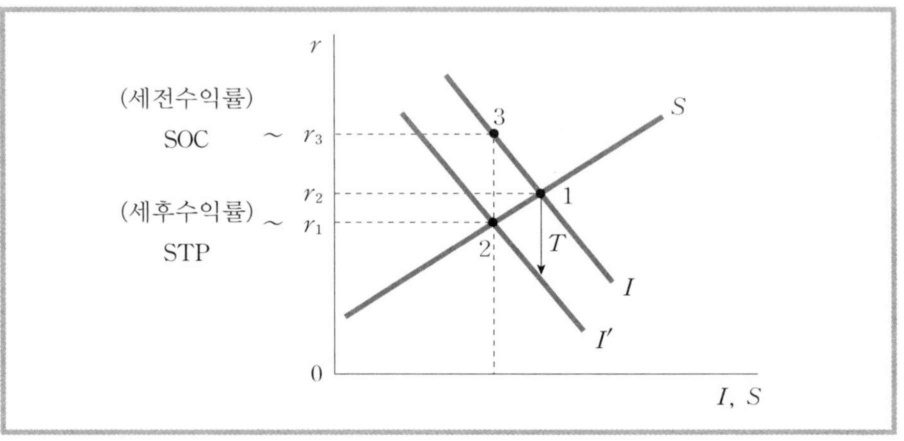

가에 더 적합한지를 결정해야만 한다. 현재에 공공부문과 민간부문 간의 자원배분에 무게를 둔다면 더 높은 사회적 기회비용 할인율을 사용하는 것이 적절할 것이며 결과적으로 승인되는 공공투자사업의 수가 줄어들 것이다.

2. 사회적 시간선호 할인율

시장이 완전경쟁적이라면 시장의 이자율을 사회적 시간선호 할인율로 사용해도 될 것 같지만, 이 경우에 필요한 조건은 비단 현재의 경제 전반에 걸친 완전경쟁뿐 아니라 미래에 대한 선물시장도 역시 완전경쟁적이어야 하며 개인이 현재와 미래의 소비에 대한 완벽한 정보를 가지고 있다는 것이다. 이런 것은 현실적으로 불가능하다고 할 것이다. 여기에 덧붙여서, 개인의 입장에서 보는 사회적 시간선호 할인율은 공동체적인 사회 전체의 입장에서 보는 사회적 시간선호 할인율보다 더 높을 수 있다는 것을 지적하기도 한다. 투자의 목적이 미래를 위한 자본스톡을 마련한다는 것이고 자본스톡의 특성은 그 편익이 비배제성과 비경합성을 갖는 공공재적인 성격이 있다는 점이다. 그러므로 어느 한 개인의 입장에서는 무임편승하려는 경향이 있으며 따라서 개인들의 사회적 시간선호 할인율은 사회 전체에게 적절하다고 할 사회적 시간선호 할인율보다는 높게 될 것이다. 따라서 시장의 할인율은 개인의 할인율을 반영한 것이라고 볼 수 있으므로 사회적 할인율은 시장할인율보다는 낮게 책정되어야 할 것이다.

현세대의 근시안적인 안목 때문에 공공투자로부터 나오는 미래의 편익을 과소평가하는 경향이 있으므로 사회적 할인율은 시장할인율보다는 낮아야 한다는 주장은 피구도 한 바 있다. 또 다른 각도에서 공공선택적 시각으로 볼 때 정치인들은 바로 다음 선거에서 재선되는 것이 중요하지 자신이 낙선한 후의 장기 계획에는 관심이 없고 근시안적이다. 그러므로 정치인들은 일반적으로 할인율이 사회 전체의 시간선호 할인율보다 높다고 할 것이다.

3. 사회적 기회비용 할인율

사회적 기회비용 할인율을 선정할 때도 몇 가지 추가적으로 고려할 사항들이 있다. 우선 세금을 보면, 민간부문에서의 수익률은 세후 수익률인 경우가 많으므로 공공부문의 수익률도 세후 수익률 대신에 민간의 세전 수익률을 능가할 수 있을 정도가 되어야 한다. 만약 정부의 보조금을 받은 민간사업이라면 공공투자의 수익률이 이것보다 낮아도 될 것이다. 민간업자는 외부불경제를 유발시키면서도 자신의 사적 비용만 비용으로 계상하지만, 공공투자 사업에는 외부불경제에 대한 비용도 포함되어야 한다. 그러므로 공공투자 사업에서 계산하는 사회적 비용이 사적비용보다는 더 커질 것은 당연하므로 이런 비용상의 차이를 감안한다면 민간사업보다 낮은 할인율을 적용해야 마땅하다.

투자에 대한 수익은 일정 기간 후에 발생하게 되고 미래에 대해서는 확실히 알 수 없으므로 불확실한 상황 아래에서 투자를 하게 되는 것이 일반적이다. 보통, 민간부문은 투자의 위험도가 높으므로 이를 감안하여 높은 수익률을 요구하게 된다. 그러나 공공부문의 투자는 민간부문의 투자보다 위험이 적다는 점을 고려한다면 더 낮은 수익률도 정당화되어야 한다. 민간부문이 위험도가 높다는 논리는 우선 민간부문은 대개 하나의 사업주가 한두 가지 사업에 투자할 수밖에 없는 한계가 있는 데 반해 공공부문은 여러 가지 사업을 수행하게 되므로 한 사업의 손실이 다른 사업의 기대 이상의 수익으로 보충될 수 있으며, 사업의 비용 또한 다수의 납세자에게 분산되어 있다는 데서 찾을 수 있다. 불확실한 상황에 대해 다음 절에서 좀더 자세히 살펴보도록 하자.

사회적 시간선호(social time preference) 할인율:
현재의 소비를 억제하고 미래의 소비를 선택하는 데 있어서의 할인율
사회적 기회비용(social opportunity cost) 할인율:
민간부문에서의 투자 대신 공공부문에서의 투자를 선택하기 위한 할인율

제 6 절 위험 상황에서의 공공투자에 대한 평가

1. 위험 상황과 기대효용

어떤 사상(事象, event)이 발생할 확률을 알고 그 확률을 곱하여 기대치를 구할 수 있는 경우를 위험이 있는 상황이라고 하고 어떤 사상이 발생할 확률 분포를 알 수 없는 경우를 불확실한 상황이라고 한다. 그러므로 불확실성(uncertainty)과 위험(risk)이 다른 점은 확률분포를 알 수 있느냐 없느냐의 차이라고 하겠다.

위험이 있는 상황에서 소비자의 효용은 어떤 영향을 받게 될까를 생각해 보자. 소비자가 어떤 선택을 했을 때 각각 독립적인 두 가지 사상 X_1과 X_2 중에 하나가 발생할 확률이 각각 p_1과 p_2(혹은 $1-p_1$)라고 한다면 어떻게 이런 선택을 할지 안할지를 결정하게 될까?

예를 들어, 내가 예매하기 힘든 음악회 입장권을 상대방의 의사를 타진할 수 없는 상황에서 미리 2장을 사놓고 나중에 같이 가고 싶은 이성에게 같이 가지 않겠느냐고 신청할 수밖에 없다고 하자. 그(혹은 그녀)가 같이 간다고 하는 경우가 X_1이고 거절할 경우가 X_2라고 하고 각각 1/2의 확률이 있다고 하자. 이 경우에 나는 이런 선택을 했을 때, 즉 2장의 입장권을 미리 샀을 때, 각각의 사상이 발생했을 때 나의 효용이 얼마나 될지를 예상해 보게 될 것이다. 다시 말해, 소비자는 먼저 이런 선택의 가치 즉 이런 선택으로부터 얻는 효용이 얼마인지를 따져보게 될 것이다. 그런데 문제는 둘 중 어느 하나가 확실히 발생할 것이라고 확신할 수 없기 때문에 결국 각각의 사상이 발생할 확률을 감안하여 생각하게 될 것이다. 소비자가 얻으리라고 예상되는 기대효용(EU)은 아래의 식 (5. 7)과 같이 각 사상

으로부터의 효용에 그 사상이 발생할 확률을 곱한 것의 합이 될 것이다.

$$\text{기대효용} = EU(X_1,\ X_2) = p_1 U(X_1) + p_2 U(X_2) \tag{5. 7}$$

나는 이 기대효용의 값을 내가 입장권을 사지 않음으로 해서 입장권 가격만큼의 돈을 내 지갑 속에 가지고 있으며 음악회를 안가는 경우의 효용과 비교해 보고 입장권 구입 여부를 결정하게 될 것이다. 다시 말해, 소비자는 기대효용을 이런 선택을 아예 하지 않았을 때의 효용과 비교하여 선택 여부를 결정할 것이다.

좀더 구체적인 예를 통해 살펴보도록 하자. 20억 원을 투자하여 성공적일 경우에는 10억 원을 벌게 되고 실패할 경우에는 10억 원을 날리게 되는 아주 위험한 투자사업이 있다고 하자. 이 때 궁금한 것은 성공할 확률이 어느 정도냐는 것이다. 만약 그 확률이 1/2이라면 이 투자사업으로부터의 기대효용은 얼마가 되는가를 계산해보면 식 (5. 8)과 같이 된다.

$$\begin{aligned} EU &= (1/2)U(20+10) + (1/2)U(20-10) \\ &= (1/2)U(30) + (1/2)U(10) \end{aligned} \tag{5. 8}$$

효용함수 U가 알려져 있지 않은 경우에는 더 이상 구체적으로 위의 식 (5. 8)을 풀 수는 없다. 기대효용뿐 아니라 이 사업으로부터 예상되는 소득의 기대치 즉 기대소득도 식 (5. 9)와 같이 별도로 계산해 볼 수 있다.

$$EY = (1/2)(20+10) + (1/2)(20-10) = 20 \tag{5. 9}$$

기대소득은 그냥 화폐적 단위에 불과하고 아직 효용의 단위로 변환시키지 않은 것이다. 기대소득으로부터 얻는 효용$\{U(EY)\}$은 기대소득의 크기에 달려있으나 이것이 이 사업으로부터 자신이 얻을 것으로 기대되는 효용인 기대효용(EU)과 반드시 같게 되지는 않다. 특별한 형태의 효용함수일 경우에만 기대소득의 효용과 기대효용이 일치하게 된다.

2. 확실성 대등액

복잡한 효용함수의 식 대신에 효용함수를 나타내는 곡선을 아래 〈그림 5-3〉

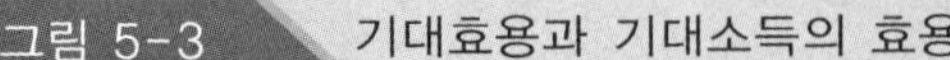
그림 5-3 기대효용과 기대소득의 효용

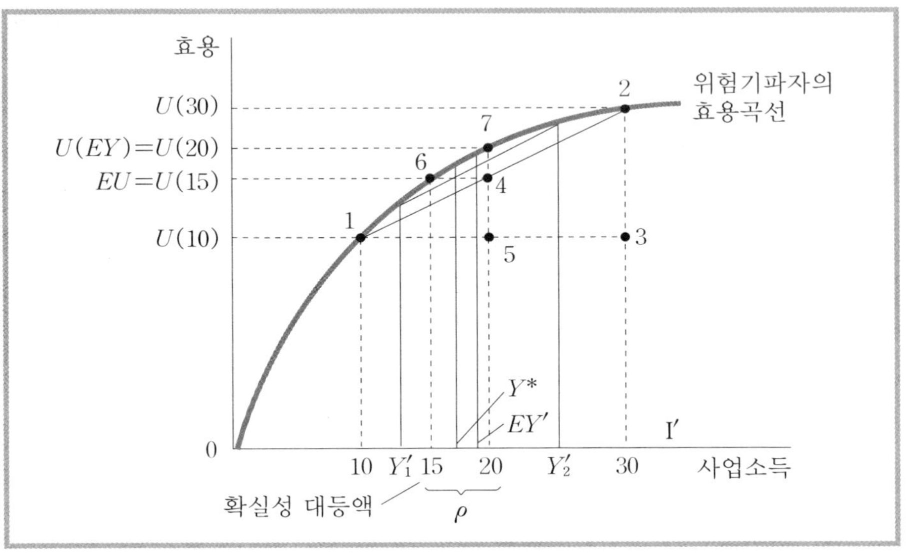

에서 처럼 그려서 이 둘을 비교해 보도록 하자. 기대효용(EU)의 크기는 효용을 나타내는 세로축에서 $U(10)$의 높이의 1/2과 $U(30)$의 높이의 1/2을 더해서 구할 수 있다. 그런데 이 값은 또한 $U(10)$의 크기에다 $\{U(30)-U(10)\}$의 1/2을 더해 준 것과 값이 같다.[6] $(1/2)\{U(30)-U(10)\}$의 값을 더욱 쉽게 구하는 방법은 삼각형 ◁123과 닮은 꼴 삼각형인 ◁145의 기하학적 특성을 사용하는 것이다. 작은 삼각형의 밑변의 길이는 큰 삼각형의 밑변의 길이의 1/2이다. 그러므로 작은 삼각형의 높이도 큰 삼각형의 높이, 즉 $\{U(30)-U(10)\}$의 값의 1/2이 된다. 그러므로 작은 삼각형의 꼭지점인 점 4의 높이가 우리가 구하는 기대효용의 값이 된다. 이를 세로축에서 읽기 위해 수평선을 그으면 그 수평선이 효용곡선을 지나게 되는데 이때 교차점인 점 6에서 수직선을 내려 사업소득의 크기를 알아보니 15억 원이라고 하자. 그러면 기대효용의 크기는 곧 $U(15)$와 같은 셈이다. 다시 말해, 위험한 사업으로부터의 기대효용이 확실한 상황에서의 소득 15억 원의 효용과 대등하다고 할 수 있다. 이와 같이, 기대효용과 대등한 효용을 주는 확실한 상황에서의 소

---

6) $(1/2)U(10)+(1/2)U(30)$
$=(1/2)U(10)+(1/2)U(30)+(1/2)U(10)-(1/2)U(10)$
$=U(10)+(1/2)\{U(30)-U(10)\}$

득을 확실성 대등액(certainty-equivalent value)이라고 한다.

기대효용의 크기를 구하는 것은 약간 복잡했지만 기대소득인 20억 원의 효용은 금방 구할 수 있다. 소득을 나타내는 가로축의 20억 원을 나타내는 점에서 수직선을 그어 효용곡선과 만나는 점 7에서 다시 세로축으로 수평선을 그어 그 높이를 읽으면 기대소득의 효용인 $U(20)$을 알 수 있다. 그런데 이 효용곡선의 경우에는 기대효용(EU) 혹은 확실성 대등액의 효용{$U(15)$}이 기대소득의 효용{$U(20)$}보다 적다. 다시 말해, 이 효용곡선의 주인에게는 위험한 사업에 투자하여 얻는 기대효용의 가치가 위험한 사업으로부터 얻을 수 있는 기대소득을 확보하여 효용으로 변환했을 때의 가치에 못미치므로 이런 위험한 사업을 택하지 않으려 할 것이다. 즉, 이 사람은 위험을 기피하는 자라고 할 수 있다. 위험에 대해 중립적인 사람의 경우에는 기대효용 혹은 확실성 대등액의 효용이 기대소득의 효용과 일치할 것이다. 즉, 위험 중립적(risk neutral)인 사람에게는 위험이 있는 경우와 확실한 경우가 아무런 차이 없이 같은 효용을 가져온다. 위험을 선호하는 사람(risk lover)인 경우에는 기대효용 혹은 확실성 대등액의 효용이 기대소득의 효용보다 더 많아서 확실한 소득보다도 기대소득이 더 적은 위험한 사업을 선택하게 된다. 이 세 가지 경우 중에 그래도 효용의 여러 가지 특성, 예를 들어, 한계효용체감의 법칙과 같은 것을 제대로 충족시키는 경우는 위험기피성(risk aversion)이 있는 경우이다. 그러므로 대부분의 보통 사람들은 위험기피자라고 가정하고 위험한 사업에 대한 분석을 해도 무방할 것이다.

3. 위험에 대한 태도

사람에 따라서는 위험에 대한 태도가 다를 수 있다. 어떤 사람이 위험을 기피하려 하는지 아니면 위험에 대해 중립적인지 혹은 위험을 선호하는지 여부는 위험한 사업으로부터의 기대소득이 각각 확실성 대등액과 비교해서 많은지 같은지 아니면 더 적은지에 달려 있다. 그렇다면 확실성 대등액이란 과연 어떤 의미를 갖는 것인지 좀더 상세히 살펴볼 필요가 있다. 기대소득이 20억 원인 위험한 사업 대신에 소득이 20억 원보다 적지만 확실히 보장되는 사업이 있다고 하자. 위험기피 성향이 있는 사람이, 확실한 소득이 어느 정도 수준이면, 위험한 사업 대신에 확실한 소득을 택하겠다고 할 것인가라는 각도에서 생각해 보자. 〈그림 5-3〉

에서 확실한 15억 원의 소득으로부터 얻는 효용이 기대소득이 20억 원인 위험한 사업으로부터의 기대효용과 같아진다는 것을 보았다. 다시 말해, 이 확실성 대등액만큼의 확실한 소득을 보장한다면 위험한 기대소득 20억 원을 추구하지 않겠다는 것이다. 그러므로 위험한 기대소득과 확실성 대등액의 차액인 5억 원은 확실성을 확보하기 위해 희생시킬 용의가 있는 금액으로서 위험부담 비용(cost of risk-bearing) 또는 위험 프리미엄(risk premium)이라고 하는 것이다. 역으로, 확실한 소득 15억 원 대신에 위험한 사업에 뛰어들 경우에 위험한 사업으로부터의 기대소득이 적어도 5억 원은 더 많아야 위험을 감수할 가치가 있다는 의미에서 위험 프리미엄은 위험감수에 대한 보상이라고 볼 수도 있다. 위험 프리미엄(ρ)이 기대소득(EY)에서 차지하는 비중 $\frac{\rho}{EY}$은 기대소득으로부터 확실성 대등액을 구하기 위해 기대소득을 할인해 주어야 하는 할인율이라고 볼 수 있으므로 이를 위험 할인율(risk discount rate)이라고 한다. 위의 예에서는 위험할인율이 5/20으로 25%가 된다.

위험한 사업과 위험하지 않은 사업 또는 위험도가 다른 사업이 있을 경우에 어느 사업에 투자해야 하는가를 결정하기 위한 기준을 세울 필요가 있다. 위험기피자의 입장에서 볼 때, 이 두 사업의 위험도가 반영되지 않은 순현재가치를 단순히 비교해서는 위험하지 않은 사업 또는 덜 위험한 사업이 불리하게 처리되게 된다. 위험기피자에게는 위험으로부터의 기대치를 계산할 경우에 동일한 값이라도 보통의 할인율에 위험기피의 정도를 반영한 추가적인 할인율이 더해져야 할 것이다. 이런 점을 감안하여, 위험도와 기대소득이 각각 다른 여러 대안적인 사업이 있을 경우에, 확실성 대등액을 구하여 그 크기를 비교하여 가장 큰 것을 선택하는 것도 한 방법이다.그러므로 우선 각각의 사업의 위험할인율을 찾아내어 위험부담비용을 할인한 확실성 대등액을 구해야 한다. 그런 다음에 확실성 대등액의 현재가치를 구한다. 그리고 이것을 다른 사업의 현재가치와 비교하여 투자의 우선 순위를 정하면 된다.

4. 사업의 위험도와 공공투자에 대한 결정

사업의 위험도가 비용-편익분석에서 중요한 고려 사항이 되는 것은 두 가지 측면에서이다. 첫째, 민간부문의 투자의 위험을 감안하지 않았을 때의 수익이 v

였다면 순수익은 여기서 위험 프리미엄(ρ)을 뺀 값이 되며 이 값을 사회적 할인율로 할인한 값이 공공부문에 투자할 경우에 발생하는 사회적 기회비용이 되므로 그 크기도 그 만큼 적어지게 된다. 다시 말해, $\frac{v}{r}$ 대신에 위험 프리미엄을 뺀 $\frac{v-\rho}{r}$가 사회적 기회비용이 되는 것이다. 둘째, 공공부문의 경우도 위험성이 있는 공공투자 사업의 위험을 사회 전체의 개인들이 부담하게 되므로 이 위험부담 비용을 공제해 주어야 공공투자의 실질적인 편익이 계산될 수 있다고 할 것이다. 그러나 사회 전체의 여러 개인들이 부담하는 위험부담 비용을 실제로 측정한다는 것은 아주 어려운 일일 것이다. 그런데, 다행히도 위험성이 있는 공공투자 사업에 대한 사회적 위험부담 비용은 거의 무시할 정도로 적다고 볼 수 있는 근거가 두 가지 있다.

5. 위험 나누기와 위험 모으기

두 가지 근거라는 것은 위험 나누기(분산, risk spreading) 현상과 위험 모으기(연합, risk pooling) 현상을 말한다. 위험 나누기 현상은 사업의 비용과 편익이 많은 사람들 사이에 나누어 질 때 생기는 현상이다. 공공투자가 세금으로 재정이 충당될 경우에 여러 납세자들이 위험을 나누게 된다. 애로우와 린드(1970)는 위험을 나누는 사람수가 무한대에 가깝게 커지고, 공공투자 사업이 국민총생산에서 차지하는 비중이 미미하며, 국민총생산의 생성과정과 상관관계가 없다고 가정한다면, 각 개인이 부담하는 위험부담 비용이 줄어들게 될 뿐 아니라 공공투자 사업의 총 위험부담 비용도 0으로 접근하게 될 것이라고 주장했다.

고급 수학을 사용한 그들의 증명을 여기에 옮기기는 적절치 않다고 생각되지만, 〈그림 5-3〉을 사용하여 직관적인 증명을 소개해 보도록 하자.[7] 먼저 n명의 납세자가 공공투자 사업으로부터 나오는 편익을 똑같이 나누어 갖는다고 하고 세후 소득이 반반의 확률로 10아니면 30이 되어 기대소득은 20이며 위험부담 비용은 (20-15)가 된다고 하자. 사회 전체로는 총 위험부담 비용이 n(20-15)가 된다. 사업의 규모는 전과 마찬가지이지만 이제 사람수가 $2n$으로 배로 늘어났다고 하자. 그러면 납세자 일인에게 돌아가는 편익 혹은 소득도 줄어들게 되어 반

7) 이 직관적 설명은 Boadway and Wildasin(1984), pp. 218~9를 참고했다.

반의 확률로 Y'_1이 아니면 Y'_2이 되어 기대소득은 EY'이며 위험부담 비용은 $(EY'-Y^*)$가 된다. 그런데 효용곡선의 곡도(曲度) 때문에 새로운 위험부담 비용은 이전 비용의 반도 안 된다. 따라서 사회 전체의 총위험부담 비용인 $2n(EY'-Y^*)$가 그 전의 $n(20-15)$보다 적게 된다. 사람의 수가 커질수록($n \rightarrow \infty$) 사람의 수가 커지는 속도보다 빠르게 총위험부담 비용이 점점 적어져 0에 가깝게 된다는 것{$(EY'-Y^*) \rightarrow 0$}이 애로우-린드 정리에 대한 증명의 골자이다.

위험 모으기 현상은 별로 규모가 크지 않고 각각 독립적인 확률분포를 가진 공공투자 사업이 다수 있을 경우에 각 사업의 위험이 서로를 상쇄시켜 전체적인 위험도는 개별적인 사업의 위험도보다 훨씬 줄어들게 되는 현상을 말한다. 예를 들어, 개인이 교통사고로 사망할 확률이 0.1%이고 보험료 10만 원(1억 원의 0.1%)을 내면 보험금 1억 원을 보상해 주는 생명보험이 있다고 하자. 아주 많은 사람들이 이 생명보험에 들게 되면 대수의 법칙(law of large number)에 의해서 보험 가입자의 0.1%에게만 사고가 발생하고 이들에게만 보험회사가 보험금을 지급하면 되게 된다. 만약 1,000,000명이 가입했다면 이 중 0.1%인 1,000명이 사망하게 되어 보험회사는 받은 보험료 총액 1,000억 원(10만 원×100만 명)을 다 보험금(1억 원×1,000명)으로 돌려주게 된다. 개인은 이 보험에 가입함으로써 위험부담 비용으로 10만 원을 지급하는 셈이다. 그러나 보험회사로서는(운영비는 없다고 가정하고) 손해도 이득도 없는 셈이다. 즉, 위험 모으기로 인해 개인은 위험부담 비용이 있는데 전체적으로는 위험부담 비용이 없어지게 된 것이다. 따라서 공공투자 사업에 대한 평가에 있어서 위험부담 비용을 감안한 확실성 대등액을 굳이 산출하지 않고 그냥 기대소득을 사용하여 순현재가치를 계산해 내도 된다는 주장이 설득력을 갖게 된다.

위험 상황(risky situation):

어떤 사상(事象 event)이 발생할 확률을 알고 그 확률을 곱하여 기대치를 구할 수 있는 경우

불확실한 상황(uncertain situation):

어떤 사상이 발생할 확률 분포를 알 수 없는 경우

기대효용(expected utility):

각 사상으로부터의 효용에 그 사상이 발생할 확률을 곱한 것의 합

확실성 대등액(certainty-equivalent value):
위험 상황에서의 기대효용과 대등한 효용을 주는 확실한 상황에서의 소득

위험기피성(risk aversion):
기대효용 혹은 확실성 대등액의 효용이 기대소득의 효용보다 적은 것

위험 나누기(분산, risk spreading)
사업의 비용과 편익이 많은 사람들 사이에 나누어 질 때 생기는 현상

위험 모으기(연합, risk pooling)
각 사업의 위험이 서로를 상쇄시켜 전체적인 위험도는 개별적인 사업의 위험도보다 훨씬 줄어들게 되는 현상

제 7 절 총체적 평가와 비용-편익분석의 유용성

1. 소비자 잉여에 의한 총체적 평가

공공투자 사업의 편익을 평가하기 위해서는 사람들이 이 사업을 위해 얼마나 지불할 용의가 있는지를 물어보는 것이 출발점이라고 볼 수 있다. 구체적인 예를 통해 이를 분석해 보면 이해가 잘 되리라 생각한다.[8] 한 지점에서 다른 지점까지 가는 데 걸리는 시간을 반으로 줄일 수 있는 도로개선 사업이 제안되었다고 하자. 만약 1시간 걸리던 것이 30분으로 줄었고 여행시간의 가치가 1시간당 4000원이라고 한다면 이런 투자는 이 사회의 구성원들에게 얼마의 가치가 있는 것일까? 표면상으로 볼 때, 한번 이동할 때 마다 2,000원의 가치가 있다고 할 수 있을 것이다. 물론 다른 비용도 고려해야 할 것이다. 전보다 더 높은 속도로 달려서 시간이 반감하게 되는 것이므로 이에 따른 차량마모의 증대와 사고발생률의 증대 등도 결과적인 비용으로 보아야 할 것이다. 이런 가변비용이 도로가 개선되기 전에는 3,000원 들었으나 도로개선 이후에는 4,000원이 든다고 하자. 도로개선

8) 이 예는 Cullis and Jones(1998), p.134의 예를 바탕으로 한 것이다.

이전에는 이동 시간비용 4,000원과 가변비용 3,000원을 합해서 총 7,000원이 들었으나, 도로 개선 이후에는 시간비용이 반으로 되어 2,000원으로 줄어들고 가변비용은 4,000원으로 늘어나서 총 6,000원이 들게 되었다고 하자. 그렇다면, 도로개선의 편익은 한 번 이동할 때마다 1,000원씩 발생한다고 할 수 있다.

도로를 개선하기 전에는 이 두 지점 간에 하루에 10,000번의 이동이 있었으나 도로를 개선하여 비용이 줄어들었으므로 이동 수가 늘어나 하루에 총 15,000번의 이동이 이루어지게 된다고 하자. 이런 도로개선으로 인한 후생의 증대를 추산하기 위한 한 가지 방법은 사용자들에게 도로개선을 위해 얼마를 부담할 용의가 있는지를 물어보는 것이다. 초기에는 비용의 감소가 후생증대의 추산치로 적절할 것이다. 1,000원씩 비용을 절감해서 10,000번의 이동이 이루어진다면 총 1,000만 원의 가치가 있다고 할 것이다. 그러나 비용절감으로 인해 늘어난 추가적인 이동에 대해서는 이것이 적절하지 못할 것이다. 이 추가적인 5,000명의 이동자들은 이전 가격인 7,000원에는 결코 승용차를 이용하지 않았을 것이다. 도로개선 이후에는 이동당 6,000원의 경비만 부담하면 되므로 한계적인 이동자들은 이제 차를 사용하게 된다. 직선 형태의 수요곡선을 가정한다면 이 5,000명의 신규 도로 사용자들에게 돌아오는 편익은 (1/2)(7,000−6,000)×(5,000)가 되어 250만원이 된다. 그러므로 도로개선으로 인한 총 편익은 매일 1,250만 원이 발생하는 것으로 추정된다. 이런 식으로 편익을 계산하는 것은 바로 소비자 잉여를 추산한

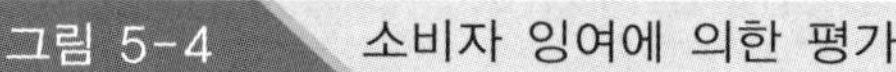
그림 5-4 소비자 잉여에 의한 평가

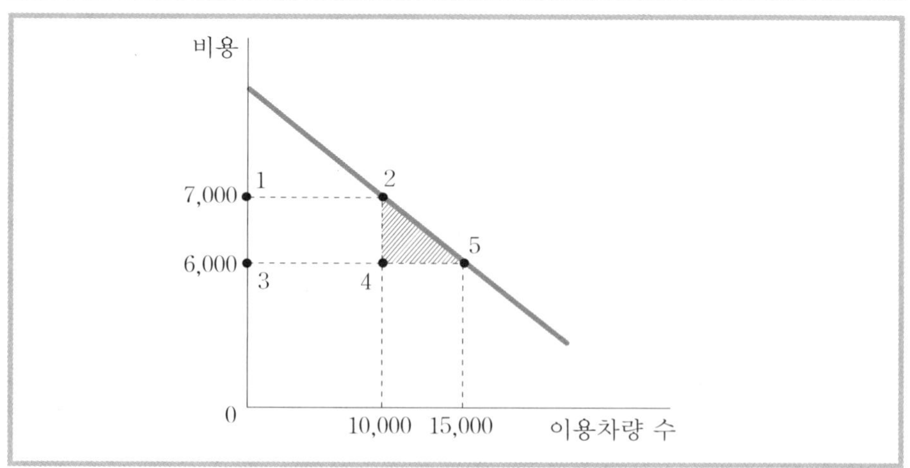

것이 되는 셈이다.

앞의 〈그림 5-4〉에 원래 사용자에게 돌아오는 비용절감 편익은 □1234가 된다. 추가적인 사용자에게 돌아오는 편익은 빗금 친△245이다. 이 두 면적의 합인 ⏢1235가 바로 가격 인하로 인해 발생하는 소비자 잉여의 증대분에 해당한다. 소비자 잉여 개념을 쓰는 데 있어서는 아래와 같은 점에 유의해야 한다. 우선 소비자의 실질소득에 변화가 없다고 가정하고 보상수요곡선을 그려야 한다. 위와 같이 해당 수요곡선에 의거한 소비자 잉여만을 계산하는 것은 다른 가격의 변화가 없다는 것을 전제로 하는 것이지만 다른 가격, 예를 들어, 버스와 같은 공공교통편의 요금이 결과적으로 내려갈 수도 있으므로 이런 것을 감안하면 소비자 잉여는 더 많을 수 있다.

2. 파레토 개선에 의한 총체적 평가

순편익 개념으로 보았을 때, 공공사업으로 인해 이득을 보는 자들의 이득이 손해를 입는 자들의 손실의 크기보다 크다면 이 사업은 잠재적으로 파레토 개선이 이루어질 수 있는 사업이라고 할 수 있을 것이다. 그런데, 이 개념을 비용-편익분석에 적용하는 경우에도 역시 시토프스키의 비판을 벗어날 수 없다. 이를 〈그림 5-5〉에 에지워스 상자 그림으로 비교된 예를 통해 살펴보자.

그림 5-5 잠재적 파레토 개선과 총체적 평가

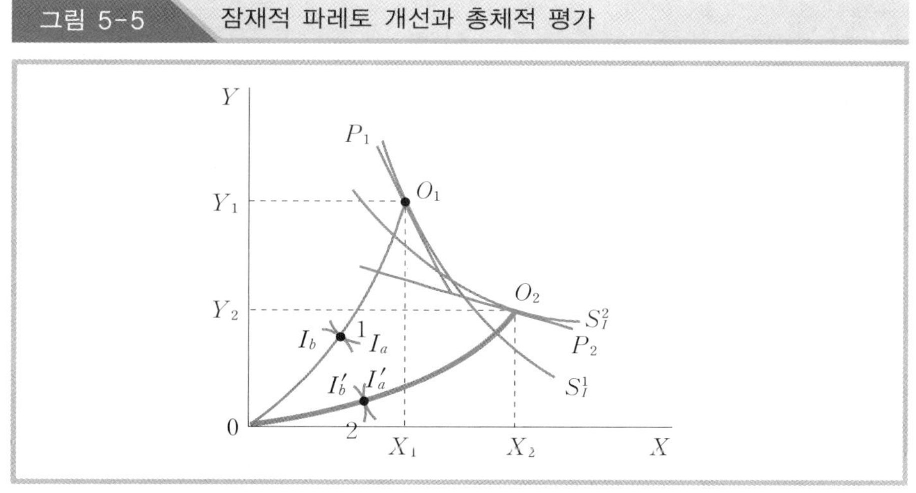

공공사업이 시행되기 이전 상태에서, 생산되는 공공사업의 생산량 X_1과 민간부문의 생산량 Y_1을 최적생산의 조합으로 놓은 에지워스 상자 $OX_1O_1Y_1$이 있다. 이 사회에는 a와 b 두 그룹의 사람들이 살고 있다. I_a는 a그룹의 무차별곡선이고 I_b는 b그룹의 무차별곡선이다. O와 O_1를 잇는 곡선은 두 그룹의 무차별 곡선이 접하는 점의 궤도인 계약곡선이다. 이때의 자원배분 혹은 소득분배는 I_a와 I_b가 접하는 점 1에서 이루어지고 있고 상대가격선은 P_1으로 형성되어 있다. P_1과 사회적 무차별곡선인 S_I^1이 접하는 O_1에서 사회의 후생이 극대화되고 있다.

그런데 어느 날 새로운 공공투자 사업을 벌리기로 하여 결과적으로 옆으로 긴 직사각형 형태의 새로운 에지워스 상자 $OX_2O_2Y_2$로 생산의 조합을 바꾸게 되었다고 하자. 이 경우 소득분배는 점 2에서 이루어지게 되어 a그룹의 사람들의 효용은 줄어들고 b그룹의 사람들의 효용은 늘어나게 된다. 사회 전체의 후생 수준은 새로운 상대가격선 P_2와 사회적 무차별곡선 S_I^2가 접하는 점인 O_2에서 극대화되고 있다. 두 그룹의 상대적인 소득분배 상태의 변화는 전체적인 사회후생함수에도 영향을 미치게 되어 사회적 무차별곡선도 달라지게 된다고 볼 수 있을 것이다.[9] 그러므로 공공사업 수행 이전 상태의 S_I^1과 공공사업 수행 이후 상태의 S_I^2가 그림에서처럼 서로 교차하게 될 수도 있을 것이다. 이렇게 두 개의 사회적 무차별곡선이 서로 교차하게 된다면 이 두 상태 중 어느 것이 더 파레토적으로 우월한 상태라고 단정짓기 어렵다.

3. 비용-편익분석의 유용성

이런 상황이 발생할 수 있는 것은 공공사업을 시작함에 따라 바뀌게 되는 상대가격의 변화가 다시 소득의 변화를 충분히 유발하게 되어 공공사업을 수행하기 이전 상태에서 적절한 것으로 판단했던 비용-편익분석의 결과가 적절하지 않은 것으로 바꾸어 놓을 수 있기 때문이다. 이를 이해하기 위해 아래와 같은 예를 살펴보는 것이 도움이 되리라 생각된다.

도로개선 사업이라는 공공사업이 시행되기 이전 상태에서, 도로개선 사업으

9) 예를 들어, 소득이 낮을 때는 의식주의 해결이 가장 우선적이겠지만 소득이 높아지면 여가의 활용이나 환경의 보존 등에 대한 선호가 강해지게 되는 경향이 있다.

로 인해 이득을 보는 자는 이 지역을 통과하는 도로의 이용자(갑)이고, 먼지, 소음 등으로 손해를 입는 쪽은 주민들(을)이다. 초기의 소득분배는 갑이 을보다 높다고 가정하고 도로개선으로 인해 얻는 갑의 편익이 을이 부담해야 하는 비용보다 많아서 갑이 을의 피해를 보상하고도 남는 잠재적 파레토 개선이 예상되어 도로개선 사업이 시작되었다. 그러나 도로사업이 진행되는 동안 이 사업으로 인해 을(주민들)의 고용이 늘고 소득도 높아져서 사업이 완성된 시점에서는 상대적인 소득분배 상태가 사업시작 이전보다 을에게 상대적으로 유리하게 바뀌게 되었다. 이에 을(주민들)은 도로로부터 발생하는 소음 및 먼지 등의 피해를 줄이기 위해 이 도로를 폐쇄하기를 제안하게 된다. 이 경우에 도로를 폐쇄함으로써 발생하는 시간적 손실을 갑에게 보상하고도 을이 얻는 편익이 남는다면 이 시점에서 이 도로가 개통되기 이전의 상태로 복귀하는 것도 역시 잠재적 파레토 개선이 성립된다고 할 수 있을 것이다.

위의 예가 시사하는 점은 소득분배에도 영향을 미치게 될 만큼 큰 대단위 공공사업의 평가에는 어쩌면 비용-편익분석이 적절한 분석방법이 아닐 수도 있다는 점이다. 다시 말해서, 비용-편익분석은 작은 단위의 사업에 대한 판단에 더 유용하다는 것이다.

응 용 문 제

서울의 강서구 개화동과 인천의 서구 백석동 앞바다를 잇는 총길이 18km의 경인운하 실시계획에 대한 승인을 시행자인 (주)경인운하가 건설교통부에 2000년도 여름에 신청했다고 한다. 경인운하 사업비는 총 1조 8,429억 원으로 책정되어 있다. 이 운하를 건설할 경우의 비용과 편익에 대한 정성적인 분석을 해 보라. 구체적인 비용과 편익의 수치는 없더라도 무슨 항목의 비용과 편익을 고려해야 할 지에 대해 앞에서 배운 분류법에 의거하여 열거해 보고 그 크기에 대한 추산도 시도해 보라.

참 고 문 헌

김동건, 「비용-편익분석」, 박영사, 1997.

Arrow, K. and R. Lind, "Uncertainty and the Evaluation of Public Investment Decisions," *American Economic Review*, 364-378, June 1997.

Boadway, R. and D. Wildasin, *Public Sector Economics*, Boston: Little, Brown and Company, 1984.

Cullis, J. and P. Jones, *Public Finance and Public Choice*, Oxford: Oxford University. Press, 1998.

Feldstein, M.S., "The Social Time Preference Discount Rate in Cost Benefit Analysis," *Economic Journal*, 74: 360-79, 1964.

Ghosh, D., Lees, D. and Seal, W. "Optimal Motorway Speed and some Valuations of Time and Life," *Manchester School*, 43(2): 134-143, 1975.

Marglin, S.A., "The Social Rate of Discount and the Optimum Rate of Investment," *Quarterly Journal of Economics*, 77: 95-111, 1963.

Musgrave, Richard and Peggy Musgrave, *Public Finance in Theory and Practice*, 1989.

제 6 장

공기업과 민영화

제 1 절　공공부문에서의 생산의 필요성
제 2 절　공기업의 특성과 공공요금의 책정
제 3 절　공기업의 문제점
제 4 절　시장으로의 복귀: 민영화
제 5 절　우리나라의 공기업

들어가며

비용-편익분석을 통해 어떤 공공투자가 충분히 사회적인 수익성이 있다고 판단된 경우에는 그 투자를 위한 사업체를 설립해야 할 것이다. 그리고 민간부문에서보다는 공공부문에서 생산하는 것이 더 효율적이라고 판단되는 경우에는 공기업을 세워서 운영하게 된다. 그런데 공기업은 사적인 주인이 없는 기업이므로 공기업의 운영주체가 되는 경영진과 회사원들이 운영을 방만하게 하고자 하는 유혹을 이겨내지 못하여 크게 비효율적이 될 수 있다. 결국 공기업의 비효율성 때문에 민영화를 추진하게 된다. 우선 민간부문 대신에 공공부문에서 생산할 필요성이 있는 재화가 있는가에 대한 논의를 살펴본다. 그리고 공기업의 개념과 공공가격의 책정방식에 대해 알아본다. 또한, 공기업의 문제점을 밝혀보고, 민영화에 대한 논의를 살펴본다. 마지막으로 우리나라의 공기업에 대해 개관해 본다.

제 1 절 공공부문에서의 생산의 필요성

1. 공공부문에서의 생산과 민간부문에서의 생산

재화에 따라서는 그 재화의 특성상 민간부문에서의 생산보다는 공공부문에서의 생산이 더 효율적인 경우가 있다. 예를 들면, 공공재의 경우는 소비에 있어서의 비경합성과 비배제성이라는 공공재의 특성으로 인해 시장이 실패하기 때문에 민간부문에서보다는 공공부문에서 공공재를 마련하여 제공해야 한다. 꼭 공공재가 아니더라도 재화에 따라서는 민간부문이 자발적으로 시장을 형성하지 못하는 경우에는 어쩔 수 없이 공공부문에서 제공해야만 하는 경우가 생기게 된다. 논의에서 혼동을 피하기 위해 앞의 장에서 소개했듯이, 제공과 생산이라는 용어를 다르게 사용한다는 점을 독자들이 염두에 두기 바란다. 생산(production)은 실제로 재화를 생산하는 것을 말하는 반면, 제공(provision)은 물리적인 생산 자체라기보다는 생산이 가능하도록 재정을 확보하고 생산을 하겠다는 결정을 내리는 것과 생산된 재화를 공급해 주는 것을 의미한다. 그러므로 제공자는 공공부문이지만 생산자는 민간부문일 수도 있는 것이다. 그러나 이 장에서는 공공부문이 제공자이자 생산자이기도 한 경우, 즉 공기업인 경우에 대해 논하고자 한다.

어떤 재화를 생산할 때 공공부문에서 생산할 경우에 생길 수 있는 긍정적인 측면 때문에 공공부문에서 생산하는 것이 더 바람직할 수도 있다. 그뿐 아니라, 민간부문에서 생산할 경우에 생길 수 있는 부정적인 측면을 피하기 위해서 공공부문에서 생산하는 것이 더 바람직한 경우도 있다. 이 두 가지 중 먼저, 민간부문 대신에 공공부문에서 생산할 경우에 발생할 수 있는 긍정적인 측면부터 살펴보도록 하자. 첫째, 공공부문에서 생산함으로써 민간이 생산할 경우에 생길 수 있는 도덕적 해이(道德的 解弛, moral hazard)를 줄일 수도 있다. 예를 들어, 국방을 자국의 공식적인 군대가 맡는 대신에 외국의 용병을 고용한다면, 용병은 전쟁이 발생하여 전투를 수행해야만 소득을 높일 수 있으므로 전쟁을 방지하는 역할보다는 전쟁을 야기하는 쪽을 선호할 수도 있으며, 목숨을 받쳐 국토를 수호하기보다는 이겼을 때 받을 수 있는 성과급을 포기하고 자기 목숨을 지탱하기를 더 원할 수도 있다. 둘째, 공공부문에서 생산하면 민간생산보다 거래비용을 줄일 수도 있다. 예를 들어, 가로등과 같은 공공재의 경우에 민간기업이 시장에서 무임편승자들을 배제하려는 장치를 하기도 어렵거니와 그런 장치를 하는 비용이 너무 클 수도 있으므로 아예 공공생산으로 하는 것이 거래비용을 최소화하는 길이다. 셋째, 전문지식과 정보가 없는 일반 소비자들의 이익을 보호하기 위해서 공급자 이익집단에 맞서는 길항세력(拮抗勢力, countervailing power)의 역할을 공공부문이 담당할 수도 있다. 한 예로서, 의료산업의 경우에 국가 차원의 의료서비스를 통해 의사집단의 이기적인 행동에 대처할 수 있다. 예를 들어, 의사의 소득이 치료한 환자 수에 비례한다면 단 시간에 많은 환자들을 보기 위해 의료서비스가 나빠질 수 있으므로 국립병원의 의사들은 월급제로 하도록 만드는 것과 같은 조치를 할 수가 있다.

넷째, 자본에 들어가는 매몰비용(sunk cost)을 공공부문이 부담함으로써 잠재적 경합시장(contestable market)을 열어 주어 서비스를 향상시키는 효과를 가져올 수도 있다. 자본이 많이 들어가는 장치산업의 경우에는 일단 들어간 자본재가, 나중에 이 산업으로부터 퇴출하려 할 때에, 쉽게 다른 용도로 전환될 수 없다는 점이 이런 장치산업의 진입장벽으로도 작용하게 된다. 민간이 부담해야 하는 매몰된 비용을 최소화할 수 있도록 장치는 국가가 임대하고 서비스만 민간기업이 제공하도록 하는 것도 한 방법이다. 즉, 장치는 공공생산이고 서비스만 민간생산인 형태라면 잠재적 경쟁이 가능함으로써 서비스의 질이 향상될 수 있을 것이다. 다섯째, 인간의 변칙적인 심리상태에서 발생할 수 있는 비합리성에 대한 하나의 보험의 역할을 공공부문아 담당할 수도 있다. 예를 들어, 사람들은 자기에게는 사고가 나지 않을 것이라는 허황된 믿음으로 아무 보험 없이 차를 운행하려 할 수도 있는데, 이에 대해 국가가 모든 자동차를 필수적으로 책임보험에 들게 하는 것과 같은 경우이다.

다음으로, 민간부문에서 생산할 경우에 생길 수 있는 부정적인 측면을 피하기 위해서는 공공부문에서 생산하는 것이 더 바람직한 경우를 살펴보도록 하자. 첫째, 민간에게 생산하게 하면서 규제하는 것이 오히려 예상하지 못했던 비효율적인 결과를 초래할 때는 차라리 민간보다는 공공생산이 더 바람직할 수도 있다. 자본에 대한 최대수익률을 규제하게 되면 기업들이 자본집약적 생산방법을 과도하게 채택하게 되어 과도한 자본의 사용으로 인해 오히려 자원배분의 비효율성을 초래하게 된다는 애버치-존슨 효과(Averch-Johnson effect)가 바로 이런 예가 될 것이다. 둘째, 민간기업에게 생산하게 하고 정부가 보조금(subsidies)을 줄 경우에 민간기업이 비용을 최대한으로 절감하려는 노력을 게을리 하게 될 수도 있다. 이렇게 보조금으로 인해 오히려 민간기업의 X-비효율성이 더 크게 된다면 차라리 공공부문에서 직접 생산하는 것이 더 효율적일 수도 있을 것이다.

2. 공공부문에서 생산할 수밖에 없는 경우

신제도주의 학파인 윌리암슨(Williamson, 1985)은 과도한 거래비용(去來費用, transaction cost)이 발생할 수 있는 상황에서는 시장이 제대로 형성되지 않게 될 수 있다는 점을 지석한 바 있나. 다시 밀해, 과도힌 기래비용이 시장이 형성되는 데 있어서의 장애 요인으로 작용할 수도 있다는 것이다. 특히 아래와 같은 이유로 인해 시장기구가 제대로 작동하지 못할 수도 있다는 것이다: ① 자산은 한 번 어느 용도로 쓰이면 다른 용도로 전환하기가 어렵다(자산의 특수성, asset specificity); ② 인간이 정보를 소화하고 이해해서 판단하는 데는 인간의 합리성에 한계가 있다(합리성의 한계, bounded rationality); ③ 시장 참여자들에게는 자신의 이익을 우선적으로 추구하는 기회주의자적 성향이 있다(기회주의적 행태, opportunistic behavior).

위의 세 가지 중에서 하나만이라도 극복될 수 있다면 시장을 통해서 해결할 수도 있을 것이다. 그러나 문제는, 위의 세 가지가 다 동시에 적용되는 경우가 대부분이라는 점이다. 따라서 피해 받을 수 있는 개인들을 다른 사람들의 기회주의적 탐욕의 희생물이 되지 않도록 보호하면서 인간의 합리성의 한계로부터 나올 수 있는 그릇된 판단의 피해를 최소화하기 위한 거래를 가능하게 만드는 조직을 모색하는 것이 윌리암슨식의 신제도주의 경제학의 기본 방향이라고 할 수 있다. 신제도주의적 관점에서 본다면 정부의 역할은 거래비용을 최소화 해 주는 데 있다. 이런 맥락에서 거래비용을 줄일 수 있다면, 재화에 따라서는 민간부문 대신에 공공부문에서 생산하는 것이 더 바람직한 대안이 될 수도 있는 것이다.

개인적으로 한 인간이 정보를 획득하는 데에는 한계가 있으므로 더 우월한 정보를 확보할 수 있는 공공부문에서 이를 비탕으로 생산하는 것이 더 후생을 증대시킬 수 있는 경우도 있다. 공공재의 특성이 없는 사적재라고 해서 반드시 민간부문에서만 생산해야 하는 것은 아니며 때로는 사적재이면서도 그 산업의 특성상 시장의 실패를 야기하는 재화는 공공부문을 통하여 제공되는 것이 더 바람직할 경우도 있다. 아담 스미스가 지적했듯이 사적이익을 극대화하려는 경제인간의 행동 동기는 종종 기회주의적인 성향을 보여서 한쪽이 이익을 보면서 다른 쪽은 큰 손실을 입는 경우도 생기게 된다. 이런 행동이 예상되는 경우는 민간에게 생산을 맡기기보다는 공공부문에서 생산하는 것이 더 바람직할 수 있다. 인간의 그릇된 변칙적 심리로 인해 소비자들이 민간생산자들로부터 착취당할 수도 있는 경우라면 마땅히 공공부문에서 생산을 담당하는 것이 더 바람직할 것이다.

위의 논의를 종합해 볼 때, 민간부문에서 생산하는 대신에 공공부문에서 생산하는 것이 더 바람직한 대표적인 경우를 다음과 같이 정리해 볼 수 있다: ① 순수공공재 또는 비순수공공재인 경우(예: 국방, 치안, 도로, 공원); ② 사적재이지만 규모의 경제 때문에 자연독점일 수밖에 없는 산업의 경우(예: 전기, 가스, 수도); ③ 민간생산보다는 공공생산이라는 겉치장이 꼭 필요한 경우(예: 사법제도, 국가자격시험); ④ 거래비용을 낮추기 위한 경제학적인 측면이 고려된 경우; ⑤ 민간이 스스로 수행하기에는 위험부담이 너무 큰 사업인 경우; ⑥ 민간이 스스로 수행하기에는 과도한 자본이 드는 사업인 경우 등이다. 이런 경우 외에도 공공부문에서 생산할 때 발생할 수 있는 긍정적인 측면과 민간부문에서 생산할 때 생길 수 있는 부정적인 측면을 고려해서 공공부문에서 특정 재화를 생산하는 것이 바람직한 경우가 더 있을 수도 있을 것이다.

3. 정치적 이유

위에서 살펴본 경제적인 이유 외에 경제적인 정당성은 없지만 굳이 공공부문에서의 생산을 옹호하는 다른 이유, 특히 정치적 이유는 없는가에 대해 잠시 생각해 보도록 하자. 우리나라의 경제개발에 기여한 바가 컸던 대표적인 공기업이었던 포항제철의 예에서 볼 수 있듯이, 국가 경제발전의 시각에서 볼 때 주요 전략산업인 경우에 정부가 공기업을 설립하여 지원과 통제를 용이하게 만들 경우도 있다. 또한 민간기업이 선뜻 들어가지 않는 경제가 낙후된 지역에 공기업을 설립하여 지역개발에 주도적인 역할을 하도록 만드는 경우도 있다. 1930년대 이태리나 프랑스에서 그랬듯이, 경제가 침체해 있거나 위기에 처해 있을 때, 도산

직전의 기업을 정부가 인수하여 공기업으로 만들어 고용을 승계하고 생산을 지속시키는 등 국민경제에 미칠 악영향을 미연에 방지하는 경우도 있다.

공기업의 예산은 정부예산에 반영되지 않는다. 그러므로 공기업은 정부가 비가시적으로 정부부문을 확대시키고 비조세성 정부수입을 확보하는 방안으로 사용되기도 한다. 담배인삼공사가 정부수입 확보를 위한 공기업의 대표적인 예이다. 가시성이 낮으므로 공기업의 설립은 정부팽창의 한 수단으로도 쓰인다. 그리고 정부부처의 피난처 역할을 하거나 정부관료의 양로원 역할도 한다. 정부부처가 나서서 수행하기는 정치적으로 어려운 책임회피성 사업을 대행시키는 역할 등을 해오고 있다. 그렇다면 비가시적인 보이지 않는 정부에는 어떤 것들이 있을까? 공기업 특히 가시성이 떨어지는 정부출자기관과 그들의 출자회사 외에도 기금이 여기에 포함되어야 할 것이다.

공기업의 필요성:

공공부문에서 생산할 때 발생할 수 있는 긍정적인 측면:

① 도덕적 해이(moral hazard)의 감소

② 거래비용의 감소

③ 공급자 이익집단에 맞서는 길항세력(countervailing power)의 역할

④ 매몰비용의 부담을 통한 잠재적 경합시장(contestable market)의 개방

⑤ 인간의 변칙적인 심리와 비합리성에 대비한 보험으로서의 역할.

민간부문에서 생산할 경우에 생기는 부정적인 측면을 피하기 위해 공공부문에서 생산하는 것이 더 바람직한 경우:

① 민간생산에 대한 규제가 오히려 더 비효율적인 결과를 초래할 경우

② 보조금을 받는 민간기업의 X-비효율성이 커지게 될 경우

제2절 공기업의 특성과 공공요금의 책정

1. 공기업의 목표와 가격책정 방식

민간부문의 사기업(私企業)과 공공부문의 공기업(公企業, public enterprise)을 구분하는 한 가지 중요한 잣대는 사기업은 소유주가 민간이고 공기업은 소유주가 정부라는 점이다. 즉 공기업은 대주주인 정부의 통제를 받는다는 점이 사기업과 다른 점이다.[1] 공기업은 정부의 일반 행정기관과 마찬가지로 정부의 통제 아래 있으므로 준정부조직이라고 볼 수 있으며, 공기업이 생산하는 것은 공공부문에서 생산하는 것이라고 할 수 있다. 정부의 일반 행정기관은 징세를 통해 확보된 조세수입으로부터 예산을 배당 받아 생산한 재화나 서비스를 대가 없이 납세자들에게 제공한다. 반면에 공기업은 생산한 재화나 서비스를 제공하고 그에 대한 대가를 받는다. 그러므로 공기업은 정부의 통제를 받으면서 생산한 재화를 일정 가격에 판매하는 조직이라고 정의할 수 있다.

공기업은 종종 정부의 정책수단으로 쓰이기도 한다. 기간산업을 공기업으로 만들어 이의 육성을 통한 경제발전을 도모하는 도구로 쓰이기도 하고 고용을 창출하기 위한 방편으로 사용되기도 한다. 전기, 수도, 가스 등과 같이 서민들의 생활에 필수적인 요금들을 저소득층이 사는 농촌지역에는 도시지역보다 낮게 책정하여 공익산업을 통한 소득재분배효과를 가져오기도 한다. 그리고 여러 작은 기업들을 합병하여 하나의 큰 공기업을 설립한다든가 역으로 하나의 독점기업을 여럿으로 나누기 위해 그 중 하나를 공기업으로 인수하는 등 산업구조를 조정하는 도구로 쓰이기도 한다. 전쟁시와 같은 비상시에는 정부가 기간산업이나 방위산업의 기업들을 국유화하여 효과적인 명령경제체제로 전환하기도 한다.

민간기업은 이윤극대화라는 뚜렷한 목표가 있다. 그러나 공기업의 목표는 설립동기와 떼어 놓고 생각할 수 없다. 공기업의 목표는 이윤극대화가 아니라 공익 혹은 사회후생의 극대화라는 넓은 틀 속에서 찾을 수 있다. 예를 들어, 주택공

1) 물론 사기업도 여러 가지 정부 정책이나 규제에 의해 정부의 통제를 받을 수 있지만, 이 경우는 일반적으로 통제라고 하기보다는 규제라고 부른다.

사의 경영목표는 이윤극대화가 아니라 서민주택 2만 호 건설일 수 있다. 공기업의 경우는 이윤극대화가 반드시 바람직하지 않을 수도 있다. 국민의 세금으로 설립된 독점공기업이 이윤극대화를 위해 독점가격에 생산물을 판매하여 독점이윤을 낸다면 이는 잘못된 것이라고 하겠다.

공기업의 경우에도 사기업과 마찬가지로 가격과 산출량에 대해 결정을 내려야 하지만 사기업처럼 이윤극대화라는 뚜렷하고 객관적인 기준이 없다는 점이 오히려 문제를 어렵게 만들게 된다. 민간의 사기업이든 공공부문의 공기업이든 모든 가격책정의 기준은 완전경쟁시장에서의 이윤극대화를 위한 효율적인 가격설정 방식이라고 할 수 있는 한계비용 가격과 얼마나 차이가 나는가에 있다고 할 것이다. 공기업은 사기업과 달리 그 목표가 반드시 이윤극대화에 있는 것은 아니므로 대개 효율성과 공평성의 적절한 균형을 맞춘다는 관점에서 가격을 책정하게 된다. 물론, 재화의 특성에 따라서는 재정수입의 확보가 중요한 고려사항이 될 수도 있다. 효율성의 측면에서는 사회적 후생을 주어진 제약조건 아래에서 극대화하자는 목표가 있고 공평성의 측면에서는 서로 같은 처지에 있는 사람들은 같은 (수평적 공평성, horizontal equity) 가격을, 서로 다른 처지에 있는 사람들은 서로 다른 (수직적 공평성, vertical equity) 가격을 지불하여 소비지출력의 격차를 줄이고 사회적 공평성을 극대화하자는 목표가 있다. 효율성을 강조하는 가격책정 방식으로는 한계비용 가격책정 방식, 평균비용 가격책정 방식, 램지 가격책정 방식, 과부하 공공요금 책정방식 그리고 비선형(非線型, nonlinear) 가격책정 방식인 이부요금 책정방식을 들 수 있다.

2. 한계비용($MC=AR$) 가격책정

대부분의 공기업의 설립동기가 공공성의 진작 혹은 사회후생의 극대화에 있다고 할 수 있으며 사회후생은 소비자 잉여와 생산자 잉여의 합으로 나타낼 수 있다. 공기업의 목표에 맞는 효율적인 가격책정 방식은 이 둘의 합을 극대화할 수 있는 가격책정 방식이어야 한다. 완전경쟁시장에서 개별 기업은 가격수용자에 지나지 않으므로 전체 시장에서 주어진 가격이 곧 한계수입이 되는 수평적인 수요곡선과 그 기업의 한계비용을 나타내는 공급곡선이 교차하는 점에서 가격이 책정되어 이윤극대화 조건($MR=MC$)을 충족시키며 효율성을 달성하게 된다. 그러나 전력, 가스, 수도 등 공익산업의 경우와 같이 규모의 경제가 작동하는 자연독점산업에 있어서는 생산량이 증대함에 따라 평균비용이 체감하게 되므로 〈그림 6-1〉에서 볼 수 있듯이 한계비용이 평균비용보다 낮아지게 된다. 자연독점산업에서 민간기업이 경영자라면, 그림에서 한계비용과 한계수입이 만나는 점에서 위로 수직으로 그은 선이 수요곡선과 만나는 점 5의 높이에서 독점가격 P_m으로 Q_m을 판매하여 점으로 표시된 직사각형 $845P_m$의 면적에 해당하는 독점이윤을 남길 것이다.

그러나, 공기업이 경영하는 경우에는 사회적으로 효율적인 생산량을 달성하기 위하여 한계비용곡선 MC가 수요곡선 D와 만나는 점 1에서 P^*로 한계비용 가격을 책정하게 된다. 이렇게, 사회적으로 최적이라 할 수 있는 생산량인 Q^*를 생산하게 되도록 한계비용 가격정책(marginal cost pricing)을 쓰게 되면 공기업이 빗금친 직사각형 $123P^*$의 면적에 해당하는 손실을 입게 된다. 이윤극대화를 목적으로 하는 민간기업은 한계비용 가격정책을 쓰지 않을 것이므로 효율적인 생산량을 확보하기 위해서는 공공생산이 바람직하게 된다. 그러나 한계비용가격으로 인한 공기업의 손실분을 정부에서 보전해 주게 되면 이는 다른 용도에 쓰일 수 있는 자원을 이 산업에 투입하게 된다는 기회비용을 발생시키게 되고 사회 전체의 자원배분의 효율성에 문제를 일으키게 된다. 덧붙여서 고려해야 할 사항은 한계비용 가격책정을 위해서는 비용체감산업의 비용함수를 정확하게 파악하고

그림 6-1 한계비용 및 평균비용 가격책정 방식

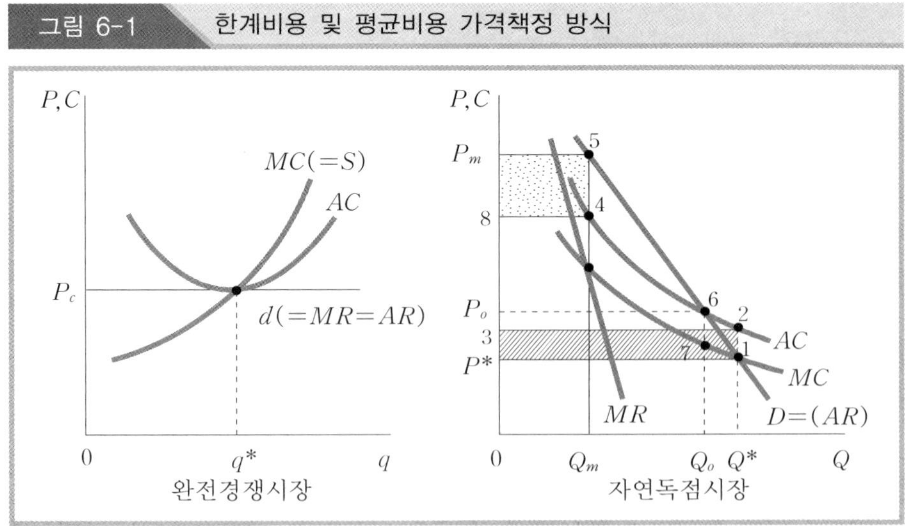

있어야 하겠지만 현실적으로는 이런 비용함수를 정확히 알 수는 없으므로 한계비용을 정확하게 추정하기가 용이하지 않다는 어려움이 있다.

3. 평균비용($AC=AR$) 가격책정

한계비용 가격책정을 할 경우에 발생할 수 있는 손실보전을 피하기 위한 방안으로 평균비용 가격책정(average cost pricing) 방식이 제안되기도 한다. 앞의 〈그림 6-1〉에서 평균비용곡선과 수요곡선이 만나는 점 6에서 생산량이 결정되면 평균비용과 평균수입이 같아져서 이윤이 0이 되어 손실을 안보게 된다. 그러나 생산량은 최적생산량 Q_*보다 줄어들어 Q_0가 된다. 한계비용으로 가격을 책정하면 손실 보전을 위해 재정지출이 늘어나게 되고 평균비용으로 가격을 책정하면 소비자 잉여는 감소하게 된다. 만약 규모의 경제가 있는 일련의 공기업들에 대한 추가적인 재정지원 없이 사회적 후생의 감소를 최소화해야 한다는 정책목표가 세워졌다면 과연 어떤 방식으로 가격을 책정해야 하는가 하는 문제는 결코 쉬운 것이 아니다. 그러나 방안이 없는 것은 아니다. 단순히 하나의 산업에 대한 가격책정만 생각할 것이 아니라 여러 산업에서의 공기업을 한 데 묶어서 생각해 본다면 아래에서 논의하는 램지 가격책정과 같은 해답이 나올 수도 있을 것이다.

4. 램지 가격책정

두 개의 다른 자연독점적인 산업에 각각 하나의 공기업이 있는 경우에는 이 두 산업의 특성을 비교하여 이 두 공기업에 대한 가격책정을 하게 된다. 예를 들어, 가스(X)와 수도(Y)를 공급하는 두 개의 비용체감 공기업이 있다고 하자. 이 둘은 서로 대체재도 아니고 보완재도 아니라고 가정하자. 다시 말해서 둘 중에 한 재화의 가격이 변할 경우에 다른 재화에 대한 수요가 전혀 영향을 받지 않는 경우이므로 이 두 재화의 교차탄력성이 0이라는 말이다. 이제 정부가 이 두 공기업에 손실보전을 위한 추가적인 재정지원을 하지 않아도 되면서 가장 효율적인 즉 사회적 후생을 극대화할 수 있는 공공요금을 결정하려 한다면, 각 재화의 가격에서 한계비용을 뺀 차액이 가격에서 차시하는 비중을 두 재화 간에 비교했을 때, 그 상대적인 비율이 각 재화에 대한 수요의 가격탄력성의 역에 비례하도록 각 재화의 가격을 책정하면 된다.

이런 식으로 가격을 책정하는 것을 일반적으로 램지(Ramsey) 가격이라고 부른다.[2] 램지 가격책정을 아래와 같은 식으로 나타내면 더 이해하기가 쉬울 것이다. 각 재화에 대한 수요의 가격탄력성을 E_x와 E_y라고 한다면, 이 두 공기업의 자체 수입으로 손실이나 경제적 이윤을 보지 않으면서 운영해나가기 위한 가격은 아래 식 (6. 1)을 충족시키는 가격이어야 한다는 것이다.

$$\frac{\dfrac{P_x - MC_x}{P_x}}{\dfrac{P_y - MC_y}{P_y}} = \frac{E_y}{E_x} \qquad (6.\ 1)$$

위 식에서 책정된 가격이 한계비용으로부터 어느 정도 차이가 나는지를 측정하는 것이라고 볼 수 있는 $\frac{P_x - MC_x}{P_x}$ 를 러너(Lerner)요금 마진(margin)이라고도 부른다. 위의 식에서 두 재화에 대한 러너요금 마진율은 각 재화에 대한 수요의 가격탄력성에 역비례하도록 책정되어야 한다는 것을 의미한다. 이를 역탄력성 법칙이라고도 부르는데 재화 간에 독립성이 있을 때 성립하는 램지법칙의 특수한 경우라고 볼 수 있다.

만약 가스에 대한 수요의 가격탄력성이 수도에 대한 가격탄력성보다 크다면 가스에 대해서는 한계비용보다 조금만 더 높게 요금을 책정하고 반면에 가격탄력성이 상대적으로 더 작은 수도에 대해서는 한계비용보다 훨씬 더 높게 요금을 책정하여 가스에서 나오는 손실을 수도에서 보전하여야 한다는 것을 의미한다. 이를 직관적으로 보면 수요에 대한 가격탄력성이 작은 필수품은 가격의 변동이 많아도 수요량은 별로 바뀌지 않게 되어 효율성의 상실이 적게 되므로 이런 재화에 대해서는 높은 가격을 부과해도 되지만 그렇지 않은 경우에는 높은 가격을 책정하게 되면 수요량의 이탈이 많아 소비자 잉여의 상실폭이 훨씬 커지기 때문에 위와 같은 요금책정이 효율성의 상실을 최소화하면서 정부예산의 적자를 발생시키지 않을 수 있는 방법이 되는 것이다. 우리가 유의해야 할 점은 램지가격 책정방식이 효율성의 관점에서는 괜찮은 방법일지 모르지만 형평성의 관점에서는 별로 좋은 방법이 아닐 수도 있다는 점이다. 왜냐하면, 가격탄력성이 낮은 필수품

2) 브와토(Boiteux, 1956)가 램지(Ramsey, 1927)의 법칙을 원용하여 설명한 후로 램지가격이라고 부르게 되었다.

에는 높은 공공요금을 부과하고 반대로 사치재적 성격을 가진 재화에 대해서는 낮은 공공요금을 부과하여 예산균형을 유지하자는 말이 되기 때문에 소득분포에는 별로 좋은 영향을 주지 않을 것이기 때문이다.

5. 과부하기의 공공요금책정

주로 공기업이 담당하고 있는 전력, 수도, 전화와 같은 공익산업(public utility)의 경우는 계절이나 요일 또는 시간에 따라 사용량이 크게 변화한다. 수요가 폭주하여 사용량이 많게 될 때는 시설용량의 크기에 비해 과다한 부하가 걸리게 되기도 한다. 이런 산업의 경우에 수요량이 폭주하는 과부하기(過負荷期, peak-load period)의 사용료와 그렇지 않은 평상시인 비과부하기(off-peak-load period)의 사용료, 즉 공공요금을 어떻게 부과하면 가장 효율적일 것인가 하는 문제에 대해 살펴보도록 하자. 예를 들어, 유선 전화의 경우에 배선되어 있는 전화선의 시설용량 안에서는 단기적인 한계비용이 일정한 수준에 머물다가 시설용량의 한계점에 도달하면 추가적인 비용을 투입해야 시설용량을 늘릴 수 있으므로 한계비용이 급격하게 상승하게 된다. 그렇다고 해서 과부하기에 맞추어 시설을 만들어 놓으면 비부하기에는 유휴시설이 남아 돌게 된다.

한 가지 해결방법은 과부하기에는 높은 요금을 받고 비과부하기에는 낮은 요금을 받음으로 해서 과부하기의 수요를 비과부하기로 돌리는 것이다. 비과부하기에는 시설용량 안에서 사용하는 것이므로 일상적인 가변비용만 발생한다고 보아 가변비용에 해당하는 요금을 받고 과부하기에는 시설용량의 최대 한계치를 가동해야만 수요를 충족시킬 수 있으므로 최대 한계치에서 작동시킬 경우에 발생할 수 있는 장비와 설비에 대한 과부하로 인한 고장과 이를 방지하기 위한 수리 및 예방비용과 감시비용이 추가적으로 발생하게 되며 나아가 시설용량의 최대치를 상회하는 수요가 발생할 경우에는 장기적으로는 추가적인 고정시설을 확보하여 용량을 확장하게 되므로 고정비용이 더 발생하게 된다. 그러므로 과부하기에는 일상적인 가변비용(V)과 용량의 한계에서 발생하는 추가적인 유지비용(E)의 합을 요금으로 받게 된다. 만약 현재의 용량을 초과하게 되면 추가적인 고정비용을 포함한 가격을 책정하게 될 것이다. 〈그림 6-2〉에서 비과부하기의 수요(D_L)는 과부하기의 수요(D_H)보다 밑에 있고 이때 요금 P_L을 받으면 생산량은

그림 6-2 요금책정 방식

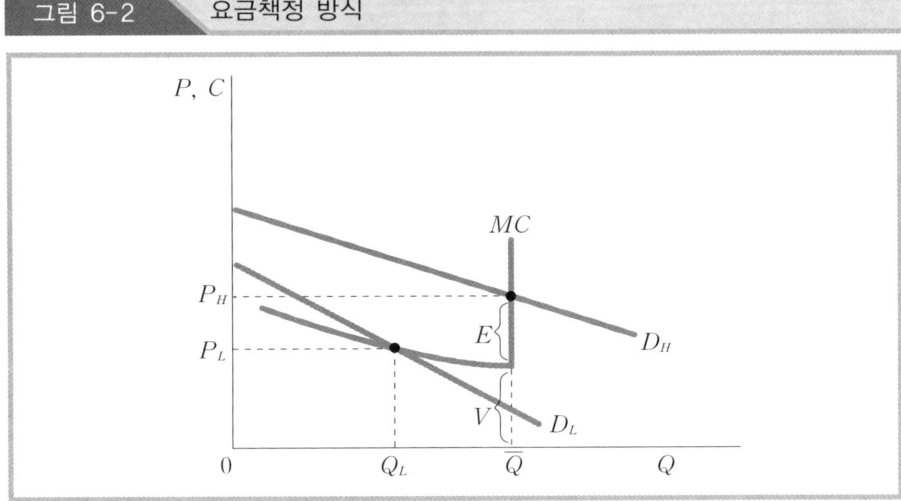

Q_L이 된다. 과부하기에는 더 높은 비용($V+E$)을 감안한 더 높은 과부하기 요금 P_H를 받고 최대 생산량인 $\overline{Q}$를 제공하게 된다.

제 3 절 공기업의 문제점

1. 소유주의 부재로 인한 다중적인 의뢰인-대리인 관계

공기업이기 때문에 발생하는 비효율성이라는 문제에 대해 크게 두 가지의 다른 접근방식이 있다. 공기업의 문제점에 대한 논의는 우선 소유주의 부재를 근본적인 문제로 보는 재산권 접근방식과 정치가와 관료의 사익추구를 근본적인 문제로 보는 공공공선택적 접근방식으로 나누어 생각해 볼 수 있다. 재산권 접근방식은 공기업에 대한 명시적인 재산권의 부재가 가장 근본적인 문제라는 인식에서 출발한다. 공기업은 자산에 대한 명시적인 소유주가 없으므로 기업의 수익성을 챙기는 사람도 효율성을 감시하는 사람도 없다. 그러므로 흔히 주인-대리인 혹은 의뢰인-대리인 문제(principal-agent problem)로 알려진 비효율성 문제가 발생한다. 이는 의뢰인이 대리인의 행동을 관찰할 수 없을 때, 즉 의뢰인과 대리인

간의 정보의 비대칭성이 있을 때 위임자가 효과적으로 대리인을 감시 감독할 수 없으므로 발생할 수 있는 문제이다. 소유주, 즉 주주가 있는 민간기업은 주주가 경영자를 감시하여 효율적으로 운영되도록 만들 수 있는 데 반하여 공기업은 그 소유주라고 할 수 있는 국민들이 자신들이 소유자라는 인식을 하고 있지 못하여 공기업에 대한 감시가 제대로 이루어지지 못하고 있다는 시각이다.

공기업은 국민이 낸 세금으로 만들어진 것이기 때문에 원칙적으로는 국민이 소유자이다. 그러나 공기업의 경우는 사기업에서의 주식과 같은 증서가 없어서 국민 개개인이 자신이 공기업의 소유자라고 인식하지는 않게 된다. 현실적으로는 공기업의 전문경영인인 사장을 비롯한 임원들이 그 공기업이 소속된 정부부처의 장관에게 책임을 져야 하므로 장관이 사기업의 소유경영자에 해당한다고 할 수도 있다. 그러나 장관에게는 사기업의 회장과 같은 재량권이 없다. 원 소유주라 할 수 있는 국민으로부터 행정상의 소유주라 할 수 있는 관료로 이어지는 다중적인 의뢰인-대리인 관계와 같이 고정된 소유주가 없음으로 해서 공기업에서는 경영진의 책임성 확보가 어렵다. 또한, 공기업에 대한 효율적인 자본시장이 형성되어 있지 않으므로 미래의 수익성을 바탕으로 한 자산의 가치 평가에 의한 적절한 자본의 필요량을 결정하기가 힘들다. 그뿐 아니라, 공기업의 경영자에게는 특별히 경영을 잘 할 유인이 별로 없다. 왜냐하면 적자가 나더라도 퇴출될 위험이 별로 없기 때문이다. 공기업에는 경쟁이 없으므로 혁신을 소홀히 하게 된다. 공기업은 파산의 위험이 없다고 할 수 있으므로 근로자와 노조도 방만한 요구를 하게 된다. 이런 점들로 미루어 볼 때, 공기업이라는 구조로 인해 야기되는 경제적인 유인문제가 공기업의 비효율적인 경영의 핵심적인 원인이라고 볼 수 있으며 이것은 바로 소유주의 부재에 기인한 것이라는 주장이 재산권 접근방식의 핵심적인 논리이다.

2. 정치가와 관료의 사익추구

위에서 논의한 재산권 접근방식에서 제기하는 공기업의 문제에서 가장 주된 요인은 아마도 경영인의 인간적인 나약함 또는 자신의 사적 이익을 우선적으로 추구하고자 하는 경제인간의 본성에 있다고 볼 수 있지만 제도적으로도 감시체계가 제대로 확립되어 있지 않고 신상필벌이 제대로 지켜지지 않는다는 점도 공기업의 경영 비효율성의 무시 못할 이유일 것이다. 그러나 그 배후에는 공기업의 경영을 느슨하고 방만하게 유지하는 것이 정치가의 입장에서 혹은 관료의 입장에서 오히려 도움이 된다고 믿는 정치적인 기득권 계층의 의식적인 소홀함과 산하단체로부터 보상을 기대하는 관료들의 의도적인 방치도 없지 않다고 볼 수 있다는 것이 공공선택적 접근방식의 요체이다.

공기업은 정부의 통제로 인해 자율성이 제한되어 시장의 변화에 민첩하게 대응하지 못하게 된다. 정치가가 차기 선거에서 재선되고자 하는 사적 이익을 극대화하기 위한 목적으로 유권자를 의식하여 국영기업의 입지선정부터 산출물의 가격설정까지를 인기에 영합하기 위해 정하게 되어 공기업의 효율성은 부차적인 문제로 밀려나게 될 수도 있다.

3. 공기업의 부조리 사례

언론에 보도된[3] 공기업의 비효율성과 부조리의 사례를 몇 가지 살펴봄으로써 공기업의 문제점이 단지 경영효율성의 문제에 지나지 않는지 아니면 재산권적인 접근방식과 공공선택적인 접근방식에도 일리가 있는 것인지 생각해 보도록 하자.

한국통신은 케이블TV사업에 3,000억 원을 투자하고도 적자가 누적되어 투자비의 10%만 받고 매각할 방침을 세웠다. 그런 한국통신이 법인 카드로 1년 반 동안 19억 원을 단란주점 등에서 술값으로 썼으며 한 번에 100만 원이 넘는 경우도 250차례나 되었다고 한다. 한국전력은 기획예산처로부터 인력감축을 요구당하고는 기능직 하위직종을 대거 해고한 대신 상위직급자 수를 늘렸다. 또한 퇴임하는 이사들에게 90만 원짜리 고급양복을 선사했다. 한국전력은 직원 개인이 개인의 의사에 의해 노후대책으로 가입한 개인연금의 보험료의 절반을 대어주고 있어서 매년 100억 원 가량을 이 명목으로 지불하고 있다. 감사원이 1999년 10월에 이에 대해 부당하다는 지적을 한 바 있으나 일방적으로 지급을 중지하기가 곤란하다며 시정하지 않고 있다. 한국도로공사는 금고 이상의 형이 확정되면 퇴직금의 반만 지급하도록 되어 있는 회사의 규정을 어기면서까지 뇌물수수 혐의로

3) 조선일보 2000. 9. 18; 11. 2; 11. 6; 매일경제신문 2000. 9. 18; 동아일보 2000. 9. 25; 중앙일보 2000. 9. 25; 10. 30. 참조.

구속된 건설본부장 등 3명에게 퇴직금 14억 원을 지급했다. 부산항만공사는 직원들의 주택자금 대출이자를 3%에서 2%로 낮추었고 석탄공사는 장기 결근자에게도 월급을 중단 없이 지급했다. 2006년도 철도공사의 노조 전임자는 무려 64명으로 정부기준인 21명의 3배에 달했다.

한국종합화학은 1996~99년 사이의 매출액 555억 원의 3배에 달하는 1,491억 원의 영업손실을 보았다. 정부투자기관의 평균 연봉이 2,400만 원인데 비하여 한국마사회는 2000년도에 전체 직원의 42%에 달하는 기능직 직원들의 평균 연봉이 3,300만 원이었고, 이 중 운전기사의 최고연봉은 6,100만 원에 달했고 사무보조원의 최고연봉은 4,300만 원에 달했다. 국민은행은 노조의 신임행장의 취임에 반대를 철회하는 조건으로 1인당 통상 임금의 100%에 달하는 보로금 162억 원을 지급했나. 주택공사는 8조 원이 넘는 빚이 있는데도 불구하고 27년 근무 임원에게 4억 3,820만 원을 지급했는데 이는 32년 근속 공무원이 받는 1억 6,000만 원의 퇴직금의 약 3배에 가까운 금액이었다. 또한 사옥의 건설비에 땅값은 안치고도 900억 원을 들였는데 이 중 17억 원은 대리석으로 치장하는 데 쓰였다고 한다. 이러니 한국통신과 한국전력의 노동조합이 노조원 3,000명이 참가한 가운데 분할매각을 통한 민영화계획 철회를 주장하는 시위를 서울역광장에서 벌인 것은 어쩌면 너무도 당연하다 하겠다.

공기업의 문제점으로 지적받는 것 중 무시할 수 없는 하나는 소위 낙하산 인사이다. 특히 집권당의 논공행상의 일원으로 전문 경영능력을 입증하지 못한 인사가 정치적인 연줄로 공기업의 사장이 되어 경영의 효율성을 높이지 못하는 경우가 많다는 것이다. 공공기관의 임원 가운데 2006년도에 연봉이 1억 원 이상인 기관장과 감사는 모두 239명으로 기관장이 173명 그리고 감사가 66명인 것으로 나타났다. 공공기관의 감사 자리는 절반 이상인 38명(57.6%)이 정치권 출신 인사였다. 또한 공기업이 출자한 회사의 임직원은 해당 공기업 출신의 인사가 다수를 차지하기도 한다. 예를 들면, 한국통신이 투자 · 출자한 한국통신프리텔, 한국통신파워텔, 한국통신기술 등 9개 회사의 임원 48명 가운데 35명이 한국통신 간부 출신이고, 한국가스공사의 4개 투자 · 출자 회사의 임원 10명 중 전직 관료 1명을 제외한 9명이 모두 가스공사 출신이었던 적도 있다.

제 4 절 시장으로의 복귀: 민영화

1. 민영화의 필요성

앞 절에서 논의했듯이 시장의 실패로 인해 공공부문에서 생산하는 것이 더 바람직하다고 판단하여 공기업을 설립하고 생산을 위임했으나 예견하지 못했던 정부의 실패와 관료의 지대추구 등으로 인해 비효율과 부조리가 누적되어 차라리 민간부문에서 경영하도록 민영화(privatization)하는 것이 더 나은 방법이라는 주장이 나오게 되었다. 민영화의 정당성은 효율성의 증대에 있다고 하겠다. 이는 또한 공기업에 없는 유인제도가 비효율성을 가져오고 있다는 인식에 근거한다. 경제적 이유가 아닌 정치적 이유로 설립한 공기업의 경우는 마땅히 민영화를 통해 효율성을 되찾아 주어야 할 것이다. 시장의 실패를 교정하기 위해 설립한 공기업으로부터의 비효율성이 시장의 실패로부터 발생하는 비효율성보다도 더 커지고 있다면 차라리 공기업을 없애고 민간에게 넘기는 것이 더 효율적이라는 논리가 배후에 깔려 있다고 할 것이다.

민영화의 필요성이 대두하게 되는 것은 공기업의 비효율성과 부실을 민영화를 통해 해소하고자 하는 것이다. 그뿐 아니라, 정부가 조세를 부과하는 대신에 공기업의 정부지분을 매각하여 소요 재원을 확보하는 방안으로도 민영화가 추진될 수 있다. 부실한 공기업의 매각을 통해서 공기업에 대한 보조금을 삭감하고 매각대금을 확보하여 정부 재정의 건실화를 꾀할 수 있다. 그리고 민영화하면 공기업의 재정의 투명성이 확보될 수 있어서 부실한 경영이 지속될 수 없을 것이다. 민영화는 주로 공기업의 소유권을 민간에게 넘기는 것을 의미해 왔다. 그러나 단순히 소유권을 민간에게 이양하기만 하면 효율성이 제고된다는 주장에 대한 회의적 시각도 존재한다. 소유권의 이전 대신에 내부시장을 형성시키는 것과 같은 대안적인 방법도 간략히 살펴보도록 한다.

2. 민영화의 방식

공기업의 소유권을 정부로부터 민간으로 이전하는 것을 흔히 민영화라고 한다. 그러나 단순히 소유권만 이전하고 정부가 경영에 대한 통제권을 유지하는 경우는 민유화라고 할 수 있다. 소유권과 경영지배권을 동시에 이전하는 것이 진정한 의미의 민영화이다. 민영화 방식 중의 하나로 국민들에게 지분의 일부를 매각하는 국민주 방식(public stock offering)은 분배의 형평성을 제고할 수 있다는 이점이 있다. 프랑스에서 자주 사용된 적이 있는 안정주주 제도는 공기업의 지분을 기관투자가 집단에게 일정비율로 배정함으로써 이들이 일정기간 해당 지분을 유지하고 공기업이 민영화된 후에 특정기업이나 외국기업에게 인수당하는 것을 방지하기 위한 보안장치라고 볼 수 있다. 황금주 방식(golden share)은 황금주에 지정된 특정 상황(예를 들어, 경영권의 급격한 변동)이 발생할 경우에 정부가 조정자가 될 수 있는 조항을 명시해 놓은 방식이다. 컨소시엄 구성방식은 다수의 기업으로 구성된 컨소시엄에 정부지분을 넘기는 방식이다. 분리매각 방식은 하나의 대규모 공기업을 사업부문별, 기능별 또는 지역별로 분리하여 매각하는 방식이다.

민영화는 정부지분이 얼마이냐 보다 정부가 실제로 공기업을 통제할 수 있느냐가 관건이다. 예를 들어 정부지분이 5%라도 민간의 주식 보유한도에 최대치가 설정되어 있어서 개인은 1% 그리고 기관은 3%까지 주식을 소유할 수 있도록 제한하는 방법 같은 것을 통해서 대주주의 위치를 유지할 수 있다.[4] 민영화하는 과정에서 공기업의 주식을 재벌기업들이 인수할 경우에 경제력 집중의 심화를 가져오게 될 수도 있다는 점을 주의해야 한다. 또한 동시에 여러 공기업의 민영화를 추진할 경우에는 일시에 많은 매물이 한꺼번에 나오게 되어 주가가 하락할 수 있으므로 주의해야 한다.

일반적으로 볼 때, 민영화를 추진하면서 정부가 조정자로서의 역할을 충분히 해 낼 수가 있어야 한다. 민영화의 결과로 공공서비스의 감소가 예상되는 경우에는 민간공급을 장려하여 수요를 충족시킬 수 있는 방안도 마련되어야 한다.

---

4) 지분의 크기는 실제로는 중요한 것이 아니고 통제력이 있느냐가 중요하다. 한국은행 같은 무자본특수법인의 경우 원래의 자본금을 전부 정부에게 반납했는 데도 정부의 정책을 수행하는 공공조직의 일부이다 민간자본이 위험한 사업에 출자를 안 하려 할 경우에 정부가 보증하여 대규모의 부채를 조달할 수도 있다. 이 경우에 정부는 단지 부채에 대한 보증만 서고 지분은 없지만 이런 기업의 운영에 관여하게 되므로 이런 형태를 무소유 공기업이라고도 부른다.

정부는 민영화의 걸림돌이 될 수 있는 이해당사자들 중 특히 반대집단을 설득하고 이들에게도 민영화의 이점이 돌아갈 수 있다는 것을 제시해 줄 수 있어야 한다. 또한 찬성집단의 목소리를 크게 들려 줄 수도 있어야 한다. 이를 위한 방법으로 민영화되는 공기업의 지분에 대한 우선적인 배분을 통한 반대집단의 설득도 동원할 수 있어야 한다.

3. 민영화에 대한 비판

민영화를 하면 무조건 효율성이 제고될 것이라고 맹신할 수도 있으나, 소유권과 경영권을 민간에게 이양하기만 하면 효율성이 제고된다는 주장에 대해 회의적 시각도 있다. 몇 가지 예를 통해 살펴보도록 하자. 민영화를 했더니 국가로부터 받던 보조금이 줄어들게 되었다는 사실이 반드시 생산이 더 효율적으로 되었다는 것을 의미한다고 할 수 있을까? 이것은 마치 이윤의 크기가 곧 효율성을 의미한다고 말하는 것과 마찬가지의 잘못된 인식에서 나오는 주장이다. 사회후생 최대화를 목표로 한 공기업으로서는 독점산업인 경우에도 한계비용정책을 통해 생산량과 가격을 결정하여 적자를 보고 있었다고 하자. 이 공기업을 민영화한 이후에는 이윤극대화를 위해 전보다 훨씬 줄어든 독점생산량을 평균생산비보다 훨씬 높은 독점가격에 판매하여 독점이윤을 남기게 된다면 물론 보조금을 받을 필요도 없이 이윤이 흑자로 돌아설 것이다. 이 경우에 이윤이 흑자로 돌았다고 해서 민영화가 효율성을 높였다고 말할 수는 없을 것이다.

주인 없는 공기업을 민영화를 통해 소유주를 명확히 해 줌으로써 효율성을 높일 수 있다고는 하지만 민영화를 추진하면서 정부가 다수의 민간주주를 유도하기 위해 주식을 너무 많이 분산하게 되면 대주주는 없고 다수의 소액주주들만 있어서 효과적인 감시자 노릇을 하지 못하게 되므로 효율성 제고에 박차를 가하지 못하게 될 수도 있다.

민영화에 대한 대안적인 방안의 하나로 영국에서는 준시장(quasi-market) 또는 내부시장(internal market)이라는 방식이 도입되기도 했다. 공기업 내의 과도한 수직적 통합으로 인해 중간재의 생산이 비효율적으로 될 경우나 공기업이 생산하는 공공서비스가 비효율적으로 생산될 경우에 그에 해당하는 내부시장을 열어 줌으로써 경쟁을 도입하여 효율성을 높일 수 있도록 하는 방법이다. 내부시장의 특성으로는 한 가지 서비스의 산출을 위해 여러 공급자끼리 경쟁을 하도록 유도하는 것이다. 경쟁자로는 공기업, 비영리 단체, 민간 영리기업 등 여러 형태의 공급자가 공존할 수 있다. 이러한 서비스의 구매자는 정부가 되므로 국가가 이러한 서비스에 대한 재정을 담당한다고 할 수 있는데 구체적인 재정의 형태도 여러 가지가 있을 수 있다.

예를 들어, 개인들이 정부가 주는 지불보증서(voucher)를 사용해서 국영업체의 산물뿐 아니라 그와 동일한 효능을 갖는 민영업체의 산물을 구입해도 되게 허용한다면, 결과적으로는 더 낮은 한계비용에 더 많은 산출물을 개인들이 소비할 수 있게 된다는 점이 내부시장화의 이점이다. 특히, 교육이나 의료서비스 같은 경우에 이런 내부시장의 도입은 공급자 간에 경쟁을 유발하여 효율성을 높이게 되는 것을 볼 수 있다. 내부시장은 경쟁이 없이 수직 통합으로 높은 한계비용을 감수하면서 적은 산출량을 배출하던 국영기업에게 경쟁력을 키우도록 만드는 방안이 될 수 있는 것이다. 공기업의 효율성의 제고가 목표라면 민영화를 통한 소유권의 이전이 중요한 것이 아니라 경쟁가능 시장이라는 환경을 정부가 조성해 줌으로써 경쟁을 도입하여 효율성을 높이는 것이 더 중요한 요인이라고 할 수 있다.

4. 우리나라 공기업의 민영화

성공적인 민영화의 대표적인 사례로 손꼽히는 영국의 경우는 '철의 여상'으로 불리는 대처 수상이 영국석유(British Petroleum)를 필두로 1979년부터 1995년까지 영국의 대다수 공기업을 성공적으로 민영화했다. 영국의 민영화는 대략 다음과 같은 특징으로 요약해 볼 수 있다. 대처 수상의 강력한 리더십 아래 추진주체를 설치했으며 경쟁을 도입하여 공기업의 서비스의 질적인 향상과 비용절감을 달성하도록 만들었다. 그리고 소액투자자를 우대하는 여러 인센티브를 제공하여 근로자들이 자신이 일하는 기업의 소액주주가 될 수 있도록 배려하였다. 다양한 매각방식을 사용했으며 그 중에는 황금주 방식을 도입하여 정부의 개입이 가능하도록 한 공기업도 있었다. 우리나라의 경우는 2001년 현재까지 약 5차례의 구분이 가능한 민영화계획이 있었다고 볼 수 있으며 정권이 바뀌면 각 정권 아래에서 민영화를 추진하는 방식과 열의가 조금씩 달랐다고 할 수 있다.[5)]

5) 민영화에 대한 자세한 논의는 김준기(1999), 이만우(1999) 등을 참조할 것.

우리나라에서 공기업의 민영화를 최초로 시도했던 것은 1950년대 초반에 몇몇 국영기업체와 귀속은행을 민간에 불하했던 것이다. 그후 1968~73년에 유공, 해운공사, 인천중공업 등 11개사가 매각되었고 1981~83년에 4개의 국책은행을 포함한 6개 공기업이 민영화되었다. 전두환 정부(1983~1988)에서는 1984년에 공기업에 대한 경영평가제도를 도입하여 공기업의 경영의 책임성을 물어 효율성을 높이고자 했고 1987년에는 공기업민영화추진위원회를 신설하여 11개 공기업[6]에 대한 민영화계획을 발표했다. 그러나 증권사들에게 완전 매각된 한국증권거래소를 제외하고는 차후 정권 아래에서 민영화계획이 몇 차례에 걸쳐서 수정되었고 뚜렷한 이유없이 지연되었다. 노태우 정부(1988~1993) 아래 1988~89년에는 공기업에 대한 부분 배당권의 민영화를 추진하여 정부가 대주주로 남아 있으면서 공기업의 주식의 일부를 국민들에게 매각하는 방식을 사용했다. 이 기간에 지분이 민간에게 부분적으로 매각된 대부분 공기업의 경우 정부가 경영권을 확보하기 위해 최대 지분을 유지하면서 국민주 방식으로 주식의 분산을 유도하였으므로 실제적인 민영화의 효과는 거둘 수 없었다.

김영삼 정부(1993~1998)는 1993년에 공기업 개혁 및 민영화안을 발표하여 58개 공기업의 지분매각, 10개 공기업의 통폐합 계획을 발표하였다. 공기업의 효율성 제고를 목적으로 국민주 방식대신에 민영화 과정에 경쟁원리를 도입하고 경제력 집중을 억제하는 한편, 이사회 제도를 강화하는 등 공기업의 지배구조를 혁신하는 방안도 병행하는 이원적인 공기업정책을 추진하였다. 그러나 1995년에 국민은행과 남해화학의 주식을 일부 매각하고 주택은행을 정부출자기관으로 전환시켰으나 1996년 이후에는 단 1건의 민영화 실적도 올리지 못했다. 김영삼 정부는 민영화계획을 수차례 수정하면서 정부정책에 대한 신뢰성이 낮아졌고 공기업 지분 매각 22개, 통폐합 5개 등 계획에 비해서 저조한 실적을 올렸을 뿐이다.

김대중 정부(1998~2003)가 들어서자 감사원이 공기업에 대한 경영구조 개선실 태에 대한 특별감사를 실시하여 이를 토대로 대대적인 구조개편 작업을 발표했다. 기획예산위원회는 제1차 공기업 경영혁신과 민영화방안을 마련하여 11개 공기업과 21개 자회사에 대한 민영화계획을 세워 추진했다. 민영화 방식과 절차를 공개하고 우리사주 및 국민주 기회를 제공하는 방식을 채택하기로 결정했다.

6) 한국증권거래소, 국민은행, 한국외환은행, 중소기업은행, 한국감정원, 국정교과서주식회사, 한국전력, 포항제철, 한국통신, 담배인삼공사, 한국기술개발주식회사 등 11개 공기업.

표 6-1 세계 주요 선진국의 민영화 방식

	영 국	프랑스	일 본	독 일	미 국
주요 방식	황금주/국제 매각/MEBOs/ 가격상한규제/ Share Shop/ 규제기구	안정주주/외국인 참여(1/3)/ 민영화특별법/ 1인 소유한도 (5%)/종업원 지주제/국가 소유지분 잔존	분할민영화/ 채무분리(청산 사업단방식)/잉여인원정리/ 특수법인형태 (정부지분 조건)	소유, 경영민영화/국민주 방식/종업원과 소액주주 우대/노사합의 중시	민영화보다는 규제완화와 경쟁촉진/가격규제 철폐/분할 상장/FTC강화
목표	효율성증진/ 재산권민주주의 확산/재정 부담해소/노동운동 무력화	재정부담 해소/기업효율성 제고/우파 정권의 정치적 이념 달성	기업부채청산/ 재정부담경감/ 민업압박 제거/외압에 대응/경제효율화	탈관료화/국민 자본주의/재정 부담해소와 경쟁력 제고	경제효율 증대/ 소비자후생 증대/경쟁촉진/ M&A 활성화
실시 기간	1979년 이후	1986~7/ 1993~5	1985년 이후	1982년 이후	1978년 이후
주요 대상 기업	BA/BT/BG/ BS/BR/CEGB	Societe Generale/Renault/Usinor-Sacilor/Thompson S.A.	JT/NTT/JR/ 우정3사업과 특수법인(논의중)	Volkswage/ Deutshe Telekom/Deutshe Bundesbahn	미국항공산업/ Air Canada/ 통신산업/전력산업
성과	재정수익/납세 경감/소비자 혜택/주주확산	민영화 후 주가상승/재정 적자 개선/ 고용조정	기업효율성 증가/부채청산은 실패/인원삭감/완전한 민영화는 아님	재정수입 확보와 주가상승/추가투자로 고용확대	운항횟수 증가/가격하락/ 기술혁신/안정성증대/기술혁신
	다양한 인센티브제도 개발/	해외자금 적극 유입/기관	적·흑자 노선간 관계설	소유권 이전 시의 복지와	제도의 효력 (규제완화법, 국

시사점	장기간의 보완 과정/강력한 추진의지	투자가의 역할 중시/민영화 위원회의 역할	정/이해집단 정치의 비용/정부지분법정화의 한계	공공성 중시/노사합의 도출	가교통법)/경쟁 촉진의 파급 효과

자료: 인터넷.

공기업경영개선 실태에 대한 2000년도 9월의 국감 결과[7]를 보면, 정부는 1998년 12월부터 포철의 완전 민영화를 추진해서 정부 보유지분 3.14%와 산업은행 지분 23.57%를 2000년 9월까지 완전히 매각 완료함으로써[8] 11개 공기업이 민영화되었으며 8개 기관이 통폐합되어 구조조정이 되었다. 이 중에 한국종합기술금융(현 KTB 네크워크)은 1999년 2월에 민영화된 후 벤처기업에 대한 투융자와 리스, 팩토링 등 금융서비스를 확대해 당기 순이익이 1997년의 24억 원에서 1999년의 2,021억 원으로 크게 개선되었다. 부채비율도 3년 만에 1,592%에서 298%로 떨어졌다. 남해화학도 민영화된 후 부채비율이 92%에서 55%로 낮아지고 당기 순이익이 1997년의 34억 원에서 1999년에는 505억 원으로 향상되었다.

5. 세계 여러 나라의 민영화 방식

민영화 목표와 대상 기업의 특성은 나라마다 다를 수 있으며 이에 따라 민영화를 추진하는 방식도 다를 수밖에 없다. 영국, 프랑스, 일본, 독일 및 미국의 민영화 목표와 방식에 대해 정리한 〈표 6-1〉에서 볼 수 있듯이, 1970년대 후반부터 세계의 여러 선진국에서도 민영화를 추진해 왔음을 알 수 있으며 민영화로 가는 길은 여러 가지가 있다는 것을 알 수 있다.[9]

7) 매경 2000. 9. 18.자 참조.

8) 포항제철 지분 6.84% 중 4.6%를 2000년 9월 29일에 해외DR로 매각했고, 잔여지분(2.24%)은 10월 4일 포철에 자사주로 매각하여 포항제철의 민영화를 완료했다.

9) 이 표는 인터넷에서 복사한 표로 작성자 및 출처를 기록해 놓지 않아서 제대로 밝히지 못함을 작성자에게 미안하게 생각한다.

제5절 우리나라의 공기업

1. 중앙정부 공기업

1) 2007년 공공기관운영법 시행 이전

정부가 2007년 4월에 개정된 공공기관운영법을 시행함으로써 공공기관에 대한 분류가 그 이전과 달라졌으나 우리나라 공기업에 대한 그 이전의 논의를 이해하기 위해서는 그 이전의 분류에 대해서도 어느 정도 이해를 하고 있을 필요가 있다. 따라서 제5절에서는 2007년도 이전의 공기업 분류와 그 이후의 공공기관 분류를 나누어 보여 주기로 한다.

2000년 4월 기준으로 우리나라 공기업 중 가장 자산총액이 큰 한국전력은 66조 원이고 한국통신은 27조 원으로 국내의 다섯 번째 민간 그룹인 한진 그룹을 능가했다.[10] 우리나라 공기업들이 산출하는 부가가치가 GDP에서 차지하는 비중은 1980년대와 90년대에 약 9% 정도였으며, 고정자본 형성에 있어서도 1980년대 초에 많게는 27%까지도 차지했으나 1990년대 들어서는 10% 아래로 내려가는 추세이다.[11] 우리나라의 대표적인 공기업인 13개 정부투자기관과 20개 정부출자기관의 부채총액은 2000년 6월 말 현재 399조 원으로 우리나라 국가채무 113조원의 3.5배에 달하고 있다. 공기업 부채의 대부분이 외자도입과 공채발행으로 충당된 것이지만 경영이 부실하게 되면 장기적으로는 국민의 부담으로 돌아올 수도 있다. 그런데도 국민 대다수는 우리나라에 어떤 공기업들이 있는지에 대해서 제대로 파악하지 못하고 있다. 그러면, 우리나라의 공기업은 어떤 것들인가를 알아 보도록 하자.

우리나라의 공기업 중, 정부부처의 형식으로 운영되는 우편, 조달 그리고 양곡관리는 정부기업이라고 한다.[12] 이들은 각각 특별회계에 의해 정부예산이 배정되는데 이를 기업특별회계라고 하며 기업예산회계법의 규제를 받는다. 2001년도 총예산은 일반회계가 94조 1,246억 원이었고 특별회계는 66조 2,562억 원이었

10) 참고로 현대 88조원, 삼성 67조 원, LG 47조 원, SK 40조 원 그리고 한진 20조 원 순이었다.

11) 송대희, 「우리나라 공기업부문의 경영관리 개선과 민영화 정책 방향」, p.13, 한국개발연구원, 1994 참조.

12) 철도는 2005년에 철도공사로 개편되어 정부기업이 아닌 공기업이 되었다.

표 6-2 **중앙정부 공기업 현황**(1998년 3월 현재) (단위: 억 원, 명)

구 분	회사수	종업원수	'98년도 예산	'98년도 정부 지원
계	163	260,738	1,097,000	28,742
정부투자기관	13	64,275	451,162	28,052
정부투자기관 출자회사	10	22,371	18,229	0
정부출자기관정부	19	137,846	543,847	574
출자기관 출자회사	121	36,246	83,762	116

자료: 기획예산위원회 정부개혁실(1998.3), "정부산하기관 및 지원단체 현황".

는데 특별회계 중에 기업특별회계는 10조 6,874억 원에 달했다. 그리고 정부투자기관은 공사 형태의 공기업과 정부가 50% 이상 출자한 주식회사 형태의 공기업을 일컫는다. 이들은 정부투자기관관리법의 적용을 받으며 〈표 6-2〉와 〈표 6-3〉에 있듯이 1998년 기준으로 13개가 있으며 2001년 기준으로도 그 수가 줄지 않았다. 정부출자기관은 정부의 출자지분이 50% 미만이거나 출자지분이 50%를 넘더라도 정부투자기관관련법의 적용을 받지 않는 주식회사 형태의 공기업들로서 〈표 6-2〉와 〈표 6-4〉에서 볼 수 있듯이 1998년과 2001년 기준으로 19개에 달한다. 〈표 6-2〉와 〈표 6-5〉에서 볼 수 있듯이 정부투자기관이 출자한 10개 기업과 정부출자기관이 출자한 121개의 기업도 공기업으로 포함되어 1998년 기준으로 총 163개의 공기업이 존재했다. 이 외에도 지방자치단체가 운영하는 공기업들을 지방공기업이라고 한다. 지방공기업에는 지방자치단체가 직접 설치하여 경영하며 특별회계로 운영되는 지방직영기업을 비롯하여 법인체로 설립되는 지방공사와 지방공단이 있다. 지방재정의 자립도가 낮은 우리나라의 경우에 지방공기업은 지방재정의 확충방안의 하나로 사용되고 있다.

표 6-3 **정부투자기관 현황**(2001년 8월 현재) (단위: 억 원, %)

정부투자기관명	주무부서	납입자본금	정부지분	정부지분비율
한국조폐공사	재정경제부	66	66	100.0
농수산물유통공사	농 림 부	532	532	100.0
농업기반공사	농 림 부	10,703	10,703	100.0

대한무역투자진흥공사	산업자원부	5	5	100.0
한국전력공사	산업자원부	32,005	10,353	32.4
대한석탄공사	산업자원부	4,483	4,431	98.8
대한광업진흥공사	산업자원부	1,863	1,836	98.6
한국석유공사	산업자원부	23,686	23,686	100.0
대한주택공사	건설교통부	38,872	28,947	74.5
한국도로공사	건설교통부	122,250	103,392	84.6
한국수자원공사	건설교통부	46,688	37,569	80.5
한국토지공사	건설교통부	17,469	12,670	72.4
한국관광공사	문화관광부	324	181	56.1
계 (13)		298,946	234,371	78.4

자료: 재정경제부 홈페이지.

표 6-4 정부출자기관 현황(2001년 8월 현재) (단위: 억 원, %)

정부출자기관명	주무부서	납입자본금	정부지분	정부지분비율
한국산업은행	재정경제부	71,119	71,119	100.0
한국수출입은행	재정경제부	26,758	13,572	50.7
한국주택은행	재정경제부	8,963	870	9.7
중소기업은행	재정경제부	22,914	11,686	51.0
국민은행	재정경제부	16,779	970	5.8
제일은행	재정경제부	9,806	303	3.1
한국담배인삼공사	재정경제부	9,550	1,320	13.8
한국자산관리공사	재정경제부	1,400	600	42.8
한국투자신탁증권	재정경제부	49,653	6,000	12.1
대한투자신탁증권	재정경제부	28,963	3,000	10.4
한국가스공사	산업자원부	3,864	1,038	26.9
대한송유관공사(주)	산업자원부	2,250	221	9.8
한국지역난방공사	산업자원부	434	200	46.1
한국전기통신공사	정보통신부	15,610	6,267	40.1
한국감정원	건설교통부	60	302	49.4
인천국제공항공사	건실교통부	25,023	5,023	100.0
대한매일신보사	문화관광부	544	272	49.0

한국방송공사	문화관광부	2,062	2,062	100.0
한국교육방송공사	문화관광부	223	223	100.0
계 (19)		295,975	144,776	49.0

자료: 재정경제부 홈페이지.

표 6-5 출연 · 출자기관 등의 자회사 현황(1998년 3월 현재)

부 처 별	기 관 수	자 회 사
계	121개	
재정경제부	32	연초인삼홍콩공사, 국민리스, 국민기술금융, 국민신용카드, 국은경제연구소, 국민데이터시스템, 국민선물, 상호신용금고(부국, 국민, 영남국민, 대구국민, 전남국민, 부산국민, 주은영동, 주은상호, 기은), 한국산업증권, 한국산업리스,한국기술금융, 한국기업평가, 한국산업선물, 주은리스, 주은산업, 주은투자신탁운용, 주은부동산신탁, 한국기술진흥기금, 신보리스금융, 신보창업투자, 대한부동산신탁, 한국기업리스, 기은개발금융, 기은할부금융
문화관광부	8	한국문화진흥, 독립기념관사업소, 경마진흥, KBS 문화사업단, KBS 시설관리사업단, KBS 제작단, KBS 영상사업단, KBS 아트비젼
농림부	11	농협무역, 농업기술교류센터, 농협아그로, 농협유통, 농협선물, 경북농산물물류, 한국축산유통, 한국축산무역, 삼협농산, 매일유업, 농지개량
산업자원부	34	PPSL, KCCL, 한국가스기술공업, 한국가스엔지니어링, 포스틸,포스코개발,신세기통신, 창원특수강, 포스에너지, 포스콘, 포철로재, 포스데이타, 포철산기, 포철에이씨, 포철코홀스, 포항강재공업, 포항도금강판, 포스코경영연구소, 승광, 포스텍기술투자, 한국송유관, 지앤지텔레콤, 한국난방기술, 안산도시개발, 남해화학, 한국기업상담, 한국생산성본부인증원, 비북스, 한국무역정보통신, 한국종합전시장, 고려무역, 중소기업유통센터, 중소기업인증

		센터, 특허기술정보센터
정보통신부	13	한국TRS, 한국통신기술, 한국통신진흥, 한국공중전화, 한국통신카드, 한국PC통신, 한국통신케이블 TV, 한국해저통신, 한국통신프리텔, 한국통신산업개발, KTAI, KTPI, ICO투자관리
환경부	1	환경시설관리공단
노동부	1	산재의료관리원
건설교통부	14	한양, 한양산업, 한양공업, 한양목재, 주공종합관리공단, 수자원기술공단, 수자원공사감리공단, 고속도로관리공단, 고속도로정보통신공단, 도공종합관리공단, 토공종합감리공단, 한국토지신탁, 공항주차관리, 한국부동산신탁
해양수산부	5	한국항만기술단, 수협유통, 수협문화사, 수협용역, 수협사료
과학기술부	1	KIST유럽연구소
국가보훈처	1	한성

자료: 기획예산위원회 정부개혁실(1998. 3), "정부산하기관 및 지원단체 현황."

2) 2007년 공공기관운영법 시행 이후

공공기관운영법 시행(2007.4.)으로 기존의 공기업, 정부투자기관, 정부출자기관 등이 공기업과 준정부기관으로 새로 분류되었고 기타 공공기관이 지정되었다. 당시 기획예산처(2008년 현재 기획재정부)는 공공기관 성격을 갖는 583개 기관을 대상으로 지정 여부를 검토하여 이 중 24개를 공기업으로, 78개를 준정부기관으로 그리고 196개를 기타 공공기관으로 지정했다. 이들의 분류 기준을 살펴보면, 공기업은 자체 수입비율이 전체 수입의 절반을 넘는 기업으로 기업적 성격이 큰 공공기관이다. 자체 수입비율이 85%를 넘으면 시장형 공기업으로 자체 수입비율이 50~85% 사이이면 준시장형 공기업으로 분류된다. 〈표 6-6〉에 있듯이 2008년 현재 준시장형 공기업에는 한국전력, 가스공사 인천국제공항공사 등 14개 기관이 있고, 시장형 공기업에는 한국방송광고공사, 대한주택보증, 한국지역난방공사 등 10개 기관이 지정되어 있다.

준정부기관은 공기업보다 기업적 성격이 약하고 정부 업무를 위탁받아 집행

표 6-6 공기업 현황(2008년 6월 현재 24개 기관)

유 형	기 관 명
공기업1 (14개)	대한광업진흥공사, 대한석탄공사, 대한주택공사, 인천국제공항공사, 한국가스공사, 한국공항공사, 한국관광공사, 한국도로공사, 한국석유공사, 한국수자원공사, 한국전력공사, 한국조폐공사, 한국철도공사, 한국토지공사
공기업2 (10개)	대한주택보증, 부산항만공사, 산재의료관리원, 인천항만공사, 제주국제자유도시개발센터, 한국감정원, 한국마사회, 한국방송광고공사, 한국지역난방공사, 한국컨테이너부두공단

자료: 기획재정부 2008.

하는 성격이 큰 공공기관들이다. 준정부기관은 다시 기금관리형과 위탁집행형이라는 두 유형으로 나뉜다. 기금관리형 준정부기관으로는 국민연금, 신용보증기금, 국민체육진흥공단 등 13개 기관이 있고 위탁집행형 준정부기관에는 산업인력관리공단, 독립기념관, 에너지관리공단 등 65개 기관이 있는데, 〈표 6-7〉에 있듯이, 기능별로 다시 5가지로 분류하기도 한다.

기타 공공기관은 공기업도 준정부기관도 아닌 공공기관으로서 경영정보 공시의무, 고객만족도 조사의무 및 경영혁신 의무 등이 부과된다. 금융공기업이라고 할 수 있는 산업은행, 수출입은행, 중소기업은행, 한국투자공사(KIC) 등과 금융감독원, 한국개발연구원(KDI), 강원랜드, 한국수력원자력, 언론재단 등이 기타 공공기관에 포함되어 있다.

공기업의 경우는 임원에 대한 인사권을 주무장관으로부터 기관장이 넘겨받는 대신 책임경영이 강화된다. 기획처 장관은 비상임이사 및 감사를 지명해 기관장을 견제한다. 준정부기관의 감사는 주무장관 대신 기획처 장관이 임명해 관리감독을 강화한다. 정부는 최근 매년 공기업 경영평가를 실시하고 있는데, 2007년도에는 한국전력공사가 정전시간 49% 단축과 아제르바이잔 등 해외사업 호조 등으로, 그리고 한국지역난방공사는 신재생에너지 활용에 힘입어, 평가성적이 각각의 분류에서 1위로 나타났다. 77개 준정부기관 중에서는 에너지관리공단이 온실가스 배출량 산정 DB구축과 에너지 절약 촉진 등의 성과로 준정부기관 전체 1위를 차지했다.

표 6-7 준정부기관(2008년 6월 현재 77개 기관)

유 형	기 관 명
검사 · 검증 (12개)	교통안전공단, 대한지적공사, 산업기술시험원, 선박안전기술공단, 축산물등급판정소, 한국가스안전공사, 한국석유품질관리원, 한국소방검정공사, 한국승강기안전관리원, 한국시설안전기술공단, 한국전기안전공사, 한국전파진흥원
문화 · 국민생활 (15개)	국제방송교류재단, 독립기념관, 한국소비자보호원, 한국원자력문화재단, 한국정보문화진흥원, 국민건강보험공단, 건강보험심사평가원, 한국과학문화재단, 국립공원관리공단, 도로교통안전관리공단, 한국우편사업지원단, 한국고용정보원, 한국장애인고용촉진공단, 한국산업안전공단, 한국보훈복지의료공단
산업진흥1 (11개)	농수산물유통공사, 대한무역투자진흥공사, 에너지관리공단, 우정사업진흥회, 증권예탁결제원, 한국농촌공사, 한국산업단지공단, 한국전력거래소, 한국철도시설공단, 한국환경자원공사, 환경관리공단
산업진흥2 (15개)	공해방지사업단, 영화진흥위원회, 우체국예금보험지원단, 한국교육학술정보원, 한국디자인진흥원, 한국문화콘텐츠진흥원, 한국방송영상산업진흥원, 한국보건산업진흥원, 한국부품소재산업진흥원, 한국산업기술재단, 한국소프트웨어진흥원, 한국인터넷진흥원, 한국정보보호진흥원, 한국정보사회진흥원, 한국환경기술진흥원
교육훈련 · 연구지원 (11개)	요업기술원, 한국건설교통기술평가원, 한국과학재단, 한국노동교육원, 한국산업기술평가원, 한국산업인력공단, 한국원자력안전기술원, 한국청소년상담원, 한국청소년수련원, 한국학술진흥재단, 한국해양수산연수원
연·기금운용 (13개)	공무원연금관리공단, 국민연금공단, 국민체육진흥공단, 근로복지공단, 기술신용보증기금, 사립학교교직원연금관리공단, 신용보증기금, 예금보험공사, 정보통신연구진흥원, 한국문화예술위원회, 한국수출보험공사, 한국자산관리공사, 한국주택금융공사

자료: 기획재정부 2008.

또한, 기획예산처는 공기업 24개, 준정부기관 77개, 기 타 공공기관 197개 등 총 298개 공공기관 가운데 국가보안기술연구소를 제외한 297개 기관의 주요 경영정보를 매년 알리오시스템(www.alio.go.kr)을 통해 통합 · 공시하고 있어서 공기업의 투명성을 높이는 데 기여하고 있다.

2. 지방정부 공기업

지방공기업이란 지방자치단체가 주민의 복리증진을 목적으로 직접 · 간접으로 경영하는 사업 중 지방공기업법의 적용을 받는 사업을 말한다. 2005년도에 총 349개인 지방공기업의 경영형태는 대체적으로 3가지로 분류한다. 먼저, 지방자치단체가 직접 사업수행을 위해 공기업특별회계를 설치하여 자치단체 소속인력으로 운영하는 직접경영형태로 상수도(106개), 하수도(53개), 공영개발(41개), 지역개발기금(15개) 등의 지방직영기업(215개)이 있다. 다음으로 지방자치단체가 50% 이상 출자한 독립법인으로 자치단체와는 별도로 독립적으로 운영되며 종사자의 신분은 민간인인 간접경영형태(97개)로 지방공사(35)와 지방공단(62)이 있다. 마지막으로 지방자치단체가 자본금 또는 재산의 50% 미만을 출자하여 자치단체 이외의 자와 함께 설립한(37) 상법상 주식회사 또는 민법상 재단법인이 있다.

지방공기업의 경영실적(2004년 12월 말 기준)을 보면, 전체적으로 540억 원의 적자를 내었는데, 직영기업은 4,773억 원 흑자 그리고 공사 · 공단은 5,313억 원 적자를 낸 결과였다. 이 중 의료원은 470억 원 적자 그리고 지하철은 6,004억 원 적자였다. 2005년도 예산 중 지방공기업으로부터의 세입은 21조 8,772억 원 그리고 세출은 23조 6,363억 원이었다. 지방재정의 자립도가 낮은 우리나라의 경우에 지방공기업은 지방재정의 확충방안의 하나로 제시되고 있으나, 그러기 위해서는 경영효율화가 선행되어야 할 것이다.

경 제 학 자

1) 램지(Frank P. Ramsey, 1903~1930)
영국 캐임브리지에서 수학자의 아들로 태어나 캐임브리지 대학에서 공부했고 나중에 수학과 강사로 일하다 요절한 수학자이자 철학자이다. 확률과 효용(1926), 최적조세론(1927) 및 최적성장론(1928) 등 3편의 논문을 썼는데 모두 경제학 이론의 발달에 큰 영향을 미친 것들이다.

2) 스티글러(George Stigler, 1911~1991)
와싱턴주 렌틴에서 태어나 시애틀의 와싱턴 대학을 나오고 노스웨스턴 대학교에서 석사학위를 땄다. 시카고 대학교의 프랭크 나이트 밑에서 박사학위를 했다. 미네소타 대학교와 시카고 대학교의 교수를 지냈으며 1982년에 노벨 경제학상을 받았다. "The theory of economic regulation," *Bell Journal of Economics and Managemenr Science*, 1971.

참 고 문 헌

김준기, "공기업개혁과 민영화: 정책의 부재?"「한국정책학회보」, 8(1): 207-229, 1999.
송대희, 한국의 공기업 관리정책, 한국개발연구원, 1992.
윤성식,「공기업론」, 박영사, 1994.
유 훈,「공기업론」, 법문사, 1990.
이만우, "바람직한 공기업 민영화 방안,"「공공경제」, 4: 173-209, 1999.
이주선, "공기업의 민영화와 구조개혁," mimeo 1998.
최승두, 박일렬, "공기업 민영화의 경제적 성과: 주요국 사례를 중심으로,"「재정론집」, 14(1): 277-309, 1999.
행정자치부,「지방공사 · 공단현황」, 2005.

Averch, H. and Johnson, L.L., "Behavior of the Firm under Regulartory

Constraints," *American Economic Review*, 52(5): 1052-69, 1962.

Boiteux, M., "On the Management of Public Monopolies subject to Budget Constraints," *Journal of Economic Theory*, 3: 219-240, (originally published in French in Econometrica in 1956) 1971.

Ramsey, F.P., "A Contribution to the Theory of Taxation," *Economic Journal*, 37: 47-61, 1927.

Williamson, O.E., *The Economic Institutions of Capitalism*, New York: Free Press, 1985.

제 7 장

정부의 실패와 부패의 경제학

들어가며

일반적으로 정부가 과다하게 개입함으로써 오히려 비효율적인 결과를 초래할 경우에 정부의 실패가 일어났다고 한다. 정부의 개입으로 인해 공기업이 비효율적이 될 수 있다는 것을 앞 장에서 보았다. 정부를 담당하고 있는 관료와 정치가 그리고 정부를 이용하려는 이익집단들이 공공지출을 통해서 각자의 사익을 챙길 수 있는 제도적인 허점이 비효율과 정부부문의 비대화를 가져오게 된다. 정부가 여러 규제를 통해 너무 많은 재량권을 감시자 없이 행사할 수 있을 경우에 이익집단의 로비와 지대추구가 활발해지고 부패가 발생할 개연성도 높아진다.

최근 우리 사회에서는 각종 재량권과 규제를 통한 정치인과 관료의 개입이 단순히 시장경제의 부분적인 왜곡에 그치지 않고, 기업의 창조적 기능을 저해하고 부조리를 당연시하는 그릇된 인식을 조장하여 사회의 건전한 가치관과 윤리적 기조마저도 붕괴시킬 지경에 이르렀다. 대우그룹의 해체, 린다 김 로비 사건, 공직자 자녀 병역회피 문제, 금융감독원의 독직 사건 등등 부패와 부조리가 사회전반에 만연된 병폐가 되고 있다. 공공부문이 유형의 양적인 규모에서뿐 아니라 무형의 임의적 재량권과 규제권의 축소라는 형태로 작은 정부로 변할 때에 공정한 경쟁에 의한 시장경제질서가 확립되고 사회의 붕괴를 방지할 기틀이 확립될 수 있을 것이다. 이 절에서 소개하고 있는 관료의 예산극대화 성향, 정치가의 재선가능성 극대화 성향, 이익집단의 지대추구와 부패의 경제학 등에 대한 논의는 공공부문에 대한 독자의 분석능력을 제고하고 해결책을 모색하는 데 도움이 될 수 있을 것이다.

먼저, 의뢰인(주인)-대리인 문제가 발생하는 연유를 살펴보고, 일반적인 관료의 예산극대화 성향에 대한 니스카넨의 모형과 지역공공재에 대한 주민투표와 이에 대응한 지방관료의 전략적인 예산극대화 행태에 대한 로머-로젠탈의 모형을 살펴본다. 차기 선거에서의 재선과 정치적 수입의 극대화라는 사익을 추구하는 정치가의 수입극대화 모형을 살펴본다. 또한, 지대의 개념을 소개하고 이익집단의 지대추구에 의하여 정부의 지출이 증대하게 되는 뮬러-뮤렐의 모형을 살펴본다. 마지막으로 부패의 개념과 로즈-애커만의 미시경제적 분석 모형 및 로비에 대해 소개한다.

제 1 절 의뢰인(주인)-대리인 문제

1. 정보의 비대칭성

집단적 선택에 있어서 의사결정을 정책입안자에게 위임하는 일은 흔히 있을 수 있는 일이다. 특히 다양한 이해관계가 얽힌 대의민주주의에서 유권자가 선출된 대표에게 정책결정권을 위임하는 것은 좋은 예이다. 이 경우는 지역구 유권자라는 여러 의뢰인이 한 사람의 국회의원을 공동으로 대리인으로 의뢰한 것과 마친가지인 공동대리인 관계라고 하겠다.

일상 생활에서 접할 수 있는 예로는 환자-의사 관계나 의뢰인-변호사 관계 또 주주-전문경영인 관계 가게주인-종업원 관계 같은 것들이다. 이 모든 의뢰인-대리인(principal-agent) 관계에서 발생할 수 있는 문제의 근본적인 원인은 주인 혹은 의뢰인과 대리인의 선호나 이익이 같지 않을 수 있고 정보가 불완전하다는 데 있다. 표면상으로는 대리인이 의뢰인의 이익을 위해 일하지만 의뢰인을 위한 최적의 행동을 판단하기 위한 정보는 대리인만이 가지고 있는 경우가 많다. 이런 정보의 비대칭성은 전문적인 지식의 차이에 기인하기도 한다.

예를 들어 환자-의사 관계에서 의사가 훨씬 많은 의학지식과 정보를 가지고 있다. 고용주-피고용자 사이에서도 피고용자가 얼마나 능력이 있으며 열심히 일하는가는 피고용자가 가장 잘 알고 있으며 고용자가 이를 완벽하게 파악하기는 힘들다. 이런 정보의 비대칭성(情報의 非對稱性, asymmetry of information)은 특별한 유인이 없는 한 대리인이 스스로 의뢰인에게 가장 이로운 정보를 반드시 제공할 필요는 없게 만든다.

2. 이익의 불일치

금전적인 보상이나 승진을 통해 대리인이 정보를 제공할 유인을 마련해 주는 것은 의뢰인이 해야 할 일이다. 그러나 이런 유인의 제공은 상당한 비용이 들 수 있다. 그러므로 의뢰인이 대리인에게 적절한 유인을 제공하지 못하는 경우에는 대리인이 의뢰인의 이익 대신에 자신의 이익을 극대화하기 위한 방편으로 자기가 가진 정보를 활용하게 될 수도 있다. 어떻게 보면 의뢰인-대리인 관계는 유인의 크기에 따라 내생적으로 결정된다고도 볼 수 있다. 국민-정치가나 국민-관료의 관계에서 의뢰인인 국민은 사회후생의 극대화를 선호한다고 하자. 그런데 국민이 대리인인 정치가에게, 국민의 여론을 무시하면 다음 번 선거에서 재선되지 못할 것이라는 강한 메시지와 같은 적절한 유인(誘因, incentive)을 제공하지 못한다면 정치가는 사회후생보다는 자신의 금전적인 이익이나 재선을 위해 행동할 수도 있을 것이다. 국민-관료의 관계에 있어서도 국민이 적절한 감시체제나 보수를 관료에게 마련해 주지 않는다면 대리인인 관료는 사회후생의 극대화보다는 자신이 주무를 수 있는 예산의 극대화나 뇌물수수 등을 통해 자신의 이익만 극대화하려 할 수도 있을 것이다.

국민의 대리인인 정치가나 관료가 사익 추구를 위한 정책을 펴고 있어도 일반국민은 전문지식도 없고 정보를 제대로 알고 있지 않으므로 정확한 판단을 내리기 힘들다. 그러므로 정보의 공개와 공유를 통해 사안에 대한 정확한 파악을 할 수 있는 여건을 만들어 주어야 하며 감사원이 제 기능을 해 주어야 할 것이다. 최근에는 시민단체들이 소비자 보호 또 행정 효율성 제고 등에 대해 감시하고 정책대안을 제안하는 등 활발한 활동을 하고 있어서 공직자가 사익을 추구하는 것을 미연에 방지하는 제동장치로서의 역할을 할 것으로 기대된다.

의뢰인(주인)-대리인 문제(principal-agent problem)의 근본 원인:
정보의 비대칭성(asymmetry of information)
이익의 불일치(difference in interests)

제 2 절 관료의 예산 극대화 성향

1. 니스카넨 모형: 관료의 최적수준의 예산과 산출물

관료(官僚, bureaucracy)란 미리 정해진 위계질서(位階秩序, hierarchy) 속에서

관리(管理)의 효율성을 극대화하기 위한 조직이라고 베버(Max Weber)는 정의하고 있다. 이에 근거하여 도얼(van den Doel 14, 1979)은 “시장 밖에서 행해진 의사결정을 조화시키기 위한 모든 수직적 방법”을 관료라고 보았다. 정부예산이나 관료조직의 팽창은 바그너(Adolf Wagner)의 법칙이나 파킨슨(Parkinson, 1957)의 법칙 등으로도 널리 알려져 있는 생소하지 않은 주장이라고 하겠다.[1)]

니스카넨(Niskanen, 1971)은 수학적 모형을 세워서 관료가 산출물이 아니라 예산을 극대화하려 한다는 것을 주장했다. 물론 예산을 극대화하게 되면 산출물도 자연히 예산의 증대와 함께 커지게 될 것이지만, 산출물이 아니라 예산의 극대화가 목적인 경우에는 사무실의 크기나 비품 또는 봉급이나 스탭진 등의 투입물의 증대를 우선적인 목표로 삼아서 관료의 위신과 체면과 권한을 높이고자 한다는 점이 다르다고 할 수 있을 것이다. 공공서비스에 대한 수요는 시민에 의해서 결정되더라도 그에 대한 예산과 실제의 산출량은 관료의 목적에 따라서 달라질 수도 있다는 점이 이 모형의 중요한 결과이다.

어떤 물품을 구입하기 위한 예산을 책정할 때에 그 예산에는 소비자가 그 물품의 구입으로부터 얻을 수 있다고 생각하는 가치가 반영되어 있다고 할 수 있다. 그 물품에 대한 욕구가 강하다면 소비자는 예산을 넉넉하게 잡아둘 것이다. 이와 비슷하게, 관료가 공공서비스라는 산출물을 마련하기 위해 책정한 예산도 그 산출물에 부여하는 가치를 금전적으로 환산한 금액 또는 그 산출물로부터 나올 수 있는 모든 사회적 편익을 합하여 평가한 총액으로 볼 수 있다. 다시 말해서, 책정된 예산은 곧 그 예산이 집행됨으로써 생길 수 있는 총편익으로 해석할 수 있다는 것이다. 정해진 양의 공공서비스(Q)를 산출하기 위해 관료들이 책정하고자 하는 예산(B)이 따로 있다고 가정하여 아래와 같이 간단한 “예산-산출 함수(budget-output function)”로 표시해 보자.[2)]

$$B = aQ - bQ^2, \qquad (0 \leq Q \leq a/2b, \quad 0 \leq a,\ b) \tag{7. 1}$$

시민 개개인의 공공서비스나 공공재에 대한 수요는 그들이 받을 수 있는 한

1) 바그너의 법칙(Wagner's Law): 산업화 등 사회적 진보가 계속되고 있는 한 국가경비가 지속적으로 팽창한다는 법칙. 파킨슨의 법칙(Parkinson's Law): 행정기관이 그 기능의 수행에 있어서의 필요성과는 무관하게 그 자체의 힘으로 지속적으로 국가기관의 규모를 확대해 나간다는 법칙. 이외에 관료는 그들의 산출량을 극대화 하려는 성향이 있다고 본 견해도 있다.

2) Q는 B가 증가하는 구간에 한정했다.

계편익에 달려 있다. 사회적 재화(Q)가 한 단위 늘어날 때 예산으로 표시된 총편익(B)이 얼마나 더 한계적으로 늘어나는가 하는 것이 Q에 대한 한계적 가치평가(marginal valuation) V로 볼 수 있다. 이것은 식 (7. 1)을 Q에 대하여 미분한 값으로서 아래의 식 (7. 2)와 같이 나타낼 수 있다. 이를 니스카넨은 정치적 수요(political demand)라고 불렀다.

$$V = dB/dQ = a - 2bQ, \qquad (0 \leq Q \leq a/2b) \tag{7. 2}$$

니스카넨은 사회적 재화의 생산에 있어서 수확체감의 법칙이 작용하여 실제의 생산비용은 총편익 또는 예산이 증가하는 것보다 더 빠른 속도로 증가한다고 가정했다.[3] 다시 말해서, 한계비용의 증가속도가 한계편익의 증가속도보다 크다는 것이다. 단순화를 위해 한계비용(c)이 일정하다고 가정하면 총비용은 아래와 같아 진다.

$$TC = cQ, \qquad (Q \geq 0,\ c > a/2) \tag{7. 3}$$

공공서비스에 대한 예산과 생산에 드는 총비용 및 한계비용을 〈그림 7-1〉과 같이 그려볼 수 있다. 사회후생의 극대화를 추구하면서 유권자의 지지를 유지하려는 정치가의 입장에서는 사회적 총편익과 총비용의 차이가 극대화되는 산출량이 최적이다. 이는 그림에서 한계편익과 한계비용이 일치하는 (가)에서 이루어진다. 반면에 투입물의 극대화로 나타나는 예산의 극대화를 통하여 스스로의 위신과 권한을 높이려는 관료의 입장에서는 재정적자만 나지 않으면, 즉 주어진 예산으로 총비용을 부담할 수 있기만 하면 총편익이 극대화되는 산출량을 가장 선호한다. 이는 그림에서 총비용과 예산이 같아지는 (나)에서 이루어진다. 따라서 관료의 최적산출량(나)은 정치가의 최적산출량(가)보다 크다.

비용은 주민이 부담하게 되므로 만약 예산이 최대가 되는 산출량이 정해진 경우에는 세금을 많이 내어야 하는 주민들로부터 정치가의 인기가 떨어지게 되어 재선을 염려해야 할 수도 있으나, 관료는 선거를 통하여 선출되는 자리가 아니므로 정치가의 곤란한 처지를 굳이 감안해 줄 필요가 없는 것이다. 그러므로 관료가 예산을 극대화하려는 성향은 정치가의 그런 성향보다 훨씬 더 크다고 할

3) 이러한 가정에 대해서 도얼은 의문을 제기하고 있으나, 이 가정이 니스카넨의 결론에 결정적인 역할을 하는 것은 아니다. 니스카넨 모형에 대한 설명은 도얼의 책, pp.127～132를 참조했다.

그림 7-1 정치가와 관료의 최적예산

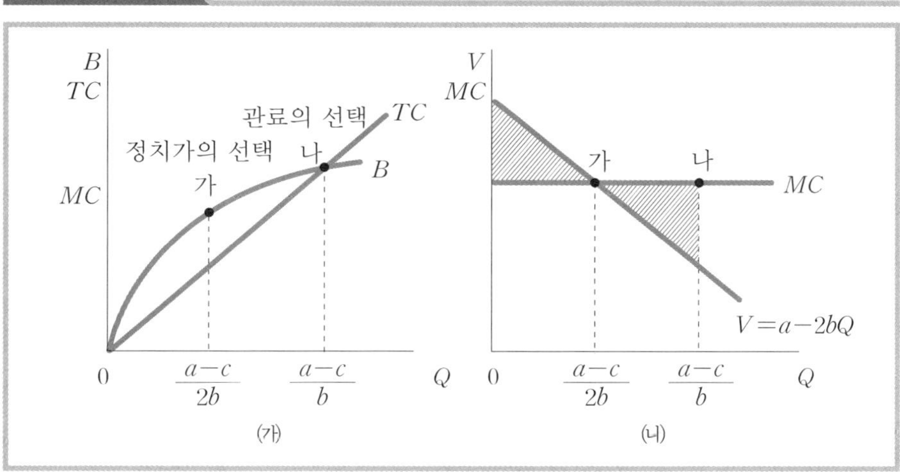

것이다.

2. 로머-로젠탈 모형: 지역공공재에 대한 주민투표와 관료의 선호

각 지방자치 지역마다 그 지방에 필요한 지역공공재가 있는데 관료가 선호하는 공공재의 산출량은 세금의 부담을 안고 있는 주민들이 선호하는 산출량보다는 크리라는 것은 쉽게 예상할 수 있다. 로머와 로젠탈(Romer and Rosenthal, 1979)은 공공재의 산출량을 주민투표에 의해 결정할 경우에 예산극대화 성향의 관료가 어떤 식으로 자신들이 원하는 바를 주민투표를 교묘히 이용해서까지도 관철시킬 수 있는가 하는 것을 보여 주고 있다.[4)]

어떤 지역의 공공재의 수준을 주민들의 투표로 결정해야 할 경우에 관료가 어떤 공공재를 제공하는 데 드는 경비를 계상해서 투표의 안건으로 내놓는다고 가정해 보자. 그리고 주민들은 투표를 통해서 그러한 경비의 지출을 할 것인가, 안 할 것인가를 결정하고, 만약에 부결된 경우에는 현 상태의 공공재 수준을 감수해야 한다고 가정해 보자. 이 경우에 가정되고 있는 것은 관료가 투표될 사항

4) 비단 지역 정부의 관료뿐 아니라 아파트 단지의 관리소장이 반드시 아파트 주민의 최대의 이익을 위해서 일하고 있다고 볼 수 없는 경우도 한 예로 볼 수 있을 것이다.

을 일단 정해놓은 다음 주민들이 그것에 대해서 투표하는 것이다.[5)]

주민들의 투표결정을 분석하기 위해서 일단 주민들의 예산선과 무차별곡선을 〈그림 7-2〉와 같이 그려보았다. 횡축은 공공재(G)를 나타내고, 종축은 그 외의 모든 재화(Y)를 나타낸다. 주민들의 예산선은 AB이고, 예산선의 기울기는 공공재의 한계조세가격의 음수(negative of marginal tax price for G)이다.[6)] 주어진 예산 아래서 주민들의 효용을 극대화하는 공공재의 수준은 G^*이고, 현재의 공공재 수준은 G_R이다. 투표에 부쳐진 새로운 공공재의 수준 G'를 부결할 경우에는 주민들은 G_R수준을 감수해야 하며, 이때의 효용수준은 U_0이다. 관료가 예산을 극대화 할 수 있는 공공재의 수준은 G_R과 같은 효용을 나타내는 무차별곡선 U_0와 예산선이 만나는 점인 G_B이지만, 주민들에게는 G_R과 G_B가 동일한 효용수준이므로 G_B를 투표에 부친다면 주민 대다수가 투표에 참여조차하지 않을 수도 있다. 그러므로 U_0보다는 약간 높은 무차별곡선상에 있으면서 G_B에 가장 가까운 G'을 관료가 투표의 안건으로 상정할 경우, 주민들은 G'이 부결될 경우의 복귀수준(復

그림 7-2 주민들의 예산선과 무차별곡선

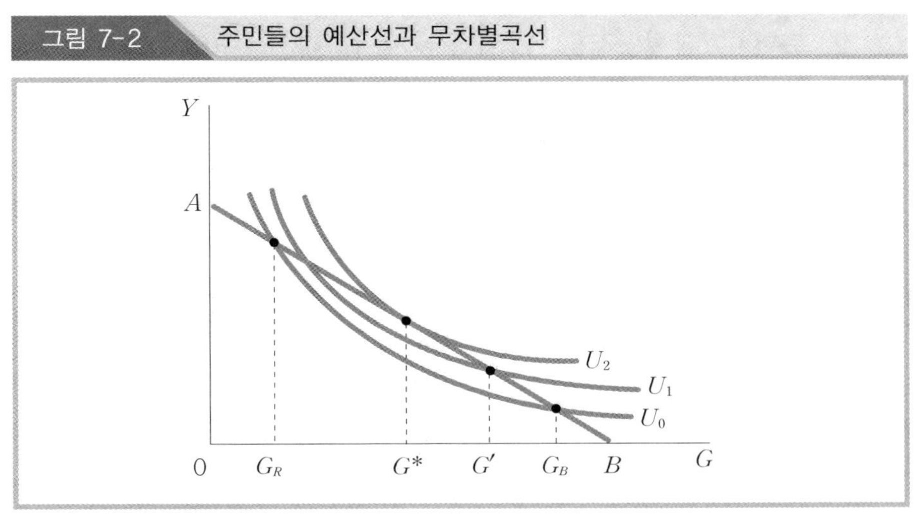

5) 아파트라는 주거 형태를 택하는 국민이 2001년에는 과반수가 되었다고 한다. 아파트의 이러저러한 서비스를 위해 관리비를 인상하고자 할 때 주민들이 찬반투표를 하는 아파트 단지도 제법 많다. 그런데 대부분의 주민들이 원하는 수준보다는 더 높은 관리비 인상이 채택되는 수도 많다. 이런 경우에 로머-로젠탈 모형을 적용하여 생각해 본다면 더욱 실감나는 예가 될 것이다.

6) Y의 가격을 뉴머레어(numeraire)로서 1로 잡으면 예산선의 기울기는 $-P$로서 공공재 G의 가격, 즉 한계세금가격의 음수가 된다.

歸水準, reversion level)인 G_R에서의 효용인 U_0보다는 더 높은 효용인 U_1을 주는 G'을 선호하여 투표로 가결하게 된다.

관료가 제시하는 대안(代案)인 공공재의 복귀수준이 충분히 낮으면, 주민들은 U_2라는 가장 높은 효용을 주는 자신들의 최적량 (G^*)보다도 훨씬 많은 양의 공공재도 수용할 수밖에 없으며, 관료는 G^*와 G_B 사이의 어떤 수준의 공공재도 주민들이 수용하지 않을 수 없도록 만들 수가 있다. 만약에 주민들이 공공재의 여러 가지 수준 중에 하나를 투표로 결정한다면, 제 3 장에서 배운 보우웬과 블랙의 중위투표자정리에 의하여 G^*가 결정될 것이다. 그러나 위의 분석에서 보았듯이 관료가 두 가지 대안을 제시할 경우에 결정되는 수준은 중위자 정리로부터 나올 수 있는 수준보다는 높아지게 될 것이다. 그렇다면 이 문제의 관건은 어째서 관료가 주민들에게 두 가지 대안을 제시할 수 있는가 하는 데 있다.

관료는 그 분야의 정보에 밝은 테크노크랫(technocrat)이므로 그들은 주민에 비해 정보수집과 분석에 비교우위(比較優位, comparative advantage)를 가지고 있다. 주민 개개인이 관료가 제시한 대안에 대하여 그 효율성과 타당성을 분석하여 그에 대한 주민들의 대안을 제시하려면 생업에 지장을 줄 정도의 시간적 그리고 금전적인 비용이 발생하게 될 수도 있다. 그러므로 주민은 전문가인 관료의 대안을 대부분 수정 없이 받아들이게 되는 것이다. 따라서 주민과 관료와의 사이에 있는 정보의 갭(gap)을 채워 주고 주민의 권익을 보호해 줄 수 있는 전문단체인 소비자 보호단체와 같은 NGO나 민간경제연구소 등이 대안을 내놓는다면 관료의 정보의 독점으로 인한 독주를 어느 정도 제어할 수 있으리라고 본다. 그러나 모든 안건을 주민투표나 국민투표에 부칠 수는 없으므로 국민의 대표인 국회에서의 예산심의과정에서 관료의 예산극대화 성향을 견제할 수 있어야 될 것이다.

제 3 절 정치가의 사적 효용 극대화

1. 정치가의 재선가능성 극대화

투표자가 선거에서 특정 정당이나 입후보자를 지지하는 이유를 정치적인 이유, 경제적인 이유 그리고 개인적인 이유 세 가지로 나누어 볼 수 있다. 정치적인 이유로는 입후보자와 정당의 강령과 이념 등을 들 수 있고, 경제적인 이유로는 집권정당이나, 입후보자의 경제정책과 현재의 경제상태 등을 들 수 있으며, 개인적인 이유로는 입후보자의 인간성과 투표자와의 친밀도 등을 들 수 있다. 그러므로 경제상태는 유권자의 투표를 결정하는 데 있어서 여러 요인 중의 하나에 지나지 않는다.

각각의 요인들에 대해서 바람직한 방향으로 영향을 미칠 수 있는 방법은 각각 다를 것이지만, 경제 상태 하나를 따로 떼어놓고 볼 때, 정치가는 경제정책을 통해서 경제상태를 득표에 유리한 상태로 바꾸려고 노력하게 될 것이다. 물론 경제상태가 유권자의 지지도에 영향을 미칠 수 있는 한계는 분명히 있겠지만, 경제적인 요인을 유리하게 만들어 보겠다는 집권 정치가의 노력이 곧 정치적 경기순환(政治的 景氣循環, political business cycle)으로 나타나게 되는 것이다.

영국과 같이 국민의 투표로 선출된 국회의원이 내각을 구성하는 의회민주주의는 말할 것도 없고, 미국이나 우리나라와 같이 대통령이 정부부처의 장관을 임명하며 장관이 반드시 국회의원일 필요는 없는 대통령중심제 민주주의에 있어서도 수상이나 대통령은 행정부의 수반으로서 또 집권 여당의 대표로서 행정부의 공과(功過)에 대한 정치적 책임을 지며, 행정부의 업적에 대한 국민의 평가는 차기 선거에 득표수로 나타나게 된다. 그러므로 직업적인 관료제가 정착이 되어있는 정부에 있어서도 정책결정에 정치적인 배려가 배제될 수는 없다고 보아야 할 것이다.

물가상승률과 실업률은 유권자의 관심을 가장 많이 끄는 경제지표들이다. 단기에 있어서 물가상승률을 높이면 실업률이 낮아지거나 물가상승률을 낮추면 실업률이 증가한다는, 이 두 지표 간의 상환(相換, trade-off)관계는 필립스(Phillips)곡선으로 널리 알려져 있다. 유권자가 이 두 지표에 대한 나름으로의 선호를 가지고 있을 수 있다는 점에 착안하여 노드하우스(Nordhaus, 1975)는 물가상승률과 실업률의 상환관계를 기초로 한 사회적 후생함수를 상정하고, 이러한 후생함수가 유권자의 투표함수에 직접적으로 영향을 미쳐서 선거의 결과에 영향을 준다고 가정했다. 그러므로 정부는 유권자로부터의 득표를 극대화할 수 있도록 유권자의 투표함수에 긍정적인 영향을 주는 정책을 쓰게 되며 그 과정에서 정치적 경기순환이 생성된다는 가설을 세웠다.

단기에 있어서 그러한 경기순환이 가능하기 위해서는 유권자에 대한 아래와 같은 가정이 필요하다. 유권자는 아주 급속도로 나빠지는 기억력(decaying memory)을 가지고 있어서 과거의 사건들을 금방 잊어버리며, 또한 아주 근시안적(myopic)이어서 선거일의 경제상태가 앞으로도 변하지 않고 지속되리라고 믿는다고 가정하는 것이다. 다시 말해서, 유권자는 선거일 현재의 경제상태만 근거로 해서 투표를 하게 된다는 것이다. 따라서 과거에 있었던 정치적 경기순환의 경험이나 집권당이 선거에서 승리한 후에 경기가 나빠질 수도 있다는 미래에 대한 기대치는 유권자의 투표결정에서 배제되어 있다. 이는 곧 유권자가 선거일에 즈음하여 형성된 호경기가 무기한으로 지속될 수 있는 것으로 항상 속고 있다는 이야기가 된다. 정치가는 득표를 극대화하려 하므로 임기의 초기에는 물가상승률은 억제되어서 낮고 실업률은 높은데 임기동안에 물가상승률은 점점 높아지고 실업률은 점점 낮아져서 다음 번 선거일에는 높은 물가상승률과 낮은 실업률을 달성하게 되었다가 선거가 끝난 후에는 경기의 과열과 인플레이션을 억제하기 위해 다시 물가상승률을 낮추고 실업률은 높이는 정책을 채택하게 되므로 정치적으로 야기된 경기순환이 매 선거일을 기점으로 되풀이된다는 것이다.

프레이와 라우(Frey and Lau, 1968)에 의하면 집권당의 정치적 이념을 구현해야 하겠다는 당 수뇌부로부터의 내부적 압력과, 정권를 유지하기 위해서는 차기 선거에서 과반수를 얻어야 한다는 외부적 압력을 정부는 받게 된다는 것이다. 따라서 집권 정부의 효용은 이 두 가지를 다 충족시킴으로써 향상될 수 있으며 정부가 정치가의 재선가능성을 극대화하는 과정에서 정치적 경기순환이 야기된다고 보았다. 정부가 효용을 극대화하기 위한 정책을 쓴다면 고든(Gordon, 1975)이 지적하고 있듯이 인플레이션의 공급은 인플레이션의 "억제로 인한 장래의 득표수의 감소를 [인플레이션의] 용인으로 인한 장래의 득표수의 증가와 비교해서" 결정하게 될 것인지도 모른다.

2. 정치가의 정치적 수입 극대화

집권당의 재선을 위한 거시경제적 정책은 여당의 수뇌부가 공동으로 결정하는 것이라면 정치인 개개인의 효용극대화에는 자신의 효용에 직접적으로 관련된 요소만 챙기면 될 것이다. 배로(Barro, 1973)는 정치가의 소득은 그의 봉급과 공공재의 공급으로부터 나오는 정치적 수입(political income)으로 구성되어 있다고 보고, 정치가는 그의 총소득을 극대화하려하고 유권자는 그들의 사적재와 공공재의 소비로부터 나오는 효용을 극대화하려 한다고 보았다. 논의의 편의를 위해 사적재에 대한 소비자들의 선호는 같고 공공재에 대한 선호도 같으므로 최적 규모의 정부에 대한 소비자들의 견해도 일치한다고 가정했다. 공공재의 생산을 위해서 드는 자원의 비용은 사적재를 생산하지 못하게 되는 기회비용과 공공재를 관리해야 할 행정비용인 공무원의 소득으로 구성되어 있다. 모든 N명의 소비자에게 똑같은 세금을 물린다면 개인의 입장에서 최적 규모의 공공재는 자신의 효용(U)을 극대화하게 만드는 규모이다. 개인 i의 효용극대화를 위한 공공재(G)와 사적재(X)의 최적량은 아래와 같은 한계조건을 충족시키게 만들어 구할 수 있다. 즉, 사적재의 가격을 뉴머레어($P_X=1$)로 한다면 공공재와 사적재에 대한 한계효용의 비율이 공공재의 한계비용(C')을 N분의 1로 분담하는 한계조세 분담률과 같도록 만드는 것이다.

$$\frac{\partial U/\partial G}{\partial U/\partial X_i}=\frac{1}{N}\,C'(G) \tag{7. 4}$$

왜냐하면,

$\dfrac{MU_G}{MU_X}=\dfrac{P_G}{P_X}=\dfrac{P_G}{1}=$조세$=\dfrac{MC}{N}=\dfrac{C'(G)}{N}$이기 때문이다.

소비자의 효용은 사적재와 공공재로부터 나오는데 반해, 정치가는 자신의 정치적 수입을 극대화하려 한다. 그런데 정치적 수입은 공공재만으로부터 나오므로 정치가의 사적 수입을 극대화하는 공공재의 양은 소비자들이 원하는 공공재의 양보다 더 많게 된다. 따라서 정치가가 공익, 즉 소비자들의 효용극대화 대신에 자신의 사익을 추구한다면 공공부문은 사회적으로 최적인 양보다 커지게 될 것임을 시사한다.

제 4 절 이익집단의 지대추구

1. 지대의 개념

지대(地代, rent)의 발생원리를 정립한 리카르도(David Ricardo)에 의하면 지대의 개념은 생산요소로서의 토지에 대한 사용대가를 말하는데 지대의 차이가 발생하는 것은 토지의 질(質), 즉 토지의 생산능력의 차이에 기인한다고 보았다. 마샬(Alfred Marshall)이 이를 응용하여 정립한 준지대(準地代, quasi-rent)라는 개념은 토지가 아닌 생산요소가 그것의 기회비용(機會費用)보다 더 많은 대가를 받을 때의 초과분을 말한다. 준지대는 시간이 지나서 생산요소의 공급이 조정되면 점차 소멸되게 된다. 리카르도나 마샬의 개념과는 좀 다른 지대추구(rent-seeking)행위에서의 지대의 개념은 툴록(Tullock, 1967)이 처음 제시한 것으로서, 알기 쉽게 말하자면, 강도나 약탈, 사기가 가장 극단적인 지대추구행위라고 할 수 있다. 그렇지만, 이런 개념이 지대추구행위에서의 지대로 불리기 시작한 것은 크루거(Krueger, 1974)가 처음으로 지대추구라는 조어를 쓰기 시작하고 나서부터이다. 또한 바그와티(Bhagwati, 1982)는 지대라는 용어 대신에 '직접적으로 비생산적인 이윤추구(DUP: directly unproductive profit-seeking)'라는 용어를 사용했다. 다시 한 번 정리하자면, 원래의 지대는 토지의 사용료 개념이었으나, 지대추구에서의 지대는 인위적으로 만들어진 전이금을 일컫는다.[7)]

지대추구(地代追求, rent-seeking)에서의 지대:

지대는 원래는 토지에 대한 임대료를 의미하지만 여기서는 정상적인 이윤과는 별개의 인위적으로 형성된 비생산적인 일종의 전이금(*transfer*)을 의미한다.

준지대와도 구분되는데 준지대는 생산요소가 공급이 한정되어 있음으로 해서 그것의 기회비용보다도 더 높은 수입을 얻게 되는 것을 말한다.

---

7) 리케츠(Ricketts, 1987)는 지대추구행위를 '기존의 재산권을 바꾸기 위해 쓰이는 자원'으로 정

2. 독점의 사회적 비용으로서의 지대추구행위

한 집단이 다른 집단으로부터 소득을 이전 받았을 경우에 전통적인 경제학적 분석에 의하면, 소득이 감소된 집단의 손실과 소득이 증대된 집단의 이득이 서로 상쇄되기 때문에 소득의 이전이 사회 전체에 끼치는 사회적 비용은 없다고 보았다. 단순한 소득의 재분배가 아닌 독점의 경우에는 독점으로 인하여 소비자로부터 생산자에게 소득이 이전된다고 볼 수 있다. 독점이윤은 소비자로부터 생산자인 독점기업에게 이전되는 소비자 잉여의 감소분 중의 일부이다. 독점으로 인해서 감소되는 소비자 잉여의 일부분은 이렇게 독점이윤의 형태로 생산자에게 이전되지만, 사회의 어느 누구에게도 이전되지 못하고 그대로 사장(死藏)되고 마는 부분도 있다는 것은 하버거(Harberger, 1954)가 지적한 바 있다. 이를 하버거의 사중적 손실(死重的 損失, deadweight loss) 또는 후생비용(厚生費用, welfare cost)이라고 하는데, 이것만이 독점의 사회적 비용이라고 한동안 생각되어 왔었다. 그러다가, 사회적 비용이 하버거의 사중적 손실 이상이 될 수도 있다는 것을 툴록(Tullock, 1967)이 처음 제시했다.

툴록은 정부의 규제나 특혜에 의해서 인위적으로 독점권이 허용되고 이러한 인위적인 독점권을 획득하기 위하여 이익집단들이 관계요로에 청원하게 된다면 소비자로부터 독점기업에게로 부의 이전을 도모하기 위하여 쓰여지는 비용은 생산활동을 위하여 쓰여진 것이 아니라 비생산활동인 독점권 획득을 위하여 쓰여진 것이기 때문에 사회적으로 낭비라는 점을 직관적으로 제시했다. 이렇게 독점권의 획득을 위해서 쓰여질 수 있는 경비의 최대치는 독점으로부터 얻을 수 있는 독점이윤의 크기가 될 것이다. 그러므로 사회적 비용의 크기는 하버거의 사중적 비용과 독점이윤의 합이 된다. 크루거는 툴록이 제시한 이런 종류의 활동을 지대추구행위라고 명명했다. 지대추구행위는 사회 구성원 각자의 경제적 이익을 증대시키기 위하여 정부의 개입이나 중재를 얻어서 다른 사회 구성원으로부터 부(富)의 이전을 꾀하는 사회적으로 낭비적인 활동이라고 정의할 수 있다. 크루거에 의하면 독점적인 수입면허 및 허가를 얻기 위해 정부관리들에게 증여하는 지대추구의 비

의를 내리고 있다. 그러나 이런 경우에는 독점권을 갖기 위한 노력이나 독점권을 없애기 위한 노력이나 다 기존 재산권의 변화를 가져온다는 점에서는 지대추구행위로 간주될 수도 있지만 이는 진정한 지대추구의 의미와는 상당히 거리가 있다.

그림 7-3 독점산업에서의 지대

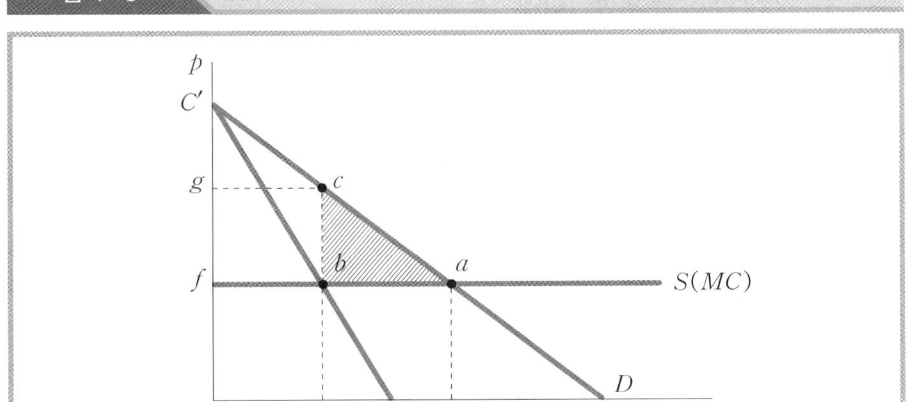

용인 뇌물의 크기가 1970년도에 인도에서는 GNP의 15% 정도였다고 한다.

독점에 있어서 지대추구행위로 인한 사회적 비용의 크기를 그림으로 나타낸 것이 〈그림 7-3〉이다. 그림에서 a는 수요곡선과 공급곡선(여기서는 단위당 일정한 한계비용을 가정했으므로 공급곡선이 곧 한계비용곡선임)이 만나는 점이고, 독점이 없는 경우의 생산량은 Q_0이다. 독점인 경우에는 한계수입(MR)과 한계비용(MC)이 일치하는 점인 b에서 이윤을 극대화하는 생산량이 결정되므로 생산량은 Q_1로 줄어들고 가격은 f에서 g로 오르게 된다. 이때에 abc가 하버거가 지적한 사중적 손실 또는 후생비용이다. 독점이윤의 크기는 $fgcb$인데, 지대추구행위로 인하여 이 부분이 다 사회적으로 낭비될 수도 있다는 것이다.

포즈너(Posner, 1975)는 독점으로부터 얻어질 수 있는 독점이윤의 전부나 또 다른 지대추구행위를 통하여 이전될 수 있는 부의 전부가 지대추구행위의 경비로 낭비될 수도 있다는 점을 아래와 같은 예를 통하여 보였다. 10명이 십만 불의 독점이윤 또는 전이금을 부여받기 위해서 경쟁하는 상황에서, 각자는 위험부담에 대한 중립적인 입장을 견지하며, 각자가 경쟁을 위해 쓴 비용은 반환되지 않는다는 가정 아래, 10명은 각각 일만 불씩을 쓸 것이다. 그 이유는 십만 불의 이득을 획득할 수 있는 확률은 각각 10분의 1이기 때문이다. 이 경우에 지대추구로 인해 낭비된 경비의 사회적인 총계는 독점이윤과 같은 십만 불이 된다.

3. 지대방어행위의 비용

포즈너의 예에서와 같이, 지대추구행위로 인한 낭비의 합이 아무리 많아도 그것을 통해서 얻을 수 있는 전이금의 크기보다 더 많아질 수는 없을 것이라고 초기에는 생각했으나, 툴록(Tullock, 1980)이 지적한 바와 같이, 일단 한 집단이 기득권을 가지고 있는 경우에는 그 기득권을 뺏으려는 다른 이익집단이 그 목적으로 지대추구행위에 쓰는 비용은 그 집단이 목표로 하는 이득의 크기보다 많아지지는 않겠지만, 기득권을 방어하려는 집단도 또한 지대방어행위에 쓰는 비용의 상한선을 기존의 이득의 크기로 정할 것이기 때문에, 두 집단이 이득을 차지하기 위해서 쓸 비용의 합은 그 이득의 크기보다 더 많아질 수도 있을 것이다.

지대추구의 사회적 비용측면만 강조되는 경향이 있으나, 한편, 지대추구를 위한 로비과정에서 회사나 경제정책 등에 대한 정보가 많이 알려진다면, 이런 정보를 유용하게 사용할 수 있는 사람들에게는 가치가 있을 것이다. 또한, 지대추구 과정에서 향응을 베풀고 접대하는 중에 이런 접대를 받는 사람의 효용 증대도 감안되어야 할 것이다. 이런 점들을 포함해서 사회적 비용을 계산한다면 지대추구의 순사회적 비용이 다소 줄어들 수도 있을 것이다.

4. 이익집단의 지대추구와 정치적 반대급부

한 집단이 공동으로 회원들에게 부여될 수 있는 어떤 특정한 권한이나 특혜를 추구하는 경우에 이 집단을 이익집단(interest group)이라고 말할 수 있다. 이익집단은 권한이나 특혜와 같은 무형의 재화를 확보하여 유형의 금전적인 이익으로 변환시키고자 하는 목적을 가지고 있다. 이익집단은 자신들의 이익추구라는 목적을 달성시키기 위해서 요로(要路)에 압력을 넣는 압력단체(pressure group)이기도 하다. 이렇게 같은 목적으로 모여서 형성된 이익집단은 하나의 클럽이라고 볼 수 있다. 이익집단이 영향력을 발휘하게 되면 수익자 부담원칙에 입각한 린달균형에서 이탈할 뿐만 아니라, 정부지출의 증대를 초래하게 된다는 것을 뮬러와 뮤렐(Mueller and Murrell, 1985)의 간략한 모형으로 살펴보도록 하자.

두 개의 다른 집단 i와 j가 각각의 예산(Y)한도 내에서 사적재 X와 공적재 G의 소비를 통해서 각각의 효용 U를 극대화하는 경우를 생각해보자. 각 집단은 아래의 식 (7. 5)와 같은 효용극대화 문제를 풀어야 하며, 이 때의 린달 균형조건으로 식 (7. 6)을 얻게 된다. 그러나 이 두 집단이 이익집단으로서의 영향력을 발휘하게 된다면 이 균형조건으로부터 이탈하게 된다. 사적재의 가격을 뉴머레어(numeraire)로 하여 1이라고 하고 공공재에 대해서는 각각 세금 t를 낸다고 하자.

$$max\ U_i(G,\ X_i) \tag{7. 5}$$

$$s.t.\ Y_i = t_iG + X_i, \qquad t_i + t_j = 1$$

$$U_{iG}/U_{ixi} = t_i \tag{7. 6}$$

j집단의 경우는 위의 식에 i 대신에 j를 대입하면 되고, U_iG는 $\partial U_i/\partial G$, 즉, i집단이 G로부터 얻는 한계효용을 말한다. 공공재 G는 그 성질상 i와 j가 동일량을 소비하며 두 집단이 내는 세금 t의 합으로 G가 제공된다. 각각의 세금은 식 (7. 6)의 조건을 만족시키는 린달세(Lindahl tax)로 결정된다.

이제 이 두 집단 중에 i집단이 능동적으로 자기 집단의 이익을 위해서 Z라고 하는 재화를 정부가 제공해 주도록 만드는 것을 목표로 영향력을 행사한다고 가정하자. 목표재화 Z는 공공재 성격을 띠고 있으나 수혜집단에게는 사적재의 구실도 겸하게 되는, 예를 들면, 공공 주거시설이나 교육보조금 같은 것이라고 볼 수 있다. 이런 재분배형태의 재화의 소비과정에서 외부성이 생겨서 다른 사람들에게도 영향을 주게되므로 부분적으로 공공재의 성격을 띠게 된다. 목표재화 Z의 공공재적 성격의 비율을 θ라고 하자. 그런데 재화 Z는 j집단에게는 θ의 비율만큼의 공공재일 뿐이고 사적재 구실은 하지 못한다면, 이익집단 i와 j의 효용극대화는 아래와 같게 된다.

$$i\text{집단: } max\ U_i[G+\theta Z,\ X_i+(1-\theta)Z], \quad 0 \le \theta \le 1$$

$$j\text{집단: } max\ U_j[G+\theta Z,\ X_j] \tag{7. 7}$$

그러나 Z가 공공재라는 명목으로 i와 j로부터 걷어들인 세금으로 제공되는 한, 새로운 예산제약은 i와 j 모두 아래와 같다.

$$Y_i = t_i(G+Z) + X_i \quad \text{그리고} \quad Y_j = t_j(G+Z) + X_j \tag{7. 8}$$

따라서 i는 가능하면 Z가 많아지기를 원할 것이고, j는 가능하면 $Z=0$이기를 원할 것이다. 그리고 i는 최대 $(1-\theta)Z$만큼을 지대추구의 비용으로 쓸 용의가 있다고 할 것이다. 이 경우에는 예산식이 아래와 같이 바뀌게 될 것이다.

$$Y_i+(1-\theta)Z \geq t_i(G+Z)+X_i \text{ 그리고 } Y_j=t_j(G+Z)+X_j \qquad (7.\ 9)$$

그러나 i집단의 영향력으로 일단 Z라는 준공공재가 정부의 예산에 반영되게 되면($Z>0$), 능동적인 수혜집단인 i와 수동적으로 이를 감수하는 j집단 모두가 공공재의 총공급량($G+Z$)의 증대를 원하게 된다는 데에 문제의 심각성이 있다.

그 이유를 간단한 예를 통해서 살펴보도록 하자. 목표재화 Z가 없었을 때의 G의 크기를 $G=100$이라고 하고, 100에 대한 세금을 i와 j가 각각 t_i와 t_j씩 내고 있었다고 하자. 이때는 위의 식 (7. 6)에서 처럼 $U_jG/U_jX_j=t_j$가 성립된다. 이제 i집단이 영향력을 행사하고 j집단은 세금을 올리는 것을 반대해서, G를 줄인 만큼만 Z를 제공하여 공공재의 총공급량은 전과 같은 $G+Z=100$이라면, j집단에게 유용한 공공재는 $G=G+\theta Z<100$에 불과하다. 따라서 $U_jG/U_jX_j>t_j$가 되므로 j집단은 $(1-\theta)Z$만큼의 G가 증대되어 $U_jG/U_jX_j=t_j$가 되기를 원하게 되다. 그러므로 일단 Z를 예산에 넣게 되면 i와 j 두 집단 모두 공공재의 총공급량의 증대를 원하게 된다.

이와 같이 경제 내에 Z류(類)의 준공공재의 증대를 원하는 이익집단은 Z의 증대로부터 얻는 혜택은 자신들이 향유하지만 Z를 제공하는 데 드는 비용은 다른 집단에게 전가시켜서 자신들의 부담을 줄이려 한다. 다시 말해서, 한 이익집단이 다른 이익집단으로부터 그들이 모르는 사이에 비용의 일부를 지원받는 것과 마찬가지이다. 정부가 이러한 이익집단이 원하는대로 Z류의 준공공재를 예산에 반영한다면 정부가 이러한 수혜집단으로부터 받는 또는 기대하는 반대급부(反對給付)는 무엇이겠는가 하는 점을 생각해 볼 필요가 있다.

수혜집단으로부터 얻을 수 있는 반대급부가 뇌물과 같이 직접적인 금전적인 수입의 증대일 수도 있으나 법의 테두리 내에서의 정치자금의 공여나 선거시의 지지투표 수의 증대와 같은 정치적 이익일 수도 있을 것으로 짐작할 수 있다. 이 중에 정치자금의 공여는 그 자금이 개인의 복지를 위해서 유용되지 않고 여당의 정치적 목적을 위해서 쓰인다는 전제 아래에서는 간접적으로 지지 투표수를 확보하는 수단이 되며 또 받는 입장에서는 더 실제적이고 확실한 대가라고 할 수 있을 것이다. 이 경우에 수혜집단이 받는 혜택의 금전적 가치가 그 집단이 공여할 수 있는 정치자금의 상한선이 될 것이다. 그러므로 금전적 가치의 혜택이 별로 크지 않은 것은 그러한 혜택으로부터 나올 수 있는 정치자금이 크지 않으므로 굳이 정부가 혜택을 제공해 줄 유인이 적게 된다. 따라서 혜택이 아주 많은 특혜를 제공해 주는 것이 정부에게는 더 큰 정치자금을 조달할 수 있는 계기가 되며 수혜집단도 더 적극적으로 그러한 혜택을 받도록 정부 요로에 청탁을 하게 될 것이다. 또한 수혜집단의 크기가 작을수록 그들이 받는 혜택의 잉여분, 즉 정치자금 등으로 공여할 수 있는 여유분도 더 크게 마련이다.

수혜집단의 크기가 작다면 그들이 보장할 수 있는 투표수도 적다. 또한 아무리 작은 집단이라도 그 집단의 소수의 정책 결정자가 원하는 대로 정치적 지지까지도 하부조직이 따라와 주지는 않을 수도 있다. 그러므로 수혜집단의 구성원 전원이 지지표를 던지겠다는 보장은 잘 지켜지기도 힘들고, 또 사후에 잘 지켜졌는지 검사하기도 힘든 일이다. 그리고 일단 혜택을 받았으면 그 혜택의 존속이 염려되는 경우가 아니라면 몇 년 후에 있는 선거에서 반드시 혜택을 제공했던 현 정권을 지지하리라는 장담도 할 수 없다.

정부가 수혜집단으로부터 지지표를 확보하는 것은 쉽게 보장될 수 있지 않을지라도, 반대로 정부가 특정 집단에게 특혜를 주는 것에 대해서 못마땅하게 생각한다든가 자신들이 내어야 하는 세금의 증대로 상대적으로 자신들의 이익이 감소되었다고 받아들이는 집단으로부터의 반대표는 더욱 쉽게 형성될 수 있다. 그러므로 이러한 반대표를 줄이기 위해서는 특혜를 가급적이면 보이지 않도록 암암리에 주어야 되며, 같은 맥락에서 비수혜집단이 세금의 증대로 불평을 하지 않도록 해야 한다. 그러기 위해서는 특혜는 특정 집단에게 제공하되 그를 위한 경비는 불특정다수, 즉 대중이 불특정하고 비가시적인 방법으로 부담을 하도록 조치해야 한다. 그러한 방법 중에 가장 쉬운 것은 그 특정 집단이 생산자인 경우에 그 집단에게 독점권을 부여하든가 그 집단의 생산품의 가격을 임의로 상향조정(mark up)해서 세금을 올리는 대신에 소비자가 더 높은 가격을 지불하도록 함으로 해서 세금을 대체하는 것이다. 그러므로 가시적인 세금을 올리는 대신에 그것보다 덜 가시적인 시장의 환경을 조정하는 것이 정치적으로 더 안전한 방법으로 감지될 수 있다. 정부가 특정 수혜집단을 위해서 소비자에게 비용의 부담을 전가시키는 이러한 방법을 쓴다면 이익집단이 늘어난 만큼 정부규모가 눈에 띄게 증대하지는 않게 된다. 그런 과정에서 결국 정부의 정치적 배려가 조세나 공공지출이 증대 대신에 정부규제의 증대로 그 영역을 바꿔나가게 된다고 볼 수 있다.

5. 로비의 개념

로비자체는 합법화하여 감독을 철저히 한다면 오히려 사회이익에 기여할 수도 있다. 지대추구를 하는 이익집단은 정부를 상대로 로비(lobby)활동을 벌인다.[8] 미국에서는 로비를 "미합중국 의회의 모든 법안의 성립 또는 불성립에 직접 또는 간접으로 영향력을 행사할 것을 목적으로 하는 것"으로 법률적인 정의를 내려놓고 있다.[9] 자기 스스로 또는 대리인을 통하여 금전이나 고가의 물품을 요구하거나, 모으거나, 받아서 로비활동을 하는 사람이 로비스트이다. 로비는 로비스트가 의원이나 기타 의사결정권자들과 직접 접촉하여 고객(이익집단)의 주장을 정부의 의사결정에 반영시키는 직접 로비와 간접적인 방법으로 영향력을 행사하는 간접로비로 구분할 수 있다. 직접 로비활동의 핵심이 되는 것은 정보의 수집과 제공 및 영향력의 행사이다. 이를 위해서는 공직자와의 연줄이 닿아 있어야 한다. 연줄을 확보하기 위한 전통적인 방법은 뇌물과 접대이다. 그러나 이런 노골적인 방법은 노출이 될 경우에 정치적인 파산을 초래할 수도 있기 때문에 미국에서는 정치헌금과 강연료나 변호사 수수료 등의 명목으로 돈을 주는 방법이 많이 쓰이고 있다. 정보의 수집은 법안의 초안을 준비하고 있는 초기 단계에 이루어져야 효과적이다. 사전에 정보를 수집한 후에 이를 검토하여 법안이나 정책이 고객에게 유리하도록 유도하기 위한 정보를 국회의원이나 의원보좌관들에게 제공하고 설득해야 한다.

간접로비로는 우선 민중(民衆, grass-roots)을 움직여서 의원들에게 유권자로서의 영향력을 행사하게 하는 방법이 있다. 의원들에게 편지를 쓰게 한다든가, 위원 사무실에 전화를 걸게 하는 방법이다. 시위나 데모를 하게 하는 것도 한 방법이다. 또 다른 방법으로는 언론을 통하여 여론을 조성하는 것이다. 신문에 기사화한다든가 유명한 컬럼니스트의 논단을 게재한다든가 신문의 사설로 어떤 법인이나 정책이 고객에게 유리한 방향으로 결정되도록 여론을 유도하는 것이다.

---

8) 로비활동의 로비(lobby)는 원래 응접실 또는 휴게실을 뜻하는 말로서 미국의 국회의원들이 청원을 하러 온 원외자(院外者)들과 회견하는 장소를 국회의 로비라고 하므로 청원활동을 하는 사람을 로비스트(lobbyist)라고 부른 데서 유래된 말이다. 미국에서는 1791년 헌법 제1조를 수정하면서 청원권이 제정되어 로비활동이 헌법에서 보장된 기본권의 하나로 간주되게 되었다. 그러나 국회의원들에게 증회(贈賄)하는 사례가 많이 적발되면서 연방로비 규제법(Federal Regulation of Lobbying Act)이 1946년에 제정되어 이에 따라 엄격히 로비스트를 통제하고 있다.

9) 박민수(1989, 61쪽) 참조.

뿐만 아니라, 유료 광고를 싣기도 하고 라디오나 텔레비전에도 보도하도록 하는 것이다. 그리고 이익집단끼리 연합전선(coalition)을 구축하여 힘을 합쳐서 로비활동을 하는 방법도 있다.

제 5 절 부패의 경제학

1. 교환행위로서의 부패

앞에서 살펴본 관료의 예산극대화 성향과 정치가의 재선가능성 및 정치적 수입 극대화 성향은 지대추구를 일삼는 이익집단의 로비가 쉽게 먹혀 들어가게 만들고 합법적인 로비뿐 아니라 불법적인 부패(腐敗, corruption)로도 이어지게 될 수 있다. 부패행위가 일어나는 이유는 반드시 부패행위자의 도덕성이 원초적으로 결여되어 있어서만 아니라 외부적인 상황이라 할 수 있는 금력의 유혹과 권력의 위협에 의해서 도덕성이 약화됨으로써 발생하는 것이라고도 볼 수 있다. 나약한 인성의 도덕적인 타락으로 부패행위를 저지르는 것이겠으나, 부패행위가 이미 만연되어 일상생활의 일부로 용인되고 있는 사회라면 그 사회의 인습과 법규 및 제도가 부패행위를 용이하게 만들고 있기 때문인 것으로 볼 수 있을 것이다. 그러므로 부패의 원인은 도덕적, 정치적, 사회적 그리고 경제적 측면이 모두 포괄적으로 포함된다고 볼 수 있다.

부패가 만연된 사회는 도덕과 윤리가 경시되는 도덕적 파탄을 가져오고, 사회의 결속력과 공동의 이익이 도외시되는 사회적 혼돈을 초래하며, 공정한 경쟁을 통한 경제정의가 이루어질 수 없게 되어 부와 권력의 불균등이 심화되고 사회의 계층이 양극화되어 궁극적으로는 기존의 정치적 질서가 와해될 수밖에 없는 상황으로 귀결될 것이다. 부패의 만연으로 인한 사회적 혼란과 정치적 붕괴라는 막대한 사회적 비용을 초래하지 않기 위해서는 특히 공공부문에서의 부패행위에 대한 분석을 통한 이해와 근절방법의 제도화가 필요할 것이다.

1993년에 설립된 NGO인 국제투명성기구(Transparency International)가 2000년 10월에 발표한 1999년도 국가별 공직자부패지수(낮을수록 부패도가 심함)에서 한국은 10점(뇌물사례 없음) 만점에 3.8점으로 99개국 중 50위였다. 부패가 가장 적은 나라로 1위는 덴마크였다. 과거 5년간 한국의 부패순위는 1995년의 27위로부터 계속 하락하고 있다.[10] 2000년도 가을에 경실련이 공무원 1,123명과 시민 1,506명에게서 설문을 통해 조사한 바에 의하면 우리나라 공무원 뇌물액은 연간 총 6,534억 원으로 추정되고 있다. 뇌물 공여횟수는 월 0.745회이고 공무원 1인당 한달 평균 뇌물액은 13만 원이 넘는 것으로 추정되었다. 광역자치단체에 대한 부패지수는 시민보다 공무원 스스로가 평가한 지수(낮을수록 부패가 더함)가 더 높아서 부패를 체감하는 차이가 100점 만점에 평균 13점이나 났다. 시민은 경상북도가 그리고 공무원들은 경기도가 가장 부패한 것으로 평가했고 각각 대전과 충청남도가 가장 부패가 적은 곳으로 평가했다.[11]

부패행위에는 부패를 요구하는 수요자와 부패를 공급하는 공급자가 있기 마련이다. 부패는 일종의 교환행위로서 모든 경제적인 교환행위가 그렇듯이 교환에 참가한 양자가 모두 이익을 얻게 되기 때문에 교환이 이루어지게 된다. 이 교환을 통하여 매매되는 것은 무형의 권리나 호의일 수도 있겠고, 유형의 금전적 이득일 수도 있으며 그에 대한 대가(가격)는 금전적으로 또는 금전으로 환산이 가능한 향응이나 호의로 제공되는 경우가 대부분이다.[12] 부패가 이루어지기 위해서는 정상적이고 경쟁적인 거래가 금지되어 있거나, 제한되어 있어서 정상적이고 경쟁적인 거래가 불가능한 유형·무형의 가치를 창출해 내는 희소한 재화가 존재해야 한다. 이 희소한 재화의 공급자는 권한이나 영향력을 가진 정치가나 행정관료뿐 아니라 그러한 사회적인 위치나 권한을 일시적으로 부여받은 경연대회의 심사위원이나 직장의 상사일 수도 있다. 이러한 권한을 가진 자를 부패의 공급자라고 한다면 그러한 권한의 비합법적이고 부도덕적이며 불공정한 사용을 요구하면서 그에 대한 대가를 제공하는 자를 부패의 수요자라고 할 수 있다. 대부분의 경우는 부패의 수요자가 공급자에게 부패행위를 요구하지만, 더러는 공급자가 먼저 부패행위의 제공을 전제로 하여 금전적인 대가를 요구하는 경우도 있

10) 조선일보, 2000.10.27자 참조.

11) 매일경제, 2000. 11. 8 자 참조.

12) 중국 계림의 광시성 주석 청커지는 내연의 처와 함께 1992년부터 98년까지 부동산 거래와 관련된 편의제공 및 관리들의 승진 의사 대가로 2,912만 5,000위엔(약 40억원)과 3만 5,000달러 및 804홍콩달러를 뇌물로 받았다. 중국에서는 금전뿐 아니라 권색교역(權色交易)이라 불리는 성상납도 뇌물의 형태로 간주하여 처벌하도록 형법을 고치자는 주장도 나오고 있다. 〈조선일보, 2000.12.21〉참조.

다. 일단 부패행위가 이루어지면 수요자와 공급자에게 공통의 이해관계가 발생하게 되는데, 이는 부패행위의 발각 시에 양쪽 다 법적인 처벌을 받게 되고 사회적인 명예와 지위의 손상을 감수해야 하기 때문이다. 그렇기 때문에 부패를 보호하고 또 조장하여 부패의 연속적인 사슬이 형성되기 쉽다.

흔히 정경유착이 곧 부패라고 하지만 전철환(1988)은 특혜 또는 정경유착과 부패행위는 구분되어야 한다고 보고 있다. "정경유착은 집권층과 경제력을 장악한 계층 간에 집단적으로 행해지므로 이익의 사적전유(私的專有)가 예외적인 경우이고, 보통은 이익의 공유성(公有性)을 가지는 데다가 실정법상 범죄가 형성되지 않는다."[13] 후진국에서 정경유착이 생기게 되는 과정을 보면 정부주도형 경제성장정책을 추진하는 과정에서 경제통제와 국가권력이 강화되며, 이를 통하여 기업육성과 자본가 육성을 위한 시책을 펴나가면서 결과적으로 특정기업과 자본가에게 특혜를 주게 되지만, 경제성장이라는 국가적 목표를 달성하기 위하여 필요한 과정으로 인식되어 윤리적으로 이를 정당화하기 쉽다. 그러나 권력의 경제참여와 정경유착은 국가적으로 자원의 낭비, 기업에 대한 소비자의 종속, 분배의 왜곡 등을 초래하게 된다.

2. 부패의 정의

부패행위는 부도덕적이므로 개인의 도덕성의 타락을 내포하고 있고 도덕적인 지탄의 대상이 되며, 비합법적이므로 사회의 기간(基幹)의 와해를 내포하고 있고 법적인 처벌의 대상이 되며, 불공정하므로 사회정의의 붕괴를 내포하고 있고, 정치적으로 또 사회적으로 매장이 되게 된다. 나이(Nye, 1967)는 "부의 증식이나 사회적 지위의 향상 등의 사적(私的)인 이유로 [개인적으로 어떤사람의 편의를] 봐주기 위해서 공적(公的)인 역할이나 의무로부터 벗어나거나, 사적(私的)으로 봐주는 것을 금지해 놓은 규칙을 어기는" 정치적인 행위를 부패한 정치로 정의했다. 나스 외(外) 공저자들(Nas et al., 1986)은 "사적 혜택을 위한 공권력이나 권위의 어떠한 비합법적인 사용"도 부패행위라고 보았다. 위의 둘은 공급자의 측면에서 부패행위를 정의했으나, 도벨(Dobel, 1978)은 수요자의 측면에서 보고 있다. 도벨은 부패를 "상당량의 공동의 후생에 이롭게 작용하는 행위, 상징 및 제도에 자

13) 전철환(1988), 138쪽에서 인용.

신의 이해를 거의 떠나서 몰두할 수 있는 시민의 도덕적 능력의 부재"라고 정의했다.

3. 부패의 유형

부패가 사회적으로 인식되는 정도에 따라서 하이덴하이머(Heidenheimer, 1970)는 백색부패 또는 경미한 부패, 회색부패 또는 일상화된 부패 그리고 악성화된 부패인 흑색부패의 세 가지로 나누고 있다. 백색부패란 소액의 과태료나 벌금을 아는 사람한테는 눈감아 주는 정도의 일로서 그것이 잘못된 일이라는 것은 알지만 그런 경미한 부패행위에 대해서 굳이 어떤 조치를 할 필요까지는 없다고 인식되는 정도의 것을 말한다. 흑색부패란 수서(水西)사건(1991년)처럼 공직자나 대중이 모두 그런 행위가 잘못된 부패행위라는 것을 알고 있으며, 그것에 대한 적절한 제재가 가해져야 한다고 믿고 있는 것을 말한다. 백색부패와 흑색부패의 중간에 속하는 부패로서, 사회 내에 의견이 갈라져 있어서 그것이 묵인되기도 하고 물의를 일으키게 되기도 하는, 어느 정도 일상화된 부패를 회색부패라고 한다.

회색부패가 어떤 경우에는 물의를 일으키고 또 어떤 경우에는 간과되는가 하는 문제와 사회 내의 어떤 집단은 그것을 처벌의 대상으로 보고 다른 집단은 그것을 처벌의 대상으로 보지 않는가 하는 문제는 결국 그 사회에서 부패행위가 어느 정도 관습적으로 일상화되어 있는가 하는, 즉 사회 내에서 부패가 만연되어 있는 정도와 연관이 된다. 그러므로 회색부패의 범주가 크면 클수록 그 사회는 제도화된 부패가 퍼져 있다고 볼 수 있겠다. 공직자가 부패행위를 알면서 묵인해 주고 있지만, 일단 부패행위가 발각이 나서 문제시되면 시민들의 지탄을 받고 여론에 의해서 처벌하지 않을 수 없게 되는 경우를 제도화된 부패하고 볼 수 있다. 제도화된 부패가 널리 퍼져 있는 사회라면 부패의 원인을 개인의 도덕성의 타락에서 보다는 사회의 행정제도와 정치제도 자체의 기본적인 결함에서 찾아야 할 것이다.

부패의 공급자가 누구냐에 따라서 다음의 다섯 가지로 부패의 유형을 분류해 볼 수 있다. 정치집단이 정권의 획득이나 집권의 연장을 위한 정치자금을 마련하기 위하여 저지르는 정치부패, 관료가 치부를 목적으로 인허가[14]의 권한 등

14) 중국의 일부 지방정부는 길거리의 가로수조차 일련번호를 매겨 관공서에서 관리할 정도로 인

을 남용하는 관료부패, 행정기관이 통제 · 감독 기능의 수행에서 행하는 행정부패, 교육기관 특히 의과대학이나 예체능계의 교육자가 치부를 목적으로 특히 대학입시에 학생의 평가를 자의적으로 하는 교육부패, 그리고 기타 민간기업이나 단체에서의 공금착복이나 인사상의 부패를 민간부패로 분류해 볼 수 있다.

부패는 결국 권한을 가진 자가 그에게 부여된 직권을 남용하는 데서 비롯된다. 직권의 남용의 방법은 다음의 다섯 가지로 분류해 볼 수 있다. 이 다섯 가지가 각각 따로 쓰이는 경우도 있으나, 여러 방법이 동시에 쓰이는 경우가 더 많다. 각각의 방법에 속하는 구체적인 방법의 예도 아울러 살펴보도록 하자.

첫째는 공문서 위조를 하는 방법이다. 허위 영수증을 쓴다든가 가공(架空)의 인물을 채용하여 봉급을 포탈한다든가, 국가수입을 실제보다 적게 계상하여 그 차액을 착복한다든가 하는 경우가 이에 속한다.[15] 둘째는 탈법적이거나 분공정하고 편파적인 문서처리를 하는 방법이다. 부하직원의 승진 추천 등에 편파적인 평가서를 첨부한다든가, 업무처리의 우선순위를 임의로 변경하여 특정인의 문서를 초특급으로 처리해 준다든가 하는 번문욕례(煩文縟禮)로 까다로운 행정절차에 편의를 제공해 주는 것이 이에 속한다. 융자나 대부의 대상을 정하는 경우라든가 정부의 보조금을 배당하는 경우에 어떤 특정인에 유리하게 지급되도록 하는 것 등도 이에 속한다. 셋째는 위법적인 행위를 묵인해 주는 방법이다. 통제나 감독을 하는데 있어서 규정이나 규격에 위반되는 사항이나 물품의 묵인이나 합격판정 등이 이에 속하며, 또 금수품의 통관이나 과세대상 품목을 제외해 주는 등의 탈세와 감세의 묵인행위도 이에 속한다. 넷째는 정보의 제공이다. 자격시험의 문제나 정부보유 부동산을 포함하여 정부 재산의 매각 품목 및 시기 또 정부의 국토개발계획, 도시개발계획, 각종 이권의 이양시기 및 방법, 정부의 각종 구매와 사업계획에 따른 입찰시의 각종 정보의 사전 제공 등이 이에 속한다. 다섯째는 특정인이나 특정집단의 이익을 위하여 합법적으로 법을 개정하거나 계획된 업무의 일부로 만들어서 특혜를 부여하는 것이다. 특정 집단이 특혜를 받을 수 있도록 규제법을 고친다든가 특정인과 직접 이해관계가 있는 사업을 업무계획상에 반영하도록 한다든가 하는 것이 이에 속한다.

권한을 가진 자의 이러한 편의와 이익의 제공에 대한 대가로 다음의 네 가지

허가가 정부에 의해 철저히 장악되어 있다.

15) 자이레(Zaire)에서는 한 때 전국국가공무원의 2/3가 가공인물이었으며, 이들에게 지급된 봉급은 1978년 당시 정부예산의 약 1/2에 해당되었다고 한다.

형태의 보상을 들 수 있다. 첫째는 공금이나 공공기자재의 사용화 또는 착복이다. 둘째는 청탁자로부터의 뇌물의 수수이다. 뇌물은 금전이나 고가품일 수도 있고, 여행, 파티, 만찬, 이성과의 사교 등의 향응의 형태로 제공될 수도 있다. 셋째는 직위의 승진이나 직책상의 명예를 받는 일이 될 수도 있다. 넷째는 공직으로부터 퇴직할 때에 청탁자인 민간기업의 주요 임원으로서의 취업을 보장받는 것이다.

부패행위의 영향은 그 행위의 당사자에 국한되지 않고 사회 전체에 일출효과(spillover effect)를 가져올 수 있다. 부패의 부정적인 효과로는 정부의 행정비용을 가중시키고, 다른 관리들과 민간인까지 부패하게 만들며, 정부의 신망과 정통성의 기반이 약화되며, 자본유출, 투자왜곡 등 국가자원의 낭비를 초래하는 것 등을 들 수 있다. 이렇듯 부패는 사회전반에 좋지 않은 영향을 미치게 된다는 것이 통설이지만 부패의 긍정적인 효과도 간과해서는 안 된다는 주장도 있다.

나이(Nye, 1967)는 개발도상국이나 신생국에서의 부패의 순기능(順機能)으로 자본축적의 촉진작용, 정치 엘리트 간의 분열과 대립이나 국민 상호 간의 대립 등을 융화해 주는 작용 및 정당의 조직과 운영에 도움이 되는 점 등을 들고 있다. 그러나 롸쉬드(Rashid, 1981)가 지적한 것처럼 부패가 개발도상국에서 일시적으로 행정업무의 경직성을 완화시키는 윤활유 작용으로 경제성장을 촉진하는 순기능을 할 수는 있지만, 순기능으로서의 부패는 곧 한계점에 부딪치게 되어 궁극적으로는 사회발전을 저해하는 독소로서 작용하게 된다고 본다.

4. 부패행위의 미시경제적 분석

개인적인 차원에서의 부패행위란 비합법적으로 특혜나 권한을 부여받기 위해서 금전이나 물품을 그러한 특혜나 권한을 줄 수 있는 자리에 있는 관리에게 증여하는 행위를 말한다. 이러한 뇌물의 수수행위를 하는 개인들은 그러한 비합법적인 행위가 발각날 위험도와 그러한 행위를 통하여 주거나 받게 되는 뇌물과 특혜나 권한의 금전적 가치를 비교하여, 일종의 비용-편익분석을 해본 후에 뇌물의 수수 여부를 결정하게 되리라고 볼 수 있다. 정부가 민간업체로부터 물품을 조달하는 경우에 발생할 수 있는 부패행위에 대한 로즈-애커만(Rose-Ackerman, 1975)의 모형에서 가장 기본적인 부분을 살펴보도록 하자.

정부가 동질(同質)의 상품을 구입할 경우에 정부의 선호가 뚜렷하고 판매자들이 많은 때는 정부가 공개적으로 판매자들에게 입찰을 시켜서 가장 낮은 가격을 제시한 판매자를 선정하면 되므로 부패가 개입될 여지가 적다. 그러나 상품이 질적으로 달라서 서로 구별될 때에는 정부가 구매대상인 상품의 질과 가격의 조합을 비교해서 특정 판매자로부터 구매하게 된다. 이렇게 질과 가격의 조합이 선정의 기준이 될 경우에는 동질의 상품인 경우보다 정부의 정책결정자에게 더 많은 재량권이 생기게 되므로, 부패의 가능성이 높아진다.

구매를 결정하는 관리가 어떤 판매자로부터 뇌물을 약속 받았을 때 자신의 사익(私益)을 최대화하기 위한 결정을 하는 데 있어서 고려대상이 되는 변수들과, 판매자들이 경쟁적으로 뇌물을 주기로 했을 때 자기회사의 이윤극대화와 상충되지 않는 범위 내에서 줄 수 있는 뇌물의 크기를 결정하는 데 있어서 고려대상이 되는 변수들을 살펴보도록 하자

관리에게 돌아오는 이득(G)은 단순히 판매자인 기업(i)로부터 받는 뇌물(X^i)이라고 하기보다는 뇌물을 받음으로 해서 발생할 수 있는 관리 자신의 도덕적인 혹은 윤리적인 양심의 가책을 금전으로 환산한 가치인 $R(X^i)$와 만약에 발각이 났을 경우에 치루어야 하는 벌의 기대치 $J(X^i)$를 공제한 잔액이라고 볼 수 있다.

$$G(X^i)=X^i-J(X^i)-R(X^i), \qquad J'(X^i)\geq 0,\ R'(X^i)\geq 0 \qquad (7.\ 10)$$

판매자 i의 경우, 뇌물을 증여함으로 해서 발생하는 비용은 단순히 뇌물의 화폐가치뿐만이 아니라 뇌물의 증여로 인하여 받을 수 있는 벌의 기대치 $D^i(X^i)$와 판매자 자신의 도덕적인 혹은 윤리적인 양심의 가책을 금전으로 환산한 가치 $N^i(X^i)$도 또한 비용으로 계상(計上)하여야 할 것이다. $J(X^i)$와 $D(X^i)$는 수뢰죄(受賂罪)나 증회죄(贈賄罪)로 기소되었을 때의 평균 형량의 금전 환산치에 구속되는 것과 유죄판결을 받는 것이라는 두 사상(事象, event)의 결합확률(joint probability)을 곱한 값으로 볼 수 있다.

기업 i가 받을 가격은 P^i이고 정부의 구매량은 q이다. T^i는 q개의 상품을 생산하는 데 드는 총비용이다. 그러므로 기업 i의 이윤(π^i)은 아래의 식 (7. 11)과 같이 된다.

$$\pi^i(X^i)=P^iq-T^i-X^i-D^i(X^i)-N^i(X^i), \quad D'(X^i)\geq 0, \quad N'(X^i)\geq 0 \qquad (7.\ 11)$$

먼저 어떤 경우에 관리가 뇌물을 받기로 결정하는가를 살펴보고 나서 어떤 경우에 판매자가 뇌물을 주기로 결정하는가를 살펴보도록 하자. 관리가 받을 가치가 있다고 생각할 뇌물의 크기는 적어도 $G(X^i) \geq 0$이어야 한다. 다시 말하자면,

$$X^i \geq J(X^i) + R(X^i). \qquad (7.\ 12)$$

위의 식 (7. 12)가 성립해야 한다. $J(X)+R(X)$가 변하는 속도는 이 식을 미분한 $J'(X)+R'(X)$이다. X의 크기와 $J(X)+R(X)$의 크기를 비교하여 관료는 아래의 네 가지 중 하나를 행동으로 나타낼 것이다.

㈎ 어떤 뇌물도 받지 않는 경우
㈏ 아무 뇌물이나 다 받는 경우
㈐ 어떤 최대치보다 적은 뇌물만 받는 경우
㈑ 어떤 최소치보다 많은 뇌물만 받는 경우

〈그림 7-4 (a)〉에서 (가)와 (나)의 경우를 보자. 이 그림의 45°도 선은 $X=J(X)+R(X)$가 되는 것을 나타내 준다. 그러므로 $J+R$선이 45°선보다 윗쪽에 있는 경우는 $X<J+R$이 되므로 뇌물을 받지 않고 반대로 아래쪽에 있게 되면 $X>J+R$이 되어 뇌물을 받게 된다.

(가)의 경우는 $J(X)$와 $R(X)$의 합(合)이 변화하는 속도인 $J'(X)+R'(X)$가

그림 7-4 내부수익률과 순현재가치

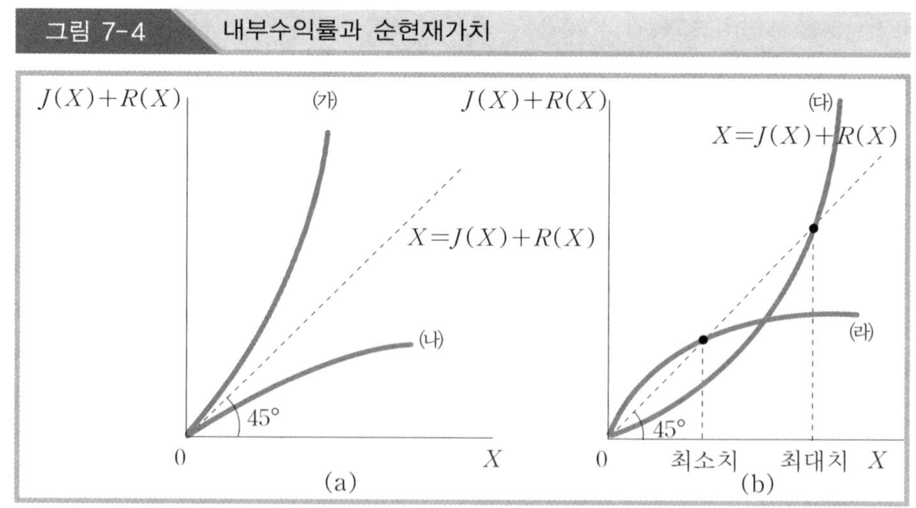

항상 1보다 큰 경우이다. 다시 말해서 뇌물을 받음으로 해서 받을 수 있는 벌의 기대치와 관리의 윤리적 비용의 금전 환산치는 뇌물의 가치가 1원 증가하는 데 대해서 1원 이상의 증가를 보이는 경우이다. 그러므로 항상 $X<J(X)+R(X)$가 성립하게 되어 $J(X)+R(X)$를 나타낸 곡선 (가)가 항상 $X=J(X)+R(X)$를 나타내는 원점으로부터의 45°선 보다 윗쪽에 있게 된다. 따라서 관리는 아무리 작은 뇌물도 받지 않게 된다.

(나)의 경우는 이와는 반대로 $J'(X)+R'(X)<1$ 이어서 $X>J(X)+R(X)$가 항상 성립되는 곡선 (나)로 표시된다. 어느 경우나 뇌물이 없으면 벌과 양심의 가책도 없다는 것, 즉 $J(0)+R(0)=0$을 가정하고 있으므로 두 곡선이 모두 원점으로부터 시작하고 있다.

〈그림 7-4 (b)〉에서 (다)를 보면, 어떤 최대치보다 뇌물(X)이 적은 경우에는 벌의 기대치와 윤리적 비용의 금전 환산치의 합이 뇌물보다 적어서 일단 뇌물을 받기는 하지만 뇌물이 최대치 이상이 되면 발각되어 큰 벌을 받을 기대치가 너무 커져서 더 이상 뇌물을 받지 않는 경우이다. (라)의 경우는 벌에 대한 기대치와 윤리적 비용의 한계적인 증대가 뇌물의 크기가 증대하는 것에 비해 상대적으로 적게 늘어나므로 뇌물의 크기가 어느 최소치 이상이 되면 결국 $X>J(X)+R(X)$가 성립하게 되어 뇌물을 받게 된다. 이 기본적인 네 가지 형태에 하나를 덧붙인다면 (다)와 (라)의 결합형태인 어떤 최소치 이상과 어떤 최대치 이하의 뇌물만 받는 경우가 될 것이다.

판매자가 뇌물을 줄 수 있으려면, 가격과 상품의 질이 이미 정해져 있는 상태를 가정할 경우에, 아래의 식이 성립되어야 한다.

$$X^I \leq P^I q - T^I - D^I(X^I) - N^I(X^I) \quad (7.\ 13)$$

그러므로 뇌물을 줄 수 있는 필요조건은 $P^I q - T^I > 0$이다. 즉 뇌물을 줄 수 있는 기업은 초과이윤을 얻고 있어야 하는데, 이것이 가능하려면 그 기업은 다른 경쟁기업보다 더 효율적으로 생산함으로 해서 생산비인 T가 더 낮거나, 아니면 일단 정부와의 계약이 체결된 후에 독점이윤을 얻을 수 있다는 전제가 성립하여야 한다. 식 (7. 13)에서 경쟁하는 모든 기업에게 공통적으로 해당되는 것은 일단 계약을 맺은 후의 독점권과 더불어, 부패행위가 발각되었을 때의 치벌이라고 본다면, 기업 간에 뇌물의 크기의 차이를 가져올 수 있는 요인은 생산비와 윤리적

비용의 합이라고 할 수 있다.

뇌물을 가장 많이 준 기업이 계약을 따내게 된다고 볼 때, 기업의 총수입과 위의 두 비용의 합의 차이, 즉 $P^I q-[T^I+N^I(X^I)]$가 가장 큰 기업이 계약을 맺게 될 것이다.

식 (7. 12)와 (7. 13)에서 관리나 기업의 윤리적 비용이 높다면 웬만한 크기의 뇌물로는 부패행위가 이루어질 수가 없을 것이다. 이러한 개인적인 윤리적 비용의 형성은 개인의 도덕심과 양심뿐만이 아니라, 그 사회 전반에 흐르는 윤리적 인식과 관습에 의해 크게 좌우될 것이지만 객관적인 판단을 내리기에는 너무나 주관적인 요인이 많다.

반면에 부패행위에 대한 벌의 기대치는 좀더 객관적인 요인들로 이루어져 있다고 할 수 있다. 이러한 객관적인 요인들을 조정해서 벌의 기대치가 높아진다면 부패행위를 줄일 수도 있을 것이므로 벌의 기대치에 영향을 미치는 요인들을 살펴보도록 하자.

정부가 구매계약을 맺은 후에 판매업자를 선정했던 관리의 부패행위가 발각되어 처벌을 받게되는 경우는 반드시 뇌물의 수수행위에 대한 소문이 나서 뿐만이 아니라, 구매된 상품의 가격이 너무 높게 책정되어 있거나 상품의 질이 너무 나쁘거나 하는 것이 계기가 되어 부패행위가 혹 있었던 것이 아닌가 하는 의심을 사게 되면서부터 그에 대한 조사가 시작되어 발각이 나는 수도 적지 않다. 그러므로 뇌물의 크기(X)와 상품의 질(Y) 및 상품의 가격(P)을 벌의 기대치 함수를 결정하는 요인으로 생각해보자.

여러 명의 판매자가 각각 다른 질의 상품을 생산하고 있지만, 일단 한 판매자가 생산한 상품의 질은 변하지 않고, 그 수준에서 유지된다고 가정하자. 그렇다면 관리의 벌의 기대치 함수(J)와 판매자의 벌의 기대치 함수(D)를 아래와 같이 나타낼 수 있을 것이다.

관리: $J=J(P^I, Y^I, X^I),\ Jp\geq O,\ Jy\leq O,\ Jx\geq 0,\ J(O, Y^i, X^i)=0$ (7. 14)

업자: $D^i=D^i(P^i, Y^i, X^i),\ Dp\geq O,\ Dy\leq O,\ Dx\geq O,\ D^i(O, Y^i, X^i)=0$ (7. 15)

벌의 기대치 함수의 요소 중에 상품의 질(Y)은 정해져 있는 것으로 본다면, 실제로 벌의 기대치에 영향을 미치는 것은 가격(P)과 뇌물의 크기(X)인 셈이다.

그러므로 기업의 이윤은 같은 수준으로 유지하면서 가격과 뇌물의 크기가 벌의 기대치에 미치는 상대적인 영향에 따라서 가격과 뇌물의 크기가 조정될 수도 있을 것이다.[16] 부패방지에 대한 제도적 장치가 공정하고 엄격하게 작동되고 있다면 처벌로 인한 비용이 높아서 뇌물을 받거나 주는 일이 줄어들 수 있을 것이다.

5. 부패감지지수

국제투명성기구(Transparency International)는 세계 약 200개국의 부패감지지수(corruption perception index)를 매년 조사하여 발표하고 있다. 이 기구의 조사에 의하면 부패는 저소득자에게 더 많은 희생을 강요한다고 한다. 세계 60여개국의 6만 3천여명으로부터 받은 설문조사 응답지를 분석한 결과 열 명 중 한 명은 과거 1년간 무료로 제공되어야 할 정부서비스를 받기 위해 뇌물을 공여한 경험이 있다고 응답했고, 부패가 극히 심한 나라(알바니아, 캄보디아, 카메룬, 코소보, 나이제리아, 파키스탄, 필리핀, 로마니아, 세네갈 등)에서는 응답자의 30%가 뇌물을 공여한 경험이 있다고 했다. 〈표 7-1〉에서 볼 수 있듯이 우리나라는 2007년도에 10점 만점에 5.1점을 얻어서 세계에서 부패가 적은 순으로 43위에 처했다. 이 결과는 2004년도의 4.5점, 세계 47위로부터는 우리나라의 부패도가 약간 향상된 것을 보여 준다. 가장 부패가 적은 나라는 뉴질랜드, 그 다음이 싱가포르로 나타났다.

표 7-1 아시아 지역 국가의 2007년도 부패감지지수

국가별 순위	지역국가순위	국가/영토	부패감지지수
1	1	New Zealand	9.4
4	2	Singapore	9.3
11	3	Australia	8.6
14	4	Hong Kong	8.3

16) 이 둘의 상대적인 변화의 관계식은 식 (7. 15)를 사용한 아래의 이윤방정식의 총미분가(total differential)를 구해서 얻을 수 있으며 이를 토대로 벌의 기대치 함수에 가격, 질, 뇌물의 크기가 미치는 영향을 분석해 볼 수 있다. 기업의 윤리적 비용은 $N(X)=N$으로 일정하게 정해져 있다고 가정하면, 이윤방정식은 $\pi=P.q-T-X-D(P, Y, X)-N(X)$이고 총미분가는 다음과 같이 구할 수 있다: $d\pi=0=qdp-dx-Dpdp-Dxdx=(q-Dp)dP-(1+Dx)dx$,
여기서 $Dp-\partial D/\partial p$이고 $Dx=\partial D/\partial X$ 라고 놓았다. 그러므로, $dX/dp=(q-Dp)/(1+Dx)$이다. 좀더 자세한 해설은 소병희(1993, 123-25쪽)를 참조할 것.

17	5	Japan	7.5
34	6	Macao	5.7
34	6	Taiwan	5.7
43	8	Malaysia	5.1
43	8	South Korea	5.1
46	10	Bhutan	5.0
57	11	Samoa	4.5
72	12	China	3.5
72	12	India	3.5
84	14	Maldives	3.3
84	14	Kiribati	3.3
84	14	Thailand	3.3
94	17	Sri Lanka	3.2
98	18	Vanuatu	3.1
111	19	Solomon Islands	2.8
123	20	Vietnam	2.6
123	20	Timor-Leste	2.6
131	22	Nepal	2.5
131	22	Philippines	2.5
138	24	Pakistan	2.4
143	25	Indonesia	2.3
162	26	Bangladesh	2.0
162	26	Papua New Guinea	2.0
162	26	Cambodia	2.0
168	29	Laos	1.9
172	30	Afghanistan	1.8
185	31	Tonga	1.7
179	32	Myanmar	1.4

*지수 0이 가장 부패한 국가
자료: 국제투명성기구(2008).

경제학은 인간은 자기의 이익을 최우선적인 목표로 삼고 행동하는 '경제인간'이라는 전제로부터 출발하며, 공공선택론은 공직자라고 해서 예외는 아니라는 점을 지적하고 있다. 공직자가 사적 이익을 추구하면 더러는 뇌물을 받고 합법적인

그림 7-5 비리로 인해 파면 · 해임된 공무원 수

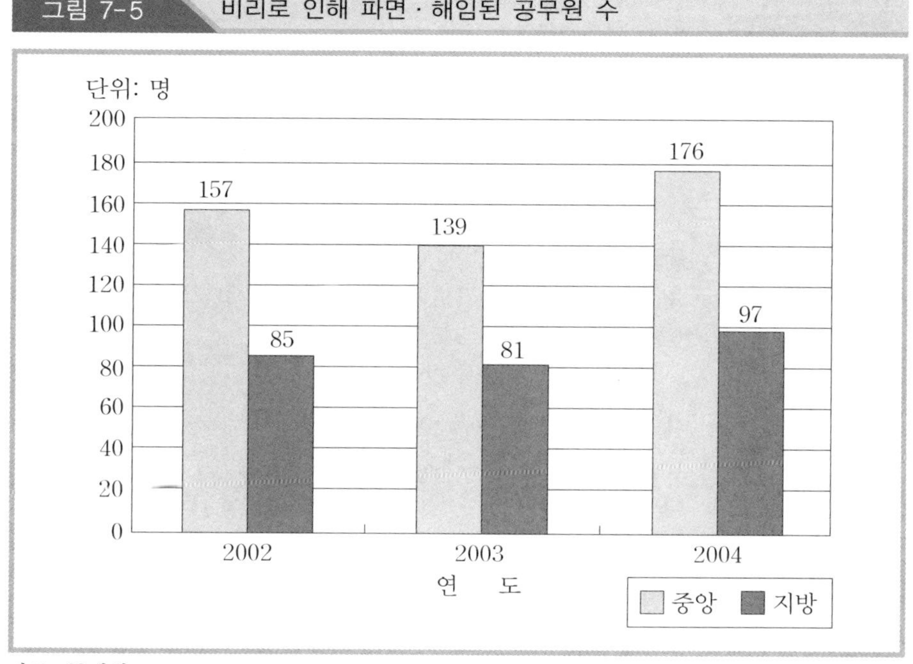

자료: 통계청.

방법이나 혹은 부정한 방법으로 특정인이나 특정집단에게 특혜를 제공하게 된다. 물론, 비리가 발각되면 공직자 부패로 처벌받게 된다. 비리로 인해 파면 또는 해임된 공직자의 수를 중앙정부와 지방정부로 나누어 비교해 놓은 〈그림 7-5〉를 보면, 비리 공직자가 늘어나는 추세임을 알 수 있다.

비리로 발각되어 처벌 받는 부패가 가장 보편적인 형태이지만, 부패는 불법적인 행정 처리에만 있는 것이 아니다. 부패는 합법적인 행정절차를 밟는 과정에서도 일어날 수 있다. 특정지역이나 특정계층 혹은 특정집단의 이익을 위해 정책을 입안하고 집행하며, 다수의 혜택 받지 못하고 조직되지 못한 국민들로부터 걷은 세금을, 예산이라는 합법적인 절차를 거쳐서 자의적으로 할당하는 경우도 없지 않다는 점과 이것이 또 다른 형태의 부패라는 점에 눈떠야 할 것이다.

참 고 문 헌

박민수, 「대미경제로비론」, 교보문고, 1989.

소병희, 「공공선택의 정치경제학」, 박영사, 1993.

소병희, 「정부실패」, 삼성경제연구소, 2007.

전철환, "정경유착(政經癒着)과 민주화(民主化)의 과제(課題)," 「계간경향(季刊京鄕)」 봄호: 129-141, 1988.

경제정의실천 시민연합, http://www.ccej.or.kr

국제투명성기구(Transparency International), http://www.transparency.org

Barro, R.J., "The Control of Politician: An Economic Model," *Public Choice*, 14: 19-42, 1973.

Becker, G.S., "Crime and Punishment: An Economic Approach," *Journal of Political Economy*, 56(2): 169-217, 1968.

Bhagwati, J.N, "Directly Unproductive, Profit-Seeking(DUP) Activities," *Journal of Political Economy*, 90: 988-1002, 1982.

Doel, H. van, *Democracy and Welfare Economics*, Cambridge: Cambridge University Press, 1979.

Frey, B.S. and Lau, L.J., "Toward a Mathematical Model of Government Behavior," *Zeitschrift fuer Nationaloekonomie*, 28: 355-380, 1968.

Gordon, R.J., "The Demand for and Supply of Inflation," *Journal of Law and Economics*, 18: 807-836, 1975.

Harberger, A., "Monopoly and Resource Allocation," *American Economic Review Proceedings*, 44: 77-87, 1954.

Heidenheimer, A.J.(ed.), *Political Corruption: Readings in Comparative Analysis*, New York: Holt, Rinehart and Winston, 1970.

Krueger, A.O., "The Political Economy of the Rent-Seeking Society," *American Economic Review*, 64: 291-303, 1974.

Mueller, D. and Murrell, P. "Interest Groups and the Political Economy of Government Size." in Forte, F. and Peacock, A.(eds.), *Public Expenditure and Government Growth*, Oxford: Basil Blackwell Ltd., 1985.

Nas, T., Price, A. and Weber, C. "A Policy-Oriented Theory of Corruption," *American Political Science Review*, 80(1): 107-119, 1986.

Niskanen, W.A., Jr., *Bureaucracy and Representative Government*, Chicago: Aldine Publishing Co., 1971.

Nordhaus, W., "The Political Business Cycle," *Review of Economic Studies* 42: 169-190, 1975.

Nye, J., "Corruption and Political Development: A Cost-Benefit Analysis," *American Political Science Review*, 61: 417-427, 1967.

Posner, R., "The Social Costs of Monopoly and Regulation," *Journal of Political Economy*, 83: 807-827, 1975.

Rashid, S., "Public Utilities in Egalitarian LDC's: The Role of Bribery in Achieving Pareto Efficiency," *KYKLOS*, 34: 448-460, 1981.

Romer, T. and Rosenthal, H., "Bureaucrats vs. Voters: On the Political Economy of Resource Allocation by Direct Democracy," *Quarterly Journal of Economics*, 93: 563-587, 1971.

Rose-Ackerman, S., "The Economics of corruption," *Journal of Public Economics* 4: 187-203, 1975.

Tullock, G., "The Welfare Costs of Tarriffs, Monopoly, and Theft," *Western Economic Journal*, 5: 224-232, 1967.

Tullock, G., "Efficient Rent-Seeking," in Buchanan, J.M., Tollison, R.D. and Tullock, G.(eds.),. *Toward a Theory of the Rent-Seeking Society*, College Station: Texas A&M University Press, 97-112, 1980.

제 8 장

소득재분배 원칙과 이론

들어가며

일반적으로 고소득자는 높은 수준의 인적자본, 많은 양의 물리적 자본과 금융자본 및 토지를 가지고 있다. 한 사람의 소득은 그가 소유하고 있는 노동력, 자본 그리고 토지 등과 같은 생산요소에 각각의 가격을 곱하여 합한 값으로 생각할 수 있다. 이 중 노동력에 의한 근로소득을 협의의 소득이라고 한다. 반면, 광의의 소득은 소득을 지속적으로 창출할 수 있도록 만들어 주는 자본이나 축적된 부로부터 발생할 수 있는 비근로소득의 개념까지도 포함한다고 할 수 있다. 소득재분배의 문제는, 한 사회가 소득을 얼마나 포괄적으로 정의하며 어떻게 측정하여 비교할 수 있느냐에 따라서, 그리고 형평성을 어떻게 정의하고 있으며, 어떤 소득분배상태를 이상적으로 보느냐에 따라서 해석이 상당히 달라질 수 있는 상대적인 문제라는 점을 염두에 두고 보아야 한다.

우선, 서양사회에 전해 내려오는 소득재분배에 대한 규범적인 그리고 실사적인 사회경제적 원칙에 대해 살펴본다. 흔히 쓰이는 소득 불평등도의 측정방법인 로렌츠 곡선, 지니 계수, 10분위법, 달튼지수 그리고 애트킨슨 지수에 대해 소개하고 현금 및 현물보조제도, 최저소득 보장제도, 부의 소득세 제도 등 소득재분배 장치에 대해 알아본다. 그리고 우리나라의 소득분배 현황을 지니 계수와 10분위 분배지수를 통해 개관해 본다. 마지막으로 소득재분배의 필요성과 소득재분배 정책의 문제점 등에 대해 생각해 보도록 한다.

제 1 절 소득의 재분배에 대한 사회·경제적 원칙

1. 사회후생의 합을 극대화하자는 원칙

한 사회에서 인간이 최소한의 기본적인 의식주 생활을 영위하는 데 필요하다고 간주되는 소득은 사회가 발전하고 경제가 윤택해짐에 따라 조금씩 달라지게 마련이다. 당대에 사회적으로 정해진 최소한의 기본적인 생활을 유지할 수 있는 소득보다도 자신이 스스로 얻는 소득이 적은 저소득자에게 여러 가지 방법을 통해 추가적인 소득을 얻을 수 있도록 지원하여 최소한의 생활을 보장해 주는 것이 일반적으로 사회보장제도가 하는 기능이다. 그렇다면 사회는 왜 저소득자에게 최소한의 소득을 가지도록 보장해 주려 하는 것인가에 대해 먼저 사회-경제적인 관점에서 한번 살펴볼 필요가 있다.

인간이 밥을 먹든 게임을 하든 인간이 하는 모든 긍정적인 행동은 나름으로의 가치를 창출해 낸다. 만약, 그렇게 창출된 가치를 어떤 표준화된 단위로 측정할 수 있다면, 사회와 경제의 여러 상태에 대해 상당히 가시적이고 확실한 계량적인 진단과 처방을 내릴 수 있을 것이다. 18, 19세기에 유럽에서 공리주의자(功利主義者, utilitarian)로 불렸던 일부 학자들은 그런 계량적 측정이 가능하다고 생각했다. 공리주의의 창시자라고 할 수 있는 제러미 벤삼(Jeremy Bentham)은 인간의 행동이 창출해 내는 긍정적인 가치를 효용(utility)이라고 부르고 이 효용을 측정가능한 것으로 보았다. 또한, 사회가 지향해야 할 목표는 그 사회가 창출해 낼 수 있는 효용의 합을 가장 많게 만드는 것이라고 보았다.

벤삼의 주장은 흔히 "최대다수의 최대행복"으로 알려져 있다. 이를 위한 규범적 원칙은 사회후생함수를 통해 사회구성원 전원의 효용의 합을 최대화하는 것이 된다. 설명을 간략히 하기 위해, 두 사람만으로 형성된 사회를 상정해보자. 두 사람의 효용을 각각 U_A와 U_B라고 한다면, 공리주의자의 사회후생함수는 두 사람의 효용의 합을 극대화하는 식인 $\max(U_A+U_B)$가 될 것이다. 그런데 사회후생의 합을 극대화한다는 원칙을 따르자는 것이 시사하는 점은 단순히 결과적인 사회후생의 합의 극대화에 도달하는 것만 아니라 그 과정에서 사회 구성원의 소득의 격차 혹은 소득분배도 이 원칙을 지키기 위해 적절히 조정되어야 한다는 것을 의미한다.

우선, 취향이나 선호가 똑같은, 즉 개인적인 효용함수가 똑같은 두 사람으로 구성된 사회가 있다고 하자. 두 사람은 각자의 소득 그 자체로부터라고 하기 보다는 소득이 가능하게 해 주는 여러 소비재로부터 효용을 얻는다고 볼 수 있다. 그러나 또 한편으로 보면 다른 소비재를 사는 것이 가능하게 해 주는 소득으로부터 간접적으로 효용을 얻고 있다고 해도 크게 무리는 없을 것이다. 두 사람이 각자의 소득으로부터 얻는 효용의 합을 극대화하기 위한 원칙을 지키기 위해서는 두 사람의 한계효용이 같아지도록 만들어야 한다. 그런데 두 사람이 각자의 소득으로부터 얻는 한계효용을 같게 만든다는 것은 곧 두 사람의 소득의 크기가 같아야 한다는 것을 의미하므로 소득분배에 대해 상당히 강한 결론이 도출되는 셈이다. 만약 두 사람의 효용함수가 같다면 공리주의원칙은 둘이 소득을 똑같이 가르게 하자는 그래서 효용도 똑같아지는 평등주의(egalitarianism: $U_A=U_B$)가 되어버린다.

그러나 공리주의의 평등주의는 두 사람의 효용함수가 같다고 가정한 경우에만 가능한 현실적으로는 얻기 어려운 환상이다. 두 사람의 효용함수가 다를 경우에는 공리주의는 소득분배의 균형이 깨지더라도 사회적 합의 극대화를 추구할 뿐이다. 그래서 이런 공리주의적 사회후생함수에 만족하지 못하여 나온 것 중의 하나가 롤즈(John Rawls)의 최소극대화 원칙이다.

이에 대한 이해를 높이기 위해 아래와 같이 〈그림 8-1〉를 통해 설명해 보고자 한다. 설명을 위해서 효용함수가 기수적(cardinal)이고 개인 간 비교가 가능하다는 약간 비현실적인 가정을 해 보도록 하자. 두 사람의 한계효용곡선을 서로 교차하도록 그린 〈그림 8-1 (가)〉에서 두 사람이 같은 효용함수를 가지고 있다고 하고 소득분배가 균등하지 않은 상태를 초기 상태라고 하자. 가로축의 왼쪽 끝(O_A)과 오른쪽 끝(O_B)이 이 사회가 분배할 수 있는 소득을 나타내 준다. 개인 A는 오른쪽으로 갈수록 소득이 증대하고 개인 B는 그 반대이다. 초기의 소득 분배상태가 왼쪽으로 치우친 Y_0에 있고 두 사람의 효용함수는 동일한 형태로서 세로축에서 비스듬이 가로축으로 그은 사선이 각각의 한계효용(MU)을 보여 준다. 소득분배가 Y_0에 있을 때는 A의 한계효용이 B의 한계효용보다 크다.

두 사람의 효용의 합은 각각의 한계효용선 아래의 면적의 합이 된다. 개인

그림 8-1 공리주의적 사회후생 극대화와 소득의 재분배

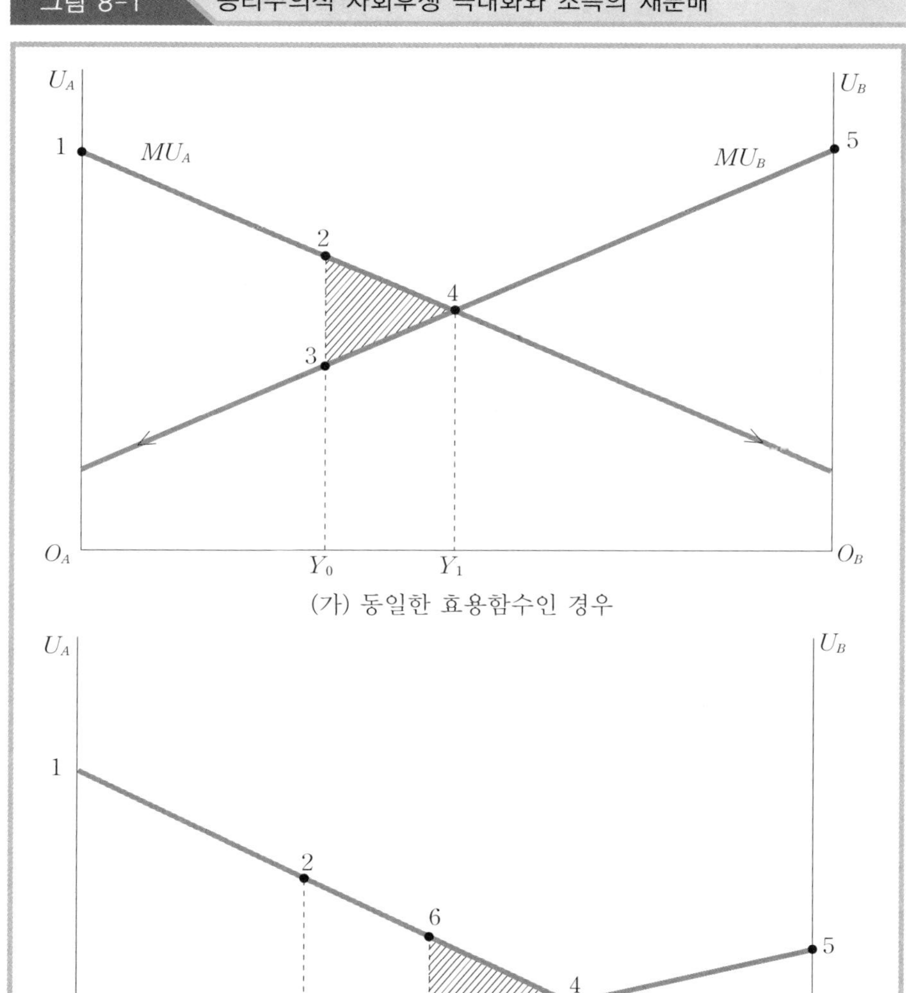

A의 효용은 사다리꼴 O_A12Y_0이고 개인 B의 효용은 사다리꼴 Y_035O_B가 된다. 그

런데 이 면적은 이 두 사람의 한계효용선의 아래에서 형성될 수 있는 최대면적은 아니다. 왜냐하면 Y의 위치를 옮겨서 △ 234의 면적을 더 포함시킬 수가 있기 때문이다. 이제 공리주의적 사회후생함수를 사용하여 두 사람의 효용의 합을 극대화하려면 소득분배를 Y_0로부터 Y_1로 재분배하여야 한다. Y_1에서 두 사람의 한계효용은 같아지며, 두 사람의 효용은 각각 사다리꼴 O_A14Y_1과 사다리꼴 Y_145O_B로 동일한 면적이 되고, 이때 두 사람의 효용의 합이 최대치가 된다. 이 예에서, 두 사람의 한계효용이 같아지도록 하면 사회 전체의 효용의 합이 극대화되는 것을 볼 수 있었다.

위의 예에서는 두 사람의 효용함수가 같기 때문에 둘은 같은 소득을 가지고 있는 상태, 즉 균등한 소득분배 상태로 가게 된 것이다. 반드시 효용함수가 기수적이고 같지 않더라도 불확실성이 있을 때는 사회의 효용을 최대화하기 위해서는 소득을 똑같이 나누어가져야 한다고 러너(Lerner, 1944)는 주장한 바 있다.

그러나 〈그림 8-1 (나)〉에서처럼 두 사람의 효용함수가 다르다면 위의 예에서와 같이 초기의 소득분배가 Y_0에서 있었다고 해도 사회후생을 극대화하기 위해서는 소득이 같아지는 Y_1이 아니라 소득이 A에게 편중되는 Y_2로 재분배되어야 두사람의 한계효용도 같아지고 사회후생도 △674만큼 더 많아져서 두 사람의 효용의 합인 사회후생도 극대화된다. 그러므로 공리주의적 사회후생함수가 반드시 소득의 평등을 가져오지는 않는다. 오히려, 이 예에서 개인 A와 B를 비교해 본다면, A는 돈으로부터 B보다 더 많은 한계효용을 얻는 사람이다. 다시 말해, 돈을 좋아하는 사람에게 소득을 더 많이 분배해 주어야 사회후생이 최대화된다는 것을 의미한다.

위와 같은 결과는 공리주의적 사회후생함수를 〈그림 8-2〉와 같은 사회적 무차별직선으로 그려 보면 단번에 알 수 있다. 두 사람의 효용을 각각 가로축과 세로축으로 하는 좌표에서의 공리주의적 사회적 무차별직선은 기울기가 −1인 직선형태로 표시될 수 있다. 이 직선이 의미하는 것은 A 나 B의 효용을 똑같이 1대1로 맞바꾸어도 사회적 후생의 크기는 마찬가지라는 것이다. 사회적으로는 누구의 효용이든 합이 최대만 되면 되기 때문이다.

그런데 소득재분배를 통해 개인의 효용을 바꾸는 것은 한 개인의 효용을 다른 개인의 효용으로 전환하는 사회적 비용이 들게 된다. 각 개인의 효용함수가 같아서 이 비용이 같게 든다면 이 비용을 반영하는 사회적 가격선이 사회적 무차

그림 8-2 공리주의적 사회후생 극대화와 소득의 재분배

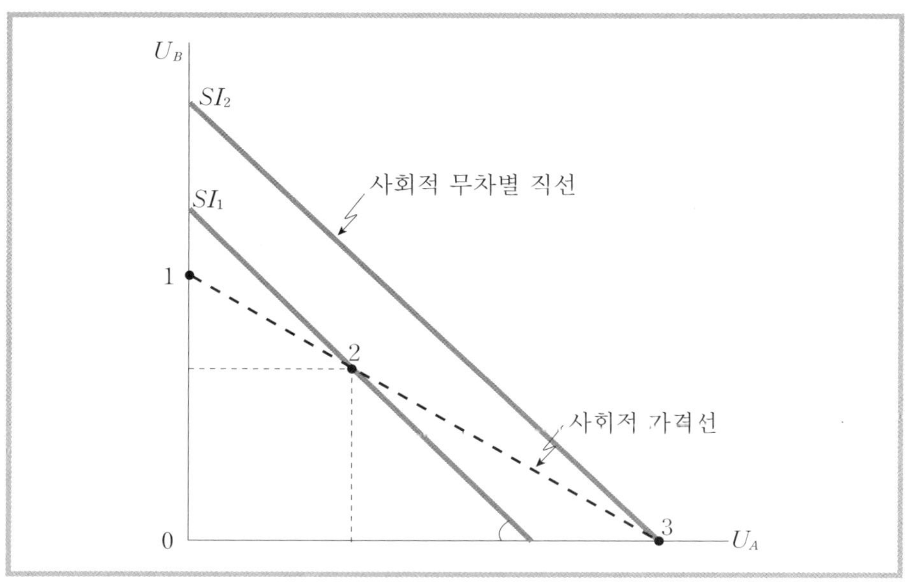

별직선과 평행한 직선이 되어 사회적 무차별직선 위의 어느 한점이라도 사회후생을 극대화하는 점이 될 것이다. 그러나 각 개인의 효용함수가 달라서, 사회적 비용이 어느 한 쪽의 효용을 줄여서 다른 한 쪽의 효용을 높여 주는 비용이 그 반대의 경우보다 더 많이 든다면, 사회적 가격선이 그림의 123과 같이 사회적 무차별직선과는 다른 기울기를 가지게 될 것이다. 이런 경우에는 두 사람의 효용을 같게 만들 수 있는 점 2는 사회후생의 수준이 한 단계 낮은 SI_1 무차별직선상에 있게 된다. 사회후생의 극대화를 위해서는 더 높은 사회적 무차별직선 SI_2 위의 한 점인 점 3에서와 같이 상대적으로 효용의 전환가격이 싼 어느 한 개인의 효용만을 극대화해 주어야 한다는 마음이 편치않게 만드는 결론에 도달한다.

2. 형평성과 지불능력

만약 효용함수가 같아서, 공리주의적 원칙에 입각해서, 평등한 소득분배가 이루어졌다고 하자. 그런데 결과가 평등하다면 그것이 곧 형평성도 있다는 것을 의미할까? 결과의 평등이 과연 과정의 평등 혹은 형평성을 말해 주는 것은 아닐

수도 있지 않을까 하는 의문을 한번 제기해 보도록 하자. 다시 말해서, 평등한 소득분배에 도달하기 위해 각자가 치른 희생이 달랐다면 과연 이것을 형평성이 있다고 할 수 있겠는가 하는 점이다. 형평성을 위해서는 결과에 도달하는 과정에서 각자가 똑같은 희생을 치루게 하는 것이 마땅한 것이라는 이의를 제기해 볼 수 있다.

그렇다면 똑같은 희생이란 어떤 의미를 가지고 있는 것일까? 벤삼과 같은 시대의 존 스튜어트 밀(John Stuart Mill)은 동일한 희생을 아래 세 가지로 구분해 보았다. 먼저, 동일한 절대적 희생이란 희생된 물량의 절대치가 같다는 의미이다. 위의 소득분배의 예로 생각해 본다면 동일한 절대적 희생이란 두 사람이 희생해야 하는 소득의 절대량이 서로 같다는 것을 말한다. 그러나 두 사람의 효용함수가 다르거나 총소득이 다르다면 같은 소득의 절대량이 희생된 효용의 절대량과는 다를 수가 있다. 그러므로 희생된 물량의 절대량보다는 희생된 효용의 절대량이 같도록 하는 것이 더 형평성이 있다. 그러나 희생되는 효용의 절대량이 동일하다 해도 희생이 총효용의 크기가 아주 큰 고소득자에게는 같은 절대량이 아주 작은 부분에 불과하여 전혀 부담이 안 될 수 있으나 저소득자에게는 아주 큰 부분을 차지하게 되어 상당한 부담이 될 수도 있다. 예를 들어, 같은 10만 원을 희생했다고 해도 총소득이 500만 원인 사람에게는 2%에 불과하지만 총소득이 100만 원인 사람에게는 10%나 되는 금액인 것이다. 그러므로 희생된 소득의 비율로 본다면 총소득이 다른 두 사람에게 동일한 절대량을 희생하도록 하는 것은 형평성에 어긋난다고 할 수 있다.

그러므로 동일한 절대적 희생 대신 차라리 희생의 비율이 같도록 하는 것, 즉 동일한 비율적 희생을 요구하는 것이 더 형평성에 맞는다고 볼 수 있을 것이다. 그러나 비율적 희생을 각자가 희생한 효용의 관점에서 본다고 해도, 한계효용체감의 법칙에 의해 고소득자에게는 같은 비율의 소득의 감소가 주는 효용의 감소분이 저소득자에게 같은 비율의 소득의 감소가 주는 효용의 감소분보다 적게 된다. 그러므로 사회 전체의 입장에서 본다면, 이 책의 제11장에서 좀더 상세히 논의하겠지만, 각자가 희생한 한계효용의 감소분이 같게 하는 동일한 한계적 희생이 더 효율적이라고 하겠다.

3. 극빈자의 효용 극대화 원칙

사회적 효용의 극대화를 위해 희생의 형평성이 가장 효율적으로 이루어지게 소득이 재분배되어졌다고 해도 사회적으로 최저의 생활도 영위할 수 없을 정도로 아주 적은 소득을 가진 사람에게는 현재의 상태가 소득이 재분배되기 전과 비교해서 별로 큰 차이가 없을 수도 있다. 그러므로 이들을 위해서는 평균적인 소득을 가진 사람과는 다르게 특별히 관대한 재분배를 해 줄 필요가 있다는 주장이 롤즈(Rawls, 1971)의 최소극대화의 원칙(maximin principle)의 요체라고 할 수 있다. 롤즈 식 사회후생함수는 사회에서 가장 불운한 사람의 효용을 극대화하는 것을 목표로 하는 함수이다.

예를 들어, 두 사람으로 구성되어 있는 사회에서 두 사람의 효용을 각각 U_A와 U_B라고 하자. 둘 중 효용이 더 낮은 사람의 효용이 향상될 경우에만 사회 전체의 후생이 향상되도록 만든 사회후생함수를 min(U_A, U_B)로 나타낼 수 있다. 이것을 그림으로 나타내면, 〈그림 8-3〉에서 두 사람의 효용을 각각 세로축과 가로축으로 하는 좌표에서의 롤즈식 사회적 무차별곡선은 원점에 대해 직각으로 꺾어진 'ㄴ'자 모양의 형태가 된다.[1] 이렇게 꺾인 사회적 무차별곡선이 의미하는

그림 8-3 롤즈식 사회후생함수

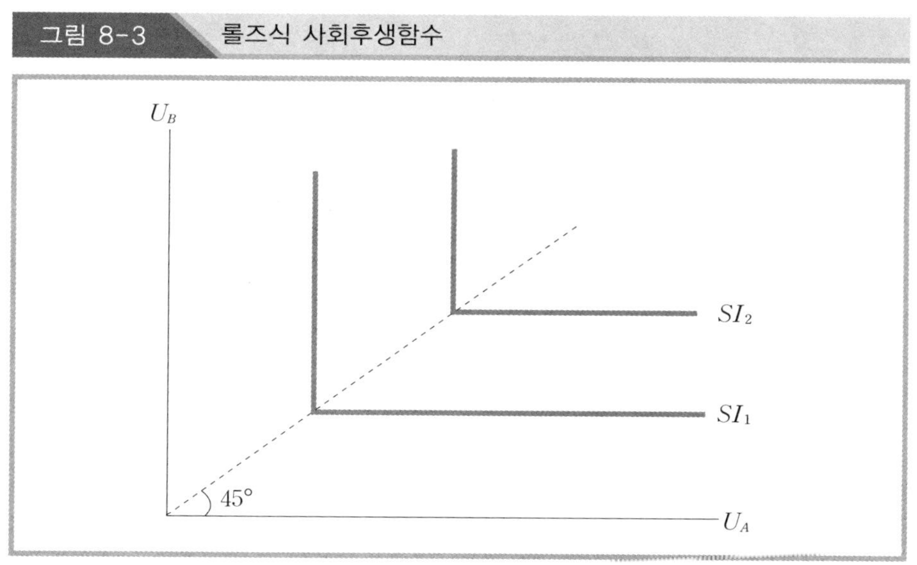

1) 개인의 경우에 완전보완재의 경우에 해당하는 무차별곡선 형태이다.

것은 어느 한 개인의 효용이 아무리 증대되더라도 다른 한 사람의 효용이 전과 마찬가지의 상태라면 사회적으로는 후생의 증대가 없는 것과 같다는 것이다. 두 사람의 효용이 모두 조금이라도 증대되어야 비로소 사회후생도 그만큼 증대한다는 것이다.

사회에서 가장 불우한 처지에 있는 사람을 우대한다는 것은 곧 모든 사람이 불운에 처할 수 있는 입장에 대한 일종의 보험적 역할도 한다. 사람이 태어나기 이전에는 부자집에 태어날지 혹은 가난한 집안에 태어날지에 대해 전혀 알 수 없다. 이것은 마치 화투를 칠 때, 화투장을 나누기 전에는 내 손에 어떤 화투장이 들어올지 모르는 상태와 같다. 이런 상태를 롤즈는 무지의 장막(veil of ignorance)이 드리운 상태라고 부르며 이런 상태에서 게임의 규칙을 만들어야 누구에게도 편파적이지 않고 가장 공평하고 효율적인 규칙을 만들 수 있다고 보았다. 누구 손에 가장 나쁜 화투장이 들어올지 모르는 것과 마찬가지로 가장 최악의 상태에 처해질 사람의 후생을 최대화해 줄 수 있도록 하는 규칙을 미리 만들어 두는 것은 모든 사람에게 운의 불확실성과 불운의 개연성에 대해 보험을 들어두는 것과 같다고 하겠다.

제 2 절 소득분배의 불평등도 측정방법

1. 불평등도 측정의 시점과 측정단위의 중요성

소득(所得, income)은 유량(流量, flow)으로 일정 기간 동안에 발생한 구매력의 증대분이다. 부(富, wealth)는 저량(貯量, stock)으로 어떤 한 시점에서 측정한 미래소득의 현재가치이다. 현재 가지고 있는 인적, 물적, 금융적 자본이 많으면 미래의 소득을 증대시킬 가능성을 높이는 경향이 있다. 일반적으로 한 시점에서의 횡단면적(橫斷面的, cross-sectional)인 소득분배의 불평등이 장기간에 걸쳐서 측정한 시계열(時系列, time-series)적인 불평등보다 크게 나타나게 되므로 불평등도의 측정에 있어서 시간적인 분류가 중요한 요인이 된다. 그뿐 아니라, 단기간 동안에 측정한 소득계층 간의 소득의 격차와 평생을 기준으로 한 소득계층 간의 구매력의 격차에는 상당한 차이가 있으리라는 점도 간과되어서는 안 된다. 그러나 평생소득은 시간이 지남에 따라 계속해서 변하고 형성되는 것이기 때문에 확정치를 얻어 비교하는 것이 불가능하다는 근본적인 제약이 있으므로 현실적으로는 한 기간에서의 소득을 비교할 수밖에 없다.

또한, 소득분배의 불평등도를 측정하는 단위를 어떻게 세분하느냐에 따라서도 불평등도가 많이 달라질 수 있다. 가족이나 가구를 한 측정단위로 묶어서 보게 되면 한 가구의 구성원 중에 저소득자와 고소득자가 섞이게 되어 가구의 평균소득이 높아지게 된다. 그러나 구성원들이 가구 내의 총소득을 똑같이 분배하여 공유하는 것이 아니라면 개개 구성원의 소비지출 능력은 가구의 소득에 비해서 매우 낮은 수준이 될 수도 있다. 그러므로 가구를 측정단위로 할 경우에는 어쩌면 소득보다는 소비지출 능력을 경제적 불평등도의 대상으로 삼는 것이 더 타당할지도 모른다. 그런데 결국 한 개인의 소비지출 능력을 가장 잘 반영하는 것이 그의 소득이라고 볼 수 있으므로 경제적 능력의 불평등도를 측정하는 단위가 가구보다는 개인이 되어야 할 것이다. 또한, 반드시 현재의 소비지출이 수반되지 않더라도 현재의 소득은 미래의 더 높은 소비지출의 가능성을 안고 있는 것이므로 소득을 측정대상으로 삼는 것이 더 정확한 불평등도의 측정방식이라고 할 것이다.

2. 로렌츠 곡선

소득의 재분배를 논하기 위해서는 우선 현재 상태의 소득분배가 얼마나 불평등한가를 알아야 할 것이다. 얼마만큼의 불평등(不平等, inequality)이 존재하는 것인지 그 정도를 측정한다는 일은 그리 단순한 일이 아니다. 〈그림 8-4〉의 가로축은 국가 전체의 소득인구 중 소득이 가장 낮은 사람부터 가장 높은 사람 순으로 왼쪽에서 오른쪽으로 계속해서 누적된 사람들의 수가 전체 소득인구에서 차지하는 백분율(percentage, %)을 표시한 것이다. 세로축은 국가 전체의 소득에서 차지하는 백분율을 아래부터 위로 표시한 것이다. 소득이 낮은 사람들의 소득을 누적적으로 합산하여 그 합이 총소득에서 차지하는 비율을 표시하여 그 궤적을 나타낸 것이 그림의 로렌츠 곡선(Lorenz curve)이다. 예를 들어, 그림의 로렌츠 곡선 A 위의 점 1은 하위 소득자 40%가 총소득의 20%를 번다는 것을 나타내고 있고 점 2는 상위 소득자 20%가 총소득의 40%를 벌고 있다는 것을 나타낸다. 이

그림 8-4 로렌츠 곡선

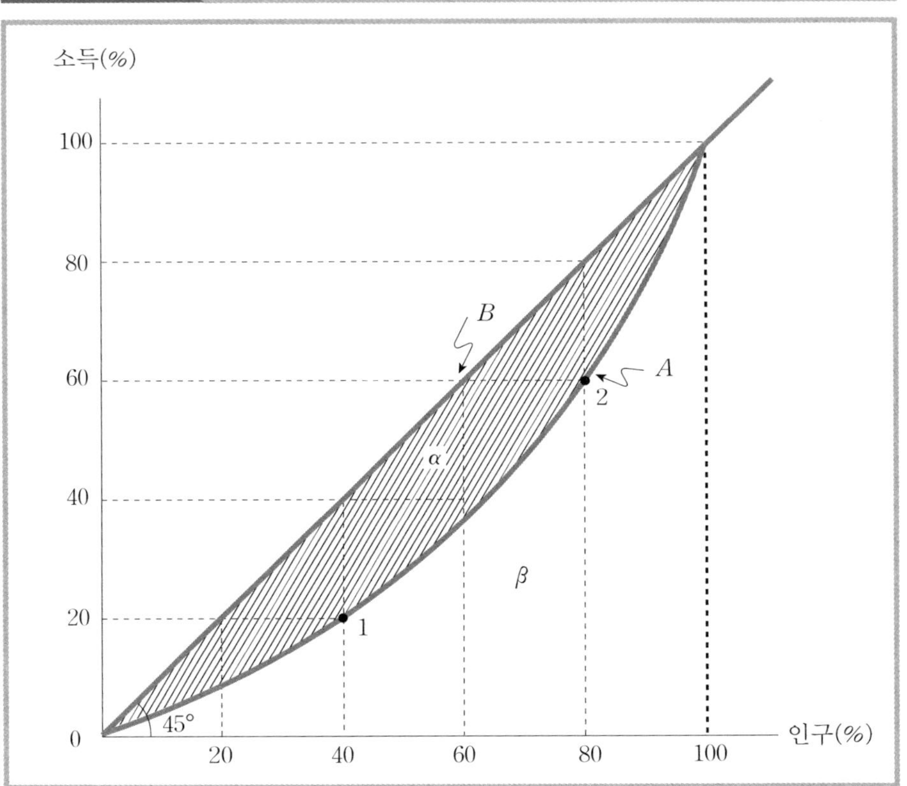

경우에 상위 소득계층이 그 계층에 속하는 사람의 수보다 훨씬 높은 비율의 많은 소득을 가져간다는 것을 알 수 있다.

만약 모든 사람의 소득이 똑같다면 하위 소득자 20%가 총소득에서 차지하는 백분율이나 상위 소득자 20%가 소득에서 차지하는 백분율이나 마찬가지로 총소득의 20%를 차지할 것이다. 소득이 똑같다면 실제로는 하위나 상위 소득 계층이 성립되지 않을 것이고, 로렌츠 곡선은 다만 사람들의 수를 누적적으로 합해서 백분율로 표시한 것을 그들의 소득의 합이 총소득에서 점유하는 백분율에 대응시킨 것에 지나지 않게 된다. 그러므로 이렇게 소득이 완전히 평등하게 분배되어 있는 경우에는 로렌츠 곡선이 원점으로부터 나온 기울기가 1이고 각도가 45도인 직선인 형태의 로렌츠 곡선 B가 될 것이다.

소득이 완전히 평등하게 분배되었을 경우의 45도선인 로렌츠 곡선 B와 비교해서 실제의 소득분포를 나타내는 로렌츠 곡선 A가 얼마나 굽어 있는가를 보면 그 경제 내에 소득이 얼마나 불평등하게 분배되어 있는가를 한눈에 알아 볼 수 있다. 그러나 불평등도를 그림으로만 알려 줄 수 있다면 상당히 불편한 경우도 있을 것이다. 그렇다면 로렌츠 곡선에서 볼 수 있는 소득분배의 불평등도를 측정 가능한 어떤 수치로 나타낼 수는 없는 것일까?

3. 지니 계수

앞의 〈그림 8-4〉에서 완전히 평등한 소득분배를 나타내어 주는 45° 직선인 로렌츠 곡선 B와 실제의 소득분배를 나타내는 로렌츠 곡선 A로 둘러싸인 반달모양의 면적(α)은 각 누적된 소득계층이 완전히 평등한 소득분배로부터 벌어져 있는 격차를 다 합한 것이다. 소득분배가 평등해질수록 이 면적이 작아져 0에 가깝게 될 것이고 불평등해질수록 이 면적이 커지겠지만, 반달모양의 면적이 아무리 커져도 45도선 밑으로 만들어지는 직각삼각형의 면적보다 더 커질 수는 없다. 따라서 이 반달모양의 면적(α)이 직각삼각형의 면적($\alpha+\beta$)에서 차지하는 비율로 완전히 평등한 소득분배로부터의 격차, 즉 소득분배의 불평등도를 수치로 나타낼 수 있는데 이 수치를 지니 계수(Gini coefficient)라고 한다. 지니 계수를 G라고 표시하면 지니 계수는 아래의 식으로 계산할 수 있다. 지니 계수가 0이면 완전히 평등한 소득분배를 나타내고 1이면 완전히 불평등한 소득분배를 나타낸다.

지니 계수: $G=\dfrac{\alpha}{\alpha+\beta}$

4. 달튼 지수

소득분배가 평등하게 될수록 사회후생이 커지는 사회후생함수를 전제로 한다면 한 사회가 이룰 수 있는 사회후생의 극대치는 소득이 평등하게 분배되었을 때 이루어진다. 그런데 실제의 소득분배는 불평등하게 되어 있다면 이 때의 사회후생은 최대치보다 적을 것이다. 그뿐 아니라, 실제의 소득분배 상태가 평등한 분배상태로부터 멀어질수록 사회후생의 크기는 줄어들 것이다. 실제의 사회후생의 크기를 소득분배가 평등할 때 얻을 수 있는 사회후생의 최대치로 나눈 비율을 달튼(Dalton) 지수라고 한다. 실제의 소득분배가 평등하다면 물론 달튼지수는 1이 될 것이고 실제의 소득분배가 불평등하여 사회후생의 크기가 아주 작다면 달튼지수는 0에 접근할 것이다. 그러므로 달튼 지수가 1에 가까우면 소득분배가 평등하다는 것을 의미하고 0에 가까우면 소득분배가 불평등하다는 것을 의미한다. 달튼 지수를 아래와 같이 정리해 볼 수 있다.

$$\text{달튼 지수} = \frac{\text{실제의 소득분배 상태로부터 나오는 사회후생}}{\text{소득이 평등하게 배분되었을 때의 사회후생}}$$

5. 애트킨슨 지수

한 사회가 얼마나 적극적으로 불평등한 소득분배 상태를 교정하기 위해 노력할 것인가는 그 사회가 어떤 사회후생함수를 가지고 있느냐에 따라 달라질 수 있다. 소득이 상당히 불평등하게 분배되어 있는 어떤 나라의 일인당 국민소득, 즉 평균소득이 6,000달러라고 하자. 국민소득의 총액이 같고 소득분배가 균등한 경우에 사회후생이 최대가 된다고 하자. 그러므로, 소득분배가 불평등한 이 나라의 현재의 사회후생(W_{6000})은 이 나라의 모든 사람의 소득이 똑같이 6,000달러로 균등하게 분배되어 있을 경우의 사회후생($W^e{}_{6000}$)보다는 당연히 작을 것이다. 그렇다면, 평균 소득이 6,000달러이지만 소득분배가 불평등한 현재의 사회후생(W_{6000})과 사회후생의 크기가 같아지게 만들면서 평균 국민소득은 6,000달러 미만인, 예컨대, 4,000달러로 균등하게 분배되어 있는 경우의 사회후생($W^e{}_{4000}$)이 존재할 것이다. 이 세 경우의 사회후생을 다음과 같이 비교해 볼 수 있다.

$$W^e{}_{6000} > W_{6000} = W^e{}_{4000} \text{ (윗첨자 } e\text{는 균등한 분배를 나타냄)}$$

위의 예에서 실제의 사회후생 수준(W_{6000})과 같은 사회후생 수준이 되도록 만들기 위해 모든 사람에게 균등하게 소득을 분배할 경우에 필요한 1인당 소득인 4,000달러와 실제의 평균소득인 6,000달러와의 비율을 1에서 뺀 값을 애트킨슨(Atkinson) 지수라고 한다. 이 지수를 다시 아래와 같은 식으로 표시해 볼 수 있다.

애트킨슨 지수:

$$A = 1 - \frac{\text{균등하게 분배하면 실제와 대등한 사회후생을 가져오는 소득}}{\text{실제의 평균소득}}$$

위의 예에서의 애트킨슨지수의 값은 $A=1-\left(\frac{4,000}{6,000}\right)=1-0.67=0.33$이 된다. 역으로 생각해 보자면 만약 애트킨슨 지수의 값이 0.33이라면 실제 소득의 67%를 균등하게 배분한다면 실제와 같은 사회후생을 얻을 수 있다는 것을 의미하기도 한다. 실제로 소득이 균등하게 분배되어 있다면 위 식에서 분자와 분모가 같게 되므로 $A=1-1=0$으로 애트킨슨 지수의 값이 0이 된다. 따라서 애트킨슨 지수가 0에 가까울수록 평등도가 높다는 것을 의미하고 1에 가까울수록 불평등한 소득분배를 의미한다.

실제의 평균소득이 같다고 하더라도 균등하게 분배하면 실제와 대등한 사회후생을 가져오는 소득의 크기가 달라질 수 있는 요인이 두 가지가 있다. 그 하나는 실제의 소득분배의 불평등도가 악화되거나 아니면 개선되는 경우이다. 위의 예에서 평균소득은 여전히 6,000달러이지만 만약 실제의 소득분배가 더 불평등하게 악화되었다면 4,000달러보다 더 적은 소득, 예컨대, 3,000달러를 균등하게 나누어 주어도 실제의 사회후생($W_{6000}=W^{e}_{3000}<W^{e}_{4000}$)과 같은 사회후생을 얻을 수 있을 것이다. 이렇게 된 경우에는 $A=1-0.5=0.5$가 되어 애트킨슨 지수의 값이 더 커지게 된다.

다른 하나는 사회가 균등한 분배를 얼마나 강하게 원해서 소득의 불평등을 얼마나 적극적으로 해소하려 하느냐 하는 사회가 불평등을 기피하려는 성향으로 볼 수 있다. 이는 곧 사회후생함수의 특성 중의 하나가 달라지는 경우로서 사회가 불평등에 무감각해지면 실제와 대등한 사회후생을 가져오는 소득의 크기가 더 작아지게 되어 애트킨슨 지수의 값이 1에 더 가깝게 된다. 이와는 반대로, 사회가 불평등에 민감해져서 불평등을 더 싫어하게 된다면 실제와 대등한 사회후생을 가져오는 소득의 크기가 더 커져서 애트킨슨 지수의 값이 0에 가깝게 되어 평등한 소득분배로 접근하게 된다. 그러므로 한 사회에서 이런 불평등을 기피하려는 성향, 즉 불평등 기피도(degree of inequality aversion)[2]가 얼마나 큰가에 따라 애트킨슨 지수의 크기도 달라질 수 있다. 이는 한 사회가 소득분배의 불평

2) 불평등 기피도의 값은 0에서 무한대까지의 값을 가질 수 있다. 만약, 이 값이 0이라면 사회가 불평등에 대해 무관심한 것을 의미하므로 애트킨슨 지수의 값이 0에 가깝게 되어 현재의 소득분배가 아무리 불평등해도 마치 이 상태가 평등한 것처럼 사회가 주관적으로 인식한다는 것을 의미한다. 불평등 기피도가 커지게 되면 똑 같은 현재의 소득분배 상태에 대한 애트킨슨 지수의 값이 더 커지게 되어 이 상태가 불평등한 것으로 사회가 주관적으로 인식한다는 것을 보여 주게 된다. 애트킨슨이 산출해 낸 불평등도 지수에 대한 좀더 자세한 논의는 이준구(1999)나 나성린 · 전영섭(2001)을 참조할 것.

등에 대해 내리는 주관적인 가치판단이 명시적으로 불평등도 지수에 반영되고 있음을 보여주는 것으로서 애트킨슨 지수의 장점이기도 하며 동시에 약점이기도 하다.

6. 십분위 분배지수

각 소득 계층당 인구를 총인구의 10%씩으로 나누어서 소득의 크기가 가장 작은 계층을 1계층으로 해서 가장 높은 10계층까지 나누어서 각 소득 계층의 소득의 합이 총소득에서 차지하는 백분율을 계산해 놓은 것을 십분위 분배지수라고 말한다. 1분위(分位: first income decile) 지수는 저소득자 10%의 소득이 전체 인구의 총소득에서 차지하는 백분율을 말하고 10분위(tenth income decile) 지수는 고소득자 10%의 소득이 총소득에서 차지하는 백분율을 말한다. 십분위 분배지수와는 또 다른 개념인 십분위분배율(deciles distribution ratio)은 보통 하위 40%의 소득점유율을 상위 20%의 소득점유율로 나눈 비율을 말한다.

$$\text{각 분위지수} = \frac{\text{각 분위소득}}{\text{모든 분위소득의 합 또는 총소득}}$$

$$\text{10분위분배율} = \frac{\text{하위 40\%의 소득점유율}}{\text{상위 20\%의 소득점유율}}$$

통계청에서 발표한 2000년도 우리나라의 도시가계들의 십분위 분배지수는 아래와 같다.

이 표를 통해 구할 수 있는 2000년도의 10분위 분배율은 (2.9+4.7+5.8+6.9)÷(14.7+25.4)를 계산한 답인 0.5062가 된다. 그러나 실제로는 여기서 쓰인 반올림한 숫자보다 더 아래의 소수점까지 계산한 실제소득의 비율을 사용하여 계산하므로 통계청 자료에 수록된 십분위분배율은 근소한 차이가 있는 0.5039이다.

1분위	2분위	3분위	4분위	5분위	6분위	7분위	8분위	9분위	10분위
2.9	4.7	5.8	6.9	7.9	9.1	10.5	12.2	14.7	25.4

로렌츠(Lorenz) 곡선

인구의 백분율을 가로축으로 총소득 중 차지하는 백분율을 세로축으로 놓고 실제의 인구의 일부분이 소득의 얼마를 차지하는 지 인구의 비율을 높여가면서 단계적으로 나타낸 곡선이다. 평등한 소득분배가 이루어지고 있다면 원점으로부터 나오는 45도 각도의 직선으로 표시된다. 따라서 이 직선과 곡선으로 형성된 반달모양의 면적이 불평등도를 나타내는 척도라고 볼 수 있다.

지니(Gini: 이태리 경제학자) 계수

소득분배의 불평등도를 측정하기 위해 위에서 논의된 면적들로 만든 비율이다. $G=\frac{\alpha}{\alpha+\beta}$로서 값이 0인 경우가 평등한 경우이다.

십분위 분배율

$$=\frac{\text{하위 40\%의 소득점유율}}{\text{상위 20\%의 소득점유율}}$$

십분위 분배지수

각 계층당 인구를 각각 총인구의 10%로 나누어서 인구를 소득의 크기가 작은 순으로 1계층부터 가장 높은 10계층까지 나누고 각 계층별로 총소득에서 차지하는 백분율을 계산해 놓은 것을 말한다.

제 3 절 소득재분배 장치

소득을 재분배하기 위한 장치에는 스스로의 소득 창출 노력과는 무관하게 저소득자에게 현물이나 현금을 주어 소득을 보조하는 직접적인 방법과 각자의 소득창출 능력에 따라 지원의 크기가 달라질 수 있는 부의 소득세와 같은 조세장치를 통하여 최저소득을 보장하는 직접적인 방법 그리고 최저임금제를 법으로 강제하여 최소한의 소득을 보장하는 우회적인 방법 등이 있다. 그리고 사회보장제도는 의료비, 일시적인 실업자의 실업수당, 은퇴 후의 생계비, 기초생활의 보장 등을 통해서 적어도 최저의 생활을 보장하고 있다. 이를 위한 재원은 정부가 여러 경로를 통해 확보하지만 소득이 높은 사람이 소득이 낮은 사람보다 더 많이 부담한다는 측면에서는 간접적인 소득재분배의 한 방법이라고 볼 수 있다. 사회보장제도에 대해서는 다음 장인 제9장에서 자세히 알아보기로 한다. 또한, 직·간접적인 소득재분배 방법의 하나로 볼 수는 없으나, 계층 간의 가처분 소득의 격차를 줄이는 방법으로 소득 계층별로 차등을 둔 누진소득세나 누진적인 상속세와 같은 조세제도를 통해 소득분배의 형평성을 도모하기도 한다. 세제에 대해서는 이 책의 제11장 이후에서 자세히 알아보도록 하고 이 절에서는 대표적인 직·간접적인 재분배장치의 기본적인 개념과 이론적인 시사점들을 살펴보도록 한다.

1. 현금이전과 현물보조

소득의 보조를 받는 사람의 입장에서 보면 현물로 보조받는 것보다 현금으로 보조받는 것이 더 선택의 폭이 넓어지고 따라서 효용을 더 높일 수 있는 여지가 생기게 된다. 왜 그런지를 예산선과 무차별곡선을 사용하여 분석해 보도록 하자. 〈그림 8-5〉에서 어떤 사람의 원래의 예산선에서 효용을 극대화하는 점이 a라고 하자. 이제 이 사람이 현금을 보조받게 되면 이 사람의 예산선이 오른쪽으로 평행이동 하여 소비가 가능한 영역이 그만큼 더 넓어지게 된다. 두 재화, 식료품(X)과 기타 재화(Z)에 대한 원래의 예산식은 원래의 소득(M)과 일치했으나 ($P_X X+P_Z Z=M$), 이제 보조금(S)를 받게 되므로 새로운 예산은 원래의 소득과 새로 받는 보조금의 합과 일치하면 되게 된다. 따라서 예산식이 $P_X X+P_Z Z=M+S$로 바뀌게 되며 예산선 M은 보조금 S의 크기만큼 밖으로 평행이동하게 되어 새로운 효용극대화점은 새 예산식인 $M+S$ 위의 점인 b가 된다.

현금을 보조할 경우는 보조받은 소비자가 자기 마음대로 어느 재화든지 소비하여 자신의 효용을 극대화하게 된다. 그러나 소득에 대한 보조를 하는 정부의 입장에서는 저소득층이 특정한 재화의 소비를 늘리도록 유도하고자 하는 정책을 사용할 수도 있다. 예를 들어, 정부가 보조해 주는 현금으로 저소득자가 술이나 담배같은 기호품보다는 쌀이나 두부 같은 음식을 사는 것이 국민 건강에 더 도움이 되고 정부보조의 명분이 서게 된다고 하자.

그런데, 현금을 이전해 준다면 현금을 받은 저소득자가 반드시 그 현금을 기호품 대신에 음식을 사는 데 사용하리라는 보장이 없다. 그러나 현금 대신에 그

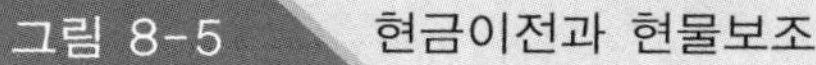
그림 8-5 현금이전과 현물보조

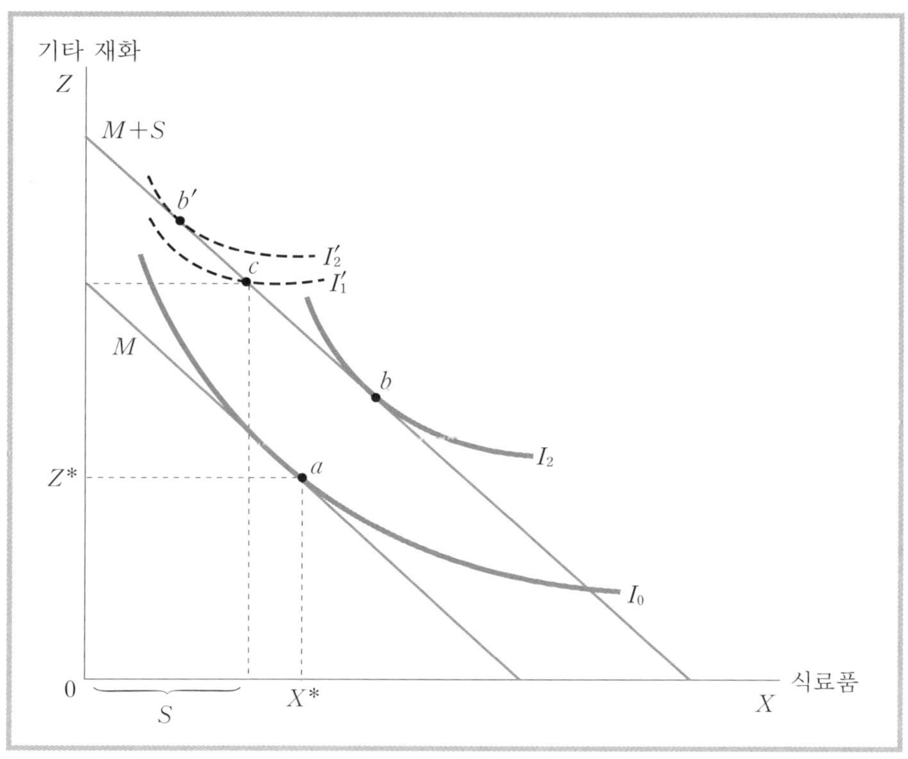

가치에 해당하는 음식을 현물로 준다면 그것을 다른 사람과 물물교환을 하지 않는 이상은 현물을 소비해야만 한다는 제약을 벗어나지 못하게 된다. 일반적으로, 현물로 보조할 경우에는 정부가 X재화에 대해 적정 소비수준을 유도해 낼 수 있으며 이를 통해 현물에 해당하는 재화의 생산을 장려하게 되고 또한 보조금을 주는 경우보다는 수혜자 중 비자격자를 배제하기가 용이해진다.

이것을 그림으로 분석해 보도록 하자. 우선, 〈그림 8-5〉에서 X재화가 현물(S)로 보조받는 재화라고 하자. 현물의 양을 S라고 한다면 예산선은 이제 현물의 양만큼 오른쪽으로 평행이동하게 된다. 그러나 Z는 양이 전과 마찬가지이므로 예산선은 원래의 Y의 높이에서 꺾어지게 된다. 다시 말해서, 세로축인 Z축 위에서 나타내 주는 재화 Z에 대한 소비 가능성은 현물보조를 받기 이전의 원래의 예산으로 살 수 있는 Z의 양 이상이 될 수 없으며 따라서 예산선의 높이도 그 이상 높아질 수는 없다는 제약이 생긴 셈이다. 그러므로 이 소비자의 예산식에는

$P_X X + P_Z Z = M + S$라는 예산식에 $Z \leq \left(\frac{M}{P_Z}\right)$라는 하나의 제약식이 더해지게 되는 셈이다. 애당초 I_2'형태의 무차별 곡선을 가진 소비자라면, 그림에서 볼 수 있듯이 현물보조의 경우가 현금이전의 경우에 달성할 수 있는 효용보다 낮게 된다. 현물보조 시의 균형점인 b'에서의 무차별곡선인 I_1'이 현금이전 시의 무차별곡선인 I_2'보다 더 아래에 놓이게 된다. 무차별곡선의 기울기, 즉 소비자의 선호에 따라서는 그림의 c와 같은 점에서 모서리 해(corner solution)가 생기게 되는 경우도 있게 된다. 물론 처음부터 효용극대화점이 b'인 선호체계를 가진 사람이라면 현물보조의 경우에도 같은 b'에서 효용극대화가 이루어지므로 모서리 해가 생기지 않게 된다.

현금이전과 현물보조시의 효용극대화 문제를 식으로 다시 한번 살펴보면 그 차이는 아래와 같다.

현금 이전시의 효용극대화: $\max U(X, Z)$ s.t. $P_X X + P_Z Z = M + S$

현물 보조시의 효용극대화: $\max U(X, Z)$ s.t. $P_X X + P_Z Z = M + S$ and $P_Z Z \leq M$

2. 최저소득 보장제도

일을 전혀 하지 않더라도 보장해 주는 소득이 최저소득이다. 우선, 근로소득을 간단한 식으로 나타내고 이것을 다시 그림으로 보여 준 후에 최저소득의 보장이 가져올 수 있는 효과에 대해 생각해 보도록 한다. 한 사람이 하루에 일할 수 있는 노동시간(L)은 하루의 총가용시간($\bar{L}$)에서 여가시간(R)을 제한 것이 된다. 이것을 아래와 같은 식으로 나타낼 수 있다.

노동시간 = 총가용시간 − 여가 또는 $L = \bar{L} - R$

노동을 통해 버는 근로소득은 일한 시간에 시간당 임금률(w)을 곱하여 아래 식과 같이 얻을 수 있다.

소득 = (임금률) × (노동시간) 또는 $wL = w(\bar{L} - R) = w\bar{L} - wR$

만약 총가용시간을 모두 일한다고 한다면 얻을 수 있는 소득에서 일을 하지 않고 여가시간으로 보내기 때문에 잃게 되는 소득, 즉 여가의 기회비용(wR)을 뺀 나머지가 근로소득인 셈이다. 그러므로 근로소득과 여가의 기회비용을 합한 것이 총획득가능소득($w\overline{L}=wL+wR$)인 셈이다.

임금률과 노동시간과의 관계를 〈그림 8-6〉으로 나타낼 수 있다. 효용은 노동으로부터 얻는 소득과 여가시간으로부터 나온다고 보았다. 그림에서 가로축은 원점에서 오른쪽으로 갈수록 여가시간이 늘어나는 것을 보여준다. 물론, 여가시간은 총가용시간인 $\overline{L}$ 보다 클 수는 없다. 그러므로 노동시간은 총가용시간인 $\overline{L}$에서부터 왼쪽으로의 길이로 나타나게 된다. 세로축은 임금률에 노동시간을 곱한 소득으로 나타낸다. 모든 가용시간을 다 노동에 사용하면 벌 수 있는 총획득가능소득이 세로축의 $w\overline{L}$이다. 만약 R^*만큼의 여가를 즐긴다면 벌 수 있는 소득은 a점에서의 소득 M^*가 된다. 그런데 일을 하지 않아도 보장해 주는 최저소득의 수준이 만약 M_{min}이라면 이 사람은 일을 하지 않는 것이 더 높은 효용을 b점에서 얻을 수 있는 방편이 되므로 일할 유인이 없어지게 된다. 그러므로 최저소득 보장액이 현재 벌고 있는 소득보다 높을 경우에 효용극대화를 위한 선택은 일을 전혀 하지 않고 최저소득 보장액과 여가를 즐기는 것이 된다. 그러나 무차별곡선의 형태에 따라서는 최저소득 보장액이 자신의 효용극대화점보다 더 아래에 위치할 수도 있으며 이 경우에는 최저소득의 보장에 영향을 받지 않고 일을 하여

그림 8-6 최저소득 보장제도

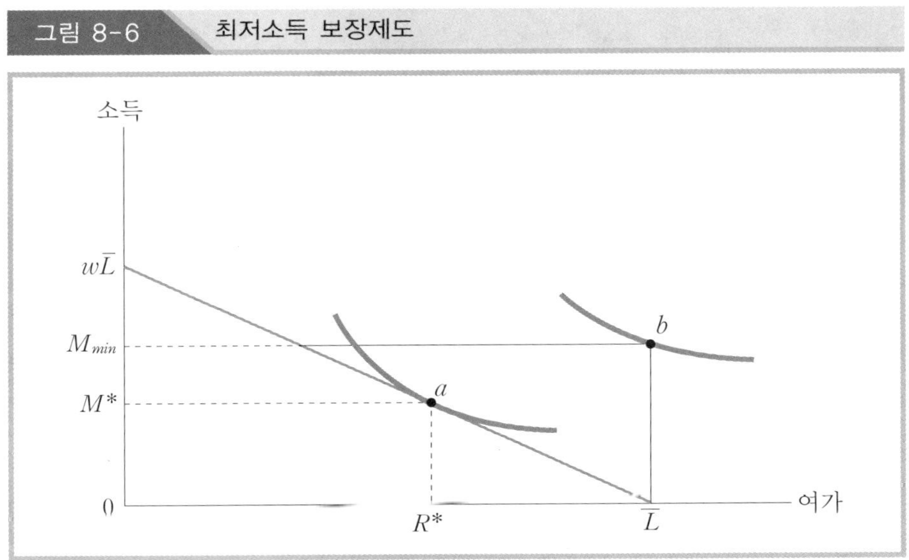

소득을 벌려고 노력하게 된다.

3. 부(負)의 소득세

소득이 면세한계(exemption limit)소득보다 많으면 정(正, +)의 소득세를 내고 그보다 적으면 부(−)의 소득세, 즉 그에 해당하는 금액을 정부로부터 받게 되는 제도를 부(負)의 소득세(negative income tax) 제도라 한다. 부의 소득세를 가장 간단하게 설명할 수 있는 조세 종류는 선형누진소득세(linear progressive income tax)이다. 조세에 대해서는 이 책의 제11장 이후에 자세히 설명되어 있으므로 여기서는 간단히 누진세, 역진세, 그리고 비례세 등에 대한 개념을 살펴보고 부의 소득세에 대한 설명으로 들어가도록 한다.

소득에 대한 일정비율을 내는 소득세는 비례소득세(proportional income tax)라고 한다. 흔히, 소득을 가로축으로 하고 세액을 세로축으로 하는 그림의 좌표에서 원점으로부터 뻗어나오는 직선을 비례세로 나타낸다. 그리고 비례세율은 이 직선의 기울기가 된다. 비례세로 표시된 직선의 기울기는 일정한데 이 기울기는 한계세율이라고도 부른다. 누진소득세(progressive income tax)란 소득이 많아질수록 세금(T)이 소득(Y)에서 차지하는 비율이 커지는 소득세를 말한다. 반대로 소득이 많아질수록 세금이 소득에서 차지하는 비율이 작아지는 소득세를 역진소득세(regressive income tax)라고 한다. 여기서 누진성을 나타내 주는 것은 한계세율$\left(\frac{\Delta T}{\Delta Y}\right)$이 아니라 평균세율$\left(\frac{T}{Y}\right)$이라는 점이 중요하다.

한계세율이 일정한 직선이면서 평균세율이 증대하는 형태의 조세를 그림으로 표시하기 위해서는 원점에서 뻗어나오는 직선 대신에 〈그림 8-7〉에서 볼 수 있듯이 원점의 아래 즉 세로축의 마이너스 영역에서 시작되는 직선이 있어야 한다. 선형누진소득세의 식은: $T=-S+tY$로 쓸 수 있다. 여기서 S는 소득이 0인 사람에게 주는 정액(정해진 액수)의 부의 소득세이고 t는 직선의 기울기, 즉 한계세율이다. 세금이 0인 면세한계소득은 이 식에서 세금액 T가 0이 되도록 만드는 소득 Y를 구하면 되는데 이것은 식($0=-S+tY$)를 풀어 얻을 수 있고 답은 $Y=\frac{S}{t}$이 된다. 면세한계소득 이하의 소득수준에서는 소득의 크기에 따라 최대 S만큼의 보조금을 정부로부터 받는다. 그 이상의 소득수준에서는 세금을 내게 된다.

그림 8-7 부의 소득세

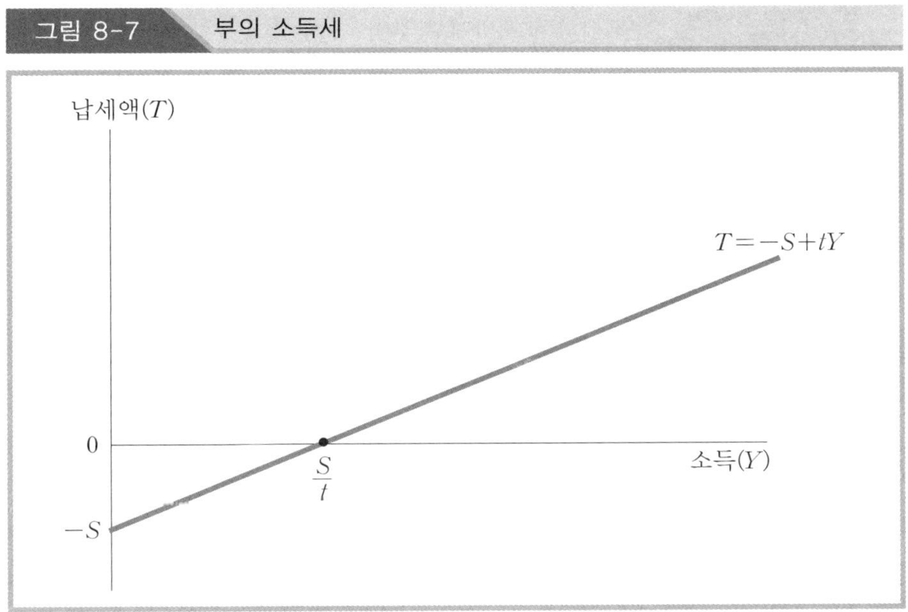

제 4 절 우리나라의 소득분배 상태

우리나라의 지니 계수는 1990년대 중반에 0.30 이하로 떨어져서 소득분배의 평등도가 향상되었다. 그러나 1997년 말의 외환위기로 인해 실업률의 증대 등 경제상태가 악화되고 기업의 구조조정과 경영의 효율화를 위한 성과주의 임금체계와 전문인력의 고액연봉화 그리고 정보기술산업의 급속한 부상으로 인한 비대칭적인 주가의 급등 등으로 〈표 8-1〉에서 지니 계수가 다시 0.31 이상으로 높아진 것

표 8-1 우리나라의 소득분배 불평등도

계수 \ 연도	1965	1980	1988	1993	1995	1996	1997	1998	1999	2000
십분위 분배율	0.463	0.472	0.466	0.593	0.585	0.566	0.587	0.507	0.496	0.503
지니 계수	0.344	0.332	0.336	0.280	0.284	0.291	0.283	0.316	0.320	0.317

자료: 도시가계조사, 통계청.

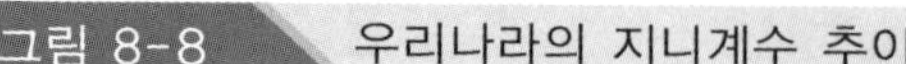

그림 8-8 우리나라의 지니계수 추이

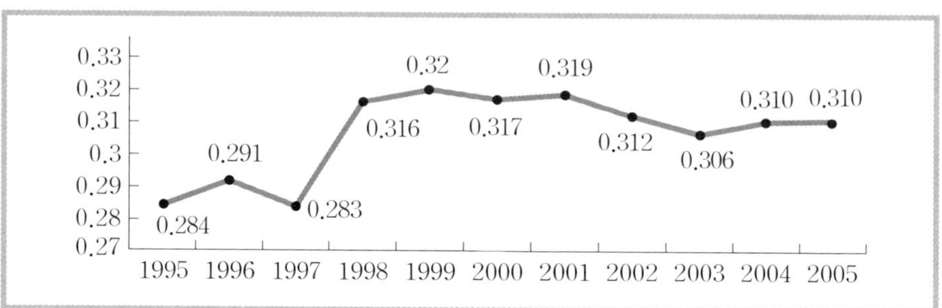

자료: 통계청.

표 8-2 우리나라의 10분위 분배지수

	1997	1998	1999	2000	2001	2002	2003	2004	2005
1분위	3.2	2.6	2.7	2.9	2.9	3.0	2.7	2.5	2.6
2분위	5.1	4.7	4.6	4.7	4.6	4.7	4.8	4.6	4.6
3분위	6.3	5.9	5.8	5.8	5.7	5.8	6.1	6.0	5.9
4분위	7.3	6.9	6.8	6.9	6.8	6.9	7.1	7.1	7.0
5분위	8.3	8.0	7.9	7.9	7.9	7.9	8.1	8.2	8.2
6분위	9.4	9.1	9.1	9.1	9.1	9.2	9.3	9.4	9.4
7분위	10.8	10.6	10.5	10.5	10.5	10.5	10.7	10.8	10.8
8분위	12.4	12.3	12.3	12.2	12.3	12.4	12.5	12.6	12.5
9분위	15.0	15.0	15.0	414.7	15.0	15.1	15.0	15.3	15.2
10분위	22.3	24.8	25.3	25.4	25.4	24.6	23.8	23.6	23.8
10분위분배율	0.5872	0.5072	0.4960	0.5039	0.4967	0.5136	0.5317	0.5196	0.5154
지니계수	0.283	0.316	0.320	0.317	0.319	0.312	0.306	0.310	0.310

자료: 통계청, 「한국의 사회지표」 2006.

을 볼 수 있다. 위의 지수는 도시가계에 한정된 것이라는 점에 주목할 필요가 있다. 통계청에서 발표하는 「사회통계조사」와 「가구소비실태조사」 등에 보고된 것을 보면 우리나라에서는 일반적으로 도시가계의 소득분배 상태가 농촌가구의 소득분배 상태보다 약간 더 나은 편이다. 〈그림 8-8〉에서 볼 수 있듯이 우리나라의 지니계수는 2005년도에 0.310으로 2000년대 초보다 약간 향상하고 있다. 〈표 8-2〉에서 10분위 분배지수를 보면 10분위분배율도 지니계수와 비슷한 추세를 보이는 것을 알 수 있다.

선진국의 경우에도 1980년대 이후에 지니 계수가 상승하는 추세를 보이면서 소득분배격차가 확대되는 추세에 있다. 또한, 통계청의 도시가계통계를 사용한 지니계수로 보면 다른 선진국보다 우리나라의 소득분배의 형평성이 더 높게 나타난다. 「한국가구경제활동조사자료(KHPS)」를 사용한 자료로는 아주 형평성이 뛰어난 스웨덴 0.250(1992년)이나 독일의 0.281(1994) 그리고 캐나다의 0.315(1994년) 등 몇 나라보다는 못하지만 우리나라가 선진국이 평균적인 수준보다 못하지 않은 것으로 나타난다.[3] 우리나라보다 악화되고 있는 나라의 경우를 잠깐 살펴보면, 1981년의 미국, 영국 그리고 일본의 지니 계수는 각각 0.406, 0.460 그리고 0.349였으나 미국의 지니 계수는 1998년에 0.456, 영국의 지니 계수는 0.530 그리고 일본의 지니 계수는 1996년에 0.441로 악화되는 추세를 보였다.[4] 이런 추세는 정보화 사회가 되면서 국가 간의 국경의 개념이 무너지고 있으며 무한경쟁이 자연스럽게 용인되는 경제와 정치의 패러다임이 변화하는 과정에서 나타나는 일시적인 현상일 수도 있다.

더 최근의 세계 각국의 2004년도 지니계수 추세를 보면 덴마크가 0.247로 세계 1위이고 일본이 0.2485로 2위로 나타났다. 우리나라는 0.3159로 세계 26위였다.

표 8-3 각국의 지니계수(2005) (지니계수×100)

국 가 명	지니계수	순 위	국 가 명	지니계수	순 위
Denmark	24.70	1	United Kingdom	35.97	51
Japan	24.85	2	Italy	36.03	52
Belgium	25.00	3	New Zealand	36.17	53
Sweden	25.00	4	Jordan	36.42	54
Czech Republic	25.40	5	Azerbaijan	36.50	55

3) 현진권·김식훈(1998) 및 World Development Report(1999) 참조.
4) 소득분배 개선을 위한 세제개혁방향, 한국조세연구원(2001. 7) 참조.

Norway	25.79	6	Nepal	36.66	56
Slovak Rcpublic	25.81	7	Moldova	36.90	57
Bosnia and Herzegovina	26.15	8	Georgia	36.95	58
Uzbekistan	26.84	9	Lao PDR	37.00	59
Hungary	26.85	10	Vietnam	37.03	60
Finland	26.88	11	Estonia	37.24	61
Albania	28.17	12	Jamaica	37.90	62
Macedonia, FYR	28.21	13	Armenia	37.92	63
Germany	28.31	14	Tanzania	38.16	64
Slovenia	28.41	15	Portugal	38.45	65
Rwanda	28.90	16	Mauritania	39.02	66
Ukraine	28.96	17	Morocco	39.50	67
Croatia	29.00	18	Mozambique	39.61	68
Ethiopia	29.97	19	Tunisia	39.80	69
Austria	29.99	20	Turkey	40.03	70
Mongolia	30.27	21	Trinidad and Tobago	40.27	71
Romania	30.31	22	Guinea	40.30	72
Belarus	30.35	23	Cambodia	40.39	73
Netherlands	30.90	24	Turkmenistan	40.76	74
Russian Federation	31.02	25	Ghana	40.80	75
Korea, Rep. (한국)	**31.59**	**26**	United States	40.81	76
Bangladesh	31.79	27	Senegal	41.28	77
Lithuania	31.90	28	Singapore	42.48	78
Bulgaria	31.91	29	Kenya	42.50	79
Kazakhstan	32.27	30	Iran, Islamic Rep.	43.00	80
India	32.50	31	Uganda	43.00	81
Spain	32.50	32	Nicaragua	43.11	82
Tajikistan	32.64	33	Thailand	43.15	83
France	32.74	34	Hong Kong, China	43.44	84
Pakistan	32.99	35	Ecuador	43.73	85
Switzerland	33.13	36	Cameroon	44.56	86
Canada	33.14	37	Cote d'Ivoire	44.58	87
Sri Lanka	33.20	38	Uruguay	44.60	88
Burundi	33.33	39	Bolivia	44.70	89

Yemen, Rep.	33.44	40	China	44.73	90
Latvia	33.62	41	Philippines	46.09	91
Poland	34.09	42	Costa Rica	46.50	92
Indonesia	34.31	43	Guinea-Bissau	47.05	93
Egypt, Arab Rep.	34.41	44	Dominican Republic	47.44	94
Kyrgyz Republic	34.76	45	Madagascar	47.45	95
Australia	35.19	46	Gambia, The	47.54	96
Algeria	35.30	47	Burkina Faso	48.22	97
Greece	35.37	48	Venezuela, RB	49.10	98
Israel	35.50	49	Malaysia	49.15	99
Ireland	35.90	50	Peru	49.80	100

자료: World Bank(2005), World Development Indicators.

제 5 절 소득재분배 정책의 필요성과 이에 대한 비판

1. 소득재분배의 정치적 필요성

소득재분배를 위한 사회후생함수는 다른 사람들의 후생에 대해 사회의 구성원들이 별로 관심을 가지지 않는다는 것을 전제로 하고 있다. 그러나 사회의 모든 구성원들이 다른 사람들에 대해 마치 가족의 일원인 것처럼 그들의 후생과 복지에 관심을 가지고 자발적으로 자기가 가진 것을 나누어 준다면 특별히 소득재분배 장치가 필요 없을 것이다. 사회의 가장 핵심적인 단위인 가족을 생각해보면 이 점은 자명해진다. 유일한 소득자가 아버지라고 해도 아버지는 자식들이 굶거나 헐벗지 않도록 자신의 소득을 나누어 준다. 즉 아버지의 효용함수 속에는 자식들의 후생이 포함되어 있기 때문에, 즉 가족구성원 간의 효용함수가 상호 의존적이므로, 가족 내에서 소득재분배가 자발적으로 이루어지는 것이다. 사회 전체로 보았을 때, 한 가족 내에서와 같이 사회구성원들의 효용함수가 상호 의존적이라면 자발적인 소득재분배가 이루어질 수 있으므로 인위적인 재분배가 필요없을 것이다. 그런데 현실적으로는 사회구성원 간의 효용함수가 상호 의존적이라고 보기는 힘들다.

사회구성원 a와 b가 서로 상호 의존적인 효용함수를 가지고 있다면 a가 두 재화 X와 Y로부터 얻는 효용은 자신의 소비량(X_a, Y_a)뿐 아니라 b의 소비량(X_b, Y_b)에 의해서도 영향을 받게 된다. 이것을 식으로 나타내면 a의 효용함수는 $U_a(X_a, Y_a, X_b, Y_b)$로 쓸 수 있다. 이 경우에 개인 a가 소득이 높다면 개인 b에게 소득을 자발적으로 재분배해 주는 것이 곧 자신의 효용을 높일 수 있는 길이 된다. 그러나 사회구성원들의 효용이 상호 의존적이지 않다면 개인 간의 자발적인 소득재분배는 기대할 수 없다. 그러므로 곤궁에 처한 사람들을 구제하기 위해서는 정부가 개입하여 소득을 재분배해 주게 되는 것이다.

그런데 정부는 왜 굳이 궁핍한 사회구성원을 구제하기 위해 소득재분배를 하려 하는 것일까? 정부가 고매한 이상과 인류를 아끼는 측은지심이 있어서 그런 것일까? 아니면 좀더 현실적인 이유가 있는 것일까? 정부가 하나의 인격체로서 이상적인 사회를 구현하기 위해 여러 가지 사회복지제도와 소득재분배 등을 실현한다고 보는 시각도 있으나 현대에 들어와서는 공공선택이론에서 전제로 하고 있듯이, 정치가와 관료도 경제인과 마찬가지로 나름으로의 효용을 극대화하기 위해 행동한다는 시각이 지배적이 되고 있다.

이런 시각에서 정부가 소득재분배를 주도하는 한 가지 이유로 민주주의적 방법에 의해 정치적 대표자를 선출하는 선거방식을 들 수 있다. 정당이 득표극대화를 목적으로 한다면 다수인 저소득층을 위해 소수인 고소득층으로부터 소득을 재분배하여 지지표를 더욱 많이 확보하려 할 것이다. 소득재분배의 한 방법으로 사용되는 누진소득세가 이런 목적에 아주 잘 부합된다고 할 수 있다.

그렇다면, 고소득층에게는 소득재분배가 아무런 이득이 없는 것일까? 고소득층은 기존의 사회구조와 운영방식을 가장 잘 활용해서 소득을 올리고 있는 계층이라고 볼 수 있고 저소득층은 기존의 소득창출 방식을 제대로 활용하지 못하거나 기존의 방식이 잘 안맞는 계층이라고 볼 수 있다. 만약, 저소득층의 소득이 너무나 적어서 최소한의 생계도 유지하기 힘들다면 그들이 취할 수 있는 길은 두 가지로 압축된다. 그냥 굶어죽거나 아니면 다른 방식으로 운영되는 사회로 만드는 것이다. 다시 말해서, 저소층의 숫자가 너무 많아지고 소득불평등에 대한 불만이 너무 커지게 되면 그들이 폭동이나 혁명을 일으켜 기존의 사회를 뒤엎을 수 있는 위험부담이 고소득층에게 너무 커지게 된다. 이런 시각에서 본다면, 소득재분배는 고소득층과 기존의 사회질서 속에서 편안한 삶을 유지하고 있는 계층이 각각 조금씩의 개인적인 소득의 감소를 감내하면서 즉 소득재분배를 위해 자신들의 소득의 일부를 세금으로 기꺼이 내면서 저소득층으로부터 혁명을 미연에 방지해보려는 일종의 보험행위로 볼 수도 있다. 따라서, 소득재분배는 고소득층이 저소득층으로부터 터져나올 수도 있는 혁명으로부터의 보호를 구매하는 행위이며 소득의 적정분배는 혁명을 방지하고 기존의 사회질서를 유지하기 위한 공공재적 기능을 한다고 볼 수 있다.

2. 소득재분배의 사회보험적 함의

소득분배의 차이를 어느 한 시점에서 즉 횡단면으로 볼 경우와 시간을 두고 시계열로 보는 것은 많은 차이가 있다. 젊은 층은 지금의 시점에서는 소득분배의 밑바닥에 가까이 있겠지만 경력이 쌓이고 호봉이 높아지면서 소득이 늘어서 10년 후 혹은 20년 후에는 중년이라는 나이에 걸맞게 소득분배의 상층부에 있게 될 것이다. 문제가 되는 것은 이런 시간의 경과 후에도 나이는 많아졌으나 여전히 소득분배의 밑바닥에 박혀 있는 사람들이다. 그러므로 어느 한 시점에서 일시적으로 소득이 낮은 사람에게 소득을 재분배하는 장치보다는 시간이 경과하면서 소득이 향상되지 않는 계층의 사람들에게 소득을 재분배해 줄 수 있도록 만드는 장치가 더 효과적인 것이다.

이런 관점에서는 소득의 흐름을 축적하여 부(富)를 형성하게 되는 동학적(動學的, dynamic)인 면을 중시하게 된다. 평생소득은 시간과 함께 변하는 것이므로 그 크기를 확정지을 수는 없다. 그러나 미래의 평생소득의 형성에 영향을 미칠 교육정책, 직업훈련정책, 소득세 및 상속세 정책과 같은 장기적인 영향력이 있는 정부정책을 눈여겨 볼 수 있도록 소득형성과 유지에 관한 정책의 중요성에 대한 인식을 갖추고 있어야 할 것이다.

개인의 소득은 경제 전체의 경기순환에 의해서도 영향을 받게 되므로 항상 같은 수준이 유지되는 것이 아니라 점차 증대하기도 하고 점차 감소하기도 하는 기복과 순환이 생길 수 있는 동학적인 패턴을 나타내기 쉽다. 소득이 점차 많아지면, 소득으로부터의 한계효용도 체감하게 된다. 그러므로 한 기간에 버는 평균 이상의 소득으로부터 나오는 한계효용이 경기가 안좋은 다른 기간에 벌 수 있는 평균 이하의 소득을 효용측면에서 보상해 줄 수 있을 정도로 커지지는 않을 수도 있다. 그러므로 모든 기간에 가능하다면 평균적으로 일정한 수준 이상의 소득을 유지할 수 있도록 하는 것이 평생에 걸쳐서 효용의 합을 극대화하는 방책이 된다.

그렇다면, 평생에 걸쳐서 일정한 수준 이상의 평균소득이 유지될 수 있도록 해주는 보험이 필요하겠지만, 이런 기능의 보험을 민간이 공급하기에는 역부족일 수 있다. 우선, 피보험자들의 도덕적 해이 문제 때문에 보험사의 수지가 안 맞아 제대로 유지되기 힘들 것이 예상되므로 보험 자체가 생겨나지 않기 쉽다. 그러나 정부는 직접적인 개입을 통해 도덕적 해이 문제를 어느 정도 사전적으로 예방할 수 있으므로 정부가 사회보장제도를 비롯한 여러 장치를 사용하여 소득재분배를 하는 것이 이런 사회적 보험의 필요성을 충족해 주는 것이라고도 볼 수 있다. 다음 장에서는 사회보장제도에 대해 알아보도록 하자.

응 용 문 제

1. 〈그림 8-7〉을 수정하여 최저소득 보장제도의 영향을 받지 않고 일을 하여 근로소득을 얻으려 할 경우를 그림으로 보여라(힌트: 이 경우의 효용극대화문제는 Max $U(M, R)$ s.t. $M+wR=w\bar{L}$을 푸는 것이 된다. 임금률이나 선호가 달라질 경우를 생각하면 쉬울 것이다).

경 제 학 자

1) 벤삼(Jeremy Bentham, 1748~1832)
영국의 공리주의 철학자로서 경제학 사상에 많은 영향을 끼쳤다. 사람들이 고통과 쾌락의 균형을 추구하기 때문에 최대다수의 최대행복을 얻을 수 있다고 주장했다. *Manual of Political Economy*(1798).

2) 밀(John Stuart Mill, 1806~1873)
런던에서 경제학자 제임즈 밀의 아들로 태어나 3세부터 그리스어를 교육받는 등 영재교육에 시달려 24세에는 약간의 정신 분열증 증세를 보이기도 했다. 그러나 그의 영재성은 이미 10대에 평론을 출판할 정도로 인정받았다. 연상의 유부녀 해리엇 테일러 부인과 그의 장기간 지속된 우정과 사랑으로 인해 그는 여성의 자유문제에도 관심을 가지게 되었다. 그의 자서전(1873)은 필독서이다. *Principles of Political Economy with Some of Their Applications to Social Philosophy*(1848).

참 고 문 헌

나성린 · 전영섭, 「공공경제학」, 박영사, 2001.

이준구, 「재정학」, 법문사, 2004.

한국조세연구원, 「소득분배 개선을 위한 세제개혁방향」, 2001.

현진권 · 강석훈, "한국 소득분배의 국제비교," 「경제학 연구」, 46(3): 145-167, 1998.

Cullis, J, and P. Jones, *Public Finance and Public Choice*, Oxford: Oxford University Press, 1998.

Lerner, A.P., *The Economics of Control*, New York: Macmillan, 1994.

Rawls, J., *Theory of Justice*, Cambridge: Harvard University Press, 1971.

World Bank, *World Development Report*, 1999, 2005.

제 9 장

사회보장제도

들어가며

사회보장제도는 자기 스스로 얻는 소득만으로 생활하기가 곤란한 사람들에게 그 당시 그 사회에서 인식되고 있는 최소한의 생활수준을 유지할 수 있도록 소득을 보조해 주는 제도를 말한다. 소득 창출을 위한 노동력 및 자산을 소유하고 있지 않은 사람에게는 사회복지제도에 의한 소득 보조가 필요하게 된다. 즉, 사회보험에 의한 소득과 공공부조에 의한 소득이 추가적으로 제공되게 된다.

먼저, 일반적인 사회보장제도의 유형과 우리나라의 사회보장제도를 개관해 보도록 한다. 다음으로는, 일반적인 보험에서 발생할 수 있는 문제점을 사회보험과 연관시켜 알아보고, 사회보장제도가 미치는 경제적 효과를 분석해 본다. 우리나라의 사회보험제도와 공공부조 및 사회복지 서비스를 각각 구체적으로 살펴본다. 사회보장제도에 소요되는 재원의 마련에 대해 알아본다. 마지막으로 사회보장제도가 갖추어야 할 바람직한 요소들을 검토해 본다.

제 1 절 사회보장제도의 유형과 제도 개관

1. 사회보장의 필요성

원칙적으로 자기의 능력에 따라 소득을 얻고 그것에 맞는 생활을 하는 것이 자본주의 사회의 논리이다. 그러나 시장이 완벽하더라도 개인의 능력 부족이나 사회적 여건의 미비로 생존에 필요한 소득을 획득하지 못하는 사람도 생기게 된다. 이렇듯 부득이한 이유로 스스로의 생계를 꾸려가기 힘든 경우에는 국가가 국민에게 최소한의 삶을 살아갈 수 있는 방안을 마련해 주는 것—즉, 사회적으로 최소한의 삶을 영위할 수 있도록 보장하는 것—이 국가의 책무로 인식되고 있다. 그렇다면 어떤 경우에 이런 필요성이 발생했다고 볼 수 있을까? 먼저, 사회보장에 대한 필요성이 발생하는 요인을 아래의 네 가지로 크게 나누어 보도록 하자.

우선, 개인 능력의 부족을 들 수 있다. 선천적으로 혹은 후천적인 사고나 충격으로 인해 정신적인 또는 신체적인 장애가 있어서 교육을 제대로 못 받는다든가 스스로 소득을 얻을 수 있는 일을 할 수 없는 경우가 이에 속한다.

둘째, 비록 장애는 없더라도 사회적으로 여건이 제대로 마련되지 않아서 작업능력을 제대로 갖출 기회를 가질 수 없거나 직장에서 차별을 받게 되는 집단도 있을 수 있다. 성별이나 인종 또는 출신지역 등에 따라서 사회전반에서 교육기회의 불평등과 구조적인 차별을 받는 경우가 이에 해당한다. 이들이 최소한의 생계를 유지할 수 있도록 국가가 그들로부터의 기여가 없이도 도와 주는 사회부조 혹은 공공부조 성격의 사회보장을 해 줄 필요가 있다.

셋째, 개인의 능력이나 사회적 여건의 미비가 요인이 아니라 개인의 미래에 대한 판단이나 예측의 잘못으로 인해 곤궁에 빠지는 것을 방지해 주고 대책을 마련해 준다는 의미에서 미래의 불확실성에 대비하는 사회보험의 역할도 국가가 떠맡게 된다. 정보의 비대칭성에 의한 역선택과 도덕적 해이로 인해 민간보험이 기능을 제대로 수행하지 못할 수 있으므로 위험연합을 정부가 강제할 필요가 있으므로 정부가 강제적인 보험을 들게 하여 사람들을 보호하게 된다.

넷째, 자본시장이 완전하지 못하므로 개인이 필요한 때에 필요한 자본을 대출 받지 못하게 될 수도 있다. 그러므로 미리 이에 대비하여 개인의 자원을 전 생애에 걸쳐 재분배할 수 있도록 도와 줄 필요가 있다.

사회보장에 대한 필요성이 발생하는 요인:

1) 개인 능력의 부족(예: 정신적, 신체적 장애, 교육부족)
2) 사회적 여건의 미비(예: 구조적인 차별, 교육기회의 불평등)
3) 불확실성에 대비(예: 실업, 퇴직, 은퇴, 의료)
4) 불완전한 자본시장(예: 대출불능)

2. 사회보장의 유형

이런 여러 가지 필요성을 구체적인 사회보장제도로 실천하게 되는 것은 일종의 가부장적 온정주의(paternalism)에 기초한다고 볼 수 있다. 사회보장제도는 개인이 당면할 수도 있을 개인적 차원의 경제적 위기를 미연에 예방해서 개인으로 하여금 경제적으로 안정된 삶을 영위하도록 하기 위해 집단적 차원에서 보호해 주기 위한 제도이며 종종 소득재분배기능도 수반된다. 사회보장이란 용어를 처음으로 사용한 것은 1935년에 미국에서 사회보장법(Social Security Act)을 제정하면서부터라고 할 수 있으나, 사회보장이 보편적 개념으로 정립된 것은 1940년대에 들어와서이다. 우리나라에서는 1960년의 제4차 개정헌법에서 처음으로 "국가의 사회보장에 관한 노력"을 규정하였고 1963년 11월에 법률 제1437호로 전문 7개조의 "사회보장에 관한 법률"을 제정하였다.

사회보장제도는 크게 두 가지 유형으로 가른다. 독일의 비스마크(Bismark)형(型)은 직종사회보장제도 중심으로 보험의 성격이 강하다. 보험료가 재원조달의 주요 수단으로 국고부담이 적은 유형이다. 이 제도는 미국, 서독, 프랑스, 오스트리아, 한국 등에서 사용되고 있다. 1942년에 발표된 영국의 베버리지(Beveridge) 보고서에 기초한 베버리지형은 도움이 필요한 국민에게는 생계를 보장하는 공공부조 성격이 강한 사회보장제도이다. 정부의 일반재정 의존도가 높아서 국고부담이 큰 유형으로 대표적인 복지국가인 스웨덴, 영국 등에서 사용된다.

3. 사회보장을 위한 재원의 조달방식

사회보험을 위한 재원의 확보를 위한 대표적인 방식으로 적립방식과 부과방식이 있다. 우리나라에서 사용하는 적립방식(funded system)은 동일 세대가 적립한 기여금을 자신들이 은퇴 후에 급부금으로 받는 제도이다. 자신들이 낸 사회보장세 또는 기여금(contribution, 갹출료)을 적립하여 기금(trust fund)을 조성하고 이 기금을 재원으로 자신들이 은퇴한 후 급부금(給付金, benefit)을 받게 된다. 적립방식의 장점은 강제저축을 통한 기금조성으로 자본형성의 증대를 가져올 수 있다. 반면에, 적정한 기여금과 급부금을 산정하기 위해서는 인구통계 및 경제변수에 대한 정확한 예측이 선행되어야 하는 어려움이 있다.

부과방식(pay-as-you-go system)은 현재의 근로세대가 납부하는 사회보장세(social security tax)로 현재의 은퇴세대에게 급부금을 주는 제도로서 미국이 채택하고 있는 제도이다. 장점으로는 인구의 고령화가 덜 된 나라에서는 초기의 기여금이 많지 않아도 시행이 가능하다는 점이지만 의도하지 않은 세대간 소득 재분배가 일어날 수 있으며 은퇴에 대비한 저축 유인이 줄어들 수 있다는 단점이 있다.

4. 우리나라의 사회보장제도의 구성

우리나라의 사회보장기본법 제3조 제1호에 의하면 사회보장이란 "질병 · 장애 · 노령 · 실업 · 사망 등 각종 사회적 위험으로부터 모든 국민을 보호하고 빈곤을 해소하며 국민생활의 질을 향상시키기 위하여 제공되는 사회보험, 공공부조, 사회복지 서비스 및 관련 복지제도를 말한다"고 정의되어 있다. 〈그림 9-1〉에 있듯이, 우리나라의 사회보장의 종류는 크게 사회보험과 공공부조로 나눌 수 있으며 각각 나름으로 소득 및 의료보장을 목적으로 하고 있다.

민간보험은 자발적이지만 사회보험은 강제적이다. 구체적인 계약조건을 명시하는 민간보험에 비해 사회보험의 계약조건은 구체적이지 못하고 불확실하다. 사회보험은 가입 요건이 되는 국민이 보험료 혹은 기여금을 의무적으로 내고 필요한 시기에 보험금을 지급받게 되는 제도이다. 이에 반해, 공공부조 또는 사회부조는 본인의 기여금 납부를 요구하지 않으면서 필요성이 인정되는 사람에게

그림 9-1 우리나라의 사회보장제도 체계

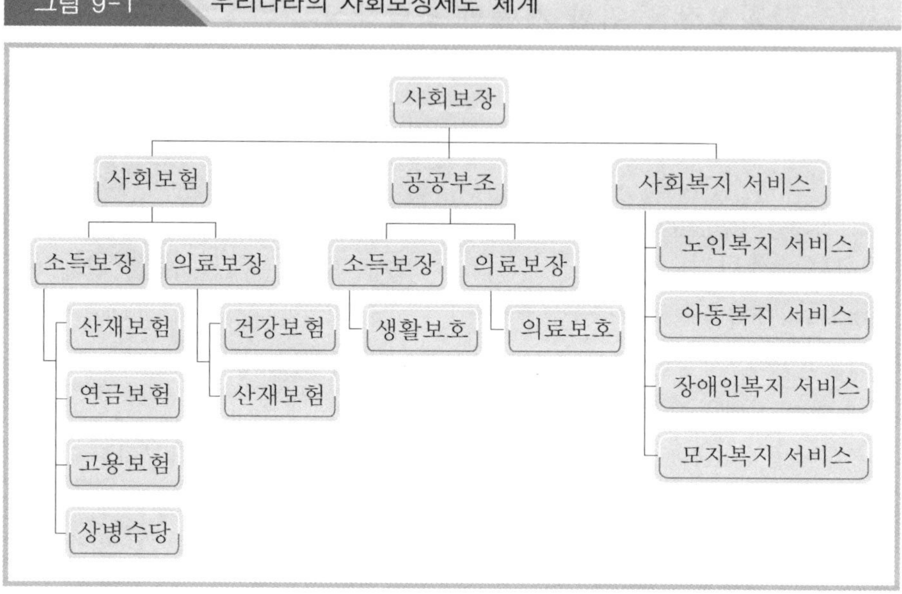

자료: 보건복지부 홈페이지

급여가 지불되는 비기여적 급여제도이다. 지급방법으로는 주 목적이 빈곤의 완화에 있는 자산심사급여(means-tested benefit)와 일정 기준을 충족시키는 모든 사람에게 균등하게 주어 급여대상자의 복지수준을 향상시키는 것을 목적으로 하는 보편적 급여(general benefit)가 있다.

5. 우리나라의 사회보험 및 공공부조

사회보험은 연금보험, 건강보험, 고용보험 및 산재보험으로 구성되어 있다. 연금보험은 일정기간 이상 기여금을 납부한 사람들에게 은퇴 후에 일정한 연금을 지불하는 제도로서 공무원연금, 군인연금, 사립학교교직원연금, 국민연금 등으로 나뉘어 있다. 건강보험의 경우, 1999년까지는 직장, 지역, 공교 등 세 가지 의료보험으로 나뉘어 있었다. 그러나 직장 및 지역 의료보험공단이 국민건강보험공단으로 통합되면서 2000년도부터는 치료위주의 의료보험 대신에 치료뿐 아니라 예방에 대한 보험기능도 포함된 건강보험으로 바뀌게 되었다. 공공부조는 생활보호와 의료보호를 통한 빈민 구제사업이라고 볼 수 있으며 국민기초생활보장법에 의거하고 있다. 이 법은 그 이전의 생활보호법을 대체해서 2000년 10월부터 효력을 발생한 것으로서 자활활동에 대한 지원을 강조하고 있다. 사회복지서비스는 노인복지, 모자복지, 아동복지, 장애자복지 및 기타로 구분되어 있다.

제 2 절 보험의 일반적인 문제점과 사회보험

1. 역 선 택

모든 보험이 그렇듯이 사회보험에도 역선택과 도덕적 해이 문제가 발생한다. 우선, 역선택(逆選擇, adverse selection)은 보험가입자가 보험회사보다 자신의 상태를 더 잘 알고 있다는 정보의 비대칭성(asymmetry of information) 때문에 발생하는 현상이다. 예를 들어, 자신의 건강에 문제가 있는 것을 보험회사에 알리지 않고 생명보험을 드는 사람이 있을 수 있다. 보험에 가입하는 사람들은 주로 위험성이 높은 사람들로서 보험회사는 이들에게 보험금을 주다보면 금방 파산하게 될 것이다. 따라서 정부가 강제로 모든 사람들, 즉 위험한 사람들뿐 아니라 건강한 사람들도 강제로 보험에 가입하게 하여 위험을 분산시킨다면 파산의 위험은 없어질 것이다. 그러나 보험료를 산출하는 데는 여러 사람들의 평균적인 위험도를 사용한다면, 위험도가 낮은 보험가입자들은 자신의 위험도보다 더 높은 보험료를 지급하게 되므로 위험도가 낮은 사람들로부터 위험도가 높은 사람들에게로 소득재분배가 일어난다고 볼 수 있다.

2. 도덕적 해이

도덕적 해이(道德的 解弛, moral hazard)는 일단 보험에 가입한 후에는 보험가입자가 보험가입 전과 다르게 행동하기 때문에 자신이 보험에 가입된 사고의 발생확률을, 보험회사도 모르는 사이에, 높이게 되거나 (주의 소홀형) 사고 후에 보험금 청구액을 높이게 되는 (과다 청구형) 현상이다. 이런 문제를 해결하기 위해서 보험가입자와 보험회사가 공동으로 보험금을 부담하는 형태의 부분보험 혹은 공동보험이 있다. 민간 보험회사가 제대로 못하는 경우에는 정부가 강제로 모든 위험을 보험가입자와 보험회사가 공동으로 부담하게 만들어 이런 도덕적 해이를 줄일 수도 있다.

연금보험과 연관해서는 은퇴 후에도 별도의 소득을 창출할 수 있는 사람이라면 더 일찍 조기 은퇴하여 연금도 받으면서 나름으로의 새로운 소득창출 활동을 벌이려 할 것이다. 사람마다 자신의 은퇴 후 소득에서 연금이 차지하는 비중이 다를 것이다. 은퇴 후 소득에 대한 연금보험 급부금의 비율을 소득대체율이라고 하는데, 이 대체율이 높을수록 조기 은퇴하여 일을 하지 않으면서 연금소득은 얻고자 하는 유인을 더 많이 주게 된다. 이렇게 조기 은퇴하여 연금혜택을 더 많이 받고자 하는 현상도 일종의 도덕적 해이의 하나로 볼 수 있다.

3. 의료보험을 통한 예제

보험에서 보험계산상 공평한(actuarially fair) 보험이라고 하는 것은 사고발생확률(발병확률 h)과 보험료율(k)이 일치하는 보험을 말한다. 이 경우에 보험회사의 이윤(E)은 0이 된다. 이를 식으로 표시하면 아래와 같다.

$$E=h(kX-X)+(1-h)kX=0 \qquad \text{여기서 } (h=k) \qquad (9.\ 1)$$

즉 이윤은 사고확률(보험료율×손실액－손실액)＋사고안날확률×보험료율×손실액이므로 0이 된다. 완전보험이라고 하는 것은 보험금 규모가 손실액(X)과 동일한 보험을 말한다. 완전보험을 들고 있는 경우에는, 〈그림 9-2〉에서 볼 수 있듯이, 사회적으로 효율적인 서비스량(Q^*)에서 의료서비스를 소비하고 있는 개인의 한계비용은 0인 데 반해, 개인의 한계편익은 0보다 크게 된다. 그러므로 개인의 입장으로서는 자신의 한계편익이 0이 되는 서비스량(Q')까지 보험서비스에 대한 수요가 증대하게 되는데 이는 사회적으로 볼 때 효율적인 서비스의 양보다 과다하게 되는 것이다. 완전보험은 일반적으로 과다한 보험금을 청구하는 형태의 도덕적 해이를 유발한다.

과다보험금 청구 형태의 도덕적 해이를 줄이기 위해서는 보험의 적용범위를 줄여서 보험회사와 가입자가 공동으로 위험을 분담하게 만들어야 한다. 즉 의료비의 일부를 자기부담으로 개인이 우선적으로 분담하고 나머지를 보험회사가 부

그림 9-2 도덕적 해이

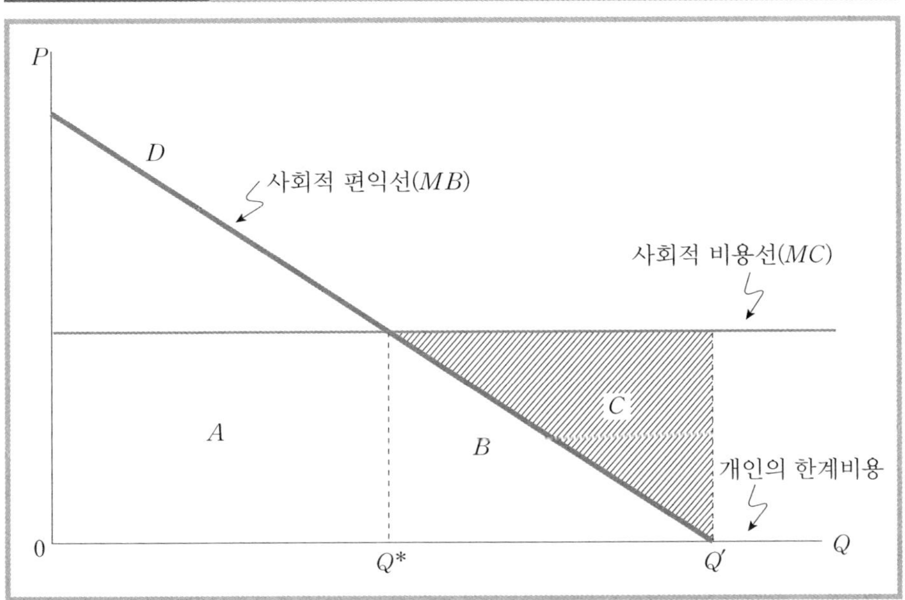

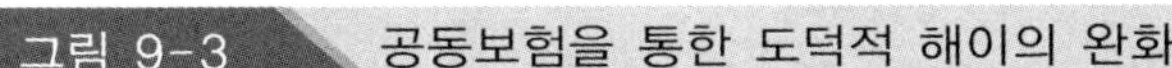
그림 9-3 공동보험을 통한 도덕적 해이의 완화

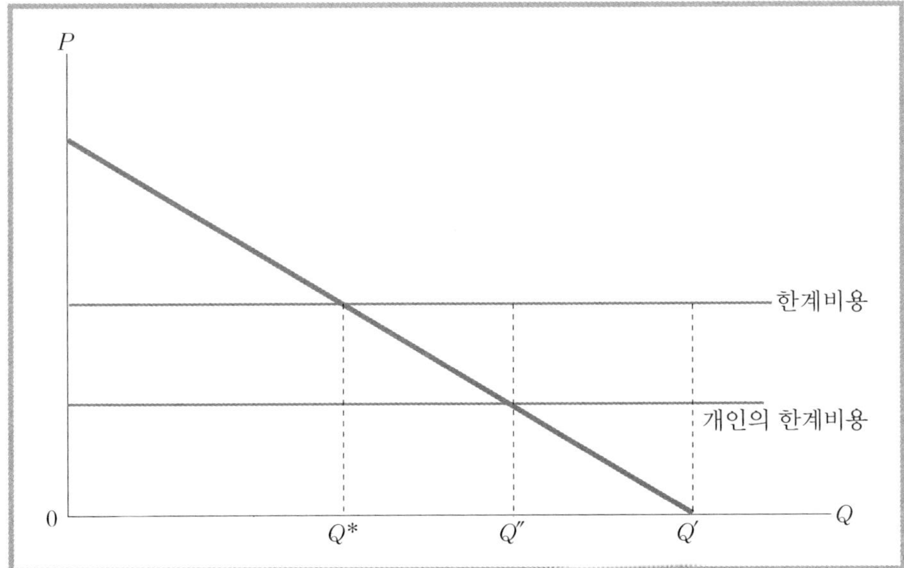

담하면, 개인적 한계비용이 0보다 크게 바뀌게 되므로 의료서비스에 대한 과다청구를 어느 정도 줄일 수 있게 된다.

제3절 저축과 소비에 대한 경제적 효과

1. 민간저축에 미치는 효과

연금제도는 개인에게는 장래를 위한 강제저축(forced saving)과 동일한 효과를 가져오므로 자발적인 저축을 감소시키는 효과를 가져오게 된다. 사회보장세나 연금기여금을 공제하게 되면 연금가입자의 가처분소득이 줄어들게 되므로 저축성향(저축액/소득)이 낮아지고 경제 내의 총민간저축이 감소하게 될 것이다. 이를 부(負)의 소득효과라고 한다.

평생 동안의 소비의 현재가치와 평생소득의 현재가치가 일치하도록 하는 예산제약 아래에서 효용극대화를 하고 있는 사람인 경우를 생각해 보자. 노후의 소득보장을 위한 사회보험은 강제저축과 마찬가지이므로 노후 연금만큼 노후에 필요한 자산을 대체해 주는 것이 되므로 역시 자발적인 저축이 줄어들게 될 것이다. 이를 부(負)의 자산대체효과라고 한다.

반면에 연금제도가 유발할 수 있는 조기퇴직이 저축에 정(正)의 효과를 가져올 수도 있다. 퇴직 후 일정 수준의 연금이 보장된다면 조기 퇴직을 하려는 사람도 있게 된다. 이 사람의 경우에는 퇴직 후 생존기간이 더 길어지게 되므로 연금외에 약간의 여분의 예비비를 보태려 할 것이므로 자발적 저축이 조금 증대할 수도 있다. 이와 같이 연금제도가 저축에 미치는 효과는 양방향으로 생기게 되므로 사전적으로 어느 쪽이 되리라고 단정할 수는 없다.

2. 평생주기모형을 통한 분석

가장 간략한 평생주기모형(life cycle model)에서는 개인의 생애를 2기간으로 나눈다. 제1기는 노동을 통해 소득을 얻어 소비하고 저축하는 노동기간이고 제2

기는 노동소득은 없는 대신 저축을 인출해 소비하는 은퇴기간이다. 이를 수식으로 나타내면 아래와 같다. 아래 식에서 r은 이자율이고 U는 효용을 나타낸다.

제 1 기의 저축은 소득에서 소비를 뺀 차액: $Y_1 - C_1$
제 2 기의 소비는 저축액과 이자의 합: $C_2 = (Y_1 - C_1)(1+r)$

이 두 기간에 걸쳐서 효용을 극대화하기 위해서는 제 1 기에 얻은 소득을 적절히 배분하여 두 기간에 걸쳐서 소비해야만 하는 예산의 제약을 받게 된다. 즉, 제 1 기의 소득은 제 1 기의 소비와 제 2 기의 소비의 현재가치의 합과 같아야 한다는 제약조건인 셈이다.

$$\text{효용극대화: } \max\ U(C_1, C_2) \quad \text{s.t. } C_1 + [C_2/(1+r)] = Y_1$$

완전적립식으로 연금을 받도록 하는 제도라면 제 1 기에 걷은 기여금(T_1)과 제 2 기의 급부금의 현재가치[$B_2/(1+r)$]가 일치하도록 개인의 예산이 짜여야 하

그림 9-4 2기간 평생주기 모형

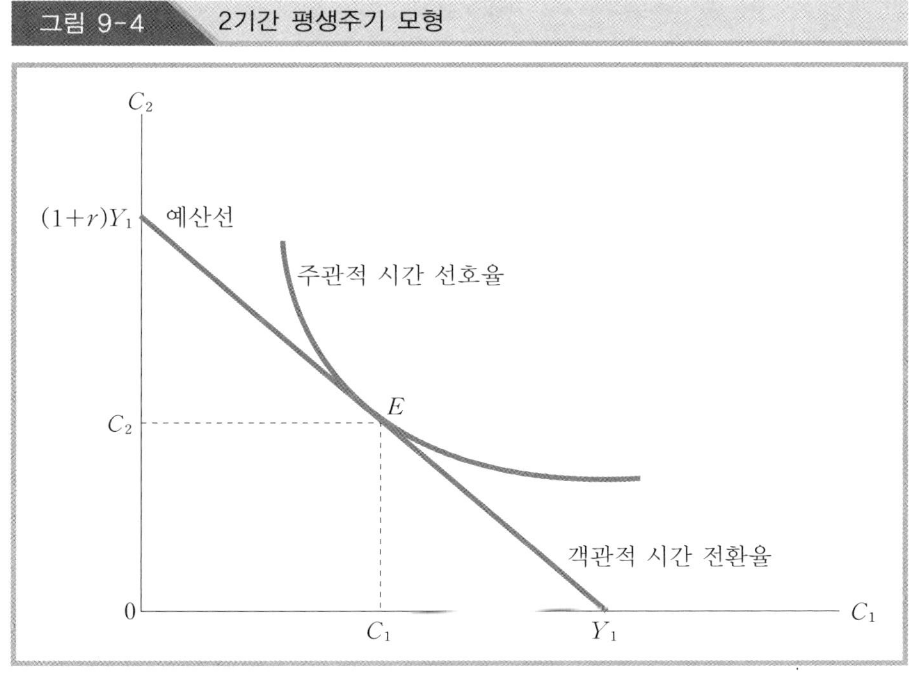

그림 9-5 완전적립식 모형

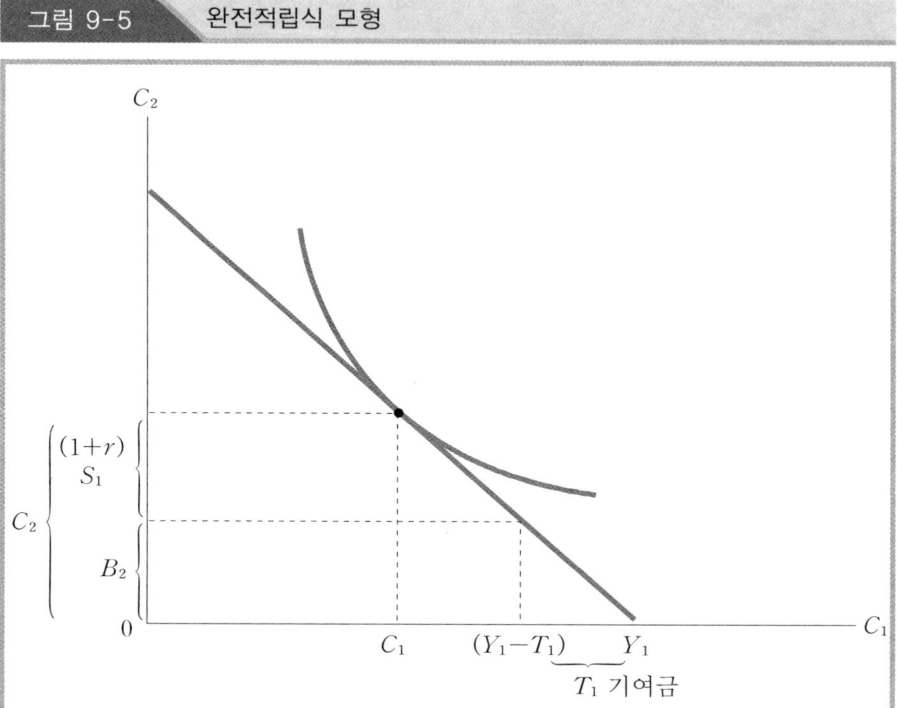

며, 제 2 기의 소비인 C_2는 $(Y_1-T_1-C_1)(1+r)+B_2$가 된다. 따라서 아래와 같은 예산제약식이 성립하게 된다.

완전적립식 아래의 예산제약식: $C_1+C_2/(1+r)=Y_1-T_1+B_2/(1+r)$

여기서 완전적립식인 경우에는 $-T_1+B_2/(1+r)=0$이 성립해야 한다. 그러므로 제 1 기에는 갹출된 기여금만큼 개인의 저축액이 줄어드는 자산대체효과를 볼 수 있고, 제 2 기에는 기여금의 미래가치만큼 급부금을 받아 소비를 늘리게 되므로 개인으로서는 강제저축이 되는 기여금을 포함한 총저축에는 변화가 없게 된다.

제 4 절 사회보험

1. 연금보험

우리나라의 사회보험은 크게 연금보험과 건강보험 그리고 고용보험 및 산재보험으로 구성되어 있다. 우리나라의 공적연금보험은 또 공무원연금, 군인연금, 사립학교교직원연금 및 국민연금으로 나뉘어 있다. 다음의 〈표 9-1〉에 각 연금의 간략한 개요를 소개했다.

1) 공무원연금

우리나라는 1960년에 공무원연금법을 제정하여 국가 및 지방공무원과 군인에게 연금혜택을 제공하기 시작하였다. 2000년 초 기준으로 공무원연금의 기금 총액은 1조 6,000억 원이고 2001년도 연금지급예상액은 2조 965억 원으로 되어 있다. 1960년에 공무원 보수의 2.3%로 시작된 기여금은 2001년부터 8.5%로 높아졌는데 〈표 9-2〉에 있듯이 2000년도에 상정된 공무원연금 개정안에는 본인과 정부(국가 또는 지방자치단체)가 각 9.0%를 부담하도록 더 높게 책정되어 있었다. 계속되는 연금기금의 적자를 줄이기 위해 기여율의 제고뿐 아니라 연금의 지급조건도 더 까다로와지고 있다. 연금 지급개시 연령에 제한을 두지 않던 것을 서서히 60세 이상의 경우에 지급하도록 바꾸고 있으며 산정기준도 퇴직 전 최종 3년간의 평균 보수로 전보다 낮추었다. 또한, 퇴직자가 공공직에 취업할 경우뿐 아니라 민간기업이나 자영업으로 소득이 있을 경우에도 연금의 지급액을 감액하도록 규정하고 있다. 2008년 현재에도 '공무원연금제도 발전위원회'를 통해 개정안을 만들었으나 국회통과가 불투명한 상태이다.

2) 군인연금

군인연금은 가입자 월보수 기준으로 총 11%를 본인과 국가가 반씩 각각 5.5%를 부담하도록 되어 있다.

표 9-1 우리나라 공적연금제도 일람표

구 분		국민연금	특수직역연금		
			공무원연금	군인연금	사립학교교직원연금
제도도입(시행)연도		1973(1988)	1960(1960)	1963(1963)	1972(1975)
적용대상		• 5인 이상 사업장 • 지역가입자 • 자영자	• 국가 및 지방 공무원 • 법관, 경찰관 • 교육공무원	• 장기복무 하사관 및 장교	• 사립학교 교직원
급여구조(노령연금)	보험료	평균소득월액의 9%(사업장가입자 기준: 1998년 이후) 개인 4.5% 사업자 4.5%	보수월액의 17%(본인 8.5%, 국가 8.5%)	보수월액의 17%(본인 8.5%, 법인 또는 국가부담금 합계: 8.5%)	보수월액의 15% • 교원: 개인부담금(7.5%), 법인부담금(4.5%), 국가부담금(3.0%) • 사무직원: 개인부담금(7.5%), 법인부담금(7.5%)
	급여산식	1.8×(A+B)×(1−0.05n)	(0.5+0.02n)×C	좌동	좌동
	급여기준	전가입자평균월소득(A), 전가입기간 평균소득(B)	최종소득(C) 기준	좌동	좌동
	연금액조정	소비자물가상승률(CPI) 기준	재직자보수기준 연동	좌동	좌동
관장기구(집행기관)		보건복지부(국민연금관리공단)	행자부(공무원연금관리공단)	국방부(인사국)	교육부(사학연금관리공단)

자료: 국민연금관리공단, 공무원연금관리공단, 사립학교교직원연금관리공단, 국방부 내부자료; "국민연금십년사," 국민연금관리공단(1998)에서 수정 · 보완; 윤석명(2000, p. 13) 참조.

표 9-2 공무원연금법 개정안(2000. 10.)

구 분	현 행	개정 후
연금비용 부담률	본인 7.5%, 정부 7.5%	본인 9.0%, 정부 9.0%(정부추가 부담 5~6%)
연금지급 개시연령	연령관계없이 20년 이상 근무자	2001년부터 50세 이상 지급; 2년에 1세씩 2021년에 60세 이상 지급
연금산정 기준보수	퇴직 당시 최종 월급여액	퇴직 전 최종 3년간 평균보수
연금액 인상기준	퇴직시 직급/호봉과 같은 재직자의 월급여액 인상률	소비자물가지수에 연동
연금감액 대상	퇴직 후 정부투자기관 등 공공직에 취업한 때만 감액	민간기업 취업과 자영업 소득이 있는 경우도 감액(3~5년의 유예기간 후 실시)

자료: 보건복지부, 2000.10.

3) 사립학교 교직원연금

사립학교 교직원연금은 2006년 시점에는 가입자 월보수 기준으로 17%를 본인이 그 절반인 8.5%를 학교가 5.0%를 그리고 국가가 3.5%를 부담하도록 되어 있다.

4) 국민연금

1995년 7월부터 농어촌지역에까지 확대하여 사업장 가입자와 지역가입자로 나누어 국민연금을 실시하고 있다. 사업장가입자는 표준 월소득액을 기준으로 9%를 당초에는 본인, 사용자, 법정퇴직금에서 각각 3.0%씩 부담하도록 되어 있었으나 1999년 4월 이후에는 법정퇴직금 전환금을 없애고 본인과 사용자가 각각 4.5%씩 부담하도록 바뀌었다. 지역가입자는 신고월소득액을 기준으로 9%를 전액 본인이 부담해야 한다. 단, 농어민의 경우에는 최저소득등급 보험료의 1/3을 정액으로 국고에서 지원하고 있다. 국민연금의 급여종류에는 특혜노령연금, 장애연금, 장애일시보상금, 유족연금, 반환일시금, 사망일시금 등이 있다.

2. 건강보험

최근 건강보험으로 개칭되기 전에는 의료보험으로 알려져 있던 보험이다. 이전까지의 의료보험은 치료적 서비스 제공을 위주로 하여 불편했고 한계가 있었다. 그러나 국민건강보험법이 의료보험법을 대체하면서 건강증진, 질병예방, 재활을 모두 포괄하는 건강보험의 개념으로 의료보험의 목표가 바뀌게 되었다. 또한 이전에는 소속 조합의 재정상태에 따라 지급 유무가 결정되었던 장제비와 본인부담 보상금 등 부가급여도 법정급여로 명문화되어 모든 가입자가 동등한 혜택을 받을 수 있게 되었다. 그러나 포괄적인 의료서비스로 인해서 급여비가 급팽창할 수도 있을 것으로 예상된다.

의료보험법 자체는 1963년에 제정되었으나 재정상의 문제로 실시를 미루어 왔다. 그러다가 1976년에 법을 전면 개정하여 1977년 7월부터 우선, 근로자 500인 이상을 고용하는 대기업을 대상으로 의료보험제도가 처음으로 실시되었다. 이 때에 생계가 어려운 저소득층에 대한 의료보호제도도 함께 도입되었다. 그리고 이를 단계적으로 확대하여 1989년 7월부터는 전국민을 대상으로 적용할 수 있게 되었다. 1998년까지는 직장, 거주 지역, 그리고 직업 등에 따라 별도의 의료보

표 9-3 건강보험제도

구 분	직장건강보험	지역건강보험	공교건강보험
적용대상	사업장 근로자	지역주민	공무원 및 사립학교 교직원
조 합	건강보험조합		
신고의무	사용자신고제		
부 담 액	표준보수월액의 3~8% (2007년 4.77%) 사용자, 피용자 각 1/2씩 부담	소득, 재산, 가구원 수 등에 따라 3~30등급 정액제 전액 피보험자 부담	표준월급여액의 4.2% (군인 2.83%) 피보험자, 국가 각 1/2씩 부담

험조합을 설립하여 피보험자를 관리하던 다보험자 방식(혹은 조합방식)을 사용하여 지역의료보험, 공교의료보험 및 직장의료보험(피용자의료보험)으로 나누어서 5인 이상 사업장까지 의무적으로 의료보험에 가입하도록 하였다.

그러다가 이들을 통합하여 단일 보험자 방식(통합방식)의 의료보험으로 전환하게 되었다. 1998년 10월에 지역의보조합 227개와 공교의보관리공단이 우선 국민의료보험관리공단으로 통합되었으며 2000년 7월 1일부터는 139개의 직장의보조합도 국민의료보험관리공단으로 통합되어 단일보험자인 국민건강보험공단으로 전환되었다. 통합 의료보험은 이전의 조합별 독립채산제를 단일기금방식으로 만들었다. 지역의료보험은 1998년에 이미 하나의 기금으로 통합되었고 2001년 1월부터 직장과 공교의보의 재정이 통합되어 2기금체제로 이행하였다가 2002년 1월부터는 두 개의 기금을 다시 하나의 기금으로 합쳐서 완전한 재정통합을 이룬 하나의 기금체제로 바뀌었다. 건강보험에서 보험료는 소득에 따라 부과되지만, 낸 보험료에 상관없이 건강에 이상이 있을 때는 누구나 의료보장을 받을 수 있도록 되어 있다. 또한, 재정을 통합하게 되면 갹출한 보험료를 모든 가입자가 같이 사용하게 되므로 보험료 대신 기여금이라고 부르기도 한다. 따라서 "능력에 따라 일하고 필요에 따라 분배받는다"는 사회주의식 사고가 건강보험의 취지에 부합한 것으로서 사회보험 중 가장 소득 재분배적 성격이 강한 것이라고 볼 수 있다.

3. 고용보험

고용보험법은 1993년 12월에 제정되었으며 1995년 7월 1일부터 상시근로자 30인 이상 사업장에 적용하기 시작했다. 외환위기로 인해 1997년 11월에 IMF체제로 들어선 이후 실업이 급증함에 따라 1998년 1월 1일부터 상시근로자 10인 이상 사업장으로 적용범위를 확대했다. 두 달 후에는 다시 상시근로자 5인 이상 사업장 그리고 10월 1일부터는 근로자를 한 사람이라도 고용하는 모든 사업장 및 임시 · 시간제 근로자에게까지 고용보험의 적용범위를 확대시켰다. 그리하여 짧은 시행기간 안에 고용보험제도는 실업문제를 해결하기 위한 가장 기본적이고 일차적인 사회안전망으로서의 기능을 하게 되었다.

고용보험제도는 실업급여, 고용안정사업 및 직업능력개발사업이라는 세 가지 사업으로 나뉘어 실시되고 있다. 실업급여는 산업구조조정이나 조직 및 기구의 축소와 같이 기업의 사정으로 불가피하게 실직하는 근로자에게 구직급여와 재취직 촉진비용을 지원해 주는 데 쓰이는 것이다. 고용안정사업은 근로자를 해고시키지 않고 고용을 유지하거나 구조조정으로 인한 실직자를 채용하여 고용을 늘리는 사업주에게 소요비용을 지원해 주는 제도이다. 직업능력개발사업은 근로자의 직업능력개발을 위한 교육과 훈련을 실시하는 사업주와 근로자에게 일정비용을 지원해 주는 제도이다.

실업급여는 1999년 4월 1일부터 전사업장 실직자에게까지 수혜 범위가 확대되었다. 우리나라의 실업급여 보험료는 1%로 노사가 각각 매월 임금총액의 0.5%씩을 부담한다. 실업급여는 구직급여와 취직촉진수당으로 구분되어 지급된다. 단, 부상 · 질병 등으로 취업이 불가능한 수급자격자에 대해서는 구직급여에 갈음하여 지급하는 상병급여가 마련되어 있다. 실업급여의 핵심은 구직급여로서 이직일 이전 18개월간에 12개월 이상 피보험자로서 근무하다가 기업의 도산 · 폐업, 권고사직 등 비자발적인 사유로 이직하여 적극적인 구직활동을 하고 있는 경우에 구직기간 중 실직전 평균임금의 약 50%를 개인별 연령과 보험가입기간에 따라 60~210일 동안 지급하게 되는 제도이다.[1]

4. 산재보험

산재보험은 모든 사업 또는 사업장에 적용하되 사업의 위험률, 규모 및 사업장소 등을 참작하여 일부 업종 및 일정 규모 이하의 사업은 당연 적용대상에서 제외하고 있다. 적용대상에서 제외되고 있는 업종은 국제 및 기타 외국기관, 기타 공공 · 사회 및 개인서비스업 중 회원단체이다. 사업규모별로는 상시 5인 미만의 근로자를 사용하는 사업, 총공사금액 4,000만 원 미만인 건설공사, 연간 연인원 1,350인 미만의 근로자를 사용하는 유기 및 계절사업은 당연 적용대상에서 제외되며, 이외에도 국가 또는 지방자치단체에서 직접 행하는 사업과 선원법 및 사립학교교원법의 적용을 받는 사업도 당연 적용대상에서 제외된다.[2] 그 동안

1) 경제위기로 인해 1998.3.1~2000.6.30 사이에 이직한 자는 한시적으로 실직전 12개월 중 6개월 이상 근무한 경우로 수급자격을 완화하였다.

2) 1998년도 말 현재 산재보험의 적용을 받는 사업장수는 215,539개소이다. 업종별 구성비로 살펴보면 기타의 사업 35%(75,444개소), 제조업이 32.8%(70,652개소), 건설업이 23.4%(50,319개소), 운수 · 창고 및 통신업이 5.1%(11,080개소), 금융 · 보험업이 2.5%(5,372개소), 임·어·농업이 0.6%(1,292개소), 광업이 0.4%(876개소), 전기 · 가스 · 수도사업이 0.2%(504개소) 순으로 나타

적용이 제외되었던 금융 · 보험업은 1998년 7월 1일부터 적용대상이 되었다. 또한, 산업현장에서 실습 중인 학생 및 직업훈련생과 외국에서 행하는 사업에 파견하는 해외 파견자에게도 산재보험법이 적용될 수 있는 특례가 마련되어 있다.

1998년도 말 현재 적용근로자 수는 7,582,479명이다. 1999년의 사업종류는 68개이고 보험료율은 최저 3/1000, 최고 319/1000이다.[3] 1999년도의 전산업 평균료율은 16.5/1000로 전년도의 15.5/1000에 비해 다소 높아졌다.

제 5 절 공공부조와 사회복지 서비스

1. 빈곤의 개념과 빈곤타파 정책의 함정

극빈자들에게 최저의 생계를 보장해 주기 위한 공공부조는 사회의 빈곤을 물리치기 위한 사회적인 협동의 한 형태라고 볼 수 있다. 그러므로 공공부조를 논하기 전에 한 사회에서 어떤 상태를 빈곤으로 보는가 하는 빈곤의 개념에 대한 정의가 우선 되어야 한다.

빈곤의 개념은 일반적으로 절대적 빈곤과 상대적 빈곤으로 구분되고 있다. 절대적 빈곤(absolute poverty)이란 인간에게 생물학적으로 필요한 최소한도의 생활수준 이하의 생활수준을 말한다. 다시 말해, 가장 기본적인 영양섭취를 위한 최소한도의 생계비도 얻지 못하는 상태이다. 일견 별 문제가 없어 보이는 개념이지만, 신체여건과 활동량이 다른 사람은 다른 량의 영양섭취를 필요로 하므로 모든 사람에게 적용될 수 있는 유일한 절대적 빈곤수준이 있을 수는 없다. 따라서 절대적 빈곤도 특정 시대의 특정 사회에서 생활하는 보통 사람에게 보편적으로 통용되는 빈곤 수준으로 정의되어야 할 것이다.

상대적 빈곤(relative poverty)이란 대부분의 사회구성원이 향유하는 생활수준과 비교하여 상대적으로 결핍된 생활수준을 말한다. 상대적 빈곤층은 평균소득의 특정 비율로 정의할 수도 있고 소득서열상 하위 몇 퍼센트로 정의할 수도

났다.

3) 동일한 사업장 내에서 2가지 종류 이상의 사업이 행하여지는 경우에는 2종 이상 사업 중 근로자수 및 임금총액 등의 비중이 큰 사업(주된 사업)에 해당되는 보험료율을 적용하고 있다.

있다. 또한, 경제의 생활수준이 올라가면서 함께 상승할 수도 있다. 상대적 빈곤의 정의에 따라서 이것은 결코 제거될 수 없는 빈곤일 수도 있다.

절대적 혹은 상대적 빈곤의 개념 중 어느 것을 채택하든, 인정 가능한 최저 빈곤 수준의 예산, 즉 인간의 삶에서 생리적 그리고 물리적인 효율성을 유지할 수 있는 예산을 빈곤예산이라고 부른다. 그러나 한 사회의 모든 구성원에게 적합할 수 있는 빈곤예산을 책정하기란 불가능하다. 그러므로 실제적으로는 그 사회의 평균소득 혹은 중간소득의 반을 빈곤예산으로 잡는 경우도 있다. 이 경우에 평균소득이 올라가면 빈곤예산도 자동적으로 따라 올라가게 되어 빈곤선이 높아지게 되므로 이를 이동빈곤선이라고 부르기도 한다.

빈곤의 개념이 어떤 것이든 간에 빈곤의 정도를 쉽게 알 수 있게 하는 지표가 필요한데 이를 빈곤율과 빈곤갭으로 표시해 볼 수 있다. 한 사회에서 빈곤을 나타내는 최저생계비를 빈곤선이라고 할 때 이 둘을 아래와 같이 정의할 수 있다.

빈곤율=(빈곤선 이하의 사람 수)/(전체 인구)
빈곤갭=빈곤선 이하의 모든 사람들의 현재 소득과 빈곤선 소득과의 차이를 다 합한 것. 빈곤선 이하의 모든 사람들의 소득을 빈곤선 수준으로 올리기 위해 필요한 소득차이의 합

이 두 가지 측정방법은 각각 장단점이 있다. 빈곤율(poverty rate)로 측정했을 때의 단점은 소득이 빈곤선에서 얼마나 부족한가를 알 수 없다는 점과 빈곤선 이하의 사람들 간의 소득분포나 소득의 재분배가 빈곤율에는 전혀 반영되지 않는다는 점이다. 빈곤갭(poverty gap)으로 측정했을 때의 단점은 빈곤선 이하의 사람의 수가 얼마나 되는가는 무시되고 있다는 점과 역시 빈곤선 이하의 사람들 간

4) 우리나라의 빈곤갭을 추정한 나성린 · 현진권(1993)의 연구에 의하면 우리나라의 빈곤율과 빈곤갭은 아래 표와 같다.

빈곤지수 (1991)	도시가계		농촌가계		전체가계	
	부조 전	부조 후	부조 전	부조 후	부조 전	부조 후
빈곤율(%)	8.65	8.65	2.79	2.31	7.64	7.56
빈곤갭(10억 원)	1,027	923	54.7	30.2	1,081	953
평균빈곤갭(천 원)	1,452	1,305	1,151	766	1,433	1,277

자료: 나성린 · 현진권(1993).

의 소득분포나 재분배가 전혀 반영되지 않는다는 점이다.[4)]

빈곤층도 크게 두 가지 부류로 나누어 볼 수 있다. 어떤 사회부조의 방법으로도 현재 처한 빈곤수준을 벗어날 능력이 없다고 보이는 계층을 일차적 빈곤층이라고 분류한다. 예를 들어, 정신적이나 신체적 장애로 인해 스스로 자립하여 빈곤수준을 벗어나기 힘든 사람들이 여기에 속한다.

반면, 현재는 빈곤층으로 전락했으나 이제까지와는 다른 소비형태로 소득을 사용한다면 빈곤수준을 벗어날 수 있는 계층을 이차적 빈곤층으로 분류한다. 예를 들어, 낭비적인 지출을 줄이고 저축을 해 나간다면 빈곤수준을 벗어날 수 있는 능력을 갖춘 사람들이 여기에 속한다. 그러므로 부조대상이 어떤 부류인가에 따라 빈곤에 대한 정책도 달라져야 한다.

만약, 공공부조가 잘못된 유인을 제공하게 되면 수혜자들이 스스로 빈곤상태로부터 벗어나려는 자활노력을 게을리할 뿐 아니라 오히려 공공부조를 받으면서 빈곤상태에 그대로 안주하려 하게 되는 빈곤함정(poverty trap)에 빠지게 될 우려가 있다. 실업급여가 너무 잘 되어 있거나 아니면 공공부조가 실업상태를 선호하도록 만든다면 근로의욕을 없애게 되어 실업상태로 계속하게 되는 실업함정(unemployment trap)에 빠지게 될 우려도 있다.

2. 생활보호

"빈곤한 사람들에게 대한 적절한 부조방안의 마련이야말로 진정한 문명의 시금석이다,"라고 영국의 새뮤엘 존슨은 말한 바 있다. 우리나라에서도 빈곤층을 위한 생활보호제도를 1961년에 제정한 생활보호법에 의거하여 40년 가량 시행해 왔으나 2000년 10월부터 새로 마련한 국민기초생활보장제도(National Minimum Living Standard of Security System)로 대체하였다. 새로운 기초생활보장제도와 생활보호제도의 가장 두드러진 차이점은 빈곤을 벗어나기 위한 자활을 격려하기 위한 자활급여 지급제도이다. 근로능력이 있는 사람들에게 최저생계를 보장하여 자활을 위한 직업훈련과 창업노력을 안정되게 추구할 수 있도록 한 것이다. 자활급여의 종류에는 생업자금의 융자, 직업교육, 취업알선, 창업정보제공, 공공근로, 자활공동체 지원, 공동작업장 등이 있다.

기초생활보장 수급대상자로 선정되기 위해서는 소득평가액 기준, 재산기준

표 9-4 가구별 최저생계비 기준액 겸 월 지급액 (단위: 원)

가구규모		1인 가구	2인 가구	3인 가구	4인 가구	5인 가구	6인 가구
월 지급액	2000년	320,000	540,000	740,000	930,000	1,060,000	1,200,000
	2008년	463,047	784,319	1,026,603	1,265,848	1,487,878	1,712,186

자료: 보건복지부.

(금액기준, 주택, 농지면적기준, 승용차기준), 부양의무자 기준이라는 세 가지 기준을 동시에 충족시켜야 한다. 2008년도 근로자의 최저임금은 월 78만 원 수준인데 1인 가구의 월 소득기준은 46만 원이다. 6인 가구까지의 재산기준과 소득기준은 〈표 9-4〉에 있는 것과 같다. 7인 이상의 가구는 별도의 기준이 있다.

재산 중 주택의 경우는 전용면적 15평을 초과하는 주택을 소유하거나 전용면적 20평을 초과하는 주택을 임차한 경우에는 대상에서 제외된다. 농지의 경우는 농가구당 해당 지역의 특성에 따른 농가구당 평균경지면적을 초과하는 경지를 소유한 경우는 대상에서 제외된다.[5] 장애인의 경우나 생계와 관련되어 필수적인 경우 등 예외조항이 있기는 하지만 원칙적으로는 승용차를 소유한 사람은 대상에서 제외된다.

해당 가구의 소득과 최저생계비와의 차액을 현금으로 지급하기 때문에 이를 노리고 자격이 되도록 허위로 조작하는 사례가 많이 있다. 2000년도에 기초생활보장제도로 바뀌면서 기존 생활보호대상자(생보자) 152만 명과 신규신청자 42만 명에 대해서 자격을 조사한 결과 기존 생보자 중 20만 명과 신규 신청자 중 15만 명 총 35만 명이 부적격자로 판명되어 기초생활보장제 수급대상에서 제외되었다.[6] 신청자에 대한 적격 판단은 사회복지사가 재산증명과 납세자료 등을 검토하여 정한다. 부동산과는 달리 재산증명이 없는 금융자산은 이번의 경우와 같이 금융기관을 통한 조회로 파악할 수 있으나, 이전에는 이런 시도를 하지 않아 부적격자가 수혜자가 된 경우도 많았다.[7] 그러나 만약 차명으로 재산을 관리한다

5) 예를 들어 경상남도의 경우는 1.07ha이고 전라북도의 경우는 1.59ha이다.

6) 금융조회결과, 기존 생보자 중 2,000만 원 이상의 금융소득이 있는 경우가 2만 9,335명 그리고 3,000만 원 이상과 5,000만 원 이상의 금융소득자가 각각 1만 1,600명과 1,728명으로 밝혀졌다. 심지어 1억 원 이상의 금융소득자도 604명에 달했다. 신규신청자 중에도 1억 원 이상의 금융소득자가 355명이나 되었다. 조선일보, 2000.9.28. 참조.

7) 허위로 자격을 조작하는 세 가지의 대표적인 수법을 들면 아래와 같다. 주소를 옮기는 수법으

면 이를 찾아내기는 쉽지 않다. 이런 점을 보완하기 위해서 2000년에서 2002년 사이에 금융재산 등 일제조사를 4차례 실시하여 2만5천 가구를 부적격자로 탈락시켰다고 한다. 그리고 2002년도부터 금융재산 조회가 연 2회로 강화되었고 무자격자 선정 방지를 위한 전산연계도 지속적으로 확대하고 있다.

이런 비자격자의 신청을 줄이기 위해서는 적발되는 경우에 징벌성 추징금을 무겁게 물리고 형사처벌까지도 하는 등 처벌의 강도를 높여야 한다. 또한, 현금 대신에 주택, 의료, 식료품 등의 현물로 지원하는 것도 한 방법이다. 그리고 근로 의욕을 살리기 위해 부의 소득세와 같은 방법을 도입하는 것도 필요하다. 빈곤층을 선정하고 관리하는 사회복지사의 수가 부족한 것도 원인이 될 수 있다. 동마다 대개 1명이 있는 사회복지사는 2000년도에는 대략 4,800명 정도로서, 사회복지사 1명당 평균 250가구를 담당했으며 이는 선진국의 1명당 100가구의 2.5배에 달했다. 그러나 2002년까지 사회복지사 수를 필요하다고 추산되는 7,200명으로 늘렸다.

기초생활보장대상자 약 160만 명 중 130만 명 내지 140만 명은 18세 미만이나 60세 이상인 사람, 장애인, 기타 사유로 근로가 불가능한 사람으로 분류되고 나머지 20만 명 정도가 근로능력을 보유하고 있는 자활대상자로 분류된다. 이들 중 건강한 청년층은 노동부 고용안정센터를 통해 직업훈련이나 취업알선 등을 통해 자활할 수 있도록 하고 있다. 또, 시작단계에서의 취업이 어려울 나이인 중장년층은 보건복지부를 통해 자활후견기관이나 지자체 공공근로라든가 창업지원 등으로 자활을 돕도록 하고 있다.[8] 약 4만 명으로 추정되는 도서벽지에 거주하는 사람들이나 양육이나 간병으로 실질적으로 근로활동을 하기가 불가능한 사람들은 자활보류 대상으로 분류된다. 그러나 단순 공공근로만 해서는 제대로 된 직장을 찾을 수가 없으므로 직업훈련을 확대해야 하고, 훈련된 분야에 취업하도록 알선해야 한다. 이와 더불어서, 근로유인책으로 2002년부터 빈곤층의 근로소득의

로 소득이 있는 가구원과는 별도의 가구를 구성하여 소득이 없는 나머지 가족만으로 최저생계비를 신청하는 방법이 있다. 이혼을 위장한 수법은 모든 재산과 소득을 배우자 명의로 바꾸어 이혼한 후 본인은 최저생계비를 신청하는 수법이다. 빚을 부풀려 재산을 줄이는 수법은 자신의 재산의 가치에서 최저생계비 신청 요건을 맞추는 데 필요한 액수만큼을 남에게 빌린 것으로 만들기 위해 허위차용증서를 공증까지 받아 제출하는 수법이다.

8) 근로능력이 취약한 수급자의 참여를 쉽게 유도하고 공익성이 높은 사업으로서 간병 · 집수리 · 청소 · 폐자원 · 음식물재활용사업를 5대 표준화 자활사업으로 실시하고 있다, 2002.6월 시점에서 5대 표준사업에 5,595명이 참여했다. 또한, 자활사업을 전담하는 민간 자활후견기관을 175개소 지정하고 있으며 자활정보센터 2개소(서울, 부산) 및 자활후견기관협회가 설립되어 있다.

표 9-5 기초생활보장 지출의 연간 변화

	시행 이전(1999)	2002년	2005년	2006년
생계비지원대상자	54만 명	139만 명	1,513,352명	1,534,950명
현금급여수준(4인가구)	531천 원	871천 원	972천 원	1,001천 원
현금+현물급여수준	739천 원	1,222천 원	1,300천 원	1,339천 원
기초생활보장관련 예산	1조 8,479억 원	3조 3,819억 원	4조 6,261억 원	5조 3,438억 원
자활후견기관	20개소	175개소	242개소	242개소
사회복지전담 공무원	4,200명	7,200명	9,738명	10,205명*

* 사회복지전담 공무원의 수는 현원이 아닌 정원을 기준으로 작성함.
자료: 보건복지부, 「보건복지백서 2007」, 「보건복지통계 2007」

10%를 최저생계비에 더 얹어주고 있다. 또한, 장애인 · 학생 · 자활공동체에 근로소득공제제도(earnings disregard)를 시행하고 있다.

〈표 9-5〉에서 볼 수 있듯이 국민기초생활보장법이 시행된 후 2년 동안 기초생활보장 대상자에게 지원되는 정부지출이 대폭 증가했으며 그 이후로도 꾸준히 증가하고 있다. 현금 및 현물을 포함한 급여수준은 2000년도의 4인가족당 73만 9천 원으로부터 2006년도에는 133만 9천 원으로 6년 전에 비해 거의 2배로 증가했다.

3. 의료보호

수권급자를 1종과 2종으로 구분하고 있다. 1종에는 근로능력이 없는 사람만으로 구성된 세대이거나 미취학자녀 또는 거동이 불편한 가구원을 보호하고 있는 사람 또는 시설보장 대상자가 해당된다. 보호비용 전액이 무료인 1종에 속하는 사람 외에는 모두 2종으로 구분하여 본인이 일부를 부담해야 한다. 참고로 〈표 9-6〉에 2종 해당자의 자기 부담비율을 정리해 보았다. 자기부담수준이 초기의 20%에서 2006년도에는 15%로 줄어들었으며 암 등 중증질환은 10%로 대폭 조정되었다.

표 9-6 의료보호 2종 해당자의 자기부담 수준(2006년도 기준)

구 분	1차 진료기관	2차 진료기관	3차 진료기관
외 래	1,000원~1,500원 약국: 500원 - 처방전이 없을 경우: 900원	급여비의 15%	급여비의 15%
입 원	급여비의 15% (암 등 중증질환은 10%)	급여비의 15% (암 등 중증질환은 10%)	급여비의 15% (암 등 중증질환은 10%)

자료: 보건복지백서 2007.

표 9-7 사회복지 서비스의 주요내용

노인복지	경로우대제도, 노령수당지급, 노인능력은행운영지원, 노인공동작업장실시지원, 불우노인결연사업, 노인건강진단실시, 노인복지시설운영, 경로당운영, 경로식당운영, 재가노인봉사사업지원, 효행자포상
아동복지	요보호아동발생예방, 가정보호사업(입양사업, 가정위탁보호제도), 시설보호(고아원)
장애인복지	장애인등록제도운영, 장애인복지시설운영, 소득보장
부녀복지	재가보호(복지급여, 복지자금대여, 국민주택분양), 시설보호(모자/미혼모보호시설, 모자자립시설, 일시보호시설), 윤락여성상담기관
부랑인복지	시설보호

4. 사회복지 서비스

사회복지 서비스는 크게 노인복지, 아동복지, 장애인복지, 부녀자복지, 그리고 부랑인복지로 나눌 수 있다. 각 서비스마다 특수한 지원이 이루어지고 있는 것을 〈표 9-7〉을 통해 살펴볼 수 있다. 2007년에는 65세 이상 노인에게 매월 약 8만원 가량 지급되는 기초노령연금이 신설되었다. 정부예산 대비 사회복지예산은

2006년 6.6%(9조 7,000억원)에서 2007년도에는 7.37%(11조 5,292억원)로 증가 추세에 있다.

제 6 절 국민연금기금의 소진가능성

1. 높은 민간의존도

우리나라의 사회보장 지출을 외국과 비교해 볼 때 눈에 띄는 점은 다른 나라들과 비교해서 사회보장 지출이 GDP에서 차지하는 규모가 아직은 대단히 작다는 점이다. 우리나라의 사회보장 지출은 2001년도의 경우 GDP의 8.7%에 지나지 않는데 반하여 대개의 OECD국가들은 GDP의 대략 15%~30% 정도를 민간의 기여를 포함한 총 사회보장 지출로 사용하고 있다는 것을 〈표 9-8〉에서 볼 수 있다.

표 9-8 주요국의 사회보장 지출(2001년도 기준) (단위: GDP대비 %)

구 분	한 국	미 국	영 국	독 일	스웨덴
GDP대비 총 사회보장 지출	8.7	15.2	22.3	28.8	28.9

자료: OECD(2004), *Social Expenditure Database*.

2. 국민연금기금에 대한 전망

먼저, 국민연금의 경우를 살펴보면, 〈그림 9-6〉에서 볼 수 있듯이 기금적립액은 1988년에 1조 원(782억 달러)으로 시작하여 2003년 말 기준으로 100조 원이 넘게 적립되었고 2007년 말에는 200조 원이 넘어서서 약 20년 간에 기금의 누적규모가 200배로 급증하여 2008년 5월 말까지 232조 원이 적립되었다. 기금의 규모가 이렇게 커지다보니 국가경제에 미치는 영향력을 감안하여 향후 연금지급을 위한 기금의 수익과 안정성 확보가 중요한 이슈가 되었다. 책임지급금으로서의

그림 9-6 국민연금 적립금 증대 추이

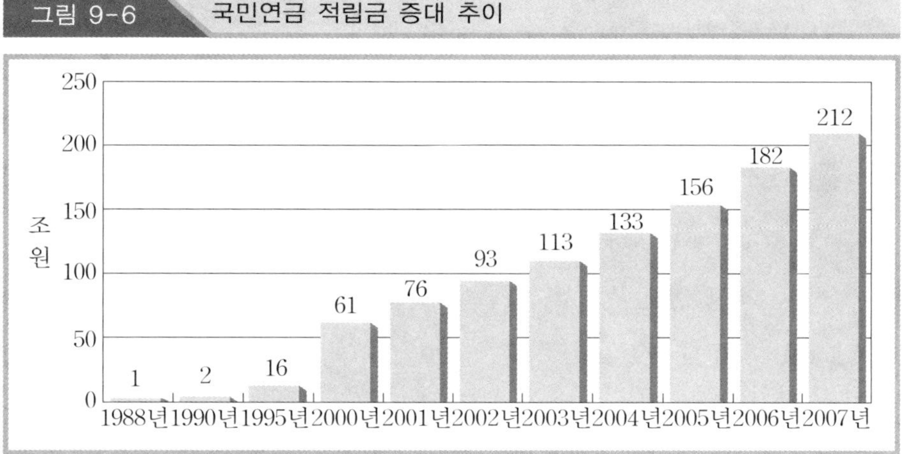

자료: 국민연금관리공단(http://www.nps.or.kr/)

기금의 확보를 보장하기 위해 연금가입자를 대표하는 경총, 노총, 농어민 단체, 자영단체, 소비자 및 시민단체가 추천하는 위원, 정부관리 등 총 21명으로 구성하는 국민연금기금운용위원회를 제도적 장치로 설치 · 운용하고 있다.

지난 19년간 국민연금기금의 연평균 수익률은 10.19%로 같은 기간의 평균 경제성장률 11.08%보다도 낮았다. 2007년도 수익률은 5.77%였는데 외국의 연금기금과 비교하면 수익률이 많이 떨어진다. 참고로 캐나다는 13.8%, 네덜란드는 11.3%, 그리고 초 저금리 국가인 일본도 10.5%의 수익률을 올린 것에 비하면 우리나라 연금기금의 수익률은 이들의 절반 수준에 지나지 않는다. 한 연구에 의하면, 기금 수익률을 1%포인트 높이면 기금고갈 연도를 4년 정도 늦출 수 있다고 한다.

2007년도 시점에서 4대연금 수혜자의 수가 250만 명을 넘었다. 공무원연금 수혜자가 약 25만 명, 군인연금 수혜자가 약 7만 명, 사학연금 수혜자가 약 5만 명 가까이 되고 국민연금의 수급자가 2007년에 215만 6천명이 넘었으며 국민연금 급여액이 5조 1,916억 원 지급되었다. 국민연급의 보험료율은 9%를 계속유지하되, 60%나 되었던 급여율을 2008년에는 50%로 만들고 이어서 2028년까지 그 후 20년 동안 매년 0.5%포인트씩 인하하여 40%로 만들기로 했다. 국민연금의 기본 급여의 결정은 다음 박스 속에 있는 식으로 계산된다.

기본연금액=1.5(A+B)×(1+0.05n)1.5

A: 연금수급 직전 3년간의 전체 가입자의 평균소득월액의 평균액

B: 가입자 개인의 가입기간 중 평균소득월액을 현재가치로 재평가한 평균액

n: 20년 초과 가입 연수

0.05: 가입기간 20년 초과 매 1년에 대한 연금액을 가산하는 비례상수

가입기간 240개월(20년)일 때의 평균소득가입자의 급여수준 결정(25%)
(2008년 기준)

그러면 과연 이런 적립금은 노후에 연금을 지불하는 데 충분한 것이겠는가 하는 전망을 해보기 위해서는 우선 인구변화에 대한 예측치가 있어야 한다. 〈표 9-9〉에서 볼 수 있듯이, 우리나라의 전체인구는 2002년의 47,640천 명에서 2020년에는 50,650천명으로 최대치에 도달한 후 점점 감소하여 2070년에는 34,961천

표 9-9 인구 및 노령부양비 예측치 (단위: 천명, %)

구 분	인 구				제도내 인구		
	전체인구	65세 이상 인구(A)	18~64세 인구(B)	노령부양비(A/B)	가입자수 (C)	노령연금 수급자수 (D)	제도부양비(D/C)
2002	47,640	3,772	32,164	11.7	16,205	734	4.5
2010	49,594	5,302	33,639	15.8	17,623	2,345	13.3
2020	50,650	7,667	34,358	22.3	17,444	3,971	22.8
2030	50,296	11,604	31,116	37.3	15,663	6,566	41.9
2040	48,204	14,533	26,917	54.0	13,403	9,053	67.5
2050	44,337	15,271	23,355	65.4	11,596	10,268	88.5
2060	39,599	14,330	20,277	70.7	9,748	10,044	103.0
2070	34,961	13,056	17,356	75.2	8,434	9,117	108.1

주: 통계청의 2001년 장기인구추계(2000~2050)결과를 사용하되, 2051년 이후는 국민연금연구센터의 인구추계를 사용함.

명이 될 것으로 장기인구추계는 예측하고 있다.

이 중 65세 이상의 노령인구는 2050년까지 증가한 후 감소하게 되는데 2002년의 377만 명에서 2050년에는 1,527만 명으로 늘어났다가 2070년에는 1,306만 명으로 다시 감소할 것으로 예측하고 있다. 이런 예측치가 나오는 이유는 평균수명이 2000년의 남자 72.06세, 여자 79.50세에서 2020년에는 남자 77.54세, 여자 84.08세로 늘어나서 2070년에는 남자 80.95세, 여자 87.14세로 크게 연장될 전망이기 때문이다. 이에 반해 노령인구를 먹여 살려야 하는 18세부터 64세의 근로연령인구는 2002년의 3,216만 명에서 2020년에 3,436만 명으로 정점에 도달한 후 감소하여 2070년에는 1,736만 명에 불과할 것으로 예측되고 있다.

따라서, 65세 이상 인구수를 18~64세의 근로연령인구수로 나누어 얻는 인구 노령부양비는 2002년의 11.7%에서 2070년에는 75.2%에 이르러 안정화될 전망이다. 이 수치가 의미하는 것은 현재 10명의 경제활동인구가 약 1.2명의 노인을 부양하는 가벼운 부담에서 2070년에는 10명이 약 7.5명을 부양해야 한다는 것을 말한다. 노령연금 수급자 수는 2002년에 73만 명에서 2070년에는 912만 명으로 늘어날 전망이다.

보건복지부의 계산에 따르면, 현행 보험료율인 9%와 연금급여 수준 60%를 계속 유지할 경우에 2035년에 국민연금기금의 적립 기금이 1,715조(1995년도 불변가격 603조)로 최대액에 도달하게 될 것이 예측된다. 그러나, 익년인 2036년도부터 당년도 수지적자가 발생하기 시작하여 기금이 점차 줄어들어 2047년에는 소진될 것으로 전망된다. 2036년의 보험료 수입은 총지출의 48.4%로 반 아래로 떨어지기 시작해서 2047년에는 29.4%로 낮아져서 급여지급에 필요한 재원이 부족하게 되기 때문이다.

이런 예측치는 물론 임금상승률과 기금운용수익률 및 연금급여 수준에 따라서 달라질 수 있다. 그러므로 인구고령화가 가속화되고 현재의 너무 관대한 급여수준과 불충분한 보험료율을 적절히 조절한다면 기금의 소진을 뒤로 지연할 수 있을 것이다. 2002년 3월에 구성된 국민연금발전위원회는 국민연금재정안정화방안에 관한 공청회를 열어 선택가능한 세 가지 대안을 제시한 바 있다. 위원회의 방안에 의하면, 2070년도까지 기금이 소진되지 않고, 총지출의 2배를 기금으로 보유할 수 있는 급여-보험료율 조합은 아래와 같다.

제1안: 소득대체율 60%-보험료율 19.85%; 제2안: 소득대체율 50%-보험료율 15.85%; 제3안: 소득대체율 40% - 보험료율 11.85% 등이다.

각 대안별 보험료율은 2010년부터 2030년까지 매 5년마다 인상시켜서 도달할 예정이고 2030년 이후에는 고정시키는 것으로 가정한 것이다. 보험료율은 2010년부터 2030년까지 5년 단위로 동일하게 인상하며 2030년부터 2070년까지는 고정시키게 되는 것으로 가정한 것이다. 또한, 급여수준을 조정하더라도 기존의 수급권이나 가입기간에 대해서는 기득권을 보장한다고 한다.

제 7 절 바람직한 제도의 요건

일반적으로 바람직한 사회보장제도가 되기 위해서는 보편성, 존엄성, 효율성 그리고 형평성 등 네 가지 요건을 갖추고 있어야 한다.

첫째, 대부분의 공공부조의 경우는 수혜자격을 갖추고 있어도 본인이 신청하지 않으면 혜택이 돌아오지 않는다. 공적부조의 대상이 된다는 수치심 때문에 스스로가 이를 원하지 않아서 거부하는 경우나 몰라서 신청을 못한 경우가 이에 해당한다. 공공부조의 경우에 본인이 신청하지 않아도 자동적으로 혜택이 돌아가도록 하는 수혜의 보편성을 보장하는 장치가 필요하지만 자격자를 일일이 파악하는 데 드는 비용이 너무 커서 그렇게 하지 못하고 있는 실정이다.

둘째, 공적부조나 일부 사회복지서비스의 수혜자의 자격을 심사하는 제도 중 특히 자산심사급여제도 같은 것은 수치심을 유발하게 되어 이를 피하기 위해 신청 자체를 포기하는 사람도 있다. 자격자의 인간으로서의 존엄성이 상처받지 않고 수치심을 갖게 되지 않으면서도 사회부조를 받을 수 있도록 심사제도를 운영해야 할 것이다.

셋째, 사회보장제도가 몇 가지 측면에서의 효율성도 충족시킬 수 있어야 한다.

① 목표 효율성: 사회보장제도의 목표는 필요한 사람은 누구에게나 그러나 꼭 필요한 사람에게만 공공부조의 혜택이 돌아갈 수 있도록 해야 하는 것이다. 이 목표가 제대로 달성된다면 수령률(유자격자 중 얼마가 수령해 갔는

가 하는 비율)로 효율성을 측정할 수도 있다. 또, 사회보장제도의 시행 결과로 빈곤도가 낮아졌는가를 측정하는 것도 한 잣대가 될 수 있다.

② 행정 효율성: 사회보장제도를 운영하기 위한 비용이 총 수혜액에 비해 너무 과다해서는 안 된다.

③ 경영 효율성: 사회보험을 위해 확보된 기금의 운용수익과 원금보존에 대한 경영 효율성을 달성해야 한다.[9)]

④ 경제적 효율성: 사회보장제도가 근로의욕이나 저축의욕에 부정적인 영향을 주어서는 안 된다. 지나치게 관대한 사회보장은 빈곤이나 실업상태에 안주하게 만드는 빈곤함정이나 실업함정이 되어버릴 수도 있다.

넷째, 사회보장제도를 위해 형평성이 무시되어서는 안 된다. 크게 두 가지 측면의 형평성 문제를 들 수 있다.

① 세대 간 형평성: 사회보험 특히 연금보험이 부과방식으로 재정이 조달되는 경우에 현재의 젊은 세대로부터 늙은 세대로 자원이 이전되는데 어느 시대를 살은 세대인가에 따라 이전의 비율이 다를 수 있다. 어떤 세대는 자기가 젊을 때 지불한 액수보다 많은 혜택을 노년에 받게 되고 어떤 세대는 적은 혜택을 받게 되어서는 안 된다.

② 세대 내 형평성: 사회보험 특히 연금보험이 적립방식으로 재정이 조달되는 경우에 같은 세대 간에도 연금 혜택에 차이가 많이 날 수 있다. 불입연수가 20년 미만과 20년 이상 간에 연금 액수에 큰 차이가 나며 기혼자가 독신자보다 더 많은 연금을 받게 된다. 이런 형평성의 문제가 일어나지 않도록 제도를 보완해야 할 것이다.

---

9) 2000년도에 총 61조에 달하는 국민연금기금의 약 5%인 3조 1,295억 원을 주식에 투자해서 1조 6,307억 원의 평가손실을 보아 손실률이 52%에 달했다. 주가지수는 1년간 50.9% 하락했다. 중앙일보, 2001.1.12. 참고.

경제학자 및 정치가

1) 비스마르크(Fürst von Bismarck, 1815~1899)
독일 제국의 초대 수상을 지낸 프로이센, 독일의 정치가이다. 철혈재상으로 알려질 만큼 군비확장으로 독일 통일에 기여한 바가 크며 슈몰러 등의 사회주의 사상을 도입하여 사회정책을 추진하였다. 회상록(1898~1919)

2) 베버리지(William H. Beveridge, 1879~1963)
영국의 런던경제대학의 학장을 지낸 경제학자 겸 노동당원으로 사회보장 법안인 베버리지 법안을 창안하여 영국의 사회보장제도의 기틀을 만들었다.

참고문헌

김연명, "의료보험 통합의 성과, 쟁점 그리고 미래," *mimeo*, 2000.

김재진 · 권오성, "국민기초생활보장제도의 개선방향: 조세정책을 통한 근로유인 제고방안," 조세연구원, 2002.

나성린 · 현진권, 「조세 및 사회부조정책의 효과분석」, 한국조세연구원, 1993.

윤석명, "공적연금제도의 문제점과 개선방향," 「2000년도 한국재정학회 발표논문」, 2000.

전창배, "재정위기와 사회보장: 한국의 패러독스," *mimeo*, 2003.

Shin, D. M. "Economic policy and social policy: Policy-linkages in an era of globalization," in *International Journal of Social Welfare*, Vol. 9, No. 1, 2000.

Shin, D. M., "Financial Crisis and Social Security: Korean Paradox," *International Social Security Review*, 2000.

제 2 편

재정과 조세

제 2 편은 정부의 재정과 조세라는 주제를 하나씩 해설해 나가는 형식을 취하고 있다.

우선, 제 1 편과 제 2 편의 연계는 공공재의 생산과 향유를 목적으로 할 때 이를 마련하기 위한 재원에 대한 필요성이 대두되어 재정의 확충방안의 하나로서 조세를 사용한다는 데서 찾았다. 제10장에서는 먼저 정부의 예산, 즉 수입과 지출을 개괄적으로 살펴봄으로써 재정상태를 파악하고 조세수입이 여기서 차지하는 역할을 인식하여 제11장의 조세이론의 기초를 공부할 동기를 부여하고 있다. 여러 가지 유형의 조세 및 현행제도를 일별함으로써 세금을 부과하는 것이 어떤 의미를 갖는지에 대한 의문을 유도하여, 제12장에서 다루고 있는, 조세를 부과할 때에 발생하는 비효율성인 초과부담과 자신에게 부과된 조세가 다른 사람에게 전가될 수도 있음을 인식하게 하는 조세귀착의 문제를 고려해 보도록 한다. 조세의 이런 약점을 보완할 제도적 장치가 무엇이 있겠는가 하는 의문에 대한 하나의 답으로서, 제13장의 최적조세론이 제시된다. 곧 사회후생함수가 곧 정부의 목적함수가 되며 만약 하나의 최적조건이라도 만족시킬 수 없다면 만족시킬 수 있는 여타의 최적조건의 수는 별 의미가 없다는 것을 차선의 이론을 통해 배우면서 과연 현행제도에서는 조세별 효과는 어떤가 하는 의문을 품게 한다.

제14장에서는 직접세에 속하는 조세들을 개관해 보고, 제15장에서는 간접세에 속하는 조세들을 살펴본다. 경제 전반에 대한 재정정책은 중앙정부의 소관이지만 지방정부도 함께 보조를 맞추어야 된다. 중앙정부와 지방정부의 조세와 재정의 차이와 관계를 제16장에서 알아본다. 대부분의 사람들이 세금을 되도록 적게 내고자 하는데 대체 어떤 방법으로 조세를 회피하고 있으며 그 규모는 어느 정도로 추정되고 있는가 하는 것을 제17장에서 다루고 있다. 제18장에서는 앞으로 경제에서의 역할이 점차 중요해지고 있는 인터넷을 통한 전자상거래와 디지털 경제에 대한 조세 및 몇몇 국제조세 이슈에 대해서도 알아본다. 마지막으로 제19장에서는 공공부문의 개혁에 관해 간략히 논해 본다.

제 10 장

정부예산

들어가며

제1편에서 논의한 공공부문의 여러 사업을 수행하기 위해서는 그에 필요한 재원을 확보할 수 있어야 한다. 이런 재원의 확보를 전제로 해서 어떤 용도에 얼마를 사용할 것인가를 계획하는 것이 예산이며 국회로부터 승인받은 예산에 따라 지출하게 된다. 정부의 재정을 학보하기 위한 방법으로 통화를 발행한다든가 정부채권을 판매하는 방법 등도 있지만 어느 것보다도 조세가 가장 큰 몫을 한다.

이 장에서는 정부의 예산제도와 세입세출 항목을 살펴보고 조세를 비롯하여 정부부채, 공적자금 등 비조세적인 재정조달방식도 개관해 본다. 조세를 통한 재정조달방식에 대한 상세한 논의는 이 책의 다음 장들에서 다루고 있다. 예산과 결산의 절차에 대해 정리한 〈표〉들은 기획재정부 자료에서 발췌했음을 밝혀 둔다.

제 1 절 정부예산제도와 통합재정

1. 예산의 개념과 회계연도

정부예산(budget)은 정부가 지향하는 정책목표를 달성하기 위해서 활용가능한 재원을 정부의 각 부처와 사업에 배분한 금액으로서 국회의 의결을 거쳐서 확정된다. 다시 말해서, 정부예산이란 일정기간 동안 정부가 어떤 정책목표를 위해 얼마의 지출을 예정하고 있으며 이를 위해 얼마의 재원을 어떻게 조달할 것인가를 금액으로 명시한 것을 말한다. 우리나라의 회계연도(fiscal year)는 1월 1일부터 12월 31일까지의 1년간이며 예산단년주의에 의해 예산은 회계연도를 기준으로 하여 연도별로 편성된다. 또한, 회계연도 독립의 원칙에 의해서 한 회계연도에 집행되는 지출은 당해 회계연도의 수입으로 충당하는 것을 원칙으로 하지만, 예산의 탄력적인 집행을 위해 계속비, 이월비 등은 예외적으로 다음 회계연도 이후까지 지출을 허용하고 있다.

예산을 편성하는 것은 정부 부처에서 하지만 헌법 제54조에 의해 예산안을 국민의 대표기관인 국회에 제출하여 의결을 받아야 집행할 수 있다. 집행된 예산에 대한 결산도 역시 국회의 심의를 받아야만 마무리될 수 있다. 예산은 성립형식에 따라 본예산, 수정예산, 추가경정예산, 준예산으로 구분된다. 본예산은 국회의 의결을 얻어 확정된 예산이고 수정예산은 정부가 예산안을 국회에 제출한 후 국회가 확정하기 전에 부득이한 사정으로 인해서 수정하여 제출하는 예산이다. 추가경정예산은 예산이 국회에서 의결된 이후에 본예산에 추가 또는 변경을 가하는 예산이다. 준예산은 새로운 회계연도가 개시될 때까지 국회에서 예산안이 확정되지 못할 경우에 대비한 것이다. 이 경우, 기관의 유지와 운영 및 법률상 지출의무의 이행 그리고 이미 예산으로 승인된 사업을 계속하기 위한 경비를 전년도 예산에 준하여 집행할 수 있다.

2. 예산의 내용

예산은 예산총칙, 세입세출예산, 계속비, 명시이월비, 그리고 국고채무부담행위로 구성되어 있다. 법조문 형식을 취하고 있는 예산총칙은 예산집행에 관한 총괄적 규정으로서 당해 회계연도 내에서만 효력을 발생한다. 예산집행 전반에 걸쳐서 적용되는 국채 또는 차입금의 한도액이나 비목 상호간의 이용 허용범위 등과 같은 사항을 명시적으로 규정해 놓는 것이다. 예산총칙도 예산의 일부이므로 당해 연도 내에는 추가경정예산에 의해서만 변경이 가능하다.

세입세출예산은 당해 회계연도의 모든 수입과 지출의 예정액이 구체적으로 표시된 것이다. 정부의 주요 정책과 사업계획 및 경비소요내역이 모두 여기에 계리된다. 계속비는 장기간에 걸쳐 수행되는 대형공사나 연구개발 등과 같은 지속적인 사업에 대해 소요경비 총액과 연간 소요규모를 미리 정해서 국회의 의결을 얻은 범위 안에서 여러 해에 걸쳐서 지출할 수 있도록 한 경비를 말한다. 계속비는 대규모 중장기적인 사업에 대한 안정적인 재원 확보를 위한 것으로 단년도 예산주의에서 예외되는 항목이다. 명시이월비는 경비의 성격상 당해 회계연도 내에 지출하지 못할 것이 확실시 될 경우에 이를 미리 예산에 명시하여 국회의 승인을 얻어 다음 회계연도에 이월해 사용할 수 있도록 한 경비이다. 국고채무 부담행위는 정부의 재정사업이나 공사 등에 대한 발주와 계약체결은 당해 연도에 해야 하지만 지출은 사업이나 공사의 진척도에 맞추어 집행해야 할 경우에 발생하는데, 이런 국고채무부담을 미리 예산으로 편성하여 국회의 의결을 받도록 하는 것이다.

3. 중앙예산기관의 변천

세입세출예산과 관련된 업무를 총괄하는 우리나라의 중앙예산기관은 정부수립시에는 예산국으로 출발하여 경제기획원 예산실로 가장 오랫 동안 지속되었으나 경제기획원이 없어지면서 현재는 기획재정부 안의 예산실로 되어 있다. 예산을 담당하는 주무부서의 명칭은 〈표 10-1〉에서 볼 수 있듯이 여러 번 바뀌었다.

표 10-1 중앙예산기관의 변천

1948년: 국무총리 직속 기획처 예산국으로 출발
1954년: 국무총리제 폐지로 재무부 예산국으로 변경
1961년: 경제기획원 설치로 경제기획원 소속 예산국으로 변경
1979년: 예산국에서 예산실로 승격
1994년: 경제기획원과 재무부 통합으로 재정경제원 예산실로 변경
1998년: 재정경제부 산하 예산청으로 승격
1999년: 기획예산처 소속 예산실로 변경
2008년: 기획재정부 예산실

4. 통합재정

재정이라 함은 정부의 수입과 지출을 포괄적으로 지칭하는 것이다. 통합재정은 국제통화기금(IMF)의 재정통계기준에 의한 일반정부 부문을 통칭하는 것으로서 우리나라의 통합재정의 구성은 〈표 10-2〉에 정리되어 있듯이 넓게는 비금융 공공부문의 재정을 모두 포함하는 것이다. 단, 지방정부의 예산 편성 및 결산의 시차, 회계과목 간의 상이점 등으로 그간 지방정부의 예산은 제외시켜 왔으나 2003년부터 통합재정에 포함시킬 예정이다. 또한, 비금융 공기업 부문에 있어서 정부투자기업 및 출자기관 민간기업은 제외된다. 예외적으로 금융부문에 속한다고 볼 수 있는 사회보험과 정부재원에 의한 융자, 저축기관과 기금은 포함된다.

표 10-2 통합재정

일반정부	중앙정부	일반회계, 기타 특별회계, 기금, 세입세출 외
	지방정부	일반회계, 기타 특별회계, 교육비특별회계, 기금
비금융 공기업	중앙정부 기업특별회계	양곡관리, 조달, 책임운영기관(agency), 우편사업, 우체국예금
	지방정부 공기업 특별회계	

자료: 국회예산정책처, 「대한민국재정」 27쪽, 2008.

표 10-3 연도별 재정규모(결산기준) (단위: 조 원, %)

연 도	1997	1998	1999	2000	2001	2002	2003	2004	2005
중앙정부	92.5	105.4	114.5	123.9	137.5	145.2	158.6	157.6	167.9
대 GDP 비율(%)	20.4	23.7	23.7	21.4	22.1	21.2	22.0	20.2	20.6
일반회계	64.0	73.2	73.2	80.5	98.7	108.9	117.2	118.2	135.2
특별회계	28.5	32.2	41.3	43.4	38.8	36.3	41.4	39.4	32.7
지방정부	37.9	37.8	37.3	46.0	44.7	41.4	49.8	60.3	61.0
합 계	130.4	143.2	151.8	170.0	182.2	186.7	208.5	217.9	228.9
증가율(%)	11.6	9.8	6.0	12.0	7.2	2.5	11.7	4.5	5.0
대 GDP 비율(%)	28.8	32.2	31.5	29.4	29.3	27.3	28.9	30.0	28.1
경상GDP	453.3	444.4	482.7	578.7	622.1	684.3	721.3	778.4	815.8
GDP성장률(%)	5.0	−6.7	9.5	8.5	3.8	7.0	3.1	4.7	4.0

자료: 기획재정부, "2006 나라살림: 예산개요" (2006.2).

비영리기관 중 정부에 의해 운영되는 비영리기관만 포함된다. 〈표 10-3〉은 연도별 결산기준 재정규모를 보여 주고 있다.

제 2 절 예산의 편성과 결산과정

매년 행정부가 정부예산안을 편성하여 국회에 제출하면 국회는 예산안을 심의하여 확정하게 된다. 그리고 사업주체가 예산을 집행한 후 국회가 결산승인을 하게 된다.

1. 예산안의 편성

각 부처별로 재정소요와 재원조달 방안을 검토하는 준비단계를 거쳐서 각 행정부처가 제출한 요구내용을 사업별 및 분야별로 검토하는 과정을 통해 예산안이 편성된다. 각 중앙관서의 장은 2월 말까지 다음 회계연도의 신규사업 및 (기획재정부 장관이 정하는) 주요 사업에 대한 사업계획서를 기획재정부 장관에게 제출해야 한다. 예산실은 이를 토대로 다음 연도의 개괄적인 재정지출 소요를 검토하여 3월 말까지 예산편성의 기본방향이 되는 '예산편성지침'을 마련하게 된다. 그리고 각 부처의 기획관리실장 등으로 구성된 예산자문위원회에서 의견을 수렴한 후 국무회의의 심의를 거쳐 대통령의 승인을 얻은 후 각 부처에 시달하게 된다. 이어서 각 부처는 4월에서 5월 사이에 지방자치단체와 같이 재정지원을 받는 기관으로부터 예산요구를 받아 내부적으로 조정한 후 5월 말까지 부처별 예산요구서를 기획재정부에 제출한다.

각 부처가 예산편성지침에 따라 예산을 요구하면, 예산실은 요구규모를 취합하여 가용재원과 비교 검토하고 국정목표와 연계하여 예산편성을 위한 심의방향을 마련한다. 예산실 내 각 담당관실은 6월 초부터 각 부처의 예산요구서를 토대로 부문별, 사업별 예산안을 작성하게 된다. 예산실 내 각 담당관실에서 작성한 예산안은 예산실장, 예산심의관, 관련 과장들이 참석하는 예산심의회에서 조정되어 1차 조정안이 마련된다. 1차 조정안은 법이나 정부가 이미 확정한 정책에 의하여 지원해야 할 경비와 계속사업의 연차별 소요 및 타당성이 높은 신규사업을 우선적으로 반영한다. 1차 조정안을 기초로 가용재원을 다시 점검한 후 2차 심의가 7월 말경에 개최되어 1차 심의시 사업의 필요성은 인정되었으나 예산반영이 미흡한 사업이나 소관부처가 재검토를 요구하는 주요 정책사업 등에 대한 추가적인 예산반영 여부를 다시 한번 논의하게 된다. 조정된 예산실의 실무안을 토대로 8월 중순에서 9월 중순 사이에 최종 정리를 하게 된다. 장관협의회에서는 주요 재정사업 부처를 대상으로 기획재정부 장관이 각 부처 장관과 만나 각 부처에서 정책적으로 추진하고자 하는 사업 중 예산반영이 충분하지 않다고 생각하는 사업에 대하여 최종적으로 협의한다. 한편, 예산의 편성방향, 편성결과 등 주요 사항에 대하여 대통령에게 수 차례 보고한다.

정부에서 마련한 예산안 초안은 8월 말에 개최되는 당정협의에서 조세부담

표 10-4 예산안 편성절차

시 기	활동내용
1~2월	중앙관서: 사업계획서 기획재정부에 제출 기획재정부 예산실: 개괄적인 재정지출 소요검토
3월	예산자문위원회 심의 기획재정부 예산실: 예산편성지침 각 부처에 시달
4~5월	각 부처: 예산요구 내부적으로 수정한 후 예산요구서를 기획재정부에 제출
6~7월	예산실: 부문별, 사업별로 예산안 검토, 예산안 작성 예산심의회 가동: 1차, 2차 예산안 조정
8~9월	장관협의회: 각 부처 최종의견 조정 당정협의
9월 말	국무회의 의결, 대통령 승인
10월 2일	예산안 국회제출

및 재정규모의 적정성, 분야별 및 사업별 투자규모, 지역 간 균형발전, 지역주민 여론 등을 반영하기 위해 종합적으로 검토된다. 당정협의를 거친 예산안은 국무회의 의결과 대통령의 승인을 얻어서 회계연도 개시 90일 전인 10월 2일까지 국회에 제출되어야 한다. 예산편성 과정을 〈표 10-4〉에 요약했다.

2. 예산안의 심의

정부가 예산안을 국회에 제출하면 예산안을 심의하기 위하여 국회 내에 예산결산특별위원회(이하 예결위)가 9월 2일까지 구성되게 된다. 이 예결위는 전년도 결산 및 예산안이 본회의에서 의결될 때까지 존속된다. 예결위가 구성되는 9월 초부터 의원별로 예산 및 결산에 관한 각종 자료를 행정부에 요구할 수 있다. 이런 자료를 검토한 후, 예결위에서 대정부 질의와 심사를 하게 된다. 10월에서 11월 초순 사이 상임위원회별로 예비심사가 끝나게 된다. 예결위 활동은 국정감

표 10-5 예산안 심의절차

시 기	활동내용
9월 2일	국회 예산결산 특별위원회 구성
9~10월	예산 및 결산에 관한 자료를 행정부에 요구
10월 중순~11월 중순	국회 상임위원회별 예비 심사
11월 중순~12월 2일	예결의원회 종합심사 국회 본회의 의결

사가 종료되는 10월 중순 이후에 본격화되어 대개 11월 중순경 개최된다. 예결위의 일정은 통상 본회의 일정과 함께 여야 간의 합의를 통해 결정된다. 예결위는 기획재정부 장관의 예산안 제안설명, 예결위 전문위원의 예산안 검토보고, 대정부 종합정책질의 및 답변, 부별심의, 계수조정을 거쳐 예결위의 의결 그리고 본회의 의결을 거쳐서 종료된다. 예산안 심의절차를 〈표 10-5〉에 정리해 두었다.

예결위에서는 예산안에 대한 제안설명과 전문위원의 검토보고 후에 예산관련 사항뿐만 아니라 국정전반에 걸쳐 대정부질의가 실시된다. 정부 각 부처별 심의를 통해서 보다 구체적인 예산심의가 이루어진다. 예산안에 대한 계수조정이 반드시 필요하게 되므로 이를 위해서 예결위원 중 10명 내외로 예산안조정 소위원회(계수조정소위)를 구성하게 된다. 계수조정소위에서는 각 상임위의 소관예산에 대한 예비심사에 따른 결과와 정책질의 및 부별심의에 따른 결과를 토대로 하여 각 정부 사업별 예산을 조정하게 된다. 계수조정소위에서 조정된 예산안은 예결위 전체회의에 상정된다. 이 예산안이 예결위에서 의결된 후 다시 본회의에서 확정하게 된다. 국회는 정부가 제출한 예산안을 회계연도 개시 30일 전인 12월 2일까지 의결하도록 헌법에 규정되어 있다. 만약 법정기일 내에 국회가 예산을 의결하지 못할 경우에는 기관운영비 등 일부 경비를 전년도 예산에 준하여 집행하도록 하는 준예산 제도가 마련되어 있다.

3. 예산의 집행

의회가 예산안을 심의하여 그 결과를 행정부로 이송하면, 중앙예산기관인 기획재정부는 그 결과를 각 부처 예산담당관에게 통보하여 예산집행계획서를 제출하도록 만든다. 기획재정부는 자금조절계획에 따라 예산배정계획을 확정한다. 다음 회계연도가 개시되면 예산을 각 중앙부처에 배정한다. 산하기관이 있는 중앙부처는 예산을 재배정한다. 예산 집행절차는 〈표 10-6〉에 정리해 두었다.

예산의 배정과 자금의 공급에 따라서 지출을 한 다음 선납후불 원칙에 따라 지출예산의 집행을 하도록 되어 있다. 회계연도 독립의 원칙에 따라 예산은 당해 회계연도 내에 집행되어야 하는 것을 원칙으로 한다. 그러나 너무 엄격하게 당해회계연도 내의 집행을 고집하면 예산집행상의 신축성이 저해되어 오히려 예산을 낭비하게 될 수도 있다. 예산집행의 신축성을 살리고 낭비를 최소화하기 위해서 예산의 전용, 이용, 이월, 이체, 예비비, 계속비 등의 예외적인 집행을 인정하고 있다.

4. 결　　산

결산은 당해 회계연도의 정부의 세입과 세출의 결과를 확정된 계수로 표시하는 것을 말하며 결산은 국회의 심의를 받아 종결하도록 되어 있다. 감사원의 감사를 통해서 예산집행과 결산의 적법성을 검증받게 된다. 이렇게 검증된 결산

표 10-6 예산 집행절차

시　기	활동내용
12월	예산배정계획 및 자금계획 작성
매분기 개시 15~20일 전	분기별로 예산배정
연 중	지출원인행위 자금공급에 따라 지출
다음해 1월 31일	명시이월, 사고이월

결과를 포함한 예산집행 상황은 예산당국의 익년도 예산편성에 참고된다. 국회가 결산을 심의하여 의결함으로써 당해 연도의 정부지출에 대한 행정부의 책임을 해제시켜 주게 된다.

각 중앙관서의 장은 예산집행이 끝난 후 세입세출 결산보고서, 계속비 결산보고서, 국가의 채무에 관한 계산서를 작성하여 익년도 2월 말까지 기획재정부 장관에게 제출한다. 재정경제부 장관은 세입, 세출결산을 집계한 후 국무회의의 심의를 거쳐 대통령의 승인을 얻은 다음 6월 10일까지 감사원에 제출하게 된다. 감사원은 세입세출 결산서를 검사하여 그 결과를 8월 20일까지 기획재정부 장관에게 송부해야 한다. 정부는 감사원의 검사를 거친 세입세출 결산서 및 예비비 승인의 건을 회계연도 개시 120일 전인 9월 2일까지 국회에 제출해야 한다. 결산시 발생하는 일반회계의 순세계잉여금은 차년도 또는 차차년도의 세입에 이입하여 국회의 심의를 받아 사용하도록 되어 있다. 결산시 발생한 국가채무는 이미 국회의결을 받아 집행한 것이므로 이를 상환할 경우에는 국무회의의 의결 및 대통령 승인을 거치게 되어 있다. 결산절차를 〈표 10-7〉에 정리해 두었다.

표 10-7 결산절차

시 기	활동내용
1월 15일	기획재정부: 결산작성지침 각 부처에 시달 각 부처: 출납정리
2월 말	각 부처: 세입세출 결산보고서, 계속비, 결산보고서, 국가채무에 관한 계산서와 결산개요설명서 등을 기획재정부 장관에게 제출
6월 초순	국무회의 의결 및 대통령 승인
6월 10일	기획재정부 장관: 결산관련 서류 감사원장에게 제출
8월 20일	감사원: 세입세출 결산서 검사 후 기재부 장관에게 송부
9월 2일	정부: 감사원 검사보고서 및 예비비 승인건을 국회에 제출
10월~11월	상임위원회 예비심사 및 예결위 종합심사
12월	국회 본회의 의결

주: 재정경제부는 기획예산처와 통합되어 2008년에 기획재정부로 개편됨.

제 3 절 예산의 세입세출 체계

우리나라 중앙정부의 예산은 일반적인 세입과 세출을 바탕으로 하는 1개의 일반회계와 특정한 사업의 수행을 위해 운영되는 18개의 특별회계로 구성되어 있다. 특별회계는 2008년 시점으로 다시 5개의 기업특별회계와 13개의 기타 특별회계로 나누어진다. 여기에 예산과는 별도로 각 중앙관서의 장이 부처별로 관리 또는 운영하는 55개의 기금이 있다.

1. 일반회계

우리나라 정부의 일반회계(General Account)는 정부의 일반세입을 가지고 일반적인 지출을 담당하도록 한 회계를 말한다. 일반세입은 2006년 시점에 정부세입의 약 92%(국세 71% 지방세 21%)를 차지하는 조세수입과 약 8%를 차지하는 세외수입으로 구성되어 있다. 소득세, 법인세, 부가가치세, 관세 등 국세수입의 대부분과 정부보유 주식매각분, 각종 수수료 등 세외수입을 정부의 일반행정비, 방위비, 사회개발비, 경제개발비, 지방재정교부금, 채무상환 및 기타부문에 지출한다. 또한, 특별회계의 자체 재원이 부족할 경우 이를 지원하기도 한다.

2. 특별회계

국가에서 통신과 같이 특정한 목적의 사업을 운영할 때, 재정융자 특별회계와 같이 특별한 자금을 보유해 운용할 때, 그리고 기타 특정한 세입을 특정한 세출에 충당함으로써 일반 세입세출과 구분해 계리할 필요가 있을 때 일반회계와는 별도로 특별회계(S/A: Special Account)를 통해 지원한다. 2008년 기준으로 특별회계에는 우편사업, 우체국예금, 양곡관리, 조달, 책임운영기관관리와 같은 5개 종류의 기업특별회계와 13개의 기타 특별회계가 각 개별법에 의해 설치, 운영되고 있다.

기타특별회계에는 교도작업; 우체국보험; 교통시설; 등기; 농어촌구조개선; 에너지 및 자원사업; 환경개선; 아시아 문화중심도시조성; 혁신도시건설; 국방 ·

군사시설이전; 국가균형발전; 주한미군기지이전; 행정중심복합도시건설; 교육환경 개선이 있다. 특별회계에 2008년 기준으로 총 45조 원의 예산이 책정되어 있다.

3. 기 금

일반예산과는 달리 예산집행의 독자성이 요구되는 특정한 분야의 사업에 대해 지속적이고 안정적인 자금지원이 필요하거나 사업추진에 있어 탄력적인 집행이 필요한 사업에는 예산과는 별도의 기금(fund)을 설치하여 운용할 수 있도록 되어 있다. 기금의 운용계획은 재정경제부 장관과의 협의와 국무회의 심의를 거쳐 대통령의 승인을 받아 확정된다. 기금은 예산 외로 운영되기 때문에 기금 운용계획의 변경은 예산의 추가경정예산과는 달리 심의대상이 아니다.

1999년 2월 기준으로 74개의 기금이 있었는데 이 중 재정에 포함되는 것은 공공기금으로서 36개가 있었고 나머지 38개는 기타 기금에 속했다. 2002년 2월에는 55개로 통폐합되었다가 2003년에 다시 58개로 늘어났고 2008년도에는 60개 기금이 있다. 2002년도 기금의 총운용규모는 144조 7,762억 원이었는데 이 중 29%인 41조 9천억 원이 일반특별회계의 예산 출연금이나 타 기금으로부터의 수입이고 기금의 자체 수입은 36.2%에 불과했다. 1980년과 2002년 사이에 국내총생산은 약 16배 증가했는데 반해 기금운용액은 약 45배 증가했다. 기금은 운용계획을 국회에 보고만 하고 행정부 내에서 독자적으로 운용계획을 변경할 수 있다. 기금이 독자적으로 운영되므로 유사한 사업이 중복되게 지원되거나 다른 부처에서도 이중으로 지원하는 등 국가 예산의 낭비를 가져와 정부 재정의 투명성이나 효율성을 떨어뜨리게 될 수 있다는 관점에서 감사원은 24개 정부기금을 단계적으로 폐지하거나 정부예산에 통합할 것을 기획재정부에 2003년 상반기에 권고한 바 있다.

2008연도 기금의 운용규모는 일반회계의 2배를 상회하는 369.6조원에 달한다. 기금은 성질에 따라 사업성기금, 금융성기금, 사회보험성기금과 계정성기금으로 분류된다. 사업성기금은 예산사업과 유사한 특정한 목적사업을 수행하기 위한 기금으로 과학기술진흥기금, 남북협력기금, 국민주택기금 등 39개가 있다. 금융성기금은 특정사업에 수반하여 보증, 보험 등의 보조적 금융 역할을 하는 기금으로 신용보증기금, 부실채권정리기금, 수출보험기금 등 10개가 있다. 사회보험성기금은 장래의 연금지출에 대비하여 보험료를 징수하여 연금급여 및 여유자금을 운용하는 연금성기금과 보험기능을 수행하는 보험성기금으로 구성되어 있으며 국민연금기금, 사립학교교직원연금기금, 고용보험기금 등 6개가 있다. 계정성기금은 자금을 모아서 사업을 집행하는 주체에게 전달하여 주는 역할을 하는 기금으로 공공자금관리기금, 양곡증권정리기금, 외국환평형기금, 공적자금상환기금, 복권기금 등 5개가 2008년 시점에 운용되고 있다. 기금의 방만한 운용을 견제하기 위해서 정부는 기금운용평가단을 통해 매 3년마다 기금존치평가를 하고 있으나 평가결과가 기금의 정비에 반영되는 정도에는 한계가 있는 것으로 나타났다.

4. 정부예산의 세입구조

정부는 여러 기능을 수행하기 위해서 수입이 필요하다. 〈표 10-8〉에 있듯이 일반회계의 세입예산은 크게 조세수입과 세외수입으로 나눌 수 있다. 정부의 가장 큰 수입원은 국민들로부터 걷어들이는 국세수입으로서 소득세, 법인세, 상속

표 10-8 일반회계 세입구조 (2007년, 단위: 억 원)

구 분	예 산	구성비(%)
A. 조세수입	1,416,318	90.4
내 국 세	1,175,895	75.1
관 세	70,840	4.5
교 통 세	113,240	7.2
교 육 세	37,452	2.4
종합부동산세	18,891	1.2
B. 세외수입	66,313	4.2
C. 전년도이월금	2,545	0.2
D. 공자기금 예수금	80,000	5.1
합 계	1,565,176	100.0

자료: 기획재정부, 예산개요, 2008.

세, 부가가치세, 특별소비세 등의 내국세와 관세 및 교통세와 같은 목적세로 구성된다. 세외수입은 국세 이외의 수입으로서 정부보유 주식의 매각수입, 차관수입, 벌과금, 수수료 및 전년도 이월금 등이다. 국세수입 중에서 주세, 교육세 등 일부 세원은 일반회계에 편입되지 않고 지방양여금으로서 전액 지방자치단체 지원 재원으로 사용된다. 세입예산의 과목구조는 장-관-항-목으로 되어 있다.

5. 세출예산의 구조

우리나라 정부의 세출예산의 과목구조는 기관별, 기능별, 품목별로 장-관-항-세항-목으로 구분되어 있다. 이 중, 장-관-항은 국회의 의결 없이는 과목 간 변경이 불가능한 입법과목인데 반하여 세항-목은 국회의 사전의결 없이 행정부 재량으로 전용이 가능한 행정과목이다. 기관별 분류는 중앙관서의 조직을 중심으로 한 구분으로서 2008년 예산 현재 중앙행정기관을 15부 2처 18청으로 분류하고 국무총리실, 감사원 등의 독립된 정부기관과 국회, 대법원 등을 포함한다. 기능별 분류에서는 국가의 기능을 〈표 10-9〉에 있듯이 일반행정(100), 방위비(200),

표 10-9 일반회계 기능별 세출구조 (2007년, 단위: 억 원)

구 분	예 산	구 성 비(%)
방 위 비	256,333	16.3
교 육 비	304,863	19.4
사회개발	222,311	14.2
경제개발	297,342	18.9
일반 행정	163,815	10.4
지방재정교부금	245,134	15.6
채무상환 및 기타	75,376	4.8
합 계	1,565,174	100.0

자료: 기획재정부, 예산개요, 2008.

표 10-10 일반회계 성질별 세출구조 (2007년, 단위: 억 원)

구 분	예 산	구 성 비(%)
인 건 비	195,883	12.5
물 건 비	126,582	8.0
이전 지출	803,329	51.3
자산 취득	106,464	6.8
상환 지출	33,359	2.1
전출금 등	276,528	17.6
예비비 및 기타	23,029	1.4
합 계	1,565,174	100.0

자료: 기획재정부, 예산개요, 2008.

사회개발(300), 경제개발(400), 지방재정교부금(500), 채무상환 기타(600)의 6개 부문으로 구분하고, 각 부문 밑에 장-관-항-세항의 코드(code)체계로 분류하고 있다. 통상 예산과목이라 부르는 세출예산의 목별분류는 예산사업의 경비성질을 밝혀 주는 기본단위이다. 예산상 모든 경비는 성질에 따라 〈표 10-10〉에 있듯이 크게 인건비, 물건비, 경상이전, 자본지출, 융자 및 출자금, 보전지출, 정부내부거래, 기타 지출 등 8가지로 대분류된 후, 다시 46개의 목으로 세분류되고 있다. 2000년 결산기준으로 통합재정 세출 및 순융자 규모는 128조 7억 원으로 당해 국내총생산의 24.8%이었다. 일반회계 세출규모는 예산상으로 88조 7,363억 원으로 책정되어 통합재정의 약 69.3%에 달하는 정부예산의 주된 부분이었다.

제 4 절 재정의 비조세적 조달방식

조세수입만으로 정부의 재정을 충당하기에 부족한 경우에는 정부도 다른 민간경제주체와 마찬가지로 돈을 빌리거나 공식적인 세금은 아니지만 거의 세금에 준하는 강제성이 있는 모금방식을 통해 민간경제주체에게 재정적 부담을 떠넘기는 경우도 있다. 그런데 세금을 더 많이 걷으면 단순히 해결될 수 있는 데도 정부는 왜 굳이 금융기관으로부터 차입을 하거나 국채를 발행하여 민간으로부터 돈을 빌리려 할까?

정부가 단순히 임명직 관료들로만 구성되어 있다면 아마 편리한 방법인 세금을 더 많이 걷어서 부족한 재정을 확보하려 할 것이다. 그러나 세금을 더 걷기 위해서는 국회의 동의가 필요한데 국회의원들은 선거를 통해 주민들로부터 뽑힌 사람들이다. 주민들은 세금을 많이 내고 나면 자기가 쓸 수 있는 가처분소득이 줄어들게 되므로 세금이 많아지는 것을 싫어한다. 그러므로 세금을 올리자고 주장한 국회의원은 인기가 떨어져서 재선에서 낙선하게 되기 쉽다. 그러므로 국회의원들은 여당이나 야당을 막론하고 세금을 높이는 데는 나서려 하지 않는다. 다음 선거에서 자신이 재선되는 것을 최우선 목표로 삼는 대부분의 정치인들은 단기적인 정책에만 관심을 기울이게 되기 쉽다. 따라서 세금 대신에 정부의 채무를 늘려서 재정을 일시나마 확보하여 정부의 사업을 확장할 수 있는 방법을 정치인들이 앞장서서 선호하게 되는 것이다. 정부 부채를 상환해야 할 부담이 미래세대에게 지워진다 해도 그 시기는 이미 현 세대의 정치인들은 현역에서 은퇴한 후가 될 것이기 때문에 먼 후일에 있어서 재선에 대한 걱정은 필요없게 되는 것이다.

정부가 중앙은행으로부터 차입하거나 채권을 발행하는 것 외에도 준조세를 통해 강제로 기부를 받는다든가 정부의 재정부담을 민간기업에게 슬며시 떠넘긴다든가 하는 방법도 있으며 공과금이나 수수료와 같은 세외수입과 급한 경우에는 공적자금을 형성한다든가 아니면 평소에 별로 눈에 뜨이지 않는 방법으로 여러 부처 산하에 각종 기금을 설립하여 국회의 감시를 받지 않는 주머니 돈으로 활용하는 방법 등이 있다. 이 장에서는 이런 여러 방법에 대해 살펴보고 다음 장에서는 그래도 가장 근본적이고 가시적인 방법인 조세에 대해 좀더 자세히 알아보도록 한다.

1. 차 입 금

정부는 일시적으로 발생하는 부족자금을 충당하기 위해 한국은행으로부터 상환기간 1년 미만의 일시적인 일시 차입금을 차입하거나 상환기간이 1년 이상인 장기 차입금을 차입하기도 한다. 전시와 같은 특수한 상황에서 정부가 요구하는 차입금이 대규모일 경우에는 중앙은행이 신규로 대규모의 화폐발행을 통해 차입금을 마련해 줄 수밖에 없으므로 인플레이션의 원인이 되기도 한다. 이외에 재정융자특별회계와 공공자금관리기금에서 민간기금과 산업은행과 같은 금융기관으로부터 차입하기도 한다. 정부는 국제기구, 외국정부 및 외국금융기관으로부터 재정차관 형태로 해외 차입금을 도입하기도 한다. 일시 차입금과 해외 차입금의 한도액은 매년 예산총칙에 규정하여 국회의 의결을 얻어야 된다. 국내법인, 지방자치단체 등의 차관도입에 대해 정부가 지급을 보증하는 보증차관도 정부의 채무부담행위로 간주된다.

2. 정부의 채권 발행

세금 수입만으로 재정의 조달이 충분하지 않을 때 정부는 민간으로부터 돈을 빌리게 되는 데 이때 돈을 빌렸다는 차용증서를 공적 권리, 즉 채권으로 만들어 매매가 가능하게 만든 것을 정부채권이라고 하며 중앙정부가 발행하는 채권을 국채라고 한다. 채권에는 국채 외에도 공기업이 발행하는 공사채, 민간회사가 발행하는 회사채 등이 있다. 회사채의 경우는 회사가 망하게 되면 채권이 휴지조각이 되어버리지만, 국채는 국가가 멸망하지 않는 한 원리금을 상환받을 수 있는 채권이므로 가장 위험이 적다고 할 수 있으므로 무위험 채권으로 알려져 있다. 따라서 국채의 금리는 무위험 자산에 대한 시장의 수익률을 알려 주는 대표적인 지표금리로 통용된다. 국채는 중앙은행의 공개시장 조작을 통해 유통된다.

우리나라에는 중앙정부가 발행하는 국채외에 지방자치단체가 발행하는 지방채 그리고 정부투자기관이 발행하는 특수채 등이 있다. 1949년 정부 수립 후 발행한 건국국채를 처음으로 2000년 말까지 21 종의 국채를 발행해 왔다. 종류가 이렇게 많았던 이유는 농지채권, 농어촌 발전채권 등과 같이 각종 기금과 회계별로 별도의 채권을 발행하던 것을 1994년부터 국채관리기금이 신설되어 기금별 국채를 통합하여 발행하게 되었기 때문이다. 현재는 6종류의 국채를 발행할 수 있으나 이 중에서 4종류만 사용되고 있다. 가장 대표적인 것은 국고채권으로서 정부 각 회계 및 기금의 재정자금을 확보하기 위해 시장에서 발행하는 국채이다. 외국환 관리과 환율안정을 위한 외국환평형기금채권도 역시 시장에서 발행한다. 위 두 가지 국채 외에 주택건설 재원을 마련하기 위한 국민주택채권과 공공용지 수용비 지급을 위한 공공용지보상채권이 있다. 상환만기 기간은 외국환평형기금채권은 3개월에서 5년이고 공공용지보상채권은 3년 그리고 국민주택채권은 5년이다. 국고채권의 경우는 상환만기 기간이 1, 3, 5, 7 및 10년으로 다양하다. 국채의 부담주체는 주로 재정경제부와 건설교통부이지만 해양수산부와 철도청도 일부 관여하고 있다.

1997년 외환위기를 겪기 이전까지는 국채발행이 많지 않아서 1997년 말 시점으로 국채가 국내총생산에서 차지하는 비중은 6.8%에 불과했다. 그러나 외환위기 후 경제의 침체로 인한 세수의 감소와 더불어 구조조정을 위한 사회간접자본의 확대 및 고용의 창출 등을 위해 세출을 늘리게 됨에 따른 일반회계 적자보전용 국채를 많이 발행하게 되었다. 이에 따라 우리나라의 국채규모도 늘어나서 2000년 말 기준으로 국채잔고가 1997년 말의 28.6조에서 76.3조로 크게 늘어나 국내총생산의 15%에 육박하고 있다.

3. 준 조 세

기업이나 개인이 비자발적으로 부담해야 하는 기부금이나 성금 그리고 법정부담금은 세금은 아니지만 납부자가 거의 강제적으로 내지 않을 수 없는 것이어서 준조세라고 불리워진다. 예를 들어, 자기가 소속된 회사가 일률적으로 직원의 월급에서 0.1%를 이재민 구호 성금으로 내기로 결정하여 자기도 자동적으로 성금을 내게 된 경우나 회사가 각종 사회복지단체들에게 얼마간의 기부금을 내는 경우를 들 수 있다. 또 다른 예로, 지금은 폐지되었지만, 고궁이나 영화관의 입장권을 구매하게 되면 자동적으로 입장료의 10%에 해당하는 금액을 문예진흥기금으로 누구나 자기도 모르게 지불했던 적이 있다. 이 경우에 입장권을 구매한 사람은 특별한 명시적인 반대급부가 없이도 강제로 돈을 내게 된 것이므로 이런 류의 부담금을 준조세라고 부르는 것이다. 자신이 지불하는 금액에 대해 반대급부가 없다는 점과 자신의 의지와는 무관하게 비자발적으로 지불한다는 두 가지 점이 조세의 특성과 유사한 점이다. 그렇지만 법정부담금을 제외한 기부금과 성금은 조세와 같은 법적 구속력은 없고 단지 사회적인 통념에 의해 지불하는 것이 관례로 통한다는 점이 준조세가 조세와 다른 점이다.

법정부담금에는 특별부담금과 각종 행정요금(행정 수수료, 공원입장료 등), 행정제재금(과징금, 과태료, 등) 및 사회보험료(국민연금, 고용보험 등)가 있다. 지금은 폐지된 준조세적 특성이 강한 몇 가지 특별부담금의 예를 들어 보자면, 교통안전분담금, 수도권 이외 지역의 개발부담금, 문예진흥기금, 국제교류기여금 등이 있었다. 우리나라 기업들이 기업활동에 부담이 될 정도의 과중한 준조세로 간주하는 것은 법적인 금전지급의무는 없지만 관할 행정부서의 눈치를 살피며 내야 하는 각종 성금과 기부금 및 협회비이고 법정부담금 중에서는 특별부담금 중 일부이다. 지방자치단체가 개발사업을 인·허가하면서 관행으로 도로나 교량 등을 기부하도록 요구하는 행위도 여기에 속한다. 관련 부서의 공무원의 요청에 의해 기업이 특정 예술단체나 비영리단체에게 기부하게 되는 것도 이에 속한다. 기업들이 관련 부서의 눈밖에 나서지 않으려는 것은 물론 행정상의 불이익을 당할 빌미를 사지 않기 위해서이다. 이는 또, 그만큼 행정처리의 투명성이 없다는 것을 의미하기도 한다. 다시 말해, 행정부서의 재량권이 넉넉한 영역이 너무 많아서 기업이 눈치를 보게 된다는 것이다. 좀더 극단적으로 말하자면, 행정부서가 특정 기업을 살릴 수도 있고 죽일 수도 있는 정치-행정-경제적 역학관계가 존재하기 때문에 일어나는 일이라고 하겠다.

4. 세외수입

세외수입은 다음과 같이 나누어 볼 수 있다. 먼저, 수익자의 부담금이라고 할 수 있는 공과금이 있다. 공과금을 부과하는 취지는 공공사업에 의해 이익을 받은 자에게 그 수익의 정도에 따라 소요경비의 일부를 부담시키고자 하는 것이다. 다음으로 재산수입이라고 볼 수 있는 각종 국유재산의 매각에 따른 정부자산의 정리로부터 나오는 수입과 각종 기금 및 자금으로부터 얻는 이자수입이 있다.

그리고 사용료 및 임대료 수입이라고 할 수 있는 국가의 영조물(營造物)을 임대하거나 사용한 자로부터 과징하는 사용료가 있다. 또한, 공공사업을 이용하여 이익을 받는 자로부터 징수하는 수수료가 있다. 그리고 상공업 · 통신업 · 운송업 · 의료업 등의 공기업으로부터 발생하는 기업수입이 있다. 이 밖에도 기부금, 몰수금, 벌금, 과태료 등의 잡수입이 있다.

1991년 초부터 지방자치단체가 자주적으로 재원을 확보할 수 있도록 하기 위하여 공영개발과 제3섹터로 지칭되기도 하는 민관공동출자방식에 의한 사업추진원리를 전반적으로 도입하여 추진하는 과정에서 지방의 중요한 자주적인 수입원인 세외수입을 증대하기 위한 노력이 활발히 전개되어 왔다. 그래서 그간 내무부(행자부)에서 일괄하여 조정해 오던 세외수입 중 사용료와 수수료의 요율을 조정하는 권한이 각 자치단체로 이관되었다. 지방의회는 의결을 통해 요율을 자체적으로 조정할 수 있도록 하여 지역의 실정에 맞도록 신축적인 요율조정을 하여 효과적으로 세외수입의 증대를 기할 수 있게 되었다. 이와 더불어 과거에는 한전이나 전기통신시설에 대하여 감면해 주었던 도로점용료를 징수할 수 있도록 1993년에 도로점용사용료징수조례를 개정함으로 해서 사용료수입이 크게 증대되었다.

2000년도의 경우에 중앙정부의 일반회계 세입부문 86조 4,760억 원 중에서 세외수입은 6조 7,239억 원으로 차지하는 비중은 약 7.8%였다. 그러나 지방정부의 일반회계로 가면 오히려 세외수입의 비중은 더 크다. 2000년도의 지방세 수입은 20조 3,616억 원이었으나 세외수입은 35조 3,540억 원으로 지방세수의 약 1.75배에 달했다. 세외수입 중 반 정도가 일반회계이고 나머지 반은 지방공기업의 사업수입과 사업외수입으로 구성된 특별회계이다. 일반회계에 속하는 세외수입 중에는 경상적 수입보다 임시적 수입이 약 4~5배 가량 더 많은 것이 특징이다. 경상적 수입에는 재산임대수입, 사용료수입, 수수료수입, 사업수입, 징수교부금, 이자수입 등이 있다. 임시적 수입에는 재산매각대금, 순세계잉여금, 이월금, 전입금, 융자금원금수입, 부담금, 잡수입, 과년도수입 등이 있다. 특별회계의 사업수입에는 상수도사업, 하수도사업, 지역개발, 공영개발, 기타특별회계 등이 있으며 사업외수입은 이월금, 전입금, 과년도수입 및 기타로 구성되어 있다. 1997년 이전에는 지방채도 세외수입으로 잡혔으나 지금은 제외하고 있다.

5. 공적자금

공적자금이 처음으로 일반인에게도 알려지게 된 것은 1997년 외환위기 이후에 대두된 필요성에 의해 마련된 정부의 기업개선작업(workout: 워크아웃)을 지원하기 위한 자금으로 대두되면서부터라고 볼 수 있다. 나라 전체가 외환위기에 처하여 기업이 일시적인 신용위기를 막지 못하여 기업이 흑자도산하거나 기업을 헐값매도(firesale)하여 국부가 유출되는 것을 방지하기 위해서 도산 위기의 기업과 부실 금융기관의 부족한 자금을 지원할 필요성이 절실하여 조성된 자금이라 할 수 있다.

예금보험공사와 자산관리공사가 주축이 되어 있고 정부와 한국은행이 일부를 부담하고 있다. 공적자금을 조성한 재원별로 보면 채권발행이 102.1조 원으로 대부분을 차지하고 나머지는 〈표 10-10〉에서 볼 수 있듯이 회수자금과 공공자금 및 기타자금 등으로 구성되어 있다. 공적자금의 규모는 2003년 2월 기준으로 159.6조 원에 달하고 있다. 이 중 정부가 회수한 금액은 불과 55조 원으로 회수율은 34.5%이다. 이미 상환불능이 되어버린 금액은 언제인가는 정부가 국민의 세금으로 금융기관에게 갚아야 할 부채인 셈이다. 공적자금에 대한 운영위원회가 있으나 제 역할을 제대로 못하고 있다고 할 수 있다. 공적자금의 관리와 대여자금에 대한 결산의 기준이 불분명하여 여러 가지로 많은 남용과 오용이 일어나고 있다.[1)]

표 10-11 공적자금 재원별 구성 (1997. 11월~2007. 12월 말, 단위: 조 원)

구 분	출 자	출 연	예금대지급	자산매입등	부실채권매입	계
채권발행	42.2	15.2	20.0	4.2	20.5	102.1
회수자금	7.8	3.2	7.4	6.7	17.1	42.2
공공자금	13.4	–	–	6.4	–	19.8
기타자금	0.03	0.2	2.9	0.1	1.1	4.3
계	60.2	18.5	30.3	17.4	38.6	168.4

자료: 재정경제부, 2008. 1. 31.

1) 예를 들면, 동아건설은 2000년도 봄에 16대 총선을 앞두고 채권경영관리단 몰래 인건비를 과다

표 10-12 공적자금 규모의 연도별 추이 (1997. 11월~2007. 12월 말, 단위: 조 원)

연 도	채권발행	회수자금 재사용	공공자금	기타자금	계
1998년	38.8	-	15.7	1.1	55.6
1999년	25.2	5.7	4.6	-	35.5
2000년	8.9	20.0	0.8	7.4	37.1
2001년	29.2	5.1	△0.2	△7.0	27.1
2002년	-	1.9	-	1.8	3.7
2003년	-	1.6	△0.5	1.0	2.1
2004년	-	4.0	△0.1	-	3.9
2005년	-	3.3	△0.4	-	2.9
2006년	-	0.4	△0.1	-	0.3
2007년	-	0.16	△0.02	-	0.14
누 계	102.1	42.2	19.8	4.3	168.4

자료: 재정경제부, 2008. 1. 31.

6. 기 금

기금에 대해서는 이미 살펴본 제3절의 3을 참조하도록 한다.

제5절 국가재정법과 재정제도의 변화

1961년에 제정된 〈예산회계법〉을 근간으로 하는 기존의 재정운용체계는 단

계상하는 방법 등으로 비자금 38억 원을 조성하여 이를 정치인 60여 명에게 적게는 200만 원에서 많게는 5천만 원이 금품을 제공했다는 사실이 발각되어 기소되었으며 1998년도 워크아웃(기업개선작업) 1호 기업으로 선정되었던 동아건설은 법원으로부터 파산선고를 받게 되었다.

년도 예산편성을 주로 하여 통제와 투입 위주로 운영되어 온 제도로서 그 동안 우리나라의 재정규모의 증대와 경제성장여건의 변천 및 국민구성의 변화 그리고 국가경제위기에 대한 효율적인 대응 등 제반 상황의 변화에 대하여 역부족인 면이 있어 왔다. 따라서 새로운 재정제도의 필요성이 인식되어 〈예산회계법〉과 〈기금관리기본법〉(1991)을 통합하여 국가재정법을 제정하여 2007년도부터 이에 근거한 새로운 제도를 도입하게 되었다. 국가재정법에 의거하여 단년도 투입중심의 재정운용방식을 중장기 성과중심으로 전환하여 재정사업의 성과관리강화와 총액배분자율편성제도 등을 주요한 새 제도로 내세우고 있다.

국가재정법은 매년 5년단위의 중기재정운용계획을 수립하고 위에서 아래로 부처별 지출한도가 먼저 설정되면 이에 입각하여 각 부처가 자율적으로 예산을 편성하는 탑다운(top-down) 형식의 예산총액배분제를 도입했다. 또한, 정부의 일반회계와 기금 간의 여유재원의 전출입을 허용했다. 대규모 재정사업에 대한 예비타당성조사를 실시하며 성과관리를 강화하고 국가채무관리를 강화했으며 세계잉여금은 국가채무 상환에 우선적으로 사용하도록 명시적으로 규정했다. 그리고 재정투명성을 높이기 위해서 재정정보 공개대상의 범위를 중앙정부에서 지방정부까지 확대했으며 불법재정지출에 대한 국민감시제도를 도입했다. 2009년회계연도 결산부터 발생주의 복식부기 회계제도를 사용하기로 하고 있다.

참 고 문 헌

국회예산정책처, 「대한민국 재정」, 2008.
민병균, "정치적 빅딜이 필요한 공적자금 공방," 인터넷 자료, 자유기업원, 2001.
정홍상, 「경제정책과 재정」, 성림, 1999.

국회예산정책처 홈페이지 http://www.nabo.go.kr
기획재정부 홈페이지 http://www.mosf.go.kr

제11장

조세이론의 기초

들어가며

정부가 여러 가지 공공부문의 기능을 수행하기 위해서는 재정수입이 필요하다. 정부가 국민으로부터 걷을 수 있는 수입에는 조세, 차입금, 각종 수수료, 화폐발행 등이 있으나 조세가 가장 중심이 된다. 이 장에서 조세란 무엇이며 어떤 유형의 조세가 있는지 그리고 조세를 부과하게 되면 발생할 수 있는 형평성, 효율성, 그리고 차선의 선택 문제는 어떤 것들인지를 알아보기로 한다. 또한, 우리나라의 조세체계에 대한 개관을 해 보고 납세자의 권리에 대한 생각도 정리해 보도록 하여 조세의 기초적인 개념을 두루 섭렵해서 조세에 대한 전체적인 그림을 펼쳐 본 후 이어지는 다음 장들에서 좀더 심도 있는 논의를 하기로 한다.

제 1 절 조세의 정의와 특성

아담 스미스(Adam Smith)는 경제를 그대로 자유롭게 방임하면(laissez faire) 마치 보이지 않는 자연의 섭리에 의해서 인 것처럼 경제가 제대로 작동할 것이므로 국왕이 특히 경제를 감독할 필요는 없다(There is no need for prince to superintend)고 보았다. 그러나 국가가 해야 할 세 가지 의무와 역할이 있으니 국방(protect against invasion from abroad), 치안과 법치(protect against the injustice of others) 그리고 공공재(provide certain institutions and public works)를 제공하는 것이 그것이다. 그리고 이런 기능을 수행하기 위해서 재정수입으로 조세를 부과하게 되는 것이라고 보았다.

그러나 약 200년 후, 존 메이나드 케인즈(John Maynard Keynes)는 국민경제가 불안정할 때는 정부가 시장에 적극적으로 개입하여 유효수요를 창출함으로써 불황을 벗어날 수 있다고 주장하여 공공부문의 팽창을 선도했다. 아담 스미스의 작은 정부로부터 케인즈 시대의 큰 정부로 바뀌면서 정부가 경제에 대해 더 많은 역할을 맡게 되어 정부의 재정적 필요의 증대가 필연적이 되었고 그에 따라 조세수입도 크게 증대하게 되었다. 따라서 납세는 국민이면 누구나 피할 수 없는 의무가 되어 버렸다. 그렇다면 우리가 모두 내야만 하는 조세는 어떤 특성을 가진 것인가?

조세의 가장 두드러진 2가지 특성은 국민은 모두 강제적으로 조세를 납부할 의무가 있다는 점과 물건을 사고 물건 값을 지불하는 것과는 달리 조세를 납부하는 대가를 즉시에 직접적으로 납세자가 돌려받게 되는 것은 아니라는 점이다. 다시 말해, 조세란 개별적 보상없이 국민으로부터 국가가 강제적으로 징수해 가는 것이다. 즉, 민간부문으로부터 공공부문으로 소득이나 재산이 조세를 통해서 강제로 이전되는 것이다. 또한, 조세는 곧 생산자원의 배분과 국민경제의 내용을 다르게 만들 수 있는 도구가 될 수도 있다는 것을 의미한다.

케인즈 시대 초기의 대표적인 재정학자인 리차드 머스그레이브(Richard Musgrave)는 정부가 시장에 개입(market intervention)할 필요가 생기는 것은 정부 재정의 다음과 같은 세 가지 기능 때문이라고 주장했다. 시장이 실패하여 자원 배분이 이미 비효율적으로 되어 있을 경우에 자원의 효율적인 동원 또는 배분(allocation) 기능을 정부가 보완한다. 민간부문에서 사적으로 이루어진 자원의 배분이 어떤 개인들에게는 사회적으로 용인할 수 없을 정도로 낮은 몫을 남길 경우에 생산물의 공평한 분배(distribution) 기능을 정부가 보완한다. 시장의 결과가 경제의 자원을 과소하게 활용하고 있는 경우에 경제의 안정(stabilization)과 성장을 도모하는 기능을 정부가 맡는다.

이런 기능을 재정을 통해 정부가 수행하려면 경제상황의 변화에 즉각 대응하여 조세를 징수할 수 있도록 조세제도가 신축적이어야 할 것이며 징세가 용이해야 할 것이다. 그러므로 바람직한 조세제도를 갖추기 위해서는 다음과 같은 과세의 네 가지 특성(maxims of good taxation)을 갖추고 있어야 한다고 스미스는 지적한 바 있다. 납세자 간의 공평성(equality)과 조세부담이 예고 없이 변경되지 않도록 확정되어 있어야 하는 확정성(certainty)과 납세자에게 편리한 납세방법이 인정될 수 있도록 하는 납세의 편리성(convenience of payment) 그리고 행정적으로 과비용이 초래되지 않는 징세의 경제성(economy in collection)을 갖추고 있어야 한다는 것이다. 여기에 덧붙여서, 민주주의 국가에서는 조세는 납세자-유권자의 개인의 선호를 제대로 반영하는 것이어야 한다. 납세자의 선호가 반영되도록 한 사례는 주민이 투표를 통해서 정부의 과세 한도를 정해 놓은 캘리포니아의 프로포지션 13이 좋은 예라고 할 수 있다. 조세 운용은 국민의 의사가 반영되는 정치적 책임성이 있는 정치제도 안에서 행해져야 하는 것이다.

조세는 부과대상에 따라 다른 유형의 조세를 부과할 수 있으며 조세부과 방법에 따라 다른 경제적 효과를 가져올 수 있다. 과세대상으로서 소득, 재산, 물건, 사람 또는 생산활동, 투자활동, 소비활동 등 물건이나 사람 또는 생산활동이 있을 수 있다. 조세가 부과되는 과세대상을 세원(稅源, tax base)라고 한다. 각 세원에 결정된 세율(稅率, tax rate)을 곱하여 세금(稅金, tax)을 아래와 같이 계산하게 된다.

세금(tax)＝세율(tax rate)×세원(tax base)

일단 세금이 부과된다면, 이 책의 14장과 15장에서 좀더 자세히 다루게 될 세율의 차이나 소득세에 적용되는 소득공제 여부 그리고 세액공제 여부 등과 같은 세제상의 이익과 손실이 결과적으로 경제주체에게 특정 경제활동에 대한 유인기능을 발휘하게 된다. 즉, 세금이 높은 경제행위는 되도록 피하고 세금이 적은 경제적 활동으로 바꾸는 사람이 많아지도록 만든다. 이런 조세의 유인기능을 잘 활용한 손쉬운 예가 수입관세나 특별소비세와 같은 조세로서 이런 세금을 부과해서 특정 국내산업의 보호나 사치품 소비의 억제 등과 같은 경제적 효과를 유도할 수 있다. 이런 것을 조세의 정책과세기능이라고 한다. 또한, 재산세, 누진소득세, 양도소득세, 상속세 등과 같은 조세를 통해 소득의 재분배를 가져와 소득분배의 형평성을 높이는 조세의 사회정책적 기능을 발휘할 수도 있다.

제2절 조세의 유형

1. 세원에 따른 구분

조세 부과대상에 따라 조세를 다르게 구분하게 된다. 세금을 사람에게 부과할 수도 있고 물건에 부과할 수도 있다. 소득세, 주민세, 상속세, 증여세 등과 같이 사람에게 과세하는 세금을 인세(人稅, personal tax)라고 하는데 각자의 담세능력을 고려하여 과세하는 것이 원칙이다. 취득세, 등록세, 재산세, 부가가치세와 같이 사람이 아닌 다른 것들 예컨대, 구매액, 판매액, 재산, 경제행위와 같은 것에 과세하는 세금을 물세(物稅, in rem tax)라고 부른다.

조세를 부과한 경우에 납세에 대한 법적인 책임을 지고 행정상으로 납세해야 하는 자가 반드시 있게 마련이다. 조세를 납부할 책임이 있는 자가 실제로 부담할 주체가 되도록 부과하는 조세를 직접세(直接稅, direct tax)라고 한다. 직접세의 예로는 소득세, 법인세, 상속세, 재산세 등이 있다. 반면에, 유통과정에 과세되면 조세를 납부하는 주체와 조세를 실제로 부담하는 주체가 다르게 될 수도 있는데 이런 조세를 간접세(間接稅, indirect tax)라고 한다. 간접세의 경우에는 납세의 법적 책임을 진 자가 실제로 경제적으로 조세를 전부 부담하게 되지 않는 경우가 많다. 예를 들어, 소비자가 물건을 사고 상품대금과 부가가치세를 다 지불하면 상점 주인이 부가가치세를 세무서에 내게 된다. 이 경우에 납세 행정을 처리하는 것은 상인이지만 실제 부담은 상인과 소비자가 공동으로 하게 되는 경우가 많다. 간접세의 예를 몇 가지 더 들자면, 부가가치세, 특별소비세, 주세, 전화세 등이 있다.

2. 세율에 따른 구분

세원의 가치나 양과 관계 없이 일정액의 세액을 부과하는 조세를 정액세(定額稅, lump-sum tax)라고 한다. 그러나 대부분의 조세는 세원의 가치에 따라 다른 세율로 과세한다. 세원에 세율을 어떻게 부과하느냐에 따라 일반적으로 비례세, 누진세 그리고 역진세로 구분한다. 비례세(比例稅, proportional tax)는 조세부담이 세원에 비례하는 세이다. 누진세(累進稅, progressive tax)는 조세부담이 세원에 비해 점차 상대적으로 더 커지는 세이다. 역진세(逆進稅, regressive tax)는 조세부담이 세원에 비해 점차 상대적으로 더 작아지는 세금이다. 세율이 일정하게 한 가지로 정해진 경우는 단일세(單一稅, flat tax)라고 부른다.

세율과 연관하여 평균세율이라고 하는 것은 납세액이 세원의 가치에서 차지하는 비중을 말한다. 소득세로 예를 들어보면,

평균세율＝납세액/소득액

으로 표시할 수 있다. 한계세율은 세원의 가치가 한 단위 증가함에 따른 추가적인 세금의 증가분이 추가적으로 증가한 한 단위의 세원의 가치에서 차지하는 비중을 말한다. 소득세로 예를 들어보면,

한계세율＝납세액의 증가분/소득의 증가분 한 단위

로 표시할 수 있다.

3. 과세량의 측정방법에 따른 구분

물세의 경우에 과세대상의 양 또는 가치를 기준으로 과세할 수가 있다. 과세대상의 단위량에 과세하는 경우를 종량세(從量稅, unit tax) 또는 단위세(單位稅, unit tax)라고 한다. 과세대상의 금전적 가치에 과세하는 경우를 종가세(從價稅, ad valorem tax)라고 한다. 종가세는 가격이 비싸지면 많아지지만 종량세는 가격

의 변화에 영향을 받지 않는다.

4. 과세목적에 따른 구분

특정한 용도에 사용하기 위한 목적을 가지고 징수하는 세금을 목적세(目的稅, earmarked tax)라고 하는데 목적세로부터 걷은 세수는 목적한 용도로만 사용하도록 제한되어 있다. 예를 들어, 방위세 수입은 국방을 위한 용도로만 사용해야 한다. 일반적으로 목적세는 세금을 납부한 자가 세금으로 제공되는 편익의 수혜자가 되는 응익과세의 원칙을 지키고 있다고 볼 수 있다. 우리나라에서 징수된 적이 있는 목적세를 몇 가지 나열해 보자면, 교육세, 방위세, 교통세, 농어촌특별세 등이 있다. 반면에, 징수한 세금을 정부의 어떤 용도로 사용해도 되는 세금은 보통세(普通稅, ordinary tax)라고 한다.

제3절 조세부과의 원칙

조세를 부과하는 원칙은 일반적으로 능력원칙과 편익원칙으로 나뉘어 설명된다. 이 중 능력원칙은 과세의 세원의 차이에 따라 조세의 부담을 다르게 하자는 원칙이고 편익원칙은 사회계약론적 맥락에서의 자발적 교환론에 근거한 일종의 수익자 부담 원칙이라고 할 수 있다.

1. 능력원칙 또는 응능원칙(ability to pay principle)

능력원칙은 스미스나 리카르도 등이 정부재정의 지출면은 고려하지 않고 조세수입 측면만 고려하여 논의한 것으로 각 납세자의 조세부담 능력에 따라 과세하자는 원칙이다. 조세납부를 통해 기대되는 어떤 편익과 연계된 것이 아니므로 자발적인 납세를 기대하기 어렵다는 어려움이 있다. 능력의 지표로 소득(income) 또는 부(wealth)나 소비(consumption)를 사용하여 조세를 부과하게 된다. 이 경우에 소득이나 소비는 모두 포괄적으로 정의되어야 하는데, 소득의 경우는 자본이득(capital gains)이나 귀속소득(imputed income)도 모두 포함되어야 한다.

2. 편익원칙 또는 응익원리(benefit principle)

편익원칙은 빅셀(Wicksell)의 자발적 교환원칙에 근원을 두고 있으며 공공서비스로부터 편익을 실제로 얻는 사람이 조세도 부담해야 한다는 원칙이다. 이것은 시장에서 자기가 사용할 물건을 사고 자기가 값을 치루는 것과 같은 이치이다. 조세와 정부재정의 지출측면을 동시에 고려한 점이 능력원칙과 다른 점이다. 정부지출로부터의 편익을 사용자에게 부담시킨다는 취지가 있으므로 개인의 선호나 소득수준에 따라 조세가 다른 형태로 나타날 수 있다. 고속도로 통행세, 휘발유세와 같은 물세의 형태를 취하는 것이 대부분이다.

그러나 공공재의 경우에는 무임편승하려는 경향으로 인해 자신의 편익을 축소하여 보고함으로 해서 자신에게 부과될 세금을 경감시키려 하는 성향이 있어서 객관적인 과세를 어렵게 만들기 쉽다. 개인의 진정한 수요 파악이 힘들다면 소득계층별 편익의 파악이라도 되어야 하나 이것 역시 쉽지 않다는 난관에 부딪친다. 그러나 고속도로 통행료와 같이 사적재(private goods) 성격도 일부 포함되는 비순수공공재의 제공에는 적용하기 적절한 원칙이다.

제 4 절 조세부과의 형평성

1. 수평적 형평성과 수직적 형평성

수평적 형평성과 수직적 형평성이 다 충족되어야 비로소 조세의 형평성을 달성하게 된다. 먼저, 수평적 형평성(horizontal equity)이란 처지가 동일한 자는 동일하게 취급되어야 공평하다는 것을 의미한다. 조세납부 이전에 같은 효용을 누린 사람은 조세납부 이후에도 같은 효용을 누릴 수 있어야 한다는 것은 개인간의 효용의 크기의 순위(ranking)가 조세부과 이후에도 조세 부과 이전과 마찬가지로 유지되어야 한다는 것을 의미한다.

수직적 형평성(vertical equity)이란 서로 다른 처지에 있는 자는 다르게 취급해야 공평하다는 것을 의미한다. 단순히 말하자면, 경제력이 더 큰 사람은 같은 처지에 처한 경제력이 더 작은 사람보다 더 많은 세금을 내어야 한다는 원칙이다. 여기서 처지라 함은 소득, 연령, 건강, 장애 여부, 결혼 여부, 부양가족수, 선호 등이 고려된 총체적인 면에서 비교한 개인의 입장을 말한다.

2. 균등한 희생의 원칙

형평성이란 모든 납세자가 동일한 희생을 감수하도록 만드는 균등한 희생의 원칙을 전제로 하는 것이라고 존 스튜어트 밀(John Stuart Mill)은 주장한 바 있다. 그러나 균등한 희생이라는 개념이 아주 단순한 것은 아니다. 왜냐하면, 균등한 희생도 상대적일 수 있기 때문이다.

동일한 효용함수를 가진 저소득자와 고소득자가 있다고 하자. 이 두 사람으로부터 소득세를 걷을 경우에 이 두 사람 간에 형평성이 이루어지기 위해서는 이 두 사람이 세금으로 내는 소득의 절대량이 균등해야 하는가 아니면 절대량이 아니라 각자가 낸 세금이 각자의 소득에서 차지하는 비율이 같아야 하는가? 혹은 이 두 가지 모두가 아니라 각자가 낸 마지막 1원으로부터 얻을 수 있었던 한계효용의 희생의 가치가 같아야 하는가? 이 세 가지 중 어느 것이 가장 형평성이 높은 방법이 될지 같이 생각해 보도록 하자.

먼저, 효용함수가 같은 두 사람의 소득(Y)과 한계효용(MU)을 〈그림 11-1〉에 그려보자. 가로축은 소득을 나타내고 세로축은 소득의 한계효용을 나타낸다. 소득이 다른 두 사람이 균등한 액수의 세금(T)을 낸다면 희생의 절대량이 균등하게 되는 것이다. 그림에서 저소득자는 12에 해당하는 세금을 내고 세후 소득이 01로 줄어든다. 고소득자는 1′2′에 해당하는 세금을 내고 세후 소득이 01′로 줄어들게 된다. 그러나 한계효용체감의 법칙이 소득에도 작용한다고 보았으므로 이 경우의 효용의 상실은 저소득자가 고소득자보다 훨씬 많게 된다.

실제로 납세자에게 중요한 것은 세금의 화폐적 액수(T)가 아니라 그 세금으로 상실하게 되는 자신의 효용[$U(T)$]의 크기이다. 그러므로 우리가 눈여겨 볼 것은 세금의 절대량이 아니라 세금으로 인해서 상실되는 효용의 절대량[$U(Y)-U(Y-T)$]이 균등하게 되는가 하는 점이다. 이렇게 세금으로 인해 상실되는 효용

그림 11-1 소득자별 한계효용

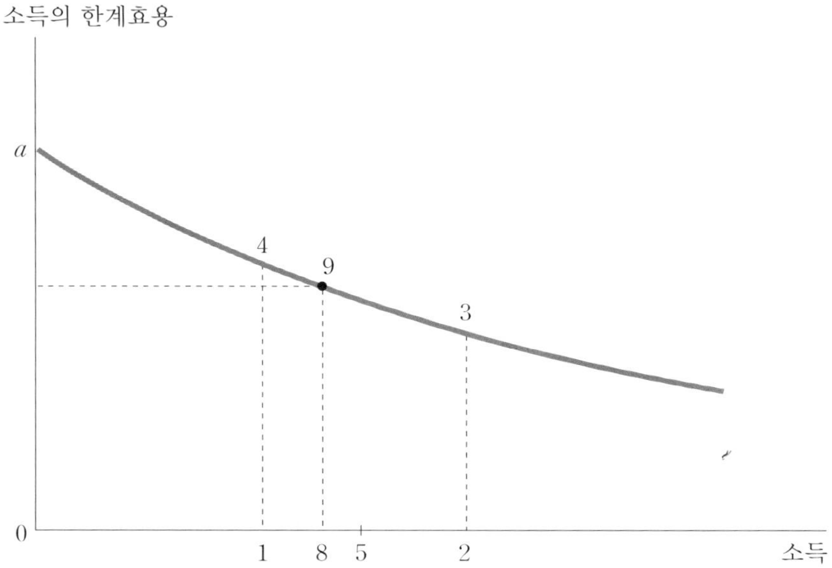

소득의 한계효용

a

4 9 3

0

1 8 5 2 소득

(가) 저소득자

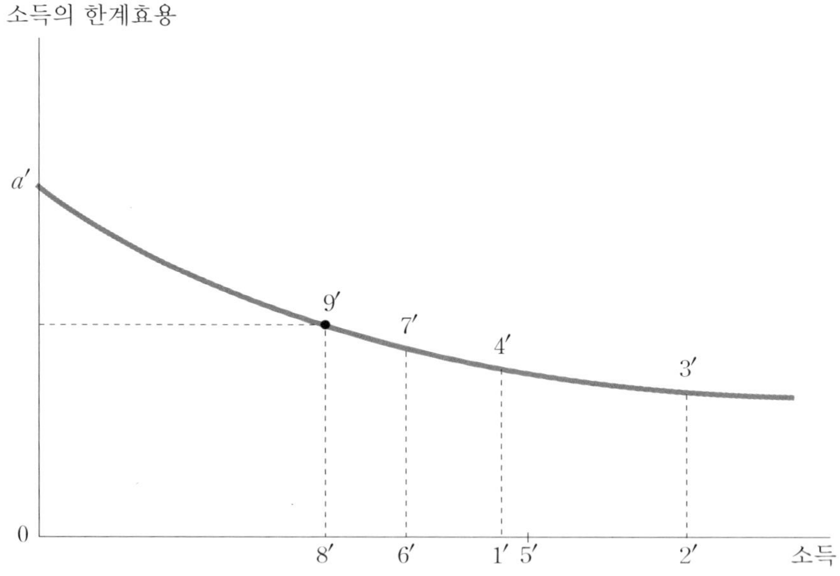

소득의 한계효용

a′

9′ 7′ 4′ 3′

0

8′ 6′ 1′ 5′ 2′ 소득

(나) 고소득자

이 납세자가 감수해야 하는 실제의 희생이라고 보아 다음의 세 가지 경우를 〈그림 11-1〉을 사용하여 설명해 보자.

1) 균등한 절대적 희생(equal absolute sacrifice)

세금으로 인해 상실되는 효용의 절대량$[U(Y)-U(Y-T)]$이 각 납세자별로 균등해지도록 하는 것을 균등한 절대적 희생이라고 하자. 그러면 그림에서 각각 사다리꼴의 면적 1234와 1′2′3′4′가 같아지도록 세금을 징수하는 것이 절대적 희생이 균등하게 만드는 것이다. 이것은 곧 희생된 한계효용의 합이 동일하도록 만드는 것과 같다. 그리고 이 경우는 저소득자의 세후 잔존 효용이 훨씬 적어진다.

2) 균등한 비례적 희생(equal proportional sacrifice)

이 경우에도 단순히 금전적인 희생의 비율이 같도록 하기 위해서라면 선분 25/02가 선분 2′5′/02′와 같은 비율이 되도록 만들면 된다. 그러나 희생된 효용의 비율$\{[(U(Y)-U(Y-T)]/U(Y)\}$이 같도록 만들기 위해서는 희생된 사다리꼴의 면적의 비율이 같아져야 한다. 만약, 면적 1234/면적 023a가 저소득자의 희생비율이라면 이 비율과 같아지도록 고소득자도 면적 6′2′3′7′/면적 02′3′a′의 비율로 세금을 내어야 한다.

3) 균등한 한계적 희생(equal marginal sacrifice)

세금으로 지불한 마지막 한 단위의 금액으로부터 얻는 한계효용의 희생을 똑 같이 하게 만들기 위해서는 세후 한계효용$[dU(Y-T)/d(Y-T)]$이 그림에서 높이가 같은 9와 9′가 되도록 세금을 부과해야 한다. 이 그림의 경우, 저소득자가 내는 세금의 금전적인 크기는 선분 82이고 고소득자가 내는 세금의 금전적인 크기는 8′2′로 저소득자는 소득의 반보다 적은 금액을 내는 반면에 고소득자는 소득의 반 이상을 세금으로 내게 된다. 둘 다 같은 효용함수를 가지고 있다고 가정하였으므로 이 두 사람의 세후 소득의 크기나 세후 효용의 크기는 같게 된다. 균등한 한계적 희생이 세 가지 종류의 희생 중 가장 누진성과 형평성이 큰 경우라고 하겠다.

제5절 조세분석의 기초 개념

경쟁시장에서 조세를 부과하게 되면 조세를 부과받은 사람이 되도록이면 세금을 적게 내기 위해 자신의 행동을 바꾸어서 자원배분의 왜곡(distortion)을 초래하고 조세의 부과로 인한 효율성의 문제와 초과부담 및 조세귀착의 문제가 발생하게 된다. 비왜곡적인 조세의 경우에는 개인이 자신의 조세부담을 줄일 수 있는 어떤 다른 행동을 할 수 있는 여지도 없게 조세가 부과된다. 비왜곡적 조세의 예로는 흔히 경제행위나 담세능력에 상관없이 일정액을 부과하는 정액세를 든다. 반면에 왜곡적인 조세의 부과는 사람들로 하여금 조세부담을 감소시키는 방향으로 의사결정을 하도록 만들어 상대가격의 변화를 가져와서 대체효과를 일으킨다. 상대가격이 변화하게 되면, 실질적으로 동일한 행위에 대해 상이한 조세를 부과할 경우에 특정 행위를 조장하는 결과를 초래한다.

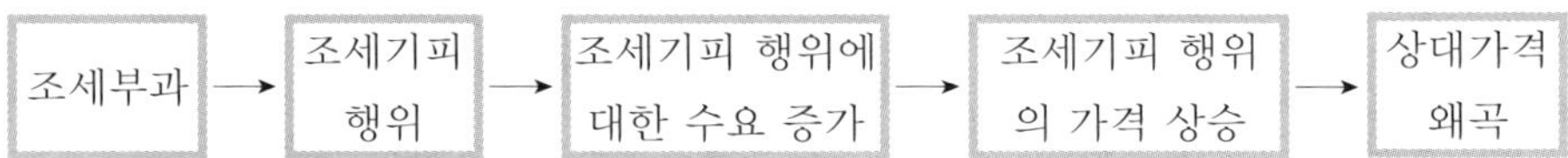

1. 초과부담

개인이 자신의 부담을 줄일 수 있도록 어떤 식으로든 조세에 반응하게 된다면 이런 조세를 왜곡조세(distortionary tax)라고 하며 왜곡조세는 초과부담을 유발한다. 초과부담(EB: excess burden)이란 조세수입에는 포함되지 않지만 조세의 부과로 인해 민간에게 발생한 추가적인 비용을 말한다.

2. 조세의 귀착

유통과정에 부과되는 간접세는 조세의 명목적인 납부자로부터 실질적인 최종 부담자에게로 조세의 부담을 전가(shifting)시킨다. 조세의 전가란 법적 납세의무자로부터 다른 경제주체에게로 조세의 부담이 이전되는 것을 말한다. 조세납부를 실제 부담하는 사람과 세금을 세무서에 전달하는 사람과 다른 경우에 조세에 대한 최종적인 부담을 맡게 되는 것을 가리켜서 조세의 귀착(incidence)이라고 한다.

3. 초과부담과 조세귀착의 도해적 분석

초과부담과 귀착의 문제를 야기하는 조세의 효과를 하나의 그림으로 나타내어 분석해 보도록 하자. 〈그림 11-2〉에서 수요곡선과 공급곡선이 만나는 점 1에서 균형이 이루어진 상태이다. 그런데 단위당 조세 T가 부과된다면 공급곡선이 위로 이동하게 되어 새로운 균형점은 점 2가 된다. 조세부과의 결과로 가격은 P_0에서 P_2로 올라가고 소비는 Q_0에서 Q_2로 줄어들게 된다. 그리고 세금의 부과로 인해서 소비자 잉여의 크기는 사다리꼴 $P_0 12 P_2$만큼 줄어들게 되고 생산자 잉여의 크기는 역사다리꼴 $P_1 31 P_0$만큼 줄어들게 된다. 그런데 이 중에서 직사각형 $P_1 32 P_2$는 정부의 세금수입으로 징수되어 사회에 환원되지만 삼각형 123은 사회에 환원되지 못하고 세금의 부과로 인해 사장되어 버리고 마는 사중적 손실(死重的 損失, deadweight loss)이 되며 이 사중적 손실이 곧 초과부담이 된다.

조세의 부과 이후에 소비자는 단위 당 조세를 포함하여 전보다 높은 가격을

그림 11-2 조세의 초과부담과 귀착의 부분균형적 분석

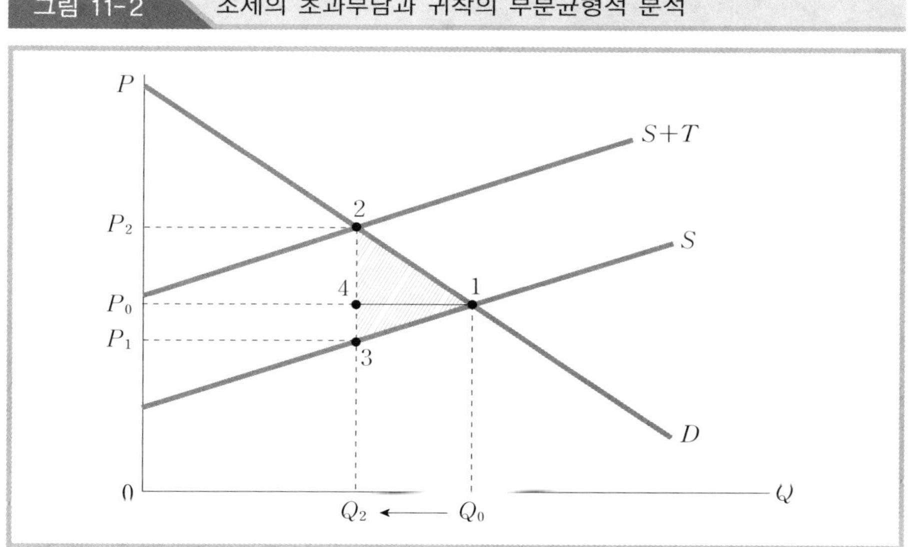

생산자에게 지불하고 상품을 구입하게 된다. 생산자는 조세에 해당하는 가격만큼 더 높은 가격을 받고 소비자에게 상품을 판매한 후 정부에게 세금을 납부하게 된다. 조세의 귀착문제로 눈을 돌려 본다면, 얼핏 보기에는 생산자는 세금의 부담을 지지 않고 소비자로부터 받은 세금에 해당하는 부분을 정부에게 납부한 것이므로 소비자가 세금을 다 낸 것으로 보여진다. 그런데 이 그림에서 과연 조세에 대한 부담을 소비자가 100% 다 지고 있는 것일까? 소비자와 생산자 모두가 조세의 부과로 인해 소비자 잉여와 생산자 잉여를 잃게 되었다. 조세 부과 이전의 균형상태와 비교하여 줄어든 소비자 잉여의 크기는 사다리꼴 $P_0 12 P_2$이고, 줄어든 생산자 잉여의 크기는 역사다리꼴 $P_1 31 P_0$이다. 소비자 잉여와 생산자 잉여의 줄어든 부분이 곧 세금으로 인해 소비자와 생산자가 나누어 짊어져야 하는 실질적인 부담이라고 볼 수 있다. 이 경우에 조세의 부담은 소비자가 생산자보다 약 3배 정도 더 많은 부담을 하고 있는 것으로 보인다. 따라서 조세의 귀착은 소비자와 생산자에게 3대 1의 비율로 일어나고 있다고 하겠다.

그렇지만, 위의 분석은 다른 시장에서의 가격과 소비량의 변화를 무시한 부분균형 분석에 지나지 않으며 소비자 잉여는 쉽게 우리가 관찰할 수 있는 자료가 아니므로 분석의 유용성에 한계가 있다는 점을 염두에 두고 보아야 한다.

4. 최적조세

조세를 부과하게 되면 일단 초과부담으로 인해 효율성이 상실될 수 있으며, 조세에 대한 실질적인 부담의 귀착문제에서 형평성을 잃게 될 수도 있다. 이렇듯 조세의 부과로 인해 상실될 수 있는 형평성과 효율성을 최소화하자면 어떤 물품에 얼마의 세금을 부과하는 것이 가장 적절할 것인가 하는 문제를 풀기 위한 조세제도의 고안(디자인)이 바로 최적조세(optimal taxation)의 과제이다.

조세부과로 인해 납세자인 시민의 개인적인 효용은 줄어들게 되지만 조세수입으로 정부가 제공하는 공공지출과 공공재의 사회적인 증대는 개인의 효용을 높이는 결과를 가져오게 된다. 그러므로, 또 다른 시각에서 보자면, 조세수입을 사용한 공공부문의 지출이 개인의 효용에 미치는 긍정적인 영향을 적절히 반영하고 또한 소득분배를 비롯한 개인간의 형평성을 포함하여 사회적 후생을 극대화하기 위해 가장 효율적인 조세가 곧 최적 조세라고 볼 수 있다.

그렇다면 어떤 사회후생함수를 가지고 있느냐에 따라 결과적으로 나타나는 최적조세의 디자인도 달라질 수가 있다. 그러므로 최적조세는 주어진 사회후생함수에 따라 사회후생을 극대화하는 조세라고 할 수 있다. 예를 들어, 사회후생함수가 공리주의적(Utilitarian)인 경우와 롤즈적(Rawlsian)인 경우는 결과적으로 나타나는 최적조세가 다를 수밖에 없는 것이다.

5. 차선의 이론

최선(最善)의 이론(first-best theory)은 내재적으로 완벽한 논리를 갖춘 규범적인 이론이지만 현실과 거리가 너무 큰 것이 흠인 경우가 대부분이다. 왜냐하면, 최선의 규범적 이론은 정책입안자로서는 도저히 무시할 수 없는 요인들을 종종 무시한 비현실적인 가정 아래에서 펼쳐지기 때문이다. 예를 들면, 시장은 완전 경쟁적이고 정부는 정액세와 같은 비왜곡적 조세수단과 보조금 지원으로 자원을 재분배해서 파레토 최적을 가져오는 효용가능성 곡선의 최전방으로 경제를 옮겨갈 수 있다고 보는 것이다.

반면, 차선(次善)의 이론(second-best theory)은 이런 최선의 이론의 비현실적 가정을 깨고 조세의 왜곡적인 효과나 정보의 비완벽성이나 시장의 비경쟁성과 같은 좀더 현실적인 제약(制約, constraint)을 모델 안으로 받아들이고 분석하는 것이다. 예를 들어, 최적상태에서 균형을 이루기 위한 조건이 5개 있다고 하자. 그런데 이 중에서 1개 조건을 도저히 충족시킬 수가 없다면, 5개 조건 중 가능하면 가장 많은 조건 즉 4개를 충족시키는 것이 1개나 2개 조건만 충족시키는 것보다 더 낫다고 볼 수 있겠는가? 얼핏 생각하기에는 그럴사 하지만, 사실은 그렇지 않다는 것이 차선의 이론의 답이다. 만약, 1개라도 최적조건을 충족시킬 수 없다면, 차라리 1개도 충족시키지 않는 것이 사회 전체로서는 왜곡이 덜하고 더 효율적인 해결책에 도달할 수 있다는 것이 바로 차선의 이론이다.

6. 보상 개념

다른 상품의 가격은 변하지 않았는데 특정 상품의 가격이 하락하거나 상승하게 되면 소비자에게는 두 가지 효과가 발생하게 된다. 그 하나는 상대적으로 가격이 하락한 상품의 소비를 늘리려 하는 대체효과이고 다른 하나는 가격이 하락했거나 상승했기에 실질소득이 증대하거나 감소한 소득효과이다. 그러나 가격이 변한 상품에 대한 수요의 변화를 파악하기 위해서는 실질소득은 같은 수준에 그대로 유지하면서 그 상품의 가격의 변화에 대한 수요의 변화만 관찰할 필요가 있다. 그러므로 실질소득을 가격변화 이전과 같은 수준에 두기 위해서 실질소득이 감소했다면 그만큼을 보상하여 높여 주고 실질소득이 증대했다면 그만큼을 빼앗아서 그전의 소득과 같게 보상된 상태로 (이론적으로) 만들어 보는 것을 보상(compensation)이라고 한다.

조세의 부과는 가격의 변화를 가져온다. 그러므로 조세의 경제적 효과를 분석하는 데 있어서 자주 사용되는 개념이 가격의 변화로 인한 실질소득의 변화를 제거한 보상 개념이다. 보상 개념에는 새로운 가격으로 소득효과를 제거하여 보상한 변화 혹은 줄여서 보상변화(price-compensating variation)와 원래의 가격과 같은 가격으로 소득효과를 제거하여 보상한 변화 혹은 줄여서 등가변화(price-equivalent variation) 또는 대등변화라는 두 가지 개념이 있다. 이에 대해서는 다음 장에서 좀더 상세히 논의할 것이므로 여기서는 정의만 소개하기로 한다.

보상변화는 변화한 가격을 그대로 사용하면서 실질소득(효용수준)을 전과 마찬가지로 유지하기 위해 보상해 주어야 하는 금액을 말하고 등가변화란 가격이 변하기 이전의 가격을 사용하여 실질소득(효용수준)을 전과 마찬가지로 유지하기 위해 보상해 주어야 하는 금액을 말한다. 그러나 이미 가격은 변했으므로 '전과 같은 실질소득'을 '전과 같은 액수'의 금전적 소득으로만 고집해서는 안 되고, 이미 변화한 가격을 사용하여 전과는 조금 다른 바구니(조합)의 상품을 구매하면서도 가격변화 '이전의 효용 수준과 같은 효용 수준'을 유지하는 것을 실질소득이 같은 것으로 풀이하여 보상된 변화를 분석하게 된다.

제6절 조세체계 및 조세제도

1. 우리나라 조세의 체계

우리나라의 조세는 크게 국세와 지방세로 구분되어 있다. 국세는 다시 내국세, 목적세, 관세로 나뉘어져 2008년도 시점에서는 14개 세목이 있다. 지방세는 다시 도세와 시군세로 나뉘어져 2008년도 시점에서 16개 세목이 있다. 국세는 기획재정부에서 국세청을 통해서 그리고 지방세는 행정안전부에서 지방자치단체를 통해서 관장하고 있다. 이 중 폐지된 세목으로는 방위세(1990년 12월 폐지), 토지초과이득세(1998년 12월), 자산재평가세(2000년 12월 폐지), 토지과다보유세(1989년 12월), 종합토지세(2005년) 등이 있고 전화세는 부가가치세에 통합되었고(2001년 9월), 경주마권세는 레저세(2001년 12월)로 세목의 명칭이 개정되었다. 목적세인 교통세와 농특세는 1994년에 신설되었고, 지방교육세는 2001년에 신설되었다. 종합토지세 대신 종합부동산세가 2005년에 신설되었다.

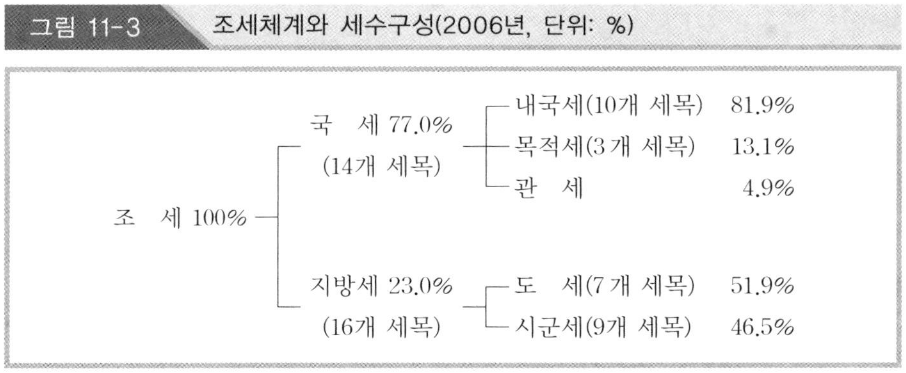

그림 11-3 조세체계와 세수구성(2006년, 단위: %)

* 과년도 수입 1.6% 불포함.

그림 11-4 국세의 체계와 규모(2006년도 실적치: 억 원)

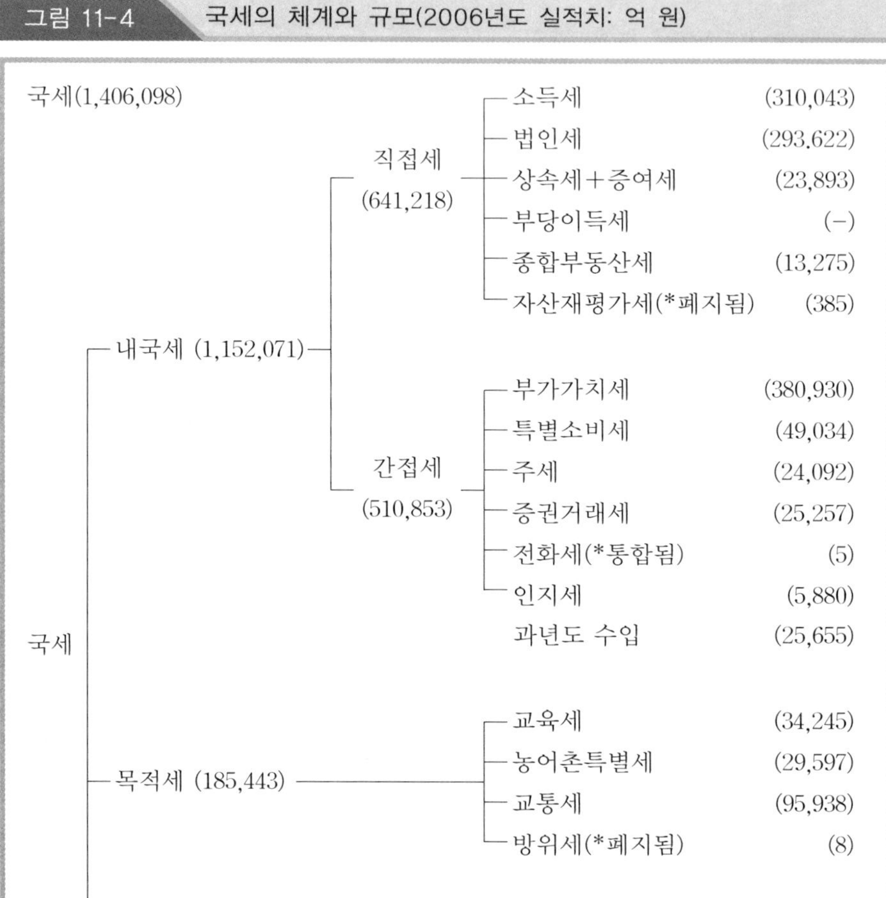

자료: 재정경제부, 「재정금융통계」, 2007년 2/4분기.

2. 국 세

국세를 구성하는 내국세, 목적세, 관세는 각각 대략 79%, 15%, 그리고 6%를 차지한다. 내국세 중 직접세 성격의 세목과 간접세 성격의 세목은 한 때는 간접세가 큰 비중을 차지 했으나 1990년대 말부터는 둘이 거의 같은 비중을 차지하게 되었다. 그러나 국세 전체로는 아직도 간접세의 비중이 커서 2002년도 기준으로 직접세 대 간접세 비율이 40 대 60이다. 일인당 조세부담은 2002년 기준으로

283만 원이고 국세부담은 218만 원이었다.

3. 지 방 세

우리나라에서는 국세는 재정경제부(구 재무부, 재경원)에서 그리고 지방세는 행정자치부(구 내무부)에서 관장하고 있다. 지방세 중 도세와 시군세가 차지하는 비중은 각각 59.3%와 40.7%이다. 여기서 시군(市郡)은 특별시와 광역시를 제외한 지방의 보통 시와 군을 지칭한다. 특별시와 광역시는 별도로 세목을 하급행정단위인 구(區)와 나누어 가지고 있다. 지방세 16개 세목 중 7개는 도세이고 9개는 시군세이다. 지방세 중 목적세는 도세로서 공동시설세, 지역개발세 그리고 지방

그림 11-5 지방세 세목별 수입(2006년도 실적치: 억 원)

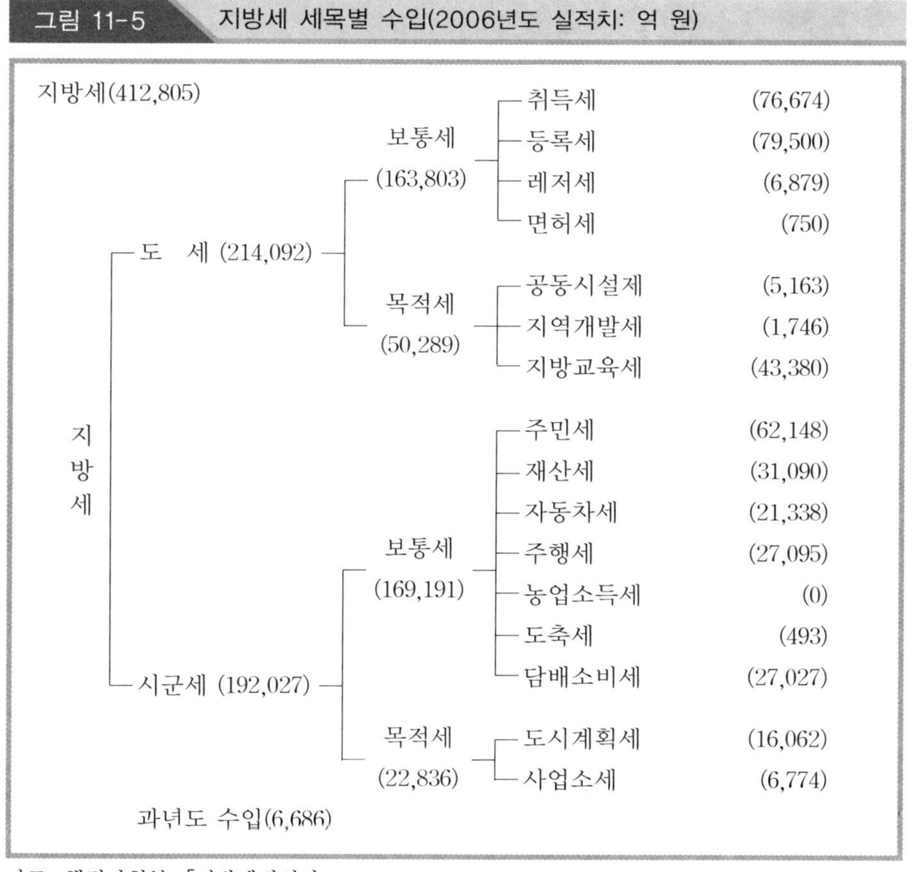

자료: 행정자치부, 「지방세정연감」 2007.

교육세가 있고 시군세로는 도시 계획세와 사업소세가 있다. 나머지는 다 보통세이다. 지방세 세수의 비교적 큰 비중을 차지하는 세목으로는 도세인 취득세, 등록세, 지방교육세 그리고 시군세인 주민세, 자동차세, 담배소비세가 있다.

지방자치 단체 중 서울 특별시와 부산, 대구, 인천, 광주, 대전, 울산 등 6개의 광역시의 지방세는 시세와 구세로 나눠져 있어서 도세와 시군세의 구분과는 차이가 있다. 특별시와 광역시의 하급 행정구역인 구(區)의 구세(區稅)로서 4가지 세목(면허세, 재산세, 종합토지세, 사업소세)을 제외하고는 모두 특별시와 광역시가 걷는 세목이다.

제 7 절 납세자 권리[1)]

1. 납세자의 헌법적 권리

민주주의의 발아(發芽)로 볼 수 있는 영국의 마그나 카르타(Magna Carta)로부터 시작되는 국민의 기본권리에 대한 존중의식은 국민이 내는 세금은 그에 상응하는 정부서비스의 제공과의 교환을 전제로 한다는 기본 인식을 바탕으로 삼고 있다. 지금으로부터 약 800년 전인 1215년 6월 15일에 영국의 귀족들이 요구하여 존(John) 왕이 수락한 마그나 카르타는 서양 봉건주의 아래에서의 전반적인 인권에 관한 기본적인 요구사항들의 나열이기도 했었지만, 납세자의 권리가 처음으로 주장된 것도 여기에서 였다고 할 수 있을 것이다. 동의 없이는 징세하지 말라는 의지가 강하게 반영되어 있으며 이는 곧 대표 없이는 과세도 하지 말라는(no taxation without representation) 560년 후에 일어난 미국 독립의 도화선이 되었던 주장과 맥을 같이 한다. 우리나라에서도 1998년 7월에 납세자 헌장이 만들어졌으나 납세자-시민이 주도하여 만들어진 것이 아니라 주무 관청이 제정해 준 것이라는 점이 위의 다른 나라의 예와 다르다.

통치자에게 조세수입은 자신의 통치 목적을 달성하기 위한 수단이 된다. 다시 말해서, 통치자의 목적이 이타주의적인 것이든, 이기적인 것이든, 또는 이념

1) 이 절의 대부분은 소병희(2001)에서 발췌했다.

적인 것이든, 물질적인 것이든, 그 목적을 이루기 위해서는 재정적 지원이 필요하고 이를 위한 수입의 확보는 필수적이다. 그리고 자신의 목적을 달성하기 위해 통치자는 가능하면 수입을 극대화하려는 성향이 있다. 그래서 국가는, 자칫하면, 수입을 극대화하려는 괴물(Leviathan)이 되기 쉽다.

납세자는 세금을 납부하는 대신 정부서비스의 편익을 얻게 된다. 납세자가 정부의 과세권을 수용하는 것은 단순히 과세권 이상의 권한을 정부에게 넘겨 주게 되는 것이다. 그런데도 왕권이나 독재권 아래에서 이에 대한 납세자의 적절한 자기보호 장치는 별반 없어 왔다. 물론, 어느 국가이든 헌법에서 보장하는 국민의 기본권리가 바로 그런 보호장치라고 볼 수도 있다. 그러나 헌법상의 납세자의 지위가 불충분할 때 그것을 바꿀 수 있는 능력을 갖추고 있는가 하는 점이 실제로 납세자의 권리가 보호받을 수 있는 여건이 되는가를 알려 주는 관건이 된다 현대의 민주주의 국가에서는 통치자와 정부의 권한이 피통치자인 국민의 동의로부터 나온다. 즉 국민의 투표에 의한 선출을 통하여 정권의 장악이 달성된다. 그러므로 민주국가의 납세자는 이런 투표권의 힘을 충분히 발휘한다면 적절한 권익의 보호를 획득할 수 있을 것이다.

무조건 세금을 줄이자는 것이 납세자의 목적은 아니다. 세금 없이는 필요한 공공재도 향유할 수 없다는 것을 납세자는 잘 이해하고 있다. 단지, 다른 사람은 나만큼 세금을 부담하지 않고 있는데 나만 세금을 많이 내고 있다면 억울하다는 것과 나의 세금이 내가 원하지도 동의하지도 않은 것이며 또한 내가 원하지 않는 용도에 사용되고 있다면, 그런 세금은 내고 싶지는 않다는 것이 납세자의 불만의 요체라고 할 수 있다. 납세자가 무임승차하려는 유혹에 넘어가거나 이기적인 욕심을 부려서 적극적으로 탈세하려는 경우 이외에도, 그런 불만이 있으면 조세에 대한 저항감이 생기고 납세를 회피하려는 행동으로 나타나게 된다.

1978년도에 있었던 캘리포니아의 주민발의안 13호(Proposition 13)는 납세자 조세저항의 백미라고 할 수 있다. 재산세를 올리고자 한 주정부에 대항하여 캘리포니아 주민들이 투표를 실시한 결과, 거의 2대 1의 비율로 토지와 건물에 대한 재산세의 한도를 시장가격의 1%로 설정할 것을 1978년 6월에 가결시켰다. 그러므로 납세 순응을 위해서는 먼저 납세자의 동의를 얻어 세금을 부과해야 할 것이고, 그 세금이 과연 필요한 곳에 제대로 쓰이고 있는지 그리고 모두가 공평하게 분담하고 있는지 하는 것을 납세자에게 인지시키는 일이 필요하다. 공정하고 효율적인 조세행정은 모든 납세자의 관심의 대상이다. 실제로 조세행정업무가 수행되는 데는 제도적 장치와 공공선택적 시각에서 본 행정관료의 인간적 특성이 중요한 변수가 된다.

2. 조세부담률

조세부담률은 조세수입 혹은 조세납부액을 국내총생산 또는 국민총소득으로 나눈 비율로 정의된다. 우리나라의 조세부담률은 아직은 OECD 선진국가 중 가장 낮은 수준에 머물고 있다. 그러나 단순히 조세부담률이 보여 주는 비율보다는 공공부문이 우리 경제에서 차지하는 비중이 실제로는 훨씬 더 크다. 왜냐하면 정부의 일반회계에 속하는 부분에 못지 않게 정부가 영향을 미치는 준정부부문이 우리나라는 크기 때문이다.

〈표 11-1〉은 1970년대 말과 최근의 우리나라와 주요 국가들과의 조세부담률을 비교한 것이다. 우리나라의 조세부담률은 1980년대까지는 20% 미만에 머물렀으나 1990년대에 들어와서 20%를 상회하기 시작했다. 그러나 아직도 일본, 미국 등과 더불어 30%를 상회하지는 않고 있다. 사회보장이 잘 되어 있는 유럽 나

표 11-1 조세부담률(tax-to-GDP ratio)의 국제비교(%)

	한국	일본	미국	프랑스	영국	스웨덴
1970	12.7	20.0	27.7	34.1	37.0	38.7
1980	17.7	25.1	27.0	40.6	35.2	47.5
1990	19.1	30.1	26.7	43.0	36.8	53.6
2000	23.6	27.0	29.9	44.4	37.3	52.6
2003	25.3	25.7	25.9	43.2	35.2	49.4
2004	24.6	26.3	26.0	43.5	35.6	49.9
2005	25.5	27.4	27.3	44.1	36.5	50.7
2006	26.8	–	28.2	44.5	37.4	50.1

자료: OECD FACTBOOK 2008.

라들이 확실히 조세부담률이 더 높은데, 특히 복지국가로 알려진 스웨덴은 최근에 조세부담률이 50%를 넘어서게 된 것을 볼 수 있다.

3. 헌정 경제학

납세자가 조세제도에 대한 불만이 있을 경우에 제도 자체는 주어진 것으로 보고, 그 주어진 제도 안에서의 문제를 분석하고 개선책을 강구해야 할 것인지, 아니면 제도 그 자체의 근본적인 결함을 수정해야만 문제가 해결될 수 있을 것인지를 생각해 보아야 한다. 제도는 법에 의해 결정되며 가장 핵심이 되는 기본법은 헌법에서 규정된다. 그러므로 전자의 경우에는 헌법 자체는 그대로 두고 주어진 제도 안에서의 문제의 분석과 해결을 모색하게 된다. 이를 헌법이 생긴 후의 공공선택, 즉, 헌법 이후의 경제학(post constitutional economics)이라고 하고, 후자의 경우에는 제도의 모순을 시정하기 위해서 헌법 그 자체를 수정해야 하므로 이를 헌법 자체의 공공선택 또는 헌정 경제학(constitutional economics)이라고 한다.

헌정 경제학은 경제주체들과 정치주체들의 일상적인 선택행위가 행해지는 제도적인 틀을 결정짓는 법적-제도적-헌법적 규정 자체의 대안적인 세트들의 성질을 설명하고 분석하는 것이다. 대안적인 규정의 세트들에 대한 평가는 주어진 제도적인 틀 안에서 선택하는 정책 대안의 평가와 유사한 점도 있겠지만, 효율성에 대한 기준의 인식론적인 측면이 더 많이 부각되게 된다. 현행 헌법의 테두리 안에서 행해지는 정부의 경제정책이 과연 국민들이 원하는 것인가 또는 공정하고 효율적인 것인가 하는 문제의 해결책은, 주어진 헌법 안에서 분석하기보다는 헌법 그 자체를 분석의 대상으로 올려놓아야 한다는 자각과 노력이 없이는, 공허하고 비효율적인 것이 되기 쉽다.

민주주의의 기조를 유지하면서 정부의 과세권에 대한 헌법적인 제약을 제도화하려는 시도로서의 헌법적 차원에서의 조세개혁은 과반수 민주주의 정치의 기간 내 결정영역에서 그 기간을 초월하는 헌법적 영역으로 결정영역을 옮겨가는 것을 의미한다. 과세권에 대한 결정은 곧 정부활동의 영역에 대한 논의와 직결된다. 과세의 정당성은 조세수입으로 제공하는 정부서비스에 의해 평가된다. 그런데 일단 과세권을 확보한 정부는 조세수입을 계속 증대하려는 성향이 생기고, 국민에게는 헌법에 명시되어 있는 제도적인 제약 외에는, 이를 제한할 방법이 별

달리 없다.

정부규모의 팽창에 대한 제약은 크게 재정규모에 대한 제약과 정부의 독점적 구조에 대한 제약이라는 두 가지로 나누어 볼 수 있다. 먼저, 재정규모에 대한 제약으로는 세입에 제동을 거는 과세권의 제한, 정부부채와 화폐 발행권의 제한 및 재정적자를 인정하지 않는 균형예산제도 같은 것을 들 수 있다. 독점적 구조에 대한 제약으로 정부권력의 분산, 즉 지방분권화, 정보의 공개, 및 정부활동영역의 제한 같은 것을 들 수 있다. 그러나 이런 헌법적 제약은 투표를 통해 결정되며, 만장일치제가 아닌 투표에서는 결과적으로 자신의 이익이 대변된 다수가 있는 반면에 자신의 입장이 무시된 소수가 또한 있게 마련이다. 조세와 관련된 헌법적 제약에 있어서도 이런 소수는 다수의 횡포 아래 속수무책일 수밖에 없다. 그러므로 이런 소수의 납세자를 보호하기 위한 제도적 장치도 필요하다.

정부는 특별한 제약이 가해지지 않는 한 조세수입을 극대화하려는 성향이 있다는 것을 전제로 할 경우에 조세체계 내에서 그래도 효과적인 제약으로 작용할 수 있는 조세체계가 정치적으로 효율적인 조세라고 볼 수 있다. 그러나, "효율적인 조세체제란 무엇인가?"라는 질문에 대해서 재정학자들은, 정치란 상관이 없으며 정부는 조세의 효율성을 목표로 하고 있을 뿐 아니라 정부가 이루고자 하는 바가 무엇이든 그것을 이행할 수 있으리라는, 거의 이 한 가지의 전제로부터만 그 답을 찾는 작업을 진행해 왔다.

문제가 되는 것은 어떤 과세제도라도 꼭 거쳐야만 하는 정치적 과정에 대한 배려가 현재의 재정학의 주류에서는 체계화되어 있지 않다는 점이다. 만약, 흔히 가정하듯이 '정부가 통일적이고 시혜적인 것'이라는 정치와 정부에 대한 가정이 정확한 것이 아니라면, 이를 전제로 한 조세제도는 우리를 오도할 뿐 아니라 비생산적일 수도 있다. 이런 지적에 따라 조세규범과 정치 현실에 대한 불일치를 해소하는 대안적인 방법으로서 뷰캐넌(1993)이 제안하는 것은 과반수 민주주의를 준영구적인 헌정적 매개변수로 하고 가장 효율적인 형태의 결과를 가져오는 조세구조가 어떤 것인지를 모색하는 것이다.

여기에는 두 가지 대안이 있다. 그 하나는 특정한 제약 없이 입법적 과반수가 과세권을 부여받는 것이고, 다른 하나는 과세 수준은 과반수의 결정에 맡기되 과세의 배분은 모든 납세자에게 동일하게 적용되는 일반과세(general taxation)로만 하도록 헌법상으로 입법적 과반수를 제약하는 것이다. 뷰캐넌은 과반수 민주주의에서는 일반과세가 더 효율적이며 헌정적으로도 최선책이라고 주장한다.

4. 납세자연맹

미국 독립전쟁의 도화선이 되었던 보스턴 티 파티로 알려진 차세에 대한 조세저항과 미국 독립정신의 정수가 들어간 미국 헌법도 바로 마그나 카르타의 맥을 이은 것이라는 관점에서 미국의 납세자연맹에 대해 간략히 개관해 보도록 하자. 미국의 대표적인 납세자연맹인 전국납세자연맹(National Taxpayers Union)은 30년 전인 1969년에 비영리단체로 설립되어 미국 50주 전역에 걸쳐 30만 회원을 확보하고 있다. 이 연맹의 주요 업무는 국회와 주의회에 로비를 하고 주요 납세안건에 대해 정치가와 언론을 교육시키는 데 있다. 그리고 회원들에게 효과적인 조세 로비이스트가 될 수 있도록 가르친다.

전국납세자연맹이 추진하고 있는 업무를 간추려 보면 다음과 같다. 적자재정을 줄이고 증세를 제한하는 헌법개정, 감세, 납세자 권리 주장, 낭비적이고 비효율적인 정부지출의 제거, 모든 행정부 수준에서 지출과 관료규제를 절감, 선출직 공복으로부터 책임 있는 행동을 요구할 것 등이다. 또한, 이 연맹은 부설교육연구기관인 전국납세자연맹재단(National Taxpayer Union Foundation)을 설립하여 정기적으로 미국 의회의 의정활동을 분석하고 있으며 조세개혁에 대한 분석과 이익단체에 대한 분석도 하고 있다.

이외에도 조세정의를 위한 시민단체(Citizens for Tax Justice)가 1979년에 비영리기관으로 설립되었지만 이 시민단체는 특수이익집단, 대기업의 로비이스트, 부유층에 대항하여 납세계층 간의 형평성에 좀더 초점을 맞추고 있다. 이 기관이 추진하고 있는 업무는 다음과 같다. 조세정책의 영향에 대한 연구, 민초들의 세법개발에 대한 발언권 확보, 중산층과 저소득층에게 공평한 조세 시행, 법인의 루프홀 막기, 주요 정부서비스에 대한 적절한 재정확보 방안 모색, 정부부채의 절감; 경제적 왜곡의 극소화를 위한 조세제도 확립 등이다.

이 밖에도 각 주와 경우에 따라서는 군 단위로 여러 납세자 협회가 난립해 있는 상황인데 이들 대부분은 위의 두 단체와는 성격이 상당히 다르다. 예를 들어, 1926년에 설립된 캘리포니아 납세자 협회(California Taxpayers' Association)와 같이 각 주나 카운티 단위로 기업회원들의 절세를 위한 로비단체 성격의 납세자 협회는 이미 오래 전부터 설립되어 활동하고 있었다. 이들 대부분은 비록 비영리기관으로 등록되어 있지만, 산업협회처럼 기업납세자를 대표하는 로비단체, 즉 이익집단의 성격을 띠고 있으며 회원사의 가치를 올릴 수 있는 조세정책을 성취할 것을 목적으로 하고 있다. 이런 단체들 보다 좀더 일반적인 시민 전체를 대표한 납세자연맹은 미국에서 인권, 환경 등을 비롯한 시민단체의 활동이 활발해진 1960년대 전에는 없었다.

우리나라에서도 납세자연합회가 1999년에 발족되었으나 활동이 아직 활발한 편은 아니다. 앞으로 우리나라의 납세자연합회나 조세정의를 위한 시민단체들이 목표로 삼아야 할 것으로 생각되는 주요 업무를 나열해 보면 아래와 같다.

1. 세금의 과다징수, 인플레이션 세 및 준조세의 부과와 같은 불합리한 조세관행의 개혁과 국민의 동의 없는 증세의 금지를 위한 대책 강구 및 제시:
새로운 세목을 추가할 경우나 세율을 올릴 경우에 공청회 등을 통하여 여론을 충분히 반영해야 할 것이고, 어떤 경우에도 국민의 대표인 국회의 동의 없이 처리하는 일은 없어야 할 것이다. 행정편의를 위한 역진적인 간접세 위주의 조세구조를 직접세 위주로 바꾸는 것도 추진되어야 할 것이다. 억울하게 잘못 부과된 세금에 대한 시정요청 즉 조세불복 절차도 간소화되어야 한다. 내년부터 납세자의 선택에 따라 국세청이나 국세심판소 중 한 곳만 거치면 곧바로 법원에 제소할 수 있도록 조세불복 행정심급을 현재의 2단계에서 1단계로 줄이기로 할 예정이라는 재경부의 방안은 바람직한 방향으로 가고 있는 것이라고 하겠다.

우리 기업이 1998년에 부담한 법인세가 9조원 정도인 데 비하여 준조세의 규모는 6조 원에서 12조 원까지 추정되고 있다. 대북비료지원성금, 교통안전기금 등 각종 기금조성을 위한 분담금과 같은 소위 준조세는 명목적으로는 자발적인 기부금의 형태이지만 실질적으로는 반강제적인 부담인 경우가 대부분이다. 원칙적으로 모든 준조세는 폐지하고 순전히 자발적인 기부금만 받아야 마땅하다. 그러기 위해서는 기업이 기부금을 내지 않는다고 해서 어떤 불이익도 받지 않을 수 있도록 정치권과 관료의 기업활동에 대한 재량권이 제도적으로 억제되어야 한다. 그리고 기부금의 사용내역을 공개하여 그 기금이 제대로 쓰이고 있다는 것을 투명하게 보여 주어야 할 책임을 관할기관에 요구해야 할 것이다.

2. 정부지출의 낭비를 줄이기 위한 예산 · 회계제도의 효율성 제고와 정부부채의 축소 및 균형예산의 실현을 촉구하기 위한 대책 강구 및 제시: 선거를 의식한 정치적 배려에서 나온 선심성 정책을 특히 주의해야 한다. 선심성 감세는 당연히 소비를 증대시켜 선거년도에 호경기를 맞게 되는 정치적 경기순환을 가져올 수 있을 것이다. 그런데, 문제는 정부가 이에 상응하는 지출도 줄이겠다는 발표는 없는 경우가 대부분이라는 점이다. 다시 말해서, 세입은 줄이고 세출은 그대로 둔다면 적자재정이 될 수밖에 없는데 필요한 재원을 정부채권의 발행으로 충당할 것인지 아니면 통화증발로 충당할 것인지 그도 아니면 간접세나 또 다른 세금을 늘려서 충당할 것인지가 확실치 않은 경우가 많다는 점이다. 모든 선심성 조세감면과 행정에 있어서는 필요한 재원을 어떻게 조달할 것인지도 함께 밝히도록 정부에게 요구해야 마땅할 것이다.

3. 납세자의 성실한 납세의무와 납세의 공정성과 형평성을 이루기 위한 조세제도의 개선과 국민적 차원의 자체 감시: 자영업자와 봉급생활자와의 세부담의 형평성이 어긋난다는 지적은 어제오늘의 일이 아님에도 불구하고 이에 대한 적절한 조치는 별로 없어 왔다. 일례로, 1999년에 부가가치세를 2%만 내면 되는 연간 매출액 4,800만원 미만인 과세특례자는 118만 명으로 전체 부가가치세 대상 사업자의 39.5%나 되었다. 영세업자의 매출액이 정확하게 파악되지 않는 실정에서 이 제도가 조세회피의 수단으로 쓰여 온 것은 주지의 사실이지만 이에 대한 시정 노력은 거의 없어 왔다. 그러다가, 최근 부가가치세 중 과세특례제도를 점차 축소하기로 한 것이나 자영업자의 소득규모를 파악하기 위한 방편의 하나로 신용카드 사용을 장려하기로 하고, 신용카드 사용금액에 비례해서 일정 한도 내에서 소득공제를 해 주기로 한 것은 일단, 바람직한 방향으로 가고 있는 것이라 하겠다. 탈세를 방지하고 처벌하기 위한 제도적 장치가 강화되어 세금을 제대로 내면 나만 손해라는 인식이 불식되어 제대로 자기가 부담해야 될 세금을 내게 되어야 세부담의 형평성이 확립될 수 있다. 이런 제도적 개선뿐 아니라, 교육을 통한 시민들의 영수증 주고받기 운동 및 정직한 자진신고의 유도 등도 연합회가 추진해야 할 일 중의 하나일 것이다.

세무공무원이 탈세를 보고서도 방치하는 것은 직무유기일 뿐 아니라 도세이기도 하다. 정직한 시민으로부터 세금을 앗아가는 것이기 때문이다. 그뿐 아니라, 이는 부정부패의 연결고리이다. 이 또한 조세행정의 투명성의 결여 때문이라고 볼 수 있다. 정부 역시 공정한 징세를 위해 행정력을 동원하고 납세자들에게 정당한 납세를 하도록 교육시킬 수 있어야 한다. 그렇게 하면 정직한 납세자가 부당하게 부정직한 탈세자의 부담을 떠맡지 않도록 될 것이다. 납세자와 세무공무원에 대한 교육과 홍보뿐 아니라 실제의 행정업무의 개선을 통해 사회적 풍토를 변화시켜 공정한 과세와 공평한 조세부담을 신뢰할 수 있게 만드는 일이 납세순응을 유도할 수 있는 길이 될 것이다.

4. 과학적인 조세정책의 수립과 평가를 위한 조세관련 정보의 공개에 대한 요구: 조세를 국세와 지방세로 크게 나누어 볼 때, 국세관련 자료를 처음으로 공식적으로 발표한 것은 재무부가 발간한 1951년의 「세무통계연보」였으나 국세청이 발족한 1966년부터는 「국세통계연보」로 바뀌어 발간되어 왔다. 지방세 관련 자료는 내무부가 발간한 1964년부터의 「지방세정연보」가 처음이었는데 지금은 이름이 「지방세정연감」으로 바뀌었다. 이러한 정부간행물들이 초기에는 여러 중요한 정보를 많이 수록하고 있었으나 시간이 지남에 따라 오히려 정보가 줄어들어 지금은 "조세관련 연구에 꼭 필요한 소득계층별 자료, 비과세 감면자료 및 체납액 등과 같은 내용은 삭제되었고, 세목별 징수액 위주의 통계치가 대부분"을 차지하여 조세정책의 평가를 위한 기초자료가 제대로 공개되지 않고 있다고 현진권(1997)은 지적한다.

편익주의에 의거해서 낸 세금이든 능력주의에 의거해서 낸 세금이든 일단 세금을 낸 납세자는 자기가 낸 세금이 다른 사람들이 낸 세금과 어떻게 비교가 되며 어떻게 쓰이고 있는지 알 권리가 있다. 이런 정보의 공개를 통해서 납세자는 정부에 대해 신뢰를 가지게 되고 신뢰가 있어야 납세에 대한 순응도도 높아지게 된다. 그뿐 아니라, 조세에 대한 투명한 정보가 납세자들에게 공개되어야 관리들이 자발적으로 낭비를 줄이고 효율적인 세제행정을 하도록 만들 수 있다. 정부의 비대칭적인 정보의 방어는 관료들의 자기 보존적인 본능 때문이라고도 볼 수 있다. 조세에 대한 정보를 납세자가 모르고 있음으로 해서 납세자로부터의 비판이나 불만을 원천적으로 봉쇄하려는 의도가 있다고 보아야 할 것이다. 따라서 이런 정보의 공개는 법과 제도적으로 보장되어야 할 것이다.

5. 무책임한 관료의 낭비성, 비합리성 그리고 부정부패의 근절 등 관료의 책임성과 조세행정의 투명성을 확립하기 위한 대책 강구 및 제시: 관료의 행정편의가 납세자의 권익보다 우선하는 경우가 종종 있다. 한 가지 예로, 몇 년 전에 이미 낸 세금에 대한 고지서가 다시 발부되어 납세자를 곤혹에 빠뜨리는 경우가 가끔 발생한다. 만약 납세영수증을 보관하고 있지 않을 경우에는 꼼짝없이 세금을 다시 한번 낼 수밖에 없다. 그러나 세금을 받지 못한 경우에는 고지서를 일정한 짧은 기간 이내에만 재발부할 수 있도록 하여 미납세를 처리하도록 제한한다면, 납세자가 영수증을 비교적 쉽게 찾을 수 있어서 그런 억울한 경우는 줄이고 납세자를 보호하는 방법이 될 수 있을 것이다.

몇 년 전 인천 세리의 도세사건을 비롯하여 세무관리가 국민이 낸 세금을 착복한 사건이나 국민연금을 비롯한 공적연금의 방만하고 비효율적인 운용상태는 관료의 무책임성이라는 면에서 궤를 같이 한다. 공직자도 공익보다는 자신의 사익을 우선적으로 챙기며, 관료는 가능하면 많은 예산을 확보하려는 성향이 있고, 관료는 스스로 조직을 확대하려 한다는 것은 공공선택분야에서는 거의 확인된 사실로 받아들여지고 있다. 정부지출에 대한 책임의 한계나 추궁이 제대로 이루어지지 않는 경우는 관료의 이러한 성향을 억제하기 어려울 것이다. 납세자의 권익을 보호하는 것이 곧 관료 스스로의 사익의 증진과 일치하도록 조세행정에서의 관료의 행동유인을 바꾸어 주고, 조세행정에 대한 정보를 공개하여 행정의 투명성을 확보하는 것이 관료가 책임성을 가지고 합리적으로 조세행정을 수행하게 만드는 길일 것이다.

납세자의 권리를 신장하고 조세정의를 구현하도록 만드는 조세개혁이 결코 쉬운 일이 아닐 것은 분명하다. 그러나 우리는 "... 모든 정부를, 민주주의 아래의 정부라면 특히, 제약해야 한다. 그 이유는 민주주의적 정부는, 명목적으로는 전능할지라도, 무제한적인 권능의 결과로 지나치게 약해지게 되어서, 민주적 정부가 과반수의 지지를 확보하기 위해 충족시켜야만 하는 별개의 모든 이익집단들의 장난감이 되어버리기 때문이다"(... all government, specifically if democratic, should be limited. The reason is that democratic government, if nominally omnipotent, becomes as a result of unlimited powers exceedingly weak, the playball of all the separate interests it has to satisfy to secure majority support.)라고 한 하이예크(Hayek, 1979, 99쪽)의 경구를 잊지 말아야 할 것이다.

경 제 학 자

1) 프리데리히 폰 하이예크(Friedrich August von Hayekk, 1899~1992)
비엔나에서 태어나 비엔나 대학교를 졸업. 런던경제 대학, 시카고 대학 교수. 인간 이성의 한계를 지적하고 자발적 질서를 중요시 했음. 중앙계획을 하는 사회주의가 실패할 것을 예측했음. The Road to Serfdom(1944), Law, Legislation and Liberty(1979). 스웨덴의 거너 미르달과 공동으로 노벨 경제학상 수상(1974).

참 고 문 헌

소병희, "민주적 납세자와 납세정의,"「국민경제연구」, 2001.

현진권, "우리나라 조세정보의 공개수준과 시사성," 한국공공경제학회 제1차 학술대회 발표논문, 1997.

Buchanan "The Political Efficiency of General Taxation," *National Tax Journal*, 46: 401-410, 1993.

Hayek, F.A., *Law, Legislation and Liberty*, v.3(The Political Order of a Free People), Chicago: University of Chicago Press, 1979.

제 12 장

조세귀착과 조세의 초과부담

들어가며

정부가 조세를 부과하게 되면 납세해야 할 의무가 생기게 되는데, 일견, 법률상 세금을 납부해야 할 경제주체가 모든 납세의무를 지게 되는 것으로 보이지만 실제로는 납세부담이 다른 경제주체에게 이전될 수도 있다. 납세부담이 이전될 경우에 조세부담의 형평성 문제가 생기게 된다. 또한, 조세를 부과하게 되면 사회적으로 사장되어 버리게 되는 사회적 손실이 조세에 대한 부담에 덧붙여서 초과부담으로 발생하게 된다. 이 장에서는 누가 과연 조세납부에 대한 경제적 부담을 실질적으로 지게 되는가 그리고 조세로 인한 초과부담이 어떻게 발생하게 되는가를 알아보도록 한다.

제 1 절 법적 귀착과 경제적 귀착

정부가 조세를 부과하게 되면 동시에 조세를 납부할 의무를 지게 되는 경제주체도 생기게 된다. 조세를 납부할 의무를 가진 주체에게 법적으로 귀착(法的 歸着, statutory incidence)이 일어난다고 한다. 그러나 법적인 귀착이 있는 주체는 되도록이면 세금의 부담을 다른 주체에게 떠넘기고자 한다. 이를 조세부담을 전가(轉嫁, shifting)하려 한다고 말한다. 그래서 생산자가 생산요소 공급자에게 세금의 일부를 후전(後轉)하려 하거나, 판매자가 소비자에게 세금의 일부를 전전(前轉)하려드는 것을 볼 수 있다. 조세부과의 결과로 세금의 부담을 실질적으로 부담하게 되는 것을 조세의 경제적 귀착(economic incidence)이 일어났다고 한다.

그러나 과연 이들이 다른 경제주체에게 실질적인 부담을 떠넘길 수 있을까 그리고 만약 그것이 가능하다면 얼마나 많은 세금을 다른 주체에게 넘길 수가 있는 것이며 이것은 또 무엇에 의해 달라질 수 있을 것인가에 대해 이 장에서 알아보도록 한다. 우선, 납세의무, 즉 법적 귀착이 공급자에게 있는가 또는 수요자에게 있는가에 따라 어떻게 세금에 대한 실질적인 부담, 즉 경제적 귀착이 달라지게 되는지를 분석해 보도록 하자. 가장 단순한 예로 종량세를 한 재화에만 부과하되 이에 대한 납세의무가 공급자에게 있는 경우와 수요자에게 있는 경우를 부분균형분석을 통해 비교해 보도록 하자.

1. 법적 귀착이 공급자에게 있는 경우

조세가 부과되어 납세의무가 생긴 데에 대한 공급자의 일차적인 반응은 세금을 포함한 가격을 공급자가 수요자로부터 받으려는 것이다. 그러므로 식 (12. 1)에서처럼 생산비를 반영하는 한계비용에 세금을 더한 가격을 제시하게 되고 이 가격에서 수요와 일치하게 되면 판매량이 결정되는 것이다.

$$P_d = P_s + t \qquad (12.\ 1)$$

경제적 귀착은 수요자와 공급자 모두에게 돌아가는데, 공급자의 몫은 〈그림

그림 12-1 공급자와 수요자의 종량세의 법적 귀착과 경제적 귀착

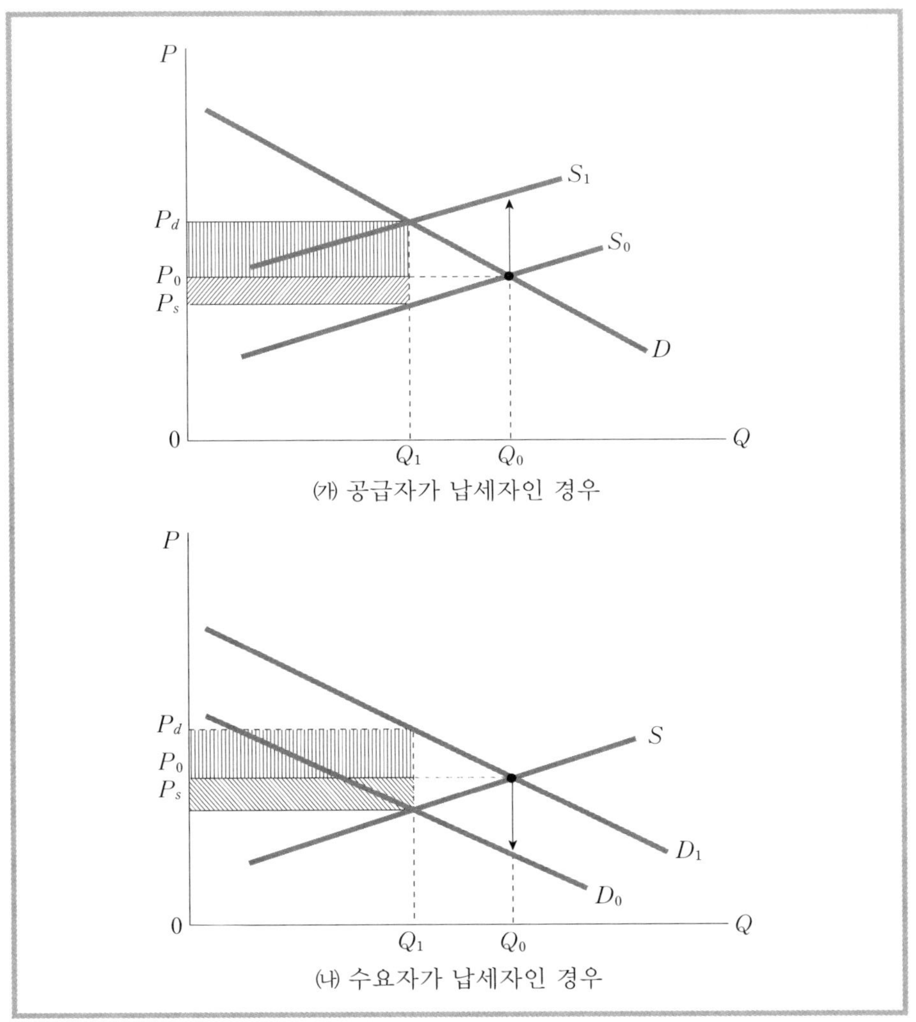

12-1 ⑺〉에서 세금부과 이전의 물품가격을 윗변으로 하고 세금부과 후 공급자의 가격을 밑변으로 하는 빗금친 직사각형의 면적이 된다. 반면에 수요자의 몫은 세금 부과 이전의 물품가격을 밑변으로 하고 세금부과 후 수요자의 가격을 윗변으로 하는 세로금친 직사각형의 면적이 된다. 이 두 직사각형의 면적의 합이 조세수입이 되므로 이 경우의 경제적 귀착은 수요자에게 더 많이 돌아가는 것을 알 수 있다.

2. 법적 귀착이 수요자에게 있는 경우

조세가 부과되어 수요자가 납세의무가 생기게 되었으므로 식 (12. 2)에서 처럼 세금만큼을 미리 제하고 공급자에게 가격을 지불해야 된다.

$$P_s = P_d - t \qquad (12.\ 2)$$

그러므로 식 (12. 2)에서 처럼 수요가격(P_d)에서 세금(t)을 뺀 금액이 곧 공급가격(P_s)이 된다. 세금만큼 소득이 줄어든 것이나 마찬가지 효과를 가지게 되어 〈그림 12-1 ㈏〉에서 수요곡선이 아래로 이동하게 된다. 이 수요곡선이 곧 세후 구매력을 나타내는 것이므로 아래로 세금만큼 이동한 수요곡선과 공급곡선이 만나는 점에서 균형량이 결정된다.

이 경우에도 경제적 귀착은 수요자와 공급자 모두에게 돌아가는데, 수요자의 몫은 〈그림 12-1 ㈏〉에서 세금부과 이전의 물품가격을 밑변으로 하고 세금부과 후 수요자의 가격을 윗변으로 하는 세로금친 직사각형의 면적이 된다. 반면에 공급자의 몫은 세금부과 이전의 물품가격을 윗변으로 하고 세금부과 후 공급자의 가격을 밑변으로 하는 빗금친 직사각형의 면적이 된다. 따라서 수요자에게 법적 귀착이 있는 경우에도 이 두 직사각형의 면적의 합이 조세수입이 되므로 〈그림 12-1〉에서 이 경우의 경제적 귀착은 수요자에게 더 많이 돌아가는 것을 알 수 있다.

위의 그림에서 볼 수 있듯이 법적 귀착이 공급자에게 있든지 수요자에게 있든지 간에 세후 균형량과 균형가격은 마찬가지가 된다. 그리고 그림으로 살펴본 경제적 귀착도 납세의무자가 누구인지에 상관없이 마찬가지임을 알 수 있다. 아래의 예제를 통해서 경제적 귀착이 어떻게 결정되는가를 알아보도록 하자.

[예제 12-1] 종량세의 경제적 귀착에 대한 계산문제:
여행가방에 대한 수요와 공급곡선의 식이 아래와 같다고 하자.
$Q^d = 100 - 4P$; $Q^s = 40 + P$ 단위당 5의 종량세를 가방에 부과했다고 가정하고 다음 물음의 답을 구하라.

1. 과세 전 균형가격과 균형량을 구하라.
2. 공급자에게 법적 귀착이 있다고 하자. 과세 후 균형의 공급가격과 수요가

격 및 균형량을 구하라. 조세수입은 얼마인가? 수요자와 공급자의 조세부담은 각각 얼마인가?

3. 수요자에게 법적 귀착이 있다고 하자. 과세 후 균형가격과 균형량을 구하라. 조세수입은 얼마인가? 수요자와 공급자의 조세부담은 각각 얼마인가?

예제의 1번 문제는 세금이 없는 경우에 균형에서 수요량=공급량이라는 원칙을 이용하여 식을 풀면 된다. 답은 $P=12$ 그리고 $Q=52$가 된다. 2번 문제에서는 공급자가 세금을 내야 하므로 본문의 식 (12. 1)과 같은 등식이 공급자 가격과 수요자 가격 사이에 성립한다. 그러므로 수요곡선의 식에서 수요가격을 Q의 식으로 구하고 공급곡선의 식에서 공급가격을 Q의 식으로 구한 다음, 이 식을 식 (12. 1)에 대입하여 Q의 값을 계산해 내면 된다. 일단 Q의 값이 얻어지면 이것을 각 가격의 식에 대입하여 공급가격과 수요가격을 구하면 된다. 답은 $P_s=8$, $P_d=13$, $Q=48$이다. 그리고 단위당 5의 세금을 48단위에 부과하게 되므로 세수는 240이 된다. 조세부담을 계산하기 위해서는 세금부과 전과 세금부과 후의 가격이 어떻게 변했는가를 살펴보아야 한다. 공급자는 세금부과 전보다 12−8=4, 즉 4만큼 낮은 가격에 48단위를 공급하므로 192만큼 부담하는 셈이고 수요자는 13−12=1, 즉 1만큼 높은 가격을 지불하여 48단위를 구입해야 하므로 48만큼 세금을 부과하는 셈이다. 그러므로 공급자 대 수요자는 4대1의 비율로 세금을 분담하는 셈이다.

3번 문제는 수요자가 세금을 내야 하는 경우이므로 본문의 식 (12. 2)와 같은 등식이 수요자 가격과 공급자 가격 사이에 성립한다. 그러므로 2번 문제에서처럼 수요곡선의 식에서 수요가격을 Q의 식으로 구하고 공급곡선의 식에서 공급가격을 Q의 식으로 구한 다음, 이 식을 식 (12. 2)에 대입하여 Q의 값을 계산해 내면 된다. 일단 Q의 값이 얻어지면 이것을 각 가격의 식에 대입하여 공급가격과 수요가격을 구하면 된다. 답은 $P_s=8$, $P_d=13$, $Q=48$로 같게 나오며 따라서 세금부담도 공급자에게 법적 귀착이 있는 경우와 마찬가지로 공급자와 수요자가 4대1의 비율로 세금을 분담하게 된다.

위의 예제에서 볼 수 있듯이 법적 귀착이 누구에게 있느냐 하는 것은 경제적 귀착에 영향을 미치지 않는다. 수요자와 공급자의 경제적 귀착이 달라지는 것은 공급곡선과 수요곡선의 기울기의 상대적 크기에 달린 것을 알 수 있었다. 수요곡선과 공급곡선의 기울기에 따라 귀착이 달라진다는 것은 곧 수요나 공급의 가격 탄력도의 상대적 크기에 따라 경제적 귀착이 영향을 받게 된다는 것을 의미한다.

법적 귀착(statutory incidence) :
세금을 내야 할 의무가 있는 것
경제적 귀착(economic incidence) :
실질적 부담을 져야 하는 것
전가(shifting) :
실질적 부담을 넘기려 하는 것
후전(backward shifting) :
예: 생산자가 요소공급자에게 전가하려는 것
전전(forward shifting) :
예: 생산자가 소비자에게 전가하려는 것

제2절 탄력도와 경제적 귀착

수요자와 공급자 중 누가 더 많이 실질적인 조세부담을 안게 되는가 하는 문제는 수요곡선과 공급곡선의 상대적인 탄력도에 달려 있다. 예를 들어, 공급이 제한되어 있어서 공급곡선이 완전 비탄력적인 생산요소인 토지에 세금이 부과된 경우와 금융이 완전히 개방된 경제 아래에서 자본이 국가 간에 자유롭게 이동할 수 있어서 공급곡선이 완전 탄력적인 자본에 세금이 부과된 경우를 비교해 보도록 하자.

〈그림 12-2 ㈎〉에서처럼 공급이 완전 비탄력적이어서 공급곡선이 수직으로 되어 있으면 가격은 수요의 과다에 의해서 결정된다. 그러므로 세금을 부과하더라도 공급곡선을 위로 올려서 더 높은 가격을 받을 수는 없다. 따라서 세금은 전부 공급자가 부담하게 된다. 결과적으로 수요곡선을 아래로 내려서 공급곡선과 수요곡선이 만나는 점에서 세금을 제외한 가격이 형성되는 셈이다. 반면에 그림의 ㈏에서 처럼 공급이 완전 탄력적이어서 공급곡선이 수평으로 되어 있으면 부

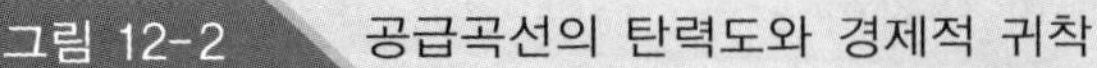
그림 12-2 공급곡선의 탄력도와 경제적 귀착

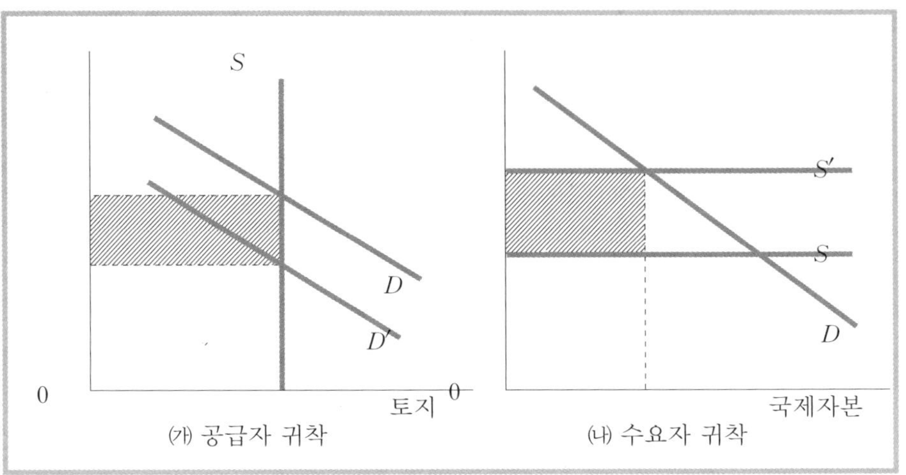

(가) 공급자 귀착 (나) 수요자 귀착

과된 세금만큼 공급곡선을 위로 올려서 수요곡선과 만나는 점에서 새로운 균형이 형성된다. 따라서 세금은 실질적으로 모두 수요자가 부담하게 되는 셈이다.

이를 정리해 보자면, 공급곡선이 완전 비탄력적이면 공급자가 모두 부담하게 되고 공급곡선이 완전 탄력적이면 수요자가 세금을 모두 부담하게 된다. 반대로 수요곡선이 완전 비탄력적이면 수요자가 세금을 세금을 모두 부담하게 되고 수요곡선이 완전 탄력적이면 공급자가 세금을 모두 부담하게 된다. 일반적으로 수요나 공급 중 탄력도가 더 높은 쪽이 더 적은 세금을 부담하게 되고 탄력도가 더 낮은 쪽이 더 많은 세금을 부담하게 된다.

일반적으로 세금부담비율이 얼마가 되는가를 탄력도와 연관해서 알아내려면 아래와 같은 식을 세워 풀어보면 된다. 먼저 수요가격(P_d)과 공급가격(P_s)의 차이가 세금(T)이라는 식으로부터 시작해 보자.

$$P_d - P_s = T \tag{12. 3}$$

위 식을 전미분(total differentiation)하면 아래와 같게 된다. 앞쪽의 d는 미세한 변화량 혹은 미분을 나타내는 부호이고 아래 첨자 d는 수요를 그리고 s는 공급을 나타낸다.

$$dP_d - dP_s = dT \tag{12. 4}$$

수요곡선의 기울기(D_p)와 공급곡선의 기울기(S_p)를 각각 아래와 같이 수량의 변화분을 가격의 변화분으로 나눈 값으로 나타낼 수 있다.

$$D_p = dQ_d/dP_d,\ S_p = dQ_s/dP_s \tag{12. 5}$$

현재의 균형에서 새로운 균형으로 옮겨가기 위한 수요량과 공급량의 변화량은 서로 같으므로 $dQ_d = dQ_s$이다. 그러므로 $D_p dP_d = dQ_d = dQ_s = S_p dP_s = S_p (dP_d - dT)$ 이고 따라서 $D_p dP_d = S_p dP_d - S_p dT$이다.

위식을 이항하여 정리하면 $dP_d(S_p - D_p) = S_p dT$가 된다.

그리고 양변을 먼저 dT로 나누고 또 $(S_p - D_p)$로 적절히 나누고 분자와 분모에 P/Q를 동시에 곱해 주면,

$$\frac{dP_d}{dT} = \frac{S_p}{S_p - D_p} = \frac{\frac{dQ_s}{dP_s}\frac{P}{Q}}{\left(\frac{dQ_s}{dP_s} - \frac{dQ_d}{dP_d}\right)\frac{P}{Q}} \tag{12. 6}$$

이 된다. 수요와 공급의 가격탄력성을 각각 ε_d와 ε_s로 표시하고 위 식 (12. 6)에 대입하면,

조세의 증감에 따른 수요가격의 증감은, $\frac{dP_d}{dT} = \frac{\varepsilon_s}{\varepsilon_s - \varepsilon_d}$가 되고 유사하게 조세의 증감에 따른 공급가격의 증감은 $\frac{dP_s}{dT} = \frac{\varepsilon_d}{\varepsilon_s - \varepsilon_d}$가 된다. 그러므로 수요자와 공급자 사이의 조세부담비율이라고 볼 수 있는 수요가격과 공급가격의 비율은 공급의 가격탄력성과 수요의 가격탄력성의 비율로 아래와 같이 나타낼 수 있게

탄력도(ε)의 정의:

가격의 변화에 대한 수량의 변화 정도.

$\varepsilon = (dQ/Q)/(dP/P)$

공급곡선이 완전 탄력적이면 수요자의 조세부담비율이 100%.

공급곡선이 완전 비탄력적이면 공급자의 조세부담비율이 100%.

상대적 탄력도:

수요곡선(공급곡선)이 공극곡선(수요곡선)보다 더 탄력적이면 수요자(공급자)의 실질적인 조세부남 비율이 더 작아짐.

된다. 다시 말해, 수요가격과 공급가격의 상대적인 변화량은 가격탄력도의 비율의 역에 비례한다.

$$\frac{dP_d/dT}{dP_s/dT}=\frac{dP_d}{dP_s}=\frac{\frac{\varepsilon_s}{\varepsilon_s-\varepsilon_d}}{\frac{\varepsilon_d}{\varepsilon_s-\varepsilon_d}}=\frac{\varepsilon_s}{\varepsilon_d} \qquad (12.\ 7)$$

[연습문제 12-1] 수요곡선이 완전 비탄력적인 경우와 수요곡선이 완전 탄력적인 경우에 해당하는 예는 어떤 것이 있으며 각각의 경우에 경제적 귀착은 수요자와 공급자 중 어느 쪽에 있게 되는가?

제 3 절 종가세의 경제적 귀착

1. 공급자에게 법적 귀착이 있는 경우

판매제품 단위당 일정 금액을 부과하는 방식인 종량세와는 달리 종가세는 판매가격의 일정 비율을 세금으로 부과하는 방식이다. 공급자에게 법적 귀착이

그림 12-3 내부수익률과 순현재가치

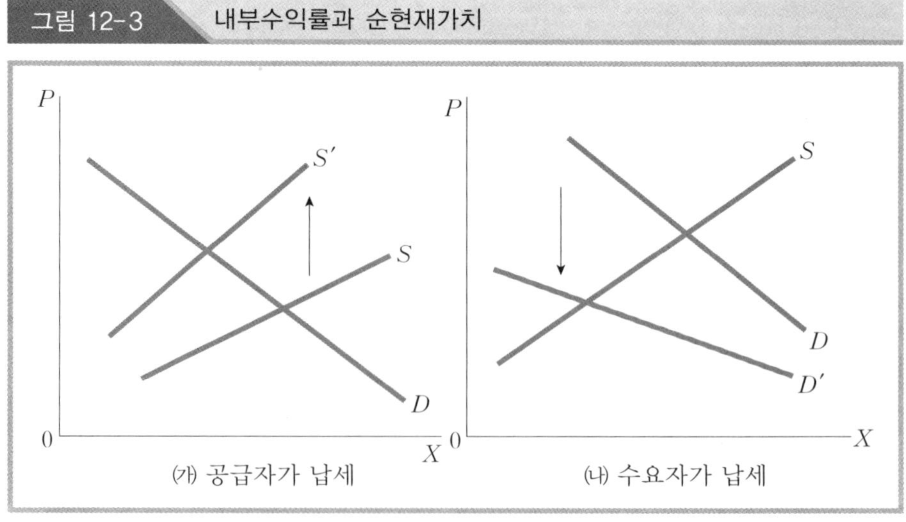

(가) 공급자가 납세 (나) 수요자가 납세

있는 경우에는 공급곡선이 상방으로 이동하지만 종가세이므로 가격이 높아지면 세액도 많아지게 된다. 따라서 〈그림 12-3 ㈎〉에 있는 것처럼 과세 전의 공급곡선보다 세율에 따라 더 기울기가 큰 공급곡선으로 바뀌면서 이동하게 된다.

2. 수요자에게 법적 귀착이 있는 경우

수요자에게 납세의무가 있는 경우에는 수요곡선이 하방으로 이동하지만 종가세이므로 가격이 높아지면 세액도 많아지게 된다. 따라서 〈그림 12-3 ㈏〉에 있는 것처럼 과세 전의 수요곡선보다 세율에 따라 더 기울기가 작은 수요곡선으로 바뀌면서 이동하게 된다.

종가세의 경우는 법적 귀착이 누구에게 있느냐에 따라 경제적 귀착이 약간 차이가 나게 된다. 만약 수요자나 공급자 중 어느 누가 납세의무가 있어도 법적 귀착과 경제적 귀착이 같게 만들기 위해서는 누구에게 납세의무가 있느냐에 따라서 종가세율을 조금 다르게 적절히 조절해야 된다.

3. 기업의 이윤 극대화와 관련한 종량세와 종가세

기업의 이윤 극대화와 연관하여 생각해 보면 종량세가 부과되는가 아니면 종가세가 부과되는가에 따라서 기업의 이윤 산출 식이 다르게 된다.

종량세 부과시의 이윤: $TR(q)-tq-C(q)$ (12. 8)

종가세 부과시의 이윤: $\left(\frac{1}{1+\tau}\right)TR(q)-C(q)$ (12. 9)

[연습문제 12-2] 종가세의 경제적 귀착에 대한 계산문제:
여행가방에 대한 수요와 공급곡선의 식이 아래와 같다. $Q^d=100-4P$; $Q^s=40+P$ 가격의 10%에 해당하는 종가세를 가방에 부과했다고 하자.

1. 과세 전 균형가격과 균형량을 구하라.
2. 공급자에게 법적 귀착이 있는 경우의 과세 후 균형가격과 균형량을 구하라. 조세수입은 얼마인가? 수요자와 공급자의 조세부담은 각각 얼마인가?
3. 수요자에게 법적 귀착이 있는 경우의 과세 후 균형가격과 균형량을 구하라. 조세수입은 얼마인가? 수요자와 공급자의 조세부담은 각각 얼마인가?

4. 수요자와 공급자의 실질적인 조세부담비율은 얼마인가? 누구에게 법적 귀착이 있느냐에 따라 부담비율이 바뀌는가?

제 4 절 조세귀착의 일반균형분석

1. 조세귀착에 대한 하버거 모형

하버거(Harberger, 1962)는 법인부문의 자본에 과세하게 되면 비법인부문도 포함한 모든 자본가가 조세부담을 안게 된다고 주장했다. 다시 말해서 법인부문의 자본에 대한 조세부담의 일부가 비법인부문으로 전가된다는 말이다. 이런 결론에 도달하기 위해서 하버거는 여러 가지 가정을 하였다.

(1) 2재화 (X재, Y재), 2요소(자본 K, 노동 L), 2부문(법인, 비법인) 모형으로 법인부문에서 자본집약적인 생산방법으로 X재를 생산한다. (2) 자본량과 노동량은 한정되어 있다. (3) 생산물 시장과 생산요소 시장은 모두 완전경쟁적이다. (4) 요소는 모두 완전고용상태에 있다. (5) 해외 무역이 없는 폐쇄경제이다. (6) 규모에 대한 수익불변의 코브-더글러스(Cobb-Douglas) 생산함수를 가정했다. 이 경우에 총생산 중 자본과 노동에 지불하는 비중은 자본의 가격 변화나 임금률의 변화에 상관없이 일정하게 된다. (7) 자본가와 노동공급자들은 소득의 일정비율을 X재와 Y재 소비에 지출한다. 이들의 효용함수도 코브-더글러스 함수 형태로 가정했지만 동일한 함수라고는 가정하지 않았다. (8) 정부의 역할은 최소한으로 줄여서 자본에 대해 과세하는 데 국한했다. 다른 조세는 없고 X재로부터의 조세수입은 마치 민간인들이 조세수입을 그들의 소득의 일부로 삼아서 사용할 수 있다면 사용할 바로 그 용도와 마찬가지로 지출한다고 가정했다.

경제의 구조에 대한 이런 가정을 변화시키면 조세귀착의 정도가 달라지게 되므로 어떤 가정을 하느냐가 아주 중요한 관건이 된다. 예를 들어 자본의 양이 한정되어 있다는 가정을 자본량에 대한 제한이 없는 것으로 바꾸게 되면 법인 부문의 자본에 대해 과세하게 되면 조세부담이 오히려 노동으로 전가된다.

2. 조세 · 보조금 자본화와 조세귀착

1) 소자산 상태에서의 결과

조세나 보조금의 자본화 문제는 귀착의 문제와 배분의 문제를 연결해 준다는 측면에서 중요하다. 이런 연결은 조세문제를 단순히 표면상의 결과로만 풀이하려 한다면 오류를 범할 수 있다는 사실을 경고해 주기도 한다. 먼저, 소자산 상태를 가정해서(small asset assumption) 특정 자산 시장 전체의 일부분에 불과한 A라는 자산이 있다고 하자. 이 자산은 자산의 가격에 대한 수익률이 10%로서 매년 1,000만 원씩 영구적으로 수익이 발생한다고 하자. 이 경우에 이 자산의 가격은 마치 영구채권(perpetuity bond 혹은 consol)의 가격을 계산해 내는 것과 같은 방법으로 계산해 낼 수 있으므로 이 자산의 가격은 수익을 수익률루 나눈 것이 된다. 그러므로 이 자산의 가격은 1,000/0.1로서 1억 원이 된다.

이제 전체 시장 중에서 A에 대해서만 1%의 자산세를 부과한다고 하자. 그러면 매년 100만 원을 세금으로 내어야 하므로 순수익은 900만 원이 된다. 그런데 이 종류의 자산의 전체 시장에서의 수익률은 여전히 10%이므로 여기에 맞게 되기 위해서는 A자산의 가격이 9,000만 원(900/0.1)으로 내려갈 수밖에 없다. 이렇게 조세의 부과라는 외재적인 영향이 자산가격의 변화라는 영구적인 반응으로 완벽하게 반영되어 나타나는 것을 자본화(capitalization)라고 한다. 이런 경우의 조세의 부담은 과세의 공고와 동시에 자산가치의 하락이라는 극적인 형태를 통해 이 자산의 소유주에게 전부 귀착된다. 시장 전체는 조세의 영향을 받지 않았으므로 전과 마찬가지로 1억 원의 가격에 전과 같은 양인 A_0가 거래되므로 아무런 배분적 결과의 변화는 없다.

이제 한시적으로 자산가격의 2%에 해당하는 보조금을 주는 경우를 생각해 보자. 연간 수익 1,000만 원에 보조금 200만 원을 더하게 되므로 자산의 가격은 1억 2,000만 원이 된다. 이 가격에 원래 소유주가 이 자산을 매각하고 난 몇 년 후에 보조금이 중단되게 되면 자산의 가격은 다시 1억 원으로 내려가고 원래의 소유주는 이득을 보고 이 자산을 매입한 현재 소유주만 억울하게 우발적인 손해를 보게 된다. 소자산 상태이므로 시장에서의 가격은 여전히 1억 원으로 보조금이 시장 전체의 공급량에는 영향을 못미치게 된다.

2) 대자산 상태에서의 결과

자산 A가 전체 시장에서 차지하는 비중이 아주 큰 대자산상태 가정(large asset assumption)에서는 이 자산에 대해 과세하게 되면 그 영향이 시장 전체에 미치게 된다. 자산가격에 대한 수익률이 10%로서 매년 1,000만 원씩 영구적으로 수익이 발생하고 있으며 가격이 1억 원인 A자산에 대해 1%의 자산세를 부과한다고 하자. 그러면 매년 100만 원을 세금으로 내야 하므로 순수익은 900만 원이 되므로 이 자산의 수익률이 9%로 내려가게 된다. 그러나 과세가 자본화된 A자산의 가격은 여전히 1억 원(900/0.09)으로 유지된다. 비중이 큰 자산이므로 이런 경우에 시장 전체도 조세의 영향을 받게 되어 수요와 공급이 동시에 줄어들어서 가격은 전과 마찬가지로 1억 원에 유지된다. 그러나 거래량은 줄어들어 A_1이 된다. 그러므로 과세된 A자산의 소유자에게 직접적인 귀착은 적어도 단기적으로는 일어나지 않는다.

제 5 절 조세귀착의 여러 측면

1. 경쟁시장에서의 종량세

무수히 많은 개별 기업들로 형성된 경쟁산업 전체, 즉 시장과 개별 경쟁기업과는 구분해서 분석해야 한다. 기업의 총비용(TC)은 가변비용(VC: variable cost)과 고정비용(FC: fixed cost)으로 나눌 수 있다. 기업은 세금을 비용의 일부로 받아들이게 되는데 종량세(t)는 단위당 일정액이므로 생산량에 따라 변하는 가변비용의 일종으로 간주될 수 있다.

$$TC(q)=VC(q)+tq+FC \qquad (12.\ 10)$$

그러므로 종량세의 부과는 한계비용과 평균비용을 올리는 결과를 초래한다. 따라서 시장에서 가격이 그만큼 올라가지 않는다면 생산을 줄이게 되고 심지어는 손실을 견디지 못해 퇴출하는 기업도 생기게 된다. 한편, 시장 전체로서는 공급곡선이 위로 올라가게 되면서 판매량이 줄고 가격이 오르게 된다. 퇴출하는 기업들이 늘어나면서 잔류하는 기업들의 생산량은 다시 전과 같은 수준으로 돌아오게 된다. 과세 후 시장의 균형량과 균형가격은 올라가고 이 산업 내의 개별기업의 수가 줄어들게 되어 이 산업에 남아 있는 개별기업의 생산량은 전과 마찬가지가 된다.

2. 경쟁시장에서의 정액세

정액세(lump sum tax)는 생산량과는 상관없이 납부해야 하는 세금이므로 기업은 이를 고정비용의 일종으로 간주하게 된다.

$$TC(q)=VC(q)+FC+T \qquad (12.\ 11)$$

그러므로 정액세의 부과는 한계비용에는 영향을 미치지 않으면서 평균비용만 올리게 된다.

3. 독점시장에서의 종량세

독점시장에 종량세를 부과하게 되면 법적 귀착이 공급자에게 있는지 수요자에게 있는지에 따라서 한계비용이 올라가거나 수요자의 수요곡선이 밑으로 하향 이동하는 결과를 가져온다. 따라서 독점이윤이 감소하게 되며 소비자의 잉여도 줄어들게 된다. 조세부과로 인한 가격의 상승폭이 커질수록 소비자의 부담이 커지게 되며 부담의 비중은 수요곡선과 공급곡선의 상대적인 기울기에 달려있다. 가격상승폭이 단위당 세금보다 크게 되는 특수한 경우에는 조세부담의 100%이상이 소비자에게 전가될 수도 있다.

4. 생산요소에 대한 조세귀착

1) 노동에 대한 과세

노동에 대한 과세는 주로 근로소득세의 형태가 되므로 종가세이다. 근로자의 노동공급곡선이 단기적으로 비탄력적이라고 본다면, 조세의 부담이 모두 공급자인 근로자에게 귀착된다. 노동공급곡선이 우상향하는 경우에는 노동공급곡선과 기업의 노동수요곡선의 상대적인 탄력도에 의해서 귀착의 정도가 결정된다.

2) 자본에 대한 과세

만약 경제가 완전히 개방되어 있다면 자본의 공급곡선이 완전 탄력적이 되므로 조세부담은 자본의 수요자에게로 귀착된다. 자본에 대한 과세가 이윤에 대해 과세하는 이윤세의 형태를 취할 경우에는 한계비용이나 한계수입에 영향을 주지 않으므로 세전균형과 세후균형이 동일하다. 이 점에 대해서는 제14장에서 법인세에 대한 논의를 보기 바란다. 그러므로 시장의 형태가 완전경쟁이든 독점이든 이윤극대화 조건인 $MR=MC$에는 변함이 없고 따라서 이윤세는 소비자에게 전가되지 않는다.

5. 자본화와 세대 간 조세귀착

토지와 같이 공급이 한정되어 있고 내구성이 강한 자산에 조세를 부과할 경우에는 미래에 발생할 조세부담이 반영되어 자산의 가격이 하락하는 현상이 일어난다. 이와 같이 자산의 가격이 미래에 발생할 조세부담의 현재가치에 해당되는 부분만큼 하락하는 것을 조세부담의 자본화(capitalization)라고 한다는 것을 앞에서 이미 보았다. 조세부담의 자본화가 일어나게 되면, 현재의 토지보유자에게 조세부담이 전부 다 귀착된다. 현재 토지를 보유하고 있다가 세금이 부과된 후에 토지를 팔게 되면, 토지를 판 사람은 세금만큼 싸진 값을 받고 팔게 되므로 결국 세금만큼 손해를 보게 된다. 세금이 부과된 이후에 토지를 산 사람은 미래에 세금을 내더라도 이미 세금만큼 싸게 샀으므로 세금부담을 지지 않게 된다. 그러므로 세금부과 당시의 토지보유자가 토지를 살 사람의 미래의 세금을 미리 내어 준 셈이 된다. 만약 공급에 신축성이 있다면 자본화가 완전하지는 않게 된다.

제 6 절 초과부담의 부분균형분석

1. 보상변화와 대등변화의 개념

선별적 물품세의 부과가 소비자의 소비행동에 미치는 이 두 가지 영향, 즉 실질소득의 감소와 물품의 상대가격의 변화를 효과적으로 분석하기 위해서, 각각에 상응하는 두 가지 유용한 변화의 개념으로, 대등변화와 보상변화가 있다. 물품에 세금을 부과하게 되면 물품의 가격이 달라지게 된다. 물품의 가격이 달라지게 되면 소비자의 수요도 달라지게 되므로 조세부과는 소비자의 선택, 즉 경제행위에 영향을 미치게 된다. 그런데 한 물품의 가격의 변화는 단순히 세금을 부과받지 않은 다른 비과세 물품과의 상대적인 가격의 변화만 가져오는 것은 아니다. 한 물품의 가격의 변화는 명목소득이 전과 마찬가지인 소비자의 실질소득의 변화도 가져온다. 소비자는 상대적으로 가격이 싸진 물품을 전보다 더 구매하려 하는 효과(대체효과)와 가격의 변화로 인한 실질소득의 변화 때문에 수요 자체가 증대하거나 감소하는 효과(소득효과)를 모두 겪게 된다.

그런데 한 물품의 가격의 변화가 가져오는 경제적 행위의 전반적인 변화(가격효과)를 관찰하면서 순전히 가격의 변화로 인한 소비자의 행태의 변화(대체효과)만 알아내기 위해서는 이 중에서 실질소득의 변화로 인한 소비자의 수요의 변화(소득효과)는 제거해야 한다. 이렇게 하는 것을 소비자의 실질소득을 가격이 변화하기(세금을 부과하기) 이전과 동일하게 만들기 위해 보상한다고 한다. 이 때의 보상(compensation)이란 실질소득이 낮아진 경우라면 그만큼 소득을 더해 주는 것을 말하고 만약 실질소득이 높아진 경우라면 그만큼 소득을 앗아가는 것을 말한다. 실질소득을 가격의 변화 이전으로 보상한 다음에 수요곡선을 도출한 것을 보상수요곡선(compensated demand curve)이라고 한다.

세금을 부과함으로 해서 나타나는 경제 행위의 변화를 측정하기 위해서는 보상수요곡선을 사용해서 세금을 부과한 결과로 물품에 대한 수요가 변하는 것을 예측해야 한다. 물품세의 부과는 상품의 가격을 올리게 되므로 소비자의 실질소득을 줄어들게 만든다. 이것은 소비자의 예산선이 안으로 이동하게 만든다. 또한, 세금이 부과된 물품의 가격이 올라가게 되므로 이 물품과 세금이 부과되지 않은 물품과의 상대가격이 달라지게 되며 이것은 곧 소비자의 예산선의 기울기도 달라지게 만든다.

선별적 물품세를 부과했을 경우에 소비자의 행동이 변하는 것을 보통 두 가지 측면에서 파악하게 된다. 그 하나는 실질소득의 수준이 전보다 낮아졌는데 만약 물품의 상대가격이 변하지 않고 그대로였다면 어떤 소비 바구니를 소비자가 선택했을까 하는 점이다. 이것은 곧, 선별적 물품세의 부과로 인해 과세 물품의 가격이 상승한 것과 대등한 효과를 얻기 위해서는 원래의 가격을 그대로 유지하면서 소비자의 소득을 얼마만큼 줄여주면 되는가를 파악하는 것이 된다. 다시 말해서, 원래의 가격을 그대로 유지하면서 대체효과만 제거한 실질소득의 변화분을 말한다고 할 수 있다. 바로 이 소득의 변화분(變化分)을 대등변화라고 부르는데, 대등변화(對等變化; price-equivalent variation)는 원래의 가격을 기준으로 해서 소득을 보상하여, 실질소득이 가격이 변화한 것과 대등하게 만드는데 필요한 소득의 변화분을 말한다. 혹은, 세금의 부과로 인한 상대가격의 변화를 가져오지 않기 위해 소비자가 기꺼이 감수하고자 하는 소득의 감소분이 대등변화라고 풀이할 수도 있다. 또는 물품세를 내었을 경우와 동일한 소비바구니를 소비하게 되면서도, 만약 물품세 대신에 소득세를 낸다면 소비자가 감수해야 하는 소득의 감소분을 말한다고도 할 수 있다.

다른 하나는 선별적 물품세를 부과한 이후에 변화한 가격을 기준으로 해서 실질소득을 보상하여 주는 경우를 생각해 보는 것이다. 이렇게 해서 소비자의 실질소득(또는 무차별곡선으로 나타난 효용수준)을 세금 부과 이전과 같은 실질소득(혹은 효용수준)에서 유지하면서 소비자가 세금으로 인해 변화한 상대가격에 어떻게 반응하여 어떤 소비 바구니를 선택하는가를 파악하는 것이다. 이것은 곧 새로운 가격을 사용하여 소득효과를 제거한, 실질소득의 변화분이라고 할 수 있다. 보상변화(price-compensating variation)는 가격 상승으로 인한 소비자잉여의 감소분에 해당하는 금액을 상대가격의 변화를 가져온 새로운 가격으로 보상해 준 변화분을 말한다.

대등변화와 보상변화의 개념을 〈그림 12-4〉를 통해 좀더 자세히 살펴보도록 하자. 세금이 부과되기 전에는 원래의 '과세 전 예산선'과 원래의 '과세 전 무차별곡선'이 접하는 점 1에서 소비자의 효용극대화가 이루어지고 있다. 그런데 선

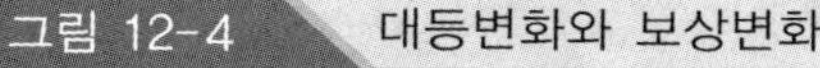
그림 12-4 대등변화와 보상변화

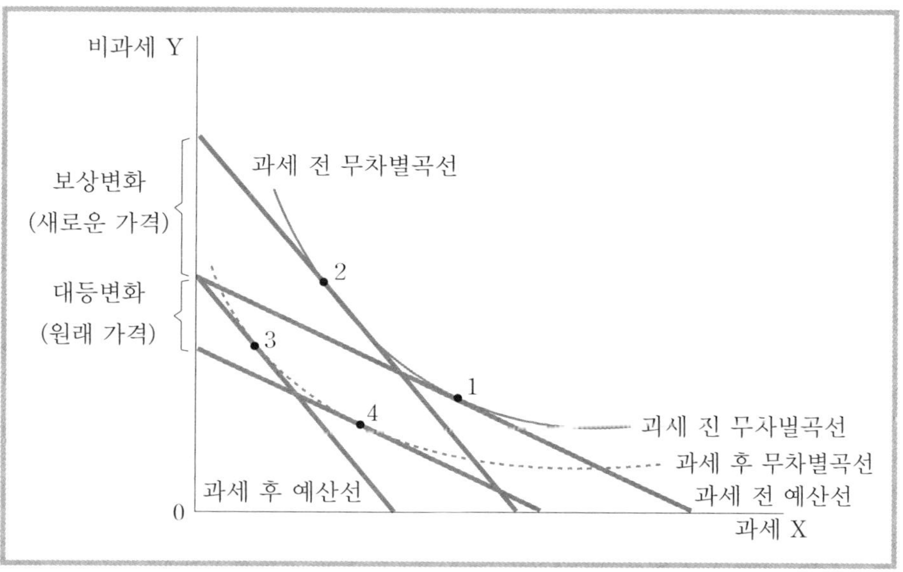

별적 물품세가 재화 X에만 부과되면 X재의 가격이 상승하여 예산선이 '과세 후 예산선'으로 바뀌게 되고 소비자의 균형점도 점3으로 옮겨가게 된다. 소비자의 '과세 후 무차별곡선'에 점4에서 접하는 '과세 전 예산선'과 평행한 예산선을 그려서 원래의 예산선과의 차이를 측정한 변화분이 대등변화이다. 그림에는 Y재화로 측정한 부분을 표시했다. 물품세 부과로 인한 새로운 상대가격을 반영한 '과세 후 예산선'과 평행한 예산선을 '과세 전 무차별곡선'과 점2에서 접하게 하여 과세 전과 같은 실질소득을 유지하도록 하였다. 이 두 예산선의 차이가 과세 후 새로운 상대가격을 사용하면서 실질소득을 과세 전 수준으로 유지하는 데 필요한 변화분을 나타내는데 이것이 곧 보상변화이다. 그림에는 Y재화로 측정한 부분을 표시했다.

2. 초과부담의 개념과 측정

정액세(lump-sum tax)는 조세부과에 반응하여 개인이 자신의 조세부담을 줄일 수 있는 행동을 할 여지가 없으므로 비왜곡적인 조세(nondistortionary tax)라고 한다. 반면에 조세를 부과했을 때, 개인이 이에 반응하여 자신의 조세부담을 줄일 수 있는 어떤 행위를 선택할 수 있게 된다면 조세로 인해 개인의 행위가 왜곡되는 셈이다. 이런 조세를 왜곡적인 조세(distortionary tax)라고 한다. 왜곡적인 조세는 정부가 받는 조세수입의 금전적 가치보다 조세의 부과로 인해 납세자가 상실해야 하는 금전적 가치가 더 커지게 만들기 때문에 왜곡적이라고 한다. 정부가 걷는 조세수입은 민간이 부담하는 것이다. 그런데 조세에는 포함되지 않지만 세금을 내는 과정에서 민간이 부담해야 하는 추가적인 비용이 발생하게 된다면 이것은 조세부담을 초과하는 초과부담(excess burden)이라고 할 수 있다. 다시 말해서, 납세자의 납세액을 초과하는, 납세자의 실질적인 부담 혹은 효용의 감소분을 초과부담이라고 하는 것이다.

물품세를 부과하게 된 재화의 보상수요곡선과 공급곡선을 〈그림 12-5〉에 그려 놓았다. 세금이 부과되면 공급곡선이 부과된 단위세만큼 위로 올라가서 균형점이 점 1에서 점 2로 이동하게 된다. 과세 결과, 균형가격은 P_0에서 P_1로 올라가고 균형량은 Q_0에서 Q_1로 줄어든다. 조세수입은 단위당 세금에 소비량을 곱한 TQ_1가 되지만 소비자와 공급자의 소비자 잉여와 생산자 잉여의 손실분은 그 보

그림 12-5 초과부담

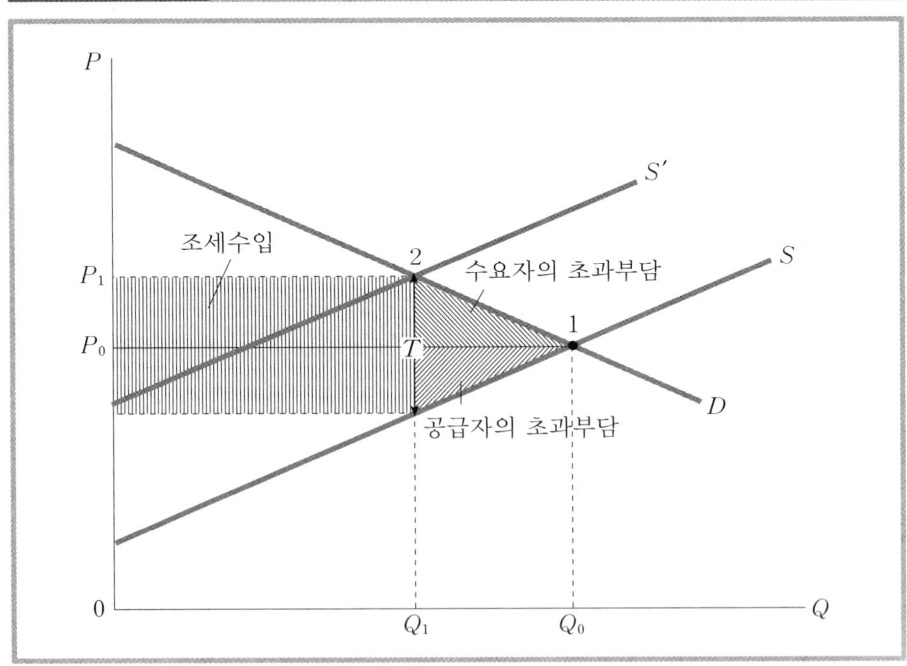

다 더 많은 부분이다. 수요자와 공급자의 초과부담의 합이 곧 이 물품세로 인해 발생하는 총초과부담이 된다.

정부가 걷은 조세수입은 납세자들의 편익을 위한 서비스의 제공이나 공공재 형태로 사회에 다시 되돌려진다. 그러나 조세수입보다 더 많이 희생된 초과부담은 사회에 되돌려질 수가 없으며 영원히 상실된다. 그러므로 이 부분은 세금의 부과로 인해 이 사회에서 없어져 버리는 손실분이라고 해서 초과부담을 사중적 손실(死重的 損失; deadweight loss)이라고도 부른다.

[연습문제 12-3] 수요곡선의 기울기 혹은 탄력도와 초과부담의 크기와는 어떤 상관관계가 있을지 그림을 그려서 밝혀 보고 재화의 대체재적인 성격과 관련한 초과부담에 대한 일반적인 이론 하나를 도출해 보라.

3. 세율 및 탄력도와 초과부담의 크기와 비효율성 계수

한계비용이 일정한 공급이 완전탄력적인 물품에 대한 보상수요곡선을 〈그림 12-6〉에 그려 놓았다. 세금이 부과되기 이전에는 수요곡선과 한계비용선, 즉 공급곡선이 만나는 점에서 P_0의 가격에 Q_0를 소비하고 있다. 이제 물품세를 단위당 T씩 부과하게 되면 한계비용이 T만큼 위로 이동하여 새로운 균형점에서는 더 높아진 가격인 (P_0+T)에 Q_1을 소비하게 된다. 물품세부과로 인해 소비자의 잉여는 사다리꼴 모양의 넓이만큼 줄어들었다. 이 중 직사각형의 넓이로 표시된 조세수입(TQ_1)만큼은 정부가 공공재나 다른 서비스로 사회 내에서 활용하지만, 빗금친 삼각형의 넓이에 해당하는 소비자 잉여의 손실분은 사회 내에서 영원히 사라져버린 사중적 손실이 된다. 직사각형의 넓이에 해당하는 조세수입을 얻기 위해서 희생한 소비자 잉여의 손실은 조세수입을 초과하고 있으며 그 초과분인 사중적 손실이 초과부담이다.

그림에서 초과부담의 크기는 T를 높이로 하고 (Q_0-Q_1)를 밑변으로 하는 삼각형의 넓이로 측정할 수 있다. (Q_0-Q_1)를 $\triangle Q$로 표시하면 초과부담의 크기는 아래와 같은 식으로 표시할 수 있다.

초과부담 $=\frac{1}{2}T\cdot\triangle Q$ 여기서 $T=tP$, 즉 (세액)=(세율)×(가격)으로 놓으면,

$=\frac{1}{2}tP\left(\triangle Q\frac{P}{\triangle \mathrm{P}Q}\right)\frac{\triangle \mathrm{P}Q}{P}$ 여기서 탄력도, $\varepsilon=\triangle Q\frac{P}{\triangle PQ}$라고 하면,

그림 12-6 세율 및 탄력도와의 관계

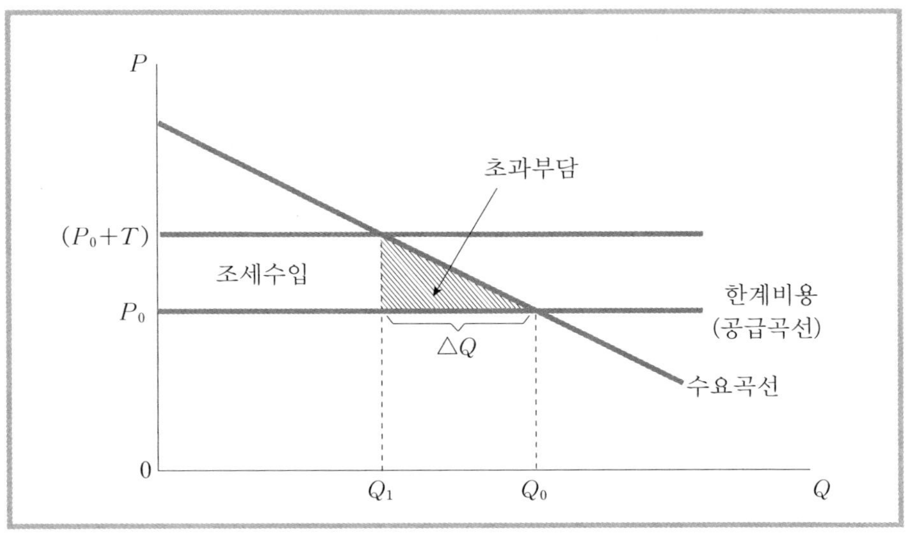

$=\frac{1}{2}tP\varepsilon\frac{\triangle PQ}{P}$ 그런데 세율(t)이란 곧 ($\frac{\triangle P}{P}$)와 같으므로

$=\frac{1}{2}t^2\varepsilon PQ$ 여기서 거래량(PQ)에 세율(t)을 곱하면 조세수입(R)이 되므로

$=\frac{1}{2}t\varepsilon R$로 표시할 수 있다.

다시 말해서, 초과부담은 세율이 클수록, 가격탄력도가 클수록 그리고 조세수입이 클수록 더 커지게 된다고 하겠다. 그리고 초과부담이 세율의 제곱에 비례하게 되므로 특히 세율과 밀접한 관계가 있다고 하겠다. 초과부담이 클수록 더 비효율적인 조세라고 할 수 있다.

조세납부를 위해 납세자가 희생해야 하는 부분이 조세수입을 초과하여 많게 되면 많게 될수록 그런 조세는 비효율적인 조세라고 할 수 있다. 특정 조세의 비효율성 계수(coefficient of inefficiency) 또는 효율성 상실률(efficiency loss ratio)을 초과부담이 조세수입에서 차지하는 비중으로 정의하여 다음과 같이 측정해 볼 수 있다.

$$\text{비효율성 계수}=\frac{\text{초과부담}}{\text{조세수입}}=\frac{\frac{1}{2}t\varepsilon R}{R}=\frac{1}{2}t\varepsilon=\frac{1}{2}(\text{세율}\times\text{탄력도})$$

4. 노동공급의 초과부담

보상노동공급곡선이 〈그림 12-7〉에서처럼 그려져 있고 현재 임금 W_0에서 L_0만큼 노동을 공급하고 있다고 하자. 만약 세율이 t인 노동소득세가 부과된다면 노동공급곡선은 위로 이동하게 되어 임금은 세금만큼 줄어들고 새로운 노동공급량은 L_1이 된다. 여기서 발생하는 초과부담도 앞에서 도출한 것과 마찬가지 식으로 측정해 볼 수 있다. 단, 탄력도가 이번에는 보상된 노동공급곡선의 임금탄력도가 된다. 미국의 1970년대를 대상으로 한 연구에서 미국의 노동공급의 임금탄력도의 범위가 0.04~0.84로 보고 소득세율을 28%로 놓고 계산한 경우에, 초과부담이 2%~12%가 된다는 주장도 있었다.

같은 노동공급에 대한 과세로 인해 발생하는 초과부담에 대해서 개별 노동자의 예산선과 무차별곡선을 통해 다시 한번 분석해 보도록 하자. 가로축을 여가로 놓고 세로축을 소득으로 놓았을 때, 〈그림 12-8〉에서 여가로 사용하지 않은 부분이 곧 노동공급량이 된다. 여가 시간의 (기회)비용은 물론 시간당 임금이 된다. 노동소득에 대한 세금이 부과되지 않고 있다면 효용극대화점은 무차별곡선 I_0과 과세 전 예산선이 만나는 점1이다. 이 때 이 노동자는 선분 $0L_0$를 여가로 소비하고 나머지 시간인 선분 $L_0\bar{L}$를 노동으로 공급한다.

그림 12-7 보상노동공급곡선으로 본 초과부담

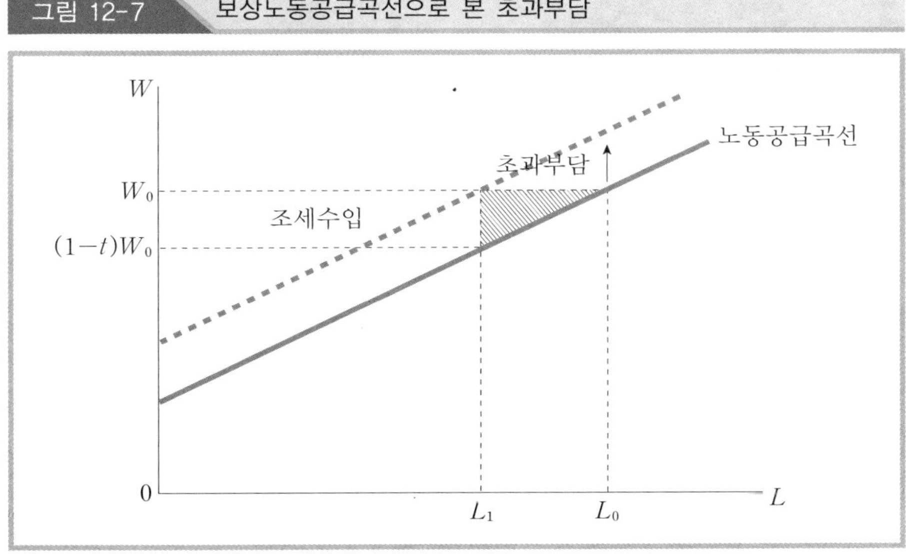

그림 12-8 무차별곡선으로 본 노동소득세의 초과부담

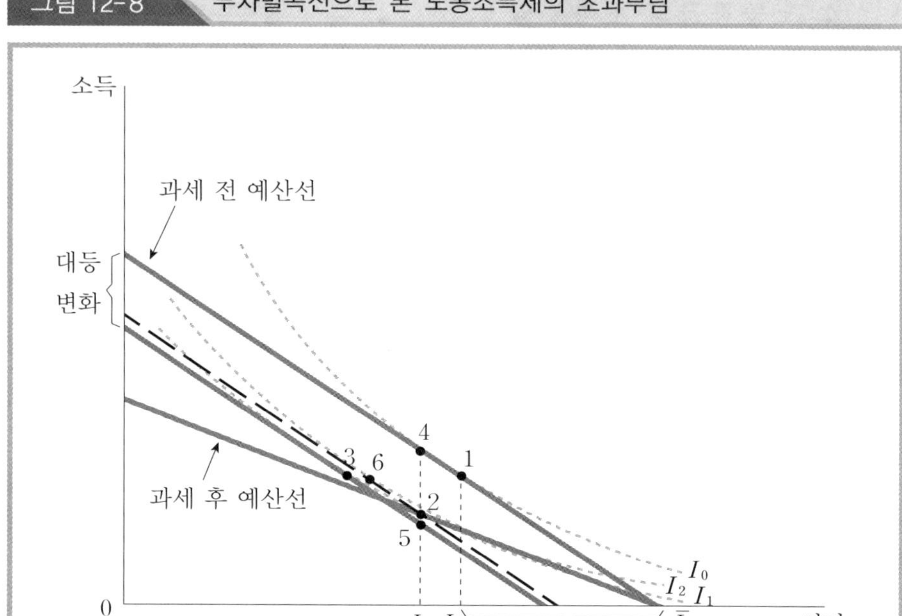

그런데, 소득세를 부과하게 되면 예산선의 기울기가 $(1-t)$만큼 아래로 회전하게 되어 생기는 과세 후 예산선과 무차별곡선 I_1과 접하는 점 2에서 효용을 극대화하게 된다. 이제는 실질 임금률이 줄어들었으므로 여가를 줄이고 노동공급량을 증대시키게 된다. 줄어든 여가량 L_1을 소비하면서 이 노동자가 지불하는 세금의 값어치는 이 L_1점에서의 과세 전 예산선과 과세 후 예산선의 수직거리인 선분 42가 된다. 그러면 이 노동자의 실질소득도 세금의 값어치와 동일한 값만큼 감소한 것일까?

세금이 부과되기 이전의 임금으로 실질소득의 감소를 측정해 보도록 하자. 그러자면 임금이 변하기 이전의 과세전 예산선과 평행한 예산선으로서 과세 후 균형을 이룬 무차별곡선 I_1과 같은 수준의 효용을 얻도록 하기 위한 예산선과 이 무차별곡선이 어느 점에서 접하는 가를 살펴보면 된다. 그림에서 점 3이 바로 그런 점이다. 점 3에서 이 무차별곡선 I_1과 접하는 예산선과 과세 전 예산선과의 차이가 앞에서 소개한 개념인 '대등변화'이다. 대등변화를 세로축에서 측정하여 그림에 표시해 두었다. 세금의 부과로 인해서 이 대등변화만큼 실질소득이 감소한 것이다. 그런데 그림에서 대등변화는 평행한 두 예산선 간의 거리이므로 여가량 OL_1에서는 이 거리가 수직 선분 45로 나타난다. 실질소득의 감소분인 선분 45는 조세수입인 선분 42보다 길며 이 두 선분의 차이인 선분 25가 곧 초과부담이다.

흔히 정액세(lump-sum tax)는 초과부담이 없다고들 한다. 이 그림에서 물품세 대신에 똑같은 조세수입(선분 42)을 가져올 수 있는 액수의 정액세를 부과할 경우에 초과부담이 어떻게 이 경우와 비교되는지를 살펴보도록 하자. 이 경우 납세자의 예산선은 조세수입만큼만 하향 조정되어 점 2를 통과하면서 원래의 과세 전 예산선과 평행한 굵은 점선이 된다. 이 예산선과 점 6에서 접하는 무차별곡선 I_2는 물품세를 부과할 경우의 무차별곡선인 I_1보다 더 높은 효용을 가져오면서 실질소득이 감소한 것과 똑같은 크기로 조세를 부담하게 되어 초과부담이 없다. 이렇게 본다면, 정액세를 부과했을 경우의 납세자의 효용과 물품세를 부과했을 경우의 납세자의 효용의 차이가 곧 초과부담이라고 할 수 있다.

[연습문제 12-4] 만약 소비자에게 완전 보완적인 두 상품이 있다면, 이 중 한 상품에 대해서만 선별적 물품세를 부과했을 경우에 발생하는 초과부담은 얼마가 될지 측정해 보라. 힌트: 이 경우의 무차별곡선을 그려서 분석해 보라.

5. 보조금의 초과부담

초과부담은 과세에서만 발생하는 것이 아니라 정부가 보조금을 줄 경우에도 발생할 수 있다. 세금은 정부가 납세자로부터 걷어 가는 것이지만 보조금은 정부가 국민에게 주는 것인데 무슨 초과부담이 발생할 수 있을 것인가 하고 의아해 할 수도 있다. 그러나 초과부담이라는 개념이 자원의 비효율적인 강제 이동으로부터 발생한다는 것을 이해한다면 보조금을 줄 경우에 발생할 수 있는 초과부담에 대해 짐작이 갈 것이다. 정부가 보조금으로 사용한 자원의 양보다 그 보조금 지급으로 인해 늘어난 소비자 잉여의 값어치가 더 적다면 그 차이만큼이 낭비된 것이고 그것이 보조금의 초과부담이 된다고 할 수 있다. 이것을 〈그림 12-9〉를 통해서 살펴보도록 하자.

정부의 보조금 지급이 없는 상태에서 원래의 공급곡선과 수요곡선이 만나는 점 1에서 P_0가격에 Q_0량을 소비하고 있다. 이제 생산량 1 난위당 일정액의 보조

그림 12-9 보조금의 초과부담

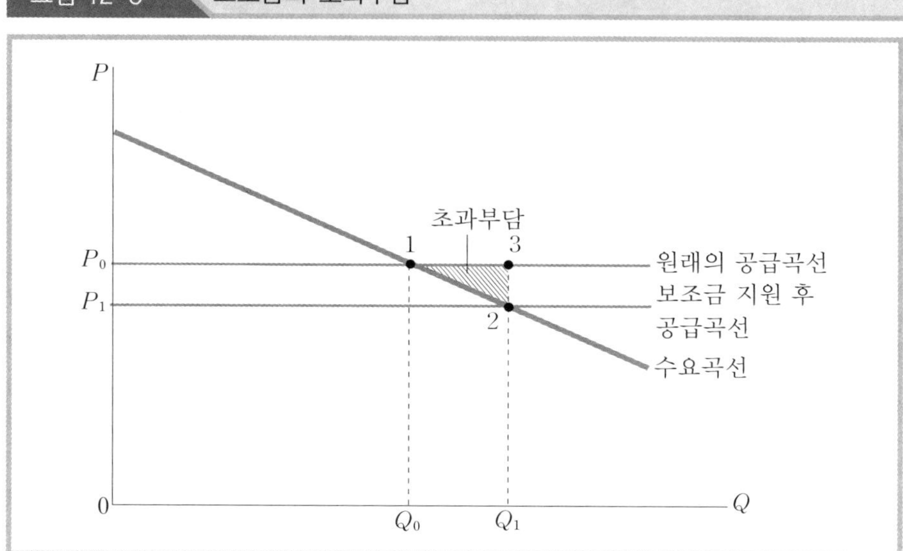

금을 생산자에게 지급하여 공급을 늘리도록 하면 보조금만큼 한계비용이 낮아지는 효과를 가져와서 공급곡선이 아래로 이동하게 된다. 보조금 지급 이후의 공급곡선과 수요곡선이 만나는 점 2가 새로운 균형점이 되어 P_1가격에 Q_1량을 소비하게 되어 소비자 잉여가 사다리꼴 $P_0 12 P_1$만큼 증대된다. 그런데 이를 위해서 사용된 보조금의 크기는 직사각형 $P_0 32 P_1$으로서 소비자 잉여의 증가분보다 삼각형132의 넓이만큼 더 큰 것을 알 수 있다. 그러므로 이 삼각형의 넓이가 보조금이 비효율적으로 사용되어 발생한 초과부담이 된다. 일반적으로 가격보조 형태의 보조금보다 소득보조 형태의 보조금이 자원배분에 대해 중립성을 유지하게 되어 더 효율적이다.

6. 부분균형적 초과부담 측정의 한계

위에서는 초과부담을 부분균형적 분석방법으로 측정하는 것을 보았다. 그러나 부분균형적 분석을 통한 초과부담의 측정에는 다음과 같은 한계가 있다.

1) 자료 측정의 한계: 보상수요곡선의 탄력도를 제대로 파악하기 힘드므로 자료측정이 용이하지 않다.

2) 다른 왜곡의 존재 여부: 이미 조세가 대체재 Y에 부과되고 있는 상태라면 재화 X에 대한 새로운 조세의 부과가 오히려 초과부담을 감소시킬 수도 있다.
3) 조세로 인한 지출이 가져올 후생증대 또는 후생감소를 감안해야 한다. 정부지출이 납세자의 소득에 대한 완전대체재 역할을 한다고 가정하면 조세수입을 그대로 감소된 소비자 잉여나 근로소득과 같게 간주해도 될 것이다. 그러나 그렇지 못한 경우에는 정부지출의 후생효과를 감안해야 정확한 초과부담을 측정할 수 있을 것이다.
4) 불확실성에 대한 고려: 납세자의 후생의 관점에서는 불확실성이 큰 변수가 된다.
5) 일반균형적 효과를 감안해야 한다. 부분균형분석은 다른 부문에 미치는 파급효과는 고려하지 않은 것이다. 다른 부문이나 산업에 미치는 파급효과를 고려한 일반균형분석을 해야 경제 전반에서 발생하는 초과부담의 크기를 측정할 수 있다.

대등변화(price-equivalent variation):

대등변화는 원래의 가격을 기준으로 대체효과만 제거한 것임. 물품의 가격이 선별적 물품세의 부과로 인해 상승하여 상대가격이 달라졌다면, 가격 상승으로 인한 소비자잉여의 감소분에 해당하는 금액을 원래의 가격과 대등한 가격으로 상대가격의 변화없이 측정한 변화분이 대등변화임.

보상변화(price-compensating variation):

보상변화는 새로운 가격을 기준으로 소득효과만 제거한 것임. 가격이 선별적 물품세의 부과로 인해 상승하여 상대가격이 달라졌다면, 가격 상승으로 인한 소비자 잉여 감소분에 해당하는 금액을 상대가격의 변화를 가져온 새로운 가격으로 보상해 준 변화분이 보상변화임.

초과부담(excess burden):

정부가 걷는 조세수입에는 포함되지 않지만 조세가 부과되었기 때문에 민간이 부담해야 하는 추가적인 비용임.

초과부담=(대등변화)−(조세수입).

제 7 절 초과부담의 일반균형분석

1. 경제 전체에서의 효율적인 자원배분의 조건

경제를 크게 생산과 소비로 갈라서 생각해 보면, 경제 전체에서 효율적으로 자원이 배분된다는 것의 의미는 생산과 소비가 모두 효율적으로 수행된다는 것을 말한다. 경제 내의 모든 시장에서 균형이 성립되는 일반균형적 측면에서 생산의 효율성이 유지되려면 등량곡선(isoquant)의 기울기라고 할 수 있는 모든 생산자의 한계기술대체율(MRTS: marginal rate of technical substitution)이 서로 같아야 하며 소비의 효율성이 유지되려면 모든 소비자의 한계대체율(MRS: marginal rate of substitution)이 또한 서로 같아야 한다는 것은 미시경제학에서 잘 알려져 있다. 이 두 조건이 종합적으로 유지되기 위해서는 모든 재화를 다른 재화와 짝지어 살펴볼 경우에 (두 재화를 놓고 본 무차별곡선의 기울기로 볼 수 있는) 한계대체율이 (생산가능곡선의 기울기로 볼 수 있는) 한계변환율(MRT: marginal rate of prod-uct transformation)과 같아져야 한다. 두 재화 X, Y가 있다고 할 때, 이 두 재화가 효율적으로 생산되어 소비되고 있다면, $MRS_{xy}=\frac{P_x}{P_y}=MRT_{xy}$가 성립된다.

2. 일반적 물품세와 선별적 물품세의 차이

초과부담이란 결국 조세의 부과가 경제 상태를 효율적인 자원배분의 조건으로부터 이탈하도록 만들기 때문에 발생하는 것이다. 앞에서는 경제의 전체가 아닌 일부분만 따로 놓고 분석하는 부분균형분석방법을 통해서 초과부담을 측정하는 방법에 대해 살펴보았으므로 경제 전체에서 발생할 수 있는 초과부담은 고려하지 못했다.

경제 전체 또는 조세제도 전반에 걸쳐서 초과부담을 측정하려면 두 가지 접근방법을 생각해 볼 수 있다. 하나는 일반균형모형에 의해서 1원의 추가적인 조세수입이 가져오는 한계초과부담을 측정하는 것이고, 다른 하나는 모든 조세를 정액세로 대체한 가상적인 상황에서 사회후생이 얼마나 더 증대할 수 있는가를 추정하여 그 차이를 측정해 보는 것이다. 그러나 정액세의 부과는 공평성의 관점에서 역진적이 될 수 있으며 현실적으로 정액세의 부과로 인해 다른 여건들이 변화할 수도 있으므로 상대가격이 전혀 영향을 받지 않고 유지된다고도 보기 어렵다.

여기서는 일반균형모형에 따른 초과부담의 발생에 대해서만 살펴보도록 한다. 먼저, 물품세를 모든 재화에 동일한 세율로 부과하는 일반적 물품세(general excise tax)를 부과하게 되면 상대가격은 변하지 않게 되므로$\left(\frac{(1+t)P_x}{(1+t)P_y}=\frac{P_x}{P_y}\right)$ 효율성 조건은 유지된다. 그러나 생산가능성곡선은 〈그림 12-10〉에서처럼 안으로 줄어들게 된다. 이는 민간부문의 생산자원이 공공부문으로 이동해 나갔다는 것을 보여주는 것이다. 생산자원이 이렇게 안으로 이동한 만큼이 조세수입이라고 볼 수 있다.

이제 일반적 물품세 대신 한 재화에만 조세를 부과하는 선별적 물품세(selec tive excise tax)의 경우를 생각해 보자. 일반적 물품세로 걷을 수 있는 것과 같은 조세수입을 유지하면서 한 재화에만 조세를 부과하게 되면 상대가격이 전과는 다르게 $\left(\frac{(1+t)P_x}{P_y}\neq\frac{P_x}{P_y}\right)$ 왜곡되게 된다. 동일한 조세수입을 걷기 때문에 생산가능성곡선이 안으로 들어가는 정도는 마찬가지이지만 무차별곡선이 이 경우에는 안으로 들어간 생산가능성곡선과 접하지 못하고 통과하게 된다. 즉, 효율적인 점에서 소비와 생산이 일어나지 못하게 된다. 왜냐하면 한계대체율이 한계변환율보다 커지게 되어 무차별곡선의 기울기가 생산가능성곡선의 기울기보다 가파르게 되기 때문이다. 그림에서 같은 생산가능성곡선과 접하거나 교차하면서도 일반적 물품세 부과시의 사회적 무차별곡선(social indifference curve)인 SIC_g는 선별적 물품세 부과시의 사회적 무차별곡선인 SIC_s보다 더 위에 위치하게 된다. 이 두 사회적 무차별곡선의 차이가 곧 일반균형적인 관점에서 본 선별적 물품세 부과로 인한 초과부담의 크기이다.

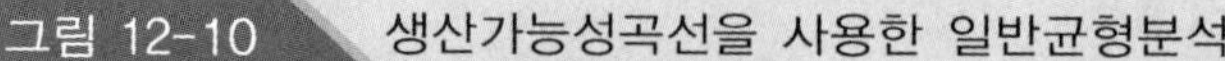
그림 12-10 생산가능성곡선을 사용한 일반균형분석

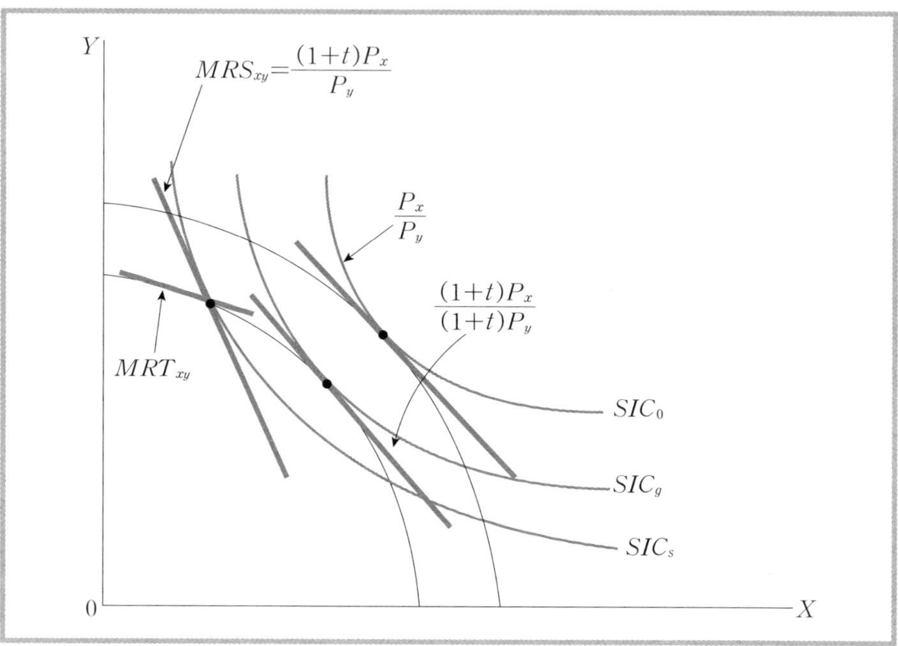

참 고 문 헌

임봉욱, 공공경제학, 비봉출판사, 1996.

Cullis, John and Phillip Jones, *Public Finance and Public Choice*, 2nd edition, Oxford: Oxford University Press, 1998.

Harberger, A.C., "The incidence of the corporation income tax," *Journal of Political Economy*, 70(3), 215-40, 1962.

제 13 장

최적조세 이론

들어가며

효율성이나 형평성의 상실을 최소화하기 위해 어떤 조세를 부과해야 하는가 하는 문제를 푸는 데 있어서의 난관은 이 두 가지가 동시에 개선될 수 있는 성질의 것이 아닐 수도 있다는 점이다. 따라서 이 중 한 가지를 얻기 위해 다른 한 가지를 잃어야 하는 경우가 종종 생기게 된다. 어떤 조세 제도가 가장 적절한 것인가를 분석하기 위해서는 일련의 판단 기준을 세워야 한다. 그런데 모든 기준을 동시에 다 만족시키기 어려운 경우에는 대개 한 가지 목표는 일정 수준에 묶어 두고 다른 한 가지를 최대로 얻는 방식으로 접근하게 된다. 최적조세에 대한 분석은 어떤 조세가 사회 전체 혹은 공동체를 위해서 가장 좋은 조세인가 하는 관점에서 보는 것으로서 사회의 사회후생함수가 어떤 점을 중요시하는가에 따라서 달라질 수 있다.

예를 들어, 사회후생함수가 공리주의적인지 롤즈적인지에 따라 결과적으로 최적으로 선택되는 조세제도가 달라질 수 있다. 우선, 최적조세의 개념에 대해 살펴보도록 한다. 다음으로 소득세와 지출세를 비교해 보도록 한다. 선별적 물품세와 일반적 물품세를 비교하고 램지법칙과 역탄력성 법칙에 대해 설명한다. 그리고 최적 선형소득세와 비선형소득세를 비교해 본다. 마지막으로 최적조세에 대한 비판을 살펴보도록 한다.

제 1 절 최적조세

조세를 부과하는 근본적인 목적은 정부가 조세수입을 확보하도록 하는 데 있다. 그러나 조세를 부과하게 되면 일단 초과부담, 즉 효율성의 상실이 발생할 수 있으며, 누가 과연 조세에 대한 부담을 지게 되는가 하는 귀착의 문제에서 형평성에 대한 논란이 제기될 수 있다. 그러므로 최적조세의 목표는 효율성에만 있는 것이 아니라 형평성에도 있는 것이다. 형평성과 효율성을 적절히 감안하여 어떤 과세대상에 얼마의 세금을 부과하는 것이 가장 적절할 것인가 하는 조세제도의 고안(디자인) 문제가 바로 최적조세(optimal taxation) 문제이다.

납세로 인한 개인 소득의 감소는 납세자인 시민의 개인적인 효용에 부정적인 영향을 미치게 되는 반면 조세수입의 확보를 통한 공공지출과 공공재의 증대는 사회적으로 개인의 효용에 긍정적인 영향을 미치게 된다. 최적조세에는 조세수입을 통한 지출이 사회적으로 미치는 긍정적인 영향을 포함한 개인의 효용이 적절하게 반영되어야 한다. 그리고 최적조세가 되려면 소득분배를 비롯한 개인간의 형평성도 고려되어야 한다. 이런 개인적인 효용의 적절한 반영을 포함한 사회적 후생의 극대화를 달성하기 위해 가장 효율적인 조세를 디자인하는 것이 최적 조세문제의 핵심이라고 볼 수 있다.

개인 차원에서 사회후생의 극대화까지 자신의 효용함수에 포함시키기는 어렵다고 할 수 있다. 그러므로 개인은 자신의 개인적인 효용극대화만 추구하도록 내버려 두고 정부가 사회후생의 극대화를 위한 일정 수준의 조세수입을 확보하는 것을 목표로 조세정책을 수립한다고 볼 수 있다. 따라서 최적조세제도는 사회후생을 극대화하기 위하여 개인의 행위를 유도하는 유인제도의 역할을 할 수도 있다. 그러나 이때의 유인에는 개인의 효용극대화와 사회의 사회후생극대화가 동시에 진행될 수 있도록 하는 유인양립성이 성립하여야 한다. 그러나 그 과정에서 개인의 선택에 사회적 제약이 생길 수 있다. 사회의 사회후생함수가 공리주의적인 것이든 롤즈적인 것이든 아니면 어떤 다른 것이든 간에 사회후생극대화라는 관점에서 볼 때, 각 개인별 한계조세수입분이 한계사회후생과 일치하도록 만드는 것이 효율성 측면의 최적조세의 조건일 수도 있다.

그러나 모든 최적조건을 다 충족시킬 수 없는 경우라면, 한 가지 목표의 충족을 제약조건으로 하여, 나머지 한 가지 목표를 조절하는 방식으로 최적조세문제를 접근할 수도 있다. 예를 들어, 특정 수준의 형평성의 충족을 제약조건으로 한 다음에 이 수준의 형평성을 확보하면서 가장 효율적일 수 있는 조세도 최적조세의 범주에 속한다고 볼 수 있다. 물론, 이 경우에, 아무 제약조건 없이 달성할 수 있는 최고의 효율성보다는 조세의 효율성이 다소 떨어질 수도 있다는 점은 인정해야 한다.

제 2 절 소득세 대 지출세

조세는 민간의 경제적 행위에 최소한의 왜곡이나 교란을 가져오는 것이어야 하고 징세의 행정비용을 극소화하는 것이어야 한다. 응능원칙에 입각해서 말한다면 조세가 납세자의 부담능력을 가장 잘 나타내는 것이어야 한다는 것은 두 말할 나위도 없다. 납세자의 조세부담 능력을 관찰하는 데는 크게 두 가지 방법이 있다. 납세자의 소득과 납세자의 지출, 즉 소비를 관찰하는 방법이 그것이다. 소득은 소비와 저축으로 구성되어 있으므로 전체 소득에 대해 과세하게 되면 저축에도 과세하게 되는 것과 마찬가지이다. 그뿐 아니라, 수평적 형평성 측면에서 총소득이 같은 경우에는 소비성향이 더 큰 사람이 더 적은 소득세를 내게 되므로 형평성에 어긋나게 된다. 또한, 저축은 경제에 투자할 수 있는 자본을 마련해 주는 유익한 행위이므로 과세하는 것은 옳지 않다고 칼도(Kaldor, 1955) 같은 경제학자는 주장했다. 그러므로 소비에만 과세할 수 있다면 더 합리적인 조세가 될 것이라고 볼 수 있다. 그러나 소비에 과세하는 방법으로는 주로 소비되는 물품에 과세하는 간접세적인 방법이 사용되므로 역진적이 된다는 약점이 있다. 그런데 소비되는 물품세(in rem tax) 대신에 소비의 주체가 얼마를 지출하는가에 대한 과세인 지출세(expenditure tax)를 부과한다면 이것은 사람을 과세대상으로 하는 대인세(personal tax)의 형태가 되어 누진과세를 할 수 있게 된다.

2기간 모형을 세워서 납세자의 담세능력을 잘 나타낼 수 있는 소득세와 지출세 중 어느 것이 더 나은 세제인지를 비교해 보도록 하자. 납세자의 제 1 기 또는 현재의 소득과 제2기 또는 미래의 소득을 각각 M_1과 M_2라고 하자. 또한, 납세자의 현재의 소비와 미래의 소비를 각각 C_1과 C_2라고 하자. 아래 첨자 1과 2는 각각 제1기 또는 현재와 제2기 또는 미래를 나타내며 이자율은 r로 표시한다. 현재의 소비와 미래의 소비의 현재가치의 합은 현재의 소득과 미래의 소득의 현재가치의 합과 일치해야 예산이 맞게 된다. 그러므로 2기간을 사는 이 납세자의 평생에 걸친 예산식을 현재가치로 나타내면 아래의 식 (13. 1)이 된다.

$$C_1+C_2/(1+r)=M_1+M_2/(1+r) \quad (13.\ 1)$$

또한 이 예산식을 아래의 식 (13. 2)와 같이 미래가치로 나타낼 수도 있다. 식 (13. 2)는 식 (13. 1)의 양변에 $(1+r)$을 곱한 것이다.

$$(1+r)C_1+C_2=(1+r)M_1+M_2 \quad (13.\ 2)$$

납세자의 효용은 소비로부터 나온다. 만약 2기에는 전혀 소비를 하지 않는다면 1기의 소득과 2기의 소득을 전부 미리 빌려와서, 즉 2기의 소득의 현재가치를 1기에 소비할 수 있다. 각 기간의 소비 또는 소득을 양축으로 하여 1기는 가로축으로 2기는 세로축으로 표시된 좌표 위에 예산선과 무차별곡선을 〈그림 13-1〉과 같이 그려볼 수 있다. 1기의 소비를 보여 주는 가로축 상의 최대 소비가능점과 1기에는 소비가 전혀 없고 2기에만 소비할 경우의 세로축 상의 2기의 최대 소비가능점을 이어주는 직선이 곧 이 두 기간에 걸친 예산선이 된다. 그리고 이 예산선의 기울기는 $-(1+r)$이 된다. 이 그림에서 초기의 부존소득이 W에 있다고 한다면, 이것은 1기의 소득이 M_1이고, 2기의 소득이 M_2 라는 것을 나타내 주는 것이다. 만약 무차별곡선이 I 에서 예산선과 접한다면, 이 납세자는 효용을 극대화하기 위하여 C_1과 C_2를 소비하게 된다. 2기에 얻는 소득 M_2보다 더 많은 소비 C_2를 가능하게 만들기 위해서는 1기에 저축을 해야만 한다. 그림의 가로축에서 1기의 소득 M_1과 1기의 소비 C_1의 차이는 곧 저축이며, 이 저축에 $(1+r)$을 곱한 값만큼 2기의 소비를 늘릴 수 있게 된다.

이제, 이 납세자의 소비에 세율이 t인 비례세적인 지출세를 부과한다면 예산선은 안으로 평행이동하게 된다. 평행이동을 하는 이유는 현재소비와 미래소비의 상대가격이 변하지 않기 때문이다. 간단한 식으로 이것을 다음과 같이 보일

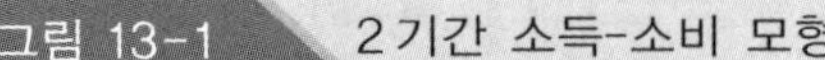
그림 13-1 2기간 소득-소비 모형

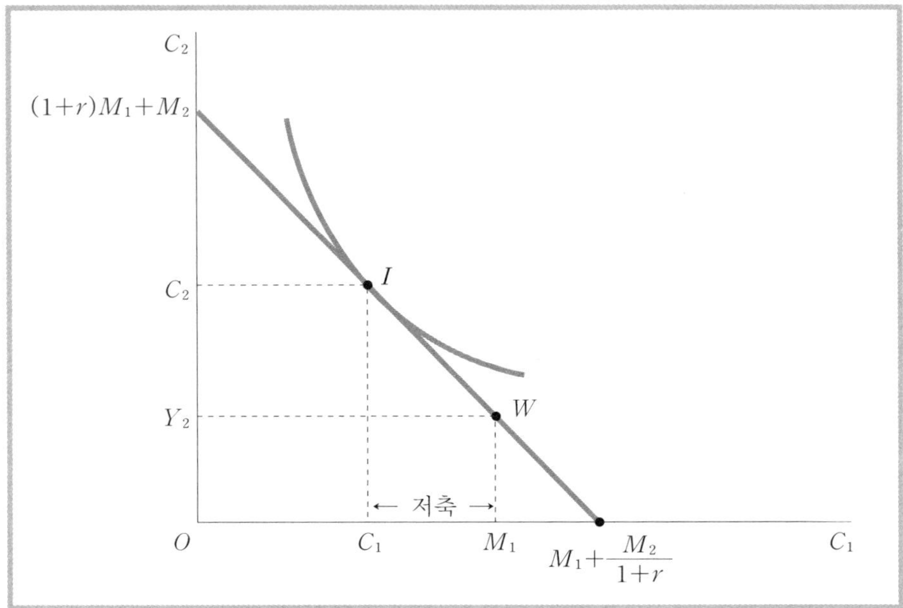

수 있다. 세금을 포함한 소비가 2기간의 소득의 합과 같아야 하므로, 미래가치로 표현한 식 (13. 2)의 좌변에 $(1+t)$를 곱한 값이 우변의 2기간의 소득의 합과 같아져야 한다. 즉, $[(1+r)C_1+C_2](1+t)=(1+r)M_1+M_2$가 성립되어야 한다. 이 식의 양변을 $(1+t)$로 나누면 좌변은 전과 마찬가지이지만 우변은 과세 전에 비해 $1/(1+t)$로 줄어든다. 그러므로 지출세를 부과하는 경우에는 납세자의 예산선만 안으로 이동하는 결과를 가져오게 되어 왜곡이 발생하지 않으므로 효율적인 조세가 될 수 있다.

그러나 소득에 비례세율이 t인 소득세를 부과하기로 한다면 예산선의 기울기가 전과 달라지게 된다. 총소득에 과세하게 되면 자동적으로 이자소득에도 과세하게 되므로 소득세 납부 후의 가처분 소득을 얻기 위해서는 $(1-t)$로 곱해 주어야 한다. 그러므로 미래가치로 표현한 식 (13. 2)의 양변은 다음과 같이 변하여 $[1+(1-t)r]C_1+C_2=(1-t)\{[1+(1-t)r]M_1+M_2\}$가 된다. 따라서 현재의 소비가 미래의 소비에 비해 상대적으로 더 싸지게 되어 2기간의 소비의 상대가격이 이제 변하게 된다. 상대가격이 변하였으므로 납세자는 더 싸진 현재소비를 더 많이 하게 되는 대체효과가 일어나서 저축을 줄이고 차입은 늘리는 등 납세자의 행위에 왜곡이 일어난다. 이에 따른 초과부담의 발생은 소득세가 지출세보다 더 비효율적인 조세임을 보여 준다. 또한, 형평성의 관점에서도 이자소득은 과세하나 차입자의 이자지출은 과세세원에서 공제해 주므로 불공평하다고 할 수 있다.

여기서는 소득세가 임금률에 영향을 미쳐서 노동의 공급이 변화할 수 있다는 가능성과 지출세 과세로 인해 가처분소득이 줄어들어서 노동공급을 증대시킬 수 있다는 가능성은 배제하고 논의하고 있으나, 만약 세금의 부과가 노동공급에도 영향을 미친다면 소득세뿐 아니라 지출세도 여가에 대한 왜곡을 유발할 수 있다.

또한, 저축성향이 높은 사람은 낮은 사람보다 더 많은 이자소득을 내게 되므로 수평적 형평성에 어긋난다. 더욱이, 칼도 같은 경제학자는 저축은 사회에 기여하는 행위이므로 과세하는 것이 바람직하지 않으므로 소득보다는 소비에 대한 과세가 더 나은 조세라고 주장했다. 반면에, 소비세 혹은 지출세를 대인세로 하여 부과할 경우에 소득에서 저축이 차지하는 비중이 높은 부유층의 세부담이 상대적으로 가벼워지게 되어 소득재분배 측면의 누진성을 많이 상실하게 될 우려가 있다. 이를 보완하기 위해 더욱 엄격한 상속증여세를 시행한다면 지출세의 역진성을 크게 우려하지 않아도 될 것이라는 주장도 있다. 그러나 지출세는 여가와 소득 사이의 선택을 교란시키게 된다는 약점이 있으므로 차선의 이론에 입각하여 본다면 반드시 소득세보다 더 나은 세제라고 할 수도 없다.

제 3 절 최적물품세

1. 선별적 물품세와 일반적 물품세

두 재화 X와 Y 중 하나의 재화에만 세금을 부과하면 세금이 부과되지 않은 재화와의 상대가격이 달라지게 되므로 대체효과가 발생하고 이로 인한 초과부담이 발생한다. 그러나 모든 재화에 같은 물품세율(τ)로 세금을 부과하게 되면 상대가격의 왜곡은 일어나지 않게 되므로 재화 간에 초과부담은 일어나지 않는다.

소득을 M 이라고 하면 다음과 같은 식으로 이를 표시할 수 있다.

$$P_x(1+\tau)X+P_y(1+\tau)Y=M \tag{13. 3}$$

그러므로 MRS는 여전히 P_x/P_y가 되어 식 (13. 4)에서처럼 MRT와 일치하게 된다.

$$MRS=\frac{P_x(1+\tau)}{P_y(1+\tau)}=\frac{P_x}{P_y}=MRT \tag{13. 4}$$

2. 일반적 물품세와 재화로서의 여가

소득 M 을 근로소득이라고 하자. 근로소득은 임금률(w)에 일한 시간, 즉 노동시간(L)을 곱해서 계산한다. 그런데 하루 24시간을 모두 일할 수는 없다. 하루에 생리적으로 필요한 잠자는 시간, 식사하는 시간 등을 제외한 총노동가용시간이 L^0로 정해져 있다고 한다면 이 중에서 일부를 노동시간으로 쓰고 나머지는 여가(H)로 쓰는 셈이다. 소비자가 노동공급량을 정하게 되면 자동적으로 노동을 하지 않는 시간, 즉 여가에 대한 소비량도 정하는 것이 된다. 여가를 사기 위한 대가를 치르는 것이 노동공급이라고도 볼 수 있다. 즉, $M=wL=w(L^0-H)$이다. 그러므로 위의 식 (13. 3)을 아래의 식 (13. 5)와 같이 쓸 수 있다.

$$P_x(1+\tau)X+P_y(1+\tau)Y=wL=w(L^0-H) \tag{13. 5}$$

이를 다시 쓰면;

$$P_x(1+\tau)X+P_y(1+\tau)Y+wH=wL^0 \tag{13. 6}$$

위의 식 (13. 6)이 나타내 주는 것은 여가도 다른 물질적인 재화와 마찬가지로 하나의 재화로 취급되어야 한다는 점이다. 여가에 대한 상품가치가 없다면 총노동가능시간을 전부 노동에 투입해야겠지만 아무도 그렇게 하지는 않는다. 다시 말해, 여가는 의식주와 마찬가지로 인간의 생활을 유지하는 데 있어서 가장 필수적인 필수품의 하나이다. 그런데 여가는 다른 물질적인 재화와는 달리 공급자가 바로 자신인 셈이고, 사람마다 생리적으로 필요한 시간이 다르므로 각자가 정확히 얼마만큼의 여가를 사용하고 있는지 정확하게 측정하는 것이 불가능하다. 이를 거꾸로 말하면 현실적으로 임금률에 노동시간을 정확히 곱하여 소득을 계산하는 노동력은 임시직이나 일용직 등 극히 일부에 불과하고 근로자의 노동시간이 정확하게 얼마인지를 통계상으로 쉽게 파악할 수 없다는 것이다. 그러므로 여가에 다른 재화와 같은 세율로 과세할 수 없게 되므로 일반적 물품세를 부과하는 것이 사실상 불가능해진다. 따라서 모든 물질적 재화와 여가 간에는 과세로 인한 상대가격의 왜곡이 생기게 되므로 초과부담이 발생하게 된다. 재화 X와 Y의 관계에서 위의 식 (13. 4)는 여전히 성립하지만 각 재화와 여가(H)와의 관계에서는 아래의 식 (13. 7)과 식 (13. 8)에서 볼 수 있듯이 상대가격의 왜곡이 생긴다.

$$MRS_{XH}=\frac{P_x(1+\tau)}{w}>\frac{P_x}{w}=MRT_{XH} \qquad (13.\ 7)$$

$$MRS_{YH}=\frac{P_y(1+\tau)}{w}>\frac{P_y}{w}=MRT_{YH} \qquad (13.\ 8)$$

여가도 소비자가 소비하는 상품이라고 볼 수 있지만 여가를 사고파는 시장도 없으며 여가의 소비량을 정확하게 측정할 수도 없다. 콜렛과 헤이그(Corlett and Hague, 1953)는 여가 이외에 모든 상품에 대해 물품세를 부과하게 된다면, 여가와 보완적인 상품에 높은 세율을 적용하고 여가와 대체적인 상품에 대해서는 낮은 세율을 적용하여 여가에 대해 간접적으로 과세하는 것이 효율성을 높이는 길이라고 주장했다. 어떤 이유에서 세율을 달리하는 것이 더 효율적일 수 있는지 알아보도록 하자.

3. 램지 법칙

물품세를 부과할 경우에 발생하는 초과부담을 되도록 최소화하려면 위에서 보았듯이 같은 세율로 조세를 부과하는 것이 과연 맞는 것일까? 두 가지 재화가 있다고 하자. 논의를 단순화하기 위해 한계비용이 일정하다고 가정하면, 앞의 12장에서 도출한 결과에 따라 각 재화로부터 발생하는 초과부담은 각각 아래 식 (13. 9)와 같다.

$$EB_x = \frac{1}{2} e_x \tau_x^2 P_x X, \qquad EB_y = \frac{1}{2} e_y \tau_y^2 P_y Y \tag{13. 9}$$

두 재화로부터 조세수입(R)을 확보하면서 두 재화로부터의 초과부담의 합을 최소화하기 위해서는 두 재화에 대한 세율을 추가적으로 올려서 생기는 추가적인 조세수입당 추가적인 초과부담이 일치하도록 만들면 된다. 세율의 증대로 인한 추가적인 초과부담은 식 (13. 10)이 된다.

$$\begin{aligned} \partial EB_x / \partial \tau_x &= e_x \tau_x P_x X \\ \partial EB_y / \partial \tau_y &= e_y \tau_y P_y Y \end{aligned} \tag{13. 10}$$

조세수입은 $R = \tau_x P_x X$이므로 세율을 올려서 얻게 되는 추가적인 조세수입은 아래 식 (13. 11)과 같이 구할 수 있다.

$$\begin{aligned} \partial R / \partial \tau_x &= P_x X \\ \partial R / \partial \tau_y &= P_y Y \end{aligned} \tag{13. 11}$$

그러므로 두 재화 X재와 Y재에 대한 세율을 추가적으로 올림으로 해서 생기는 추가적인 조세수입당 추가적인 초과부담은 X재와 Y재에 대한 식 (13. 10)을 식 (13. 11)로 나눈 것이 되고 이 둘이 일치하도록 만들면 식 (13. 12)가 된다

$$e_x \tau_x = e_y \tau_y \tag{13. 12}$$

그런데 탄력도(e_x)는 $e_x = \dfrac{dx/X}{dP_x/P_x} = \dfrac{dx/X}{\tau_x}$ 그리고 $e_y = \dfrac{dy/Y}{dP_y/P_y} = \dfrac{dy/Y}{\tau_y}$ 이므로

$e_x \tau_x = dx/X$ 그리고 $e_y \tau_y = dy/Y$가 된다. 따라서,

$$\frac{dx}{X} = \frac{dy}{Y}. \tag{13. 13}$$

위의 식 (13. 13)이 시사하는 것은 과세된 모든 상품에 대한 수요를 똑 같은 비율로 줄이도록 만드는 조세가 초과부담을 최소화하는 최적조세라는 점이다. 이것이 바로 램지(Ramsey, 1927)가 처음으로 수학적으로 증명한 최적조세의 법칙인 램지 법칙(Ramsy Rule)을 단순화해서 설명한 것이다.

4. 역탄력도 법칙

앞에서 본 램지 법칙을 따르게 되면 모든 물품에 반드시 똑같은 세율로 과세하게 되지는 않는다. 이 점을 조금 다른 각도에서 보기 위해 식 (13. 12)를 아래의 식 (13. 14)로 바꾸어 놓고 생각해 볼 수 있다.

$$\frac{\tau_x}{\tau_y} = \frac{e_y}{e_x} \tag{13. 14}$$

위 식이 시사하는 바는 탄력도가 높은 재화에는 낮은 세율을 적용하고 탄력도가 낮은 재화에는 높은 세율을 적용하면 초과부담을 최소화할 수 있다는 점으로서 이를 역(逆)탄력도 법칙(inverse elasticity rule)이라고 한다. 탄력도가 낮은 재화는 대개 필수품으로서 저소득층에게는 총소비 중 큰 비중을 차지한다. 탄력도가 높은 재화는 대개 고소득층이 소비하는 사치품이다. 이렇게 수요가 비탄력적인 재화에 더 높은 세율을 적용하고 수요가 탄력적인 재화에 더 낮은 세율을 적용하는 것은 역진적이어서 효율성은 높을지 몰라도 형평성은 낮아진다.

[연습문제 13-1] 공급곡선이 수평이라는 가정 아래에서의 두 재화 X와 Y에 대한 램지 법칙을 라그랑지 함수를 써서 도출해 보도록 하라.

램지 법칙(Ramsy Rule):

과세된 모든 상품에 대한 수요를 똑같은 비율로 줄이도록 만드는 조세가 초과부담을 최소화할 수 있음.

역탄력도 법칙(inverse elasticity rule):

탄력도가 높은 재화에는 낮은 세율을 적용하고 탄력도가 낮은 재화에는 높은 세율을 적용하면 초과부담을 최소화할 수 있음.

제 4 절 최적소득세

1. 일반적 물품세와 소득세

일반적 물품세는 소득세와도 같은 효과를 가져온다. 다시 말해서 위의 여가를 제외한 모든 물품에 동일한 세율로 과세하는 식 (13. 3) 대신 아래의 식 (13. 15)에서와 같이 소득의 일부를 세금으로 걷어감으로써 물품세를 부과했을 경우에 구입할 수 있는 양과 똑같이 줄어든 양을 살 수 있을 정도의 소득만 남기도록 소득세를 떼어내는 것과 같게 된다. 이때의 소득세율(ϕ)은 물품세율(τ)과 동일하지는 않게 된다.[1)]

$$P_xX+P_yY=\frac{M}{1+\tau}=(1-\phi)M \qquad (13.\ 15)$$

또한, 식 (13. 5)와 식 (13. 15)로부터 아래와 같은 식을 도출할 수 있다.

$$P_xX+P_yY+(1-\phi)wH=(1-\phi)wL^0 \qquad (13.\ 16)$$

임금률에 대한 소득세를 부과할 경우에도 여가에 대한 가격이 왜곡되게 되므로 초과부담이 발생하게 된다. 소득에 대한 과세로 인해 노동의 공급에 영향을 주게 되어 초과부담이 발생하게 된다. 그러므로 여가를 포함한 모든 재화에 동일한 세율로 과세하는 것은 불가능하며 초과부담은 발생할 수밖에 없다. 과연 어떤 특성을 가진 소득세가 그래도 초과부담을 최소화하면서 필요한 세수를 확보할 수 있는 조세가 될 수 있을 것인가? 우선, 선형과 비선형 소득세로 나누어 살펴보도록 하자.

2. 최적선형 소득세

멜리스(Mirrlees, 1971)의 연구에 의하면 최적소득세는 낮은 수준의 소득에서

1) 세금은 세전소득에서 세후소득을 뺀 것이 되므로 식 (13. 15)에서 세금$=M-M/(1+\tau)=$

는 조세가 음(陰, -)이 되며 대략 일정한 한계세율을 유지하면서 전체적으로는 누진적이 되는 선형 조세 형태에 가깝다고 한다. 이런 유형의 조세는 무소득자에 대한 보조금 혹은 부(負)의 소득세(negative income tax)를 포함한 아래 〈그림 13-2〉와 같은 선형 조세 형태가 된다. 이 경우에 세금은 아래의 식 (13. 17)과 같은 식으로써 볼 수 있다. 그림에서 직선의 기울기가 한계세율이며 일정하다.

$$T = -S + \phi M \qquad (13.\ 17)$$

세금을 전혀 안 내어도 되는 면세한계소득은 $0 = -S + \phi M$으로부터 구할 수 있다. 예제를 통해 이를 살펴보자.

[예제 13-1] $T = -200 + 0.2M$이고 소득 $M = 500$, 2000, 3000이 되는 세 경우에 각각 세금은 얼마이며 평균세율은 얼마가 되는가? 이 조세는 누진성이 있는가?

[풀이] $M = 500$이면 $T = -200 + 0.2(500) = -100$이다. 즉, 이 경우는 정부로부터 부의 소득세 100을 받게 되어 소득이 600(=500+100)이 된다. 평균세율은 $T/M = -100/500 = -0.2$로 마이너스 20%이다. $M = 2000$이면 $T = -200 + 0.2(2000) = 200$이다. 그리고 평균세율은 200/2000으로 10%이다. $M = 3000$이면 $T = -200 +$

그림 13-2 최적선형 조세

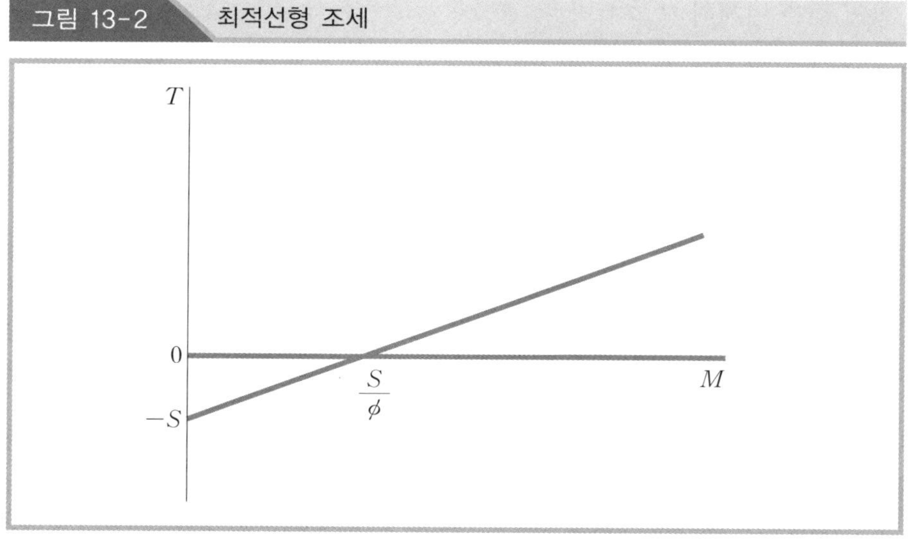

$[\tau/(1+t)]M$이 된다. 따라서 소득세율과 물품세율의 관계는 $\phi = [\tau/(1+t)]$이 된다.

0.2(3000)=400이다. 그리고 평균세율은 400/3000으로 13%이다. 소득이 증대함에 따라 평균세율도 증대하므로 누진성이 있다.

선형 소득세의 경우, 과세로 인한 초과부담을 최소화하면서 사회후생함수에 따른 후생을 극대화하기 위한 소득재분배의 실현을 위해서 얼마의 보조금(S)과 세율(ϕ)을 정해야 적절한 것인지를 알아야 하는데 이것은 그 사회의 후생함수에 의해 정해진다고 볼 수 있다.

3. 최적비선형 소득세

한계세율이 소득에 따라 변할 수 있는 세제가 비선형 소득세제이다. 최적비선형 소득세제도 전체적으로 누진성이 있으되 한계세율이 1을 초과해서는 안 된다는 일반적인 요건을 충족시켜야 한다. 또한, 최저소득자의 한계세율은 0이어야 한다는 요건도 충족시켜야 한다. 한계세율이 소득에 따라 변한다면 당연히 소득이 클수록 더 높은 한계세율을 적용받아야 할 것으로 생각하기 쉽다. 그러나 최고소득자의 마지막 한 단위의 소득에 대해서는 한계세율이 0이어야 최적성이 이루어질 수 있다는 것이 시드(Seade, 1977)가 발견한 점이다. 〈그림 13-3〉을 통해 이 점을 이해해 보도록 하자.

그림에서 예산선 L^0X^0는 과세하기 전의 여가(H)와 기타 모든 재화(X)의 가격으로 표시된 예산선이다. 이제 소득세를 부과하게 되면 예산선의 기울기는 w/P_x에서 식 (13. 18)에서 처럼 더 작아져서 과세 후 예산선은 원점방향으로 기우는 곡선 L^0X'이 된다.

$$\frac{w}{P_x} > \frac{w[1-\phi(wL)]}{P_x} \text{ 그리고 } 0<\phi(wL)<1\text{이며 } \phi'(wL)>0\text{이다.} \tag{13. 18}$$

위 식의 마지막 항은 한계세율은 임금률에 노동시간을 곱한 값, 즉 소득에 따라 변하는데 소득이 높을수록 더 높아진다는 특성을 표시한 것으로서 이 특성 때문에 예산선이 원점으로 기우는 곡선이 된다. 과세 후 예산선과 최고소득자의 무차별곡선 I_0가 접하는 점이 E_0로서 이때 조세수입은 세전 예산선의 점 1과 E_0를 이어주는 선분의 길이가 된다. 최고소득자를 제외한 모든 사람들도 다 각자

그림 13-3 비선형 소득세(최고소득자의 경우)

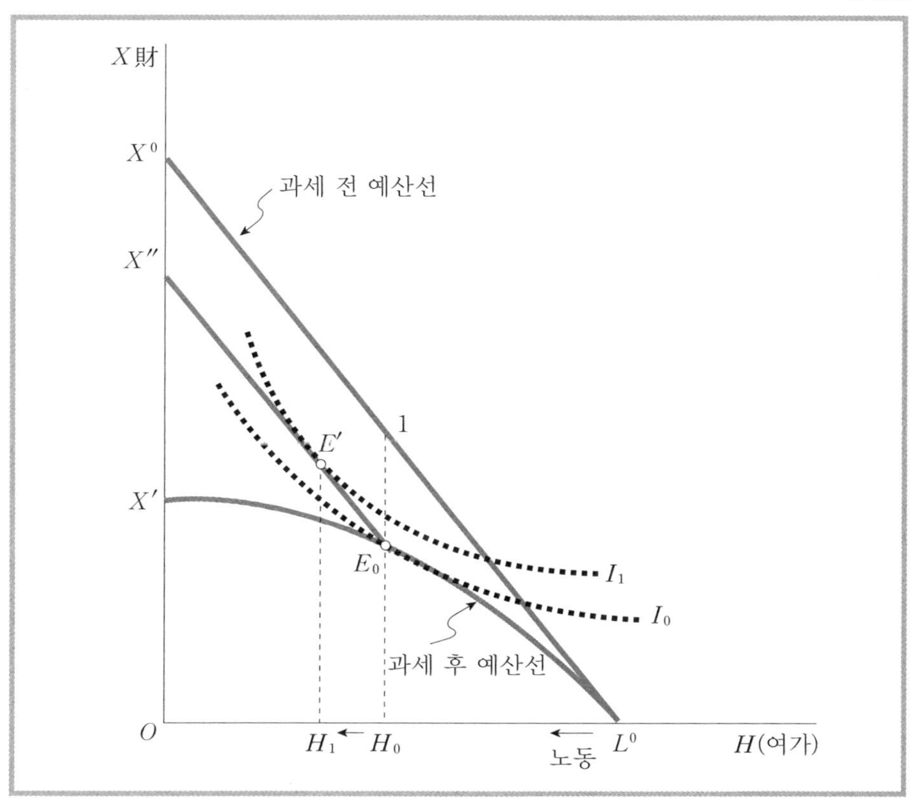

가장 효용을 극대화하는 균형상태에 도달해 있다고 한다면 E_0가 파레토 최적인 점일 것으로 속단하기 쉽다.

그러나 과연 이 점이 파레토 최적인 점인가를 알아보기 위해서는 조세수입을 현재의 상태로 유지하면서 (즉 다른 사람들에게 피해를 주지 않으면서) 최고소득자가 다르게 행동함으로써 자신의 효용을 더 높일 여지가 있는지를 살펴보아야 한다. 조세수입을 그대로 유지하기 위해서 E_0에서 세전 예산선과 평행한 예산선 E_0X''를 그려보면 E_0에서 보다 더 높은 무차별곡선 I_1과 접하는 E'를 발견할 수 있다. 그러므로 정부가 최고소득자로부터 걷는 조세수입을 현재상태로 유지한다면 (즉 지금부터 최고소득자가 벌어들이는 추가적인 소득에 대해서는 더 이상 추가적인 세금을 걷지 않는다면 다시 말해서 한계세율=0을 적용받게 된다면) 최고소득자는 사신의 여가를 H_0에서 H_1으로 줄이고 그만큼 노동량을 늘려서 소득을 더 창출하는 것이 자신의 효용을 높이게 되는 것이다. 이것은 또한 다른 누구의 효용도 줄어들지 않으면서 사회 전체의 생산량을 늘리는 일이 되므로 파레토 개선이 된다. 따라서 최고소득자의 한계세율을 0으로 했을 때 도달할 수 있는 새로운 균형점 E'에 도달할 수 있도록 하는 조세가 최적비선형 조세라고 볼 수 있다.

제 5 절 최적조세에 대한 비판

최적조세는 조세 자체의 효율성과 형평성뿐 아니라 행정제도로서의 편이성과 조세징수비용의 경제성도 감안해야 한다. 일 예로, 납세자가 조세를 납부하는 과정에 드는 노력과 시간 등도 감안한다면 조세제도는 단순할수록 좋은 것일 수 있다. 그리고 조세제도가 복잡하고 조세부담이 과다하다든가 형평성에 어긋난다면 납세자가 조세납부를 회피하려 하여 순응비용(compliance cost)이 커질 것이다. 이런 측면에서는 단일세가 괜찮은 대안이라고 주장하는 사람들도 있다. 어떤 형태의 조세제도를 채택하든, 효율성과 형평성을 고려한 조세를 디자인하는 것이 최적조세의 목표일 것이다. 그런데 조세 자체의 최적성만 추구하다보면 잃게 되는 것이 적지 않다는 비판도 만만치 않다. 아래에 몇 가지 대표적인 비판을 정리해 보았다.

1) 윤리적 문제

최적조세는 결과를 중시하므로 과정을 무시하게 되는 면이 있다. 효율성과 형평성의 달성이 목표이기는 하지만 정의로운 조세제도가 되기 위해서는 과세의 과정과 규칙에 주목할 필요가 있다. 정의로운 과정이 간과되어서는 안 된다.

2) 후생문제

사회후생을 분석하는 데 있어서 단순히 여가와 재화의 소비량만을 비교해서는 제대로 된 후생을 반영하지 못하는 것일 수도 있다. 소비수준과 소비수준의 변화를 구분해야 제대로 된 분석을 할 수 있다. 재화의 소비수준은 그 재화로부터 얻는 편리함은 측정되지만 그 재화를 얼마나 즐기는가 하는 것은 소비수준이 지속적으로 증대 또는 향상하고 있는가에 달려 있다는 것이다. 또한 다른 사람과의 상대적인 소비의 수준도 사람들의 효용에 영향을 미칠 수 있을 것이다. 그렇다면 최적비선형조세에서 최고소득자의 효용이 더 높아진다면 비록 조세수입은 전과 같더라도 그 이하의 소득을 버는 사람들이 상대적으로 더 가난하다고 느껴서 그들의 효용을 감소시킬 수도 있게 된다. 그렇다면 위 〈그림 13-3〉에서 균형점 E_0가 이미 파레토 최적인 점이 될 수밖에 없으며 최적비선형조세에서 최고소득자의 한계세율을 0으로 만들어 주어야 한다는 요건이 불필요해질 것이다.

3) 일반균형적 고려

단순히 조세부과로 인한 초과부담뿐 아니라 과세로 인해 야기될 수 있는 투자감소, 임금인상 압박 등 왜곡될 수 있는 경제행위로 인한 비용도 고려되어야 사회 전체의 후생이 전반적으로 반영된다고 볼 수 있을 것이다.

4) 행정상의 어려움

현실적으로는 개인들의 효용수준을 파악하기가 불가능할 것이고 사회후생의 최대화를 위하여 초과부담을 최소화하는 최적조세를 계산하기가 쉽지 않을 것이다. 없던 조세를 새로 만들어 부과하는 경우라면 새로운 조세를 부과하는 데 들어 갈 행정비용도 초과부담에 추가하여 감안해야 할 것이다.

5) 정치적 고려

정부는 납세자의 의사와는 무관하게 세수를 늘리려 할 수 있다. 이런 경우 정부의 세수 극대화를 억제할 필요성이 있다.

6) 지대추구 문제

정부가 특정 재화에 과세하려 할 경우에 소비자나 생산자나 가능하면 이를 막으려고 할 것이다. 그러나 이 특정 재화는 소비자에게는 여러 재화 중 하나에 불과하지만 생산자에게는 사활이 달린 문제일 수도 있다. 그러므로 소비자는 단결하여 과세를 반대할 유인도 결속력도 별로 없을지라도 생산자는 단결하여 정부요로에 로비하여 자신이 생산하는 재화에 대한 과세를 막으려 할 것이다. 과세를 막기 위한 로비를 위해 생산자가 지출할 최대의 금액은 세금이 부과되면 그가

그림 13-4 생산자의 과세방지 지대추구

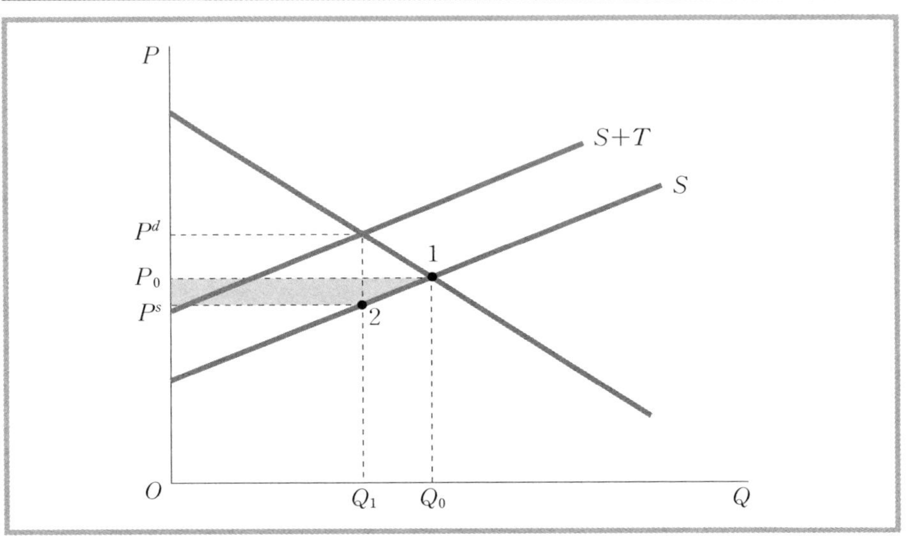

잃게 될 생산자 잉여로 〈그림 13-4〉에서 역사다리꼴 면적 P_0P^s12에 해당할 것이다. 이 예에서 생산자의 이런 지대추구를 막을 제도적 장치가 필요한 것처럼, 실제 조세제도의 운영을 공공선택론적인 관점에서 본다면, 정치적 역량이 큰 경제주체 혹은 이익집단을 위해서 가장 최적인 조세를 디자인하도록 만드는 이익집단의 사익추구 압력을 어떻게 사전에 견제할 수 있도록 제도를 마련하는가 하는 문제가 최적조세 디자인 문제의 새로운 초점으로 중요시되어야 할 것이라고 지적할 수 있다.

경 제 학 자

1) 램지(Frank Ramsey, 1903~1930)

영국의 캠브리지 대학에서 공부했으며 졸업 후, 수학자였던 아버지처럼 모교의 수학 강사로 일했다. 27세로 요절한 그는 평생 경제학에 대해 세 편의 논문을 썼다. 주관적 효용에 대한 논문(1926)과 최적조세에 대한 논문(1927) 그리고 최적 일부문 성장에 대한 논문(1928)이 그것이다. 램지는 키가 컸고 배가 나왔으며 황달을 앓다가 세상을 떠났다.

참 고 문 헌

Corlett, W. and D. Hague, "Complementarity and the excess burden of taxation," *Review of Economic Studies*, 21: 21-30, 1953.

Kaldor, N., *An Expenditure Tax*, London: Allen and Unwin, 1955.

Mirrlees, J., "An exploration in the theory of optimal income taxation," *Review of Economic Studies*, 38: 175-208, 1971.

Ramsey, F., "A contribution to the theory of taxation," *Economic Journal*, 37: 47-61, 1927.

Seade, J. "On the shape of optimal tax schedules," *Journal of Public Economics* 7: 203-236, 1977.

Stiglitz, J. *Economics of the Public Sector*, 3rd ed., New York: W.W. Norton & Company, 2000.

제14장

직 접 세

들어가며

직접세 중 가장 큰 비중을 차지하는 것이 소득세와 법인세이다. 따라서 이 장에서는 소득세와 법인세에 대해서는 비교적 상세히 여러 제도적 측면과 현행 세율 등을 알아보도록 한다. 영업소득자의 표준소득률, 원천징수율, 소득세의 공제제도와 종합소득세의 과세체계 등에 대해 살펴본다. 법인세의 부과근거와 귀착에 대해 그리고 재무구조에 대한 법인세의 영향, 법인세의 소득공제와 세액감면과 세액공제제도 등에 대해 알아본다. 그리고 상속세, 증여세, 부당이득세, 자산재평가세 등 기타 직접세에 대해서도 간략히 살펴보도록 한다.

제 1 절 소 득 세

1. 소득의 정의

소득세(income tax)를 처음으로 부과하기 시작한 나라는 영국으로서 1842년부터 과세하기 시작했다고 하며 누진소득세는 1907년에 도입되었다고 한다. 미국에서는 1913년부터 연방소득세를 본격적으로 걷기 시작했고, 프랑스는 1914년부터 독일은 1920년부터 소득세를 부과하기 시작했다. 우리나라에서는 일제강점시대인 1926년에 소득세를 과세하기로 결정해서 1934년부터 실시해서 1945년까지 분류소득세를 부과했다. 독립 후 1954년까지 분류소득세와 종합소득세를 병행하다가 1959년에는 종합소득세를 폐지했고 1975년부터는 분류과세에서 종합과세로 전환했다.

소득과세에 있어서 무엇보다도 수평적 형평성과 수직적 형평성이 지켜져야 납세자들이 서로 불만 없이 소득세에 순응할 수 있을 것이다. 근로소득만 있는 사람과 근로소득 외에 다른 소득이 있는 사람에게 근로소득이 서로 같다고 해서 근로소득에만 똑같이 과세한다면 이는 수직적 형평성에 어긋나는 일이다. 소득이 많은 사람이 더 많은 세금을 내도록 하기 위해서는 모든 종류의 소득이 포괄적으로 포착되어야 한다. 가장 포괄적인 소득을 포착하여 담세능력을 정확히 측정하기 위해서는 소득을 유량(flow)의 개념으로 보아서 일정 기간 중 발생한 개인의 소비력과 자산의 순증가를 화폐가치로 측정하는 것이 필요하다. 이미 1930년대에 헤이그와 사이먼즈(Haig-Simons)는 발생주의(accretion)에 입각해서 소득을 일정 기간 동안에 경제주체가 획득한 경제적 이득 또는 일정 기간 동안의 소비지출과 자산의 순가치의 변화분이라고 보았다. 발생주의란 소득의 발생기준에 근거하여, 자산의 매각이 이루어지지 않아서 실제로 소득이 실현되지는 않았어도, 자산의 가치의 증가가 인정되기만 한다면 소득으로 포함시켜야 한다는 입장을 말한다.

어떤 소득을 얼마나 세원으로 포착할 수 있는가 하는 것은 당연히 과세대상의 소득을 어떻게 정의하는가에 따라 달라진다. 현재 우리나라의 소득세법상의 소득은 위에서 본 발생주의에 입각한 포괄적 소득의 개념과는 거리가 있다. 시장에서 이루어지지 않는 경제행위에 대해서는 그 가치를 정확히 평가하기가 어렵기 때문에 시장에서 이루어진 거래의 결과로 실현된 소득만 과세대상으로 삼고 있다. 다시 말해서, 우리나라의 세제에서는 주로 실현주의(realization)에 입각해서 소득을 정의하고 발생주의적 관점의 소득은 단지 보완적으로 채택하고 있을 뿐이다. 소득에는 현금소득, 현물소득, 자본이득을 포함시킨다. 자본이득(capital gains)이란 구입시점의 자산가치에 비교해서 본 현시점에서의 자산가치의 상승분을 말한다. 자산은 실물자산(토지, 건물, 기계)과 금융자산(주식, 채권)을 모두 포함한다. 그러나 현실적으로는 실현되지 않은 자본이득은 과세대상으로 삼고 있지 않다. 단, 토지에 대해서만 발생기준으로 토지초과이득세를 부과하고 있다. 그리고 주식에 대해서는 실현된 자본이득에 조차도 과세하고 있지 않다.

2. 우리나라의 종합소득세

과세방법에 따라 소득세를 분류소득세와 종합소득세로 구분해 볼 수 있다. 분류소득세는 종류별로 소득을 분류하여 각각의 소득에 각각 다른 소득세를 부과하는 방법이다. 분류소득세는 소득의 특성에 따라 세율을 달리 할 수 있다는 장점이 있으나 전체적인 담세능력과의 일관성이 떨어지게 될 수 있다. 분류과세는 차별과세로 인해서 세원별 불공평을 야기할 수 있으며 누진효과도 약화될 수 있어서 우리나라에서도 1975년부터 분류과세로부터 종합과세로 세제를 개혁했다. 그러나 아직도 부분적으로는 퇴직소득, 양도소득, 그리고 산림소득에 한해서만 분류소득세가 적용되고 있다. 이런 소득은 장기간에 걸쳐 발생하여 일시에 소득이 실현되는 특징이 있다. 그러므로 이런 소득을 무차별적으로 종합과세하게 된다면 이런 소득이 실현되는 시점에서 누진소득세제 아래에서 부당하게 높은 세율을 적용받게 된다. 이렇게 세금의 결집현상이 일어나는 것을 방지하기 위한 제도적 고려에서 나온 것이 부분적인 분류과세이다.

반면에, 종합소득세는 납세자의 소득을 전부 합산하여 일괄적으로 과세하는 방법으로 각종 소득공제와 누진세제를 통해서 담세자 간의 조세 부담의 형평성을 높일 수 있다는 장점이 있다. 그러나 우리나라의 종합소득세제에서는 열거주의를 채택하고 있으므로 소득세법에 열거된 소득에 대해서만 과세하고 있다. 또한, 위에서 논의한 분류과세의 대상이 되는 소득은 합하지 않는다. 그 외에도 종합소득의 하나로 열거되지 않고 있는 소득은 종합소득세 과세대상에서 제외되고 있다. 예를 들어, 2000년 시점에서 주식시장의 활성화를 위해서 주식매매차익은 소득세 과세대상에서 제외하고 있는데 이런 비과세소득은 일반적이라기보다는 특례적이다. 그 외에도 배당소득, 근로소득 중 일용근로자의 급여, 그리고 기타소득은 분리과세의 대상으로 소득을 기간별로 합산하지 않고 그 소득이 지급될 때 소득세를 원천징수함으로써 과세를 종결한다. 그러나 일정 한도를 넘는 고액의 이자소득은 종합소득의 일부로 포함되도록 하여 고소득자에 대한 소득세의 누진성을 유지하고자 하고 있다.

일반 봉급 소득자가 아닌 영업 소득자의 경우는 총수입을 전부 소득으로 잡아서는 사업을 영위하기 힘들다. 왜냐하면 총수입에서 필요한 경비를 제해야지 비로소 소득이 발생한다고 할 수 있기 때문이다. 그러므로 일반적으로 소득금액은 아래와 같은 식으로 표시해 볼 수 있다.

수입금액－필요경비＝소득금액

우리나라의 소득세수 통계를 보면 신고소득과 원천징수 소득의 비율이 2002년 기준으로 36% 대 64%로 단연 원천징수 소득세의 비율이 높다. 원천징수 소득세의 대상으로는 이자소득금액, 배당소득금액, 부동산소득금액, 사업소득금액, 근로소득금액, 기타소득금액이 있다. 단, 이자소득금액에는 필요경비가 인정되지 않는다. 현재 이자소득금액은 별도의 세율로 원천징수하여 일정 한도 이하의 금액은 종합소득에서는 제외시켜 분리과세하고 있다. 현행 소득세법에 의하면 10가지의 소득 가운데 이자소득, 배당소득, 부동산임대소득, 사업소득, 근로소득, 일시 재산소득, 연금소득, 기타 소득을 종합소득으로 합산하여 과세하는 종합과세제도를 우리나라는 채택하고 있다.

봉급 소득자가 아닌 영업 소득자인 경우, 회계장부를 기록하기 힘든 일반영세사업자의 소득세를 추정하기 위해서 업종별로 표준소득률을 정해 놓고 있다. 표준소득률이란 연간 총매출액에서 원재료 구입비, 인건비 등 필수 경비를 제한 소득의 비율을 나타낸다. 쉽게 말하면 업종별 마진이라고 할 수 있다. 몇 가지 업종별 표준소득률을 보면, 2001년 기준으로 일반내과와 소아과(24.3%), 피부과(28.8%), 외과(24.0%), 산부인과(33.3%), 성형외과(54.6%), 치과의원(34.6%), 한의 원(37.5%), 약국(15.8%), PC방(48.5%), 속셈학원(20.8%), 연구개발업(19.8%), 담요제조(5.1%), 모텔(29.4%), 골프연습장(48.5%), 프랜차이즈 음식점(24.5%), 식육소매(9.8%), 농축수산임산물 유통(18.1%), 낙농 육우 사육(3.6%), 양돈(4.9%), 서적소매(7.6%) 등이다. 연간 소득이 4천 8백만 원 이상인 경우에도 표준소득률을 이용해서 소득세를 신고할 수 있지만 매출액의 10%를 무기장 가산세로 추가로 납부해야 한다.

3. 소득공제제도

위 종류별 소득금액을 합산하여 종합소득금액이 결정되고 여기서 소득공제액을 제해 주면 과세표준금액(taxable income)이 결정된다. 소득공제(deduction)를 한다는 것은 법으로 정해진 일정금액을 총소득에서 빼 주어서 세금의 부과 대상이 되는 소득의 크기를 원래보다 줄여 주는 것을 말한다. 이것은 제11장에서 논의되었던 형평성의 개념에 입각해서 소득이 같더라도 처지가 다른 사람은 그런 처지를 반영해서 그만큼 다르게 소득세를 계산해 주고자 하는 의도에서 나온 것이다. 예를 들어, 같은 종합소득을 올린 두 가장이 한 사람은 노부모를 모시고 자녀를 4명 양육하고 있으며 의료비가 많이 드는 데 반하여 다른 한 사람은 부부만 살고 있으며 둘다 젊고 건강하기 때문에 의료비가 거의 안 든다면, 당연히 앞의 사람이 같은 소득으로는 뒤의 사람보다 지출이 많아서 생활이 힘들 것이다. 그런데도 둘다 같은 총소득에 같은 세율로 세금을 부과한다면 형평성에 어긋날 것이다. 그러므로 앞의 사람에게는 노부모와 자녀를 양육하는 데 드는 비용을 감안하여 소득공제를 해 주고 의료비의 부담을 줄여 주기 위해서 의료비도 소득공제를 해 주어서 더 적은 총소득에, 경우에 따라서는, 더 낮은 세율을 곱하여 세금을 부과하는 것이 더 공정한 세제라고 할 것이다.

의료비를 예로 들어 소득공제가 소비행태에 미치는 영향을 간략히 살펴보도록 하자. 먼저, 소득세를 부과하지 않았을 경우의 예산선을 〈그림 14-1〉에서 선분12라고 하자. 이제 소득세가 40%의 세율로 부과된다면, 소득공제가 없는 경우에 그림(가)에서 예산선은 선분 34로 평행이동하게 되어 소비가능 영역이 의료서비스와 타재화 모두 40%씩 줄어들게 된다. 그러나 의료비에 대해서 전액 소득공제를 해 주게 되면, 예산선은 선분 32가 되어 만약 소득을 모두 의료비로 지출했

그림 14-1 소득공제

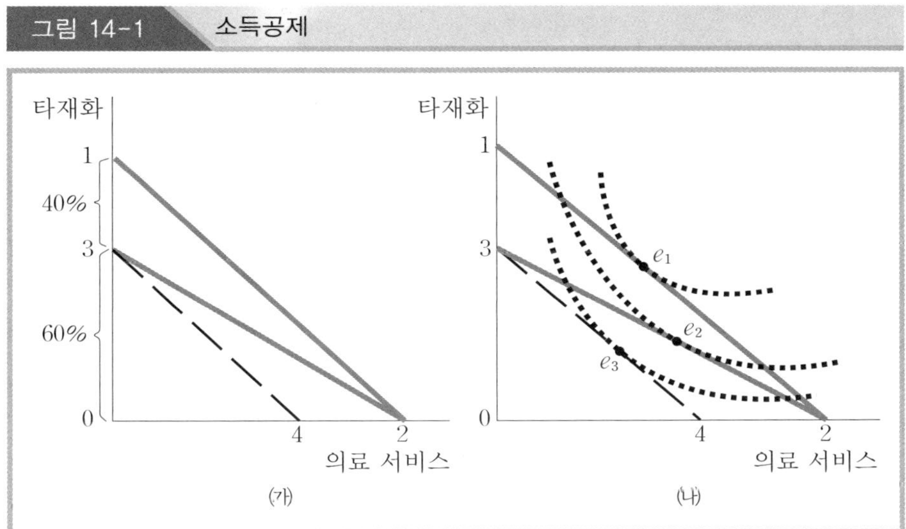

다면 세금은 한 푼도 안 내게 된다. 의료비 소득공제로 인해 소비자의 소비행태가 달라지게 되는 것을 그림(나)에서 볼 수 있다. 소득세가 부과되지 않았을 경우의 이 소비자의 균형점은 e_1이었으나 소득세를 부과하면서 의료비 공제를 해 주게 되면 균형점이 e_2가 된다. 이 균형점에서의 의료서비스의 소비량은 소득세 부과 이전보다 많을 뿐 아니라 만약 의료비가 소득공제 되지 않았다면 소비했을 균형점 e_3에서의 의료서비스 소비량보다도 많다. 그러므로 의료비 소득공제는 소비자로 하여금 더 많은 의료서비스를 소비하도록 만든다는 것을 알 수 있다.

소득공제는 크게 인적공제와 물적공제 또는 특별공제 그리고 조세특례제한법상의 공제로 나눌 수 있다. 인적공제에는 누구나 해당되는 기본적인 기초생계비공제가 있고, 추가로 개인별로 특수한 인적 사정을 고려한 배우자공제, 부양가족공제, 장애자공제, 부녀자공제 등이 있다. 인적공제액은 대부분 항목당 연 100만 원의 공제액이 할당되어 있다. 특별공제는 불가피한 비용지출에 대한 공제로 보험료, 교육비, 의료비, 주택자금, 기부금 등등에 대한 공제가 일정 한도 내에서 가능하다. 근로소득은 타 소득과는 달리 소요된 필요경비를 계산하기가 힘드므로 총급여액의 일정한 금액을 필요경비로 공제하도록 되어 있는데 이를 근로소득공제라고 한다. 근로소득공제에서는 상용근로자와 일용근로자를 구별하여 다르게 취급하고 있다. 이외에도 2002년도부터 신용카드 사용금액에 대한 소득공

표 14-1 소득공제(인적공제 · 특별공제)

구 분		내 용
인적공제	기본공제	○본인, 배우자, 부양가족 1인당 100만 원씩 공제
	추가공제	○경노우대자: 1인당 100만 원(70세이상 150만 원) ○장애인: 1인당 200만 원 ○6세이하: 1인당 100만 원 ○부녀자세대주: 1인당 50만 원 ○출산 · 입양공제: 1인당 200만 원
	다자녀 추가공제	○기본공제대상인원이 자녀가 2인인 경우 50만 원, 2인이상인 경우 50만 원과 2인초과 1인당 100만 원의 합계액
특별공제	보험료공제*	○본인 또는 소득이 없는 가족명의로 계약한 보험으로서 피보험자를 기본공제대상자로 한 보험료 – 의료보험료 · 고용보험료: 전액공제 – 보장성보험료: 연 100만 원 한도 – 장애인전용보험료: 연 100만 원 한도
	의료비공제*	○기본공제대상자를 위하여 지출한 의료비 – 연급여액의 3% 초과분(500만 원 한도, 당해거주자 · 경로우대자 · 장애인은 한도없음)
	교육비공제*	○학생 또는 보육시설 영유아 취학전아동을 위하여 지급한 입학금, 수업료, 학원수강료 – 근로자본인: 대학원까지 전액공제 – 배우자, 자녀, 형제자매: 유치원 · 영유아, 취학전아동, 초 · 중 · 고생은 연 200만원, 대학생은 연 700만 원 한도 ○장애인을 위하여 지급한 특수교육비: 한도없음
	주택자금공제*	○무주택자 · 3억 원 이하인 국민주택규모이하 1주택소유자의 주택마련저축 불입금액 또는 무주택자의 주택임차 차입금 상환액: 저축불입액 또는 상환액의 40% 소득공제 ○세대주의 국민주택규모이하의 주택(1주택에 한함)으로서 3억 원 이하인 주택을 취득하기 위한 장기주택저당차입금의 이자 전액(연 1,000만 원 한도)
	기부금공제	○법정기부금: 전액공제 ○자기명의로 지출한 지정기부금 – 소득금액의 10% 범위내
	결혼 · 이사 · 장례비공제*	○총급여액 2,500만 원 이하인 근로자로서 다음 각호의 사유당 각각 100만 원 – 기본공제 대상자(연령제한 없음)의 혼인 – 기본공제 대상자(연령제한 없음)의 장례 – 당해 거주자의 주소의 이동

특별공제	표준공제	○연 60만 원(근로소득자와 성실사업자는 연 100만 원) -근로소득자는 실액공제와 표준공제 중 선택 -종합소득자는 표준공제만 적용
	기부금공제	○거주자가 법정기부금(기준소득금액 한도), 특례기부금(기준소득금액에서 법정기부금을 제외한 50%한도) 또는 지정기부금을 지출한 경우(별도한도내)

주: *는 근로소득자에게만 적용되는 공제항목임.
자료: 「조세개요」, 2007, 재정경제부.

제를 실시하고 있다.

소득이 같은데 의료비 지출이 많은 사람은 상대적으로 담세능력이 적으므로 공평성의 관점에서 의료비를 경비로 공제해 줄 필요가 있다. 물론 모든 의료비가 다 해당되는 것도 아니고 의료비의 전액이 공제되는 것도 아니다. 기부행위를 장려하기 위하여 세제상의 유인을 제공하기 위해 기부금 공제를 허용하고 있다. 법정기부금은 전액 공제되고 지정기부금은 최대 공제한도가 정해져 있다. 그리고 조세감면법상 기타 소득공제로 개인연금저축에 대한 소득공제와 국민연금보험료에 대한 소득공제, 중소기업창업투자조합 출자 등에 대한 소득공제 등을 실시하고 있다. 우리 세제에서는 모든 공제를 일괄적으로 공제로 부르고 있으나 외국에서는 인적공제에 해당하는 인적면제(exemption)와 특별공제에 해당하는 지출성격의 공제(deduction)와는 차이를 두고 있다. 각종 소득공제를 정리한 것이 〈표 14-1〉이다.

종합소득금액－소득공제액＝과세표준금액(과표)

4. 세액공제제도

세율을 과세표준에 곱하여 세액이 산출되면 산출세액에 해당되는 세액감면을 빼 준 후 세액공제를 하면 최종적인 종합소득결정세액이 나온다. 세액공제(tax credit)는 산출세액에서 이미 납부한 일정한 세액을 공제하도록 용인하는 것이다. 근로소득세액공제, 기장세액공제, 배당소득세액공제, 재해손실세액공제, 외국납부세액공제 등 여러 가지 세액공제가 있다. 근로소득세액공제는 갑종근로소득자를 대상으로 하며 을종근로소득자에게는 이를 적용하지 않는다. 기장세액공제는 간편장부대상자에 한하여 과세표준확정신고를 하는 데 있어서 비치해 두고 기장한 장부에 의하여 소득금액을 계산하고 간편장부 소득금액계산서를 제출하는 경우에는 기장세액공제를 적용한다. 재해손실세액공제는 사업자가 당해 연도중 재해로 사업용 자산총액의 30% 이상을 상실한 경우에 적용한다. 외국납부세액공제는 국외원천소득에 대한 이중과세를 조정하기 위한 제도로서 외국납부세액에 대하여는 세액을 공제하는 방법과 필요경비를 산입하는 방법 중 유리한 방법을 선택하여 적용할 수 있으며 외국납부세액의 미공제분이 발생한 경우는 5년간 이월하여 공제할 수 있다. 현행 세법에 의한 소득산출과정에서의 소득공제 등에 의해 실효세율(납세액/총소득)로 보면 소득세의 누진성이 약화되는 것을 알 수 있다. 소득공제는 누진세제 아래에서 고소득층에게 유리하고 세액공제는 저소득층에게 돌아가는 혜택이 더 크다.

5. 과세단위와 세율

사업소득의 경우는 사업의 범위를 규정하는 것과 필요경비라고 해서 소득을 얻기 위해 소요된 비용의 범위를 인정하는 것이 명확하지 않을 수 있다. 사업상의 필요경비에 특히 중요한 것은 감가상각비와 재고비용의 산정과 소비성 경비와 사업성 필요경비를 구분하는 일이다. 선전비, 접대비 등의 경우는 특히 판단하기가 명료하지 않으므로 현행법에서는 출자금액이나 사업수입금액 중의 일정비율만을 사업성 접대비로 인정해 주고 있다.

근로소득의 경우에도 경비의 개념으로서 근로소득공제가 적용되고 있다. 과세단위(taxable unit)를 소득주체인 개인으로 할 것인가 아니면 소비단위인 부부나 동거가족으로 할 것인가에 따라 개인단위과세 · 부부단위과세 · 세대단위과세로 나누어지는데, 소득세 산정시에 과세단위를 개인으로 하는지 가족으로 하는지에 따라 가족의 형성, 즉 결혼에 대해 소득세가 유인 혹은 반유인으로 작용할 수도 있다. 현행 세법에서는 개인단위 과세원칙을 채택하고 있다. 그러나 조세회피를 목적으로 소득을 분산하는 것을 방지하기 위해 자산소득은 부부단위로, 공동사업경영소득은 세대단위로 과세하고 있다. 이 밖에도 금융자산소득은 부부합산과세 방식을 취하고 있다.

주소지 과세원칙과 거주자 원천징수원칙을 적용하여 소득세의 납세지와 원천징수세액의 납세지는 거주자의 주소지 관할세무서가 된다. 따라서 양도소득세의 경우에도 양도목적물의 소재지, 예컨대 매각한 토지의 주소지가 아닌 양도자의 거주 주소지가 납세지가 된다. 종합소득세액의 산출은 과표에 세율을 곱하여 하게 된다:

과세표준금액×기본세율=산출세액

산출세액－세액감면－세액공제=종합소득결정세액

종합소득세는 누진세제를 채택하여 〈표 14-2〉에서 볼 수 있듯이 소득계층을 4단계로 나누어 2008년 시점에서 종합소득세율은 최저 8%에서 최고 35%의 누진세율을 적용하고 있다. 산출세액의 계산은 과세표준에 세율을 곱한 액수에서 누진공제액을 빼면 된다. 예를 들어, 과세표준이 2,000만 원이라면 2,000×(0.17)－108=232로 종합소득세의 산출세액은 232만 원이 된다.

그 동안 세월이 지나면서 세율을 낮추어 주고 있는 것이 세계적인 추세이다. 우리나라의 경우에 최고소득계층에게 적용되는 세율이 무려 70%(1974년)가 된 적도 있었으나 1980년대와 1990년대에 지속적으로 세율을 낮추는 조세개혁을 추진해 왔다. 연도별로 최고세율의 변천을 〈표 14-3〉에 정리해 보았다. 종합소득세율은 낮아졌어도 세수입액은 계속 증가해 왔으며 소득세수가 정부의 총세수액에서

표 14-2 종합소득세율(2008)

과세 표준	세 율
1,200만 원 이하	과세표준액의 8%
1,200만 원 초과 4,600만 원 이하	과세표준액의 17% - 108만 원
4,600만 원 초과 8,800만 원 이하	과세표준액의 26% - 522만 원
8,800만 원 초과	과세표준액의 35% - 1,314만 원

표 14-3 최고소득계층의 한계세율의 감소 추이(%)

연 도	1961	1962	1967	1970	1971	1974	1979	1981	1982	1988	1993	1994	2003
종합소득세율	-	-	55	55	65	70	62	60	55	50	45	40	36
갑종근로세율	25	35	50	48	48	-	-	-	-	-	-	-	-

표 14-4 소득세 세수액의 총세수액 대비 비율

	1990	1995	2000	2001	2002	2003	2004	2005	2006
소득세 세수액(억 원)	47,231	136,182	175,089	86,630	191,605	207,873	234,340	246,505	310,043
총세수액 대비 비율(%)	17.59	23.99	18.84	9.04	18.43	18.13	19.89	19.34	22.46

자료: 재정경제부, 「재정금융통계」, 2007. 2/4분기.

차지하는 비율도 20% 이상으로 높아졌다는 것을 〈표 14-4〉에서 볼 수 있다.

분류소득세가 적용되고 있는 퇴직소득, 양도소득, 그리고 산림소득 중에서 퇴직소득과 양도소득의 세율에 대해 간략히 설명하도록 한다. 퇴직급여액에서 퇴직소득공제를 하면 과표가 산출된다. 퇴직소득공제에는 기본공제로 퇴직급여액의 45%가 공제되고 근속연수에 따라서 추가로 공제된다. 예를 들어, 근속연수가 10년에서 20년 사이라면, 공제금액은 400만 원+80만 원×(근속연수−10년)이라는 산식에 의해 계산된다. 퇴직소득세액은 아래와 같은 공식을 적용하여 산출한다.

$$\text{퇴직소득 세액} = (\text{퇴직급여액} - \text{퇴직소득공제}) \times \frac{1}{\text{근속연수}} \times \text{세율} \times \text{근속연수}$$

양도소득의 경우는 양도가액에서 취득가액을 뺀 금액에서 필요경비를 공제한 금액이 양도차익이 된다. 필요경비는 토지의 경우는 취득 당시 개별공시지가×3%로 계산하는데 미등기 자산인 경우는 0.3%만 인정한다. 건물, 지상권, 기타 자산의 경우는 각각 별개의 필요경비 산출식이 있다. 여기에서 적용대상이 되는 경우에는 양도소득 기본공제와 양도소득 장기보유특별공제를 추가로 할 수 있다. 양도소득 장기보유특별공제는 토지, 건물로서 등기되고 보유기간 3년 이상인 것에만 적용한다.

소득세가 분리되어 원천징수(income tax withheld)되는 이자소득, 배당소득, 일용근로소득, 사업소득, 봉사료 수입, 기타소득 등의 세율은 〈표 14-5〉에서 볼 수 있듯이 별도로 정해져 있다. 이제까지의 논의를 종합하여 종합소득의 과세체

표 14-5 원천징수 세율(2007)

구 분	대 상	세 율
사업소득	ㅇ의료보건용역(부가세법 § 12①4, 同슈 § 29) - 의사, 치과의사, 한의사, 임상병리사, 방사선사, 물리치료사, 작업치료사, 치과기공사, 치과위생사 용역 - 접골사, 침사, 안마공, 의약품조제용역, 수의사용역, 장의용역, 분요의 수집 · 운반 · 처리 · 정화조청소용역 등 ㅇ인적용역(부가세법 § 12①13, 同슈 § 35) - 가수, 감독, 설계, 직업운동가, 보험모집인, 상담소, 국선변호인 등 - 음악 · 무용 · 바둑교사용역, 저작권료, 강연료, 강사료, 심사료 등(접대부 · 댄서는 제외)	3%
갑 종 근로소득	ㅇ월급여자 - 매월 - 연말정산 ㅇ일용근로소득자	간이세액표 기본세율 8%
기타소득	ㅇ기타소득금액이 1건당 10,000원 초과시 원천징수 - 연간 300만 원 이하의 경우 원천징수분리과세 선택가능(300만 원 이상 자는 종합과세)	20%
봉사료소득	ㅇ봉사료 금액이 공급가액(간이과세자는 공급대가)의 20%를 초과하는 경우의 봉사료	5%
퇴직소득	ㅇ퇴직소득금액	기본세율
비거주자 국 내 원천소득	ㅇ선박, 항공기, 등록된 중기나 자동차의 임대소득 ㅇ국내에서 영위하는 사업소득 ㅇ인적용역 제공소득 ㅇ이자 및 신탁의 이익 ㅇ배당소득 ㅇ자산이나 정보의 사용 또는 양도로 인한 소득 ㅇ기타 소득 ㅇ유가증권양도: 수입금액 10%와 소득의 25% 중 적은 금액	2% 2% 20% 25% 25% 25% 25% 10% 또는 25%
이자소득	ㅇ이자소득, 단, 사채이자의 경우는 25% 적용	15%(16.5%)*
배당소득	ㅇ배당소득	15%(16.5%)*

주: *( ) 안은 주민세 포함한 세율
자료: 국세청.

그림 14-2 종합소득세 과세체계

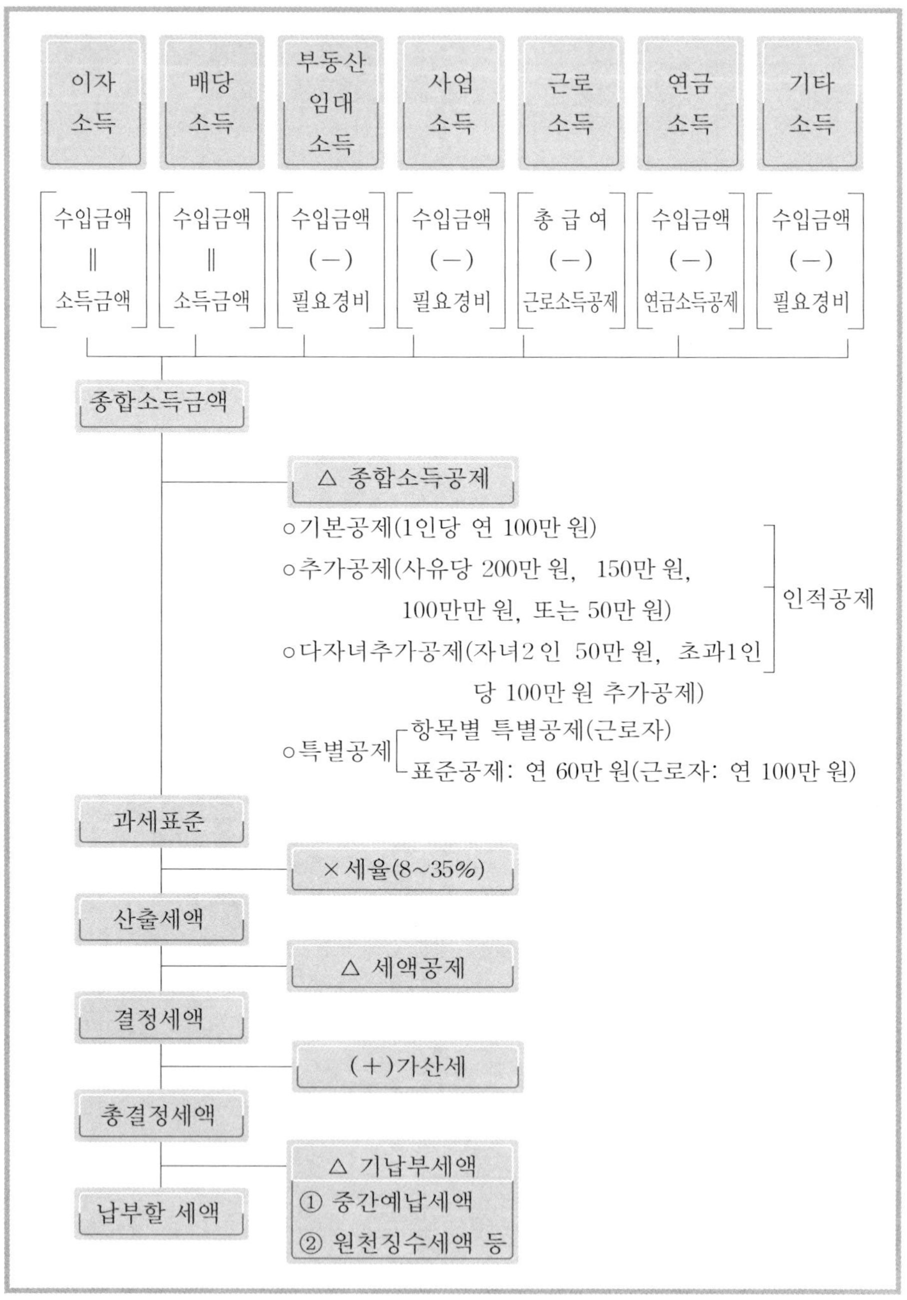

자료: 「조세개요」, 2007, 기획경제부.

계를 그림으로 도시화한 것이 〈그림 14-2〉이다.

한편, 세율을 다르게 하지 않고 모든 소득을 단일한 세율로 과세하되 소득취득에 들어간 명백한 비용만 공제해 주자는 조세를 단일세(flat tax)라고 한다. 단일세에 대해 찬성하는 입장은 단일세가 민간의 의사결정에 대한 교란이나 왜곡을 줄일 수 있다고 본다. 그리고 조세를 단순화함으로써 행정비용이 절감되며 각종 공제제도를 통한 합법적인 조세회피행위를 막을 수 있으며 결과적인 누진성에는 현행 세제와 큰 차이가 없을 것으로 보는 것이다. 반면에 반대하는 입장은 누진성이 아마도 현행 세제보다는 훨씬 많이 떨어질 것이며 결과적으로 고소득층에게만 유리한 세제로서 명시적으로 소득공제 혜택을 주지 않을 경우에 기부행위 등이 줄어들 것을 우려한다.

6. 소득세제의 문제점

일반적으로 평생소득이 아닌 연간소득 적용시에 평생소득이 같더라도 연간소득이 전반과 후반에 다르게 편중되어 있는 경우에 평생을 통해 내는 세금의 현재가치가 다를 수 있다. 또한 평생소득이 같더라도 소득의 기복이 많은 사람이 누진세의 적용을 받아 더 많은 세금을 내게 된다.

다양한 소득원들에 대하여 세원 포착률이 동일할 수가 없다 보니 자연적으로 포착이 용이한 소득과 그렇지 못한 소득 사이에 형평성의 차이가 생기게 된다. 특히 이슈가 되는 것은 근로소득자와 사업소득자 간의 과세 불균형의 문제이다. 실제로 종합소득과세대상인 사업소득자 중에서 비과세자의 비율이 전체 사업자의 3분의 2에 달하는 것을 보면 불균형의 근거가 상당하다고 할 것이다. 사업소득자는 소득의 포착을 피하기 위해 가능한 절세 및 탈세방법들이 여러 가지가 있으나 근로소득자는 소득 전체가 그대로 노출되어 어쩔 수가 없으므로 상대적으로 피해의식을 갖게 되고 근로의욕마저 저하될 수도 있다. 고소득 직종인 의사, 변호사와 같은 사업자가 평균적인 봉급자보다도 더 적은 소득세를 내는 경우가 생기는 것이 좋은 예이다. 여기에 덧붙여서 소득세제에서 너무 많은 감면과 비과세 조항으로 인해 과세표준소득의 크기가 줄어들어서 2001년도의 경우, 우리나라의 소득세 과세대상자는 약 380만 명이었지만 납세자는 약 47%에 불과한 180만 명에 지나지 않았다.

제 2 절 법 인 세

1. 법인세의 부과근거와 장점

법인세(corporation tax)를 부과하는 근거 중의 하나는 법인과 개인의 경제행위는 서로 달라서 법인은 유한책임만 지는 특권을 누리고 있으므로 이런 특권에 대한 과세로 간주한다는 것이다. 법인세를 법인을 소유하고 있는 주주들 개인의 소득세의 일부로 볼 수도 있으나 개인소득세로 부과하기보다는 법인세로 원천징수하는 것이 더 편리하다. 법인세는 기본적으로 법인의 회계상의 이윤에 부과되는 조세이므로 그 귀착이 불분명하여 정치적으로 선호될 수 있다. 법인세는 이론적으로는 투자에 대해 중립적이므로 기업의 생산에 대한 결정에 영향을 미치지 않지만 현실적으로는 절세를 위해 생산량, 재무구조, 기업 간의 인수합병 등에 영향을 미치게 된다. 또한, 법인세는 이자지불과 감가상각에 대한 공제 및 배당금에 대한 과세 등 구체적인 조세조항에 따라 다른 배분적 왜곡을 가져오며 투자수준을 왜곡시킬 수 있다. 법인세 납부 후의 이윤의 일부를 주주의 배당금으로 지불하게 되고 이 배당금에 다시 개인소득세를 부과하게 되면 이중과세가 된다. 법인세 산정에 있어서 사업손실을 공제해 주므로 법인세는 불확실한 상황에 대한 보험의 역할도 하게 되어 기업가가 신상품과 신시장을 개척하는 모험을 하는데 도움이 되기도 한다.

2. 법인세 부과와 생산량의 결정

이론적으로는 법인세를 부과하여도 기업의 생산량에는 변동이 없게 된다는 것을 간단한 이윤극대화 수식을 통해 확인해 보도록 하자. 기업의 세전 조(粗)이윤(π_g)은 판매수입(R)에서 총비용(C)을 뺀 차액이다. 이 모두는 물론 생산물(Q)의 함수이다. 조이윤 식 (14. 1)에서 이윤을 극대화하기 위한 1계조건을 구하면 식 (14. 2)가 나온다. 이것은 한계수입은 한계비용과 일치해야 한다는 잘 알려진 이윤극대화조건이다.

$$\pi_g = R(Q) - C(Q) \quad (14.\ 1)$$

$$\frac{d\pi_g}{dQ} = R'(Q) - C'(Q) = 0 \rightarrow MR = MC \quad (14.\ 2)$$

이제 기업의 조이윤에서 세율 τ 인 법인세를 납부한 후의 순이윤(π_n)을 구하면 식 (14.3)이 된다. 법인세 부과 후의 순이윤을 극대화하는 1계조건을 구하면 식 (14.4)가 되는데, 정리된 결과는 식 (14.2)에 있는 조건과 동일하다는 것을 알 수 있으며 따라서 비록 부분균형분석이기는 할지라도 법인세의 부과가 기업의 생산량에 변동을 가져오지 않는다는 것을 확인할 수 있다.

$$\pi_n = (1-\tau)\pi_g = (1-\tau)[R(Q) - C(Q)] \quad (14.\ 3)$$

$$\frac{d\pi_g}{dQ} = (1-\tau)[R'(Q) - C'(Q)] = 0 \rightarrow MR = MC \quad (14.\ 4)$$

3. 하버거 모형을 통해 본 귀착문제

법인세는 법인이 부담하는 대신에 주주와 고객/소비자와 사원 그리고 투자자들이 부담하게 된다. 문제는 이들이 어떤 비율로 부담을 나누고 있는가 하는 점인데, 조세조항에 따라 이들 중 일부가 과다한 비중을 부담하게 될 수도 있다. 어떤 경우에는 투자자는 전혀 조세를 부담하지 않게 될 수도 있다. 법인세는 법인화된 기업에만 부과된다. 법인화된 기업과 그렇지 않은 기업과의 가장 두드러진 차이는 기업의 채무에 대한 변제한도에 있다. 법인기업은 투자자가 투자한 한도에서 채무를 변제하므로 최대한 투자금액만큼 잃게 될 뿐이다. 그러나 비법인기업은 소유자가 무한책임을 지게 된다. 법인세는 법인의 총소득액에서 임금, 재료비, 지불이자, 감가상각비 등 모든 공제액을 차감한 과세표준금액에 세율을 곱하여 산출하게 된다. 이 세액에서 차감이 인정되는 외국납부세액공제, 임시투자세액공제, 화재손실공제 등의 세액을 공제한 후에 실제 납부세액이 산정된다.

그러나 실제로는 법인세는 자본에 대한 과세라는 견해가 지배적이다. 그 이유는 경쟁시장에서 경제적 이윤은 영이라고 볼 때, 이윤에서 임금, 재료비 등을 공제한 나머지에 과세한다는 것은 곧 자기자본의 수익에 대한 과세라고 볼 수 있다는 것이다.

앞의 제12장에서 논의했던 하버거(Harberger) 모형을 통한 분석에서 알 수 있듯이 법인 부문의 자본에 대한 과세의 효과는 자본시장이 완전하다는 전제 아래 자본이 법인 부문으로부터 비법인 부문으로 이동하여 경제 내의 모든 부문의 자본의 세후 수익률이 똑같이 낮아지게 된다는 것이다. 이는 곧 자본에 대한 조세부담이 비법인 부문의 자본에게도 전가됨을 의미한다. 또한 비법인 부문은 노동을 전보다 더 싸진 자본으로 대체하게 되므로 노동은 법인 부문으로 유입되어 전반적으로 임금이 낮아지게 된다. 그리고 법인 부문의 생산물의 가격이 자본에 대한 과세로 인해 높아지게 되므로 수요량이 줄어들고 소비자의 잉여도 줄게 된다.

그러므로 궁극적으로 자본만이 아니라 경제 내의 모든 경제주체가 조세부담을 나누어 지게 되는데 누가 얼마나 지게 되는가는 수요의 탄력도, 한계대체율, 노동집약도 등에 의해서 달라지게 된다. 미국의 경우, 법인세 세수의 약 12%에 해당하는 초과부담이 발생했다는 1980년대의 연구결과도 있다. 만약 개방경제라면 자본의 공급탄력성이 무한대가 되므로 법인 부문의 자본에 대한 과세는 모두 소비자에게 전가되게 된다. 그리고 비법인 부문의 자본과 노동 간의 한계대체율에 따라 조세부담이 노동으로 일부 전가될 수도 있다.

4. 자본의 사용자 비용을 통해 본 귀착문제

법인세를 자본에 대한 과세라고 보면 법인세의 과세로 인해 자본을 사용하는 비용이 달라지게 된다. 그러나 자본에 대한 감가상각비공제나 투자세액공제 등과 같은 호혜적인 조세조항으로 인해 자본의 실질적인 세후 사용비용은 명목적인 조세가 시사하는 것보다 훨씬 낮아질 수도 있다. 가격이 p인 기계를 이자율이 r인 경쟁적인 자본시장에서 빌릴 경우에 임대료는 가격에 대한 이자에 해당하는 rp와 이 기계의 감가상각분인 δp를 합한 금액인 $(r+\delta)p$를 지불해야 한다고 하자. 기계를 임차하여 생산에 투입했을 때 기대되는 수익이 R이라면 회사는 식 (14. 5)가 성립하는 한 기계를 임차하려 할 것이다.

$$R>(r+\delta)p \tag{14. 5}$$

이제 법인세가 부과될 경우에 회사가 실제로 기계를 임차하고 있다면 임대료는 경비로 공제 혜택을 받게 되므로 수익이 줄어드는 것과 마찬가지의 비율로 임대료도 줄어들게 되므로 과세 전과 동일한 수의 기계를 빌려오게 된다. 다시 말해, 식 (14. 6)이 성립하게 되어 양변에서 $(1-\tau)$를 소거하면 과세 전의 식 (14. 5)와 동일한 부등식이 되므로 가격의 왜곡이 발생하지 않는다.

$$(1-\tau)R > (1-\tau)(r+\delta)p \qquad (14.\ 6)$$

법인세를 부과하는 동시에 정부는 몇 가지 공제를 통해 기업의 경비성 지출을 공제해 주는 세제상의 혜택을 마련해 두고 있다. 부채에 대해 지불하는 이자와 감가상각비는 기업의 과세표준소득에서 공제해 주고 있으며 투자를 장려하기 위해 투자금에 대한 일정비율을 세액에서 공제해 주고 있다.

이제 기업이 이 기계를 빌리는 데 들어간 비용 중에 부채를 빌려서 사용한 부채의존도(β), 감가상각의 가속화 정도(a) 그리고 투자세액공제비율(λ)이라는 세 가지 요소를 추가로 고려하여 주세와 사용자 비용과의 관계를 살펴보도록 하자. 추가적인 요인을 포함한 자본의 세후 사용자 비용은 식 (14. 7)과 같게 된다. 임대료는 이제 $(1-\lambda)$만큼 싸졌으며 임대한 기계의 가격에 대한 지불이자의 부채의존도(βr) 그리고 가속화 비율을 곱한 감가상각비($a\delta$)를 합하여 세율로 곱한 만큼의 소득공제를 뺀 것이 실제의 세후 사용자 비용이 된다.

$$[(r+\delta)p-\tau(\beta r+a\delta)p](1-\lambda) \qquad (14.\ 7)$$

만약 100% 부채로 기계를 임차했다면 ($\beta=1$), 그리고 감가상각비를 가속화시켜 주지 않았다면 ($a=1$), 또한 투자세액공제를 해 주지 않았다면 ($\lambda=0$), 식 (14. 7)은 $(r+\delta)p-\tau(r+\delta)p$가 되어 이를 정리하면 사용자 비용은 식 (14. 6)의 우항과 일치하게 된다. 그러므로 식 (14. 7)의 뒤 항인 $\tau(\beta r+a\delta)p$의 절대값이 $\tau(r+\delta)p$의 절대값보다 커지게 된다면 과세로 인해 사용자 비용이 오히려 줄어들 수도 있게 된다. 그러기 위해서는 아래 식 (14. 8)을 만족시켜야 한다.

$$(\beta r+a\delta) > (r+\delta) \qquad (14.\ 8)$$

그런데 $0\leqq\beta\leqq1$이고 $a\geqq1$이므로 결국 감가상각비의 가속화 정도(a)를 얼마나 많이 해 주는가에 따라서 사용자 비용이 더 줄어들 수도 있다. 대부분의 내구연한이 긴 자산일수록 감가상각의 정도가 높으므로 법인세가 내구연한이 긴 자산에 대해 과잉투지를 유도힐 수 있는 유인을 세공하고 있다고 하겠다. 또한 자금의 부채의존도가 높을수록 식 (14. 8)의 좌항이 더 커지게 되므로 법인세제의 지불이자 공제제도로 인해 주식으로 재정을 확보하여 투자하기보다는 부채로 투자하려는 유인을 제공하게 된다.

5. 기업의 재무구조와 법인세[1)]

기업의 재정을 단순하게 말하자면 타인자본, 즉 부채인 회사채와 자기자본인 주식으로 형성되어 있다고 할 수 있다. 기업의 재무구조란 기업의 재정 중에 타인자본과 자기자본, 즉 회사채와 주식의 비중이 어떻게 형성되어 있는가를 말한다. 법인세가 부과되지 않았을 때, 기업의 재정측면의 수입과 지출이 일치해야 한다는 것을 보여 주는 것이 재무항등식(financial identity)으로서 아래의 식 (14. 9)와 같이 표현될 수 있다. 즉, 기업의 재무적 수입은 당기(t)의 이윤과 새로 발행된 회사채(B: bond)와 새로 발행된 주식(E: equity)의 합으로서 이것이 지출인 당기에 지불된 배당금(D_t: dividend)과 당기까지 발행된 회사채에 대한 지불이자(iB_t)[2)] 그리고 당기에 행해진 투자액(I_t)의 합과 일치해야 한다는 것이다.

$$\pi_t + (B_{t+1} - B_t) + (E_{t+1} - E_t) = D_t + iB_t + I_t \tag{14. 9}$$

투자에 대한 식으로 식 (14. 9)를 고쳐 써보면 식 (14. 10)이 된다. 그런데 이자지불이나 배당으로 지급되지 않고 남겨둔 이윤이 바로 사내유보(社內留保, RE: retained earning)가 되므로 투자는 식 (14. 11)과 같이 쓸 수도 있다.

$$I_t = \pi_t + (B_{t+1} - B_t) + (E_{t+1} - E_t) - D_t - iB_t \tag{14. 10}$$

$$I_t = RE_t + (B_{t+1} - B_t) + (E_{t+1} - E_t) \tag{14. 11}$$

이제 기업의 이윤에 법인세를 부과하되 기업의 지불이자는 경비로 공제해준다고 하면 기업이 납부해야 할 법인세는 $\tau(\pi_t - iB_t)$가 된다.

기업의 가치란 기업이 벌어들일 것이라고 예상되는 미래의 현금의 흐름을 현재가치로 나타낸 것으로서 자기자본의 가치와 타인자본의 가치를 합한 것이라 하겠다. 모딜리아니와 밀러(Modigliani and Miller, 1958) 이전의 전통적 이론은 타

1) 이 소절은 임봉욱(1996)의 24장을 참조했다.
2) 여기서 이자율(i)은 자본에 지불되는 이자율 혹은 임대료율(r)과는 구분된다.

인자본(부채)을 적절히 이용해서 기업의 가치를 높일 수 있다고 보았다. 즉 기업가치를 극대화하는 재무구조가 존재한다는 견해였다. 그런데 모딜리아니와 밀러는 기업이 어떤 자본-부채비율을 선택하든 기업가치에는 아무런 영향을 미치지 못한다고 주장했다. 즉 기업가치가 재무구조와는 아무 연관이 없다는 것이다. 그러나 모딜리아니와 밀러의 가정 중에 미래를 예측가능하다고 보아 도산의 위험성을 배제한 것과 법인세가 부과되지 않는다는 특히 두 가지 가정의 비현실성이 심각하다고 비판하면서 고든과 맬킬(Gordon and Malkiel, 1981)은 조세가 부과되고 도산의 위험성이 있는 경우에는 적절한 부채-자본비율을 선택하는 것이 기업의 사활에 아주 중요한 것이라고 주장했다. 조세법상 기업이 부채에 지급하는 이자를 경비로 처리해 주기 때문에 부채비율을 높이게 되지만 이것이 너무 높게 되면 특히 경제가 불안정할 때는 도산의 위험성이 커지므로 적절한 비율을 유지해 주는 것이 중요하다는 것이다.

6. 우리나라의 현행 법인세

(1) 법인의 종류와 법인의 소득

우리나라의 법인은 크게 내국인이 운영하는 법인과 외국인이 운영하는 법인으로 나누고 그것을 다시 영리를 목적으로 하는 영리법인과 비영리법인으로 아래 〈표 14-6〉과 같이 나눈다.

법인세의 과세대상으로서의 법인의 소득은 법인의 자산을 증가분으로 본다.

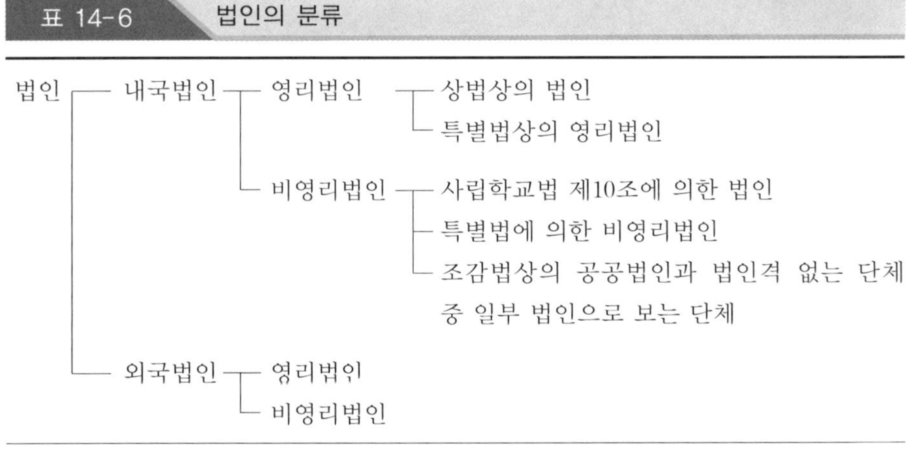

표 14-6 법인의 분류

- 법인
  - 내국법인
    - 영리법인
      - 상법상의 법인
      - 특별법상의 영리법인
    - 비영리법인
      - 사립학교법 제10조에 의한 법인
      - 특별법에 의한 비영리법인
      - 조감법상의 공공법인과 법인격 없는 단체 중 일부 법인으로 보는 단체
  - 외국법인
    - 영리법인
    - 비영리법인

다시 말해서 계속적이고 반복적인 영리활동에서 발생한 소득뿐 아니라 일시적 또는 우발적으로 발생한 소득까지도 포함하며, 기말의 순자산이 기초보다 증가된 자산가액을 소득으로 보아 법인세가 과세된다. 법인세의 과세대상은 다음과 같이 크게 세 가지로 분류해 볼 수 있다: ① 각 사업연도 소득에 대한 법인세, ② 부동산 양도소득에 대한 특별부가세, ③ 청산소득에 대한 법인세. 우리나라의 법인 사업자 수는 1980년에 2만 6,612에서 1990년에 7만 6,638로 또한 2004년에는 34만 1,866으로 괄목할 성장을 해왔다. 이 중 90% 이상이 영리법인이다.

국내에 본점 또는 사무소를 둔 법인이나 국내에 사업 또는 자산을 가진 법인에 대하여 각 사업연도의 소득과 청산소득을 과세표준으로 하여 법인세를 부과한다. 비영리 내국법인에 대하여는 일정한 수익사업 또는 수입에서 생기는 소득 이외의 소득과 청산소득에 대하여는 법인세를 부과하지 않는다. 외국법인에 대하여는 국내 원천소득에 대해서만 부과하고 청산소득은 비영리 내국법인과 마찬가지로 과세소득의 범위에서 제외된다. 법인이 부담할 법인세액은 과세표준에 세율을 적용하여 세액을 산출한 후, 그 산출세액에서 감면소득에 대한 세액을 면제 및 감면을 하고 다시 세법에서 정한 일정한 세액공제를 차감한 나머지 세액이 된다.

(2) 소득공제제도

소득공제는 특정 소득에 대하여 과세표준 계산상 각 사업연도 소득에서 일정액을 공제하여 줌으로써 법인세 부담을 덜어 주는 제도이다. 법인세 소득공제

표 14-7 법인세 소득공제의 종류

종 류	공제 범위와 공제액
유동화전문회사 등에 대한 소득공제	배당가능이익의 90% 이상을 배당한 경우 그 금액을 공제
기업구조조정 증권투자회사에 대한 소득공제	배당가능이익의 90% 이상을 배당한 경우 그 금액을 공제 배당한 금액
인적회사에 대한 소득공제	배당한 금액
자기관리부동산투자회사에 대한 소득공제	국민주택 임대소득금액의 50%

의 종류를 〈표 14-7〉로 정리해 보았다.

(3) 세액감면제도

세액감면제도는 중소기업의 창업, 해외자원 개발, 기술의 이전 등 특정한 정책목적을 달성하기 위하여 특정한 사업 또는 소득에 대하여 과세하여야 할 세액을 전액 면제 또는 그 중 일부를 경감하는 것을 말한다. 세액감면의 종류 및 감면율은 다음과 같다: ① 창업중소기업 등에 대한 세액감면: 4년간 50%, ② 연구개발특구에 입주하는 첨단기술기업 등에 대한 세액감면: 3년간 100% 그 후 2년간 50%, ③ 사업전환중소기업과 무역조정기업에 대한 세액감면: 4년간 50%, ④ 수도권 과밀억제권 외 지역이전 중소기업에 대한 세액감면: 5년간 100% 그 후 2년간 50%, ⑤ 공장·본사를 수도권 밖으로 이전한 경우 법인세 감면: 5년간 100% 그 후 2년간 50%, ⑥ 농공단지 입주기업 등에 대한 세액감면: 4년간 50%, ⑦ 농업회사법인에 대한 세액감면: 농업소득에 대한 법인세 면제, 농업소득 외의 소득에 대한 법인세 4년간 50%, ⑧ 사회적 기업에 대한 법인세 등의 감면: 4년간 50%, ⑨ 제주첨단과학기술단지 입주기업에 대한 세액감면: 3년간 100% 그 후 2년간 50%, ⑩ 제주투자진흥지구·제주자유무역지역 입주기업에 대한 세액감면: 3년간 100% 그 후 2년간 50%, ⑪ 기업도시개발구역 입주기업 등에 대한 세액감면: 3년간 100%(50%) 그 후 2년간 50%(25%), ⑫ 중소기업에 대한 특별세액감면: 5%~30%, ⑬ 공공차관도입에 따른 과세특례: 공공차관협약에 따름, ⑭ 국제금융거래에 따른 이자소득 등에 대한 면제: 100%, ⑮ 해외자원개발투자 배당소득에 대한 면제: 100%, ⑯ 영농조합법인에 대한 세액면제: 100%, ⑰ 영어조합법인에 대한 세액면제: 100%, ⑱ 산림개발소득에 대한 세액감면: 50%.

(4) 세액공제제도

세액공제는 중소기업·기술 및 인력개발·생산성 향상 등 특정한 정책목적을 달성하기 위하여 특정 사업에 대하여서 법인세의 부담을 경감시켜 주는 제도를 말한다. 현행 법인세법과 조세특례제한법에서 규정하고 있는 세액공제는 외국납부세액공제, 재해손실세액공제, 농업소득세액공제, 사실과 다른 회계처리에 기인한 경정에 따른 세액공제, 연구 및 인력개발비에 대한 세액공제, 중소기업투자세액공제, 연구 및 인력개발 설비투자 세액공제, 안전설비투자 등에 대한 세액공제, 에너지절약시설투자에 대한 세액공제, 환경보존시설투자에 대한 세액공제, 의약품 품질관리개선시설투자에 대한 세액공제, 근로자복지증진시설투자 세액공제, 해외자원개발투자에 대한 세액공제, 기업의 어음제도 개선을 위한 세액공제, 기술취득에 대한 세액공제, 지방대학 맞춤형 교육비용 등에 대한 세액공제, 제3자 물류비용에 대한 세액공제, 전자신고에 대한 세액공제, 지급조서에 대한 세액공제 등이 있다. 참고로, 몇 가지만 소개해 보도록 한다.

외국납부 세액의 공제는 국외원천소득이 국내소득과 합산한 소득금액에서 차지하는 비율만큼의 세액을 한도로 한다. 외국의 법령에 따라 외국의 소득세액을 납부했거나 할 예정인 경우에 위의 한도 내에서 그만큼의 세액을 공제해 줌으로써 이중과세를 방지하고자 한다. 세액 공제한도액을 초과할 경우는 5년간 이월하여 공제할 수 있다. 투자세액공제는 새로이 제조업을 시작하면서 첨단기술설비에 투자하는 경우에 기존 사업자와 마찬가지로 생산성 향상 시설투자로 간주하여 세액공제를 받을 수 있다. 재해손실세액공제는 재해로 인한 손실의 비율이 사업용자산총액의 100분의 30 이상이 되는 경우에만 공제받을 수 있으며 구체적인 공제액은 별도로 정하고 있다.

(5) 기부금과 접대비의 손금산입한도

기부금이란 법인이 특수관계자 외의 자에게 당해 법인의 사업과 직접 관계없이 무상으로 지출하는 재산적 증여가액을 말한다. 또한, 정상가액에 비하여 저가양도 또는 고가매입의 경우도 실질적으로 증여한 것으로 인정된다. 이 때의 정상가액은 시가의 100분의 30을 가감한 범위 내의 가액을 말한다. 기부금의 손금산입에는 한도가 있다. 국가, 지방자치단체, 국방헌금과 국군장병위문금품, 이재민구호금품에 대한 기부금은 기부금품모집규제법상의 적법한 절차를 거친 것에 한하여 손금산입이 가능하며, 소득금액에서 이월결손금을 공제한 50%한도 내에서 손금에 산입할 수 있다. 다만, '08년까지 3년간 75%까지 인정하고 한도초과액은 1년간 이월공제한다. 지정기부금 혹은 공익성 기부금은 [소득금액-(조특법 제76조 기부금+조특법 제73조 제1항 각호의 기부금+이월결손금)]의 5%한도 내에서 손금산입이 가능하다. 손금산입이 한도를 초과한 경우에 초과액은 3년간 이월하여 공제할 수 있다.

기부금 손금특례로 2009년 12월 31일 이전에 지출하는 사립학교, 문화예술진흥기금, 사내근로복지기금, 독립기념관, 특정연구기관, 공동모금회 등에의 기부금은 (소득금액－이월결손금－법정기부금)의 50% 한도 내에서 손금산입할 수 있으며 손금산입한도 초과액은 3년간 이월하여 손금에 산입할 수 있다. 정치자금에 관한 법률에 의거한 정당에의 기부금 · 후원금은 (소득금액－이월결손금)한도 내에서 전액 손금에 산입할 수 있다.

법인의 업무와 관련하여 지출한 금액으로 교제비와 사례금 혹은 이와 유사한 성질의 비용을 통칭하여 접대비라고 부른다. 그 이전까지의 관행이었던 지출증빙이 없어도 일정 범위 안에서 접대비로 인정하는 기밀비 제도는 2000년부터 폐지했다. 접대비의 손금산입한도는 모두 기초금액과 매출액의 일정비율액의 합계액으로 하고 있다. 기초금액은 통상 1,200만 원인데 중소기업은 1,800만 원으로 되어 있다. 매출액의 크기에 따른 한도액은 다음과 같다. 매출액 100억 원 이하는 1만분의 20, 매출액 100억 원 초과 500억 원 이하는 2천만 원+100억 원 초과하는 금액의 1만분의 10, 그리고 매출액 500억 원 초과는 6천만 원+500억 원을 초과하는 금액의 1만분의 3이다. 또한 접대비에 신용카드 사용을 의무화하고 있다. 접대비 1회 3만 원(2009. 1. 1. 이후에는 1만 원)을 초과하는 지출일 경우에 신용카드(여신전문금융업법에 의한 신용카드, 계산서 또는 세금계산서 포함) 등을 사용하여 지출한 접대비만 손금으로 인정한다. 그러나 접대비를 투명화하려는 이런 규제를 피해 가는 편법이 등장하여 규제의 효과가 반감하고 있다고 한다.

(6) 비영리법인 과세제도

비영리법인은 수익사업에서 발생한 수입 또는 소득에 대하여 법인세를 부과받으며 타인으로부터 자산을 수증한 경우에도 증여세를 부과받게 된다. 그러나 비영리라는 법인의 목적을 존중하여 과세특례를 마련해 놓고 있다. 예를 들어, 비영리법인의 고유목적사업준비금은 손금으로 산입할 수 있다. 그 설정한도는 이자소득 100%와 수익사업소득의 50%이다. 사용용도는 고유목적사업 또는 지정기부금에 사용한 경우이다. 설정일로부터 5년 이내에 사용하지 않은 경우에는 익금으로 산입한다. 이자소득만 있는 경우에는 원천징수방법에 의하여 과세를 종결할 수 있다. 그리고 복식부기에 의한 기장 및 장부비치 의무를 배제해 주고 있다.

(7) 법인세율

우리나라에 최초로 법인세가 도입된 것은 일제 강점시대인 1916년으로 조선

소득세령(1920)에 따라 소득세로 과세되었다. 그러다가 일반소득세를 1934년에 신설하게 됨에 따라 제1종 소득세로 분류되어 과세되었다. 법인세가 따로 분리되어 과세되기 시작한 것은 독립 후 1949년에 법인세법이 제정되면서부터이다. 그러나 1966년 국세청이 설립되기 전까지는, 법인조직을 갖춘 기업들의 비중이

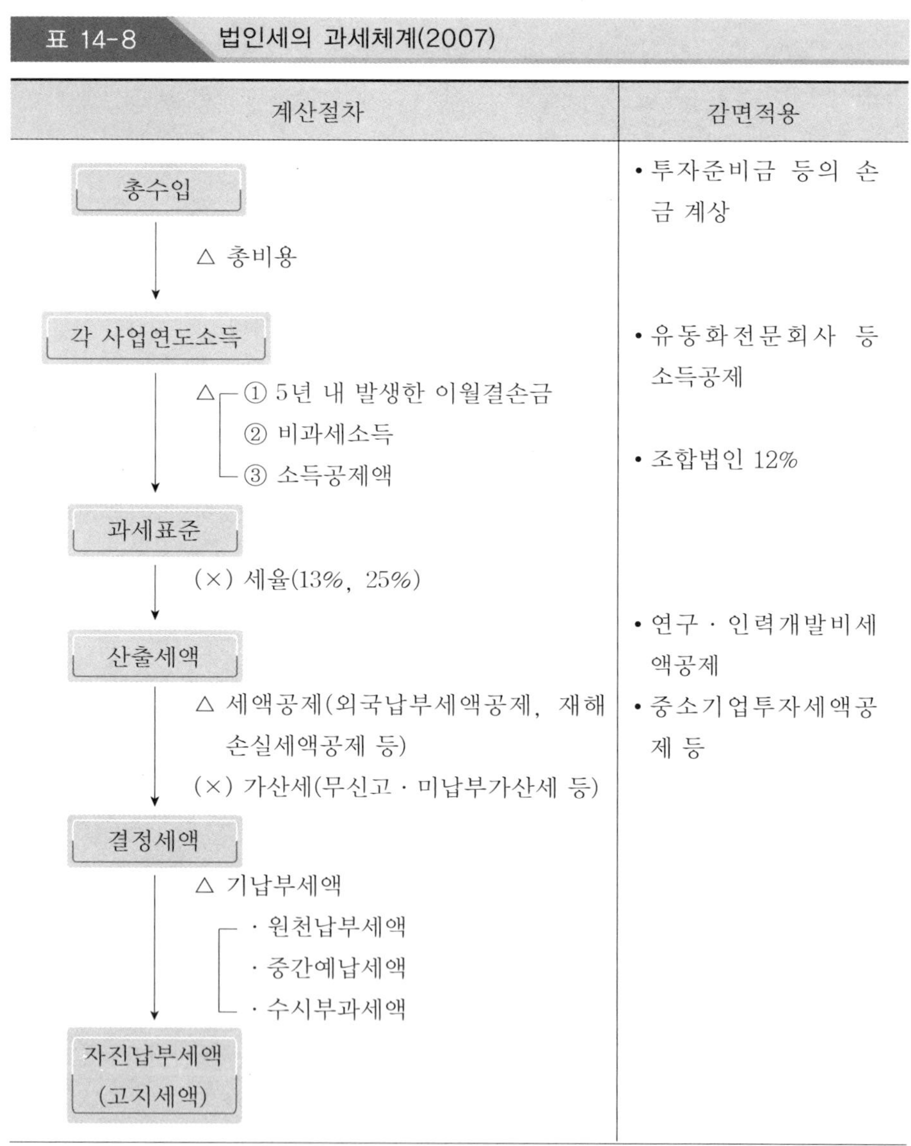

표 14-8 법인세의 과세체계(2007)

계산절차	감면적용
총수입	• 투자준비금 등의 손금 계상
△ 총비용	
↓ 각 사업연도소득	• 유동화전문회사 등 소득공제
△ ① 5년 내 발생한 이월결손금 ② 비과세소득 ③ 소득공제액	• 조합법인 12%
↓ 과세표준	
(×) 세율(13%, 25%)	
↓ 산출세액	• 연구 · 인력개발비세액공제 • 중소기업투자세액공제 등
△ 세액공제(외국납부세액공제, 재해손실세액공제 등) (×) 가산세(무신고 · 미납부가산세 등)	
↓ 결정세액	
△ 기납부세액 · 원천납부세액 · 중간예납세액 · 수시부과세액	
↓ 자진납부세액(고지세액)	

자료: 제정경제부.

낮았고 세무행정도 체계화되지 못하여 비중은 크지 않았다. 도입 초기에는 일반법인 35%, 특별법인 20%의 세율로 부과되었으나 1950년대 초 같은 법인 내에서도 소득규모에 따른 누진세율이 적용되었다. 그러나 곧 다시 환원하여 1961년까지는 법인종류별로 단순세율을 부과하였는데, 비공개법인(20%)에 비해 공개법인(10%)의 세율을 지속적으로 인하하여 기업공개를 촉진하기도 했다.

1990년 세법개정 전까지 법인세는 영리법인과 비영리법인을 다르게 취급했다. 또한, 영리법인도 공개법인과 비공개법인으로 구분하여 다른 세율을 부과했으며 같은 종류의 법인 내에서도 소득규모에 따라 단순누진세율을 적용하였다. 1991~93년에는 이전까지의 일반법인, 비상장대법인, 비영리법인의 구분을 없애고, 단지 과세표준만을 기준으로 하여 1억 원 이하는 20%, 1억 원 초과는 34%를 적용하였다. 이 세율은 1994년에는 2%씩 인하되어 각각 18%, 32%가 되었다. 1995년에는 다시 과세표준 1억 초과에 대한 세율을 30%로 1996년에는 28%(1억 원 이하는 16%)로 계속 인하해 왔다. 현행 법인세율은 영리법인에 대해 1억 원 이하의 과표에는 13%의 법인세율을 그리고 1억 원을 초과하는 경우에는 1억 초과 금액의 25%의 법인세율을 적용하고 있다. 법인세율의 과세체계를 나타낸 것이 〈표 14-8〉이다.

제 3 절 상속 · 증여세

1. 상 속 세

상속세(inheritance tax)는 상속재산이 과세대상이며 피상속인이 소유하던 모든 재산에 대해 과세된다. 피상속인이 사망하기 전 10년 이내에 상속인에게 증여한 재산 및 상속인이 아닌 사람에게 1년 이내에 증여한 재산도 상속재산에 포함시킨다. 비과세 재산과 과세제외 재산은 당연히 공제하며 공과금과 장례비용 그리고 채무도 공제하게 된다. 그러나 피상속인이 사망하기 전 2년 이내에 상속재산을 처분했거나 채무를 부담한 경우에는 그 금액이 5억 원(1년내 2억 원) 이상으로서 용도가 명백하지 않은 경우에는 상속재산으로 포함시킨다. 사망으로 인해 받게 되는 1백만 원이 넘는 퇴직금이나 생명보험금 혹은 신탁재산도 1천 5백만 원 이상의 금액은 상속재산으로 간주한다. 상속세의 특징을 다음 다섯 가지로 요약할 수 있다: ① 불로소득에 대한 과세이다, ② 생존시의 과세탈루를 보완한다, ③ 영속성이 없다, ④ 소비성향을 억제한다, ⑤ 과세물건이 확실하다, ⑥ 부의 집중에 대한 소득분배효과가 있다.

2. 세율과 과세표준 및 상속공제

상속증여세는 한때는 최고세율이 75%에 달한 적도 있었으나 최근에는 50%로 줄어들었다. 상속세 신고는 피상속인의 사망일로부터 6개월 이내에 피상속인의 주소지 관할 세무서에 신고하고 납부하면 상속세의 10%를 공제해 준다. 내야 할 세금이 1,000만 원을 넘는 경우에는 45일 이내에 분납하거나 세액의 4분의 1을 납부하고 나머지는 3년에 걸쳐서 분할 납부할 수 있다. 또한, 현금 대신 상속재산으로 물납할 수도 있다. 피상속인이 신탁한 재산, 사망으로 인해 지급받는 보험금, 퇴직금, 퇴직수당, 공로금, 상속개시일 전 처분한 재산의 가액이나 채무부담액이 1년 내에 2억 원 이상인 경우 및 2년 이내에 5억 원 이상인 경우로서 용도가 불분명한 것도 간주 상속재산으로 상속재산가액에 포함한다. 그리고 여기에 증여재산도 포함하게 된다. 증여재산이란 상속개시일 전 10년 이내에 상속인에게 증여한 재산과 상속개시일 전 5년 이내에 상속인 이외의 사람에게 증여한 재산을 말한다.

상속세 과세표준(상속재산)은 상속재산가액에서 피상속인의 장례비용(최소 500만 원에서 1,000만 원 한도), 피상속인의 채무, 그리고 상속공제를 제하여 계산한다. 상속공제에는 기초공제, 배우자공제, 기타 인적공제, 일괄공제, 금융재산 상속공제 및 재해손실공제가 있다. 구체적으로는 다음과 같다.

(1) 기초공제

일반인은 2억 원인데 가업을 상속할 경우에는 1억 원까지 추가로 공제가 가능하고 영농상속인 경우에는 2억 원까지 추가로 공제가 가능하다.

(2) 배우자공제

① 배우자가 상속받은 재산을 분할하여 신고한 경우는 아래의 ㉠, ㉡ 중 적

은 금액으로 공제한다:

㉠ 실제 상속받은 재산가액

㉡ (상속인의 상속재산가액×민법상 배우자 법정상속분)(30억 원 한도)

 - 상속개시 전 10년 이내에 배우자에게 증여한 재산가액

② 배우자가 상속받은 재산을 분할하지 않고 신고도 하지 않은 경우에는 아래의 ㉠, ㉡ 중 적은 금액으로 공제한다:

㉠ 실제 상속받은 재산가액

㉡ [(상속인의 상속재산가액×민법상 배우자 법정상속분)×1/2](15억 원 한도)

 - 상속개시 전 10년 이내에 배우자에게 증여한 재산가액

③ 소액상속 일괄공제를 적용하여 배우자가 실제 상속받은 금액이 없거나 상속받은 금액이 5억 원 미만이면 5억 원을 공제한다.

(3) 기타 인적공제

다음과 같은 인적공제가 추가로 가능하다.

① 자녀공제: 나이나 동거 여부와 관계없이 1인당 3천만 원까지 공제할 수 있다.

② 미성년자 공제: 배우자를 제외한 상속인 및 동거가족 중 20세 미만인 자에게 1인당 5백만 원×20세에 달할 때까지의 연수를 곱한 금액을 공제할 수 있다.

③ 연로자 공제: 배우자를 제외한 상속인 및 동거가족 중 60세 이상인 자는 1인당 3천만 원까지 공제할 수 있다.

④ 장애인 공제: 배우자를 포함하여 상속인 및 동거가족 중 장애인인 자는 1인당 5백만 원×75세에 달할 때까지의 연수를 곱한 금액을 공제할 수 있다.

(4) 일괄공제

기초공제와 기타 인적공제를 합한 금액과 일괄공제 금액인 5억 원 중 더 큰 금액으로 공제할 수 있다. 상속세 신고를 안 한 경우에는 일괄공제 5억 원만 공제하게 되는데 단, 배우자 단독으로 상속할 경우에는 일괄공제를 적용하지 않는다.

(5) 금융재산 상속공제

상속개시일 현재 상속재산가액 중 순금융재산가액이 포함되어 있는 경우에

표 14-9 상속증여세율(2007)

금 액	세 율
1억 원 이하	과세표준의 10%
1억 원 초과 5억 원 이하	1,000만 원+1억 원을 초과하는 금액의 20%
5억 원 초과 10억 원 이하	9,000만 원+5억 원을 초과하는 금액의 30%
10억 원 초과 30억 원 이하	2억 4,000만 원+10억 원을 초과하는 금액의 40%
30억 원 초과	10억 4,000만 원+30억 원을 초과하는 금액의 50%

자료: 국세청.

는 2억 원까지는 20%를 공제할 수 있다. 금융재산이 2,000만 원 미만인 경우는 전액을 공제할 수 있으며 금융재산이 2,000만 원 이상 1억 원 미만인 경우는 2,000만 원을 공제할 수 있다.

(6) 재해손실공제

상속세 과표신고기한 내에 화재, 폭탄, 자연재해 등으로 인하여 상속재산이 멸실, 훼손된 경우에는 그 손실가액을 상속세 과세가액에서 공제할 수 있다.

(7) 상속공제의 종합한도

상속공제액의 한도는 상속세 과세가액에서 상속인이 아닌 자에게 유증 · 사인증여한 재산가액과 상속세 과세가액에 가산한 증여재산가액을 차감한 잔액에 상당하는 금액을 초과하지 못한다.

1996년 12월 30일자로 증여세와 상속세의 세율이 통합되었으며, 현행 상속증여세율은 〈표 14-9〉에 있는 바와 같다.

3. 증 여 세

증여세(gift tax)는 증여에 의하여 취득하는 재산을 과세대상으로 해서 재산을 부여받는 자에게 부과하는 조세다. 상속세 외에 증여세를 부과하는 이유는 상속 또는 유증에 의하여 취득하는 재산에 대해서만 상속세의 과세대상으로 한다면 모든 피상속자는 생전에 상속자에게 재산을 증여해서 상속재산을 감소시키려 할 것이며, 결과적으로 상속세의 부담을 회피하거나 또는 상속세의 누진세율 적용을 완화하여 조세부담을 줄이려 할 것이 예상되었기 때문이다. 또한, 그렇게 되는 경우에는 조세부담의 공평성이 상실되고 부의 집중이 초래될 것을 우려했기 때문이다. 결과적으로 증여세는 상속세를 회피하는 것을 방지하는 데 그 목적이 있으므로 상속세의 보완적 성격을 띠고 있으며 피상속인의 생존시에 증여하는 재산에 대해서 증여세를 부과하고 있다. 한 마디로 말해, 무상으로 재산의 증여를 받은 경우에 내는 세가 증여세이다. 증여세를 악용하여 상속세나 소득세를 회피하려는 사례가 많으므로 아래와 같은 경우에는 실제로 증여받지 않았다고 해도 증여받은 것으로 간주하여 증여세를 부과한다.

배우자 상호 간 혹은 직계존비속 간에 재산을 양도하는 경우나 재산을 특수관계에 있는 사람에게 양도한 후 3년 안에 당초 양도자의 배우자나 직계존비속에게 다시 양도하는 경우, 또 특수관계에 있는 사람끼리 시가의 70% 이하, 또는 130% 이상의 가액으로 재산을 양도하는 경우도 증여세의 부과대상이 된다. 그리고 채무를 면제받거나 다른 사람이 빚을 대신 갚아 주어 경제적으로 이익을 받은 경우, 보험금을 납입하지 않은 사람이 500만 원이 넘는 보험금을 타게 되는 경우, 세금을 피할 목적으로 실질적인 소유권이 없는 제3자의 명의로 재산을 등기 또는 등록한 경우, 다른 사람의 재산신탁으로 인해 생긴 이익을 받은 경우, 기업의 합병 또는 증자, 감자로 인하여 주주가 받는 이익, 재산을 취득한 자금의 출처가 분명하지 않은 경우 등도 이에 속한다. 다만, 친족간의 증여 중에 다음과 같은 경우는 과세하지 않는다. 배우자로부터 10년에 6억 원 한도의 증여나 직계존비속으로부터 10년에 3천만 원 한도의 증여액(미성년자는 1천 5백만 원의 증여액)인 경우에는 증여세를 부과하지 않는다. 세대를 건너 뛰어 할아버지가 손자에게 증여하는 경우에는 산출세액의 30%가 가산된다. 증여 후 당사자 간의 합의에 의해서 신고기간 내에 반환하는 경우에는 증여가 없었던 것으로 간주하나 만약 반환결정 이전에 정부의 세액결정을 받은 경우라면 과세된다. 증여 후 6개월 이내에 반환한다면 과세하지 않는다. 증여세는 원칙적으로 증여받는 사람이 낸다. 증여를 받은 사람이 증여재산의 취득일로부터 3개월 이내에 증여받은 사람의 주소지세무서에 신고하고 납부하면 세금의 10%를 공제해 준다. 신고하지 않았을 경우에는 세금의 40%까지 추가로 부담하게 된다.

제 4 절 부당이득세

물가안정 및 공정거래에 관한 법률이나 기타 법률에 의해 정부가 지정, 승인, 인가 또는 허가하는 물품의 가격, 부동산이나 기타의 물건의 임대료 또는 요금의 최고액을 기준으로 국세청장이 정하는 기준가격을 초과하여 거래함으로써 발생한 부당한 이득에 대해 부과되는 세금(excess profits tax)이다. 과세대상 품목은 통일미, 보리쌀, 현미, 무연휘발유, 등유, 경유, 무연탄, 연탄, 임대료 등 곡가조정용 5품목, 석유류 제품 16품목 등 24개 품목으로 세율은 100%이다.

제 5 절 자산재평가세

법인 또는 개인의 기업에 소속된 자산을 현재의 가격으로 재평가하여 장부가액을 수정하는 것이 자산재평가이다. 자산의 가치를 현실에 맞도록 재평가하여 적절한 감가상각과 정확한 기업자본의 평가 등을 통해 경영의 합리화를 도모하고자 도입한 세제이다. 자산재평가세(asset revaluation tax)는 2000년 12월 31일까지 신고된 재평가신고분에 대해서만 적용하고 그 이후에는 폐지되었다.

제 6 절 종합부동산세

종합부동산세는 정부가 2000년대 초 급등하기 시작한 부동산 가격상승을 억제하기 위한 정책방안으로 도입된 것이다. 부동산 투기를 목적으로 한 가수요자의 부동산 보유에 대하여 강력하게 중과함으로써 부동산에 대한 가수요를 줄여 가격 안정화를 이룬다는 정책구도 아래에서 2005년 부동산보유세제를 개편하여 국세인 종합부동산세를 신설하고 지방세인 종합토지세를 폐지했다. 이 세는 지

표 14-10 종합부동산세 제정 및 시행 과정

종합부동산세 일지

2003년 2월	9월 1일	10월 29일	2004년 9월 15일	12월 30일	2005년 봄
노무현 정부, 보유과세 정상화를 국정과제로 선정	관계장관회의, 2006년 종부세 도입 계획 발표	종부세 2005년으로 앞당기기로 발표	종부세 기본안 확정	종부세법 국회통과 (대상은 공시가격 9억 원 초과 주택, 개인별 합산 방식	재건축 아파트 가격 급등

6월	8월 31일	12월	2006년 12월	2007년 12월	2008년 12월
판교 발 부동산값 급등	종부세 대상 아파트 공시가격 6억 원 초과로 확대, 세대별 합산 방식으로 변경	종부세 첫 부과 (과표적용률 50%)	종부세 부과 (과표적용률 70%)	종부세 부과 (과표적용률 80%)	종부세 부과 예정 (과표적용률 90%)

방세수의 박탈로 인한 반발을 무마하기 위해 국세로 징수한 종합부동산세를 재정이 취약한 지방자치단체에 우선적으로 배분하여 지역간 균형발전을 도모한다는 지방균형발전의 취지에 부합하도록 만들었다. 종부세의 입법 목적의 타당성은 인정되나 기존 재산세와의 이중과세 문제 및 세대별 합산과세 등에 따른 위헌성 시비와 일부 부유층을 대상으로 한 징벌적 과세라는 비판도 없지 않았다. 종합부동산세 제정 및 시행 과정에 대해 〈표 14-10〉에 요약해 놓았다.

종합부동산세법에 의하면 2006년부터 매년 6월 1일 현재 보유하고 있는 부동산에 대해서 1차로 시·군(또는 구)에서 재산세를 부과하고, 고액의 부동산 보유에 대해서는 2차로 국가에서 전국의 부동산을 납세의무자별로 합산하여 기준금액 초과분에 대해서 종합부동산세를 부과하게 되는 누진적 성격을 띠고 있다. 종합부동산세는 크게 주택에 대한 종합부동산세, 종합합산과세 대상 토지 그리고 별도합산과세 대상 토지로 구분된다. 주택과 종합합산과세 대상인 토지의 경우 세대별 합산과세로서 과세기준일 현재 국내에 있는 재산세 과세대상인 주택의 공시가격을 합산한 금액이 6억 원을 초과하는 경우와 토지의 공시가격이 3억 원을 초과하는 경우는 세대원이 연대하여 종합부동산세를 납부할 의무를 지니게 된다.[3] 그러나 별도합산과세 대상토지의 경우에는 인별합산과세로서 공시가격이

3) 단, 주택 및 토지에 대한 종합합산과세 대상인 토지의 경우 혼인으로 1세대를 구성하거나 60세 이상의 직계존속을 동거봉양하기 위해 합가하면, 주택 또는 토지를 소유하는 자와 그 혼인 또는

40억 원을 초과하는 경우에 납세의무를 지게 된다.

주택에 대한 종합부동산세는 과세표준 6억 원 미만은 종합부동산세가 과세가 되지 않지만 이를 초과하는 부분에 대해서는 기납부재산세 부분과 중복되어 이중과세되는 것을 피하기 위해서 종합부동산세 산출세액에서 과세표준 6억 원에 해당하는 재산세(124만 원)를 초과한 재산세를 공제한 나머지로 세액을 결정한다. 또한, 도입 초기의 갑작스런 세부담의 증가에 따른 조세저항을 우려하여, 점차적으로 세부담을 높여가는 연도별 적용조항을 두고 있다. 2006년에는 적용비율이 70%였고 매년 10%씩 증가하여 2007년에는 80%, 2008년에는 90%, 2009년에는 100%의 비율을 적용하게 된다. 기준금액(6억 원)의 초과분에 따라 최저 1%에서 최고 3%로 단계별 누진세율을 적용한다. 현재 우리나라에서 종합부동산세 납부의무를 지닌 사람은 2006년에 35만 1,000명에서 2007년에는 48만 6,000명으로 주택가격과 기준시가반영률의 증가로 인해 크게 증가하였다. 그 결과 보유세 성격의 종합부동산세에 대한 세부담이 급격히 증가함으로써 소득증가 및 물가상승률 등을 고려한 부과기준의 현실화나 1가구 소규모 주택에 대한 재산권 침해문제, 그리고 은퇴 고령자의 경우 담세능력의 부족 등에 대한 문제 제기가 되고 있다.

이해를 돕기 위해 종합부동산세의 적용 예를 하나 살펴보도록 하자. 주택가격이 기준시가로 9억 원인 경우, 재산세의 과세표준은 기준시가의 50%(2009년 55%)인 4억 5천만 원이고 이에 대한 재산세는 199만 원(24만 원+(4억 5천만 원−1억 원)×0.5%)이 부과된다. 종합부동산세의 경우에는 기준시가 9억 원에서 6억 원

표 14-11 주택분 종합부동산세 세율(2008)

과세표준	세율	누진공제액
3억 원 이하	1%	-
3억 원 초과 14억 원 이하	1.5%	150만 원
14억 원 초과 94억 원 이하	2%	850만 원
94억 원 초과	3%	1억 250만 원

합가한 자별로 2년 동안 각각 1세대로 간주하여 세대합산을 유예한다.

을 뺀 3억 원이 과세표준이다. 3억 원에 대한 종합부동산세 세율은 1%이므로 세금은 300만 원이 되지만 여기에 2008년도를 기준으로 한 연도별 적용비율 90%를 적용하게 되므로 세금은 270만 원이 된다. 이제 기납부 재산세액 중 124만 원을 초과한 75만 원(199만−124만)을 공제해 주면 결국 195만 원(270만−75만)의 종합부동산세가 부과되게 된다.[4)]

토지에 대한 종합부동산세는 국내에 소재하는 토지에 대한 지방세법상 재산세 종합합산과세대상과 별도합산과세대상으로 구분하여 과세한다. 토지분 재산세 납세의무자 중 국내에 소재하는 당해 과세대상토지의 공시가격을 합한 금액이 3억 원을 초과하는 경우, 종합합산과세의 대상이 된다. 40억 원을 초과하는 경우는 별도합산과세 대상이다. 연도별 적용비율은 토지분 종합합산세액의 경우 주택의 종합부동산세에 적용되는 비율과 동일하지만, 별도합산세액의 경우는 〈표 14-12〉에 있듯이 2006년에 55%, 2007년에 60%, 2008년에 65%로 매년 5%씩 증가하여 2015년에는 100%를 적용받게 된다.

종합부동산세는 세부담의 상한제가 적용되어 전년도 재산세와 종합부동산세를 합한 과세액의 300%(별도합산과세의 경우 150%)를 초과할 수 없도록 했다. 또한, 2007년까지 신고납부제를 채택하여 신고기간 내 납부시 3% 공제혜택이 주어졌으나, 2008년부터는 부과고지제로 변경되어 기한 내에 세금을 납부하지 않으면 3%의 가산금을 물어야 한다. 가산금은 납부액이 100만 원을 넘어설 경우 1개월마다 1.2%씩 불어난다. 만약 납부하여야 할 세액이 1천만 원을 초과하는 경

표 14-12 종합부동산 과세 대상 및 적용비율

과세대상	금 액	적용비율	기준금액
주 택	6억 원	70%(2009년까지 매년 10%p 증가)	주택공시가격
토지(나대지 등)	3억 원	70%(2009년까지 매년 10%p 증가)	개별공시지가
사업용토지	40억 원	55%(2015년까지 매년 5%p 증가)	개별공시지가

* 주택 및 나대지 등(종합합산토지)은 세대별로 전국 합산한 가액이 과세기준금액을 초과하는 경우(2006년 개정)

* 사업용토지(별도합산토지)는 인별로 전국 합산한 가액이 과세기준금액을 초과하는 경우

4) 임상엽 · 정정운 (2008) 참고.

우에는 종합부동산세 과세대상인 당해 주택 및 토지 물납을 허용하고 있다. 납부할 세액이 2천만 원 이하인 경우 1천만 원을 초과하는 금액을 그리고 납부할 세액이 2천만 원을 초과하는 경우에는 그 세액의 50% 이하의 금액을 분납할 수 있도록 하고 있다.

응 용 문 제

타재화와 의료서비스라는 2가지 재화에 소득을 전부 사용하는 소비자에게 소득공제가 없이 소득세를 세율 t로 부과하게 될 경우의 예산식을 도출해 보라. 다음에, 의료서비스에만 소득공제가 100% 적용될 때의 예산식 그리고 공제율이 d% 적용될 때의 예산식을 도출해 보라. 단, $d<100$. 공제율의 변화에 따라서 예산선은 어떻게 변하며 소비자의 소비행태는 어떻게 변하는가를 논해 보라.

참 고 문 헌

국세청, 「사업경영과 세금」, 2003.

임봉욱, 「공공경제학」, 비봉, 1996.

임상엽 · 정정운, 「세법개론」, 상경사, 2008.

재정경제부, 「조세개요」, 2003.

한국조세연구원, http://www.kipf.re.kr

Gordon, R. and B. Malkiel, "Corporation finance," in H. Aaron and J. Pechman(eds.), *How Taxes Affect Economic Behavior*, Washington, D.C: Brookings Institution, 1981.

Harberger, A., "The incidence of the corporation income tax," *Journal of Political Economy*, 70(3): 215-40, 1962.

Modigliani, F. and M. Miller, "The cost of capital, corporation finance, and the theory of investment," *American Economic review*, 48: 261-97, 1958.

제15장

간 접 세

들어가며

이 장에서는 우리나라에서 부과되고 있는 국세 중 간접세에 대해 살펴보기로 한다. 먼저, 일반소비세와 선별적 소비세의 차이를 살펴본 다음, 부가가치세의 도입 배경과 특징에 대해 알아본다. 특히 부가가치세의 면세제도와 영세율에 대해 자세히 알아본다. 그리고 개별소비세, 주세, 증권거래세, 인지세와 폐지된 전화세에 대해 간략히 개관해 본다. 마지막으로 농어촌특별세, 교육세 및 교통세 등 국세 중 목적세의 세수 규모와 목적세 폐지의 찬반 논리를 살펴본다.

제 1 절 일반소비세와 선별적 소비세

1. 형평성과 목적

법적으로 정해진 납세의무자가 반드시 실질적인 조세부담자가 아닐 수도 있는 간접세 중 가장 대표적인 것이 소비에 대한 과세인 소비세이다. 소비세는 모든 소비행위에 과세하는 일반소비세와 개별 소비재를 선별하여 과세대상으로 하는 선별적 소비세로 크게 나누어 볼 수 있다.

일반소비세는 저율과세로 다액의 세수확보에 용이하고 소비재의 거래단계가 많으면 세금을 더 많이 내게 된다. 일반소비세는 거래세(turnover tax)와 같아지므로 거래단계의 다소에 따라 차별적 과세가 되고 거래단계를 줄이기 위해 수직적으로 통합하는 기업도 생기게 된다. 그런데 수직적 통합은 결국 통합되지 않은 개별 생산단위와의 경쟁이 공정하지 않게 되므로 경쟁제한적인 산업구조를 초래하게 되어 바람직하지 못하다. 소비를 기준으로 담세능력을 평가한다면 일반소비세는 수평적으로 형평성이 있다고 할 수 있으나 소득을 기준으로 한다면 그렇지 못하고 수직적 형평성의 관점에서도 역진적이 된다.

선별적 소비세는 누진과세의 일환이라고 볼 수 있으며 사치품에 대한 금지적인 소비세 형태로 부과될 수 있다. 그리고 특정 재화의 소비로부터 얻는 편익에 대한 서비스 요금 대신에 내는 것으로 간주될 수도 있다. 또한, 공해를 방지하거나 특정 재화의 소비를 억제하기 위한 정책적인 입장에서 부과될 수도 있다.

2. 소비행위와 투자 및 저축행위

우리나라는 기본적으로 모든 소비행위를 과세대상으로 삼고 있다. 소비세의 부과대상을 얼마나 포괄적으로 정하는가에 따라 경제에 대한 효과도 달라진다. 국민총생산(GNP)은 크게 소비와 투자로 구성되어 있다. 과세대상이 되는 거래를 소비를 위한 거래에 국한시키지 않고, 국민총생산을 구성하는 모든 거래에 대해 과세하게 되면 투자도 과세대상에 포함되게 된다. 그런데, 만약 감가상각을 비용으로 보아 과세표준에서 공제해야 된다고 본다면 국민총생산에서 감가상각을 공제한 국민순생산(NNP)을 형성하는 거래만을 과세대상으로 해야 한다. 과세대상은 원칙적으로 자원을 없애는 행위인 소비로 국한하고 자원의 증대를 가져오는 투자행위와 저축행위에는 과세하지 않아야 한다는 주장도 있다. 이런 주장을 받아들인다면 국민순생산에서 투자를 제외한 소비에만 세금을 부과하는 소비형 과세를 채택해야 된다.

제 2 절 부가가치세

1. 부가가치세의 도입배경과 특징

부가가치세(附加價値稅, VAT: value-added tax)는 1954년 프랑스에서 공업부문만을 대상으로 처음 실시한 것으로부터 시작된다. 유럽공동체(EC)의 결성 후 1960년대에 대부분의 유럽국가들이 채택하여 그 이전의 다단계거래세를 대체했다. 그러나 일본은 1980년대에야 채택했고 미국은 아직 채택하고 있지 않다. 우리나라의 경우는 재무부가 부가가치세 도입을 추천한 것은 1971년이었지만 1976년에야 비로소 국회의 의결을 거치고 익년 1977년부터 시행되었다. 부가가치세 도입 당시에는 업계의 반발이 심했으나 몇 차례의 개정을 거쳐 1980년대에 정착되었다.

업계의 가장 큰 반발은 무엇보다도 그 이전의 다단계거래세의 경우보다 세원이 더 노출되기 쉬워 탈세가 그만큼 어려워질 것으로 예상되었기 때문이었다. 그런 반발에도 불구하고 정부가 부가가치세를 추진했던 것은 소비세체계를 단순화하여 세무상의 효율을 높이고 다단계거래세가 가져오는 누적효과의 하나인 수직적 통합의 비효율성을 제거할 필요성을 느꼈기 때문이었다. 그뿐 아니라, 수출주도형 경제성장전략을 채택하고 있던 당시에는 영세율의 적용으로 수출지원세제로서의 역할을 기대할 수 있었으며, 경제의 규모가 아직 작았고 세원이 많지 않아서 정부수입이 적었던 시기였으므로 세수확보를 위하여 세원이 광범위한 일반소비세를 도입할 필요가 있었기 때문이었다.

우리나라 부가가치세의 특징은 ① 모든 부가가치 단계에 세금을 부과하는 소비형 부가가치세이며, ② 전 단계 매입세액공제방식으로 세액을 계산하며; ③ 최종소비자 과세를 원칙으로 하고 있으며, ④ 10%의 단일세율을 적용하고 있다. 신설된 당시 부가가치세는 그 이전까지의 8개 세목(영업세, 물품세, 직물류세, 석유류세, 전기가스세, 통행세, 입장세 및 지방세인 유흥음식세)을 통폐합한 셈이었다. 부가가치세는 납세자의 소득 수준과는 무관하게 소비 수준과 비례하여 내는 세금이 되므로 역진적인 성격이 강하다. 그러므로 단일세율을 적용하는 부가가치세의 역진성을 보완하기 위해 생활필수품에 대한 면세조치와 사치성 소비를 중과세하기 위하여 30여 개 사치성 상품에 대하여 특별소비세를 신설했다. 또한, 산업정책적 필요에 의한 세율의 차등화를 용이하게 만들기 위해서 주세와 전화세 등의 개별소비세도 부과하기 시작했다.

생활필수품에 대한 면세조치는 부가가치세의 역진성을 많이 완화한다는 연구결과도 있으나 면세제도는 소비자의 소비선택에 교란을 가져와서 조세의 효율성을 낮출 수 있다. 그리고 국민소득의 증대와 생활 수준의 향상으로 인해 과거에는 사치성 소비재로 여겨지던 품목들도 일상화된 소비재로 간주되면서 그리고 외국의 통상압력이 커지면서, 최근 고가의 가전제품과 레저용품 및 승용차 등에 대한 수입관세와 특별소비세가 점차 낮아지거나 폐지되는 추세를 보이고 있다. 이로 인해 고소득층의 상대적인 소비세 부담이 낮아지면서 일반소비과세의 역진성도 높아지고 있다고 짐작할 수 있다.

2. 부가가치세의 산정방식

한 생산단계의 생산주체가 생산활동을 통해서 일정기간에 창출한 경제적 가치를 부가가치라고 한다. 이것은 곧 생산된 재화의 가치로부터 중간투입물로 사용된 재화의 가치를 뺀 것과도 같다. 부가가치를 계산하는 방법으로는 합산방식과 공제방식으로 불리는 두 가지가 있다. 현생산단계에서 창출된 가치는 곧 지불된 요소소득과 같다. 그러므로 합산방식은 부가가치를 모든 요소소득의 합으로 계산하는 방식으로서 다음과 같다.

부가가치 = 현 생산단계의 생산활동을 위해 투입된 임금, 이자, 지대, 이

윤 등의 요소소득

공제방식은 원료나 중간재와 같이 이전 생산단계에서 이미 창출된 중간 투입물의 가치를 총판매액에서 공제하는 방식으로 아래와 같다.

부가가치=(총매출액)−(전 단계에서 창출된 투입물의 가치)

공제방식으로 부가가치세를 계산하는 방식은 다시 직접 공제법 또는 매입액 공제방식(account method)과 간접 공제법 또는 매입세액 공제방식(invoice method)으로 나누어 볼 수 있다. 간략하게 아래와 같이 표시할 수 있다.

직접 공제방식 또는 매입액 공제방식
세액=(총매출액−총매입액)×세율
간접적 공제방식 또는 매입세액 공제방식
세액=(총매출액×세율)−(총매입액×세율)

매입세액 공제방식은 생산의 전단계의 공급자가 부가가치세를 납부했다는 사실을 증명하는 송장(invoice) 또는 영수증을 첨부해야만 세액을 공제받을 수 있으므로 거래당사자 간에 상호 견제를 통해 탈세를 방지할 수 있다는 이점이 있다.[1] 그러므로 행정절차가 단순하여 우리나라와 유럽의 여러 나라가 이 방식을 채택하고 있다. 부가가치세는 6개월을 과세기간으로 정하고 있으므로 1년에 2번 내게 된다.

3. 면세제도

부가가치세법에는 일정한 요건이 충족되는 경우 부가가치세를 면제해 주는 영세율과 면세가 있다. 영세율이란 세율이 0이란 의미로 매출세액은 면제해 주고 매입세액은 환급해 주는 경우를 말한다. 반면 면세의 경우는 매출세액은 면제

1) 불법으로 매입세금계산서를 만들어 파는 소위 '재료상'이 생겨서 매입세액을 허위로 부풀림으로 해서 납부세액을 줄이기도 하고 매출이 큰 유흥음식점이 변두리의 과세특례자 음식점에게 소정의 수수료(예를 들어, 매출액의 2%)를 지불하기로 약속하고 사용 전 매출전표에 고객의 신용카드를 결재하도록 하여 자기 업체의 매출을 작은 음식점으로 전가시키는 수법으로 매출액을 줄이기도 하는 등 세제의 변화에 대응하여 탈세의 방법도 달라져 왔다.

되지만 매입세액을 환급받을 수는 없다. 따라서 영세율이 부가가치세의 부담을 완전히 면제해 주는 데 비해 면세는 부가가치세의 부담을 부분적으로만 면제해 주게 된다. 대부분의 나라에서 수입품에는 부가가치세를 부과하고 수출품에는 영세율을 적용하여 부가가치세를 완전히 면제해 주고 있다. 이는 소비의 목적지 원칙을 지키는 것으로 자국의 생산품을 국내에서 소비하는 행위에 대해서만 과세하자는 원칙이다.

(1) 면　세

면세 혜택을 주는 데는 다음과 같은 기준을 세우고 이에 해당하는 사업자에 한해서 세부담을 경감해 주고 있다.

1) 세부담의 공평성 보완
   비가공식료품, 수돗물, 연탄, 대중여객 운송, 임대주택 공급
2) 사회적 편익과 무형적 가치를 인정
   교육용역, 의료보건용역, 문화예술창작품, 언론, 종교, 학술활동
3) 부가가치 산정이 어려운 경우
   은행, 보험, 교육
4) 인건비가 대종으로서 과세대상으로 부적합한 경우
   특수전문용역 분야, 변호사, 회계사, 세무사 등 (1999년부터 소득의 10% 과세)
5) 국가, 지방자치단체, 기타 공공단체가 공급하는 재화와 서비스
   (인지, 우표, 전매품, 복권, 공중전화)'

부가가치세 면세 적용의 경우를 〈표 15-1〉의 예를 통해 함께 살펴보도록 하자. 〈표 15-1〉에 있듯이 면세가 도매단계에서 적용받는 경우와 소매단계에서 적용받는 경우로 나누어 설명해 보도록 하자. 먼저 제조업자는 100을 매출하여 부가가치세 10을 납부한다. 제조업자 전단계의 매입은 없는 것으로 가정했다. 도매업자는 100을 매입하여 200에 매출하는 데 면세를 적용받으므로 납부할 부가가치세액은 없다. 그러나 제조업자로부터 재료 매입시에 지불한 부가가치세액 10(100의 10%에 해당)은 환급받지 못한다. 소매업자가 면세 도매업자로부터 매입하게 되므로 소매입자는 매입액 200에 대해서는 전단계세액을 지불하지 않는

표 15-1 면세 적용의 예

면세적용단계	거래단계	매출액	매입액	세율%	매출세액	매입세액	납부세액
도매단계적용	제　　조	100	0	10	10	0	10
면세→	도　　매	200	100	면　세	0	(10)*	0
	소　　매	500	200	10	50	0	50
납부세액 계					60	0	60
소매단계적용	제　　조	100	0	10	10	0	10
	도　　매	200	100	10	20	10	10
면세→	소　　매	500	200	면　세	0	(20)*	0
납부세액 계					30	10	20

* 환급이 불가능함.

다. 그러나 자신이 매출할 경우에는 500에 대한 10%를 부가가치세로 내게 되므로 세액이 50이 된다. 정부가 걷어들이는 총세액은 60이 된다. 면세가 중간 단계에서 적용되면 다음 단계에서 세액을 환수하는 효과를 가져오게 되어 다음 단계의 거래자인 소매업자의 세부담이 크게 되므로 면세업자로부터의 구입을 피하게 된다. 이렇듯, 전단계 세액공제가 부인되기 때문에 과세의 누적이 발생하게 되므로 면세는 영세율처럼 비과세를 의미하는 것은 아니다.

면세가 최종단계에 적용되는 경우에는 최종단계의 소매자가 전단계에 도매상으로부터 매입하는 재료에 대한 부가가치세 20은 환급받을 수 없지만 자신이 내어야 할 50은 면세를 적용받게 되므로 정부가 걷는 총세액은 20으로 줄어든다. 면세기업은 부가가치세를 위한 기장이나 세금계산서의 작성 및 보유의무가 없다.

(2) 영 세 율

영세율이란 세율이 0이란 의미로 매출세액은 면제해 주고 매입세액은 환급해 주는 방법이다. 영세율을 적용받게 되는 상품은 원료획득, 제조, 유통, 판매단계까지의 전과정에 부가가치세 납부의무를 면제받게 된다. 영세율이 적용되는 재화와 용역은 ① 수출하는 재화, ② 국외에서 제공하는 용역, ③ 선박 또는 항공

표 15-2 영세율 적용의 예

적용단계	거래단계	매출액	매입액	세율%	매출세액	매입세액	납부세액
	제 조	100	0	10	10	0	10
영세율 →	도 매	200	100	0	0	10	−10
	소 매	500	200	10	50	0	50
납부세액 계					60	10	50
	제 조	100	0	10	10	0	10
	도 매	200	100	10	20	10	10
영세율 →	소 매	500	200	0	0	20	−20
납부세액 계					30	30	0

기의 외국 항해 용역, ④ 기타 외화를 획득하는 재화 또는 용역으로 제한되어 있다. 영세율을 최종단계 이전에 적용하게 되면 그 단계 이전까지의 부가가치세만 비과세되게 되므로 전단계에 걸쳐서 의도한 비과세 결과를 가져오지 못하게 된다. 왜 그렇게 되는지 〈표 15-2〉의 예제를 통해 살펴보도록 하자.

영세율을 도매업자에게 적용할 경우에 도매업자는 제조업자로부터 사들인 재료 100에 대해 지불한 부가가치세 10을 환불받게 되고 자신이 판매한 상품에 대해서 세율이 0이므로 부가가치세를 지불하지 않아서 완전히 비과세가 된다. 그러나 최종단계인 소매업자는 전단계에 지불한 부가가치세가 없으므로 공제할 매입세액이 없어서 판매액에 대한 10%인 50을 다 부가가치세로 내게 되어 부담이 커진다. 이 경우, 총납부세액은 50이 된다. 반면에, 영세율을 최종단계에 적용하게 되면, 그 이전 단계의 부가가치세를 환불받고 매출액에 대한 영세율을 적용하므로 완전히 비과세가 된다. 면세사업자와는 달리 영세율을 적용받는 사업자는 기장 작성의 의무가 있다.

표 15-3 부가가치세 과세 특례조항(1999년까지 적용)

	일반과세자	간이과세자	과세특례자
연매출액	1억 5천만 원 이상	4,800만 원－1억 5천	4,800만 원 미만
납부세액	(매출액 10%)－(매입액 10%)	[매출액×업종별 부가가치율×10%]－공제세액	매출액×2%

4. 부가가치세의 특례조항

부가가치세의 납세대상자를 〈표 15-3〉와 같이 일반과세자, 간이과세자 그리고 과세특례자로 구분하여 오다가 2000년부터 매출액 4,800만 원 이상의 일반과세자와 매출액이 그 미만인 간이과세자로만 나누고 있다. 현행 간이과세자는 연간 매출액이 4,800만 원이 안 되는 영세사업자를 말하지만, 누구나 간이과세자가 될 수 있는 것은 아니다. 정부는 간이과세 적용이 배제되는 사업이나 지역을 정해 놓고 있다. 간이과세 배제 업종의 예를 몇 가지 들어보자면, 과자점업, 양복점업, 시지역 이상 소재의 과세유흥장소, 변호사업, 공인회계사업 등등이다. 간이과세자는 업종별로 정해진 부가가치율을 적용하여 과세표준을 계산하게 된다.

업종별 부가가치율을 보면, 1990년대 중반까지는 농수업, 임업은 43%, 제조업 22%, 소매업 13%, 건설업 37%, 음식업 50% 등의 기준이었으나, 대부분의 업종별로 비율이 점점 낮추어져서 2004년에는 제조업, 전기가스 및 수도사업, 소매업은 20%, 농업수렵업, 임업, 어업, 건설업, 부동산 임대업, 기타 서비스업 등은 30%, 그리고 음식점업, 숙박업, 운수 및 통신업은 40%의 부가가치율을 적용받게 된다. 과세특례는 우리나라의 납세환경(기장, 거래의 체계화, 불성실한 신고, 등)이 열악하여 실제 거래액을 파악하기가 쉽지 않다는 점과 소액사업자를 보호한다는 취지 아래 매출액의 2%만 부가가치세로 부과한 과도기적 과세방식으로서 2000년도에 폐지되었다.

제 3 절 개별소비세

1977년에 부가가치세의 보완세로서 '특별소비세'라는 세목으로 도입되어, 물품세, 직물류세, 석유류세, 입장세 등 여러 소비항목 중 일부 품목을 특별소비세(special excise tax)법으로 흡수 · 통합하여 사치적인 성격의 소비재나 소비활동에 세금을 부과함으로써 일률적으로 적용되는 부가가치세의 역진성을 어느 정도 교정하고자 하는 의도가 있었다. 그러나 소득수준의 향상과 소비행태의 변화로 인하여 그 대상을 축소시키는 추세이며, 역진성의 완화보다는 부정적 외부효과를 유발하는 재화에 대한 교정세적인 기능으로 운영되어 오면서 세목의 명칭도 2008년 1월부터 '개별소비세'로 변경하였다.

그 동안 국민소득이 향상되면서 일부 과세대상 품목의 범위를 조정하고 세율을 인하하였다. 또한, 간접세가 가져오는 경제적 왜곡을 가능한 줄이기 위해서 특별소비세의 단계별 세율의 격차를 완화하는 움직임도 보여 왔다. 처음에는 휘발유와 경유에 과세되는 교통세가 종가세였으나 종량세로 전환되었다. 이에 따라 등유와 석유가스에 대한 특별소비세도 종량세로 전환하여 유류에 대한 과세방법을 일원화했다.

2004년 초에 들어서 정부는 고급가구, 귀금속, 골프용품 등 발표 당시 특소세율 20%에 달하는 일부 품목에 대해 그 이듬 해부터 특소세를 폐지한다는 방침을 밝혔는데, 상인들은 이로 인해서 소비자들이 소비를 그 다음 해로 미루는 경향이 발생하여 당해 연도의 매출이 급감할 것을 우려하여 정부의 너무 빠른 세법예고를 원망하는 것을 볼 수 있었다. 그러나 소비자로서는 급한 구매가 아니라면 이왕이면 조세부담이 줄어든 후에 구입하기 위해 구입을 지연하는 것이 합리적인 행위인 것이다. 이와 같이 정부의 세제개혁에 대한 발표 시기도 중요한 영향을 경제행위에 미치는 것을 알 수 있다.

개별소비세에는 기본세율과 탄력세율 그리고 잠정세율을 적용하고 있다. 기본세율은 물품별로 10%, 15%, 20%의 세율을 부과할 수 있고 정액세는 장소별로 10%와 50%의 세율을 부과할 수 있다. 탄력세율은 기본세율의 상하 30%의 범위 내에서 대통령령으로 조정할 수 있다. 잠정세율은 기술개발을 선도하는 물품의 기술개발 촉진에 필요하다고 인정되면 대통령령으로 정하여 적용한다. 1991년부터 콤팩트디스크 플레이어, 캠코더 등과 1995년부터 종합유선방송용컨버터 등이 '특별'소비세의 잠정세율의 적용을 받은 바 있다.

개별소비세는 4종으로 물품을 나누어 과세하는데 대상 물품의 예를 몇 가지 들자면, 오락용 사행기구, 녹용, 로얄제리, 방향용화장품, 보석, 진주, 상아제품, 고급시계, 승용자동차, 휘발유, 경유, 천연가스 등이 있고 대상 입장행위에는 경마장, 증기탕, 골프장, 카지노 등의 입장을 들 수 있다.

참고로 몇 가지 품목에 대한 개별소비세율을 살펴보도록 하자. 세율 20%에 속하는 고급품목으로는 위에서 언급한 품목 외에 고급시계, 고급모피, 고급융단, 녹용, 로얄젤리, 향수 등이 있으며 승용차는 10%와 5%(2,000cc 이하), 유흥주점은 10%, 등유는 리터당 90원, 부탄가스는 kg당 360원, LNG에는 kg당 60원, 경마장 입장료에는 500원, 골프장 사용에는 12,000원, 폐광 카지노 입장에는 3,500원, 경륜장 입장에는 200원의 개별소비세가 붙는다.

제 4 절 주 세

세법상으로 주류란 희석하여 음료로 사용할 수 있는 주정과 알콜분 1도 이상의 음료를 통칭한다고 정의하고 있다. 주류를 제조장으로부터 출고하는 자와 관세법규정에 의해 관세를 납부할 의무가 있는 자로서 주류를 보세구역으로부터 반출하는 자에 대해 부과되는 국세를 주세(liquor tax)라고 한다.

해방 후 1949년에는 주세가 종량세로 제정되었으나 1968년에 종가세로 전환되었다. 그러나 대부분의 세계 다른 나라들은 종량세를 채택하고 있다. 과세대상인 13개 주종을 보면 주정, 탁주, 약주류, 맥주, 과실주, 소주류, 위스키류, 브랜디류, 리큐르, 기타 주류로 나누어 5%에서 72%의 세율을 적용하고 있다. 적용되는 세율의 차이가 크므로 주종간의 과세의 형평성을 저해하고 있으며 통상마찰의 소지도 있다. 예컨대, 맥주의 경우는 위스키보다 알콜 도수가 낮은 데도 위스키는 유럽 여러 나라의 통상압력에 의해 72%의 세율을 적용하고 맥주는 100%의 세율을 적용하다가 최근에야 맥주에도 72%의 세율을 적용하게 되었다.

제 5 절 증권거래세

증권거래세(securities transaction tax)는 주권 또는 지분의 양도에 대해 부과되는 조세로서 과세표준은 당해 주권의 양도가액이다. 납세의무자는 증권거래소나 장외중개회사에서 양도되는 상장주권이나 장외등록주권 등을 양도하는 증권회사나 기타의 주권양도자가 된다. 증권거래세로는 0.5%의 기본세율과 탄력세율이 부과된다. 탄력세율이 적용되는 경우 몇 가지를 보면 다음과 같다. 상장주식 중 양도가액이 액면가액 이하로 내려간 주권 및 증권거래소에 상장한 날로부터 1년을 경과하지 않은 주권으로서 양도가액이 액면가액 이하루 내려간 주권이나 양도가액이 모집가액 이하로 내려간 주권에는 영세율을 적용하여 0%, 그렇지 않은 주권 중 증권거래소에서 양도되는 주권에 대해서는 0.15% 그리고 장외중개회사를 통한 장외등록 증권에는 0.3% 등이다.

제 6 절 인 지 세

인지세(stamp tax)는 자기가 부과하여 자기가 납부하는 것을 원칙으로 하는 세계적으로 역사가 가장 오래된 조세라고 한다. 인지세의 효시는 400년 전 네덜란드에서 문서의 작성에 대해 과세한 것이라고 한다. 우리나라에서는 1894년 '증인세제'를 채택한 적이 있고 일제 1919년에 조선인지세령을 통해 시행되었다. 인지세는 재산에 대한 권리 등의 창설, 이전 또는 변경에 관한 계약서 및 기타 이를 증명하는 문서의 작성에 대해 부과되는 조세로서 법률에 규정된 것만이 대상이 된다.

인지세는 단순정액세와 기재 금액에 따라 세액이 달라지는 차등정액세로 구분되어 있다. 단순정액세의 부과 대상은 상품권, 보험증권, 부동산에 대한 전세권 같은 것이 있고 차등정액세는 최저 1만 원에서 최고 35만 원까지 부과되는데 부과대상에는 부동산, 선박, 항공기의 소유권의 이전에 관한 증서 같은 것이 있다.

표 15-4 간접세 세수액과 총세수액 대비 비중 (단위: 억 원, %)

	부가가치세	특별소비세	주 세	증권거래세	인 지 세	전 화 세
1980	14,711 25.2	5,824 10.0	2,977 5.1	25 0.043	338 0.58	500 0.86
1990	69.644 25.8	19,117 7.1	10,224 3.8	2,240 0.83	1,930 0.71	2,615 0.97
2000	232,120 25.0	29,846 3.2	19,625 2.1	27,359 2.9	– –	14,574 1.6
2001	258,347 27.0	36,336 3.8	24,682 2.6	17,979 1.9	– –	13,462 1.4
2002	316,088 30.4	42,882 4.1	26,550 2.6	20,350 2.0	– –	178 –
2003	334,470 29.2	47,330 4.1	27,341 2.3	16,095 1.4	4,565 0.40	13
2004	345,718 29.3	45,740 3.8	25,948 2.1	13,016 1.1	4,358 0.37	6
2005	361,187 28.3	43,995 3.4	26,011 2.0	23,705 1.8	5,000 0.39	3
2006	380,930 27.6	49,034 3.5	24,092 1.7	25,257 1.8	5,880 0.43	5

자료: 재정경제부.

제 7 절 전 화 세

전화세(telephone tax)는 전화가 사치품으로 인식되었던 시기인 1973년에 제정된 소비세로서 전화사용료의 10%를 전화가입자에게 부과하고 있다. 비과세 및 감면대상은 다음과 같다. 공중전화사용료, 국가 및 지방자치단체, 교육법에 의거한 교육기관, 재한외국공관 등이다. 2000년에 전화세가 폐지되어 부가가치세에 통합되었다.

위의 간접세 여섯 가지에 대한 세수액과 총세수액 대비 비율을 〈표 15-4〉에 정리해 보았다.

제 8 절 목 적 세

1. 목적세의 세수규모

목적세(earmarked tax)는 정부부처의 특정한 지출목적을 위해 징수되는 조세로서 중앙정부가 징수하는 국세 안에는 교육세(education tax), 농어촌특별세(special tax for rural development), 그리고 교통세(transportation tax)가 있다. 목적세는 다른 국세와 달리 집행과정에서 특정 사업에 예산배정의 심사과정이 생략되어 집행되며, 징수과정에서 독립세로 징수되지 않고 본세에 덧붙여 부과하는 부가세(tax on tax 또는 surcharge)방식으로 징수된다. 교육세는 금융보험업자의 수입금의 1,000분의 5, 개별소비세액의 10~30%, 교통세액의 15%, 그리고 주세액의 10~30%를 징수하고 있는데 지방세에 부과하던 부분은 2001년부터 신설된 지방교육세의 부과 대상으로 넘어갔다. 농어촌특별세는 조세특례제한법, 관세법 및 지방세법에 근거한 소득세, 법인세, 관세, 취득세, 등록세의 감면세액의 20%, 이자배당소득에 대한 소득세 감면세액의 10%, 개별소비세액의 10~30%, 증권거래소에서 거래된 주권의 양도가액의 0.15%, 취득세액의 20%, 그리고 레

표 15-5 총국세 중 목적세 비율 (단위: %)

세 목 \ 연 도	1999	2000	2001	2002	2003	2004	2005	2006
교 육 세	7.0	6.2	3.9	3.4	3.1	3.0	2.7	2.4
농 특 세	2.7	2.0	1.6	1.3	1.0	1.0	1.3	1.4
교 통 세	9.6	9.0	11.0	9.1	8.7	8.5	8.0	6.9
합 계	19.3	17.2	16.5	13.8	12.8	12.5	12.0	10.7

자료: 재정경제부.

저세액과 종합부동산세액의 20%를 부과한다. 교통세(현 교통에너지환경세)는 휘발유 및 유사한 대체유류에 대해 리터당 630원, 경유는 리터당 454원을 기본으로 부과하고 있으나 기본세율의 30% 범위 내에서 대통령령으로 세율을 가감할 수 있도록 탄력세율을 마련해 놓고 있다.

농어촌특별세는 중앙정부 부처인 농림부가, 교육세는 교육부가, 교통세는 건설교통부가 주로 지방의 지역공공재를 공급하거나 지역사업을 수행하는 목적으로 징수하고 있다. 목적세의 사용용도는 세목의 명칭이 말해 주듯이, 교육세의 경우 학교시설 확충과 교사복지 증진에 사용되며, 농특세는 농어촌 구조개선 사업에, 그리고 교통세는 도로 등 SOC 투자에 사용된다. 총국세 중 목적세의 비중은 〈표 15-5〉에서 볼 수 있듯이 국세의 거의 20%에 육박한 적도 있으나 점차 줄어들고 있다.

2. 목적세 폐지 논란

현행 국세체계 중 목적세 제도는 개발의 편중현상을 시정하기 위하여 개발정도가 낮은 분야를 선정하여 그 용도를 미리 정하고 세금을 징수하는 제도로서 세원이 상대적으로 풍부한 도시지역에서 조달하여 농어촌이나 기타 저개발 지역에 투자되고 있다. 재정경제부는 1998년도 세제개편안에서 재정운영의 탄력성을 높이고 조세체계를 간편하게 만든다는 명목으로 목적세를 본세에 통합하는 방식으로 2000년에 폐지한다고 발표하였다. 재정경제부는 "실업대책이나 구조조정 등 더 시급한 재정수요에 부응하려면 목적세 폐지가 불가피하다"고 주장했다. 그러나 막상 폐지 시한이 다가오면서 이익집단의 압력도 커지고 징세의 편의성에 대한 이점의 부각과 주민의 표를 인식한 국회의원들의 반대로 인해 폐지시기를 늦추고 있다.

목적세 폐지론자들은 다음과 같은 폐지 이유를 든다. 첫째, 부가세 방식으로 과세하는 현행 목적세들이 조세체계를 복잡하게 만들어 조세체계의 간소화에 역행하며, 둘째 이렇게 복잡한 조세체계는 외국인투자 등에 걸림돌의 역할을 한다. 셋째, 지출의 용도가 정해진 목적세는 효율적 재정운영을 저해하여 재정운영의 경직성을 유발시킬 수 있다.

이러한 정부의 목적세 폐지에 대하여 목적세 폐지가 시기 상조라고 보는 입장에서는 아래와 같은 문제점을 다시 한번 생각해 보아야 한다고 목적세 폐지 반대를 주장한다. 첫째, 현행 목적세 재원의 활용이 지방자치단체들의 불균등 발전을 시정하는 역할을 수행함으로써 실질적으로 지방자치단체의 지원자금으로 사용되고 있다. 따라서 중앙정부의 일방적인 목적세 폐지 전에 지방자치단체와의 문제를 다시 고려하여 어떠한 문제가 선결되어야 하는지 살펴보고나서 폐지를 논해야 한다. 둘째, 정부의 역할과 관련하여 정부의 비효율에 대한 문제 제기와 민간경영기법의 도입을 고려하는 등 작은 정부를 강조하고 있으나, 실질적으로는 목적세가 폐지된다고 해서 국민의 조세부담이 감소되는 것은 아니다. 오히려 목적세가 본세에 통합됨으로써 중앙정부 재정운영의 재량권을 확대하게 되므로 정부의 비효율을 더 확대시키는 결과를 초래할 것이다.

셋째, 중앙정부 세입의 증대에 따른 이전재원 규모의 증대와 중앙정부 재량권의 확대로 인하여 지방자치단체는 더욱 중앙정부에게 밀착되며 이에 따라 지방자치의 자치권이 더욱 감소될 수도 있다. 넷째, 중앙정부는 목적세를 본세에 편입하여 예산운영의 탄력성이 확보할 수 있게 될 것이다. 그러나 중앙정부에 영향력을 행사하는 정치인들은 장기적으로 국토의 종합적 발전을 위한 정책을 수행하는 데 초점을 두기보다는 인구밀도가 높은 곳의 유권자의 지지율을 인식하여 계속적으로 재정지출이 인구밀집지역에 편중될 가능성이 높다. 그러므로 예상되는 이런 행태는 장기적 측면에서 국토의 효율성을 저해하며 지방자치를 비효율적으로 만드는 원인이 될 수 있다. 다섯째, 목적세의 재원이 본세에 통합됨으로써 재원지출이 의무적 지출이 아닌 선택적 지출형태를 가지게 되어 자치단체의 중앙의존과 중앙예속이 강화될 수도 있을 것이다.

목적세의 본세 편입으로 중앙정부의 재정지출의 신축성을 확보하는 것도 중요할 수 있지만 목적세 폐지에 앞서서 장기적인 측면에서 목적세 폐지와 이에 따른 지방자치단체의 재정자립방안의 수립도 중요한 일이다. 이와 더불어, 정치가와 관료의 지대추구 문제가 고질적인 사회문제로 대두되고 있으며 정부조직의 비효율성이 심각한 수준에 도달한 상황에서 재정운영의 투명성 제고를 위한 보완방안이 먼저 강구되어야 할 것이다. 재정운영의 투명성이 확보되지 못한 상황에서, 재정지출과 관련한 기준이 설정되어 있는 목적세를 폐지하고 맹목적으로 중앙정부 재정운영의 탄력성에만 기대해 보려는 정책은 부정적인 사회적 여건을 충분히 고려하지 않아 또다른 역기능을 불러올 수도 있을 것이다. 그러므로 좀더 신중한 논의를 거친 후 대안이 마련되는 것이 합당하다고 할 수 있다.

참 고 문 헌

국세청, 「사업경영과 세금」, 2003.
김유찬, 우리나라의 부가가치세 면세범위 설정의 문제점과 개편방향, 조세연구원, 1995.

국세청 홈페이지, http://www.nts.go.kr
재정경제부 홈페이지, http://www.mofe.go.kr

제 16 장

지방세와 지방재정

들어가며

앞의 제14장과 제15장에서는 주로 중앙정부의 조세제도에 대해 개관해 보았다. 이 장에서는 지방정부의 지방세 제도와 지방정부와 중앙정부 간의 조세와 지출의 연계제도를 알아보기로 한다. 우선 중앙정부와 지방정부의 장단점을 살펴본 후, 왜 지방정부로 분권화할 필요성이 있는지를 강조한 지방분권화 모형을 소개한다. 또한, 지방세와 국세의 전체적인 규모를 비교해 보고 지방재정자립도를 알아본다. 지방세제의 각 세목에 대해 구체적으로 알아보고, 국세를 통해 지방자치단체의 세수를 보조해 주는 중앙정부의 지원방법인 지방재정조정제도에 대해 살펴보도록 한다.

제 1 절 중앙정부와 지방정부

국가의 행정체계를 형성하는 조직의 일부로서 지방정부는 국가적 단위로 공급되는 획일적인 공공재 공급체계를 지역특성에 맞게 보완하여 좀더 효율적으로 공급하기 위한 보조적인 조직이라고 볼 수 있다. 지역공공재의 특성과 파급효과를 감안할 때, 지역 주민의 선호를 잘 반영하여 수익자 부담원칙으로 지방정부가 재원을 조달하여 지역공공재를 마련하는 것이 합리적이다. 또한, 공공재의 공급체계를 지방정부에게 분리하여 줌으로써 지방정부 간 경쟁을 유도하여 보다 경제적인 자원의 활용과 지역주민의 효용증대를 도모할 수 있다. 공공재의 공급과 재원의 조달에 관한 권한과 책임을 지방정부에게 부여하여 자치적으로 운용하게 함으로써 지역주민이 유권자로서 지방자치단체의 업무수행에 대해 감시하고 투명성을 유도해 낼 수 있는 계기가 될 수 있다. 그러나 아직까지 지방자치단체의 재원조달과 관련된 정책결정권이 지방자치단체에게 전적으로 위임되지는 못한 것이 실정이다.

우리나라에서는 민주화에 따른 국민의식의 향상과 경제성장의 과실의 지역간 불균등으로 인한 갈등을 해소하려는 시도로서 지방자치제도가 추진되었다고 볼 수 있다. 1980년대 후반의 민주화의 소용돌이와 지역 이기주의의 표출로 인하여 중앙정부의 권한이 약화된 상태에서 지역감정에 정치력의 기반을 둔 정당들이 그들의 입지를 강화하기 위한 방편의 하나로서 급속도으로 추진되어 시행된 것으로도 보인다. 그러므로 중앙정부와 지방정부 간의 재정적 측면의 효율적인 배분과 정치적 권한의 이전 문제 역시 충분한 준비과정을 거치지 못하고 실시되기 시작했다고 볼 수 있다. 그래서 아직까지도 중앙정부의 집중적인 권한을 기본으로 하는 중앙집권적 체제의 보완적 역할만이 지방정부에게 부여되어 있다고 하여도 과언이 아니다.

1. 중앙집권제도의 장점

경제의 거시적 운용 측면에서 중앙집권제도는 경제성장과 안정을 도모하는 거시경제정책을 수행하는 데 있어서 더 효율적이다. 또한 지방 간의 소득격차를 해소하기 위한 소득재분배 정책과 같은 것은 중앙정부가 아니면 객관적인 입장에서 처리하기 힘든 것이다. 마찬가지 맥락에서 나라 전체에 영향을 미치는 국방과 같은 공공재나 환경과 같이 외부성이 발생하여 지역 간에 문제로 제기될 수 있는 경우에 지방정부보다는 중앙정부가 더 효율적일 수 있다. 국가 전체의 자원배분의 효율성을 제고하고 규모의 경제를 사용할 수 있다는 이점이 있다. 또한, 지방 간 이동성이 큰 자원의 경우에는 중앙정부가 조세를 징수하는 것이 더 용이할 것이다.

2. 지방분권제도의 장점

중앙정부와는 달리 지방정부는 그 지역의 주민의 선호를 반영하기에 훨씬 용이하며 주민의 입장에서는 인접 지역의 지방정부 간의 선의의 경쟁을 통해서 더욱 나은 대민 서비스를 받을 수 있다. 중앙정부가 제공하는 공공재보다는 더 비순수공공재에 가까운 지역공공재를 주민이 내는 지방세로 지방정부가 마련하게 되는 응익원칙의 적용이 용이하다는 이점도 있다. 물론, 규모의 경제가 있는 지역공공재라면 지역의 크기가 더 커지게 되는 경향이 있을 것이다.

제 2 절 지방정부의 적정규모

지방분권화 정리는 이 장에서 소개하지만 지방정부의 적정규모와 연관된 클럽이론과 티부가설은 이 책의 제 2 장에서 지역공공재를 논의하면서 이미 설명한 바 있다. 그러나 독자의 편의를 위하여 이 절에서 이 두 이론을 지방자치단체의 분석에 맞도록 응용하여 다시 한번 설명하도록 한다.

1. 지방분권화 정리

위의 논의에서 보았듯이 중앙정부와 지방정부가 각각 장단점이 있다. 그렇지만, 지역공공재(local public goods)의 생산과 보급만 놓고 생각해 본다면 지방정부가 더 효율적인 정부라고 할 수 있다. 이 점을 지적한 것이 오우츠(Oates, 1972) 모형이다. 자치구역 간에 파급(일출)효과가 없는 2개의 자치구가 있으며 지역공공재에 대한 비용을 똑같이 분담한다고 가정해 보자. 그리고 각 지방의 대표적인 주민의 개인적인 선호를 반영한 수요곡선이 〈그림 16-1〉에서의 D_A와 D_B와 같다고 하자. 만약, 2개의 지방정부 A, B가 각각의 주민을 위해서 공공재를 마련한다면, 각각의 주민 수요곡선이 한계비용선과 만나는 점에서 최적의 공공재의 양이 각각 Q_A와 Q_B로 결정될 것이다.

그러나 2개의 지방정부 대신에 1개의 중앙정부가 생긴다면, 중앙정부는 어느 한 지역의 주민의 선호에만 편파적으로 부합하는 정책을 사용할 수는 없으므로 2개 지역 주민의 선호의 중간치를 달성할 것을 목표로 삼게 된다. 이 경우, 중앙정부가 하나의 공통된 수준의 지역공공재를 제공하기 위해서는 두 수요의 평균치인 Q_C를 제공하게 된다. 그러나 이 평균치는 두 주민 모두에게 후생손실을 가져오게 된다. 〈그림 16-1〉에서 A지역 주민은 그들에게 최적인 양보다 더 많은 양의 공공재를 소비해야 하므로 역삼각형123 면적만큼 한계비용이 한계편익을 초과하게 되어 후생손실이 생긴다. 한편, B지역 주민은 공공재의 양이 좀더 커서 Q_B였다면 현재의 Q_C보다 삼각형245 면적만큼 한계편익이 한계비용을 초과하여

그림 16-1 오우츠의 지방분권화 모형

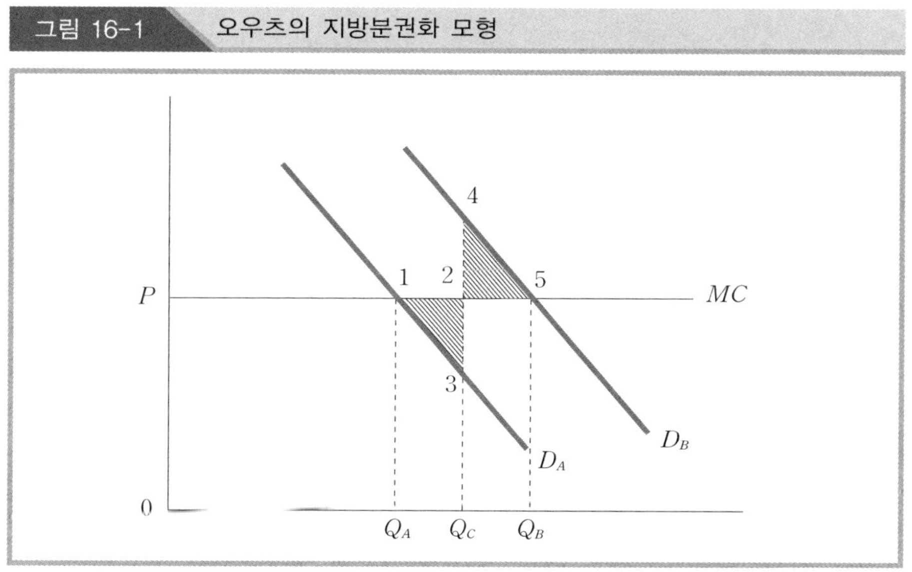

더 많은 소비자 잉여를 얻을 수 있는 데도 불구하고 더 적은 양을 소비하고 있으므로 후생손실이 발생하게 된다. 후생손실의 크기는 ① 지역주민의 선호의 차이가 클수록, ② 수요의 가격탄력도가 비탄력적일수록 더 커질 것이다.

반면, 각 지방정부에서 각 주민에게 가장 효율적인 수준의 공공재를 각각 제공하게 된다면 후생손실은 생기지 않게 된다. 그러므로 공공재 생산에 드는 총비용은 마찬가지이면서도 후생은 더 커질 수 있으므로 이를 지방분권화를 정당화하는 논리 중의 하나로 꼽는다. 오우츠 모형은 지역공공재의 경우는 하나의 중앙정부가 제공하는 것보다 여러 개의 지방정부가 제공하는 것이 더 효율적일 수 있다는 것을 보인 모형이다. 이를 지방분권화정리라고 부르기도 한다.

2. 지방자치단체의 최적규모

주위에서 흔히 볼 수 있는 회원제 클럽은 헬스클럽, 수영장, 골프클럽 같은 것들이다. 이런 클럽에서 마련해 놓은 시설은 회원들을 위한 일종의 비순수공공재라고 볼 수 있다. 이런 시설은 회원의 수가 증가하면 자기가 쓸 차례를 오래 기다려야 한다든가 아니면 너무 붐벼서 제대로 시설을 활용하지 못하게 된다는 혼잡(congestion)이 발생한다는 단점이 있다. 그래서 회원의 수가 너무 많아지지 않도록 적절한 규모로 제한하게 된다. 그렇다면 이런 클럽의 회원수는 몇 명이 과연 적절한 것인가를 밝히기 위한 모형이 뷰캐넌(Buchanan, 1965)의 클럽이론이다.

대부분의 지역공공재가 비순수공공재이다. 각각의 지역적 특성에 맞는 지역공공재를 제공하는 지방자치구역이 일종의 클럽을 형성하고 있다고 비유해 본다면 지방분권화가 된 지역의 주민수는 얼마가 적정규모라고 볼 수 있겠는가 하는 문제를 뷰캐넌의 클럽이론을 원용하여 풀어 볼 수 있다. 일반적으로 클럽은 클럽운영주체가 회원수를 제한할 수 있는 권한을 가지고 있으나 지역자치구는 지역자치단체가 주민의 이주의 자유를 제한할 권리는 없다. 그러나 클럽이론의 경우에도 강제적으로 회원 가입을 제한할 권리를 운영자가 휘둘러서가 아니라 클럽의 회비가 많고 적음에 따라서 잠재적 가입자의 수가 결정된다고 보는 것이다. 이 점이 부각되는 예로서 고속도로 사용자가 톨게이트에서 형성하는 일시적 클럽이 있다. 통행료라는 회비를 지불하지 않는 사용자에 한해서 일시적 클럽에 가입하는 것을 금지하게 되는 것이다. 마찬가지로, 클럽모형을 원용한 경우, 지방자치단체가 새로운 주민이 그 지방으로 이주해 들어오는 것을 강제로 제한해서가 아니라 주민이 내어야 할 세금의 과소와 그 지방의 지역공공재의 종류와 혼잡도의 수준에 따라 주민이 이주 여부를 스스로 결정하여 지방자치구의 규모가 결정된다고 보면 된다.

비순수공공재는 그 특성상 혼잡이 발생한다는 것을 인식한 뷰캐넌이 클럽이론을 개발하면서 가정한 사항들을 지방자치구의 적정 규모를 찾는 문제에 맞도록 다시 한번 나열해 보자.

① 지방자치제에서 제공하는 비순수공공재의 크기가 정해져 있다.
② 모든 주민들이 지역자치구의 주민이 될 수 있는 잠재력을 가지고 있으며 선호가 같다.
③ 모든 주민들이 세금을 똑같이 나누어 분담한다.

위와 같은 가정 아래에서 한 지방자치구의 가장 적절한 멤버수, 즉 주민수는 어떻게 결정될 수 있을까 하는 것을 생각해 보도록 하자. 지방자치단체에서 제공하는 비순수공공재의 성질상 회원의 수가 많아지면, 1인당 부담하는 세금이 줄어드는 이점이 있으나, 주민수가 너무 많아지면 그 지역공공재를 소비하기 위해서 기다리는 시간이 길어지거나 서비스의 질이 떨어지거나 하는 혼잡이 발생하여 편익이 많이 감소하게 된다. 쾌적한 주거 환경과 공원 그리고 질 높은 교육시설 등의 지역공공재를 제공하기로 한 분당이나 일산과 같은 새로운 신도시가 수도권에 생겨서 현재 기타 지역에서 살고 있는 주민들이 이 새로운 지방자치구로 이주해 오게 되는 경우를 생각해 보자.

지방자치구의 주민이 되고자 하는 사람들은 모두 동일한 선호를 가지고 있으며 주민이 되면 동일한 세금을 낸다고 가정했으므로, 새로운 지방자치구라는 클럽에 가입함으로써 지역공공재라는 클럽재(財)로부터 얻는 주민 한 사람의 총편익(總便益, TB: total benefit)은 다음과 같이 변하게 된다. 주민수가 조금인 초기에는 주민수가 증가하면 총편익이 증대되기는 하지만 금방 최대치에 도달하고 그 이후에는 주민수가 증가할수록 총편익이 줄어드는 경향을 보이게 된다. 예를 들어, 크기가 정해져 있는 수영장과 같은 시설을 비순수공공재라고 볼 때, 회원이 적은 초기에는 동호인의 침가가 늘어나면 더불어 즐기는 재미가 늘어나기는 하지만, 너무 사람이 많아지면 시설을 사용할 때에 기다려야 되는 혼잡이 발생하

그림 16-2 지방자치지역의 최적 주민수 결정모형

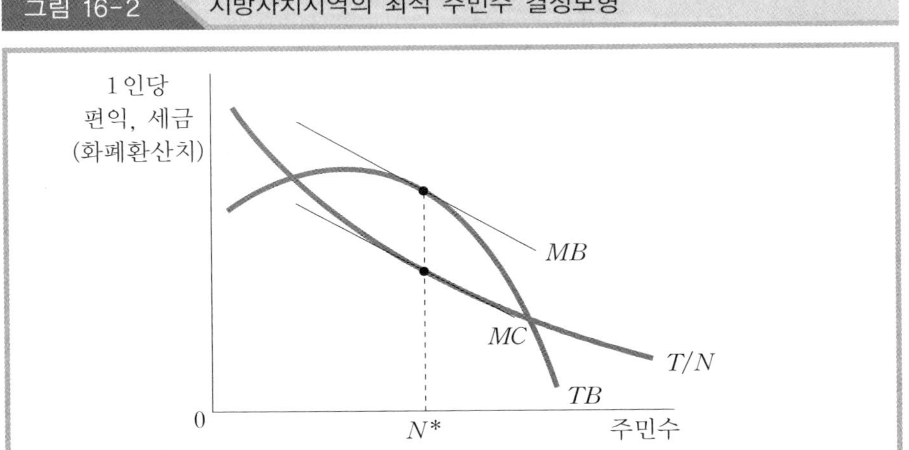

여 재미가 줄어들게 되는 것과 같은 이치이다. 〈그림 16-2〉에서 새로운 지방자치구에 이주한 주민이 얻는 총편익을 화폐가치로 환산한 것이 TB이다. 반면에 지방자치단체에 내는 세금을 주민이 부담해야 하는 비용이라고 볼 때, 총세금(T)을 주민수(N)로 똑같이 나누어 주민 각자가 부담하는 것이기 때문에 그림의 T/N과 같이 주민수가 늘어남에 따라서 계속해서 감소하는 형태로 표시될 수 있다.

지방자치구의 최적규모(最適規模, optimal size) 또는 최적주민수는 주민의 순효용, 즉 총효용과 총비용의 차이가 가장 크게 될 때 이루어질 수 있다. 그림에서 TB곡선의 기울기로 나타나는 한계편익(MB)과 T/N곡선의 기울기로 나타나는 한계비용(MC)이 일치하는 점에서 $TB-T/N$이 극대가 되므로 N^*가 최적주민수이다. 이는 곧 지방자치구 전체로 볼 때에 주민이 한 사람 더 들어옴으로 해서 감수해야 하는 혼잡비용의 증대 또는 편익의 한계적인 감소를 주민 전체의 수로 곱한 값인 $N \cdot MB$가 주민 한 사람이 더 들어옴으로 해서 감소되는 일인당 세금 T/N과 일치하는 주민수가 최적주민수가 된다는 것을 의미한다. 만약 지방자치구의 면적이 더 크고 지역공공재도 더 많다면 비용곡선과 편익곡선이 모두 위로 이동할 것이며 따라서 최적 주민수도 더 많아질 것이다.

클럽이론을 원용하여 지역공공재를 독자적으로 제공할 수 있는 지방자치 구의 최적 주민수가 어떻게 결정될 수 있는가 하는 문제를 알아보았다. 그러나 여기에서 단순히 한 지방자치단체의 내부여건으로만 규모의 최적성을 결정하기보다는 국가 전체 속에서 지방자치단체가 발생시킬 수 있는 비용과 편익을 총체적으로 검토해서 최적 지방자치단체의 수와 각 단체의 규모를 정하는 것이 더 효율적으로 자원을 사용하는 것이 될 것이다. 대도시의 인접군을 광역시로 합병하여 구를 신설한다든가 신도시를 조성할 경우에 클럽이론을 적용하여 분석해 보는 것도 필요할 것이다.

3. 티부 모형

지역공공재는 주로 그 지역에 사는 주민들이 세금을 내어 마련되는 것이다. 그런데 이런 지역공공재가 내가 원하는 수준과 현격하게 차이가 난다면 나는 어떻게 하는 것이 좋을까? 그냥 참고 사는 것도 한 방법이지만 다른 지역으로 이사가는 것도 하나의 대안이 될 것이다. 이사를 통해 자신들의 선호에 맞는 지역으로 옮겨가게 될 것을 상정하면서 티부(Tiebout, 1956)는 인접지역에 여러 공동체(마을, 읍, 시의 구 등) 또는 지방자치지역이 공존하고 있는 경우를 가정하였다. 이 책의 제2장에서 자세히 논의한 것처럼 주민들의 이동이 자유롭고 이사에 따른 거래비용이 전혀 없다는 가정 아래, 주민들이 자기의 선호에 가장 잘 맞는 지역을 찾아서 이사를 함으로써 자신의 선호를 나타내 보이는 것을 티부는 '발로 하는 투표(voting with the feet)'라고 불렀다. 몇 년 전 씨랜드 어린이 수련원에서의 화재로 인해 수십 명의 어린이가 참사한 사건 이후에 희생자 중의 한 부모가 이런 행정부를 믿고 살 수는 도저히 없다며 이민갈 것을 공표한 것이 '발로 하는 투표'의 대표적인 예라고 하겠다.

발로 하는 투표의 결과로 지역들이 어떻게 형성될까에 대해 잠깐 생각해 보도록 하자. 티부는 주민들이 발로 투표하는 과정에서 동일한 취향을 가진 사람들이 모여 살게 되는 지역들이 형성되게 될 것이라고 보았다. 동일한 선호를 가진 개인들만이 모여 살게 된다면 이들이 개인적으로 부담해야 되는 지역공공재에 대한 지출도 극소화되게 되어 최적 규모의 지역이 생겨나게 될 것이다. 즉, '발로 하는 투표'를 통해서 인구는 동일한 선호를 가진 주민들로 구성된 여러 지역으로 나뉘어지면서 파레토(Pareto) 효율성을 이룰 수 있게 될 것이라는 가설(假設, hypothesis)이 성립되는 것이다. 중고생 자녀를 둔 중년층은 공기가 나빠도 서울 강남의 소위 8학군 지역으로 이사를 오고, 자녀가 이미 다 성장해버린 노년층은 공기가 좋은 교외의 주택지로 이사가는 것이 한 예라고 하겠다.

극단적인 예로, 만약 지역공공재의 수가 많아지면 같은 선호를 가진 개인의 수가 줄어들어 결국에는 한 사람이 한 지역을 이루게 되는 형태를 가상적으로 생각해 볼 수도 있으나 이 경우에는 한 사람이 모든 지역공공재에 대한 비용을 부담해야 하므로 현실적으로는 무리일 것이다. 그러므로 동일한 선호를 가진 주민이 많을 경우거나 공공재의 수가 적을 경우에 '발로 하는 투표'가 선택의 범위를 좁혀줌으로써 파레토 효율성을 이룰 수 있게 만들 것이다. 물론, 티부가 비현실적인 가정을 전제로 했다는 점에 검증 가능한 가설로서의 한계는 자명하다. 그러나 모든 이론이 정도의 차이는 있겠지만 현실을 추상화함으로써 우리에게 현실에 대한 통찰력을 제공할 수 있다는 점을 간과해서는 안 될 것이다.

4. 항 의

동네, 마을, 시의 구 같은 작은 단위의 지역에서는 이동성이 높지만 광역시, 도 혹은 국가와 같이 행정단위가 커지면 주민의 이동성이 떨어지게 된다. 선호의 차이가 아주 크게 나지 않는다면 현실적으로는 이주에 따르는 거래비용(새로 집을 찾고, 직장도 찾고, 자녀의 학교도 옮기고, 새로 친구도 사귀고 등등)이 너무도 크므로 주민들이 쉽게 이주하지는 않을 것이다. 그러나 지역공공재가 자신의 선호에 미치지 못하는 데 대한 반응으로서 '발로 하는 투표' 혹은 퇴거(exit)나 이주만이 해답은 아니다. 허쉬만(Hirschman, 1970)은 주민들이 자신들이 원하는 공공재의 수준을 획득하기 위해 불만의 목소리를 높이고 항의(voice)해서 자신들의 선호를 보여 주는 것도 한 대안이 된다고 보았다. 실제로 대부분의 사람들은 이주에 따른 거래비용이 과대하기 때문에 여론을 모아서 잘못된 부분에 대한 항의를 통해 개선하는 방법을 더 자주 쓴다. 우리나라의 학생들이 1960년에 봉기하여 잘못하는 정부를 전복시킨 4.19혁명이 항의의 과격한 예 중 하나라면, 미국 캘리포니아의 주민들이 1978년에 통과시킨 주민발의안 13은 비폭력적인 항의의 예라고 할 것이다. 또한, 2003년도에 과다한 정부부채를 해결하지 못한 경제적 실정을 빌미로 주민이 주지사를 리콜(recall)하여 결국 새로운 주지사를 보궐선거를 통해 선출한 캘리포니아의 주지사소환투표의 실시도 이런 예 중의 하나라고 볼 수 있을 것이다.

제 3 절 지방자치제도와 지방재정

1. 주민선거를 통한 지방자치제도의 정착과정

정부 수립 이후 1950년에 기초단체 위원을 선출하는 지방선거를 실시하려 하였으나 한국전쟁의 발발로 인해 미루어지다가 1952년 4월과 5월에 시·도 의회 및 시·읍·면 의회 의원선거를 최초로 실시했고 1956년 8월에는 두 차례로 나누어서 시·읍·면 의회 의원과 시·읍·면의 장과 시·도 의회 의원을 선출하는 선거가 실시되었다. 1960년에도 이런 선거가 실시되었으나 이듬해의 5.16쿠데타 이후에는 중앙정부 주도의 경제개발 논리에 밀려서 지방자치제의 정착은 요원한 일이 되었다. 1987년부터 민주화가 진행되면서 지방자치에 대한 염원도 커져서 1991년에 또다시 자치단체 의원을 주민들이 선출하게 되면서 지방자치제가 부분적으로 부활되었다. 1995년에는 광역 및 기초단체의 장도 선출하게 되어 본격적인 지방자치시대가 개막되었다.

표 16-1 지방선거 약사

연 도	선 거
1952	시 · 도 의회 및 시 · 읍 · 면 의회 의원의 선거
1956	기초단체장 및 기초의회의원 광역의회의원 선거
1960	기초단체장 및 광역단체장 선거(1,478개 선거구)
1991	기초자치단체 의원 선거 및 광역자치단체 의원 선거
1995	기초 · 광역자치단체 의원 선거 및 기초 · 광역자치단체 단체장 선거
1998	기초 · 광역자치단체 의원 선거 및 기초 · 광역자치단체 단체장 선거 (4,347개 선거구)

자료: 중앙선거관리위원회(http://home.nec.go.kr:7070/sinfo/sinfo.htm).

2. 지방재정의 구성과 지방재정자립도

중앙정부와 지방자치단체 예산규모를 비교해 보면 〈표 16-2〉에서 볼 수 있듯이 2007년도 일반회계 기준으로 국가의 총예산은 185조 3,757억 원이었으며 이 중 중앙정부의 예산은 40.7%인 75조 3,914억 원이고 지방정부의 예산은 59.3%인 109조 9,843억 원으로 구성되어 있었다. 조세수입 중 국세가 147조 3,925억 원이었고 지방세가 38조 732억 원으로 총 세수의 20.5%에 불과했다. 2007년도 지방정부의 세입은 중앙정부로부터의 지원을 포함하여 111조 9,864억 원이었으며 이 중 지방세 수입 38조 732억 원은 34%에 불과했다.

지방정부의 재정구성 비율을 〈표 16-3〉에 정리해 보았다. 총세수 중 지방세가 차지하는 비중은 36.9%이고 나머지 중 25%에 달하는 세외수입과 3% 정도의 지방채 발행수입을 제외하면 중앙정부로부터 받는 교부금, 양여금 그리고 보조금의 합은 34.5% 정도로서 지방세 수입과 거의 맞먹는다. 지방정부가 실질적으로 자치권을 확보하기 위해서는 재정의 자립이 필수조건 중의 하나이지만 〈표 16-4〉에서 볼 수 있듯이 아직까지는 대부분의 지방자치단체가 중앙정부로부터의 보조 없이는 재정자립을 할 수 없는 실정이다. 그러므로 국세와 지방세 간의 세목을 재분배하는 등의 정책을 통하여 지방정부의 세수 확보를 좀더 신장시켜 가는 것이 필요할 것이다.

표 16-2 2007년도 중앙정부와 지방정부의 재정 및 세수 규모

(단위: 억 원, %)

구 분	재정규모 (조세사용액 기준)	비 율	구 분	세수규모	비 율
계	1,853,757	100.0	계	1,853,757	100.0
중앙정부	753,914	40.7	국 세 (관세 포함)	1,473,925	79.5
지방정부	1,099,843	59.3	지 방 세	380,732	20.5

자료: 행정자치부, 「정책백서」, p. 636, 2008.

표 16-3 2007년도 지방정부 재원 구성비율 (단위: 억 원)

자체재원 69조 4,191억 원 62.0%			**의존재원** 42조 5,673억 원 38.0%	
지 방 세	세외수입	지 방 채	교 부 세	보 조 금
380,732	278,509	34,950	214,083	211,590
34.0%	24.9%	3.1%	19.1%	18.9%

자료: 행정자치부, 「정책백서(2003-2007)」, p. 637, 2008.

표 16-4 2007년도 자치단체의 재정자립도 (단위: 억 원, %)

구분	특별시	광역시	도	시	군	자치구	전국
평균	88.7(서울)	62.2	35.5	39.5	16.6	37.5	53.6
최고	88.7(서울)	67.7(인천)	65.5(경기)	71.7 (경기성남시)	49.6 (울산울주군)	90.5 (서울서초)	
최저	-	50.1(광주)	10.6(전남)	11.1 (전남나주시)	7.4 (경북 봉화군)	13.5 (부산서구)	

자료: 행정자치부, 「정책백서」, p. 638, 2008.

우리나라의 지방자치단체는 2007년 기준으로 크게 16개의 광역자치단체와 230개의 기초자치단체로 구분된다. 광역자치단체는 1개의 특별시와 6개의 광역시 그리고 9개의 도로 구성되어 있다. 기초자치단체는 75개 시와 86개 군 그리고 69개 자치구로 구성되어 있다. 그 산하의 읍면동은 총 3,584개가 있다. 지방자치단체별 재정자립 수준을 알려주는 재정자립도는 다음과 같은 식으로부터 얻는다.

$$\text{재정자립도}(\%) = \frac{\text{지방세} + \text{세외수입}}{\text{일반회계예산규모}} \times 100$$

〈표 16-4〉에서 볼 수 있듯이 2007년도 지방자치단체의 재정자립도는 전국평균 53.6%로 아직도 50%를 조금 넘은 수준이고 전반적으로 4년 전보다 더 낮아졌다. 가장 자립도가 높은 곳은 역시 서울특별시로 88.7%이다. 가장 자립도가 낮은 곳은 군 단위의 자치구로서 평균이 16.6%에 불과하다. 가장 높은 군도 49.6%

에 불과하고 가장 낮은 군은 7.4%에 지나지 않는다. 시도에도 격차가 커서 가장 낮은 곳 11%로부터 가장 높은 곳은 72%에 육박한다. 전반적으로 기초자치단체의 재정자립 수준이 광역자치단체보다 열악한 것은 세원이 광역시 본청에 집중되어 있기 때문이다.

제 4 절 지방세제

2008년 시점에서 지방세는 16개 세목으로 이루어져 있으며 〈표 16-5〉에 정리되어 있는 것과 같이 지방자치단체별로 특정 지방세를 징수할 권한과 지출할 권한을 가진 세목을 배분받고 있다. 지방교육세를 제외한 지방세의 세원별로 그 특성을 소비에 대한 과세, 소득에 대한 과세, 그리고 재산에 대한 과세로 구별해 볼 수 있다. 먼저, 소비과세로는 면허세, 도축세, 레저세, 담배소비세, 주행세, 그리고 지역개발세가 있다. 소득과세로는 주민세, 농업소득세 그리고 사업소세가 있다. 재산과세로는 취득세, 등록세, 재산세, 자동차세, 도시계획세 그리고 공동시설세가 있다. 대체적으로 재산과세가 60% 이상으로 가장 높은 비중을 차지

표 16-5 도·시·군별 지방세 세목의 배분

구 분		보 통 세	목 적 세
도·시·군	도 세	취득세, 등록세, 면허세, 레저세.	공동시설세, 지역개발세, 지방교육세
	시·군세	주민세, 재산세, 도축세, 자동차세, 농업소득세, 담배소비세, 주행세.	도시계획세, 사업소세
특별시 광역시	특별시세 광역시세	취득세, 등록세, 주민세, 자동차세, 담배소비세, 레저세, 도축세, 주행세, 농업소득세.	도시계획세, 공동시설세, 지역개발세, 지방교육세
	자치구세	면허세, 재산세	사업소세

해 왔으며 그 다음으로 소득과세 그리고 소비과세 형태를 보인다. 지방정부의 재정은 직접세인 재산과세에 가장 크게 의존하고 있다. 이제 지방세를 16개 세목별로 과세대상이 무엇인지 어떤 취지로 부과되고 있는지 그리고 2008년 현재의 세율은 얼마인지를 알아보도록 하자.

1. 취 득 세

취득세(acquisition tax)의 과세대상은 주로 부동산, 차량, 기계장비, 항공기, 선박, 지상의 과수와 같은 입목(立木), 광업권, 어업권, 골프회원권, 콘도회원권, 종합체육시설이용 회원권 등이다. 취득세 세율은 일반적으로 취득가액의 2%이지만, 별장, 골프장, 고급오락장, 고급주택과 같은 사치성재산의 경우는 취득가액의 10%로 5배의 중과세를 부과한다. 또한 비업무용토지, 대도시 내 신설·증설공장, 그리고 수도권 내 본점사업용 부동산 등에 대해서도 3배의 중과세를 하고 있다. 취득세는 취득일로부터 30일 이내에 납부해야 한다. 취득세에는 농어촌특별세가 자동으로 부과되어 취득세로 납부할 세액의 10%를 내어야 한다.

2. 등 록 세

등록세(registration tax)는 부동산, 차량, 건설기계, 항공기, 선박 등을 등기·등록받는 데 대하여 과세하는 조세로서 일반적으로 재산권, 기타 권리의 취득·이전·변경·소멸에 관한 사항을 등기·등록하는 행위는 모두 과세대상이 된다. 과세표준은 등기나 등록 당시의 과세대상 물건의 가액이 된다. 적용되는 세율은 과세대상에 따라 세분화되어 있다. 부동산등기의 경우를 조금 자세히 살펴보면, 상속에 의한 취득의 경우는 0.3%(농지)나 0.8%(기타)의 세율을 적용한다.

매매, 교환, 경락 등의 유상 승계취득의 경우는 1%(농지)나 2%(기타)의 세율을 적용한다. 소유권 보존등기는 0.8%, 지상권이나 전세권 설정은 0.2%의 세율을 적용받는다. 비영업용 승용자동차를 신규로 등록하거나 소유권을 이전할 경우에는 3%의 세율을 적용받는다. 단 배기량 800cc 이하의 경차와 영업용 차량은 2%이다. 영리법인의 설립, 합병 및 자본금 변경에는 0.4%의 세율을 적용받는다. 비영리법인의 경우는 세율이 그 반이다.

3. 재 산 세

재산세(property tax)는 건축물, 토지, 선박, 항공기가 과세대상으로 매년 6월 1일 기준으로 이를 보유하고 있는 자에 대하여 부과하는 조세이다. 최근, 과세표준가액이 되는 공시가격을 현실화하여 인상하는 대신 세율은 낮추었다. 주택 및 기타 건물에 대해서는 4,000만 원부터 1억 원 초과하는 가액까지 3단계로 나누어 0.15%에서 0.5%까지의 세율을 적용하고 있다. 골프장, 별장 그리고 고급오락장용 건축물은 4%의 중과세를 하고 있다. 항공기는 0.3%의 세율을 적용받는다.

4. 자동차세

자동차세(automobile tax)는 자동차관리법의 규정에 의해 등록 또는 신고된 차량과 덤프트럭 및 콘크리트 믹서트럭 등 자동차의 소유자에게 자동차의 배기량, 적재정량 등에 따라 과세하는 수익세이다. 자동차의 사용으로 인하여 유발되는 자산가치의 상실과 도로 손상 및 환경오염에 대한 비용부담의 성격으로 과세하는 세금이다. 세액은 배기량에 cc당 세액을 곱하여 계산한다. 영업용으로 배기량이 2,000cc를 초과하는 차량은 cc당 19원이 부과되지만 비영업용의 경우는 2,000cc를 초과하는 차량에 cc당 220원을 부과하여 비영업용차량에 대해 중과세하고 있다. 승용차의 경우, 차령이 3년이 되는 자동차부터 5%씩 차령이 12년될 때까지 최고 50%를 감면해 준다. 연세액을 6월과 12월 2기로 나누어 납기가 있는 달 1일 현재 소유자에게 부과한다. 연세액을 일시에 납부하면 잔여기간의 자동차세의 10%를 공제해 준다. 중고자동차를 매매한 경우에는 매매일을 기준으로 매도자와 매수자가 소유한 기간만큼을 일할계산하여 각각 납부하게 되어 있으나 매수자가 일할계산을 신청해야 한다.

5. 종합토지세

종합토지세(aggregate land tax)는 전국의 모든 토지를 대상으로 하며 토지의 보유에 대해 부과하는 조세로서 소유자별로 전국의 토지가액을 합산하여 과세하는 조세였으나 종합부동산세가 부과되면서 2005년에 폐지되었다.

6. 도시계획세

도시계획세(urban planning tax)는 도로, 공원, 학교 등의 공공시설사업에 소요되는 재원을 마련하기 위하여 도시계획구역 내의 토지 및 건축물을 과세대상으로 하여 그 소유자에게 부과하는 세금이다. 과세대상 토지는 도시계획구역 내의 전, 답, 과수원, 목장용지, 임야를 제외한 토지와 환지처분공고된 토지구획정리사업지구 안의 모든 토지 및 개발제한구역 안에서는 별장, 고급주택, 골프장, 유원지 기타이용시설이 있는 토지이다. 과세대상 건축물은 재산세 과세대상 건축물과 개발제한구역 안에 있는 별장 및 고급주택이다. 토지 및 건축물의 시가표준액이 과세표준이 된다. 세율은 2008년 현재 토지 및 건축물 가액의 0.15%이다. 토지 및 건축물에 대한 도시계획세는 재산세와 함께 납부하도록 하고 있다.

7. 공동시설세

공동시설세(community facility tax)는 지방자치단체가 소방시설의 설치 및 운영에 소요되는 경비에 충당할 목적으로 소방의 혜택을 받는 자에게 부과하는 조세로서 건축물 및 선박이 과세대상이 된다. 시가표준액 600만 원 이하에서부터 6,400만 원 초과까지 0.05%에서 0.13%까지의 세율을 부과하고 있다.

8. 주 민 세

주민세(inhabitant tax)는 주민이 자치단체의 구성원으로서 자치단체의 운영에 필요한 경비를 공동으로 분담한다는 취지로 부과되는 멤버십 회비 성격의 세금이라고 할 수 있는데 균등할과 소득할 주민세 2가지로 구성된다. 소득할 주민세는 소득세 · 법인세 · 농업소득세를 납세할 의무가 있는 자로서 시·군·구 내에 주소를 둔 개인과 법인에게 각 해당 세액의 10%를 부과하는 것이다. 소득할 주민세는 소득세 신고기한 내에 납부하면 된다. 균등할 주민세는 8월 1일 현재 시·군·구 내에 주소를 둔 개인과 시·군·구 내에 사업소를 둔 개인사업자 및 법인에게 부과한다. 개인에게는 10,000원 범위 내에서 자치단체의 조례로 결정한 금액을 부과한다. 개인사업자의 경우는 부가가치세 과세표준액이 4,800만 원 이상이면 50,000원이 부과된다. 법인에게는 자본금과 종업원수에 따라 최저 5만 원에서 최고 50만 원(자본금 100억 원 초과 및 종업원 100인 초과 법인)까지 부과한다.

9. 농업소득세

농업소득세(agriculture income tax)는 농지에서 스스로 작물을 재배하거나 타인에게 재배하도록 하여 소득을 얻은 자에게 그 소득을 과세대상으로 하여 부과하는 세금으로서 농지세로 불리기도 했다. 과세표준은 다음과 같이 계산된다.

과세표준=총수입금액－필요경비－(비과세소득＋감면소득)－기초공제액

기초공제액은 연 560만 원이며 세율은 과표 400만 원 이하에 대한 3%부터 과표 8,000만 원 초과시의 40%까지 5단계로 나누어 적용하고 있다. 농업기반 육성을 위해 2005년부터 5년간 과세를 일시 중단하고 있다.

10. 사업소세

사업소세(business place tax)는 시 · 군 내에 소재하는 사업장의 설치로 인해 소요되는 행정서비스 비용 및 환경개선 비용에 충당하기 위해 사업소를 설치 · 운영하는 자에게 부과하는 조세이다. 사업소용 건축물을 과세대상으로 하는 재산할 사업소세와 사업소에 근무하는 종업원의 급여를 과세대상으로 하는 종업원할 사업소세로 구성된다. 재산할 사업소세는 사업소 건물 $1m^2$당 250원(오염물질 배출업소는 2배 중과)을 부과한다. 단, 사업소용 건축물의 연면적이 $330m^2$ 이하인 곳은 제외한다. 종업원할 사업소세는 종업원에게 지급한 월 급여 총액의 0.5%를 부과한다. 단, 종업원 50인 이하인 사업소는 제외한다.

11. 담배소비세

담배소비세(tobacco consumption tax)는 제조한 담배 또는 수입한 담배를 과

세대상으로 하여 제조자 또는 수입한 자에게 부과하는 세금이다. 2005년에 세액을 올려서 흡연용 담배의 경우는 궐련 20개비당 641원(담배가격이 200원 이하인 담배는 40원), 파이프담배는 50g당 1,150원, 엽궐련은 50g당 3,270원 그리고 각 련은 50g당 1,150원을 부과하고 있다. 이 외에도 씹는 담배, 냄새맡는 담배 등에도 별도의 세금을 정해 부과하고 있다.

12. 도 축 세

도축세(butchery tax)는 소와 돼지를 도살하는 자에게 부과하는 조세로서 소와 돼지 가액을 과세표준으로 하여 부과하는 세금이다. 과표를 매년 1월 1일 및 7월 1일을 기준으로 한 소, 돼지의 시가에 1% 이하의 세율을 적용한다.

13. 지역개발세

지역개발세(regional development tax)는 지역의 균형개발과 수질개선 및 수자원보호 등에 사용되는 재원을 조달하기 위한 조세이다. 발전용수와 지하수를 채수하거나 채취한 지하자원을 원료로 직접 제품을 생산하는 자 및 컨테이너 부두를 이용하는 컨테이너를 과세대상으로 하여 지방자치단체가 부과한다. 발전에 이용된 물 $10m^3$당 2원을 세금으로 부과하고 음용수는 $1m^3$당 200원, 온천수는 $1m^3$당 100원을 부과한다. 지하자원은 광물가액의 0.5%의 세율을 적용한다. 컨테이너는 1TEU당 15,000원을 부과한다.

14. 면 허 세

면허세(license tax)는 각종 면허 · 허가 등 영업설비 또는 영업행위에 대한 권리를 부여하거나 일반적인 금지행위를 해제하는 행정처분, 신고의 수리 · 등록 · 지정 · 검열 · 검사 · 심사 등의 행정행위로 이익을 얻는 자(면허를 받은 자)에 대하여 부과하는 조세이다. 면허를 제1종에서 제5종으로 나누어 면허를 취득한 자에게 면허가 발급된 시 · 군의 인구에 따라 45,000원에서 12,000원 사이의 일정액의 세금을 부과하고 있다. 면허의 유효기간이 1년 이상인 면허는 매년 1월 1일에 그 면허가 갱신된 것으로 간주하여 과세한다. 면허세 부과대상으로 행정자치부령이 정하는 면허 외에도 학원, 테니스장업, 공인회계사업, 의약품제조업, 의료업, 운송업, 은행업, 출판업, 식품접객업, 통신사업 등 수백 종에 달하는 각종 면허세 과세대상 사업을 열거해 두고 있다.

15. 레 저 세

레저세(leisure tax)는 전통소싸움경기, 경마경기의 승마투표권, 경륜(자전거경기) 및 경정(모타보트경기) 경기의 승자투표권을 판매할 때 투표권 발매가액에 대하여 부과하는 조세이다. 한국마사회, 경륜 · 경정사업자에게 승마투표권이나 경기투표권 발매금액의 10%를 레저세로 부과한다.

16. 주 행 세

주행세(motor fuel tax)는 자동차세 인하로 인한 감소분을 보전하기 위해 국세인 교통세의 일부를 지방세로 전환한 조세로서 휘발유 및 경유에 대한 교통세의 납세의무가 있는 자, 즉 5개 정유회사(SK, LG, S-Oil, 인천, 현대) 및 유류수입자에게 휘발유, 경유에 대한 교통 · 에너지 · 환경세액의 27%를 2008년부터 주행세로 부과한다. 납부방법과 배분방법이 다른 지방세와는 다르다. 납세의무자가 정유제조장이나 세관소재지의 시장, 군수 등에게 납부하면 이들이 울산시에 송금하고 울산시장이 이를 전국 시군에 송금하여 배분한다. 배분기준은 자치단체별로 전년도 자가용 승용차분 자동차세 징수액비율로 안분하여 배분하도록 되어 있다.

17. 지방교육세

지방교육세(local education tax)는 지방자치 실시에 따라 지방교육재정 확보 차원에서 국세인 교육세를 '지방교육세'로 전환하여 부과하는 목적세(earmarked tax)이며 다른 세의 일정 비율로 걷는 부가세(surcharge)이다. 과세표준과 세율은 다음과 같다. 세율은 지방세법의 규정에 의하여 납부하여야 할 등록세액의 100분의 20, 레저세액의 100분의 60(2009년부터 40%), 주민세 균등할 세액의 100분의 10(다만, 인구 50만 이상 市에 있어서는 100분의 25로 함), 재산세액의 100분의 20, 자동차세액의 100분의 30 그리고 담배소비세액의 100분의 50이다.

1998년부터 2001년까지의 지방세 세수실적을 〈표 16-6〉에 정리해 보았다.

표 16-6 지방세 연도별 징수실적 (단위: 억 원, %)

구 분	1998		1999		2000		2001	
	실 적	증감률	실 적	증감률	실 적	증감률	실 적	증감률
합 계	171,497	△6.8	185,862	8.4	206,006	10.8	266,649	29.4
취 득 세	24,798	△25.3	30,654	23.6	31,482	2.7	37,825	20.1
등 록 세	33,885	△20.4	43,267	27.7	45,276	4.6	55,867	23.4
면 허 세	2,407	7.0	2,374	△1.4	2,412	1.6	581	△75.9
주 민 세	26,392	16.8	25,482	△3.4	34,265	34.5	35,665	4.1
재 산 세	6,407	11.0	6,699	4.6	7,278	8.6	7,632	4.9
종합토지세	11,993	△6.3	12,421	3.6	12,817	3.2	13,650	6.5
자 동 차 세	21,748	5.9	19,364	△11.0	20,070	3.6	18,894	△5.9
농업소득세	27	△3.6	43	59.3	32	△26.5	13	△59.4
주 행 세	–	–	–	–	2,538	–	5,420	113.6
담배소비세	22,676	1.4	20,882	△7.9	22,505	7.8	25,086	11.5
도 축 세	482	2.1	457	△5.2	512	12.4	449	△12.3
레 저 세*	3,294	△8.7	3,936	19.5	5,655	43.7	7,908	39.8
도시계획세	7,523	2.8	7,850	4.3	8,154	3.9	8,510	4.4
공동시설세	3,013	12.6	3,161	4.9	3,414	8.0	3,509	2.8
사 업 소 세	3,367	△10.8	3,467	3.0	3,963	14.3	4,351	9.8
과년도수입	2,782	△18.1	5,044	81.3	4,744	△5.9	5,651	19.1
지방교육세**	–	–	–	–	–	–	34,777	–
지역개발세	703	△0.7	761	8.3	889	16.9	861	△3.1

* 2002년부터 경주마권세가 레저세로 확대됨.
** 2001년부터 지방세분 교육세(국세)가 지방교육세(지방세)로 전환됨.
자료: 행정자치부, 「지방재정통계연보」, 2003.

표 16-7 지방세 2003년도 대비 2007년도 세목별 징수 현황

구 분	2007년 실적(억 원) (A)	2003년 실적(억 원) (B)	증 감	
			증감액(A-B)	증감률(%)
계	412,937	331,329	81,608	24.6
취 득 세	76,675	55,028	21,647	39.3
등 록 세	79,495	75,700	3,995	5.3
면 허 세	750	650	100	15.4
레 저 세	6,878	8,959	−2,081	−23.2
공동시설세	5,163	4,109	1,054	25.7
지역개발세	1,745	1,034	711	68.8
지방교육세	43,381	40,093	3,288	8.2
주 민 세	62,148	45,582	16,566	36.3
재 산 세	31,090	9,034	22,056	244.1
자동차세	21,338	17,783	3,555	20.0
주 행 세	27,095	12,658	14,437	114.1
농업소득세	-	37	−37	-
도 축 세	493	441	52	11.8
담배소비세	27,027	23,843	3,184	13.4
종합토지세	137	16,026	−15,889	−99.1
도시계획세	16,062	9,985	6,077	60.9
사업소세	6,774	5,247	1,527	29.1
과 년 도	6,686	5,320	1,366	25.7

제5절 지방재정조정제도

1. 중앙정부의 지방정부 지원현황

지방세의 과세표준과 세율에 대한 정책결정권을 중앙정부가 행사하고 있는 현행 지방세는 엄밀한 의미의 지방세는 아니라고 할 수 있다. 그러나 예외적으로 탄력세율제도를 도입하여 정해진 한도 내에서 제한적인 권한을 자치단체에 부여하고 있다. 법률에 의해서만 중앙정부나 자치단체가 주민들에게 과세를 할 수 있으므로 입법권이 없는 지방정부는 지방세와 관련된 조세정책 결정권이 없다. 이는 지방정부의 자치적인 재원확보에 대한 큰 제약이 되고 있으며 구조적으로 지방정부가 중앙정부의 이전재원에 의존하게 만든다.

재정자립도가 떨어지는 지방정부의 부족한 재원을 보전하기 위하여 지방재정조정제도가 있어서 중앙정부의 국세의 일부를 이전해 준다. 중앙정부는 교부세, 양여금, 보조금 형태로 지방정부의 재정을 지원해 왔으나 양여금제도를 폐지하고 분권교부세(2005년)와 부동산교부세(2006년)를 신설했다. 분권교부세는 국고보조금사업의 일부를 지방으로 이향하면서 재원을 보전하기 위해 신설되었다. 그리고 특별교부세의 규모를 줄이고 보통교부세를 증대했다. 부동산세제 개편에 따라 2005년도에는 종합부동산세 지방교부금제도를 운영하다가 다음 해부터는 부동산 교부세를 신설했다. 〈표 16-8〉에 지방교부세의 종류별로 재원과 배분기준 및 수령단체를 비교해 놓았다.

2. 지방재정조정제도

지방재정조정제도란 자치단체들 간의 경제력 차이로 인하여 재정상의 불균형이 발생한 경우 이를 보정하기 위한 수단으로 재정이 풍부한 단체에서 재정이 취약한 단체로 재원을 이전시켜 불균형을 조정해 주는 제도를 말한다. 지방재정조정제도에는 중앙정부에서 지방자치단체로 재원을 이전해 주는 방식과 광역자치단체에서 기초자치단체로 재원을 이전해 주는 방식이 있다. 중앙정부와 지방

표 16-8 지방교부세의 종류

구 분	보통교부세	특별교부세	분권교부세	부동산교부세
재원	○(내국세18.3% − 8,500억 원)×96% ○'07규모: 20조 6,921억 원	○(내국세18.3% − 8,500억 원)×4% ○'07규모: 8,268억 원	○내국세의 0.94% ○'07규모: 1조 1,387억 원	○종합부동산세 수입액 전액 ○'07규모: 1조 8,892억 원
배분	○재정보전분 －재정부족액 비율에 따라 배분 ○도로보전분 －지방양여금 사업의 마무리 사업에 배분	○지역현안수요(50%) －자치단체의 특별한 재정수요 ○재해대책수요(50%) －재해발생에 따른 복구 등 수요	○경상적 수요 －이양사업 중 일정수준 재원수요 보전 ○비경상적 수요 －이양사업 중 특정한 재정수요 보전	○재산세, 거래세 등 자치단체 세수 감소분을 기초로 산정하되, －재정여건, 지방세 운영 상황 등을 감안하여 배분
수령단체	○특별·광역시 ※ 자치구는 본청에 합산 산정 ○도, 시, 군	전 자치단체	전 자치단체	전 자치단체

자료: 행정자치부, 「정책백서(2003-2007)」, p. 662-663, 2008.

정부 간의 재원배분은 두 단계로 나누어져 있다. 먼저, 국세와 지방세로 갈라서 세금을 징수하여 배분하고 다음으로 지방정부의 부족한 재원을 보전하기 위하여 보통교부세, 특별교부세, 분권교부세, 부동산교부세, 그리고 국고보조금을 통해 이차적으로 배분하고 있다. 이 중 교부세는 국고에서 재원을 지방정부에게 교부하여 지방정부가 자치적으로 사용하도록 하는 것이고 국고보조금은 특정한 지방행정사업에 대한 경비를 일부 국고에서 부담해 주는 것이다. 지방교부세의 법정률이 상향 조정된 후, 지방자치단체의 재정자주도[1)]가 2003년의 76.5%에서 2006년에는 80.2%로 상승했다.

지방재정조정제도를 통하여 재원이 부족한 자치단체에 재원을 이전해 주는

1) 재정자주도＝100×(자체수입＋자주재원)/일반회계총계예산규모
자체수입＝지방세＋세외수입
자주재원＝지방교부세＋재정보전금＋조정교부금

가장 근본적인 근거는 다음과 같다. 첫째, 중앙정부의 지원이 없이는 외부효과가 큰 지역공공재가 과소 공급될 수 있기 때문이다. 해당 지역 주민뿐 아니라 인접 지역 주민의 후생에 미치는 파급효과를 고려하여 효율적으로 공공재를 공급하기 위하여 공공재의 추가적인 생산비용을 자치단체에 보조해 준다. 둘째, 지역적인 사회·경제적 환경차이에 따른 세원의 지역적 편중이 발생할 경우, 자치단체 간의 세입과 세출의 불균형을 시정하기 위하여 이전재원을 배분한다. 셋째, 사회간접자본과 같이 국가경제 전반에 영향 미치는 공공재의 공급량을 중앙정부가 국가경제 전체의 효율성을 기준으로 하여 최소 수준 이상을 유지할 수 있도록 비용을 지원하는 경우이다.

중앙정부가 지방정부에게 공여하는 교부세 혹은 교부금을 특성에 따라 몇 가지로 분류해 볼 수 있다. 교부금에 조건을 붙여서 그 사용범주를 제한하는 것을 범주적 교부금(categorical grant)이라고 하고 이것은 조건부교부금(conditional grant)의 일종이다. 반면, 어떤 조건도 달지 않고 주는 것을 무조건부교부금(unconditional grant)이라고 한다. 교부금의 지급방식도 두 가지로 구분할 수 있다. 중앙정부가 지방정부의 사업수행의 일부분에 대응하는 비용을 지급함으로 해서 실질적으로 지방정부가 수행하는 특정 사업에 대한 가격보조를 하는 것을 대응교부금(matching grant)이라 한다. 이와는 달리 지급되는 교부금을 공공재의 추가적인 생산에만 사용하도록 한 것은 비대응교부금(non-matching grant)이라고 한다. 비대응교부금의 경우는 일종의 소득보조 형태이긴 하지만 주민의 세부담을 경감하기 위한 용도로 사용되어서는 안 된다는 조건이 붙는 것이나 마찬가지이므로 조건부교부금에 속한다.

3. 지방교부세

지방교부금(general grant)은 지방교부세라고도 불렸는데, 이 제도는 지역 간 경제력 차이로 생기는 지방자치단체 간의 재정력의 불균형을 완화시켜서 지역주민들에게 공급되는 지역공공재가 균등하게 배분되도록 만드는 것을 목적으로 하여 운영되는 제도이다. 재원의 지출에 대한 재량권이 지방자치단체에 부여되어 자치단체가 자주적인 관리·운영을 할 수 있다. 지방재정교부금법이 1958년에 제정되어 1959년부터 시행되었으나 5.16 이후 1961년에 지방교부세법으로 다시 제정되어 1962년부터 이 법에 따라 교부세 제도가 시행되었다. 초기에는 내국세 총액의 16%를 보통교부세로 하고 보통교부세의 10%를 특별교부세로 책정하는 총량적 결정방식을 채택했으나 1972년부터는 법정교부세율제도를 폐지하고 매년 국가예산에서 일정비율을 정하도록 하는 임의적 배분방식으로 전환하였다. 이를 다시 1982년에 개정하여 교부세 배분을 일반회계 내국세의 13.27%로 법정화하여 시행해 오다가 2000년도부터 교부율을 15%로 올렸다. 또한, 2001년도부터는 교육교부금의 교부율도 일반회계 내국세의 11.8%에서 13%로 상향조정하였다. 지방교부세는 2005년도까지는 보통교부세와 특별교부세로 구성되어 있으며 지방재정상 부득이한 수요가 있는 경우 교부세액 외에 별도로 증액하여 교부할 수 있도록 운영되어 왔다. 그러나 그전까지 교부세와 병행하여 운영되던 양여금제도를 폐지하고 2005년도에 지방분권화와 지역균형발전 목표에 입각하여 지방교부세 제도를 대폭 변경하면서 분권교부세가 신설되었고 이듬해에는 부동산교부세가 추가되었다.

(1) 보통교부세

보통교부세는 지방자치단체가 기초적인 행정서비스를 제공하는데 필요한 기준재정수요액과 표준적인 재정수입을 산출한 다음 그 부족분을 지원해 주기 위해 마련된 것으로 지역균형발전을 위해 재정력이 열악한 낙후지역의 지역균형수요를 감안한 보정수요를 2006년부터 반영하고 있다. 2007년도 지역균형수요의 규모는 총 2조 4,228억 원에 달했다. 2008년부터는 자치단체의 사업별 예산제도가 도입되어 기준재정수요측정항목도 일반행정, 문화환경, 사회복지, 경제개발비 등 4개 항목 17개 세항목으로 단순화될 예정이다. 또한, 자치단체 경강경비 절감 운영, 지방세 징수율 제고 등 지방자치단체의 재정자립도 향상을 위한 자구노력을 유인하기 위한 인센티브제도도 시행하고 있다.

(2) 특별교부세

특별교부세는 보통교부세에서 반영할 수 없는, 예를 들어, 공공복지시설에 대한 경비나 청사신축과 같은 지방마다의 구체적인 여건과 홍수, 가뭄 혹은 대형화재와 같은 예기치 못한 재해나 긴급상황을 반영하여 지방의 재정수요에 탄력적으로 대응하기 위해 운영되어 왔으나 1/11이라는 재원의 규모가 너무 크다는 지적과 지역개발이나 시책사업 등 일부는 보통교부세로 지원할 수 있는 사업도 있어서 이를 지역현안과 재해대책이라는 2개 항목으로 하고 재원의 4/100으로 2005년도부터 축소 · 조정했다.

(3) 분권교부세

재정분권을 위시한 지방분권을 위해서 지방재정의 자율성을 저해하는 국고보조금을 정비하는 차원에서 분권교부세가 2005년에 신설되었다. 지방이전 총재원의 20%를 윗돌던 국고보조금은 지방자치단체보다는 중앙정부의 우선순위에 입각한 재정지출이 요구되는 것으로서 소액분산투자가 지속되는 등 비효율적이고 종속적인 재정지원제도라는 판단에서 국고보조금 사업의 일부를 지방에 이양하는데 필요한 재원을 보전하기 위해 분권교부세가 2005년부터 2009년까지 한시적으로 운영되고 2010년에는 보통교부세에 통합되어 운영될 예정이다. 노인요양시설과 같은 신규 복지시설 확충 등 사회복지분야에 많이 사용되고 있다.

(4) 부동산교부세

부동산교부세는 국세인 종합부동산세를 재원으로 하는 제도로서 부동산 세제개편에 따른 재산세와 거래세의 세수감소분을 보전하고 잔여재원을 기초자치단체의 균형발전재원으로 사용하기 위해 2006년부터 도입되었다. 지방자치단체의 재정여건(50%), 사회복지(25%), 교육(20%) 그리고 보유세규모(5%) 등을 반영하여 산정하며 재원의 규모는 2006년에는 1조 200억 원이었고 2007년에는 2조 8,814억 원이었다. 특히 교육부문에 수요가 많은 지방자치단체에게 지원이 많이 가도록 배려하고 있다.

4. 지방재정조정제도로 인한 문제점

지방재정조정제도를 통해서 중앙정부가 국세의 일부를 이전해 줌으로써 재정자립도가 떨어지는 지방정부의 부족한 재원을 보전해 준다. 외부로부터의 이런 보조금은 지방자치단체의 재원조달과 지출과정을 분리시키는 결과를 초래하여 주민들이 자신들이 내는 조세의 용도와 자신들의 납세부담과의 관계를 명확하게 파악하여 지방정부에 대해 적절한 책임을 추궁하기 어렵게 만든다. 그뿐 아니라, 주민들은 자칫하면 국고의 보조를 받아 이루어진 지역공공재의 현재 수준이 마치 자신들이 부담한 지방세에 의해서만 이루어진 것으로 착각하여 지역공공재의 생산비용을 과소평가하는 재정환상(fiscal illusion)에 빠지기 쉽다. 이렇게 되면 주민들은 더 많은 지역공공재의 지출을 지향하는 지방정부 관료의 요구에 동의하게 된다. 이는 또한 지방정부로 하여금 일단 지급받은 교부금을 지역주민의 세부담을 경감시키는 용도로 활용하기보다는 지방정부가 선호하는 공공지출부문의 지출을 증대시키는 용도로 활용하기 쉽게 만들어서 소위 끈끈이 효과(flypaper effect)가 나타나게 되기 쉽다.

선출직 지방자치단체장은 이전재원의 출처인 국세의 증가에 따른 책임이 직접적으로 자신에게 부과되지 않으면서도 더 많은 중앙정부의 지원을 확보한다면 주민에게 인기를 얻을 수 있는 길이 열리게 되는 셈이므로 이전재원의 확충을 통해서 지방재정을 지속적으로 팽창시키려고 하게 된다. 따라서 중앙정부의 재원배분과정에 자치단체장이 정치적으로 개입하여 보다 많은 이전재원을 확보하려는 시도가 정치적인 줄서기로 나타나고 국고로부터 나오는 보조금을 중앙정부가 지방자치단체장을 통제하는 수단으로 악용할 수도 있기에 지방정부의 자치력을 저하시킬 수도 있다.

참 고 문 헌

강대오, 「지방자치제도 아래의 지방재정에 대한 공공선택론적 분석」, 경제학과 대학원 박사학위 논문, 국민대학교, 2000.

안종석, 「지방양여금이 지방재정에 미친 효과분석」, 한국조세연구원, 1997.

오연천, 「한국지방재정론」, 박영사, 1987.

이계식, 「지방재정조정제도와 재원배분」, 한국개발연구원, 1987.

행정자치부, 「정책백서(2003-2007)」, 2008.

한국조세연구원 홈 페이지 http://www.kipf.re.kr

행정안전부 홈 페이지 http://www.mopas.go.kr

Buchanan, J.M., "An Economic Theoryy of Clubs," *Economica*, 32:1-14, 1965.

Hirschman, A., *Exit, Voice and Loyalty*, Cambridge: Harvard University Press, 1970.

Oats, W.E., *Fiscal Federalism*, New York: Harcourt Brace Jovanovich, 1972.

Tiebout, C., "A Pure Theory of Local Expenditure," *Journal of Political Economy*, 64(5):416~424, 1956.

제17장

조세회피와 지하경제

들어가며

세금을 내기 좋아하는 사람은 없다. 사람들은 내가 세금을 내지 않아도 다른 누구인가가 세금을 낼 것이고 공공재는 생산될 것이며 나의 무임편승을 배제하지 못할 것이라고 믿기 때문에 탈세를 하는 것이다. 이런 대부분의 사람들이 간과하는 것은 내가 세금을 안 내면 다른 사람들이 내어야 할 몫이 더 커지게 되어 결국은 다른 사람들이 내가 안 낸 만큼을 더 내게 된다는 점이다. 정부가 조세를 부과하면 납세자는 세금을 납부해야 하지만 되도록 적게 내고 싶어하게 마련이다. 따라서 사람들은 처음에는 합법적인 절세 방법을 모색하게 되고 그 정도가 심해지면 불법적인 탈세를 하게 되기까지 한다. 이 장에서는 우선 조세회피와 탈세의 정의와 경제학적 모형을 살펴본 다음, 조세회피의 유형과 그 규모를 측정하는 몇 가지 방법에 대해 논해 보도록 한다.

제 1 절 조세회피와 탈세의 모형

1. 절세와 탈세의 차이

절세(tax saving)행위란 합법적으로 조세부담을 줄이기 위해 자신의 행동을 바꾸는 것을 말한다. 다시 말해서, 절세행위란 세법에서 의도한 대로 통상적으로 인정되는 공제, 감면 등을 활용하는 행위를 말한다. 이보다는 더 적극적으로 조세부담을 줄이기 위해 때로는 세법 전문가의 조언을 받아 조세법의 루프홀(loop-hole: 허점)을 찾아서 원래의 법의 취지와는 어긋나더라도 이 법을 합법적으로 악용하여 세금을 피하는 것을 조세회피(tax avoidance)라고 부를 수 있다. 그러나 법적으로 내어야 할 세금을 숨기거나 불법적인 방법을 동원하여 내지 않는 것은 조세포탈 혹은 탈세(tax evasion) 또는 조세사기(tax fraud)라고 한다. 예를 들어, 건물의 창문에 창틀세가 부과된 중세 유럽의 경우 세를 줄이기 위해 건물에 가급적이면 적은 수의 창을 낸다면 이것은 절세이다. 그런데 창이 모두 다섯 개인데 세리를 매수하여 건물 앞면에 있는 창 한 개에 해당하는 세금만 내었다면 이것은 탈세이다.

조세조항에 있는 모든 조세면제조항(과표공제, 면세, 세액공제)을 십분활용하여 납부세액을 가능한한 최소화하려는 노력이 절세이다. 세법상의 공제제도는 간접적인 보조금의 역할을 한다. 그러나 이런 공제제도를 마련하면서 의도하지 않았던 과세대상의 누락 효과를 가져오는 점을 조세의 루프홀 혹은 허점이라 할 수 있다. 루프홀은 세법을 입법하는 자들이 미처 예견하지 못하여 생긴 것과 의도적인 정책으로 빠져나갈 구멍을 만들어 둔 것 등이 혼재되어 있다.[1)]

그러나 실제적으로는 루프홀이 의도한 것인지 아닌지는 별 중요하지 않고 이를 잘 활용하는 자와 그렇지 않은 자 사이의 형평성 문제와 이로 인해 세원이 줄어들어서 정부의 세수 확보에 차질을 가져올 수도 있다는 점이 문제가 된다. 예를 들어, 어떤 경우에는 루프홀이 생기므로 인해서 조세 면제조항 중 특혜조항

1) 예를 들어, 미국 조세법의 조세보호처(tax shelter)란 조세채무를 줄여 줄 수 있는 투자계획을 말한다. 조세특혜가 있는 소득원으로부터의 공제액이 다른 소득원으로부터의 소득액에 대해 상계될 수 있는 경우에 조세보호처가 있다고 한다.

(special provisions in the tax codes)에 따라 조세법의 영향이 달라질 수 있어서 명목상으로는 누진세이더라도 실제로는 오히려 역진적이 될 수도 있게 되는 경우도 생기게 된다. 일례로, 미국은 유류(oil) 및 가스의 발굴과 탐사산업에 대해 특혜조항들을 마련해 주고 있다. 다 년간에 걸쳐서 석유를 채취해 갈수록 석유가 고갈되어 석유공의 가치는 떨어지게 된다. 이를 보상하기 위해서 마치 기계의 감가상각을 인정해 주듯이 미국 조세법에서는 고갈보상(depletion allowance)을 마련해 주고 있다. 그런데 문제는 이것이 자산의 가치의 감소분에 비례하지 않고 채취된 석유의 가치에 비례한다는 점에 있다. 고갈보상이 가장 높을 때는 채취된 석유가치의 27.5%에 달하는 보상액을 인정해 준 때도 있었다. 심한 경우는 고갈보상액이 자산의 구매가치보다 높게 나올 수도 있다.

스티글리츠(Stiglitz, 2000)는 다음과 같은 절세의 두 가지 원칙을 지적한다. (1) 연체료를 물지 않는 한도 내에서 조세 납부를 가능한 한 지연시킬 것, (2) 높은 세율을 적용받는 소득항목으로부터 낮은 세율을 적용받는 소득항목으로 소득을 이전시킬 것. 이것은 일종의 조세중개(tax arbitrage)라고 볼 수 있다.[2)]

2. 비용-편익으로 본 탈세결정 모형

윔블던에서도 여러 차례 우승한 적이 있는 독일의 여자 테니스 선수인 스테피 그라프(Steffi Graf)가 1980~92년에 걸쳐 12년 동안 탈세한 금액이 5,000만 달러나 된다고 독일 정부가 1995년에 주장한 바 있다. 사람들은 왜 탈세를 하게 되는 것일까? 그것은 일차적으로 세금을 내지 않고 그것을 모두 자신의 소득으로 만들고 싶은 욕심 때문일 것이다. 그런데 사람이 자기 욕심대로 행동하고 싶더라도 못하는 경우도 많은데 그것은 그런 비윤리적이고 불법적인 욕심을 제어하는 도덕성이나 양심이라는 인간의 내면적인 장치와 법적인 제재라는 사회적인 제어 장치가 있기 때문이다.

인간 심리의 내재적인 측면에서는 윤리나 도덕성에 바탕한 죄의식이 인간이 스스로의 행동을 사회적인 규범에서 크게 벗어나지 못하도록 제어하게 만드는

2) 중개(arbitrage)란 낮은 가격에 거래되고 있는 시장에서 사서 높은 가격에 거래되는 시장에서 팔아서 시장간의 이동에 드는 거래비용을 제하고도(위험부담 없이) 확실한 차액을 남기는 행위로서 공간적으로 혹은 시간적으로 분리되어 있는 시장이면 다 적용될 수 있다. 지연방식을 포함한 여러 절세방식에 대해서는 스티글리츠(2000, 679-692)를 참조하라.

중요한 요인이 된다. 내재적인 윤리관이나 죄의식이 별로 크지 않은 사람에게는 외부적으로 주어진 여건이 또 다른 제어요인이 된다. 법을 어김으로 해서 받게 될 처벌을 두려워해서 스스로의 범법행위를 제어하게 되는 유형의 인간이 이런 부류에 속한다. 경제학적 접근방식에서는 앞의 제5장에서 다루었던 비용과 편익을 비교하여 순편익이 영보다 큰 투자만 투자할 가치가 있는 것으로 판단하는 것이나 제7장에서 보았듯이 부패행위에 있어서 뇌물의 크기가 적어도 수뇌자의 양심과 발각났을 경우에 받게 될 벌의 기대치의 합보다 커야만 비로소 뇌물을 받는 부정한 행위를 할 것이라는 이론과 같은 맥락에서 탈세를 하고자 하는 결정에 대한 분석을 해 볼 수 있다.

미국의 국세청은(IRS: Internal Revenue Service)은 납세자들이 자신들이 내야 할 소득세의 대략 80%만 자진 납부한다고 추정하고 있다고 한다. 로젠(Rosen 1999, 328쪽)은 조세 포탈에 사용되는 대표적인 방법으로 아래 네 가지를 지적한다. (1) 이중 장부 기재, (2) 현금 수입을 올리는 부업을 갖고 수입에 대한 기록을 남기지 않는 법, (3) 바터: 서로 서비스나 현물로 지불하는 방법. 예를 들어, 하수도를 고쳐준 대가로 닭을 한 마리 준다든가 하는 행위, (4) 현금거래 등이다. 조세당국이 일일이 모든 납세자의 보고된 소득의 진위를 조사하기에는 너무나 많은 비용이 들것이므로 조세당국은 납세자의 일부만 무작위로 골라내어 세무조사를 하게 된다. 미국의 경우는 2% 미만만 연방소득세와 연관하여 IRS의 세무조사를 받게 된다고 한다. 미국은 밀고제도도 실시하고 있는데 포상금은 최고 5만 달러에 달한다.

조세당국이 실시하는 세무조사의 빈도가 대략 소득을 감추어서 발각될 확률이라고 볼 수 있을 것이다. 일단 탈세사실이 적발되면 소득의 크기에 따라 체증적인 벌금을 내어야 한다면, 탈세를 할 의사가 있는 사람은 탈세로 인한 비용과 편익을 비교해 보게 된다. 탈세행위로 인해 발생할 수 있는 비용은 발각확률 곱하기 탈세시에 부과될 과징금을 곱한 벌금의 기대치와 금고형과 같은 물리적 처벌과 실추될 신용이나 명예의 금전 환산치의 합이라고 볼 수 있다. 그러나 분석을 단순화하기 위해서 벌금의 기대치만이 비용이라고 가정해 보자. 소득세의 세율이 t인 경우에 소득을 감추면 감춘 소득에 세율 t를 곱한 만큼 자신의 소득이 늘어나는 편익을 가져온다. 이는 마치 세율에 해당하는 만큼의 소득공제를 받은 것과 같은 효과이다. 이 경우에 탈세의 한계비용은 누락한 소득액에 따른 벌금 곱하기 발각될 확률로 단순화시켜 생각해 볼 수 있다. 한편, 탈세로부터 얻을 수 있는 한계편익은 납부할 조세의 감면액 즉 원당 t에 해당한다. 아래의 〈그림 17-1〉에서 볼 수 있듯이 최적 탈세규모는 한계비용(MC_0)과 한계편익(MB)이 교차하는 점에서 결정된다. 만약, 한계비용이 MC_1로 한계편익보다 훨씬 커져서 서로 교차되지 않는 경우에는 탈세가 전혀 일어나지 않게 된다.

이 간단한 모형이 시사하는 바를 다음 세 가지로 압축할 수 있다. (1) 한계세율이 높을수록 한계편익이 커져서 탈세규모가 커지게 된다. (2) 발각확률이 커지면 탈세는 줄어든다. (3) 한계적으로 벌금이 커지면 탈세는 줄어든다. 그러나 이 단순모형이 간과하고 있지만 현실적으로는 중요한 변수가 되는 것들이 있다. 우선, 탈세자의 심리적 비용이 중요한 변수일 수 있다. 죄의식이나 윤리의식이 큰 사람은 탈세자가 되지 않을 것이다. 그러므로 윤리적 비용도 한계비용의 일부로 계산한 연후에 한계편익과 비교해야 한다. 사람들의 위험에 대한 태도가 감안되어야 한다. 탈세자가 위험을 기피하는 사람인 경우라면 그가 탈세를 결정하기 위해서는 편익의 크기가 훨씬 더 커야 할 것이다.

다시 말해, 위험기피 성향이 큰 사람은 쉽게 탈세하지 않을 것이다. 과세로 인해서 소득창출행위 자체가 영향을 받아 변동할 수 있다는 점도 고려되어야 할

그림 17-1 탈세규모의 결정

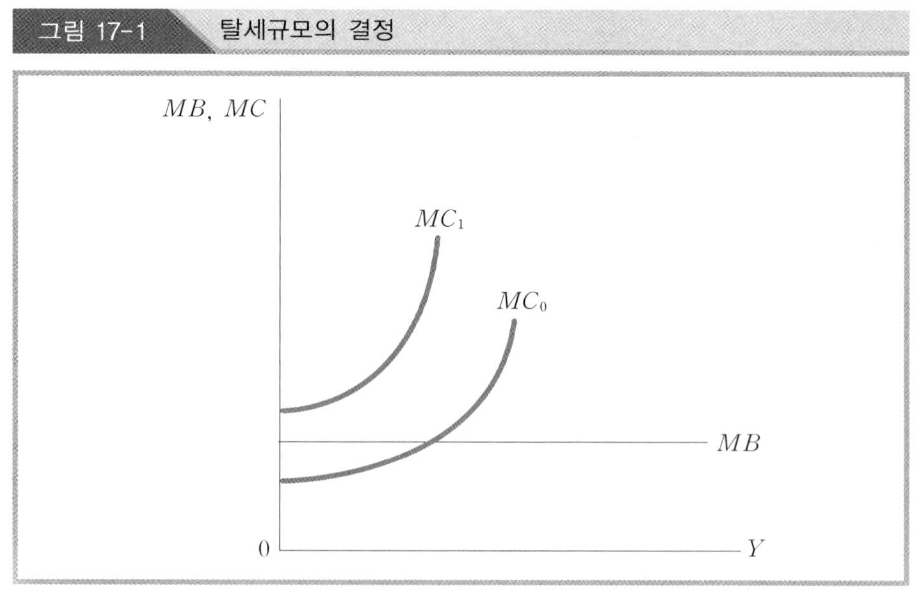

것이다. 조세당국의 노력 여부에 따라서 발각될 확률이 변할 수 있으며 특히 특정 직업과 신고한 소득의 규모에 따라 의심을 사서 세무조사를 당할 확률이 달라질 수도 있다. 우리나라에서 자영업자로 분류되는 개업 의사와 개인 사무실을 운영하는 변호사인 경우에 턱없이 적은 월 100만 원의 소득을 신고한 자들은 세무조사의 대상이 되었던 경우가 몇 년 전에 있었던 것이 하나의 예라고 하겠다.

3. 발각확률에 따른 탈세결정 모형

개인의 소득이 Y이고 세율이 t라면 납세 후 가처분소득은 $(1-t)Y$가 될 것이다. 탈세한 경우에 발각날 확률이 p이고 발각시 납부해야 할 벌금이 F라고 하자. 이 납세자가 위험에 중립적이라면 그는 탈세할 경우와 탈세하지 않을 경우에 대해 다음 식 (17. 1)과 같이 계산한 확률적 기대가치 $E(V)$를 형성할 것이다.

$$E(V)=p(Y-F)+(1-p)Y \tag{17. 1}$$

이 기대가치가 가처분소득보다 크다면 탈세하는 것이 더 낫다고 볼 것이다. 이제 경제학에서 좀더 보편적으로 가정하게 되는 위험기피적인 행동을 하는 납세자를 생각해 보자. 이 경우에는 위험기피적인 납세자의 위험기피적 효용함수 (U)를 상정하여 아래 식 (17. 2)를 근거로 생각해야 한다.

$$E(U)=pU(Y-F)+(1-p)U(Y) \tag{17. 2}$$

기대효용인 $E(U)$가 확실한 가처분소득으로부터 얻을 수 있는 효용인 $U[(1-t)Y]$보다 크다면 탈세를 할 것이다. 이 두 식으로부터 알 수 있는 것은 만약 사람들이 위험중립적이라면 위험기피적인 경우보다 더 많이 탈세를 저지를 것이라는 점이다.

4. 신고소득으로 본 탈세 모형[3)]

위에서는 개인이 소득 전체를 숨기거나 아니면 발각이 나서 벌금을 내는 경우를 상정했지만, 실제로는 소득의 일부를 숨기고 나머지를 소득으로 신고하여

3) 트레쉬(Tresch, 2002)의 제15장을 참조한 것임.

과세대상으로 노출시키게 되는 경우가 많다. 개인의 총소득이 Y라고 하고 이 중 세무서에 신고할 신고소득이 D라고 하자. 그렇다면 이 사람이 탈세하기 위해 감춘 소득의 크기가 그 나머지인 $Y-D$가 되는 셈이다. 만약 이 사람이 성공적으로 탈세했다면 그의 세후 순소득(N)은 아래 식 (17. 3)과 같게 된다.

$$N=Y-tD \qquad (t\text{는 세율, } 0<t<1) \qquad (17.\ 3)$$

만약 탈세가 발각나게 되면 감추었던 소득에 대해 세율보다 훨씬 높은 징벌적 추징세율(f)로 세금을 내어야 한다. 이 경우에 순소득(C)은 아래 식 (17. 4)와 같게 된다.

$$C=Y-tD-ft(Y-D) \qquad (f>t) \qquad (17.\ 4)$$

이제 이 사람은 위의 두 경우에 얻을 수 있는 효용에 발각될 확률(p)을 곱하여 기대효용을 구할 수 있다. 이렇게 구한 기대효용을 극대화할 수 있는 신고소득(D^*)의 크기를 구하는 것이 탈세의 규모를 정하는 것과 같은 일이 된다.

$$\begin{aligned} EU &= (1-p)U(N)+pU(C) \\ &= (1-p)U(Y-tD)+pU[Y-tD-ft(Y-D)] \end{aligned} \qquad (17.\ 5)$$

이 개인이 어떻게 최적 신고소득을 결정할 수 있을지를 분석하기 위해 다음과 같이 〈그림 17-2〉를 그려보도록 하자. 가로축은 발각나지 않았을 경우의 순소득(N)으로 하고 세로축은 발각난 경우의 순소득(C)로 하자. 우선 이 그림을 원점으로부터 45도 선으로 갈라서 아래쪽은 발각나지 않은 경우를 분석하는 것으로 하고 45도 선의 위쪽은 발각난 경우를 분석하는 것으로 하자. 먼저, 소득을 전혀 감추지 않고 전부 다 신고한다면 세후 순소득은 가로축 상에 $(1-t)Y$로 그리고 45도 선상에 점 1로 표시된다. 반면에, 소득을 전혀 신고하지 않고 모두 감추었지만 발각나지 않은 경우에는 원점으로부터, 점 2에서 수직선을 내려서 가로축과 만난 점의 길이가 순소득이 된다. 만약, 발각났다면 점 2에서의 세로축의 높이가 순소득이 된다.

이제, 이 사람이 소득의 일부분을 감추고 소득을 D^*로 줄여서 신고했다고 하자. 만약, 감춘 소득($Y-D^*$)이 발각나지 않았다면 순소득(N)은 $Y-tD^*=(1-$

t)$Y+tY-tD^*$인데 여기서 원래의 세후 소득인 $(1-t)Y$를 빼 주면 그 차액, 즉 감춘 소득에 세율을 곱한 $t(Y-D^*)$만큼 세후 소득이 늘게 된다. 만약, 감춘 소득이 발각된다면 순소득은 $Y-tD^*-ft(Y-D^*)$가 되며, 이 사람은 감춘 소득에 대해 원래 내었어야 할 세금액에 징벌적 세율을 곱한 벌과금인 $ft(Y-D^*)$를 내어야 하므로 이 사람의 소득은 그만큼 줄어들게 된다. 그림에서 가로축 위에 발각되지 않은 경우의 순소득을 표시하여 수직선을 긋고 세로축 위에 발각된 경우의 순소득을 표시하여 수평선을 그어 이 두 수직선과 수평선이 만난 점을 점 3으로 표시했다. 삼각형 143의 밑변의 길이는 $t(Y-D^*)$가 되고 높이의 길이는 $ft(Y-D^*)$가

그림 17-2 최적신고소득 결정 모형

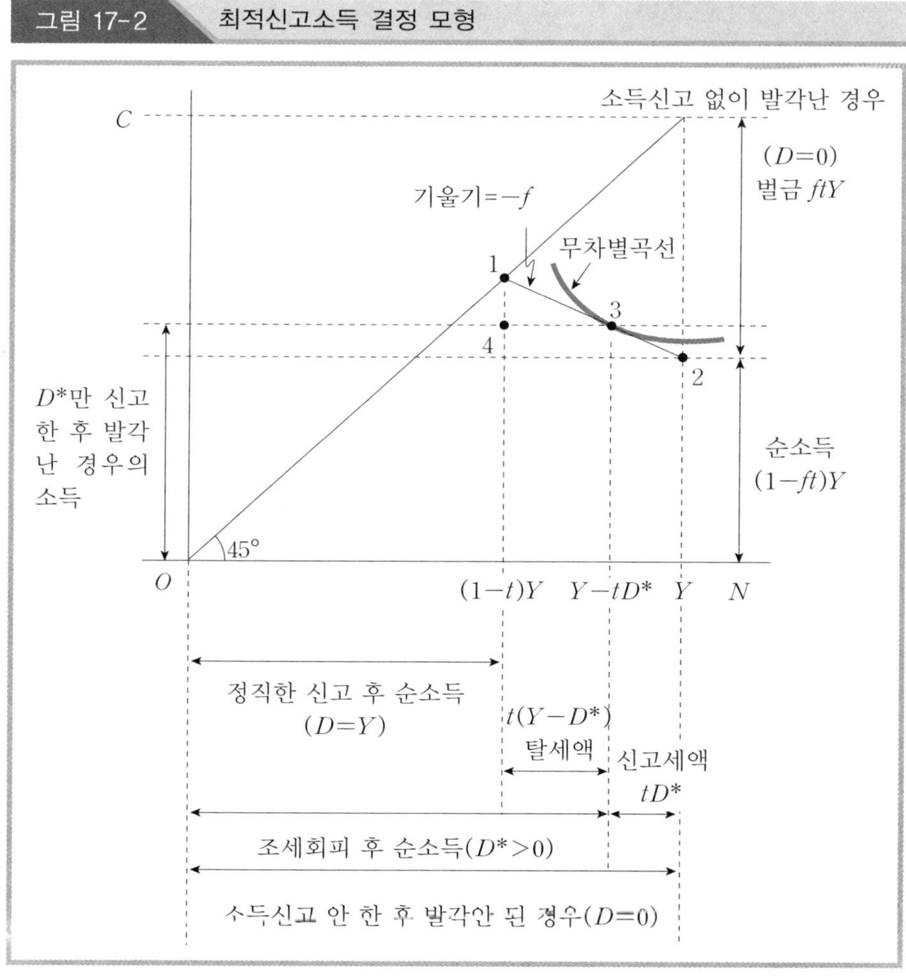

되므로 직선 13의 기울기는 $-f$가 된다.

D의 크기에 따라 선분 12상에서 한 점에서 발각났을 경우와 발각나지 않았을 경우의 소득이 결정된다. 만약, 이 사람의 무차별곡선이 선분 12와 점 3에서 접하게 된다면 이 점에서 효용극대화가 이루어지므로 D^*만큼만 소득으로 신고하는 것이 이 사람의 최적행동이 될 것이다. 정부가 징벌세율인 f를 높이면 선분 12의 기울기가 더 크게 되므로 신고소득이 진실된 소득에 더 근접하도록 소득을 신고하게 될 것이다. 또한 정부가 세무조사를 더 자주 더 철저히 하여 누락된 소득을 발각할 확률이 높아진다면 소득신고를 더 정직하게 할 것이다. 발각 확률의 영향은 그림에서는 명시적으로 분석되지 않았다.

제 2 절 지하경제의 정의와 유형

1. 지하경제의 정의와 유형

지하경제에 대한 정의도 학자에 따라 조금씩 다른데, 대표적인 것 몇 가지만 알아 보도록 하자. 거트맨(Gutmann, 1979, 4쪽)은 지하경제(subterranean economy)를 "세금부과로부터 벗어난 거래"라고 정의했다. 탄지(Tanzi, 1980, 428쪽)는 지하경제(underground economy)를 "보고되지 않았거나 과소보고되어 공식적인 통계에 계상되지 않는 국민총생산"이라고 정의하고 있다.

미국의 국세청(IRS)은 지하경제를 먼저 불법경제(illegal economy)와 비공식경제(informal economy)로 대분한다. 불법경제에는 매춘, 도박, 마약, 강도 같은 불법행위로 창출된 소득이 들어가고 비공식경제에는 합법적 생산활동으로 창출된 소득 중 세금보고에서 탈루된 소득이 들어간다. 지하경제는 그림자경제(shadow economy)라고 불리기도 하며 경제행위가 표면에 노출되지 않고 음성화되어 거액의 부당이익이나 탈세의 형태로 서식하고 번창하고 있는 국가 경제의 공식 통계에서 제외된 영역을 말한다. 다시 말해, 기장하지 않고 국세청이나 세무관계당국에 보고하지 않았거나 과소보고함으로 해서 정부의 공식통계에서 누락되어 계측되지 않은 현금거래행위와 조세포탈행위가 지하경제에 속한다.

2. 지하경제의 생성원인

미국의 한 설문조사에 의하면 납세 순응의 비용-편익에 대한 인식이나 탈세 시 적발되어 처벌될 위험도는 개인의 조세포탈 성향과 연관성이 없다고 한다. 반면에, 조세포탈 성향과 가장 상관관계가 높은 것으로 나타난 것은 납세자의 사회적 가치관이다. 응답자 중에서 '조세에 대한 사기나 포탈은 용인될 수 있는 행동 중의 하나'라고 응답한 사람들과 '대개의 사람들이 어차피 조세포탈을 하고 있다'고 응답한 사람들이 실제로 조세포탈을 할 성향이 가장 높은 사람들로 나타났다. 또한, 오레곤에서 1981년에 실시한 한 서베이 자료에 의하면 '조세포탈은 운전면허증 없이 운전하는 것보다 약간 더 나쁘지만 상점에서 물건을 훔치는 행위보다는 덜 나쁜 것'으로 인식했다. 우리나라에서도 이런 설문을 돌려보면 과연 탈세를 어느 정도로 나쁜 것으로 생각할런지 우려된다. 이런 인식은 결국 탈세란 다른 사람 대부분이 별 탈 없이 하고 있는 것이고 특별히 죄라고 생각하지 않게 되는 것이라고 볼 수 있으므로 사회적 인식과 풍토가 중요하다는 것을 다시 한번 강조하지 않을 수 없다.

국가 간의 비교도 흥미로운데, 1980년대에 미국보다 세율이 훨씬 더 높은 스웨덴의 조세포탈비율은 미국과 비슷한 수준이었으나, 미국보다 세율이 더 낮은 이탈리아의 경우는 조세포탈률이 미국보다 오히려 높았다. 이는 곧, 단지 납세 후 소득증대분에 대한 계산과 발각난 경우의 처벌의 강도뿐 아니라 시민으로서의 의무에 대한 인식과 사회적 가치를 형성하는 그 사회의 사회문화적 풍토가 자발적인 납세순응에 영향을 미치는 변수이기 때문에 나라마다 다르게 나타나는 것으로 볼 수 있다.

조세포탈은 마치 한 쪽을 눌리면 다른 한 쪽이 튀어나오게 되는 풍선을 눌리는 것과 같다. 즉, 납세는 제로섬게임이라고 할 수 있다. 다시 말해서, 세금을 부당하게 적게 내는 집단이 있으면 어쩔 수 없이 공정한 자기 분담률보다 더 많은 세금을 내지 않을 수 없게 되는 집단도 생기게 된다. 포탈된 조세를 모두 걷게 된다면 지금 제대로 세금을 내고 있는 사람들은 지금보다 더 적게 세금을 내어도 될 것이다. 그런데 그런 경우에도 정부는 일단 더 걷힌 세금을 돌려 주거나 다음 해의 세율을 낮추어 주려 하기보다는 증대된 세수를 그대로 유지하려 하는 경향이 있다. 이를 납세자가 스스로 감시하고 그러지 않도록 요구해야 하는 것이다.

납세자에게 중요한 것은 자기가 낸 세금이 어디에 어떻게 쓰이고 있으며, 과연 모두가 공평하게 부담하고 있는지, 그리고 다른 사람이 낼 세금을 내가 내고 있는 것이나 아닌지 등의 의문에 대한 믿을 만한 답변이다. 납세자의 신뢰를 얻는 일은 세무행정의 공정성과 투명성에 의해서만 이루어질 수 있다.

관리의 부패, 국민의 도덕적 불감증, 과중한 사회보장세, 높은 세율, 과다한 규제 등이 지하경제가 존재하기 쉬운 여건을 만들게 된다. 이탈리아는 사회보장금부담으로 인해 세금이 과중하여 암거래가 성행한다고 한다. 이탈리아나 아르헨티나 같은 나라는 부가가치세의 탈세비율이 50%를 상회하기도 했다고 한다. 과도한 수입관세는 밀수를 조장하게 된다. 가격 통제와 유통 물량에 대한 쿼터제, 수출입 금지 같은 규제는 암시장(black market)을 형성시키고 밀수를 성행하게 만든다. 금융시장에 대한 규제가 사채시장을 발달하게 만든다. 노동시장에 대한 과도한 규제는 미성년자나 불법외국인에 대한 불법고용과 착취라는 형태의 지하경제를 유발한다. 각종 까다로운 인허가는 인허가를 받지 않은 사이비 업자들이 생겨나게 만든다. 부패한 관료는 뇌물의 수수와 탈세의 묵인 등 지하경제를 조장하게 된다.

지하경제를 형성하는 가장 기본적인 행위는 탈세행위이다. 탈세에 대한 결정을 하는 데 있어서 중요한 것은 일반적으로 세의 부과와 집행이 공정하다고 인식하고 있느냐 하는 문제, 징수된 세금으로 정부가 제공하는 공공부문의 서비스와 공공재가 얼마나 유용한가에 대한 판단, 발각되지 않고 탈세할 수 있는 여건이 얼마나 용이한가 하는 문제, 탈세자가 발각되었을 경우의 처벌의 강도, 탈세의 수익률, 사회와 개인의 도덕적 상태, 그리고 그 나라의 탈세행위에 대한 문화적 용인도이다. 이런 요인들에 따라 탈세에 참여하는 비율이 달라지게 된다.

우리나라에서 탈세 결정에 영향을 주는 다음과 같은 요인들을 지적해 볼 수 있다. 우리나라에서는 전통적인 대가족 제도와 의리라는 명분 때문에 차명에 의한 소득의 분산과 은폐가 비교적 용이해서 탈세에 악용되기 쉽다. 특정 산업이나 개별 집단에게 지나친 특혜를 주는 조세감면법의 실시로 인해 그런 특혜에서 소외된 집단도 당연히 감면을 받아야만 공평하다는 생각으로 스스로 탈세를 하게 만든 경향도 없지 않다. 신용카드 거래의 일정한도액을 소득공제해 주는 유인이 생기기 전에는 현금거래와 영수증 안 받기로 인해 탈세가 쉬웠다. 공무원의 부패로 인해 탈세규모의 아주 작은 일부를 뇌물로 주면 세무사찰에서도 별 무리 없이 지나갈 수 있던 시절이 있었다. 기업윤리와 정치윤리가 제대로 서있지 않아서 가능한 모든 방법을 동원하여 비자금과 정치자금을 조성해 왔다고도 볼 수 있다. 물론 그런 구조가 가능했던 것은 정치권이 그만큼 경제력의 배분에 자의적인 영향력을 행사할 수 있었기 때문이다. 즉, 잘못된 정치체제가 문제의 핵심이라고 할 수 있다.

3. 지하경제의 유형

자본주의 국가뿐 아니라 사회주의 국가에도 지하경제는 존재한다고 한다. 구 소련에서는 국영기업 관리자가 국유재산을 암유출하거나 뇌물수수나 비밀거래의 중개료 착복 같은 유형이 있었다고 한다. 지하경제를 구성하는 경제행위로는 불법행위를 통한 탈세 외 합법적인 경제활동으로부터의 탈세라는 크게 두 가지 유형이 있다. 이 두 가지 유형은 또 그 강도에 따라 내부적으로 더 세분될 수도 있으나 그냥 두 가지 큰 유형의 범주 안에서 보도록 하자. 도박, 마약밀매, 매춘, 밀수 등의 범죄행위 유형이 있고 뇌물의 수수, 비밀정치자금, 비밀과외 교습, 외화도피 등과 같은 묵인된 불법행위 유형이 있다. 또한, 아파트 투기에서의 프리미엄, 커미션, 사채이자, 룸살롱의 접대부 팁 등은 명문화된 불법행위는 아니나 떳떳한 소득이라고도 간주되지 않는 소득들인데 이들을 축소하여 신고하는 유형이 있다. 그 외에, 기업에서도 2중장부 기재를 통한 탈세행위, 비자금의 조성, 음성적인 리베이트 등을 통해서 합법적인 경제활동에 종사하면서도 소득을 신고하지 않고 탈세하는 유형도 있다.

하나의 예로 기업의 비자금의 형성과정을 살펴보도록 하자. 우선 관공서가 200억 원에 해당하는 공사를 갑건설에 도급하면 갑건설은 하청회사인 을토목회사에게 100억 원의 공사를 발주하면서 공사대금은 200억 원을 청구하도록 이면계약을 갑건설의 중간관리급 실무자와 을토목회사의 책임급 임원과 맺는다. 갑건설은 200억 원을 을토목회사에게 지급하지만 곧 80억 원을 리베이트로 돌려받는다. 이 돈은 쉽게 갑건설의 비자금이 되는 것이다. 발각이 난다해도 갑건설은 과장이나 차장을 해임하는 선에서 마무리 짓고[4] 책임급 임원이 개입된 하청업자에게 책임을 전가시켜도 하청업자는 주문을 따와야 하는 약한 지위 때문에 별 저

4) '도마뱀 꼬리 자르기'라고 불린다.

항이 없어서 갑건설은 여전히 건재하다.

토지 매입에 있어서도 기업은 정치브로커를 통해 토지를 시가보다 높은 가격에 매입하면서 대금의 일부가 정치자금으로 흘러들어가게 하는 대신에 특혜를 약속받는다. 정치브로커는 토지를 기업에게 시세로 넘기고 그 차액은 커미션과 정치자금으로 상납한다. 공식적인 정치자금, 즉 정당이나 중앙선거관리위원회를 통해 조달된 정치자금은 과세대상이 아니지만, 음성적인 정치자금은 증여세의 과세대상이다. 금융거래 실명제가 실시되기까지 몇 십년이 걸린 것은 정치자금의 공급에 차질을 빚을 것을 염려한 정치가들이 이를 국회에서 계속 거부해 왔기 때문이었다.

제 3 절 지하경제의 추정방법

1. 통화자료에 의한 지하경제의 추정방법

사람들이 탈세하는 세원의 규모가 지하경제의 규모를 의미한다. 통화자료에 의한 지하경제의 추정방법은 가장 보편적으로 쓰이는 방법으로서 몇 가지가 있으나 여기서는 2가지만 살펴보도록 한다.

(1) 거트만의 현금통화 대 요구불예금의 비율

지하경제는 현금거래를 원칙으로 한다. 따라서 지하경제가 클수록 현금의 보유량에 대한 수요도 늘어나고 현금의 유통속도도 빨라지게 된다. 우리나라의 경우, 한국은행에서 집계한 권종별 화폐발행액을 보면, 고액권의 발행비율이 눈에 띄게 성장해 왔음을 알 수 있다. 만원권의 비율은 1970년대 총화폐발행액 중 20% 미만이었으나 1980년대 중반에는 64.6%로 약 10년간 연간 48.9%의 발행고 증가율을 기록하고 있다.[5)]

거트만(Guttmann, 1979)은 지하경제가 없었던 것으로 추정되는 기준연도를 설정하여 그 해의 현금통화 대 요구불예금의 비율보다 비교연도의 이 비율이 증대하면 그만큼 지하경제가 성장한 것으로 풀이했다. 이 때 주의할 점은 요구불예

5) 최광(1987, 196쪽) 참조.

금의 사용이 거트만의 미국처럼 가계에서 개인수표를 지불수단으로 사용하는 것이 보편화되어 있지 않았고 최근 몇 년 이전에는 신용카드의 사용도 많지 않았던 우리나라는 현금통화에 대한 수요가 커서 현금통화 대 요구불예금의 비율이 높을 수밖에 없다는 점이다. 또한 남북분단의 상황과 정치적 불안이 가중되는 상황에서는 불확실성이 커서 이에 대비한 예비적 화폐수요로서의 현금 선호가 크다는 점을 감안해야 한다.

(2) 탄지의 유통속도 및 조세부담비율 방법

지하경제에서 유통되는 화폐량을 파악할 수 있다면 화폐의 유통속도를 활용하여 지하경제의 규모를 추산할 수 있다. 탄지(Tanzi, 1980)는 총통화량에서 현금통화가 차지하는 비율에 영향을 미치는 요인 중 지하경제로 인한 요인을 가려내기 위해 현금수요함수를 설정했다. 현금동화의 총통화에 대한 비율을 설명하기 위한 설명변수로 세율, 이자율, 개인소득에서 임금소득이 차지하는 비율, 도시화율, 소매거래량 그리고 일인당 실질소득 등을 검토하였다. 그러나 자료의 제약과 다중 공선성(multicolinearilty)과 같은 통계학적 문제가 있었으므로 변수의 수를 줄여서 제한된 설명변수만으로 현금통화수요함수를 1919~1950기간의 시계열자료를 사용하여 추정하였다. 경제주체들이 조세부담을 피하기 위해서 지하경제로 들어간다는 점에서 탄지는 세율변수를 가장 결정적인 현금통화수요의 변수로 보았다. 따라서 공식경제에서의 조세부담비율을 사용하여 탈세의 규모를 유추할 수 있다고 보았다. 조세부담률이 가장 낮은 수준이었을 때의 현금통화량과 조세부담률이 높아진 때의 현금통화량의 격차가 곧 지하경제에서 사용되는 현금수요인 것으로 보고 탈세의 규모를 추산한 것이다. 탄지 방법은 지하경제 활동이 물물교환이나 수표를 통해서도 이루어질 수 있으며 세율의 증가만이 지하경제의 원인이 되는 것이 아닐 수도 있다는 점을 간과한 것이라는 지적을 받고 있다.

최광(1987)은 식 (17. 6)과 같은 탄지 모형을 사용하여 1961~1985기간의 우리나라의 지하경제의 규모를 계산한 결과, 그 규모가 GNP의 적게는 12.33%에서 많게는 57.17%가 되는 것으로 추산하였다.

$$\frac{\text{현금통화}}{\text{GNP}} = \text{상수} + \text{계수}1 \times \text{GNP} + \text{계수}2 \times \text{이자율} + \text{계수}3 \times \text{세율} \tag{17. 6}$$

2. 기타 자료에 의한 지하경제의 추정

(1) 설문 조사방법

지하경제를 잘 파악하고 있거나 실제로 종사하고 있는 사람들을 표본으로 해서 이들에게 지하경제에 대한 참여 정도를 물어보고 그 답을 분석하는 방법이다. 일반적으로 자영업자가 봉급생활자보다 더 탈세의 경험이 많은 것으로 나타난다고 한다.

(2) 지출-소득 격차 분석방법

소득은 적은데 지출이 그보다 많다면 일단은 소득의 일부가 보고되지 않은 것으로 볼 수 있다. 지출과 소득의 차이가 곧 지하경제의 규모를 말해 준다고 보는 것이다.

(3) 노동참여율의 변화를 통한 유추방법

지하경제에 종사하는 사람은 공식적으로는 고용된 사람이 아니다. 그렇다고 실업자도 아니다. 왜냐하면 직장을 구하고 있는 사람도 아니기 때문이다. 그러므로 지하경제가 경제에서 차지하는 부분이 크면 노동가능인구 중에 공식적으로 노동에 참여하는 비율이 낮게 된다. 따라서 공식적인 노동참여율의 감소는 곧 지하경제의 성장을 반영한 것으로 간주될 수 있다. 그러나 노동참여율의 감소가 전적으로 지하경제 활동의 증대에 기인하는 것이 아닐 수도 있다.

(4) 세무조사를 통한 유추방법

무작위로 선정한 납세자의 일정 비율을 표본으로 하여 세무조사한 결과로 얻은 탈세규모를 전체의 납세자의 경우로 확대하여 보는 방법이다.

제 4 절 지하경제의 규모

1. 1980년대의 한국

한국능률협회가 발표한 정책건의서인 「경영환경과 조세제도」에서는 1981년도 우리나라 지하경제의 규모는 GNP의 40%에 달한다고 추계했다. 이 추계를 그대로 믿는다면, 당시의 GNP가 42조 원이었으므로 지하경제의 규모는 17조 원에 달했다는 것이고 이 중 20%를 세금으로 걷을 수 있었다면 3조 4,000억 원을 걷을 수 있었을 것이다. 그런데 당시 정부 예산이 약 10조 원이었으므로 지하경제로 인해 탈루되는 세금이 정부예산의 약 1/3에 해당했다는 것이다. 이 금액은 당시의 국방비 규모와 맞먹는 것이다. 신문에 보도된 다음과 같은 행위들이 그 당시의 지하경제를 구성하고 있었다고 한다.[6)]

1) 과외비: 1980년 한국교육개발연구원은 1년간에 당시의 문교예산과 맞먹는 약 6,000억에서 1조 원에 달하는 과외비가 지출되었다고 KDI에서 열린 교육재정세미나에서 발표한 바 있다.

2) 인허가 관련 관계 부조리: 당시에 관광호텔을 지으려면 27개 관계기관에서 154건의 민원서류를 갖추어야 했으며 농촌공장을 세우려면 15건의 민원서류를 갖추어야 하는데 이를 위해서 89개 관련기관을 경유해야 했으므로 자연히 '급행료'가 관행이 되었다고 한다.

3) 기업의 비자금: 기업의 비자금은 당시 대부분 기업의 부가가치의 10~20%에 달했다고 하는데 이는 금액으로는 2~4조 원에 해당했다.

4) 커미션 또는 리베이트: 보험금의 2~3%, 하청회사에서 원청회사에게 계약금의 20%를 주는 관행, 공사입찰시 낙찰회사가 참가회사에게 주는 떡값 등

5) 밀수: 1980년도에 적발된 밀수액은 115억 원이었다. 이 중에서 공항을 통해서 밀수된 금액이 14억 3천만 원, 미군의 PX로부터 유출된 물건의 금액이 17억 6천만 원, 정상무역을 가장한 밀수액이 12억 8천만 원, 시중에서의 단속을 통

6) 참고자료: 매일경제신문 1982.7.19~28, "지하경제학" 9회 연재물; 1982.5.13 "세계각국 지하경제로 골치"; 조선일보 1981.5.19~29, "지하경제 특집" 10회.

해서 적발된 금액이 35억 원이었다. 그런데 PX나 공항은 5~7%의 적발률이었고 전체적으로는 약 7%의 밀수품만이 적발된다고 보므로 이를 역으로 추산해 보면 실제 밀수액은 약 1,645억 원 정도였을 것으로 추정된다.

6) 사채시장: 1980년대 초반에 A급 어음은 월 2.2~2.4%(연 26.4~28.8%)의 이자율로 유통되었고, B급 어음은 월 2.5~2.8%, C급 어음은 월 2.9~3.2%(연 38.4%) 정도의 고율 이자였다. 대표적 큰손이었던 장영자와 이철희 사건이 발생했던 당시의 사채규모는 1~1.3조 원으로서 이로부터 발생하는 연간 이자는 약 3,000억 원으로 추정된다. 참고로, 그보다 10년 전인 1972년도에 8.3조치가 발동되었을 때 신고된 사채액수는 3,550억 원으로 당시 통화량의 68%에 달했다고 한다.

7) 금융: 은행으로부터의 대출 커미션은 평균 5%였고 1981년에 은행대출금액은 월 3,000억 원이었으므로 한달이면 150억 원, 1년이면 1,800억 원의 대출 커미션이 생겼다고 볼 수 있다. 당시 은행원의 수는 73,000명이었으므로 이 금액은 은행원 1인당 248만 원에 해당하는 것이었다. 그리고 싼 이자율로 정책금융을 받은 기업들은 정책금융과 일반금융 사이의 금리차익을 챙기기 위해서 먼저 사채시장에 융자받은 금액을 몇 번 돌려서 이자를 챙겼다고 한다.

8) 외화도피: 스위스 취리히, 반호프가 금융거리에 비밀구좌를 열어 주는 은행들이 생겼고 수출입을 통한 외화유출도 더러 발생했다.

9) 프리미엄: 아파트에 투기하여 아파트를 분양받아 전매하고 프리미엄을 분양가의 몇 10% 혹은 몇 배로 받기도 했다.

10) 탈세경영: 사업자가 사업의 외형을 누락시켜서 매출액을 축소신고하고 이중장부거래를 하고 가공지출을 만들어서 손비처리를 하는 등 여러 가지 방법으로 탈세하는 것이다.

11) 상속세 탈루: 각종 변칙상속으로 상속비를 안 내기도 한다.

당시의 신문에 보도된 1981년도의 지하경제의 규모는 우리나라는 GDP의 40%로 추정했으며 미국은 14%, 이태리는 25%, 서독은 10%, 프랑스는 17%, 일본은 15%, 소련은 20% 수준이었다고 한다.

2. 1990년대 이후의 한국

이우성(2001)이 세금유무에 따른 현금수요 차이를 불법통화로 정의하고, 합법통화와 불법통화의 유통속도가 같다는 전제하에 현금수요함수방식을 적용해서 추산한 우리나라의 지하경제의 규모는 2000년도 말에 GDP의 11.3% 수준인 58조 7,000억 원에 달했다고 한다. 이 기간에 잘 알려진 대규모 탈세의 예를 살펴보도록 하자. 1999년 10월에 당시 재계 랭킹 6위였던 한진그룹은 항공기 구입시 리베이트를 통해서 비자금을 조성하였으며 총수의 자녀에게 386억 원을 편법증여하여 소득 탈루액이 1조 895억 원으로 5,416억 원의 세금을 추징당했다. 통일그룹은 세계일보의 결손금을 부풀리고 일성산업의 허위계약서를 작성하는 등으로 조성한 소득 탈루액이 2,172억으로 359억의 세금을 추징당했다. 또한, 1993년도 금융실명제 도입 직후 금융권의 가차명 자금이 사채시장으로 이동하여 사채시장의 규모가 18.4% 정도 늘어났다고 한다. 그러나 신용카드사용 실적이 1997년의 60조 원에서 2000년의 214조 원으로 증가하면서 기업과 금융기관의 투명성이 제고되고 있다.

우리나라는 자영업자 비율이 2003년 시점에 34.95%로 OECD 평균인 13.76%보다 두 배 이상되고 고소득 자영업자(의사, 변호사, 회계사 등)의 대부분이 조세탈루를 한다고 보고 있다. 한 연구[7]에 따르면 이들은 실제 소득의 절반 정도를 신고하지 않는 것으로 분석되고 있다. 예를 들어, 2003년 종합소득세 결정세액은 6조 2,886억원이었고 자영업자 납세인원은 422만명으로 1인당 결정세액은 149만원이었다. 그러나 자영업자 가구의 가구주 추정소득(실제소득)을 기초로 하여 세액을 계산해 보면 1인당 결정세액은 357만원에 이를 것으로 추정되므로 자영업자는 추정소득의 54.2%만 신고하고 나머지는 탈루한다고 분석된다.

또한, 소득세의 면세점이 높은 편으로, 2004년을 기준으로 우리나라의 근로소득세 부과대상인 근로자 1,162만 4,000명 중 실제 세금을 낸 사람은 53.9%인 626만 8,000명에 불과했다. 자영업자들이 내는 종합소득세의 경우, 총 납세의무자 436만 3,000명 중 실제 세금을 부담한 사람은 52.5%인 229만 2,000명이고 207만 1,000명은 과표 미달이다. 결과적으로 임금근로자의 46.1%와 자영업자의

7) 심현숙, "우리나라 가구의 소득과 주택자산 분포 분석," 한국경제학회 공동학술대회 발표논문, 2006.

48.8%가 소득세를 한 푼도 내지 않고 있다. 변호사, 의사, 회계사 등 고소득 전문직 자영업자에 대해서 신용카드 정산과 현금영수증 발급을 의무화해야 할 것이다.

3. 세계 여러 나라의 지하경제 규모

슈나이더(Schneider 2005)는 1999년에서 2003년 기간의 145개국의 지하경제의 규모를 측정한 연구에서 OECD 21개국의 지하경제의 평균규모는 GDP의 16.3%, 96개 개도국의 지하경제의 평균규모는 GDP의 38.7%로 추정했다. 아시아 28개국 중에서는 2002-2003년에 타일랜드가 54.1% 그리고 캄보디아가 52.4%로 지하경제의 규모가 가장 높은 나라들이고, 싱가포르가 13.7%로 가장 낮은 나라로 나타났다. 같은 시기 우리나라는 28.8%로 추정되었다. OECD나라들 중에서는 그리스와 이태리가 각각 28.2%와 25.7%로 가장 높고 미국과 스위스가 각각 8.4%와 9.4%로 가장 낮게 추정되었다. 지하경제가 커지고 있는 것은 조세부담의 증대, 사회보장제도에 대한 기여도 증가, 그리고 노동시장에 대한 규제 때문이라고 분석했다. 〈그림 17-3〉에 세계 여러 나라와 한국의 지하경제의 비중을 비교한 슈나이더의 표를 소개했다.

그림 17-3 세계 주요국의 지하경제 비중 (2002-2003)

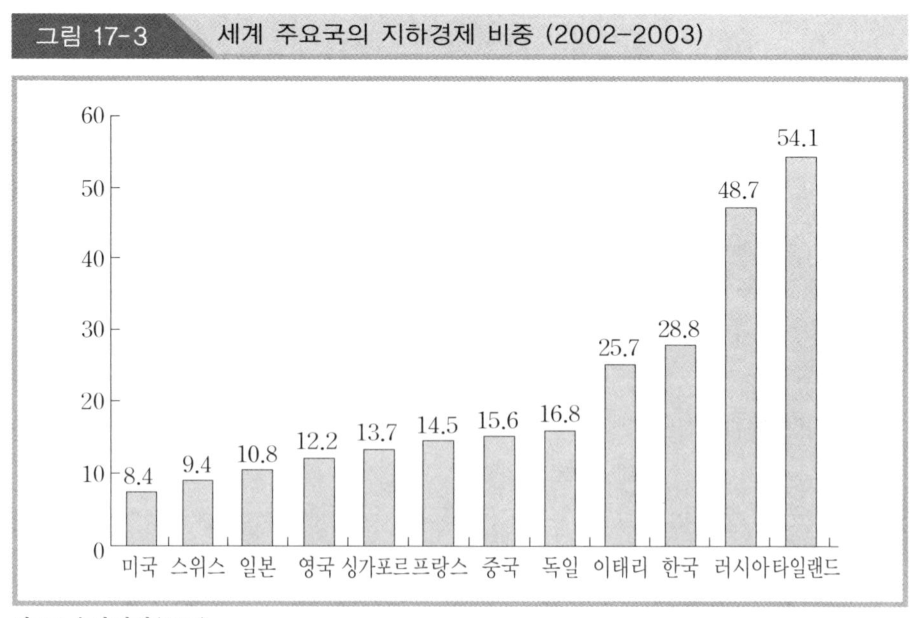

자료: 슈나이더(2005).

제5절 지하경제로 인한 문제점

보편화된 탈세로 인한 지하경제의 확대는 정부의 징세 행정에 대한 불신을 불러일으켜서 납세자의 자발적 납세의지를 저하시키는 역할을 하여 세제 운영에 지장을 초래하게 된다. 탈세가 일반화되면 정직한 납세자는 상대적으로 박탈감을 가지게 되어 세부담의 불공평성에 대한 불만이 커지게 된다. 또한 탈세로 인한 소득의 격차가 가시적이 되면 소득분배의 왜곡이 근로 및 납세 의욕을 저하시키게 된다.

탈세는 정부의 세입을 줄어들게 만들어 정부재정이 운영에 차질을 가져올 수도 있게 만든다. 정부는 세원의 포착이 적게 되므로 세율을 높이려 하게 되고 높은 세율은 더 많은 조세저항과 탈세를 가져오게 하여 세수는 더욱 줄어드는 악순환에 빠질 수도 있다. 경제가 성장하고 산업구조가 변하면 그에 따른 사회하부구조와 공공재의 공급도 달라져야 하지만 지하경제가 차지하는 부분이 크게 되면 공공재를 생산할 공공부문의 자원도 그만큼 줄어들게 되어 경제 전체의 자원의 비효율적인 배분을 가져오게 된다. 지하경제로부터 얻는 소득은 노출되기를 꺼리기 때문에 공식적인 금융자산에 투자되기보다는 부동산 투기나 과시적 소비 그리고 현금자산의 형태를 취하기 쉬워서 인플레의 원인이 될 수도 있다.

지하경제로 인해 공식경제의 통계가 시사하는 경제적 행위와 실제의 경제적 행위와의 괴리가 발생하여 정부의 경제정책이 소기의 목적을 달성하는 데 걸림돌이 될 수도 있다. 특히 다음과 같은 문제가 발생할 소지가 크다. 국민생산의 공식 통계보다 지하경제를 포함한 실제 국민총생산이 더 크게 된다. 경제성장률이 실제로는 더 크고 공식적인 노동인구로 간주되지 않는 지하경제에 종사하는 사람들도 고용된 것으로 보게 되면 노동참여율이 실제로는 더 높을 수 있다. 지하경제의 물가가 공식적인 물가보다 낮다면 인플레이션이 공식통계보다 더 낮은 수준일 것이다. 저축이나 투자가 공식통계보다 더 많다. 국민의 생활수준이 국민소득이 나타내는 것보다 더 높을 수 있으며 빈곤율이 실제로는 더 낮을 수 있다. 그러므로 지하경제의 존재로 인해서 생산 측면에서 측정된 국민총생산이 소비측면에서 측정된 국민총생산보다 통상적인 통계적 오차보다 더 적은 것으로 나타날 것이다.

지하경제는 다음과 같은 긍정적인 측면도 있다는 지적도 있다. 지하경제가 경기회복국면에서 그간 숨겨져 있던 저축이나 경제적 활력을 불러일으켜 경기회복의 견인차적인 역할을 할 수도 있다. 그러므로 지하경제는 숨어있는 경제적 잠재력이라고 볼 수도 있다. 지하경제의 수입이 레저산업의 원천이 될 수 있으며 사회불안의 안전핀 구실을 할 수도 있다. 또한, 불합리한 제도와 과도한 규제에 맞서는 개혁의 돌파구가 될 수도 있다.

그러나 지하경제가 사회와 경제에 미치는 다음과 같은 해독이 아마도 더 클 것으로 생각된다. 우선, 경제의 자원배분이 왜곡되게 된다. 지하경제로 인해서 경제의 생산성이 아닌 생산기회를 위주로 해서 자원이 배분되게 된다. 불법적인 탈세자는 이득을 보고 법을 지키는 준법자는 손해를 보게 되므로 불신과 무질서가 횡행하게 되며 사회적 불평등과 불만을 조장하게 된다. 공식통계의 신빙성이 없어지게 되며 경제정책의 효과에 대한 해석이나 분석이 잘못될 수 있다. 탈루된 세금의 규모가 커지면서 국고의 손실을 메꾸기 위해 다른 추가적인 세금을 합법적인 납세자들이 더 많이 부담하게 된다.

참 고 문 헌

유일호, "우리나라의 탈세규모 추정: 소득세와 부가가치세," 「한국개발연구」, 16-1, 1994.

이우성, "우리나라 지하경제규모 어느 수준인가," 「LG주간경제」, 2001. 4. 25.

최 광, "한국의 지하경제에 관한 연구," 「한국경제연구원 연구총서」, 42, 1987.

최명근, 「조세회피행위에 대한 규제와 과세합리화 방안: 상속세법을 중심으로」, 한국조세연구원 연구보고서, 94-05, 1994.

Cullis, John and Philip Jones, *Public Finance and Public Choice*, 2nd ed., Oxford: Oxford University Press, 1998.

Guttmann, P. M., "The Subterranean Economy," *Taxing and Spending*, v.2, n.2, April 1979.

Rosen, Harvey, *Public Finance*, 5th ed., Boston: McGrow-Hill International Edition, 1999.

Scheneider, Friedrich, "Empirical Results for the Size of the Shadow Economy of Western European Countries over Time," *Working Paper*, 9710, Linz: Johannes Kepler Unviersitat, 1997.

Schneider, Friedrich, "Shadow Economies of 145 Countries all over the World: Estimation Results over the Period 1999 to 2003," IMF working paper, 2005.

Stiglitz, Joseph, *Economics of the Public Sector*, 3rd ed., New York: W.W, Norton & Company, INC., 2000.

Tanzi, Victor, "The Underground Economy in the United States: Estimates and Implications," *Banca Nazionale del Lavoro Quarterly Review*, v.1, n.135, 427-453, December 1980.

Tresch, Richard, *Public Finance: A Normative Theory*, 2nd ed., New York: Academic Press, 2002.

한국조세연구원 홈 페이지 http://www.kipf.re.kr

제18장

전자상거래와 조세

제 1 절　디지털 경제에서의 기업과 정부

제 2 절　관세와 국제조세

제 3 절　전자상거래에 대한 과세

제 4 절　인터넷 경제

들어가며

우리는 디지털 시대에 살고 있으며 디지털 기술로 인해 발달한 인터넷은 전자상거래를 보편화시키고 있다. 전자상거래를 통한 온라인 거래는 기존의 오프라인 거래와는 다른 여러 문제를 야기하고 있다. 앞장에서 살펴본 조세회피 행위는 납세자가 의식적으로 납세의무를 회피하고자 하는 것이지만 이 장에서 살펴볼 전자상거래에서는 납세자가 굳이 조세회피를 하고자 하지 않아도 인터넷상에 기술적으로 어려움이 있어서 또는 새로운 거래에 대한 조세제도의 정비가 미비하여 자연히 조세를 걷지 못하는 경우가 많다. 물론, 유사한 오프라인 거래에 비교해 본다면 형평성에 어긋나므로 문제가 되고 있다. 이 장에서는 우선 디지털화된 경제에서의 기업과 정부의 역할이 어떻게 변하고 있는가를 살펴본다. 그리고 전자상거래시에 문제로 대두되는 국제 간의 과세문제를 이해하기 위해 간략하게 관세와 국제조세에 대해 소개한다. 전자상거래의 특성을 알아본 후, 전자상거래에 대한 과세에는 어떤 어려움이 있으며 어떤 조세를 과세하고 있는가를 살펴본다. 마지막으로 우리나라의 전자상거래의 규모를 통계청의 자료를 통해 파악해 본다.

제1절 디지털 경제에서의 기업과 정부

우리는 정보화 사회에 살고 있다. 사이버 스페이스(cyber space)는 컴퓨터와 통신 네트워크 속에 만들어져 있는 티지털화된 정보의 저장과 교류의 공간으로서 개인과 조직이 시간과 공간이라는 물리적 실체를 벗어나서 전자정보의 형태로 존재한다. 정보의 디지털화란 아날로그(analogue) 형태의 자연신호를 0과 1이라는 디지털(digital) 신호로 변환하는 것을 말한다. 디지털화는 정보의 전송·가공·활용방식에 있어 일대 전환을 이룩하게 되어 이를 과거 인류역사상의 문자발명이나 인쇄술 발명에 비견할 만한 일대 사건으로 보아 디지털 혁명이라고도 부르기도 한다.

디지털 혁명은 시간적 그리고 공간적 거리감을 없애 주며 정보를 공유하여 시너지효과를 높이게 되고 추가적인 정보에 대한 탐색과 정보데이터를 이용한 거래비용의 감소로 인해 앞으로도 더욱 발전할 수 있다. 그리고 정보화의 포괄범위는 네트워크화로 거의 무한대까지 가능하다고 할 수 있다. 앨빈 토플러(Alvin Toffler)는 디지털 혁명에 대해 다음과 같은 진단을 내린 바 있다. ① 현재는 디지털 혁명의 초기 단계에 불과하며 인터넷이 모든 기존 조직과 관행, 사고, 경영방식을 뒤엎어 버리는 무시무시한 변화는 아직 시작되지도 않았다. ② 혁명에는 예외없이 피냄새가 난다. 다시 말해서, 모든게 뒤바뀌고, 신분상승과 하락이 엄청난 속도로 일어나며 사회·문화·제도, 도덕과 정치적 혼란까지 불가피하게 수반될 것이다. ③ 디지털 혁명에 제대로 대처하지 못하는 정부와 기업은 도태되고 말 것이다.

우리가 전화선이나 케이블 혹은 무선으로 연결되어 있지 않은 오프라인(off-line)의 물리적 생활공간에는 여러 가지 시간적인 그리고 공간적인 제약이 있다. 몇몇 상점을 제외하고는 24시간 열려있는 상점이나 서비스가 많지는 않다. 그러나 우리는 컴퓨터나 다양한 개인디지털접속기구(PDA)를 통하여 24시간 선으로 연결된(on-line) 상태인 사이버 스페이스에 접속할 수 있다. 이를 가능하게 해 주는 인터넷(www: world wide web)에 의해 전세계는 단일한 통신망으로 연결되게 되었다. 이런 사회에서는 인터넷이라는 통신망이 디지털 시대 이전의 아날로그

통신망과는 전혀 다른 새로운 사회간접자본으로 등장하여 고도의 정보화사회를 구축하고 있다. 정보화사회에서의 디지털화된 사이버 스페이스에는 디지털 기업과 디지털 정부가 공존한다.

디지털 혁명은 정치적으로 또 경제적으로 그리고 사회적으로 그 파급의 영향이 지대하다. 정치적으로는 인터넷을 통한 즉각적인 투표와 여론조사 등을 활용하여 간접민주주의 식의 이때까지의 의회 민주주의보다 훨씬 직접민주주의에 보다 가까운 정치형태를 실현할 수 있게 되며, 경제적으로는 전자금융, 전자화폐, 전자상거래 등 경제활동의 광속화(光速化)와 지구촌 네트워크 경제를 구축함으로써 거래비용을 절감하여 보다 넓은 교역이 이루어질 수 있게 된다. 또한, 사회적으로는 개개인의 자유로운 표현과 창의력의 발현이 쉬워지고 그에 따라서 개인의 선택의 폭이 넓어지고 다양화해지게 된다. 그러나, 이런 것이 개인 컴퓨터의 보급과 인터넷의 연결이 제대로 이루어져서 네트워크가 형성되어야 가능해지는 것이므로 이런 보급이 한 나라 안에서는 젊고 돈이 있는 계층과 기술을 쉽게 익히지 못하는 노년층이나 컴퓨터를 살 수 없는 빈민층 간에 정보의 격차가 생기게 되는데 이를 디지털 격차 또는 벽(digital divide)이라고 한다. 미국에서는 이런 사회적 여파를 인식하여 전국의 정보고속도로(information super-highway)를 구축하기 위한 전국정보기반(national information infrastructure)를 구상했으며 현재 인터넷의 100배에서 1,000배의 속도를 가진 차세대 인터넷(high performance computing and communication) 개발계획을 만들기도 했다.

정보통신기술은 정보구조에 영향을 주어 기업조직에도 변화를 가져오고 있다. 기업조직이 수직적 구조에서 수평적 연계고리강화로 변화하고 있으며, 속도의 경제가 범위의 경제를 대체하고 있다. 시장수요의 동향을 빨리 파악하여 대응해 나가는 속도가 곧 기업의 시장 경쟁력을 결정짓게 된다. 특히 기술진보가 빨라서 버전업 경쟁을 특징으로 하는 핸드폰, PDA 같은 소형전자제품이나 금융서비스상품의 경우에는 더욱 현저하게 나타난다. 기업은 부품, 노동력, 업무서비스 등을 아웃소싱하여 속도의 경쟁력을 더욱 높이려 하고 있다. 정보교환의 신속화 및 제품의 표준화와 더불어 계약형태, 정산방법 등도 표준화된다면 기업은 낮은 비용으로 조달, 출하를 할 수 있게 되어 CALS(commerce at light speed)를 달성할 수 있게 된다. 전자상거래 시대에는 거래비용이 상당히 낮아지게 될 것이다. 이런 정보기술은 기업조직의 패러다임과 기업경쟁력의 원천을 아주 다르게 변화시키고 있다.

정보통신기술과 소프트웨어는 그것을 활용할 수 있는 관련 사용자 망이나 네크워크의 크기에 따라 그 가치가 달라지게 된다. 네트워크의 외부성은 한 네트워크에 속함으로써 내가 누구와 교신할 수 있는가에 따라 가입하는 가치가 결정되게 되어 내가 교신하고 싶은 가입자 수가 많은 네트워크일수록 상호 상승작용에 의해 더 많은 가입자가 가입하여 위치를 굳히게 된다. 네트워크는 인터페이스, 호환성과 상호 작용가능성을 중시하는 하나의 클럽을 형성하게 되어 가입자와 클럽전체의 사회적 잉여를 최대화할 수 있는 방향으로 발전하게 된다. 시장경쟁의 형태도 또한 정보통신과 여타 기술의 발전이 제품에 체화되면서 전문지식이 없는 대중 소비자와 제품생산자와의 사이에 제품에 대한 정보의 불균형 혹은 비대칭성이 확대된다. 일반소비자는 제품의 특성이나 성능에 대해 잘 파악하지 못하게 되므로 이 제품에 대한 평가를 본인이 내리기 보다는 이 제품의 생산자가 신뢰받을 수 있는 기업인가 아닌가에 의해 의사결정을 하게 된다. 그러므로 기업의 이미지 혹은 브랜드가 중요한 결정요인이 되게 된다.

인터넷 홈페이지나 카페를 통해 쌍방향통신이 가능해지면서 유권자의 의견이나 시민의 제안이 실시간으로 정치가의 사무실과 행정부처에 전달되게 되므로 국민의 의사가 쉽게 반영되는 한편, 정보의 공개를 통해 시민이 정부의 정책과 행정처리에 대해 모니터할 수 있도록 변하고 있다. 아날로그 시대의 정부와 디지털 시대의 정부는 여러 면에서 다르다. 전통적으로 수직적이기만 했던 정부가 수평적이며 유연한 정부로 바뀌어야 디지털 시대에 적절하고 신속하게 대응할 수 있게 된다. 직무도 단순한 분업 형태에서 창의성과 자율성을 살려야 하는 다기능화한 직무로 변하고 있다. 아날로그 시대의 지시통제자 역할의 정부로부터 디지털 시대의 비전제시와 후원을 주역할로 하는 정부로 변해야 할 것이다. 디지털 시대에 맞는 정부의 역할을 재정립하여 정부가 경제발전의 여건과 제도를 조성해 주어야 할 것이다. 정부는 시장경제 질서를 확립하기 위한 공정한 감시자 역할을 해야 할 것이다. 외부효과, 공공재 등 시장의 실패를 교정하여야 하며, 공공부문의 개혁을 통해 경제사회 전반의 개혁을 선도하고 사회안전망 구축을 비롯한 생산적 복지체제를 구축하여야 할 것이다. 정부는 행정의 투명성과 책임성을 제고하고 비정부시민단체(NGO)의 역할을 강화하는 등 민간의 참여와 감시도 북돋우어야 할 것이다.

제 2 절 관세와 국제조세

전자상거래로 인한 조세문제의 핵심은 소비자와 공급자가 다른 국가에 살면서도 서로 만나지 않고도 거래가 쉽게 이루어질 수 있다는 점이다. 전자상거래가 야기하는 조세문제는 국제조세 문제라고 할 수 있는데 가장 기본적인 것이 이제까지는 관세였다.

1. 관세와 일반소비세의 비교

독일을 가로 질러 흐르는 라인강은 물류의 대동맥이지만, 독일이 통일되기 이전인 중세에는 운송선이 무려 300여 번의 통관세를 지불하면서 독일의 작은 나라들을 통과해야만 했기 때문에 물류비용이 엄청났다고 한다. 관세(tariff)란 수입되는 물품에 부과하는 세금이다. 경제의 개방도가 높은 나라일수록 관세가 정부수입에서 차지하는 비중이 크게 된다. 개방도의 측정방법의 하나가 수출입이 GDP에서 차지하는 비중이다. 최근 우리나라는 수출입의존도가 80~90%에 달하고 미국은 15% 안팎이다. 관세가 정부예산에서 차지하는 비중도 우리는 4.5%정도이고 미국은 1.5% 정도이다. 세계적으로 자유무역이 옹호되면서 가장 대표적인 무역장벽이라고 할 수 있는 관세율이 줄어들고 과세 대상이 축소되고 있다.

국내에서 생산되지 않거나 국내의 생산만으로 수요를 충당할 수 없는 경우에 동종의 재화가 수입된다. 수입품에 대해 관세를 부과한다면 수입된 재화의 가격과 소비량이 어떻게 변하는가에 대하여 〈그림 18-1〉을 통해 분석해 보도록 하자. 우선, 관세를 부과하는 나라는 국제가격에 영향을 미칠 수 없을 정도로 작은 나라라고 가정하자. 그림의 가로축은 수량을 그리고 세로축은 가격과 세금을 나타낸다. 무역장벽이 없는 경우에 이 재화의 수입이 자유롭게 이루어져서 이 재화의 국내가격은 국제가격(P_w)과 동일하게 된다. 그러므로 이 재화의 국내에서의 소비량은 국내의 수요곡선과 공급곡선이 만나는 점에서 결정되지 않고 세계의 국제공급곡선과 국내수요곡선이 만나는 점 6에서 결정되어 Q_4가 된다. 이 중에서 국내의 생산량은 국내공급곡선과 국제공급곡선이 교차하는 점 1에서 결정되어

그림 18-1 관세 부과의 효과

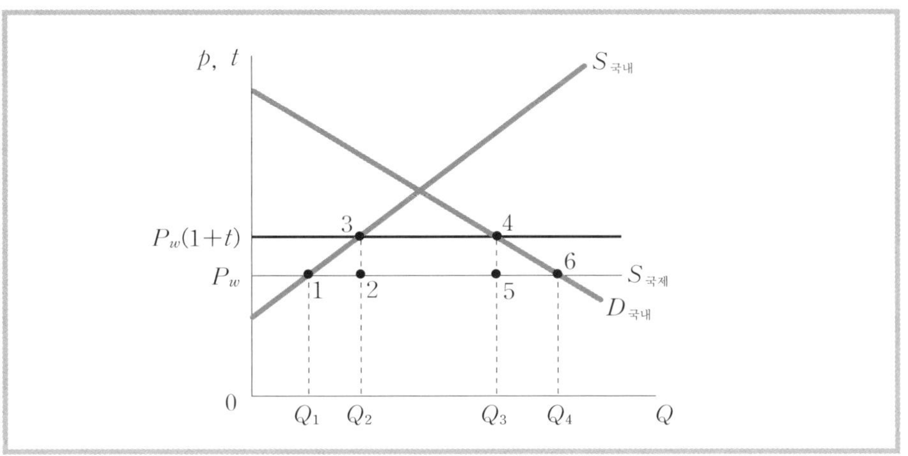

Q_1이 되고 Q_4와 Q_1의 차이인 (Q_4-Q_1)이 수입량이 된다.

이제 관세(t)를 부과하게 되면 재화의 가격은 $P_w(1+t)$가 되어 소비량은 Q_3로 줄어들게 되지만 국내의 생산량은 Q_2로 증대되고 수입량만 (Q_4-Q_1)에서 (Q_3-Q_2)로 줄어들게 된다. 이로 인해 사다리꼴 $P_wP_w(1+t)46$ 해당하는 소비자잉여가 줄어든다. 이 중에서 직사각형 2345는 관세수입이고 거꾸로 된 작은 사다리꼴 $P_wP_w(1+t)31$은 국내의 생산자 잉여의 증대분이다. 그러나 삼각형 123과 삼각형 456은 영구히 상실된 후생비용, 즉 사중적 손실(dead-weight losss)이다. 삼각형 123은 국내 생산의 한계비용이 국제시장에서의 가격보다 비싼데도 불구하고 관세장벽으로 인해 국내에서 생산하여 낭비되는 자원으로부터 발생하는 후생비용을 나타내고 삼각형 345은 국내 소비자의 한계편익이 아직도 국제시장에서의 가격보다 더 높은 데도 더 이상 소비를 하지 못하는 데서 오는 후생손실을 나타낸다.

관세는 수입되는 재화의 국내에서의 유통가격을 일단 높이는 효과를 가져온다. 만약, 관세를 부과하지 않은 상태에서 재화를 수입한 후에 관세와 같은 세율로 일반소비세(general consumption tax)를 부과한다면 어떻게 다른 결과를 가져올 것인가를 〈그림 18-2〉를 통해 분석해 보도록 하자. 소비량은 국내수요곡선과 국제공급곡선에 소비세를 더한 만큼 위로 이동한 새로운 국제공급곡선이 만나는 점 4에서 결정되어 관세를 부과한 경우와 마찬가지로 Q_3가 된다. 국내공급

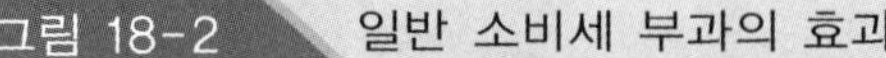
그림 18-2 일반 소비세 부과의 효과

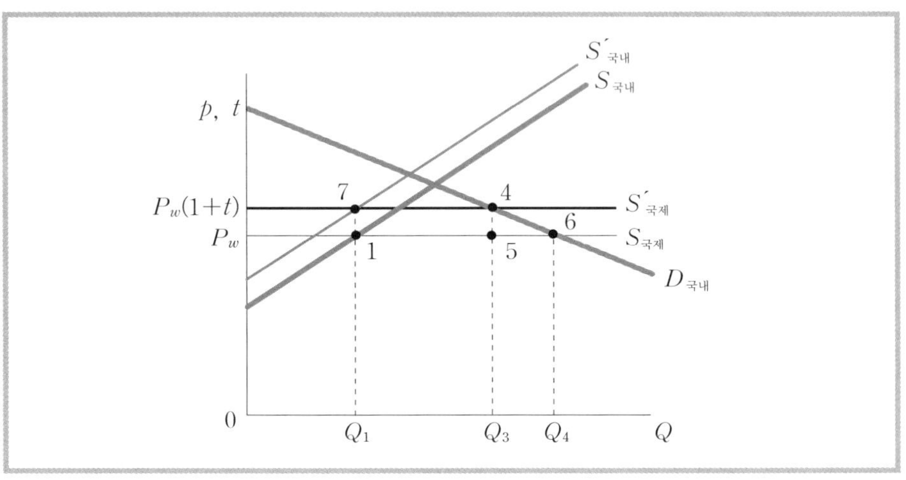

곡선도 부과된 소비세만큼 위로 이동하여 세계의 새로운 국제공급곡선과 점 7에서 만나게 되어 국내의 생산량은 Q_1이 되어 일반소비세를 부과하기 전의 경우와 마찬가지가 된다. 반면, 수입량은 관세부과의 경우보다 더 늘어나서 (Q_3-Q_1)이 된다. 이 경우에 사중적 손실은 삼각형 456만으로 관세부과의 경우보다 줄어든다. 세수는 관세를 부과한 경우보다 많아지고 사중적 손실은 줄어들게 되므로 일반소비세를 부과하는 것이 관세를 부과하는 것보다 더 효율적이라고 할 수 있다.

2. 관세부과의 논리

관세를 부과하는 것을 반드시 효율성의 논리로만 설명할 수는 없다. 특히 개발도상국의 경우는 관세를 부과해야만 하는 몇 가지 일반적으로 수긍되는 논리가 있다. 전통적 시각에서 보는 관세의 유용성은 다음과 같다. 수입국의 수입규모가 크다면 관세를 부과함으로써 자국의 대외적인 수요를 줄이는 것이 국제시장에서의 수요를 줄이는 효과를 가져옴으로 해서 수입품의 수입단가를 낮출 수 있게 된다. 그렇게 해서 교역조건(terms of trade)를 개선할 수 있다. 행정이 미비한 개발도상국인 경우에는 정부가 다른 세원을 포착하기 힘든 반면에 수입품으로부터의 관세는 징수의 용이성으로 인해 정부 세수의 중요한 기반이 된다. 또한 국내의 유치산업(infant industry)을 보호하여 산업화를 촉진시키기 위해서 수입대체정책(import substituion policy)을 사용하는 경우에도 관세를 부과하게 된다.

이 외에도 최근에는 공공선택적 시각에서 다음과 같은 점을 지적하기도 한다. 각국의 각종 산업협회, 무역협회, 노동조합 등의 압력단체들이 각자의 이익을 보호하기 위해 정부에 압력을 넣어서 높은 관세율을 적용하도록 유도하기도 한다. 특히 산업집중도가 높은 산업일수록 수입품에 대해 높은 관세율을 적용하고 있는 것을 볼 수 있다. 관세의 부과가 소비자 잉여를 줄이는 대신 생산자 잉여를 높여 줄 수 있다는 것을 앞의 〈그림 18-1〉에서 보았다. 그러므로 수가 많고 조직화하기가 어려운 소비자 집단보다 수가 적고 조직화가 용이한 생산자 집단이 더 효율적으로 지대추구를 한 결과로 관세가 부과될 수도 있다.

3. 국제조세의 기본원칙

여러 국가에서 과세하는 경우에 비과세나 이중과세를 방지하는 것이 가장 기본적인 국제조세의 원칙에 포함되어야 한다. 동일한 경제활동에 대한 비과세나 이중과세는 국가 간 자원배분을 왜곡시켜 경제 효율성을 낮추게 된다. 그뿐 아니라, 국제거래를 자국으로 유치하려는 조세경쟁을 초래하여 과세기반을 잠식하고 조세체계를 흩트리는 결과를 초래할 수도 있다. 소득세의 경우, 동일한 소득에 대해 2개 이상의 독립된 과세당국에서 이중과세하는 경우를 피할 수 있도록 국가 간 조세조약을 체결하고 국내법을 정비하는 등의 공동 노력을 기울이게 된다.

국제거래를 통해 발생한 소득에 대해 과세하는 기본원칙은 원천지 과세원칙(source principle)과 거주지 과세원칙(residence principle)이다. 원천지 과세원칙은 소득이 발생한 곳에서, 거주지 과세원칙은 소득을 가져하는 개인이나 기업이 거주하는 지역에서 과세권을 갖게 됨을 의미한다. 대부분의 경우는 이 두 가지를 적절히 혼용하고 있다. 소비에 대한 과세에 있어서도 유사한 기본원칙이 적용되는데, 원천지 과세원칙(origin principle)과 최종소비지 과세원칙(destination principle)이 그것이다. 원천지 과세원칙은 상품이 생산된 국가에서 과세한다는 원칙이고 최종소비지 과세원칙은 수출상품은 면세하여 소비가 이루어지는 수입국에서 과세하도록 한다는 원칙이다.

이중과세를 방지하기 위한 기본원칙은 크게 다음 세 가지로 나누어 볼 수 있다. 첫째, 고정 사업장의 소득과 같이 원천지 국가가 제공한 공공서비스와 인프라가 소득의 발생에 기여한 것으로 간주될 경우에 원천지 과세당국에게 과세권한을 부여한다. 고정사업장이란 지점, 공장, 사무소, 광산과 같이 사업을 영위하는 고정된 장소를 말하는데 6개월 이상 시행되는 건설공사나 공사감독활동도 여기에 속하는 것으로 간주한다. 둘째, 원천지 세부담이 거주지 세부담을 능가하지 않도록 세율 등을 제한하여 세율의 차이로 인해 거래의 왜곡이 발생하지 않도록 미연에 방지하고자 한다. 이중과세를 제거할 책임은 거주지 과세당국에게 있다. 예를 들어, 대부분의 국가가 거주지 과세원칙에 의해 과세하면서 이중과세를 방지하기 위해 원천지에 납부한 세액을 거주지 세액 한도 내에서 공제해 주는 등의 조치를 취하고 있다.

셋째, 해외소득면세나 외국납부세액공제와 같은 제도를 통하여 조세조약에서 인정한 원천지 과세와 이에 중복되는 거주지 과세로 인한 이중과세를 제거하는 것을 전제로 해서 거주지 과세당국은 자국 거주자의 소득에 대해 자유롭게 과세할 권한을 유지한다. 그러므로 일단 소득이 발생하면 과세당국은 먼저 그 소득이 거주자의 소득인지 비거주자의 소득인지를 판단해야 한다. 비거주자의 경우

소득과세

원천지 과세원칙(source principle)

자국의 영토 내에서 발생한 소득에 대해서는 납세자가 비거주자일지라도 과세권을 행사할 수 있다는 원칙이다.

거주지 과세원칙(residence principle)

자국의 거주자에게 귀속되는 소득에 대해서는 그 소득의 발생장소를 불문하고 당해 거주자의 전체소득에 대해 과세권을 거주지국이 행사할 수 있다는 원칙이다.

소비과세

원천지 과세원칙(origin principle)

상품이 생산된 국가에서 과세한다.

최종소비지 과세원칙(destination principle)

수출상품은 면세하여 소비가 이루어지는 국가에서 과세한다.

에도 국내에 고정사업장이 설치되어 있는지 여부에 따라 과세 방법이 달라진다. 고정사업장이 없거나 고정사업장에 귀속되지 않는 국내 원천소득에 대해서는 소득의 종류별로 분류하여 다르게 과세한다. 고정사업장이 없다면 사업소득에 대해서는 원천지 과세가 허용되지 않지만, 이자, 배당소득 등은 원천지 과세가 허용된다. 일반적으로 사용료 소득에 대해서는 원천지 과세가 허용된다.

4. 국제조세의 효율성

국가 간에 다른 세율로 조세를 부과하게 되면 개인이나 기업의 입장에서는 가급적이면 적은 세금을 내는 곳으로 옮겨가서 수익률을 높이려 할 것이다. 그러므로 세계적으로 자본의 배분을 효율적으로 하기 위해서는 각 나라마다 자본의 수익률이 같아지도록 국제조세조약 등을 통해서 과세를 적절히 조정할 필요가 생긴다. 그러므로 이중과세를 피하기 위해서 외국에서 취득한 소득을 과세대상에서 면제해 주거나 외국에서 납부한 세액을 공제해 주는 등의 조치를 취한다. 그런데, 각 나라마다 국가적 효율성은 자기 나라의 수익률이 최대가 되도록 하는데 있으므로 설혹 세계 전체로서의 자원배분의 효율성은 떨어지게 되더라도 나라마다 서로 경쟁적으로 세율을 인하해 주는 조세경쟁이 일어날 수도 있다.

제 3 절 전자상거래에 대한 과세

관세는 세계무역기구(WTO)에서 별도 논의를 거쳐서 온라인 거래에 대한 무관세 관행이 이루어지고 있다. 국제조세는 고정사업장의 개념정리에 대한 논의와 원천징수 여부를 결정하는 소득의 종류를 구분하는 논의가 핵심이다. 소비세는 소비지 과세원칙에 따라 과세하기로 합의하여 부가가치세 과세방안에 대한 논의가 중심이다. 조세행정 분야에서는 IT기술을 이용하여 납세편의를 증진시키는 것이 골자이다. B2B 거래는 비교적 신고가 순조롭게 이루어지고 있는 편이나 B2C 거래의 경우는 최종소비자가 개인이므로 거래 자체의 파악이 힘들어서 과세가 제대로 이루어지지 않고 있다.

1. 전자상거래

조직의 운영비용을 절약하기 위해 제품의 수명주기 전반에 관한 데이터를 통합하여 공유하고 교환하는 활동을 총칭하는 CALS(Commerce At Light Speed)와 컴퓨터 통신망을 통한 전자서류 교환인 EDI(Electronic Data Interchange)로부터 전자거래(electronic transaction)라는 용어가 처음으로 사용되기 시작했다고 한다. 전자거래가 1990년대 초반부터 본격적으로 상거래에 이용되기 시작하면서 전자상거래라는 용어가 보편화되었다. 전자상거래의 범주는 기술의 발전과 통신환경의 변화에 따라 계속해서 확장될 수 있는 것이기 때문에 전자상거래에 포함될 수 있는 상행위의 종류와 범위는 계속 바뀔 수 있다. 재정경제부 관세협력과는 전자상거래를 "전자매체를 통하여 상품 및 서비스를 교환하는 모든 형태의 상거래활동으로서 돈의 흐름이 수반되지 않는 대고객 마케팅 광고, 서비스 등을 포함한다"고 정의하고 있다. 여기에 속하는 것으로 EDI, CALS, 그리고 모든 영업에서 전자적인 수단을 사용하는 것을 총칭하는 이비지니스(e-business)를 언급하고 있다.

전자상거래의 성장은 인터넷의 발달에 힘입은 바 크다. 디지털화된 전자상거래가 경제전반에 영향을 미칠 수 있게 된 것은 인터넷이 가져온 네트워크의 확산 때문이다. 인터넷은 공중망을 기반으로 하고 있어서 그 이전의 VAN을 사용했던 때와 비교해서 누구나 적은 비용으로 접속이 가능하여 세계적으로 급속하게 이용자가 늘어나게 되었다. 이더넷(Ethernet)의 개발자인 메트카프(Bob Metcalfe)는 네트워크의 가치는 사용자수의 제곱으로 급증할 뿐 아니라, 시장의 경계가 소거되면서 물리적인 진입장벽이 대폭 낮아져서 시장의 주도권이 소비자에게로 이동하게 만들 것이라고 예단한 바 있다. 인터넷을 통해 소비자는 정보의 비대칭성을 많이 줄일 수 있게 되므로 시장의 효율성이 높아질 수 있게 된다는 것은 잘 알려진 사실이다.

전자상거래는 오프라인 시장이 가지는 물리적 한계와 시간적 한계를 뛰어넘어 전세계를 대상으로 어느 때나 성립될 수 있는 특성이 있어서 공급자의 영업제한과 소비자의 구매 제한이 획기적으로 줄어들게 된다. 따라서 공급자 간의 경쟁을 촉진시켜 소비자는 보다 양질의 서비스를 제공받을 수 있게 되며 최종소비자와 생산자가 직접거래하게 되어 중간상이 사라지고 있는 추세이다. 공급자는 전자상거래를 원하는 구매자에게 먼저 회원으로 가입할 것을 전제로 하여 회원정보를 데이터 베이스로 만들어 두고 소비자에 대한 자세한 정보를 이용하여 개개의 고객의 취향에 따라 이메일 등을 통하여 차별화된 일대일 마케팅도 가능하게 만든다. 소비자의 측면에서는 인터넷에 연결된 전세계 모든 기업을 어느 때나 접속하여 그들의 상품과 서비스를 검색할 수 있게 되었으며 각종 전문 검색엔진을 통하여 자신이 원하는 상품을 저렴하고 신속하게 찾을 수 있게 된다.

2. 전자상거래에 대한 과세의 문제점

전자상거래에 대해 조세를 부과하는 데 있어서 몇 가지 문제점이 대두된다. 우선, 고정사업장이 존재하는가 하는 문제이다. 만약, 고정사업장이 존재한다면, 발생한 소득이 고정사업장에 귀속되는 사업소득인가 아니면 고정사업장에 귀속되지 않는 사용료와 같은 소득인가 하는 것도 문제가 된다. 거래된 재화가 유형재화로서 우편을 통해 배달된다면 그로부터 발생한 소득은 사업소득이라고 보는 것이 보편적이다. 그러나 통신을 통해 그림, 영화, 음악 등을 다운받는 경우에는 재화의 복제가 용이하여 그 재화를 다른 곳에 저장하거나 복사해 두는 권리도 함께 부여된 것으로 본다면 그 대가로 지불한 금액이 사업소득인지 아니면 사용료인지가 불분명해진다.

웹사이트 자체는 고정사업장으로 볼 수 없으나 컴퓨터가 물리적으로 존재해야 하는 서버를 동시에 소유하고 있다면 그 서버를 고정사업장으로 볼 수는 있다. 그러나 서버의 운영자가 다른 사람이라면 이를 고정사업장으로 볼 수 없다. 왜냐하면 웹사이트를 보유한 기업을 대신해서 서버의 운영자가 계약을 체결하거나 일반적인 사업활동을 대신해 줄 수 없기 때문이다. 또한, 고정사업장과 본사와의 관계와 유사하게 웹사이트와 서버의 관계가 성립된다고 볼 수 있으므로 오프라인에서의 고정사업장으로부터의 사업소득과 마찬가지로 전자상거래에 있어서도 어느 비율로 고정사업장의 소득창출에 있어서 본사의 기여도를 인정해 주어야 되는지 하는 문제가 발생한다. 전자상거래는 또한 납세자가 동시에 2개 이상의 국가에서 거주자로 인식되는 중복거주의 문제를 야기할 수 있다. 예를 들어, 웹사이트를 고정사업장으로 볼 수 있다고 해도, 특정 웹사이트가 어느 국가의 사업장이라고 보아야 되는지 하는 문제는 쉽지 않은 것이다.

전자상거래가 활발해지면서 전자상거래에 대한 조세부과 문제는 크게 두 가지 측면에서 대두된다. 우선, 현재의 조세체계가 전자상거래라는 새로운 거래형태를 충분히 소화해 내지 못하여 정부가 통제할 수 없는 영역이 확대될 것이라는 우려이다. 다른 하나는, 이와는 대조적으로, 현재의 조세체계가 전자상거래를 다루는 데 적절치 못하여서 기존의 낡은 통제수단과 규제가 새로운 전자상거래의 발전에 장애요인으로 작용할 수 있다는 우려이다. 전자의 경우, 조세정책상의 파급효과는 인터넷을 통한 전자납세제도의 활용으로 인해 납세비용과 징수자의 징수비용이 절감될 수 있어서 납세자료의 정확성이 높아지고 정확하고 신속한 과세가 가능해지므로 전자상거래의 발전을 따라 적절히 과세된다면 장기적으로 과세기반이 확대될 수 있다는 긍정적인 측면이 있다. 반면, 사이버 스페이스에서 이루어지는 인터넷 전자상거래의 초국가적, 무형재적 특성으로 인해 조세회피의 가능성이 커져 세원의 누락이 커질 염려도 있다. 또한, 국가 간의 거래장벽이 사라져서 각국의 독자적인 조세정책수립에 제약이 될 것도 예상된다.

또한, 인터넷의 특성으로 인해 조세행정상으로 여러 가지 문제가 생길 것이 예상된다. 첫째, 인터넷상의 거래는 웹사이트의 물리적인 위치와 접근경로에 상관없이 이루어질 수 있기 때문에 거래당사자들의 신원확인이 쉽게 되지 않을 수도 있다. 둘째, 웹사이트나 인터넷 주소의 소유자가 파악되더라도 암호화, 전송경로의 변경, 원격조정 등으로 신고되지 않은 거래내역을 추적하여 알아내기가 어렵다. 셋째, 기업은 자신의 웹사이트를 싼 비용으로 다른 나라에 개설하거나 이동시킬 수 있으며 소비자 역시 인터넷이 연결된 어느 국가에서나 이 기업과 거래할 수 있다. 따라서 국가 간 세제와 세율의 차이를 파악하여 최대한의 절세나 탈세를 시도하기가 쉬워진다. 넷째, 과세를 입증할 만한 거래증명을 과세당국이 확보하기가 힘들어진다. 다섯째, 인터넷으로 인한 탈중개화 현상으로 중개자가 없어짐에 따라 당국은 더 많은 개인들로부터 더 적은 세금을 걷어야 하므로 징수비용이 크게 증가할 수 있다.

전자상거래에 대한 과세권한의 설정은 손쉽게 국경을 넘는 거래를 할 수 있는 인터넷을 통한 전자상거래에서는 그리 간단한 문제가 아니다. 특히, 소프트웨어나 MP3 파일과 같이 전송하여 다운로드를 통해서 판매할 수 있는 디지털 상품의 판매로부터 발생한 소득의 경우는 과세권 문제가 더욱 복잡해진다. 국가 간 거래에 대해 과세권에 관한 기존의 두 가지 기본적인 원칙은 원천지 과세원칙과 거주지 과세원칙이다. 그러나 이 두 가지 원칙을 동시에 적용할 경우 국외에서 발생한 소득에 대한 이중과세가 되므로 최근에는 서로 합의된 범의 안에서는 소득원천국이 거주지국보다 우선적인 과세권을 가지는 쪽으로 합의가 이루어져 가는 추세이다. 그러나 자국 밖의 외국에 웹사이트를 두고 판매하는 경우에 디지털 재화의 소득원천지국을 명확하게 규정하기가 쉽지 않다.

전자상거래가 증가하면서 OECD(Organization for Economic Cooperation and Development: 경제협력개발기구)가 선도하는 국제적인 포럼에서 조세제도에 대한 논의가 국제조세(직접세), 소비세, 조세행정 등 세 분야를 위주로 진행되어 왔다. 1997년 핀란드 투르크에서의 회의를 처음으로하여 1998년 캐나다의 오타와에서 전자상거래에 대한 과세의 기본원칙이 채택되었다. 오타와 회의에서 조세의 중립성, 효율성, 명확·간편성, 공평성, 유연성 등이 조세제도 정비의 기본원칙이 되어야 한다는 데에 의견을 같이 했다. 일단 이런 원칙이 세워진 후로는 과세의 기술적인 문제를 해결하기 위한 노력이 이어졌다. 2001년에 그 동안의 논의를 정리한 OECD보고서가 발표된 바 있다. 전자상거래를 주업무로 하는 기업뿐 아니라 인터넷의 사용이 거의 모든 기업의 영업영역에서 전자적인 수단을 이용한다는 개념의 이비지니스라는 더욱 포괄적인 개념이 등장하면서 전자상거래 자체보다는 서비스 일반에 대한 과세로 초점이 돌려지고 있다.

3. 관　　세

세계무역기구(WTO)는 1998년 5월의 제2차 각료회의에서 온라인 전자상거래에 대해 무관세 관행을 잠정적으로 유지하기로 하고 1999년 11월에 다시 논의하기로 했으나 1999년에도 무관세 관행을 지속하기로 결정했다. 오프라인 거래의 경우에는 기존의 거래와 마찬가지로 관세가 부과되지만 온라인 거래의 경우는 기술적으로 과세하기가 어렵기 때문이다. 관세는 국경을 넘어서 수입되는 물품에 대한 과세인데 온라인 거래는 이 조건을 충족시킨다고 보기 어렵다는 점도 무관세 관행이 유지되는 근거가 되고 있다.

4. 소비세와 부가가치세

국내에서 이루어지는 전자상거래에 대한 과세는 공급자에 의해 납부되는데 어려움이 없으며, 국제적인 B2B거래에서도 사업자 등록을 통해 신고납부 및 대리납부가 가능하여 큰 문제는 없다. 그러나 국제적인 B2C거래의 경우에는 거래 자체에 대한 파악이 쉽지 않아서 과세의 사각지대로 남아있다. 1998년 EU는 전자상거래에 대한 부가가치세 부과원칙을 세웠다. 우선, 새로운 세금을 부과하지는 않을 것이며, 디지털 거래는 부가가치세 목적상으로는 서비스로 취급하기로 하며, EU 안에서 소비된 서비스는 EU 안에서 과세하지만 역외 밖에서 소비된 서비스는 EU의 부가가치세를 부과하지 않는다. 위의 원칙에 따라 역외에서 EU로 공급되는 국제적인 B2C거래에 대해 부가가치세를 과세하기 시작했다. 미국도 판매세의 간소화 프로젝트를 통하여 전자상거래업자들의 자발적인 참여를 유도하여 소비세의 징수를 진행시키고 있다.

구체적으로 보면, EU에서는 2003년 7월부터 전자적으로 전달되는 서비스와 라디오, TV방송 서비스에 대하여 역내 공급자뿐 아니라 역외 공급자에게도 부가가치세를 3년간 한시적으로 부과하기 시작했다. 역외 방송서비스 공급자는 모든 EU국가에 등록하고 역외 공급자로서 전자적으로 전달되는 서비스를 제공하는 자는 적어도 1개의 EU국가에 등록을 하여 개인 및 비영리단체에서 소비하는 서비스에 대해 부가가치세를 징수하도록 했다. 부가가치세율은 최종 소비지 국가의 세율이 적용되며, 세수는 분기별로 해당 국가에 배분된다.

각각의 주가 판매세에 대한 독립적인 결정을 하고 있는 50개의 주(state)로 구성되어 있는 미국의 경우는 주와 주 간의 거래에 있어서 우편주문이나 전자상거래에 의해 물품이나 서비스를 공급하는 공급자가 판매하는 주에 물리적인 근거지가 없는 한 해당 주의 판매세에 대한 징수의무를 공급자에게 부과하지 않는다. 그러나 이런 사례는 주 내에 근거지를 두고 있는 공급자와 주 외의 공급자 간에 차별을 주게 되며 주의 세수확보에도 차질을 가져오게 된다는 것이 문제점으로 부각되었다. 2002년 11월부터 주정부 간 협정이 채택되어 세법개정이 추진되고 있으며 2003년 9월부터 원격판매에 있어서 판매세를 공급자가 자발적으로 징수하도록 하고 있다. 이렇듯 B2C 전자상거래에 대한 과세가 실현되기 시작했다는 점이 주목할 만하다.

우리나라에서도 미국과 마찬가지로 B2C거래의 경우에 자진신고에 의한 납세에 의존하게 될 것이다. 그러므로 사업자에게 인증의 성격과 종류에 대해 미리 지침을 제공하여 필요한 정보 수집의무를 부여함으로 해서 납세순응비용을 줄일 수 있도록 조치를 사전에 취하는 것이 필요할 것이다. 소비지 과세원칙에 따라 국내에서 소비되는 물품에 대한 과세권을 우리나라가 가지고 있다는 것을 법적으로 명시해야 할 것이다. 부가가치세의 경우에 국제 전자상거래에 대한 비과세는 국내 공급자와의 형평성 문제를 야기한다. 국제 B2C거래에 대한 비과세로 인해 유실될 세수의 규모는 2005년도에 약 6,000억 원에 달할 것으로 예측된다.[1)]

현재 우리나라의 부가가치세법에 의하면 온라인 국제전자상거래에 대한 과세 근거가 없다. 그러므로 관련 법조항을 보완하여 해외로부터의 전자상거래에 의한 서비스를 과세대상으로 만들고 외국 사업자의 등록의 편이를 위한 간이 등록제도의 규정 등을 마련해야 한다.

5. 소 득 세

전자상거래에 있어서 웹사이트 자체는 고정사업장을 구성하지 못하지만 웹사이트 운영자가 보유한 서버가 특정한 장소에 일정 기간 머무르는 경우에는 고정사업장으로 취급할 수 있게 되어 고정사업장이 소득의 원천지가 될 수 있다. 그 고정사업장에 배치된 인력이 소득을 창출한 경우에 원천지 과세를 하고 고정사업장이 없는 경우에는 소득을 분류하여 과세하게 된다. 과세목적으로는 사용료와 사업수입을 구분하도록 되어 있다. 일반적으로 사업소득인지 사용료 소득인지에 대한 구분은 다음과 같이 한다. 대금을 지불하는 주된 이유가 저작권의 상업적 이용이나 노하우의 전수가 아니라 수요자가 직접 사용하거나 즐기기 위한 목적으로 구매하는 것은 사업소득으로 본다. 대금을 지불하는 이유가 저작권의 사용, 노하우의 전수 등인 경우에는 전자상거래를 통한 수입이 사용료로 간주된다. 2001년에 발표된 OECD 모델 조약에 의하면 "사용료는 영화, 필름, 특허, 상표, 디자인, 모형, 설계도, 비밀공식이나 공정을 포함하는 문학, 예술, 또는 과학작품에 대한 저작권을 사용하거나 사용할 권리를 취득하고 그 대가로 지불하는 대금이나 산업, 상업 및 과학적 경험에 대한 정보의 대가를 의미한다"고 한다.

1) 홍범교(2003) 참조.

이는 곧 저작권의 사용에 대한 대가, 노하우의 전수에 대한 대가 및 산업, 상업 및 과학적 장비의 사용에 대한 대가를 말한다. 그 이전까지는 사용료 소득에 대해 원천지 과세를 인정하였으나 개정된 조약에서는 고정사업장으로부터 나오지 않은 사업소득과 사용료 소득에 대한 원천지 과세를 금지하고 있다.

B2B(business to business): 기업 간 거래
B2C(business to consumer): 기업과 소비자 간 거래
B2G(business to government): 기업과 정부 간 거래

제 4 절 인터넷 경제

1. 전자상거래의 규모

통계청에서 조사한 2003년도 우리나라 전자상거래의 총규모는 235조 250억 원으로 그 전년도보다 57조 2,150억 원(32.2%)이 증가한 것으로 나타났다. 전자상거래 통계는 전자상거래기업체 통계조사(B2B) 및 기업·정부 간 전자상거래 통계조사(B2G), 2003년 각 월별 사이버쇼핑몰 통계조사(B2C) 결과 등을 바탕으로 한 것이다. 〈표 18-1〉에 정리된 것처럼, 각 거래주체별로 보면 B2B가 206조 8,540억 원(88.0%), B2G가 21조 6,340억 원(9.2%), 그리고 B2C가 6조 950억 원(2.6%)으로 나타났다. 전년에 비해 각각 32.8%(51조 1,470억 원), 30.1%(5조 20억 원), 그리고 20.9%(1조 520억 원) 증가한 수치이다.

기업 간 전자상거래(206조 8,540억 원)를 산업별로 보면, 제조업이 전체의 70.7%인 146조 1,620억 원, 도소매업이 19.9%인 41조 1,170억 원, 건설업이 4.7%인 9조 6,640억 원 등의 순으로 가장 큰 비중들을 차지하고 있다. 거래기업의 소재지별로 B2B 규모를 보면, 국내기업 간 거래액이 172조 7,880억 원으로 기업 간 전자상거래의 83.5%를 차지하고 있으며 국내기업과 해외기업과의 거래액은 34조 660억 원으로 16.5%가 되는 것으로 나타났다. 전년에 비해서 거래액이 각각

표 18-1 거래주체별 전자상거래 규모 (단위: 십억 원, %)

	2002년		2003년		전년대비	
		구성비		구성비	증감액	증감률
전자상거래액 총규모	177,810	100.0	235,025	100.0	57,215	32.2
기업 간(B2B)	155,707	87.6	206,854	88.0	51,147	32.8
기업 · 정부 간(B2G)	16,632	9.4	21,634	9.2	5,002	30.1
기업 · 소비자 간(B2C)	5,043	2.8	6,095	2.6	1,052	20.9
기 타	427	0.2	442	0.2	15	3.5

	2006년		2007년		전년대비	
		구성비		구성비	증감액	증감률
전자상거래액 총규모	413,585	100.0	516,514	100.0	102,929	24.9
기업 간(B2B)	366,191	88.5	464,456	89.9	98,265	26.8
기업 · 정부 간(B2G)	34,435	8.3	36,801	7.1	2,366	6.9
기업 · 소비자 간(B2C)	9,132	2.2	10,226	2.0	1,094	12.0
기 타	3,826	0.9	5,032	1.0	1,206	31.5

자료: 통계청.

33.2%와 31.0%가 증가했다.

중앙행정기관 및 지방자치단체 등 정부기관의 B2G 전자상거래도 꾸준히 늘어나고 있는 추세이다. 2003년도 기업 · 정부 간 전자상거래 규모는 21조 6,340억 원인데, 정부기관이 구매한 재화를 유형별로 보면 자재류가 42.8%(3조 6,040억 원)로 가장 많고, 기타 유형제품 31.0%(2조 6,040억 원), 장비 · 기기류 14.7%(1조 2,330억 원) 등의 순으로 나타났다. 또한, 전자입찰을 통한 건설공사 계약도 상당액이 되었다. 총액은 13조 2,230억 원인데, 토목이 8조 1,820억 원으로 전체의 61.9%, 건축이 2조 8,320억 원으로 21.4% 그리고 기타공사가 1조 2,310억 원으로 9.3%를 차지했다.

사이버쇼핑몰을 통한 전자상거래를 보면, 2003년 12월 말 시점으로 사이버쇼핑몰 사업체수는 3,358개로 이들이 취급 2003년 중 사이버쇼핑몰을 통해 거래한 총액은 7조 548억 원에 달했다. 이는 전년에 비해 17.0%(1조 249억 원) 증가한 것으로 이 중, B2C거래액은 전체의 86.4%(6조 950억 원), B2B는 7.3%(5,180억 원) 그리고 기타 거래액은 6.3%(4,419억 원)를 차지했다.

2. 인터넷 경제와 공공경제

세계화와 더불어 국적에 구애되지 않는 상거래 형태로 전자상거래가 급격히 부상하고 있으며 이는 새로운 양상의 국제무역이라고 하겠다. 〈표18-2〉에서 볼 수 있듯이 2004년에는 우리나라 기업과 해외기업과의 전자상거래액이 52조 4,160억 원으로 전체 기업간 전자상거래액의 18.8%를 차지하여 우리기업과 해외기업과의 전자상거래 혹은 디지털 무역이 꾸준히 늘고 있는 추세임을 알 수 있다. 과거에는 오프라인(offline)무역에만 익숙했던 무역체제는 앞으로 인터넷 경제에서의 온라인(online)무역에 대해 여러 가지로 관련 무역제도를 조정해야 할 것이다. 온라인으로 상품의 주문과 대금의 청산만 하는 것이 아니라 온라인상으로 직접 배송과 소비가 가능한 디지털재화에 대한 여러 가지 거래상의 규정도 아직 다 정하지 못하고 있는 상태이다. 특히 지적재산권과 연계된 디지털재화의 경우에는 분류와 취급 등 아직도 논의 중인 쟁점이 많다.

세계경제포럼(WEF)이 발표하는 네트워크준비지수(NRI)에서 우리나라는 2007-2008년간에 세계 9위로 부상했다. 더구나 웹 2.0시대의 창출과 더불어 개인의 역할이 더욱 커지고 있는 추세이다. 디지털재화의 경우 적어도 기술적으로는 생산자나 소비자의 지리적 위치가 유통과 소비의 장애가 되는 일은 없다. 음악, 방송 및 영화와 같이 특히 인터넷을 통한 온라인 전송이라는 유통방식에 의해 소비될 수 있는 디지털문화콘텐츠는 앞으로 더욱 많이 전자상거래를 통해 소비될 전망이다.

인터넷시장에 대한 엄격한 규제는 막대한 비용만 들고 효과가 적을 수 있다. 그러나 인터넷이라는 자유가상공간을 기술적으로 통제하기 힘들다고 해서 디지털재화의 거래를 온라인시장의 거래당사자들에게만 방임한다면, 국내외 사업자

표 18-2 거래기업의 소재지별 기업 간 전자상거래(B2B) (단위: 십억 원, %)

구 분	2003년		2004년		전년대비	
		구성비		구성비	증감액	증감률
○기업 간 전자상거래	206,854	100.0	279,399	100.0	72,545	35.1
-국내기업 간 거래	172,788	83.5	226,983	81.2	54,195	31.4
-해외기업과의 거래	34,066	16.5	52,416	18.8	18,350	53.9

자료: 통계청.

간 규제의 형평성의 붕괴, 소비자 권리의 침해, 지적재산권의 침해, 조세회피 등 여러 문제가 발생할 수 있다. 인터넷경제와 공공경제의 공정성과의 균형을 잘 맞추어 나갈 길을 모색하는 것이 앞으로의 중요한 과제 중 하나이다.

참 고 문 헌

박종서, "e-commerce에 대한 과세 문제," 국민대학교 경제학과 석사학위 논문, 2001.

염명배, "인터넷전자상거래(IEC)에 대한 사이버택스(Cyber-Tax) 과세정책 방향 논의," 2000.

이한영, 「디지털@통상협상」, 삼성경제연구소, 2007.

재정경제부 관세협력과, "전자상거래 관련 국제적 논의동향과 주요 이슈," 2000. 5. 17.

정영헌 · 심재진, 「전자상거래의 조세정책적 함의」, 한국조세연구원, 1997.

정재호, "주요국의 산업별 관세율 구조비교 및 시사점," 「재정포럼」(6호), 6-29, 한국 조세연구원, 2004.

통계청, "2003년도 4/4분기 및 연간 전자상거래 통계조사 결과(B2B, B2G, B2C 종합)", 2004, 5.

하야시 도시히코, "정보화사회에서의 문화와 경제," 1장, 이케가미 준 · 우에키 히로시 · 후쿠하라 요시하루(편), 황현탁(역), 「문화경제학」, 나남출판, 1999.

홍범교, 「국제규범에 따른 전자상거래 관련 조세행정의 정비」, 한국조세연구원, 2003.

홍범교 · 안종석, 「전자상거래와 조세: 국제적 논의 동향과 정책 시사점」, 한국조세연구원, 2001.

Economist, "Globalization and Tax," *The Economist*, 1.29. 2000.

Jessup, Leonard and Joseph Valacich, *Information Systems Today: Managing in the Digital World*, 3rd ed., New York: Prentice Hall, 2007.

OECD, Consumption tax guidance series.

OECD, Tax administration guidance series.

통계청 홈페이지(www.nso.go.kr)

제19장

정부지출의 증대와 공공부문의 개혁

들어가며

어느 사회나 개혁에 대한 요구는 생기게 마련이다. 개혁은 기존의 질서와는 다른 사회적 규범의 변화를 가져오게 하며 사회 전체의 개혁을 주도하게 되는 것은 아무래도 공공부문의 개혁부터이다. 공공부문의 개혁에 대한 요구는 근본적으로 정부지출의 증대로부터 비롯되는 것이 대부분이다. 그러므로 우선 정부지출의 증대요인에 대한 몇 가지 분석을 소개하고 정부의 적자재정 운용과 정부부채의 규모에 대해 살펴본다. 그리고 공공부문 개혁에 사용된 혁신적인 운영방법 중 우리에게 익숙지 않은 내부시장, 독립에이전시, 시민헌장 등에 대해 간략히 살펴본다. 또한, 개혁의 의미와 우리나라의 선도적인 연구기관들이 내세운 개혁과제를 점검해 봄으로써 개혁대상을 유추해 본다. 개혁이 성공하기 위해서는 무엇보다도 정치개혁을 통한 정치적 능력의 제고가 전제조건이 된다.

제 1 절 개혁의 전제[1)]

1. 개혁의 의미

개혁은 큰 변화를 의미하지만 단어의 의미 자체에는 더 나아진다든가 더 나빠진다든가 하는 의미가 내재된 것은 아니다. 그러므로 개혁 자체는 가치중립적인 단어이다. 일상적인 운용의 효율성만 높이고자 하는 경우에는 주로 개선이라는 용어를 사용하고 이 용어는 더 나아진다는 의미를 포함하고 있다. 통상적으로 개혁이라는 단어가 주는 인상은 무언가 더 나아지게 만들기 위한 변화를 말한다고 볼 수 있다. 개혁은 단순한 제도적 개선 이상으로 이념적 변화를 동반하는 사회적 규범의 큰 틀을 바꾸어 사회적 인식이나 사회적 규범의 혁신적인 변화를 수반하는 것이라고 볼 수 있다.

개혁이 더 나아진 사회적 상태를 지향하는 것이라면 현재의 기존 상태와 미래의 개혁된 상태를 비교할 기준이 있어야 한다. 개혁 이전과 개혁 이후의 사회후생의 상태를 비교할 기준은 개혁의 목표가 무엇인가에 따라 달라질 수 있다. 다시 말해, 개혁의 목표에 개혁의 의미와 개혁의 필요성 및 개혁의 대상이 모두 압축되어 있다고 볼 수 있다. 그렇다면 개혁의 목표는 어떻게 결정되는가? 그것은 개혁을 추진하는 주체가 되는 사람들의 이념에 의해서, 정치적 신념에 의해서, 가치관에 의해서, 세계관에 의해서 그리고 개혁으로부터 발생할 정치적 또 경제적 손익의 기대치에 의해서 결정된다고 할 것이다.

개혁의 주체에 따라서 개혁의 목표가 달라질 수 있듯이, 개혁을 추진하는 주체나 개혁을 논하는 사람의 입장에 따라서 개혁의 의미도 달라지게 된다. 개혁에 대한 최근의 몇 가지 논의를 살펴보도록 하자. "무한 경쟁시대에 돌입한 한국은 국가경쟁력 제고를 위한 경제개혁이란 숙명적 과제를 안고 있다"(모종린 · 전홍택 · 이수희, 2002, 11쪽)고 보며, 개혁정책은 개혁을 "뒷받침해 주는 이데올로기를 전제로"(이성섭, 1998, 4쪽) 하여 나오게 된다는 것이다. 개혁은 "우리의 행태를 바꾸려 하는 것"(좌승희, 2002, 1쪽)이며, 특히, 공공부문의 개혁은 "관료이 권력을

1) 이 장은 소병희(2003)를 주로 참조한 것이다.

일반 시민에게 이양하려는 것(피리, 1996, 11쪽)"이다. 공공부문의 개혁 또는 정부혁신의 가장 기본적인 원칙 중의 하나는 "행정의 조직과 제도를 시장화시키는 것"(직무분석기획단, 1997, xi 쪽)으로서 정부의 행정이라는 개념을 국가경영이라는 개념으로 전환시키게 되는 것이다. 정부개혁의 목적은 "정부가 꼭 해야 할 일을 효율적으로 수행하도록 제도 및 관행을 바꾸는 데 있으며" 또한 "정부의 역할과 역할 수행방법을 재정립함으로써 정부의 효과성과 효율성을 높이는 과정"(이계식 · 고영선, 1997, 3쪽)이다.

2. 개혁과 사회적 규범

개혁은 개혁 이전의 사회적 혹은 정치적 질서와의 단절을 전제로 한다. 그러므로 개혁은 새로운 질서를 유도하고 정당화할 새로운 사회적 규범을 필요로 한다. 새로운 규범의 실천적인 형태는 반드시 새로운 제도와 질서로 나타나게 된다. 개혁이 성공하기 위해서는 새로운 규범을 짧은 시간 안에 널리 전파하여 새로운 질서와 제도가 확립되어야만 한다. 개혁적인 새로운 질서와 제도가 대중에게 단시일 내에 수용될 수 있기 위해서는 이를 정당화할 새로운 사회적 규범의 논리가 설득력을 가져야만 한다. 바로 이런 이유로 개혁의 정통성과 정당성을 뒷받침하는 사회적 규범의 철학적 논리와 사회 윤리적 논거가 필요하게 되는 것이다.

개혁은, 다시 말하자면, 개혁이 있기 전까지 통용되던 사회적 규범을 새로운 사회적 규범으로 바꾸는 작업이라고 할 수 있으며 사회 질서에 대한 새로운 대안을 제시하는 것이고 사회의 도덕성과 행동규범에 대해 새로운 윤리관을 강제하는 것이다. 사회적 규범의 밑바탕에는 세계관과 정치적 이념이 깔려 있다. 개혁의 이념적 배경은 진보적일 수도 있고 보수적일 수도 있다. 그러나 개혁의 이념이 어떤 성향을 가지든 간에 개혁은 새로운 이념의 정립과 더불어 기존의 이념과 질서를 파괴할 것을 목적으로 한다. 그러므로 개혁은 기존의 질서와 제도에 대하여 만족하지 못하고 이를 변화시키고자 하는 욕구의 발로라고 볼 수 있다.

개혁을 통해 변혁시키고자 하는 사회적 규범의 철학적이고 이념적인 측면을 분석대상으로 삼기에는 실증경제학은 적절한 분석도구가 못된다. 왜냐하면, 개혁의 이념적 측면은 너무나 규범적이기 때문이다. 그러나 개혁의 이념과 개혁의 목표에 대한 실증적인 추적 경로는 개혁의 주체를 파악하는 일이 된다. 실증경제학이 개혁의 분석에 유용하게 사용될 수 있는 경로는 바로 이런 것이다. 개혁의 목표를 파악하기 위해서는 기존의 질서와 제도의 어떤 부분이 누구에게 만족스럽지 않은가를 파악해야 하고 누가 이것을 어떤 방향으로 바꾸어가려 하는가를 알아야 한다. 즉, 개혁의 목표와 개혁의 주체 그리고 개혁의 대상에 대한 폭넓은 이해가 있게 된다면, 개혁에 대한 진단과 성공적인 개혁을 가져오기 위한 접근방식의 도출이 가능해지게 된다.

3. 개혁의 공익 대 사익

개혁의 전체적인 목표와 틀이 무엇이든 간에 개혁을 주도하는 주체가 정치가 혹은 정치가가 이끄는 정부이고, 개혁이라고 부를 정도로 사회 전반에 미치는 영향이 큰 변화가 초래된다면, 개혁은 공공성을 띠게 되고 이것은 곧 어떤 개혁이라도 필연적으로 공공부문의 개혁을 그 중심에 두게 된다는 것을 의미한다.

그런데, 공공부문의 개혁이 달성하고자 하는 것은 정부가 해야만 하는 일은 최대한 효율적으로 하도록 만들고 해서는 안 되는 일은 절대로 하지 못하도록 하는 것이다. 이것은 물론 개혁의 정치적 목표와는 별개이며 무엇이 정부가 해야 할 일이고 무엇이 정부가 해서는 안 되는 일에 대한 판단기준도 정치적 이념에 따라서 달라질 수 있다. 개혁의 더 높은 차원에서의 이념적인 목표가 아무리 다르다 하더라도 개혁의 실무적인 차원의 목표에서는 정부의 효율성을 높이는 것이 당면 목표일 수 있다. 정부의 효율성 자체를 높이고자 하는 것이 목표라면 가장 근본적인 것은 정부의 독점체제를 무너뜨리고 경쟁체제를 도입하는 것이 가장 경제적인 해결방법이다.

개혁을 통해 어떤 제도가 개선되었다고 한다면 그것은 잠정적으로 공익이 진작되었다는 것을 의미한다. 그렇다고 해도 과연 공익은 무엇인가 하는 질문으로 되돌아가 개혁의 공익성에 대한 면밀한 검토가 선행되어야 한다. 그러기 위해서는 구체적인 개혁의 대상이 무엇이며 개혁을 추진하는 개혁 주체가 어느 집단인가를 파악해야 한다. 그래야 비로소 과연 어느 집단의 이익이 계획된 개혁을 통해 얼마만큼이나 얻어지게 되는가를 정확하게 판단할 수 있으며 그런 집단들의 증대된 이익의 단순한 합계가 곧 공익이라고 할 수 있는지를 판단해 보아야 한다. 경우에 따라서는 개혁의 결과가 공익을 진작할 수도 있고 공익을 잠식할 수도 있다. 다시 말해서, 무엇이 어떻게 누구를 위해 더 나아지는가를 파악하지 않고서는 그로부터 나오는 이익이 공익인지 사익인지 쉽게 판단을 내릴 수 없다.

개혁은 항상 공익의 달성이라는 적절한 명분을 앞에 내세우고 철저히 계산된 수혜집단의 정치적 이해타산에 의해서 추진된다고 볼 수 있다. 그러므로 개혁은 근본적으로는 정치적 행위이며 개혁으로 인한 경제적 득실은 부차적인 것에 지나지 않는다. 그런데 이런 정치적 논리에 의한 정치적 행위의 결과가 단순히 정치적 권력의 재배분에 머무르지 않고 경제적 과실의 재분배로 연결되기 때문에 경제에 미치는 파장이 정치적 구도의 재구성 못지 않게 클 수도 있다. 개혁을 통한 잠재적 수혜집단과 잠재적 피해 집단은 개혁의 찬동세력과 개혁의 반대세력으로 나타난다. 경제적 과실의 재분배의 상당 부분은 공공부문의 개혁을 통해 달성될 수 있다. 이제, 공공부문의 통상적인 개혁의 대상이 무엇인가를 살펴보도록 하자.

제 2 절 공공부문의 개혁과 정부지출의 증대

1. 공공부문의 개혁에 대한 요구

기존의 공공부문에 대한 불만과 개혁에 대한 요구는 대개 다음과 같은 다섯 가지 요인으로 압축될 수 있다. 첫째, 공공부문의 수입을 확보하는 방식에 대한 불만이다. 둘째, 공공부문의 지출의 배분을 다르게 하고자 하는 욕구이다. 셋째, 공공부문의 서비스에 대한 불만족으로부터 나오는 공무원의 서비스 개선에 대한 요구이다. 넷째, 정부부서의 운영을 더 효율적으로 하자는 요구이다. 다섯째, 정부조직의 개편에 대한 요구로서 이것은 종종 공공부문의 조직과 인사를 장악하기 위한 정치권력의 포석인 경우가 있다. 이런 개혁들은 반드시 공익의 진작을 목표로 하는 것은 아니다. 개혁의 기치 아래 이익집단의 사익이 추구되는 경우가 비일비재하다. 그러므로 어떤 특정 개혁의 결과로 수혜집단이 어떻게 바뀌게 되는가를 미리 예측해 보지 않고서는 제대로 개혁의 성격을 파악할 수 없다.

우선, 위의 다섯 가지 개혁에 대한 요구의 유형별로 어떤 주체가 이니시어티브를 쥐고 개혁을 요구하는가를 살펴볼 필요가 있다. 첫째 유형인 공공부문의 수입을 확보하는 방식에 대한 불만의 경우는 먼저, 공공부문의 수입 항목 중 가장 중요한 것인 조세의 부과부터 살펴보아야 한다. 조세부과에 있어서 문제가 되는 것은 부과되는 여러 가지 조세의 납부자 간에 조세부담의 형평성을 제대로 이루었는가 하는 점이다. 이를 교정하기 위해 정부는 조세개혁을 거의 매년 하고 있다. 정부가 이를 주도하는 경우도 있지만 시민단체나 이익집단 또는 여론의 압력에 의해 조세개편이 이루어지는 경우도 많다.

둘째 유형인 지출의 배분에 대한 변화 요구는 압력단체와 정부의 행정부처의 주도로 새로운 사용처를 합법적으로 만들기 위한 입법화를 의미한다고 할 수 있다. 이는 국민 전체가 내는 조금씩 부담하는 희생으로 특수한 계층이나 지역 혹은 단체라는 한정된 수혜자에게 혜택이 돌아가게 하는 것이 대부분이라고 할 수 있다. 배경에는 이익집단의 지대추구가 큰 역할을 하여 정부를 설득하는 경우와 행정부처나 관료가 스스로 하나의 이익집단이 되어 국민의 심부름꾼이라는 원래의 소임을 망각하고 스스로의 사익을 추구하는 경우로 대별될 수 있다. 행정부처가 이니시어티브를 쥐고 스스로의 사익을 도모할 경우에는 여러 가지 장식적인 방편으로 위장하여 공익이라는 가면을 쓰기도 한다. 그 위장술의 하나가 행정 부처 산하의 기금이라고 할 수 있다. 왜냐하면, 기금의 조성과 용처는 행정부처가 독립적으로 별다른 제약 없이 정할 수 있는 것이 관례로 되어왔으므로 부처의 필요에 따라 기금을 어느 정도 자의적으로 사용할 수 있어 왔기 때문이다.

셋째와 넷째 유형인 공공부문의 서비스에 대한 불만족과 정부부서의 운영방법 개선에 대한 요구는, 한동안은, 당연히 받아들여야 하는 낙후된 국가의 국민으로서의 운명 같은 것으로 간주되었던 적도 있다. 그러나 민주화가 진행되어 권위주의적 정권이 무너지면서 그와 더불어 호흡을 맞출 수밖에 없던 관료 조직의 권위도 또한 약화됨으로 해서 시민단체의 공공서비스에 대한 개선 요구가 받아들여질 수 있도록 사회의 정황이 변하게 되었다. 시민단체와 여론의 압박이 하나의 압력이라면 또 다른 압력은 약간 다른 경로로 공무원 서비스 개선에 작용하게 되는데, 이것은 정치권의 압력이다. 민주적인 선거제도가 정착되어 제대로 된 선거를 통해 선출될 수밖에 없는 여당의 정치인들은 공공부문의 서비스의 질의 개선을 통해 선거권자들의 불만을 해소하여 자신들의 당선 가능성을 높이고자 하는 의도로 특히 대민 서비스의 질적 개선에 압력을 가하게 된다.

다섯째 유형인 정부조직의 개편에 대한 요구는 공공부문의 조직과 인사를 장악하기 위한 정치권력의 포석인 경우가 대부분이다. 정부 조직의 비효율적인 측면을 부각시켜서 조직을 개편하지만 정부를 축소시키는 경우보다는 이를 통해 오히려 전보다 비대한 조직으로 만드는 경우가 더 많다. 이는 정치권력이 조직개편을 통해 다른 정치적 이념을 가진 관료를 솎아 내어 관료의 승진 기회를 늘려서 새로운 정치권에 동조할 관료를 요직에 앉힘으로 해서 관료사회를 장악하고자 하는 데 속셈이 있는 것이다.

결국 이런 이면의 의도를 현실화하기 위해서는 적절한 정부지출이 필요해진다. 개혁의 목표를 달성하기 위해서 필요한 부문의 지출 증대가 정부지출 총액의 증대를 가져오지는 못하도록 하기 위해 다른 부문의 정부지출을 의도적으로 줄이는 개혁을 동시에 진행하기도 한다. 그러므로 개혁의 필요성에 대한 주된 착안점은 각각 다르고 심지어는 개혁의 각 부문이 정부지출의 증대와 정부지출의 감소라는 상반된 방향으로 진행되기도 한다. 경제적 측면에서 본다면 개혁은 모두 정부부문의 지출규모의 증대와 불가분한 연관이 있다.

2. 정부지출의 증대요인

20세기 현대 사회에 들어와서 정부의 지출이 증대하게 되는 요인을 크게 비정치적인 요인과 정치적인 요인으로 나누어 살펴보도록 하자. 비정치적인 요인은 경제 자체의 내재적인 성장에 의해 불가피한 요인이 많다. 경제의 규모가 커지면서 GNP에서의 정부부문의 비중이 그대로 유지되기만 해도 절대적인 지출의 규모는 증대하기 마련이다. 또한, 인구가 증대하면서 공공재의 공급과 같은 정부부문의 서비스도 같이 증대하게 된다. 더구나 산업구조가 변하면서 노동력과 같은 투입물의 가격이 증대하여, 서비스업이라고 볼 수 있는 정부부문도 자본집중도가 낮아서 노동비의 증가율이 생산성의 증가율을 앞지르게 된다.

산업화의 영향으로 가정에 대한 태도도 달라지게 되었다. 전통적인 대가족제도에서 핵가족 제도로 바뀌어 가면서 정부가 가족의 역할을 대신해 주게 되었다. 이에 따라, 가정의 역할을 대신해 줄 사회보장 및 후생에 대한 요구와 선호도 증대하여 사회보장부문에서의 정부지출이 크게 증대하게 되었다. 또한 기술의 발달에 힘입어 가사노동으로부터 해방된 여성의 노동참여가 꾸준히 증대하여 노동참여율이 인구증가율보다 비례적으로 더 높아져서 직장 여성의 탁아시설에 대한 지원도 늘어나게 되었다. 의무교육의 확대와 일반적인 교육에 대한 열기에 밀려서 더 많은 교육비의 지원이 필요하게 되었다. 경제가 전문화되고 세분화됨으로 해서 세분화된 경제활동 사이를 이어주는 중개상의 역할이 더 필요해 져서 시장에서의 거래비용이 또한 증대하게 되었다. 정부지출의 비정치적인 증대요인은 경제의 성장에 의한 자연적인 것과 시장의 실패를 보정하기 위한 정부의 적극적인 지출로 구성되어있다고 할 수 있다.

비정치적인 정부지출의 증대요인에 더해서 순전히 정치적인 고려에 의해서 가능하게 된 추가적인 정부지출이 있다. 이런 종류의 지출은 대부분이 이익집단의 지대추구와 정치가의 득표극대화라는 사익추구가 야합한 결과로 이뤄진 것이라고 할 수 있다. 부의 편중현상이 심하기 때문에 일반적으로 평균소득은 중위자의 소득보다 높아져서 국민의 과반수가 평균소득 이하의 소득수준에 머무르게 된다. 이런 소득 불평등을 보정하기 위해서 특히 평균 이하의 소득계층은 소득의 재분배를 요구하게 되는데 이들의 수가 과반수가 넘기 때문에 선거에서의 득표를 의식하는 정치가는 이들의 요구를 들어주려 하여 각종 소득재분배 장치와 선

그림 19-1 정부규모 증대의 구조

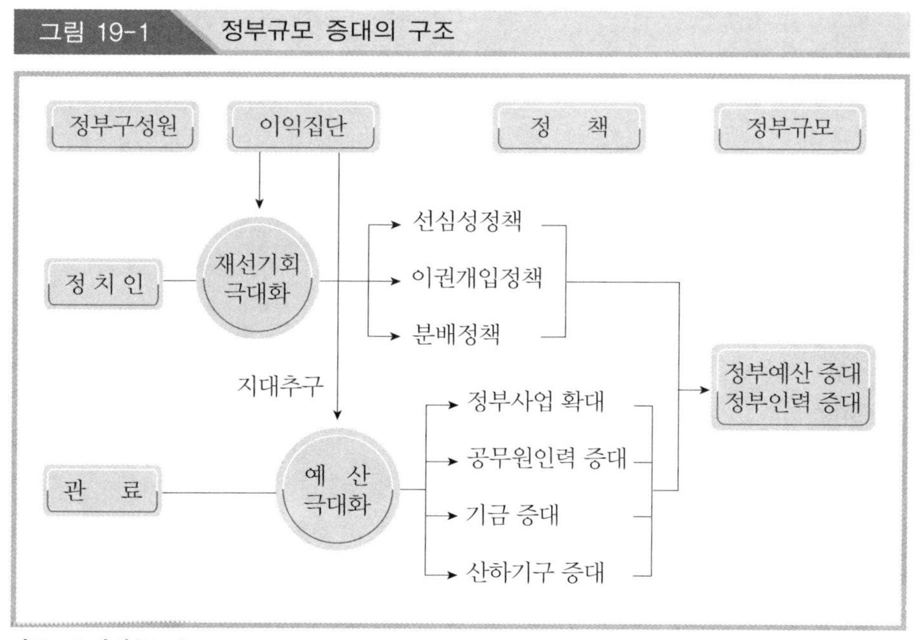

자료: 소병희(2007).

심성 소득보조제도로 정부의 지출이 늘어나게 된다.

경제성장과 더불어 경제력이 강해진 이익집단들이 발전하게 되었다. 이런 소규모의 이익집단은 대규모의 이익집단보다 더 잘 조직되어 더 효과적으로 지대추구를 하게 되는데 이것은 불특정 다수로부터 걷는 세금을 특정 소수에게 표시나지 않게 이전하는 결과를 초래하며 이런 지대추구 행위를 용인하는 대신에 정치가는 작은 집단으로부터 표를 보장받는 거래를 하게 되어 정부의 지출이 늘어나게 되기도 한다.

지방분권과 지방자치는 지방정부 간에 경쟁을 불러일으켜서 상호 견제와 주민을 위한 행정을 우선시 하는 데 반하여 아직도 지방자치의 역사가 일천한 우리나라는 중앙집권의 명맥을 그대로 유지하고 있고 중앙정부의 세수 독점력이 강하여 세수를 극대화하면서 중앙관료주의의 예산 극대화 성향으로 정부지출이 증대하게 된다. 이에 덧붙여서 조세체계가 복잡하고 간접세제에 대한 의존도가 높은 등 재정환상(fiscal illusion)을 일으키게 할 여지가 많아서 국민이 조세부담을 과소평가하도록 만들어서 정부의 지출에 대한 감시가 소홀해짐으로 해서 정부지출의 증대를 방관하게 되기도 한다.

또한, 이데올로기적 정부지출에 대한 압력도 간과할 수 없는 요인이 되어 왔다. 분단된 현실과 대미 의존적인 방위체제로부터의 탈피를 목표로 한 자주국방을 위한 국방비 또한 필수적인 지출로 인식되었다. 우리나라의 경제성장과 OECD 가입과 같은 국제적인 지위의 상승으로 인해 국제적인 기부성 지출도 또한 증가하였다.

요약하자면, 공공부문의 비정치적 지출증대는 산업구조의 변화와 사회적 구조의 변화로 인한 경제 자체의 필요성에 기인한 정부지출과 시장의 실패를 보완하기 위한 정부지출이라고 할 수 있다. 한편, 공공부문의 정치적 지출증대는 〈그림 19-1〉에서 볼 수 있듯이 이익집단의 지대추구와 관료와 정치가의 사익추구에 의한 정부지출이라고 할 수 있다.

3. 정부지출의 당연한 권리화

모든 정부지출은 일단 지출이 이루어진 이후에는 그 지출의 수혜자 집단이 그런 지출이 영속되는 것을 당연시하는 성향이 있다. 이들은 마치 그런 지출을 당연한 권리(entitlement)라고 여기므로 이런 지출을 중단하기 위한 개혁은 커다란 저항에 부딪치게 된다. 특히, 정치적 이유로 시작된 정부지출은 더욱 더 그 중단에 대한 저항이 거센 것이 특징이다. 그러므로 정치적 이유로 증대된 정부지출일수록 그런 정부지출을 가능케 하는 그 지출이 나오는 계정의 재정적 성격과 원천을 상세히 파악하여야 하고 지출이 어떻게 그리고 누구에게 사용되고 있는가를 조사해야 한다. 또한, 정부의 조세체계와 지출경로를 단순화하고 투명화하여 국민들이 재정환상(fiscal illusion)을 갖지 않도록 교육시킬 필요가 있다. 또한, 정치적 결정을 이해하기 위해서는 정치적 경쟁의 유무와 강도를 미리 잘 파악하고 있어야 한다.

4. 정부의 적자재정과 부채

일반적으로 지출이 수입을 초과하게 되면 적자(赤字, deficit)가 발생했다고 한다. 개인이나 회사와 마찬가지로 정부도 재정이 부족해지면 적자를 감수하면서도 처리해야 할 사안들이 발생한다. 적자를 감수한다는 것은 부족한 만큼 돈을 빌려서 정부의 행정을 운용한다는 것을 말하며 적자재정(deficit financing)이라고 한다. 정부의 경우는 개인과는 달리, 대개의 경우, 정부지출을 줄여서 적자를 줄이려 하지는 않고 수입을 늘리거나 차입을 하려 한다.

수입을 증대시키는 가장 손쉬운 방법으로 통화발행을 늘려서 중앙은행으로부터 정부가 현금을 차입하여 사용하는 방법이 있지만, 통화증가율의 상한선이 설정되어 있거나 인플레이션에 대한 우려로 인해 전쟁중이나 경제적 위기와 같은 특별한 상황이 아니면 이런 방법을 과도하게 사용하지는 않는다. 또 다른 방법으로는 조세수입을 증대시키는 것이 있다. 새로운 조세를 부과하거나 기존에 부과되고 있는 조세의 세율을 높이거나 세원을 더 발굴하여 넓히는 방법 등이 있다. 그러나 이 방법은 세법을 새로 만들어야 하거나 조세저항을 극복해야 하는 등 시간과 행정비용이 많이 들게 되므로 필요한 시기에 맞추어 재정을 확보하기 어렵게 되기 쉽다. 그러므로 가장 손쉬운 방법은 정부가 민간으로부터 돈을 빌리는 것이라고 볼 수 있다.

가계나 회사는 적자재정을 계속하면 결국은 파산을 하게 되지만, 정부가 적자재정을 계속하면 경제가 피폐해지고 나라가 망할 수도 있다. 그러므로 정부의 적자규모는 전 국민에게 영향을 미치는 중대한 사안이다. 세계적인 대공황과 케인즈 경제학이 등장하기 이전의 고전파적 경제학에서는 개인과 마찬가지로 정부도 재정의 균형을 이루는 것이 당연하다고 생각했다. 그러나 세계적인 불황의 타개책으로 정부의 경기활성화를 위한 기능적 재정이 대두되면서 적자재정은 케인즈식 거시경제운용의 정상적인 한 가지 방책으로 인식되어 왔다. 그렇지만 적자재정이 경기활성화나 일시적인 적자의 보전을 넘어서서 수 년간 계속되면 정부부채가 민간의 투자재원을 줄이게 되고 국제경쟁력도 낮아지게 되어 경제에 악영향을 미치게 된다.

유럽과 북미의 선진국의 경우, 적자재정이 필요하게 되는 일반적인 요인을 다음 몇 가지로 요약해볼 수 있다. 세율의 하향조정으로 인한 조세수입의 감소, 냉전 시대의 국방비 증대, 노령화로 인한 사회보장비의 증대, 의료비의 인상 등이다. 미국의 경우는 1969년부터 재정적자가 시작되어 1999년에 균형예산을 회복하는 데 30년이 걸렸다.

우리나라의 경우, 김영삼 정권 말인 1997년 말에는 직접채무 65조 원과 보증채무 13조 원으로 총 78조 원에 달했던 국가채무가 2000년 말에는 중앙정부 채무 100조 8천억 원과 지방정부 채무 18조 7천억 원을 더한 119조 6천억 원으로 늘어났다.[2)]

이것은 국민 1인당 약 260만 원의 부채를 지고 있는 셈이 된다. 이렇게 된 것은 경제위기를 극복하기 위해 금융구조조정을 지원하고 실업대책을 추진하는 등 불가피하게 증가한 채무부분에 기인한다. 여기에 국가가 채무에 대한 보증을 선 보증채무를 더하면 그 규모는 더 커진다. 각종 채권과 공공차관에 대한 국가의 보증분을 보증채무라고 하는데, 2000년 말 기준으로 보증채무가 74조 원이었다. 이 둘을 합하면 193조 6,000억 원으로 GDP(2000년도 578조 6,645억 원) 대비 37.5%에 달했다. 이는 OECD 국가에서 지방정부의 채무를 포함한 국가채무가 GDP에서 차지하는 비중이 평균적으로 70%인 것에 비하면 낮은 수치이다. 누적 국가채무는 2001년도 기준으로 직접채무 130조 원, 보증채무 100조 원으로 총 230조 원에 달했다. 국가의 채무를 얼마나 포괄적으로 정의하느냐에 따라서 수치가 많이 달라지기는 하지만, 〈그림 19－2〉에서 볼 수 있듯이 국가채무는 2000년에 비해 5년 후인 2005년에는 GDP 대비 비율이 10% 포인트가 넘게 크게 늘어나

2) 중앙일보, 2001. 5. 3일자 참조.

그림 19-2 국가채무의 증대 추이

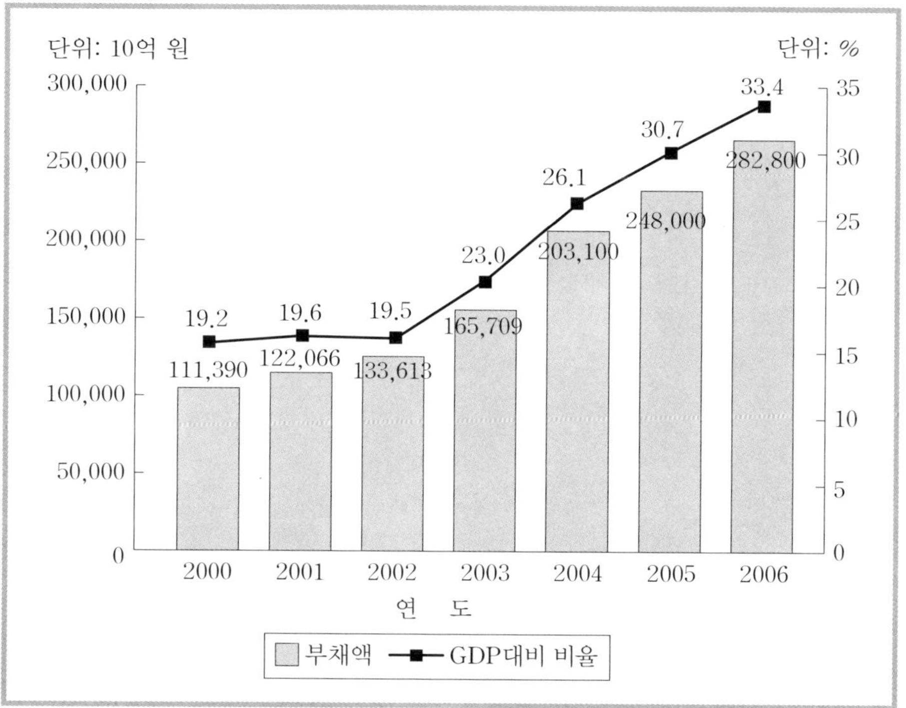

자료: 재정경제부, "연도별 국가채무 현황: 2002-2005."

고 있다.

당시 야당에서는 정부 채무보증, 국민연금의 잠재적 적자, 한국은행의 통화안정증권 등 채무 및 공기업, 국책은행 등의 채무를 통틀어서 약 1,000조 원에 달하는 채무가 있다고 주장했으나 정부는 OECD 관행에 따라 채무를 분류해 볼 때, 우리나라 국가채무는 걱정할 만한 수준이 아니라고 안심시켰다. 참고로, 국제통화기금에서 제시한 기준에 따르면 중앙정부나 지방정부가 직접 갚거나 이자에 대한 상환의무를 져야하는 '확정된 채무' 만 국가채무이다.[3)]

3) IMF 매뉴얼은 국가채무를 다음과 같이 정의하고 있다. "Only the recognized direct financial obligations of the government which are serviced through interest payment and/or redemption should be included in debt."

5. 공공부채의 경제적 효과

공채나 국채의 효과에 대한 설명으로 리카르도(Ricardo, 1817)가 처음에 주장했으며 배로(Barro, 1974)가 다시 논쟁을 되살린 리카르도의 대등정리(Ricardian Equivalence Theorem)가 있다. 리카르도의 대등정리가 성립하기 위한 가정은 개인은 평생소득을 기준으로 소비하고, 조세는 정액세 형태이며, 정부는 부채를 상환해야 하며, 자본시장이 완전하여 정부나 민간이나 같은 이자율로 빌릴 수 있다는 것이다. 이 정리에 의하면, 국채는 기본적으로 미래세대의 조세부담을 의미하고 그 부담의 현재가치는 곧 국채의 가치라고 볼 수 있으며 합리적 경제주체는 이런 대등관계를 알고 있으므로 조세 대신 국채를 발행한다 해도 경제적 선택을 바꿀 이유가 없다는 것이다. 그러므로 국채와 조세의 구성비는 자원배분 측면에서 국채의 발행에 의해 별로 달라지는 것이 없다. 왜냐하면, 국채의 발행으로 인해 현재 조세를 적게 걷는 대신에 미래에 국채를 갚기 위한 조세를 더 많이 걷게 될 것이기 때문이다. 그러므로 사람들이 미리 저축을 증대시키게 되므로 정부가 국채를 통해 투자재원을 가져가지만 그만큼 민간저축이 증대하므로 민간투자의 규모는 줄어들지 않는다는 것이다.

아직 이에 대한 실증적인 증거가 확실한 것도 아니고 가정이 현실적인 것도 아니다. 따라서 리카르도의 대등정리에 대한 반론도 만만치 않다. 국채나 공채에 대한 일반적인 부담은 현세대와 미래세대에 다르게 나타날 수 있다. 현세대는 국채로 인해 자원이 민간으로부터 공공부문으로 이동하므로 구축효과로 인하여 민간소비와 투자가 감소하게 되는 기회비용이 발생하게 된다. 이것은 또 현세대의 저축률을 감소하게 만들어 미래세대가 상속할 자본이 감소하게 되므로 미래세대의 소득수준도 감소하게 된다. 그러나 공채나 국채를 사용하여 공공재나 공공서비스의 수준이 높아졌다면 높아진 공공서비스의 수준이 가져오는 효용의 증가분도 감안해야 할 것이다.

세금을 줄이는 대신에 국채를 증대하면 사람들은 세금만 줄어든 것으로 착각하는 재정환상을 가지게 될 수도 있다. 이런 재정환상을 이용하여 정치가들이 편법으로 국채를 증발하여 국민들이 모르는 사이에 공공지출을 증대시키는 경우가 종종 있다. 이런 식으로 공공부문의 증대가 초래될 수 있으므로 정부지출의 상한선을 지정해 주는 헌법적인 제약이 필요하다고 뷰캐넌 같은 공공선택론자는 주장한다.

제 3 절 우리나라의 개혁과제

정부부처인 옛 총무부(현재의 행정자치부)의 직무분석기획단은 「신정부혁신론」(1997)에서 정부혁신이 정부의 공무원들에게도 중요하게 인식되기 시작한 요인으로 다음과 같은 8가지를 지적하고 있다. 과중한 재정적자와 공공부채로 인하여 공공부문의 성장이 한계가 있다는 인식; 세계화 과정에서 정부개혁이 국가경쟁력의 중요한 변수가 된다는 자각; 공공부문의 생산성이 민간부문이 생산성보다 많이 뒤떨어져 있다는 비효율성에 대한 자인; 공공부문이 민간부문에 부담을 주는 걸림돌이 될 수 있다는 우려; 경제사회문제를 정부가 대처해 나가는 능력에 대한 기대가 저하되었다는 인식; 서비스의 질에 대한 시민의 요구가 증대한 것에 대한 대책; 공공부문 내에서의 구성원들의 변화에 대한 압력이 커지고 있는데 따른 대응; 정보기술의 발달과 인터넷 시대에 부응하기 위한 전자정부 실현과 내부관리의 효율화 모색 등이 그것이다.

신자유주의를 표방하는 신자유포럼은 1년 반 동안의 세미나를 통해 토론된 내용을 크게 9개 분야로 나누어 「국가경영전략」(1998)이라는 책으로 제시한 바 있다. 한국은행의 독립과 금융감독제도의 개편 등과 같은 금융제도의 개혁; 조세제도와 조세행정에 대한 재정정책의 개혁; 전자행정을 포함한 행정 서비스의 개선; 행정제도와 사법개혁을 포함한 법제 개혁; 교육개혁; 구조조정과 고용정책의 개혁; 시장경쟁질서 확립을 위한 경쟁정책; 경제논리에 의한 규제개혁; 토지이용규제의 개혁을 포함한 국토의 합리적 이용을 위한 개혁 등이 논의되고 있다.

한국개발연구원, 한국경제연구원 그리고 연세대 국제학연구소가 공동으로 2년간 연구한 결과인 「한국 경제개혁 사례연구」(모종린 외, 2002)에는 최근 우리나라의 대표적인 개혁사례로 다음 10가지를 들고 있다. UR 농산물 협상사례를 통해 본 시장개방; 사업자 단체 규제 개혁을 통해 본 진입장벽 완화; 노동법 개정 사례를 통해 본 노동개혁; 외환시장 개방과 금융개혁의 실패 사례; 대기업집단이 기업 지배구조 개혁추진 사례; 금융실명제의 추진과 포기의 반복적인 사례를 통해 본 기득권층의 개혁 반대 사례; 독점규제와 경제력 집중완화를 위한 공정거래법 개혁 사례; 그리고 공기업의 민영화 사례 등이다.

한국경제연구원(2002)은 13개 부문으로 나누어 세부과제별로 개혁을 제안하고 있다. 여기서 언급된 총 110개의 과제 중에서 타당성이 크다고 생각되는 과제만 여기에 옮겨 적어 보도록 한다. 물론 대기업의 이익을 대표하는 전국경제인연합회 산하단체인 제안자, 즉 한국경제연구원의 편향된 시각이 반영된 것으로 보이는 과제도 더러 있다.

우선, 정치부문에서는 정치자금의 투명화를 위한 정치자금법의 개정, 정치시장에의 진입 및 경쟁 장벽 제거, 대통령제를 4년 중임제로 개정, 각종 선출직 공무원의 임기를 표준화하고 선거시기를 조정하여 선거비용 최소화 등을 이뤄서 "고비용 정치구조 타파와 정치능력 제고"를 제안하고 있다.

행정부문에서는 3급 이상 고위직 전면 개방 등 공무원의 경쟁적 임용제도의 도입과 행정고시를 대체할 부처별 공무원 자율임용제도를 도입하고, 부패감시, 견제체제를 확립하며 전자정부를 구현하여 "작지만 유능하고 투명한 정부"를 이룰 것을 제안하고 있다.

사법부문에서는 사법고시제도를 법학전문대학원 교육을 거친 법률전문가 자격시험으로 전환하고, 사법권의 독립을 저해할 수 있는 제도를 폐지하기 위해서 대법원장 및 대법관은 법관회의에서 추대 후 국회의 동의를 얻고, 검찰총장은 공개경쟁과 국회청문회를 거쳐 임용하여 검찰의 중립성을 확보할 수 있도록 하며, 사법부의 예산은 기획예산처를 거치지 않고 국회의 예산의결에 따라 확정되도록 하여 "법치주의 실현을 위한 선진사법의 구현"을 이룰 것을 제안하고 있다.

공공재정부문에서는 공영방송을 민영화하고, 한국방송광고공사를 폐지하며, 공익사업의 일부도 민영화하고, 법정사업자 단체를 정리하고, 임의단체에 대한 정부지원을 축소하거나 폐지하여 시민단체의 준공공부문화를 방지하고, 정부출연연구소의 운영방식도 개선하여 자율성을 제고하여 "공기업 민영화 및 준공공부문 개혁"을 할 것을 제안하고 있다.

또한, 규제 총량제, 규제지도(map), 규제영향분석 등을 통해 "행정의 효율성과 민간의 창의성을 제고하는 규제개혁"을 할 것을 제안하고 있다. 그리고 정부채무의 범위를 넓혀서 재정건전성을 준수하도록 하여 "투명하고 엄격한 재정 및 예산 운영"을 이루고, 복잡한 세목수를 간소화하고, 법인세와 등록세의 단계적 폐지와 지자체의 복식부기 도입을 통한 예산과 지출의 투명화 그리고 납세행정 서비스를 개선하여 "명료하고 합리적인 조세정책"을 세우도록 하고, 공적자금 지원원칙에 대한 객관적인 가이드라인을 마련하고, 공적자금관리위원회의 법적 책임과 권한을 강화하며, 민간차원의 다양한 부실채권시장 활성화 방안을 마련하여 "공적자금의 관리감독체계 정비"를 이룰 것을 제안하고 있다.

금융부문에서는 은행주식 한도초과보유금지제도를 승인제도로 바꾸며, 은행주식 동일인 보유한도를 10~15% 선으로 확대하여 의결권을 부여하고, 규제를 적극적으로 완화하고, 중앙은행의 독립성을 전제로 하여 금융감독위원회와 금융감독원을 통합하여 일원화하고, 금융관련 기관장의 임기를 보장하도록 명문화하며, 금융범죄자에 대한 처벌을 강화하여 "선진화된 금융환경 조성 및 제도 정비"를 할 것을 제안하고 있다. 또한, 외부감사제도 확대실시 등 기업신용평가 기능 확충 및 기업 회계의 공신력 제고를 지향하고 관치금융을 탈피하는 등 "기업금융 메커니즘의 정비"를 제안하고 있다.

산업부문에서는 과학기술관리 체계를 개선하여 "미래성장산업을 발굴"할 것을 제안하고 있다. 기업부문에서는 기업의 윤리준법 프로그램에 대한 제도적 인센티브를 제공하여 "글로벌 스탠더드에 부합하는 윤리경영 확산"과 경영투명성을 강화하고, 최소한의 사외이사 의무비율을 상장요건으로 하여 "기업의 최적기업지배구조 선택 보장"을 하고, "시장에 의한 기업구조조정 정착"과 공정거래법을 경쟁촉진정책으로 대체하고, 부당내부거래의 부당성 판단기준을 합리화하는 등 "대기업정책과 경쟁정책의 선진화"를 제안하고 있다.

노동부문에서는 집단주의를 강화하는 노사정위원회를 폐지하여 노조독점문제를 해결하고, "노동시장의 유연성 제고 및 노사관계의 분권화 유도"를 제안하고 있다. 인적자원부문에서는 교육인적자원부를 축소하고, 국가 주도형태의 교육제도에서 사적 형태로 전환하고, 고교 평준화를 폐지하고, 학부모에게 학교 선택권을 주며, 국립대학을 민영화하고, 외국인학교 설립을 자유화하는 등 "교육에 대한 인식의 대전환"과 영아의 보육서비스 강화와 육아휴직제도 등을 통해 "여성인력의 효율적 활용"을 제안하고 있다.

복지부문에서는 사회보험에 소득비례 중심의 민영보험을 도입하고 기업연금제도를 도입하여 "자립적 복지와 민영보험의 추진"을 제안하고 있다 환경부문에서는 환경법규위반에 대해 징벌적 배상제도를 도입하여 처벌의 강도를 높이고, 환경세와 탄소세를 도입하여 환경분쟁조정기구의 조정기능을 확대하여 "시장 친화적 환경관리제도로 개편"할 것을 제안하고 있다.

대외부문에서는 동아시아지역의 경제협력장치의 마련에 주도적 역할을 하도록 하고, 내외국인 기업의 구분을 철폐하여 동등한 입장에서 경쟁할 수 있도록 하고, 거주체류 자격제도, 영주자격제도, 국적취득제도 등의 개선을 통해서 "열린 사회, 열린 통상"을 이루고, 남북경협의 법제도 및 행정절차의 투명성을 확보하고, 남북협력기금을 효율적으로 사용하여 "원칙과 균형을 중시하는 남북경협"을 제안하고 있다.

정부조직부문에서는 대통령실의 권한 및 책임을 명확히 하여 국가전략기획을 할 수 있도록 하고, 국가전반의 개혁을 견인하는 대통령 직속의 '국가개혁위원회'를 설치하고, 국무총리의 기능을 정상화하고 감사원의 직무감찰기능과 부패방지위원회의 기능 및 국민고충처리위원회의 기능을 통합하여 부패방지원을 신설하고, 세입, 세출, 국고, 예산편성 기능을 한 부서로 통합하여 재정의 일관성과 효율성을 높이고, 산업정책과 관련한 유사중복기능을 통합하여 전통산업과 신산업의 경쟁력을 올릴 수 있도록 하여 "정부의 핵심 역량을 강화하는 정부조직 개편"을 제안하고 있다.

이렇듯, 개혁을 추진하는 집단의 개혁의 성격은 그 집단의 성격을 많이 반영하고 있는 것을 볼 수 있다. 상당히 정치적 색채가 미미한 집단이라고 볼 수 있는 연구단체들의 개혁에 대한 희망사항의 성격조차도 상당부분이 다를 수가 있는데 정치적 이념을 달리하는 정치성이 농후한 집단이라면 이런 차이는 더욱 크게 나타날 것이다. 그러나 어느 집단이 요구하는 개혁이든지 간에 개혁의 중심이라고 볼 수 있는 공공부문의 개혁을 가져오기 위한 방법이 어떤 것들이 있을 수 있는가에 대한 검토와 수정을 통해서 개혁의 성공확률을 높여볼 수는 있을 것이다.

제 4 절 공공부문의 혁신적 운영방법

공공부문의 개혁이 필요한 근본적인 이유는 정부가 비효율적으로 정부기관을 운영해서 예산을 낭비하며 정부가 제공하는 서비스의 질이 떨어지는 경우가 많기 때문이다. 가장 단적인 예가 정부가 운영하는 공기업의 비효율성이다. 이를 교정하기 위해서 여러 가지 방법이 이미 시도된 바 있다. 가장 잘 알려진 방법인 민영화(privatization)는 소유권의 이전과 더불어 경영권도 정부가 민간에게 이전하여 이제까지 정부가 공급하던 서비스를 민간 기업이 공급하게 만드는 것이다.

민영화와는 다르게 정해진 계약기간 동안 서비스 공급을 민간업자에게 위탁하는 방법인 민간위탁(contracting-out)이라는 방법도 있다. 이 경우는 시설은 정부가 소유하고 있으면서 운영만 민간에게 위탁하는 경우가 많다. 이계식, 고영선(1998)은 그 외에도 여러 가지 외국의 지방정부가 사용하고 있는 개혁적인 방법들을 소개하고 있다.

미국 피닉스(Phoenix) 시는 시민에게 최상의 서비스를 제공하는 것이 공무원의 존재이유라는 입장에서 1979년부터 공공기관과 민간업체가 동일한 자격으로 경쟁적으로 정부 수주사업에 입찰하도록 하는 제도를 사용하고 있다. 뉴질랜드의 크라이스트처치(Christ Church) 시에서도 행정서비스를 민간과 경쟁시키는 것을 원칙으로 삼고 있다.

네덜란드의 틸부르그(Tilburg) 시에서는 무엇을 할 것인가는 의회가 정치적으로 결정하지만 어떻게 할 것인가는 시의 행정 전문가가 철저히 비정치적이고 독립적으로 경영하도록 하여 고객중심주의를 기본으로 삼고 있다. 미국의 인디애나폴리스(Indianapolis) 시에서는 단위활동당 원가계산방식(activity-based costing)을 도입하여 재무 및 관리기법을 개선하였다. 예를 들어, 한 해에 든 제설비용이 얼마라고 보고하는 대신에 마일당 제설비용이 얼마가 들어서 총 얼마의 제설비를 지출했다는 식으로 보고함으로써 단위당 더 효율적인 지출방법을 모색할 수 있도록 한 것이다.

피리(1996)는 영국에서 시도된 바 있는 공공부문의 개혁의 4가지 큰 틀을 소개하고 있다. 민영화, 내부시장, 시민헌장 그리고 독립 에이전시가 그것인데, 이 중에서 민영화를 빼놓고는 우리에게 별로 잘 알려져 있지 않은 개념이므로 이 세 가지를 살펴보도록 하자.

내부시장(internal market)이란 공공부문 속으로 시장메커니즘을 들여 놓는 것을 말한다. 예를 들어, 정부가 국공립 초등학교의 예산을 전액 지원해 왔다면, 이제 각 공립학교는 나름으로의 교육프로그램과 교사진을 갖추고 학생들을 다른 공립학교와 경쟁적으로 유치하도록 만드는 것이다. 그리고 각 공립학교에 지원되는 정부의 보조금의 크기는 등록한 학생의 수에 비례하도록 만드는 것이다. 그렇게 되면 수요자인 학생과 학부모가 등록하기로 선택한 공립학교는 예산의 지원을 충분히 받아서 살아남고 그렇지 못한 공립학교는 학생이 적어서 예산을 충분히 배정받지 못하게 되어 폐교하게 된다. 이렇게 시장의 원리를 공공서비스 속으로 불러들여서 공급자 위주의 무신경한 교육에서 수요자 위주의 효율적인 교육으로 바뀌게 만들 수 있다는 것이다.

공기업이나 공교육 또는 국가의 의료서비스와 같이 민영화나 내부 시장화로 시장의 원리를 도입할 수 있는 부문이 아닌 부문, 즉 시장이 실패하는 공공재적인 공공서비스의 경우에는 민영화나 내부시장화가 아닌 대안적인 방법이 필요한데, 이에 대한 영국의 개혁적인 답안은 시민헌장의 제정이었다.

시민헌장(citizen's charter)은 1991년에 영국에서 시작된 것으로 정부가 제공할 최소 수준의 서비스를 제정하여 알리고 또한 일정 기간 후에 그 목표의 달성여부를 공표하여 시민의 평가를 받도록 한 조치이다. 시민헌장은 국민이 세금을 내고 그에 상응하는 서비스를 받을 권리가 있으며 서비스가 이에 못 미치는 경우에 또한 이에 상응하는 응분의 조치가 있어야 한다는 논리에 근거한 것이다. 다시 말해, 공공서비스의 제공 자체가 국민과의 계약에 근거하고 있다고 보는 것이다. 시민헌장은 이런 암묵적인 계약을 명시적 계약으로 표출시킨 것이라고 하겠다.

이런 공공부문의 개혁은 필연적으로 관료 조직의 재편을 가져오게 된다. 영국의 관료제도는 '비용절감과 효율증대를 위해서는 단선적인 관료조직을 기능별로 모아 별도의 팀으로 재구성하는 것이 필요하다'는 능률연구팀의 보고서에 기초하여 만든 것이 독립 에이전시(책임운영기관, agency)이다. 독립 에이전시는 독립적인 관리 체계를 가지며 이에 따르는 책임도 스스로 지게 되는 독립적인 정부기관이다. 독립 에이전시는 업무의 기능을 토대로 구성되며 상당량의 자율성을 갖도록 되어 있으며 스스로가 제공하는 서비스에 대해 직접적으로 책임을 지며 실적에 따라 상벌이 수여된다.

아무리 뛰어난 개혁적인 운영방법이 있다고 해도 이런 방법을 사용할 여건이나 의지가 조성되어 있지 않다면 무용지물이 되고 만다. 그러므로 단순히 개혁의 방법이나 개혁의 대상에 대한 리스트만 작성해서는 개혁의 실천성이 떨어지게 될 수도 있다. 따라서 개혁을 성공적으로 추진하기에 필요한 전제조건을 미리 알아서 여건을 만들어 주는 노력이 선행되어야 한다.

제5절 개혁의 성공을 위한 전제조건

개혁 자체는 경제제도를 대상으로 한 것이라도 개혁에 대한 정치적 지지가 경제개혁이 성공하기 위한 관건이 될 수도 있다. 모종린, 전홍택, 이수희(2002)는 개혁을 성공시키기 위해서는 수익구조(payoff structure), 이념체계, 정치제도(regime type), 환경적(contextual) 변수, 그리고 선택적 변수라는 다섯 부문을 잘 파악하고 있어야 한다는 점을 지적하고 있다.

그들에 의하면, 개혁은 기존의 구조를 변화시켜 기존의 수혜자와 피해자가 바뀔 수 있으므로 이들의 수익구조를 파악하여야 반개혁세력을 줄일 대안을 찾을 수 있다. 정부의 이념적 성향과 개혁으로 인한 수익구조의 피해자가 동일한 이념적 노선에 서있는지 여부에 따라서 개혁에 대한 찬성이나 반대의 강도가 달라질 수 있다는 것이다.

또한, 권위주의 정치체제에서부터 민주주의 정치체제로 전환되면서 그에 따른 정당제도, 거부권을 행사할 수 있는 정치세력의 분포와 임기와 선거시기 같은 정치적인 주기 및 정책 자체의 주기적 성향에 따라 주기적으로 나타날 수 있는 개혁의 주기 등에 따라서 각 정치체제가 효과적으로 수행할 수 있는 개혁의 특성이 달라질 수도 있다는 점을 간과하지 말아야 한다는 것이다.

전반적 환경(context)에는 경제의 내재적인 경기순환과 국제사회의 외부적인 개혁에 대한 지지와 압력 및 국민의 위기의식 등이 중요한 변수가 될 수도 있다는 점을 상기시킨다. 선택적 변수로는 개혁에 따른 피해자에 대한 보상정책, 이해당사자의 협의, 지도자의 노력, 언론과 여론의 역할 등에 따라 개혁추진의 전략과 속도가 달라질 수 있으므로 이런 변수들도 개혁추진의 전략적인 정책적 선택이라는 것을 그들은 강조한다.

그들이 주장하는 그런 변수들도 중요하기는 하나, 개혁이 성공하기 위해 관건이 되는 것은 무엇보다도 그런 변수들의 기저에 자리잡고 있는 개혁의 정통성과 정당성에 대한 국민적 차원에서의 인식이라고 하겠다. 그러므로 성공적인 개혁을 위해서는 개혁의 정통성에 대한 이해와 홍보가 필수적이다. 개혁의 정통성에 대한 이해는 현재의 상황을 제대로 파악하는 것부터 시작하여 개혁의 당위성과 효과를 역사적 맥락에서 보여 주어야 한다.

또한, 다른 나라의 성공한 개혁사례뿐 아니라 실패한 사례로부터 교훈을 얻도록 해야 한다. 그렇게 하여, 이해 당사자들 중 특히 개혁으로 인해 손실을 감내해야 하는 기득권을 가진 집단이나 계층에게 현재의 손실이 그냥 손실로만 끝나는 것이 아니라 미래의 이득으로 나타날 것이며 현재의 기득권이 개혁이 없이는 곧 미래의 치명적인 손실로 바뀔 것이라는 손익계산서를 명확히 보여 주면서 설득해야 한다. 개혁의 반대세력에 대한 합리적인 설득을 통해서 광범위한 지지기반을 얻는 개혁만이 성공할 수 있기 때문이다.

개혁의 목표를 설정하기 위해서는 사회후생 함수를 먼저 도출해 보아야 할 것이다. 그리고 현재의 상태와 비교하여 파레토 최적으로부터의 이탈과 그에 대한 보상된 파레토 개념을 피해집단에게 이해시켜야 할 것이다. “습관이 되어버린 소득이 감소되거나 전부 잃게 되었을 때, 사람들이 느끼는 피해의식은 주로 그들이 도덕적으로 그러한 소득을 받을만한 자격을 가지고 있고, 따라서 그들이 전과 똑같이 부지런하고 정직하게 일하는 한, 그들은 그러한 소득을 지속적으로 받을 권리가 있다는 믿음의 결과이다. 그러나 우리가 과거에 정직하게 벌었던 것만큼을 도덕적으로 받을 만한 자격을 가지고 있다는 생각은 대개는 일종의 환상이다”라고 한 하이에크(1997, 195쪽)의 말과 같이 개혁을 통해 손실을 보게 되는 계층의 저항을 어떻게 찬성 또는 침묵으로 바꿀 수 있는가 하는 것이 개혁에 대한 저항을 최소화하고 개혁이 마찰 없이 추진될 수 있도록 할 수 있는 중요한 변수가 된다.

개혁에 대한 저항을 최소화하는 것은 곧 개혁주체의 정치적 입지나 정치적 수완 내지는 권력의 장악력에 의해 크게 달라질 수 있다. 개혁주체의 정치적 입지나 권력의 장악력은 개혁주체의 정치적 정통성에 의해 영향을 받게 된다. 그런데 우리나라의 낙후된 정치행태는 정치적 정통성을 주장할 수 있는 정치 주체의 등장을 지연시키고 있으며 이는 곧 공공부문의 개혁을 위한 추진력의 약화를 가져온다. 그뿐 아니라 가장 먼저 개혁이 이뤄져야 할 부문이 바로 정치라는 인식이 사회 내에 팽배해지고 있다. 정치권이 사심 없이 개혁에 동의할 수 있도록 만들기 위한 정치개혁이 이뤄지기 위해서는 먼저, 정치가가 선거라는 국민의 심판을 두려워 할 줄 알아야 한다.

그러기 위해서는 선거에서 제대로 된 경쟁자를 만날 수 있어야 한다. 그런데 우리의 정치권에의 새로운 진출자는 기존 정치인들이 자기 방어적으로 쳐놓은 높은 방어장벽에 걸려 쉽게 좌절하도록 제도화되어 있다. 정치가와 정당의 독점력을 없애지 않고서는 삼권분립과 법치주의가 제대로 뿌리 내릴 수가 없을 정도의 수준이 우리 민주주의의 현주소인 셈이다. 소병희(1995)와 좌승희(2002)도 마치 시장의 인위적인 진입장벽이 그릇된 기업문화를 창출하듯이, 정치개혁도 우선 정치시장의 진입 및 퇴출장벽을 제거하는 것부터 시작해야 한다고 주장한다. 민주주의의 작동원리인 선거를 통한 정치인의 경쟁이 제도화되지 못한다면 어떤 개혁도 일부 이익집단의 이익을 대변하는 국지적인 개혁에 머물고 말 것이다. 우리나라의 경제개혁이나 공공부문의 개혁 아니 모든 종류의 개혁은 정치개혁이 먼저 이뤄져야 제대로 추진될 수 있을 것이다.

경 제 학 자

1) 리카르도 (David Ricardo, 1772~1823)
영국에서 태어나 21세부터는 주식시장에서 중개인으로 일하기 시작해서 42세에 영국에서 손꼽히는 재산가로 은퇴한 후 경제학 서적을 탐독하면서 경제학계에 입문하여 큰 발자취를 남겼다. 「정치경제와 과세의 원칙에 관하여」(1817).

참 고 문 헌

공정거래위원회, 「시장개혁 3개년 로드맵」, 공정거래위원회, 2003.

국가균형발전위원회, 「국가균형발전의 비전과 과제」, 국정홍보처, 2003.

기획예산처, 「국가채무에 대한 올바른 이해」, 2001. 5.

모종린 · 전홍택 · 이수희 편, 「한국경제개혁 사례연구」, 오름, 2002.

박형수 · 박기백, 「재정건전화를 위한 국가채무 관리방안」, 조세연구원, 2003.

소병희, "한국기업의 소유집중과 경제 효율성," 기업구조연구회 편, 57-115, 「한국의 대기업」, 포스코경영연구소, 1995.

소병희, "공공부문의 개혁에 대한 소고," 「국민경제연구」, 26: 127-144, 2003.

소병희, 「정부실패」, 삼성경제연구소, 2007.

이계식, 고영선(편) 「아래로부터의 정부개혁」, 박영사, 1997.

이성섭, "21세기 국가경영의 신패러다임," 1-37, 이성섭 · 나성린(1998) 중 1장, 1998.

이성섭 · 나성린, 「21세기를 준비하는 국가경영전략」, 박영사, 1998.

좌승희, "권두언: 나라 개혁 이렇게 해야," 3-18, 한국경제연구원(2002) 중 1장, 2002.

총무처 직무분석기획단, 「신정부혁신론: OECD국가를 중심으로」, 동명사, 1997.

피리, 매슨(Pierie, Madsen), 박영호 역, 「공공부문, 개혁은 가능한가?」(1993)

오름, 1996.
하이에크 · 프리드리히, 민경국 역, 「법, 입법 그리고 자유, 제2권: 사회적 정의의 허구」(1975), 자유기업센터, 1997.
한국경제연구원, 「모두 잘 사는 나라 만드는 길」, 한국경제연구원, 2002.

Barro, R., "Are government bonds net wealth?" *Journal of Political Economy*, 82: 1095-1117, 1974.
Ricardo, D., *On the Principles of Political Economy and Taxation*, 1817.

인명색인

ㄱ

ㄴ

ㄷ

ㄹ

ㅈ

ㅊ

ㅋ

ㅌ

ㅍ

ㅎ

국문 사항색인

ㄴ

ㄷ

ㄹ

ㅁ

ㅂ

ㅅ

ㅇ

ㅈ

ㅊ

ㅋ

ㅌ

ㅍ

ㅎ

영문 사항색인

A

B

C

D

E

F

G

H

I

L

M

N

O

P

Q

R

S

T

U

V

W

Z

저자약력

University of California, Berkeley, 경제학 학사
Northwestern University, 경제학 박사
Harvard Negotiation Project-CMG 협상과정 수료

공군사관학교 경제경영학과 조교수(대위 예편) 역임
기획예산처 기금평가단, 재정자율평가단 및 성과관리자문단 위원 역임
행정고시, 입법고시, 외무고시 출제위원, 문화관광부 정책자문위원 역임

부총리 겸 경제기획원장관 표창(1983)
세계인명사전(Marquis Who's Who in the World) 등재 (1997)

현 국민대학교 경제학부 교수 겸 KAIST 문화기술대학원 겸직교수

저 서

『公共選擇의 政治經濟學』(1993), 『문화예술지원 및 저작권』(2006),
『한국경제와 한국정치: 공공선택론적 분석』(2006), 『정부실패』(2007),
『Essays on the Economy and Politics』(2006)

개정판
재 정 학

2004년 8월 30일 初版發行
2008년 9월 10일 改訂版印刷
2008년 9월 20일 改訂版發行

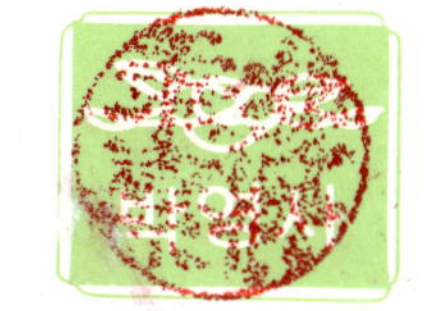

著 者 蘇 秉 熹
發行人 安 鍾 萬
發行處 博 英 社
서울特別市 鍾路區 平洞 13-31番地
電話 (733)6771 FAX (736)4818
登錄 1952. 11. 18. 제1-171호(倫)

www.pakyoungsa.co.kr e-mail: pys@pakyoungsa.co.kr

定 價 33,000원 ISBN 978-89-10-20512-8